Die Rechtsprechung

des

Königlichen Ober-Tribunals

in

Straf-Sachen

herausgegeben

von

F. C. Oppenhoff,
Ober-Staats-Anwalt beim Königl. Ober-Tribunal.

Erster Band.

Berlin, 1861.
Druck und Verlag von Georg Reimer.

Vorwort.

In der Vorrede zum "Strafgesetzbuch für die Preussischen Staaten erläutert durch F. C. Oppenhoff" ist darauf hinverwiesen worden, wie einer der Hauptzwecke der durch die Verfassung angeordneten Vereinigung der beiden höchsten Gerichtshöfe des Landes dahin ging, Einheit in die Rechtsprechung nicht nur bei dem Ober-Tribunale selbst, sondern auch, vermöge des Einflusses seiner Autorität, bei den Instanzgerichten zu bringen, sowie: daß zur Erreichung dieses Zweckes eine möglichst rasche und vollständige Veröffentlichung der wichtigeren Entscheidungen jenes Gerichtshofes erforderlich sei. Mit Rücksicht hierauf ist denn auch das Material zur Ausarbeitung jenes Kommentars wesentlich der Rechtsprechung des Ober-Tribunals entlehnt, und es ist überall auf die betreffenden Entscheidungen selbst, und — soweit dieselben bereits veröffentlicht waren — auf die Werke verwiesen worden, in welchen sie abgedruckt sind. Aehnliche Grundsätze waren auch bei der Ausarbeitung des vor Kurzem der Oeffentlichkeit übergebenen Kommentars zu den das Strafverfahren betreffenden Gesetzen leitend. In den Vorreden zu beiden Kommentaren ward es ausgesprochen, daß eine Vervollständigung durch Nachträge oder Supplemente nicht im Plane liege, weil dadurch ein Hauptzweck derselben, nämlich Uebersichtlichkeit und Leichtigkeit des Auffindens nothwendig verfehlt werden würden. Nichts desto weniger bedürfen Werke der erwähnten Art, welche die Ergebnisse der Rechtsprechung möglichst vollständig vor Augen stellen wollen, von Zeit zu Zeit einer Ergänzung, wenn sie nicht hinter der gestellten Aufgabe zurückbleiben wollen, da neue Ausgaben doch immer nur nach längeren Zwischenräumen erscheinen können. Um diesem Bedürfnisse zu genügen, hat sich der Unterzeichnete entschlossen, unter dem Titel:

Die Rechtsprechung

des Königlichen Ober-Tribunals

in Straf-Sachen;

eine neue Zeitschrift herauszugeben, deren Zweck lediglich dahin geht, die Entscheidungen des höchsten Gerichtshofs in Straf- und Disziplinarsachen, soweit dieselben für die Gesetzesauslegung und Gesetzesanwendung im Allgemeinen eine prinzipielle Bedeutung haben, rasch und möglichst vollständig zu veröffentlichen, und dieselben, insofern sie das Strafgesetzbuch oder das Strafverfahren betreffen, dergestalt mit Anmerkungen und Hinverweisungen zu versehen, daß sie als periodische Ergänzungen der oben erwähnten Kommentare angesehen werden können. Den Entscheidungen soll die etwa erforderliche Darstellung des Sachverhalts vorhergehen; nicht minder werden dabei die von der General-Staats-Anwaltschaft gestellten Anträge Berücksichtigung finden, soweit dieselben geeignet erscheinen, zur Erläuterung der angeregten rechtlichen Fragen zu dienen.

Ausser der Ergänzung der erwähnten Kommentare wird sodann noch ein zweiter Gesichtspunkt bei der Herausgabe maaßgebend sein.

Die vielen neben dem Strafgesetzbuche geltenden Spezial-Straf-Gesetze haben nämlich bisher eine ähnliche Kommentirung wie jenes noch nicht gefunden; die Herausgabe eines solchen Werks dürfte auch auf erhebliche Schwierigkeiten stossen, weil diese Strafgesetze sich meistentheils an andere, grössere, einer verschiedenen Rechtsmaterie angehörende Gesetze anschliessen, oder einen Theil derselben bilden, und daher für sich allein eine erschöpfende Erläuterung nicht finden können, wenn diese nicht gleichzeitig auf jene Gesetze im Ganzen ausgedehnt wird, eine Bearbeitung in dieser letztern Weise aber nothwendig dem Werke einen übermässigen Umfang geben müßte. Um daher diesem Mangel wenigstens theilweise abzuhelfen, soll den Ober-Tribunals-Entscheidungen, welche diese Spezial-Strafgesetze betreffen, bei der Veröffentlichung eine besondere Berücksichtigung in der Weise zu Theil werden, daß in den Noten eine Uebersicht über die frühere Rechtsprechung des höchsten Gerichtshofs in Betreff verwandter Fragen hinzugefügt werden wird. Ausserdem bleibt es vorbehalten, gelegentlich eine vollständige Uebersicht solcher ein einzelnes Spezial-Gesetz betreffender Entscheidungen des Gerichtshofs zu veröffentlichen.

Aus dem Vorstehenden ergiebt sich, daß die neue Zeitschrift mit anderen dasselbe Rechtsgebiet behandelnden periodischen Werken nicht in Konkurrenz treten wird. Keins derselben hat sich die vollständige Mittheilung der prinzipiell wichtigen Entscheidungen des Ober-Tribunals in Straf- und Disziplinarsachen zur Aufgabe gestellt; insbesondere ist das Archiv für Preussisches Strafrecht von Goltdammer seinem Hauptzwecke nach der theoretischen Behandlung des Strafrechts und des Strafverfahrens zugewendet, und behält neben der neuen Zeitschrift seine ganze Bedeutung.

Die Herausgabe der „Rechtsprechung des Königlichen Ober-Tribunals &c." wird mit dem Jahre 1861 ihren Anfang nehmen, gleichwohl werden aus der früheren Zeit namentlich diejenigen das Strafverfahren betreffenden Entscheidungen Aufnahme finden, welche seit dem Beginne des Drucks des Kommentars zu den betreffenden Gesetzen ergangen sind, und sonach bei diesem nicht mehr berücksichtigt werden konnten.

Druck und Format werden sich dem bekannten „Archiv für Rechtsfälle aus der Praxis des Ober-Tribunals von

Striethorst" genau anschliessen. Um die Veröffentlichung zu beschleunigen wird sie in Heften zu sechs Bogen erfolgen, deren Zahl und Erscheinen sich nach dem sich darbietenden Stoffe richten, voraussichtlich im Jahre aber sechs nicht übersteigen wird. Jeder Band wird am Schlusse die erforderlichen genauen Register enthalten.

D.

1. Obduktion. — Chemische Untersuchung. — Sachverständiger.

2. Zurechnungsfähigkeit. — Fragstellung.

3. 4. Thäter. — Theilnehmer. — Mitthäter. — Persönliches Verhältniß zum Gegenstande des Verbrechens (Gattenmord).

1. Es ist nicht als eine wesentliche Vorschrift des Verfahrens zu betrachten, daß in einem Vergiftungsfalle die chemische Untersuchung durch diejenigen Sachverständigen, welche die Sektion vorgenommen haben, oder in ihrer Gegenwart bewirkt werde [1].

Crim.-Ord. § 167.

2. Die Frage nach der Zurechnungsfähigkeit des Angeklagten kann selbst dann, wenn der Angeklagte bestimmte, seine Zurechnungsfähigkeit ausschliessende Gründe geltend gemacht und demgemäß die Formulirung der Frage beantragt hat, ganz allgemein dahin gefaßt werden: „Ob der Angeklagte ohne Zurechnungsfähigkeit gehandelt habe [2].

Ges. v. 3. Mai 1852. Art. 81.
StGB. § 40.

3. Für den Theilnehmer an einem Verbrechen ꝛc. ist rücksichtlich der Strafbarkeit der Thatbestand der Hauptthat maaßgebend, einschließ-

---

[1]) Vgl. Strafverfahren: § 43 n. 18.

[2]) Vgl. ibid. Art. 81 n. 45.

lich derjenigen Momente, welche auf einem persönlichen Verhältnisse des Thäters zum Gegenstande des Verbrechens ꝛc. beruhen, ohne Rücksicht darauf, ob jener selbst in demselben Verhältnisse steht, oder nicht [1]).

Demgemäß ist der fremde Theilnehmer an einem Gattenmorde mit der schwereren Strafe des § 175 des StGB. zu belegen [1]).

StGB. § 34. 35. 175.

4. Beim Vorhandensein mehrerer Mitthäter ist für die Strafbarkeit Aller derjenige Thatbestand maaßgebend, welcher nach den persönlichen Verhältnissen auch nur eines derselben sich als der schwerste darstellt.

Daher wird der von Mehreren gemeinschaftlich verübte Mord des Ehegatten eines derselben an Allen als Gattenmord bestraft [2]).

StGB. Th. I. Tit. III. § 34. 35. 175.

Erk. (Z. Pl.) v. 12. Nov. 1860 c. Kortum & Müller
(8 Pl.; 262. II. Cr

Die vorliegende Sache war mit Rücksicht auf die Frage: ob bei festgestellter gemeinschaftlicher Verübung eines Mordes an dem Ehegatten eines der mehreren Thäter gegen den (mit dem Ehegattenverhältnisse des Getödteten nicht unbekannten) Mitthäter, welcher nicht der Ehegatte des Ermordeten ist, auf Verlust der bürgerlichen Ehre (§ 175. Abs. 2 des StGB.) zu erkennen sei, an die vereinigten Abtheilungen des Senats für Strafsachen verwiesen worden.

Hier nahm der General-Staats-Anwalt in Beziehung auf diese Frage den folgenden Antrag:

---

[1]) Vgl. StGB. § 35 n. 1; § 175 n 20; Hälschner I. S. 370; Temme Arch. 3. S. 21.

[2]) Vgl. StGB. Th. I. Tit. III. n. 8.

Bei Beantwortung der aufgeworfenen Frage tritt vor Allem das Bedenken entgegen:

ob der in Rede stehende erschwerende Umstand demjeniger, welcher nicht der Ehegatte des Ermordeten ist, alsdann zugerechnet wird, wenn er nicht Mitthäter, sondern Theilnehmer in der engeren technischen Bedeutung des Wortes ist.

Nur wenn diese Vorfrage bejaht, wenn der erschwerende Umstand dem Theilnehmer zugerechnet wird, erhebt sich der besondere Zweifel, ob der in Gemeinschaft mit den Ehegatten handelnde Mitthäter melioris conditionis sein könne. Denn trifft der erschwerende Umstand den Theilnehmer nicht, so fehlt es an jedem Grunde, ihn den Mitthäter zuzurechnen.

Meine Ansicht geht nun dahin,

daß die Erschwerung der Strafe, welche der § 175 des Strafgesetzbuchs in dem Falle verhängt, wo der Mord an dem Ehegatten begangen wird, niemals einen Theilnehner trifft, welcher nicht der Ehegatte des Ermordeten ist, folglich auch nicht den Mitthäter.

Dieser Ansicht stehen die Worte des Gesetzes nicht entgegen. Der § 35 des StGB. sagt:

Auf den Theilnehmer an einem Verbrechen oder Vergehen u. s. w. ist dasselbe Strafgesetz anzuwenden, welches auf den Thäter Anwendung findet.

Herin liegt nichts weiter, als die Aufstellung einer gesetzlichen Regel, welche nicht ausschließt, daß aus besonderen Gründen dennoch gegen den Theilnehmer ein anderes Strafgesetz, als gegen den Thäter zur Anwendung kommt, und zwar bald ein milderes, bald ein strengeres. Das erstere tritt unbestrittenermassen ein, wenn der eine oder der andere weniger als 16 Jahre alt ist, das letztere, wenn er sich im Rückfalle befindet. Ferner kommt zufolge des § 44 ein verschiedenes Strafgesetz zur Anwendung, wenn die Strafbarkeit der Handlung durch besondere Verhältnisse oder Umstände erhöht wird, welche dem Thäter oder dem Theilnehmer **unbekannt** geblieben sind. Diesem letzten Falle analog, dem nämlichen höheren Grundsatze unterliegend, sind m. E. die Fälle, wo der erschwerende Umstand dem Schuldigen zwar nicht **unbekannt** geblieben ist, der Zurechnung derselben also **subjektiv** nichts entgegenstehen würde, wo aber das Erschwerungsmoment seinen Grund in durchaus persönlichen Beziehungen hat. Denn diese Beziehungen **können** von demjenigen, welcher sich in denselben nicht befindet, nicht verletzt werden. Es fehlt an einem in besonderen persönlichen Verhältnissen begründeten Momente. Das bloße Wissen, der animus eines diesen Verhältnissen fremden Dritten kann der Existenz des Verhältnisses selbst, wie hier zwischen dem Schuldigen und dem Ermordeten, nicht gleichgestellt werden. Lassen demnach die Textesworte eine Auslegung zu, wonach ein in besondern persönlichen Beziehungen des Schuldigen liegender Erschwerungsgrund einem, solchen Beziehungen fremden Dritten nicht zugerechnet wird, so kommt es nur noch darauf an, ob der in dem § 175 vorgesehene erschwerende Umstand in diese Categorie gehört. Der zweite Absatz des § 175 lautet:

> Neben der Todesstrafe ist zugleich auf den Verlust der bürgerlichen Ehre zu erkennen, wenn der Mord an einem leiblichen Verwandten der aufsteigenden Linie oder an dem Ehegatten begangen ward.

Man könnte nun sagen:

Das Gesetz qualificirt den Verwandtenmord — ich will mich der Kürze wegen dieses Ausdrucks bedienen — als ein schwereres Verbrechen wie den gewöhnlichen Mord. Es muß daher zufolge der allgemeinen Regel über die Strafbarkeit der Theilnahme auch den Dritten, welcher an dem Verwandtenmorde Theil nimmt, die schwerere Strafe dieses Verbrechens treffen. Es liegt hierin auch nichts, was der Idee der Gerechtigkeit widerspräche. Der Theilnehmer, welcher wußte, daß es auf die Ermordung eines

Ehegatten durch den Ehegatten abgesehen war, daß es sich also nicht bloß um die Verletzung des Strafgesetzes gegen den Mord handelte, sondern zugleich um die Verletzung der besonderen und geheiligten Pflichten, welche dem Ehegatten gegen den Ehegatten obliegen, verdient auch die härtere Strafe, welche auf den Gattenmord gesetzt ist.

Dieser Argumentation steht aber entgegen, daß sie das, was bewiesen werden soll, als bewiesen voraussetzt. Die Frage, auf welche es ankommt, ist nämlich die, ob nicht das Gesetz das erschwerende Moment als ein solches hingestellt hat, welches nur subjektive Bedeutung hat, nur die Strafe desjenigen erhöht, welcher sich in dem Verhältnisse des Descendenten oder Ehegatten befindet.

Entschieden liegt nun aber der Grund der schwereren Strafe nicht in einem objektiven Momente, denn der Mord ist nicht dadurch eine schwerere That an sich, daß der Ermordete Ascendent oder Ehemann irgend Jemandes ist, sondern für die schwerere Strafe ist ein subjektives Moment, das persönliche Verhältniß des Schuldigen zu dem Ermordeten entscheidend.

Wäre ein solches subjektives Moment nicht bloß ein erschwerendes, sondern ein constituirendes, eine conditio sine qua non der Strafbarkeit überhaupt, wie z. B. die Eigenschaft eines Ehegatten bei der Bigamie oder bei dem Ehebruche, eines nahen Verwandten oder Verschwägerten bei der Blutschande u. s. w., so würde ein Zweifel nicht bestehen können. Denn da das Gesetz die Theilnahme dritter Personen an diesen Verbrechen oder Vergehen nicht besonders vorsieht, die Theilnahme also entweder mit der Strafe der Hauptthat zu belegen wäre, oder straflos sein würde, so kann nur das erstere angenommen werden, wie denn auch dieser Grundsatz in Ansehung der Theilnahme an Beamtenvergehen ausdrücklich ausgesprochen ist. Anders dagegen stellt sich die Sache, wenn, wie im vorliegenden Falle, schon die That an sich mit

Strafe bedroht ist und es sich nur um eine Erschwerung derselben handelt. In einem solchen Falle müssen diejenigen Erschwerungsgründe, welche in subjektiven Beziehungen ihren Grund haben, als auf diejenigen Schuldigen beschränkt gedacht werden, welche sich in einem solchen Verhältnisse befinden. Denn wenn auch keineswegs in Zweifel gezogen werden soll, daß gegen denjenigen, welcher an einem Morde Theil nimmt, von dem er weiß, daß der Dritte ihn an seinem, des Dritten Ascendenten oder Ehegatten verübt, eine Erhöhung der Strafe sich sehr wohl rechtfertigen würde — falls sie bei der Todesstrafe möglich wäre — so wird doch auf der anderen Seite die wesentliche Verschiedenheit zwischen dem Falle zugegeben werden müssen, wo der Sohn oder Ehegatte durch die Ermordung seines Vaters, seines Gatten, Gefühlen Hohn spricht und Bande zerreißt, welche Natur, Religion und Gesetz geheiligt haben, und dem Falle, wo ein Dritter durch seine That diese Gefühle nicht verletzen, diese Bande nicht zerreißen kann, weil er nicht der Sohn, nicht der Gatte des Ermordeten ist. Bei der Größe dieses Unterschiedes kann nicht angenommen werden, daß das Gesetz gleichwohl auch den dritten Theilnehmer mit der erhöhten Strafe des Verwandtenmordes habe belegen wollen, indem es die einfache Todesstrafe nicht für genügend erachtet habe.

Für diese Auslegung sprechen aber auch noch die sonstigen Consequenzen, welche aus derselben hervorgehen.

Wird das erschwerende Moment des § 175 als ein demjenigen Schuldigen persönliches angesehen, welcher sich selbst in dem Verhältnisse eines Descendenten oder Ehegatten befindet, so geschieht dem Rechtsgefühle in allen Fällen Genüge, wo der Descendent oder Ehegatte in irgend einer Weise Mitschuldiger an dem Morde des Ascendenten oder Ehegatten ist. Nicht bloß dann, wenn er der physische Urheber, sondern auch dann, wenn er Anstifter oder sonstiger Theilnehmer ist, trifft ihn die erhöhte Strafe des Verwandtenmordes.

Betrachtet man dagegen, der entgegenstehenden Ansicht zufolge, das erschwerende Moment als ein objektives, der That selbst inhärirendes, so mag man von einem gewissen Standpunkte aus die daraus hervorgehende Folge, daß auch ein Dritter, welcher an einem Verwandtenmorde Theil genommen hat, mit der erhöhten Strafe des Verwandtenmordes belegt wird, allenfalls noch erträglich finden, obgleich es m. E. von keinem Standpunkte aus zu verkennen ist, daß der Mord des eigenen Vaters ein viel größeres Verbrechen ist, als die wissentliche Theilnahme an dem von einem Anderen verübten Vatermorde. Allein man kann sich alsdann auch den übrigen Consequenzen dieser Ansicht nicht entziehen. Dieselben bestehen darin, daß das erschwerende Moment auch insoweit, als es sich um den mitschuldigen Descendenten oder Ehegatten handelt, nicht als ein subjektives betrachtet werden kann, sondern als mit der That unzertrennlich verbunden gedacht werden muß. Das Ergebniß ist alsdann, daß der Descendent oder Ehegatte nur, wenn er der physische Urheber ist, mit der erhöhten Strafe des Verwandtenmordes belegt werden kann, daß er aber der Straferhöhung entgeht, wenn er sonstiger Theilnehmer, und zwar selbst dann, wenn er sogar der Anstifter war. Diese Folge widerstrebt dem Rechtsgefühle so entschieden, daß eine Ansicht, aus welcher sie sich mit Nothwendigkeit ergiebt, unmöglich die richtige sein kann.

In einzelnen Fällen hat das Strafgesetzbuch sich über die verschiedene Bestrafung des Thäters und des Theilnehmers auf Grund von Verhältnissen, die dem Thäter persönlich waren, ausgesprochen, insbesondere bei dem Kindesmorde und bei dem gegen Descendenten und gegen den Ehegatten verübten Diebstahle. Die hier getroffenen ausdrücklichen Bestimmungen entsprechen der von mir vertheidigten Ansicht; ich finde in denselben eine Anwendung des Princips, während freilich Andere sie als eine Ausnahme von dem Princip betrachten. Gegen diese letzte Annahme sprechen aber am Ende erhebliche Gründe, welche ich in Beziehung auf den Kindesmord kurz hervorheben will. Die betreffende Bestimmung des § 180 lautet:

Wird die vorsätzliche Tödtung des Kindes von einer anderen Person als der Mutter verübt, oder nimmt eine andere Person an dem Verbrechen des Kindesmordes Theil, so kommen gegen dieselbe die Bestimmungen über Mord oder Todtschlag, so wie über die Theilnehme an diesem Verbrechen zur Anwendung.

Wäre hierin eine bloße Ausnahme zu erblicken, so würde dieselbe über ihren Inhalt nicht ausgedehnt werden dürfen. Nun ist aber von dem Falle, wo ein Dritter den Mord des Kindes verübt, und die Mutter durch Anstiftung oder auf sonstige Weise Theil nimmt, nicht die Rede. Eine ausdrückliche Ausnahme kommt demnach der Mutter in diesem Falle nicht zu Statten. Es würde daher gegen die Schuldige, welche, wenn sie selbst Hand an das Kind gelegt hätte, nur wegen Kindesmordes zu bestrafen gewesen wäre, in dem Falle, wo sie an dem durch einen Dritten verübten Morde des Kindes durch Anstiftung oder sonst Theil genommen hätte, die Todesstrafe des gewöhnlichen Mordes zu verhängen sein. Derartige dem Rechtsgefühle auf das Entschiedenste widerstrebende Folgerungen können nur dann fern gehalten werden, wenn man in der Bestimmung des letzten Absatzes des § 180 nicht eine Ausnahme erblickt, sondern die Anwendung des Princips, daß die auf subjektiven Verhältnissen beruhenden Gründe zur Milderung und zur Erhöhung der Strafe als von der That abgetrennt betrachtet werden müssen, und deshalb, wie sie auf der einen Seite dem Dritten fremd bleiben, eben so auf der anderen denjenigen, welcher sich in diesen Verhältnissen befindet, bei allen Arten seiner Mitschuld begleiten.

Auf die Materialien des StGB. habe ich nicht Bezug genommen, weil sie für die hier vorliegende Frage m. E. nicht von Bedeutung sind. Bei der Revision von

1845 kam zwar der Unterschied zwischen socius generalis und specialis zur Sprache; man ging aber davon aus, daß darüber im StGB. nichts zu bestimmen sei. Darauf, welcher Ansicht der Verfasser der Revisionsbemerkungen war, kommt um so weniger etwas an, als für einen Fall, wie der vorliegende, wo schon das Verbrechen an sich unter Strafe gestellt ist, und wo es sich nur darum handelt, ob Erschwerungsgründe, welche in persönlichen Beziehungen ihren Grund haben, dem solchen Verhältnissen fremden Theilnehmer zuzurechnen sind, die Gründe für die eine und die andere Ansicht gar nicht entwickelt sind.

Eben so wenig finde ich Veranlassung, auf die von einander sehr abweichenden Ansichten der Schriftsteller des gemeinen Rechtes einzugehen, weil m. E. Alles darauf ankommt, ob nach der dem StGB. zum Grunde liegenden Auffassung derjenige Straferhöhungsgrund, welcher bei dem Morde in dem Verhältnisse des schuldigen Descendenten oder Ehegatten zu dem Ermordeten liegt, als ein objektiver, oder als ein in der Person desjenigen, welcher sich in solcher Beziehung zu dem Ermordeten befindet, nicht bloß begründeter, sondern auch an sie gebundener anzusehen ist.

Meine Ansicht fasse ich kurz dahin zusammen:

Wenn die Strafbarkeit einer Handlung überhaupt durch das Vorhandensein gewisser Eigenschaften in der Person des Thäters bedingt ist, wie z. B. bei der Bigamie oder bei dem Ehebruche durch die Eigenschaft eines Ehegatten, bei der Blutschande durch die Eigenschaft eines nahen Verwandten, so wird mit der Strafe des Thäters der Theilnehmer auch dann belegt, wenn er sich in diesem Verhältnisse nicht befindet, also selbst das Verbrechen gar nicht hätte verüben können. Denn das Gesetz hat, indem es die Strafe des Theilnehmers nicht besonders bestimmt, dieselbe nothwendig dem Thäter gleichgestellt, da an eine beabsichtigte Straflosigkeit des Theilnehmers nicht gedacht werden kann.

Ist dagegen die That an sich schon unter Strafe gestellt, und soll nur mit Rücksicht auf gewisse persönliche Beziehungen eine Erhöhung der Strafe eintreten, so kann nicht angenommen werden, daß das Gesetz denjenigen, welcher sich in solchen Beziehungen nicht befindet, also auch die daraus hervorgehenden besonderen Pflichten objektiv nicht verletzen kann, demjenigen, der sie verletzt, in der Strafbarkeit habe gleichstellen wollen. In solchen Fällen ist vielmehr der Erschwerungsgrund als ein persönlicher aufzufassen, dergestalt, daß er dem Dritten nie zugerechnet wird, dagegen demjenigen, welcher sich in einem derartigen Verhältnisse befindet, allemal, er mag Thäter, Anstifter oder sonstiger Theilnehmer sein.

Geht man hiervon aus, so muß auf die Nichtigkeitsbeschwerde des Müller das angegriffene Urtheil in so weit vernichtet werden, als es denselben zugleich mit dem Verluste der bürgerlichen Ehre bestraft. Für den Fall dagegen, daß anzunehmen wäre, es treffe denjenigen Dritten, welcher an einem Gattenmorde wissentlich Theil genommen habe, die im zweiten Absatze des § 175 des StGB. verhängte Straferhöhung, so würde m. E. das Nämliche von demjenigen gelten, welcher einen solchen Mord in Gemeinschaft mit dem schuldigen Ehegatten verübt hat.

Denn nach dieser Anschauung kann der Grund, weshalb der Schuldige, welchen als alleinigen Thäter nur die Strafe des gewöhnlichen Mordes getroffen haben würde, als Theilnehmer an dem von einem Descendenten oder Ehegatten verübten Morde mit der erhöhten Strafe des Verwandtenmordes belegt wird, nur darin liegen, daß der Theilnehmer zur Verübung dieser schwereren That mitgewirkt hat, indem er subjektiv diese That fördern wollte, und objektiv dazu Hülfe geleistet hat. Beide Voraussetzungen treffen auch bei dem Mitthäter zu. Wenn auch eine vorgängige Verabredung nicht stattgefunden hat, so schließt doch die gemeinschaftliche Verübung der That mit Nothwendigkeit das subjektive Moment in sich, daß der Mitthäter nicht bloß seine That hat verüben, sondern auch zur Verübung der fremden That hat Hülfe leisten wollen; und objektiv muß eine Mitwirkung, welche sogar die Bedingungen der Thäterschaft in sich schließt, mindestens die Erfordernisse bloßer Theilnahme haben. Mit anderen Worten: Die Mitthäterschaft des mit einem Anderen gemeinschaftlich handelnden Thäters verhält sich zu der bloßen Theilnahme an der That des Anderen, wie das majus zum minus.

Wenn gleichwohl daran gezweifelt wird, ob eine Straferhöhung, welche den Theilnehmer trifft, auf den Miturheber Anwendung erleide, so kann ich die Erklärung hierfür nur in dem Bestreben finden, ein mit dem Rechtsgefühle nicht in Einklang stehendes Ergebniß der Gesetzesauslegung auf das Engste zu beschränken. Allein diese Beschränkung widerstrebt dann m. E. dem Rechtsgefühle in noch höherem Grade. Das Uebel muß an der Wurzel angefaßt, und das Gesetz, wenn dieses ohne demselben Zwang anzuthun geschehen kann, so ausgelegt werden, wie es unserer Rechtsanschauung entspricht. Daß dieses aber sehr wohl möglich ist, glaube ich nachgewiesen zu haben.

Mein Antrag geht demnach dahin,

das Königliche Ober-Tribunal wolle die Nichtigkeitsbeschwerde der Wittwe Kortum zurückweisen,

auf die Nichtigkeitsbeschwerde des Müller das Urtheil des Schwurgerichtshofes zu Halberstadt v. 24. April 1860 in so weit vernichten, als auch gegen ihn der Verlust der bürgerlichen Ehre ausgesprochen worden ist, und statt dessen erkennen, daß diese Straferhöhung nicht statt finde,

im Uebrigen auch die Nichtigkeitsbeschwerde des Müller zurückweisen und den Imploranten die Kosten zur Last legen.

Das Ober-Tribunal hat indessen die Nichtigkeitsbeschwerde beider Angeklagten zurückgewiesen, und zur Begründung angeführt:

Am 23. und 24. April 1860 sind die Wittwe Kortum, Marie Dorothea Clara geborne Weiland und der Kossath und Orts-Steuereinnehmer Andreas Friedrich Christian Müller aus Dalldorf vor das Schwurgericht zu Halberstadt gestellt worden, unter der Anklage, im Herbste 1859 gemeinschaftlich den Ehemann der ersteren, den Eigenthümer Friedrich Kortum ermordet zu haben.

Die Wittwe Kortum bekannte sich schuldig, sie wollte jedoch durch Furcht und Drohungen des Mitangeklagten Müller zu der That veranlaßt sein. Auch gegen sie wurde deshalb mit Zuziehung der Geschworenen verhandelt. Diese haben die in Betreff derselben gestellte Hauptfrage:

1. „Ist die Angeklagte Wittwe Kortum, geborne Weiland, schuldig im Herbste 1859 zu Dalldorf in Gemeinschaft mit einer andern Person den Einwohner Friedrich Kortum, ihren Ehemann, vorsätzlich getödtet zu haben und zwar mit Ueberlegung?“

dahin:

„Ja die Angeklagte ist schuldig mit allen in der Frage enthaltenen Umständen, mit mehr als sieben Stimmen,“

so wie die Zusatzfrage:

2. „Hat die Angeklagte Wittwe Kortum bei Verübung der That ohne Zurechnungsfähigkeit gehandelt?“

dahin:

„Nein, sie hat nicht ohne Zurechnungsfähigkeit gehandelt, mit mehr als sieben Stimmen,“

ferner die Rücksichts der Mitangeklagten Müller gestellte, dahin lautende Frage:

3. Ist der Angeklagte Müller schuldig im Herbste 1859 zu Dalldorf in Gemeinschaft mit der verehelichten Kortum deren Ehemann, den Einwohner Friedrich Kortum vorsätzlich getödtet zu haben und zwar mit Ueberlegung?“

dahin beantwortet:

„Ja, der Angeklagte ist schuldig, mit allen in der Frage enthaltenen Umständen, mit mehr als sieben Stimmen."

Auf Grund dieser Feststellung und mit Anwendung des § 175 des Strafgesetzbuches, welcher bestimmt:

„Wer vorsätzlich und mit Ueberlegung einen Menschen tödtet, begeht einen Mord, und wird mit dem Tode bestraft.

„Neben der Todesstrafe ist zugleich auf Verlust der bürgerlichen Ehre zu erkennen, wenn der Mord an einem leiblichen Verwandten der aufsteigenden Linie oder an dem Ehegatten begangen wird,"

hat der Schwurgerichtshof zu Halberstadt am 24. April 1860 erkannt:

daß die Angeklagten Wittwe Kortum, Marie Dorothea Clara geborene Weiland und der Kossäth Andreas Friedrich Christian Müller aus Dalldorf wegen Mordes mit dem Tode und dem Verluste der bürgerlichen Ehre zu bestrafen.

Dabei ist von ihm, nach Angabe des obigen Ausspruchs der Geschworenen, erwogen worden,

daß der Angeklagte Müller, wie nach seiner eigenen Auslassung angenommen werden müsse, mit dem Gattenverhältnisse der Kortum'schen Eheleute bekannt gewesen, jedenfalls die Unbekanntschaft damit nicht einmal von ihm behauptet worden sei (§ 44 des StGB.),

daß im vorliegenden Falle die gemeinschaftliche Verübung der That auch die Theilnehmerschaft nach § 34, Nr. 2 des StGB. in sich fasse, respective mit dieser zusammentreffe, auf den Theilnehmer aber nach § 35 dasselbe Strafgesetz anzuwenden sei, welches auf den Thäter Anwendung finde, und dies sich insbesondere auch auf die erschwerenden Umstände beziehe, welche das Gesetz aus dem besonderen Verhältnisse des Thäters zu demjenigen, an welchem die That verübt sei, herleite (Erkenntniß des Königlichen Ober-Tribunals vom 28. Januar 1857. JMBl. S. 83), daß auf andere Weise der Widerspruch, welcher in der Bedrohung mit einer härteren Strafe für den Theilnehmer auch bei sonst gleichen Verhältnissen liege, nicht zu lösen sei, überdies in dem vorliegenden Falle die Absicht des Müller gerade dahin in Gemeinschaft mit der Kortum gerichtet gewesen sei, den Friedrich Kortum zu tödten, um ihn als Gatten der letzteren zu beseitigen, hiernach also auch den Müller als Mitthäter der in Beziehung auf das Gattenverhältniß der Kortum gegen sie eintretende Verlust der bürgerlichen Ehre mittreffen müsse. (Vgl. Erkenntniß des Königlichen Ober-Tribunals vom 24. Nov. 1854; Archiv für Preussisches Strafrecht, Bd. 3, S. 258.)

Beide Angeklagte haben zeitig die Nichtigkeitsbeschwerde eingewandt. In den von ihren Vertheidigern eingereichten Beschwerdeschriften ist

1. gleichmäßig als Verletzung einer wesentlichen Vorschrift des Verfahrens und namentlich als Verletzung des § 22 der Verordnung vom 3. Januar 1849 und des § 167 der Criminal-Ordnung gerügt, daß nach erfolgter Ausgrabung und stattgehabter Section der Leiche des am 1. November 1859 verstorbenen Einwohners Friedrich Kortum die zur chemischen Untersuchung herausgenommenen Theile der Eingeweide nicht von dem Arzte oder den Aerzten, welche die Section bewirkt hatten, wie dies der § 167 der Criminal-Ordnung anordnet, sondern durch einen anderen Sachverständigen, nämlich durch den Apotheker Dr. Lucanus zu Halberstadt, dem sie der Untersuchungsrichter dazu hatte zustellen lassen, chemisch untersucht worden sind, und zwar ohne daß bei der chemischen Prüfung, welche einen Zeitraum von mehreren Tagen einnahm, jene Obducenten gegenwärtig waren, wie dies bei der schwurgerichtlichen Verhandlung der Sache der rc. Dr. Lucanus, der hier ebenso wie jene Aerzte mit seinem Gutachten vernommen wurde, erklärte.

Sodann hatte

2. nach Verlesung der den Geschworenen zu stellenden Fragen der Vertheidiger der Wittwe Kortum eine Abänderung der obigen Zusatzfrage 2 beantragt; er hatte verlangt, daß diese Frage darauf gerichtet werde: „ob die freie Willensbestimmung der Angeklagten Kortum bei Verübung der That durch Drohungen ausgeschlossen gewesen sei." Der Schwurgerichtshof beschloß jedoch es bei der angegebenen Fassung der Zusatzfrage zu belassen, weil, wie hiernächst als Grund dieses verkündeten Beschlusses angegeben wurde, der § 40 des Strafgesetzbuches nur einen einzelnen Fall der Zurechnungsunfähigkeit hervorhebe, mithin die allgemeine Fassung der Fragestellung zu 2. den Vorzug verdiene.

In Bezug hierauf wird in der Beschwerdeschrift der Wittwe Kortum als Verletzung des Artikels 81 des Gesetzes vom 3. Mai 1852 und des § 40 des StGB. gerügt, daß die gedachte Zusatzfrage nicht in der Fassung, wie sie der Vertheidiger beantragt gehabt, gestellt und gleichwohl von dem Schwurgerichtshofe die Zurechnungsfähigkeit der Wittwe Kortum für festgestellt angenommen worden sei. Der § 40 des StGB. hebe keineswegs einen einzelnen Fall der Zurechnungsfähigkeit hervor, sein Wortlaut und der Umstand, daß der Ausdruck „Zurechnungsfähigkeit" einen Rechtsbegriff bezeichne, über dessen Vorhandensein den Geschworenen eine Frage nach Artikel 81 des Gesetzes vom 3. Mai 1852 nicht vorgelegt werden könne, habe jenen Antrag des Vertheidigers gerechtfertigt, bei dem nicht sowohl die Einschaltung der Worte „durch Drohungen", als vielmehr die Beseitigung des Ausdrucks „Zurechnungsfähigkeit" und dagegen die Substitution der Worte „freie Willensbestimmung" und Stellung der Frage auf die Ausschliessung dieser freien Willensbestimmung verlangt gewesen sei.

Endlich hat

3. der Angeklagte Müller noch gerügt, daß gegen ihn mit Unrecht auf Verlust der bürgerlichen Ehre erkannt sei.

Die Bejahung der die Thäterschaft betreffenden Frage 3. schliesse die Theilnahme aus. Die Rücksicht auf etwaige Widersprüche in der Gesetzgebung könne niemals zur Zuerkennung einer nicht ausdrücklich angedrohten Strafe führen. Auch sei es — von welchem unrichtigen Gesichtspunkte der Schwurgerichtshof bei seiner obigen, den § 44 des StGB. allegirenden Erwägung ausgehe — nicht Sache des Schwurgerichtshofes neben dem Spruche der Geschworenen thatsächliche Feststellungen ergänzend zu treffen, und nicht Sache des Angeklagten die Abwesenheit erschwerender Umstände darzuthun, vielmehr müsse umgekehrt die Belastung in ihrem ganzen Umfange von der Anklage dargethan werden. Die Nichtigkeitsbeschwerde behaupte demnach — so ist am Schlusse der Beschwerdeschrift des Angeklagten Müller angegeben — die Verletzung wesentlicher Vorschriften und Grundsätze des Verfahrens und unrichtige Anwendung und Verletzung von Gesetzen und Rechtsgrundsätzen, und stütze sich auf Artikel 107, Nr. 1 und 2 und Artikel 108, Nr. 2. 7. 5 und Schlußsatz des Gesetzes vom 3. Mai 1852.

Diese Beschwerden konnten jedoch nicht für begründet erachtet werden.

Es sind nämlich (zu 1 derselben) die Bestimmungen der Criminal-Ordnung § 167 über die bei vorhandenem Verdachte einer stattgehabten Vergiftung durch Sachverständige vorzunehmenden chemischen Prüfungen,

— nach welchen von dem Arzte die Prüfung nach chemischen Grundsätzen erfolgen und die zu untersuchenden Substanzen, wenn der chemische Prozeß nicht in Gegenwärt des (die Untersuchung führenden) Richters abgemacht werden kann, den beiden Sachverständigen unter bestimmten Vorsichtsmaaßregeln übergeben werden sollen (vgl. auch § 157. 400 c.)

nur reglementarische Vorschriften. Sie, wie die Vorschriften der Criminal-Ordnung (Tit. II. Abschn. 2) über die Feststellung des Thatbestandes überhaupt, sind allerdings, soweit als sie mit den Bestimmungen der Verordnung vom

3. Januar 1849 und des Gesetzes vom 3. Mai 1852 nicht unvereinbar sind (§ 183 der Verordnung vom 3. Januar 1849), für den die Untersuchung führenden Richter, insbesondere also für die Voruntersuchung (§ 43 a. a. O.) maaßgebend geblieben, gehören aber nicht zu den wesentlichen Vorschriften, welche in dem mündlichen Hauptverfahren vor dem erkennenden Richter, in welchem die Beweisaufnahme und daher auch die durch gutachtliche Vernehmung von Sachverständigen zu bewirkende Beweisaufnahme erfolgt, zu beobachten sind.

Darin, daß in der Voruntersuchung, nachdem die wieder ausgegrabene Leiche des am 1. November 1859 zu Dalldorf verstorbenen Einwohners Friedrich Kortum durch den Kreis-Physikus Sanitäts-Rath Dr. Müller aus Oschersleben und den Kreis-Wundarzt Bussenius aus Eilenstädt am 13. December 1859 secirt und obducirt war, die chemische Prüfung der zu diesem Behufe herausgenommenen Theile der Eingeweide nicht durch jene Aerzte, sondern durch den Apotheker Dr. Lucanus zu Halberstadt, an den die Zustellung zu solcher Prüfung erfolgt war, und, wie er, der ebenso wie jene Obducenten bei der Hauptverhandlung vor den Geschworenen mit seinem Gutachten vernommen worden ist, dabei angeführt hat, nicht in Gegenwart jener Aerzte bewirkt worden war, liegt daher ein wesentlicher Mangel des Verfahrens nicht.

Was sodann (zu 2) die besondere Beschwerde der Angeklagten Wittwe Kortum betrifft, so führt allerdings der § 40 des StGB., indem er bestimmt:

> „Ein Verbrechen oder Vergehen ist nicht vorhanden, wenn der Thäter zur Zeit der That wahnsinnig oder blödsinnig, oder die freie Willensbestimmung desselben durch Gewalt oder Drohungen ausgeschlossen war,"

als Fälle, in welchen ein Verbrechen oder Vergehen nicht und zwar deshalb nicht vorhanden ist, weil die Zurechnung einer That zur Schuld ausgeschlossen ist, neben den Zuständen des Wahnsinns oder Blödsinns, den Zustand an, wo die freie Willensbestimmung des Thäters durch Gewalt oder Drohungen ausgeschlossen war. Dieser letztere Fall mangelnder Zurechnung (wegen Zwanges) war es, welcher von dem Vertheidiger der Wittwe Kortum bei der von ihm beantragten anderweitigen Fassung der Zusatzfrage 2 als vorhanden behauptet worden war. Diese Frage würde daher auch hierauf haben beschränkt und der zweiten Alternative des § 40 a. a. O. entsprechend haben gefaßt werden können.

Das Gesetz vom 3. Mai 1852 hat jedoch in seinen, die Feststellung der Zurechnungsfähigkeit des Angeklagten im schwurgerichtlichen Verfahren betreffenden Bestimmungen des Artikels 81,

— wonach zu den Thatsachen, welche durch den Ausspruch der Geschworenen festzustellen sind, insbesondere auch die Zurechnungsfähigkeit gehört, die Fragen darauf, ob der Angeklagte die That ohne Zurechnungsfähigkeit begangen habe, oder ob andere Gründe, welche die Strafe ausschliessen, vorhanden seien, nur dann ausdrücklich zu richten sind, wenn dies besonders beantragt oder von dem Gerichte selbst für nöthig erachtet wird; einem deshalb besonders gestellten Antrage bei Strafe der Nichtigkeit entsprochen werden muß;

und durch die Bejahung der Hauptfrage, wenn in der Antwort der Geschworenen nicht etwas Anderes ausdrücklich ausgesprochen ist, zugleich festgestellt wird, daß der Angeklagte mit Zurechnungsfähigkeit gehandelt hat —

den Ausdruck „Zurechnungsfähigkeit" in der umfassenden Bedeutung gebraucht, daß jene Bestimmungen auf alle Zustände Bezug haben, in welchen nach § 40 des StGB. die Zurechnung (wegen Unzurechnungsfähigkeit oder auch wegen Mangels freier Willensbestimmung des Thäters) ausgeschlossen und daher ein Verbrechen oder Vergehen nicht vorhanden ist. Es ist deshalb auch da, wo von der Vertheidigung behauptet wird, daß die freie Willensbestimmung des Thäters durch Drohungen ausgeschlossen gewesen sei, und deshalb auf den auf jene Behauptung bezüglichen Antrag den Geschworenen nach Artikel 81 a. a. O. eine die Zurechnung betreffende besondere Frage zu stellen ist, zulässig, diese Frage allgemein darauf zu richten, ob der Angeklagte die That ohne Zurechnungsfähigkeit begangen habe. Dem steht auch der Artikel 82 des Gesetzes vom 3. Mai 1852 nicht entgegen, da die Zurechnungsfähigkeit zwar ein Rechtsbegriff, aber von unbestrittener und allgemein bekannter Bedeutung ist, und der Artikel 81 dieselbe ausdrücklich zu den Thatsachen rechnet, welche durch den Ausspruch der Geschwornen festzustellen sind. (Vgl. Erkenntniß vom 29. Sept. und vom 19. Okt. 1854, Archiv für Preussisches Strafrecht Bd. 3, S. 247, n. 3, S. 246, n. 1, Präjudiz 113. Entsch. Bd. 24, S. 443.)

Dadurch daß im vorliegenden Falle die Zusatzfrage 2 in solcher Allgemeinheit gestellt worden ist und daß, nachdem die Geschworenen die in solcher allgemeinen Fassung gestellte Zusatzfrage verneint und auf die, den vollen Thatbestand des § 175 des StGB. enthaltende Hauptfrage die Angeklagte schuldig erklärt hatten — was nicht hätte geschehen können, wenn die Geschworenen die Ueberzeugung gewonnen gehabt hätten, daß die Angeklagte sich in einem die Zurechnung ausschliessenden Zustande befunden habe — der § 175 a. a. O. angewandt worden ist, ist daher weder der § 40 des StGB. noch der Artikel 81 des Gesetzes vom 3. Mai 1852 verletzt.

Was endlich

3. die besondere Beschwerde des Angeklagten Müller betrifft, so bestimmt das StGB., nachdem im § 34 angegeben ist, wer als Theilnehmer, namentlich daß als Theilnehmer eines Verbrechens oder Vergehens der Anstifter (§ 34, Nr. 1), so wie der (intellectuelle und physische) Gehülfe (§ 34, Nr. 2) bestraft werde, im ersten Satze des § 35:

„Auf den Theilnehmer an einem Verbrechen oder Vergehen oder an einem strafbaren Versuche eines Verbrechens oder Vergehens ist dasselbe Strafgesetz anzuwenden, welches auf den Thäter Anwendung findet."

Der hier ausgesprochene Grundsatz, welchen allerdings das gemeine deutsche Strafrecht und das Strafrecht des Allgemeinen Landrechts nicht kannten, der aber auch durch das Gesetz vom 30. Mai 1859, wiewohl er bei den Verhandlungen über letzteres angefochten wurde, keine Aenderung erlitten hat, gestattet

— wo nicht das Gesetz eine besondere Bestimmung, namentlich dahin getroffen hat, daß die auf einer besonderen Begünstigung des Gesetzes beruhende Straflosigkeit des Thäters (§ 228), desgleichen die verminderte Strafbarkeit des Urhebers eines Verbrechens, insofern dieselbe auf Motive zur Begehung der That gegründet ist, welche sich nur in der Person des Urhebers bei seinem Verhältnisse zum Objekte des Verbrechens als wirksam erwiesen und beim Theilnehmer nicht Platz greifen können (§ 180) dem Theilnehmer nicht zu statten kommen solle —

nach dem Wortlaute und nach der Entstehungsgeschichte des § 35 nicht das Strafgesetz, welches auf den Thäter Anwendung findet, dann, wenn dieses Gesetz ein bestimmtes Verhältniß des Thäters zu dem Gegenstande des Verbrechens, als den Thatbestand seiner mit Strafe bedrohten Handlung bestimmend berücksichtigt und in Bezug darauf die Strafe anordnet, gegen denjenigen außer Anwendung zu lassen, der ohne selbst sich in eben solchem Verhältnisse zu befinden, mit Kenntniß des letzteren an dem Verbrechen Theil genommen hat.

Nach diesem Grundsatze ist für den Theilnehmer rücksichtlich der Strafbarkeit der Thatbestand der That maaßgebend, auf welche seine Theilnahme sich bezieht, jedem Theilnehmer ist danach grundsätzlich dieselbe Strafe wie dem Thäter gedroht. Das Gesetz hat dabei in Bezug auf die gedachten persönlichen Verhältnisse auch nicht den Fall einer andern Beurtheilung unterworfen, wo diese Verhältnisse nur eine an sich schon strafbare Handlung qualificiren. Es würde jenem Grundsatze zuwider sein, wenn da, wo mehrere Personen im gemeinsamen Einverständnisse zur Hervorbringung eines Verbrechens als Theilnehmer mitgewirkt haben, welches durch das persönliche Verhältniß des Thäters zu demjenigen, an welchem oder gegen welchen es verübt wird, eine besondere Qualifikation erhält, die Strafbarkeit der mit solchem Verhältnisse bekannten Theilnehmer nicht nach dem auf den Thäter anwendbaren Gesetze, sondern hinsichts eines jeden Betheiligten nur nach der persönlichen Beziehung, in welcher er selbst zu demjenigen, an welchem oder gegen welchen das Verbrechen verübt ist, steht, beurtheilt würde.

Geht aber nach der Vorschrift des § 35 a. a. O. ein solches die Strafbarkeit des Thäters qualificirendes Moment auf denjenigen, der sich, ohne in eben solchem persönlichen Verhältnisse zu stehen, mit Kenntniß des letzteren, als Theilnehmer (im Sinne des § 34, also als Anstifter oder Gehülfe) an der That betheiligt dergestalt über, daß seine Strafbarkeit nach demselben Gesetze zu beurtheilen ist, welches auf den Thäter Anwendung findet, so muß eben dies auch rücksichts der als Miturheber oder Mitthäter Betheiligten stattfinden.

Das Strafgesetzbuch setzt den Begriff eines solchen Mitthäters — ebenso wie den des Thäters überhaupt — als bekannt voraus. Es erkennt an, daß außer der Theilnahme im engern Sinne des § 34 die Mitwirkung mehrerer Personen zur Verübung eines Verbrechens oder Vergehens als Miturheber oder Mitthäter vorkommen kann, wie es denn einer solchen mehrfach gedenkt (Einführungs-Gesetz, Art. XXII, Nr. 2; StGB. § 218, n. 7; § 232, n. 2; § 195, Abs. 3). Es hat, wie dies besonders auch in den Motiven zu § 31 und 32 des Entwurfs vom Jahre 1850 angegeben wurde, nur nöthig gefunden dem Begriffe des Thäters oder der Thäter gegenüber das Wesen der Theilnahme (im engeren Sinne) zu bestimmen (§ 34), und hat daran (im § 35) den Grundsatz geknüpft, daß (selbst) auf die durch solche Theilnahme zu einem Verbrechen oder Vergehen mitwirkenden Personen das auf den Thäter anzuwendende Strafgesetz anzuwenden sei. Daß ein anderes in Bezug auf diejenigen nicht gelten solle, welche sogar gemeinschaftlich mit einander als Mitthäter zu dem beabsichtigten Erfolge thätig gewesen sind, welche sich als Theilnehmer in dem weiteren, den Thäter mit umfassenden Sinne betheiligt haben, in welchem das StGB. anderweitig auch den „Thäter" als „Theilnehmer" bezeichnet (z. B. § 52 vgl. mit § 50, Abs. 2), ist als selbstverständlich vorausgesetzt. Es würde widersprechend erscheinen, wenn ein solcher Mitthäter oder Miturheber gelinder behandelt werden sollte, als der einfache Gehülfe, welcher letztere nur sekundär zu der That mitgewirkt hat, während jener in direkter Weise dabei mitwirkte, seine beabsichtigte Mitwirkung zu dem verbrecherischen Erfolge also in erhöhtem Grade vorhanden war.

Aus dem im § 35 des StGB. für die Theilnahme ausgesprochenen Grundsatze folgt deshalb, daß beim Vorhandensein mehrerer Mitthäter für Alle derjenige Thatbestand gelte, der nach den persönlichen Verhältnissen auch nur eines von diesen der schwerste ist. Auch wenn man davon ausgeht, daß der Miturheber die nothwendig erforderliche gemeinsame Absicht, die seinige, wie die des Anderen zu verwirklichen suche, schließt der Begriff der Miturheberschaft den Begriff des Urhebers und den des Gehülfen in sich, und es liegt in dem Wesen der Miturheberschaft, daß die Thätigkeit eines jeden Miturhebers in Beziehung auf die aller übrigen auch als helfende erscheint.

Auch für den Fall, wo eine Mitthäterschaft in Bezug auf ein Verbrechen, welches, wie der Mord an dem Ehegatten eines der mehreren Thäter, durch dieses Verhältniß eine besondere Qualifikation erhält, ergiebt sich daher aus § 35 des StGB. der Grundsatz, daß alle Personen, welche sich an diesem Verbrechen betheiligt haben, nach einem und demselben Gesetze bestraft werden sollen.

Solche Mitthäterschaft ist gegen den Angeklagten Müller durch den Ausspruch der Geschworenen festgestellt; er ist schuldig erklärt, in Gemeinschaft mit der verehelichten Kortum deren Ehemann vorsätzlich und mit Ueberlegung getödtet zu haben.

Wie der Schwurgerichtshof mit Recht in Betracht gezogen hat, würde es Sache des Angeklagten Müller gewesen sein, seine Unbekanntschaft mit dem Ehegattenverhältnisse, in welchem jene zu dem Getödteten stand, wenn er solche behaupten wollte, behufs besonderer Fragestellung darüber geltend zu machen. Denn auch auf die Theilnahme im weiteren Sinne ist die Vorschrift des § 44 des StGB. anwendbar, und nach ihr hat der Theilnehmer die Nichtkenntniß eines solchen Verhältnisses als Exkulpations-Moment geltend zu machen.

Wenn der Schwurgerichtshof an die Anführung, daß jedenfalls die Unbekanntschaft mit dem Gattenverhältnisse der Kortum'schen Eheleute von dem Angeklagten Müller nicht einmal behauptet worden sei, und an die dabei geschehene Bezugnahme auf § 44 des StGB. noch thatsächliche Erwägungen dahin geknüpft hat, „daß nach der eigenen Auslassung des Angeklagten Müller angenommen werden müsse, daß er mit jenem Gattenverhältnisse bekannt gewesen sei," so wie weiterhin, „daß überdies in dem vorliegenden Falle die Absicht des Müller gerade dahin in Gemeinschaft mit der ꝛc. Kortum gerichtet gewesen sei, den Friedrich Kortum zu tödten, um ihn als Gatten der letzteren zu beseitigen," so würden allerdings, wenn es auf solche weitere Feststellungen hätte ankommen können, diese durch Fragestellung an die Geschwornen haben erfolgen müssen. Jene nebenbei erfolgten thatsächlichen Erwägungen sind jedoch auf die Beurtheilung selbst ohne Einfluß geblieben bei dem Ausspruche der Geschworenen, in welchem ausdrücklich der Friedrich Kortum als Ehemann der Mitangeklagten bezeichnet und angegeben war, daß in Gemeinschaft mit der letzteren der Angeklagte Müller jenen getödtet habe, bedurfte es ihrer zur Motivirung der sonst schon gerechtfertigten Entscheidung nicht.

Hiernach ist denn auch gegen den Angeklagten Müller der § 175 des StGB. und zwar auch der zweite Absatz mit Recht angewandt worden und der Schwurgerichtshof zu Halberstadt hat weder dieses Gesetz verletzt noch fällt ihm ein prozessualischer Verstoß im Sinne des Gesetzes vom 3. Mai 1852, Art. 108, Nr. 2. 7 und 5 zur Last.

Die Nichtigkeitsbeschwerden der beiden Angeklagten waren daher unter Bestimmung der gesetzlichen Folge in Betreff der Kosten (§ 179 der Verordnung vom 3. Januar 1849) zurückzuweisen.

Sen. f. Straf-Sachen (vereinigte Abtheilungen). Vors.: Hr. Präs. Jähnigen. — Referent: Hr. O. T. R. Weisgerber. — Antr.: Hr. G. St. A. Grimm.

---

1. Oeffentlicher Verwahrungsort. — Beiseiteschaffen. — Dolus.

2. Nichtigkeit. — Grundsätze des Verfahrens. — Zurückverweisung in die erste Instanz.

1. Zum Thatbestande der Beiseiteschaffung einer an einem öffentlichen Verwahrungsorte aufbewahrten Sache gehört die Absicht, diese Sache der Verwahrung dauernd zu entziehen; die Wegnahme zum Zwecke eines augenblicklichen unbefugten Gebrauchs gehört nicht hierher [1]).

StGB. § 106.

2. Wenn die Vernichtung eines Erkenntnisses wegen eines Verstoßes gegen die Grundsätze des Verfahrens ausgesprochen wird, so kann die Zurückverweisung der Sache an den Richter erster Instanz erfolgen [2]).

Gesetz v. 3. Mai 1852, Art. 117.

---

[1]) Vgl. StGB. § 106 n. 12.

[2]) Die Vernichtung des angefochtenen Erkenntnisses erfolgte im

Erk. (B. I.) v. 21. Sept. 1860 c. Stanjeck & Donnerstag (634, I. Cr.).

Gegen den Gerichts-Volontär Donnerstag war thatsächlich festgestellt worden, daß er — an einem öffentlichen Verwahrungsorte aufbewahrte Untersuchungs-Acten in gewinnsüchtiger Absicht bei Seite geschafft habe; er war daher auf Grund des § 106 und mit ihm Stanjeck wegen Theilnahme an diesem Vergehen bestraft worden. Auf ihre Nichtigkeitsbeschwerde ward das betreffende Urtheil — gegen den Antrag der General-Staats-Anwaltschaft vernichtet und die Sache in die erste Instanz zurückverwiesen, und zwar aus folgenden Gründen:

Zuvörderst mußte die Nichtigkeitsbeschwerde des Angeklagten Donnerstag, welche die Verletzung des § 106 des StGB. behauptet, weil der Appellations-Richter gegen den Begriff des vorsätzlichen Beiseiteschaffens verfehlt habe, für begründet erachtet werden.

Das Beiseiteschaffen im Sinne des § 106 des StGB. setzt bei dem Handelnden die Absicht voraus, die darin bezeichneten Gegenstände der Verwahrung dauernd zu entziehen. Dies ergiebt sich schon aus dem Umstande, daß das vorsätzliche Beiseiteschaffen hier, und die vorsätzliche Vernichtung nebeneinander und auf eine Linie gestellt sind. Auch weist die Analogie aus § 225 ibid. darauf hin, wo gleichfalls die Handlung des Thäters auf eine Entziehung der Sache selbst, eine Disposition über deren Substanz gerichtet sein muß. So wie namentlich auch hier der Angriff auf die Sache zum Zweck der bloßen vorübergehenden Benutzung noch keine Unterschlagung darstellt, so wenig kann auch ein Beiseiteschaffen von Acten im Sinne des

---

vorliegenden Falle zunächst wegen unrichtiger Anwendung des § 106 des StGB., die Zurückverweisung der Sache an das Gericht erster Instanz ward aber darauf gestützt, daß auch der erste Richter „sich einer Prüfung des Angeklagten unter dem richtigen gesetzlichen Standpunkte nicht unterzogen habe," so daß also hier gleichzeitig eine Verletzung einer wesentlichen Vorschrift des Verfahrens angenommen wurde. Vgl. Strafverf. Art. 116 n. 17, Art. 117 n. 8.

§ 106 cit. angenommen werden, wenn deren Wegnahme nicht mit der Absicht der dauernden Entziehung, vielmehr nur zum Zweck eines augenblicklichen allerdings unbefugten Gebrauchs, geschehen ist.

Im vorliegenden Falle hat der Angeklagte Donnerstag die qu. Acten vom Büreau des Gerichts weggenommen, und solche nach der Wohnung des Stanjeck gebracht, wo ihre Vernichtung erfolgt ist.

Der Angeklagte Donnerstag hatte behauptet, daß er bei Wegnahme der Acten vom Büreau nur die Absicht gehabt habe, den Inhalt derselben dem Stanjeck zu zeigen, keineswegs aber die Absicht solche zu vernichten.

Dies erkennt auch der erste Richter in seinem Urtheil insofern an, als darin referirt ist, Angeklagter Donnerstag habe geständlich die qu. Acten aus dem Büreau weggenommen, und solche in die Wohnung des Stanjeck gebracht, um demselben gegen das Versprechen einer Belohnung von 5 Thalern Einsicht von den darin befindlichen Verhandlungen zu geben. Wie der Angeklagte Donnerstag weiter behauptete, soll nun, während er und Stanjeck hier die Acten durchblättert hätten, letzterer die Acten plötzlich ergriffen und in den Ofen gesteckt haben.

Auch diese Behauptung constatirt der erste Richter. Stanjeck dagegen behauptete seinerseits, daß Angeklagter Donnerstag die Acten aus freien Stücken zu ihm in die Wohnung gebracht, ihm solche gezeigt, und dann selbst in den Ofen geworfen habe.

Diesen verschiedenen Behauptungen gegenüber erwägt nun der erste Richter einfach:

Es könne auf sich beruhen bleiben, von wem der Gedanke zur Fortnahme der Acten aus dem Büreau ausgegangen sei, — für die Richtigkeit der Angabe des Donnerstag aber spreche die Bekundung des Zeugen Langer, durch dessen Zeugniß erwiesen sei, daß Stanjeck, während er in der Untersuchungshaft sich befunden, gesagt habe:

„Ich habe mir eingebraut, es hat mir einer die Acten gebracht, und ich habe sie verbrannt,“

und es wird dann gesagt:

Hiernach habe der Gerichtshof die Ueberzeugung gewonnen und stelle thatsächlich fest:

daß Donnerstag die im Büreau des Kreisgerichts zu Ratibor aufbewahrten Untersuchungsacten gegen Stanjeck rc. vorsätzlich und in gewinnsüchtiger Absicht bei Seite geschafft;

daß Stanjeck dem Donnerstag in den Handlungen, welche die That vollendet, wissentlich Hülfe geleistet, und den Thäter durch Versprechen von Geld zur Begehung der That verleitet und bestimmt habe.

Wer die Acten vernichtet hat, ist also vom ersten Richter unentschieden gelassen. Der Behauptung des Angeklagten Donnerstag, daß er die Acten nur weggenommen habe, um sie dem rc. Stanjeck zu zeigen und demselben Einsicht davon zu gewähren, also die Absicht der dauernden Entfremdung der Acten nicht gehabt habe, setzt der Richter ein Motiv überall nicht entgegen.

Ohne den Werth derselben zu prüfen, giebt er seiner thatsächlichen Feststellung, daß Angeklagter Donnerstag die Acten vorsätzlich bei Seite geschafft habe, bloß die Unterlage, daß letzterer die Acten geständlich vom Büreau des Gerichts weggenommen, sie nach der Wohnung des Stanjeck gebracht habe, um demselben Einsicht von den darin befindlichen Verhandlungen zu gewähren, und daß diese Einsicht, wofür Stanjeck vorher eine Belohnung von 5 Thalern versprochen habe, auch in der That gewährt worden sei. Er läßt sogar durchblicken, daß Stanjeck sich demnächst der Acten bemächtigt und solche verbrannt habe.

Jedenfalls liegt unter solchen Umständen nichts vor, woraus hervorginge, daß die thatsächliche Feststellung des ersten Richters auf der gesetzlich erforderlichen Annahme beruhe, daß Angeklagter Donnerstag die Acten in der Absicht, solche dem öffentlichen Aufbewahrungsorte dauernd zu entfremden, zu entziehen, weggenommen oder auch die Absicht einer solchen Entziehung später gehabt habe.

Die Feststellung des ersten Richters war daher mangelhaft.

In der zweiten Instanz kam der Angeklagte Donnerstag auf seine Behauptung zurück, daß er die Acten im Sinne des Art. 106 des StGB. vorsätzlich nicht bei Seite geschafft habe, da er nur die Absicht gehabt habe, solche dem Stanjeck zu zeigen und solche demnächst wieder an ihre frühere Stelle zu legen, hierin aber ein vorsätzliches Beiseiteschaffen nicht liege, die desfallsige Annahme des ersten Richters also eine unrichtige sei.

Der Appellations-Richter hat hierauf erwogen:

Der Angeklagte Donnerstag behaupte zwar, daß er die Acten vorsätzlich nicht bei Seite geschafft habe. Allein abgesehen davon, daß die thatsächliche Feststellung des ersten Richters nicht mittelst neuer Thatsachen oder Beweismittel angefochten sei, so sei vom Angeklagten nicht bestritten, daß er die fraglichen Acten, welche sich an einem öffentlichen Verwahrungsorte aufbewahrt befunden, vorsätzlich fortgenommen, und zum Stanjeck getragen habe.

In dieser Handlungsweise des Angeklagten Donnerstag liege aber das vorsätzliche Beiseiteschaffen der Acten. Wer die Acten vernichtet habe, habe der erste Richter nicht festgestellt, sei aber auch ohne Einfluß auf die Entscheidung, weil Angeklagter nicht wegen Vernichtung der Acten bestraft sei. Daß übrigens die Acten vernichtet seien, hätten beide Angeklagten zugestanden.

Diese Erwägungen des Appellations-Richters können nun aber den Behauptungen des Angeklagten Donnerstag gegenüber rechtlich nicht für zutreffend erachtet werden. Mit Recht macht vielmehr die Nichtigkeitsbeschwerde desselben dem Appellations-Richter den Vorwurf, daß dabei das vorsätzliche Beiseiteschaffen im Sinne des § 106 des StGB. unrichtig aufgefaßt sei.

Zuvörderst ist nämlich die Bemerkung des Appellations-Richters, daß Angeklagter Donnerstag die thatsächliche Feststellung des ersten Richters mittelst neuer Thatsachen und Beweise nicht angefochten habe, nicht zutreffend, da ja dieselbe gerade mit der Behauptung angegriffen war, daß die darin enthaltene Annahme, als habe Angeklagter Donnerstag die Acten vorsätzlich bei Seite geschafft, eine rechtlich unrichtige sei, und in Wirklichkeit auch, wie gezeigt, dieselbe nach dieser Richtung hin, nicht motivirt gewesen ist, und folglich diese Behauptung auf der Grundlage der vorhandenen Thatsachen geprüft werden mußte. Der Appellations-Richter hat sich dann weiter auch wirklich auf dieselbe eingelassen. Allein der darauf gegebene Entscheidungsgrund, daß vom Angeklagten nicht bestritten sei, daß er die fraglichen Acten, welche sich an einem öffentlichen Verwahrungsorte aufbewahrt befunden, vorsätzlich fortgenommen und zu Stanjeck getragen habe, in dieser seiner Handlungsweise aber das vorsätzliche Beiseiteschaffen der Acten liege, läßt auch das Dasein des von der Nichtigkeitsbeschwerde behaupteten Rechtsirrthums nicht verkennen. Denn der fragliche Entscheidungsgrund kann, da er offenbar die Antwort auf die Behauptung des Angeklagten Donnerstag darstellt, das vorsätzliche Beiseiteschaffen liege nicht vor, weil er die Acten nur weggenommen habe, um sie dem Stanjeck zu zeigen, und solche demnächst an ihre frühere Stelle habe zurückbringen wollen, nur dahin verstanden werden, daß schon die vorsätzliche Wegnahme der Acten von ihrem Aufbewahrungsorte, und das Forttragen derselben zu Stanjeck genüge, um den Begriff „des vorsätzlichen Beiseiteschaffens“ zu erfüllen, und es mithin auf den behaupteten vorübergehenden Zweck der Wegnahme, mit anderen Worten auf die Absicht der dauernden Entziehung, nicht ankomme.

Daß aber diese Rechtsanschauung dem vorsätzlichen Beiseiteschaffen im Sinne des § 106 des StGB. nicht entspricht, geht aus demjenigen hervor, was oben über diesen Sinn rechtsgrundsätzlich ausgeführt worden ist.

Die weiteren Anführungen des Appellations-Richters erheben gegen den Angeklagten Donnerstag nichts. Wenn er jede Theilnahme bei der Vernichtung der Acten von sich ablehnte und behauptete, daß solche, wie dargethan, von Stanjeck allein ausgegangen sei, so mochte ihm zwar darauf geantwortet werden, wer die Acten vernichtet habe, sei vom ersten Richter nicht festgestellt, sei aber auch ohne Einfluß, da Angeklagter nicht wegen Vernichtung der Acten gestraft sei; wenn dabei aber hinzugefügt wird, daß übrigens auch die Acten nach dem Zugeständniß der beiden Angeklagten vernichtet seien, so ist nicht abzusehen, wie diese Vernichtung dennoch dem Angeklagten Donnerstag entgegengehalten werden kann.

Denn müßte zugegeben werden, daß er die Acten nur zu dem von ihm behaupteten vorübergehenden Zweck, in der Absicht, solche dem Stanjeck zu zeigen, und sie dann wieder zurückzulegen, weggenommen und zu dem letzteren gebracht habe, so läge ein vorsätzliches Beiseiteschaffen der Acten im gesetzlichen Sinne nicht vor. In Absicht auf die von ihm zugegebene Thatsache der Vernichtung könnte dagegen aber von einer strafrechtlichen Imputation nur die Rede sein, wenn er die Acten demnächst gleichwohl selbst vorsätzlich vernichtet, oder sich bei der Vernichtung in doloser Weise betheiligt hätte, nicht aber, wenn solche seiner nicht widerlegten Behauptung gemäß, unversehens und gegen seinen Willen von einem Dritten geschehen wäre, und ihm höchstens mit Rücksicht darauf, daß er durch das Wegbringen die Möglichkeit der Actenvernichtung herbeigeführt habe, eine bloße culpa beigemessen werden könnte.

Da nach dem bisher Erörterten die vom Appellations-Richter beibehaltene thatsächliche Feststellung des ersten Richters bezüglich des Angeklagten Donnerstag auf einer unrichtigen Rechtsanschauung beruht, so hat das angegriffene Urtheil der Vernichtung nicht entgehen können. Die Zurückverweisung der Sache in die erste Instanz erschien geboten, weil schon der erste Richter sich einer Prüfung der

Einwendungen des Angeklagten unter dem richtigen gesetzlichen Standpunkte, nicht unterzogen hat.

Was endlich den Angeklagten Stanjeck in Bezug auf die ihm zur Last gelegte Theilnahme an dem Vergehen des vorsätzlichen Beiseiteschaffens der Acten betrifft, so mußte zwar die von ihm behauptete wesentliche Beschränkung der Vertheidigung wegen Nichterhebung des von ihm in zweiter Instanz angetretenen Entlastungsbeweises als unbegründet verworfen werden. Denn der Appellations-Richter hat sämmtliche unter Beweis gestellte Thatsachen geprüft und solche nur aus thatsächlichen Gründen für unerheblich erklärt, welche sich nach Art. 107 des Gesetzes vom 3. Mai 1852 einem Angriff im Wege der Nichtigkeitsinstanz entziehen.

Allein in der Behauptung des Angeklagten, daß gegen das Gesetz vom 30. Mai 1859 in Absicht auf die Folgen der wesentlichen und unwesentlichen Theilnahme gefehlt sei, konnte auch die Rüge der Gesetzesverletzung überhaupt gefunden werden, die sich dann auch auf die Beziehung der gegen ihn festgestellten Theilnahme zu dem dem Angeklagten Donnerstag zur Last gelegten Hauptvergehen überträgt.

Die Vernichtung des Urtheils des zweiten Richters in letzterer Beziehung rechtfertigt aber, da sie wegen eines mangelhaften Thatbestandes erfolgt, auch die Vernichtung desselben in Betreff des Theilnehmers an diesem Vergehen, und es muß nunmehr dem ersten Richter überlassen bleiben, die Strafbarkeit oder Nichtstrafbarkeit der beiden fraglichen Angeklagten nach Maaßgabe der in der Anklage enthaltenen, ermittelten oder sich weiter ergebenden Thatsachen unter dem richtigen, gesetzlichen Standpunkte zu prüfen. Dabei wird auch selbstverständlich zu erwägen sein, ob dann, wenn der Angeklagte Donnersfag bei der Richtigkeit der von ihm aufgestellten Behauptungen straflos bleiben müßte, nicht immerhin noch eine selbstständige Strafbarkeit des Angeklagten Stanjeck, namentlich auch aus § 106 des StGB. bestehen bleiben könne, sofern die Verleitung zu der Wegnahme der Acten, und die Vernichtung derselben durch ihn begründet bliebe, und in dieser Weise bloß eine Modification des strafbaren Gesichtspunktes einträte.

Sen. f. Straf-Sachen (I. Abth.). Vors.: Hr. Präs. Dr. v. Schlieckmann. – Ref.: Hr O. T. R. Weisgerber. — Antr.: Hr. O St. A. Hartmann.

---

1. Anklage-Beschluß. — Erschöpfung. — Anklageschrift. — Falsches Zeugniß. — Thatsachen.
2. Vorbehalt. — Staats-Anwalt.

1. Die im Anklage-Beschlusse enthaltene Formulirung der Anklage muß durch die Fragestellung erschöpft werden [1]).

Wenn daher die Anklage allgemein auf wissentliche Bekräftigung eines falschen Zeugnisses durch einen Eid lautete, somit das ganze abgelegte Zeugniß den Gegenstand der Anklage bildete, so ist es unstatthaft, die Fragestellung (eines entgegenstehenden Antrags ungeachtet) auf einzelne Theile der damaligen Aussage zu beschränken, oder andere davon auszuschliessen. Eine derartige Verfahrungsweise kann namentlich auch nicht dadurch gerechtfertigt werden, daß die Anklageschrift der letzteren keine Erwähnung thue [1]).

Ges. v. 3. Mai 1852, Art. 81
StGB. § 126.

2. Ein vom Staats-Anwalt allein ausgesprochener „Vorbehalt" hat gar keine Bedeutung; das Gericht ist nur dann verpflichtet, sich über einen zu machenden Vorbehalt auszusprechen, wenn der Staats-Anwalt hierauf ausdrücklich seinen Antrag gerichtet hat [2]).

Ges. v 3. Mai 1852, Art 30 86.

---

[1]) Vgl. Strafverfahren, Art 81 n 3; StGB. § 126 n 27

[2]) Vergl Ges. v. 3 Mai 1852 Art. 30 n. 47.

Erk. (V. II.) v. 22. Nov. 1860 c. Kümmel. (403. II. Cr.)

Die Ehefrau K. war durch appellationsgerichtlichen Beschluß als genügend belastet:

> am 1. März 1859 in der Untersuchung gegen die Bergleute J. und H. H. bei dem Kreisgerichte zu Hagen als Zeugin wissentlich ein falsches Zeugniß mit einem Eide bekräftigt zu haben

definitiv in Anklagestand versetzt worden.

Die demnächst aufgestellte Anklageschrift des Ober-Staats-Anwalts führte die beeidigten unwahren Bekundungen derselben nach dem betreffenden Sitzungs-Protokolle einzeln auf. Als nun in der Hauptverhandlung ermittelt wurde, daß die K. bei ihrer Vernehmung außer den protokollirten, auch noch andere Thatsachen bekundet habe, welche der fungirende Staats-Anwalt als unwahr betrachtete, beantragte der Vertheidiger in die Fragestellung die einzelnen Thatsachen, in welchen der Meineid gefunden werde, nach Anleitung der Anklageschrift aufzunehmen. Der Staats-Anwalt sprach sich für die Beibehaltung der allgemeinen Fassung des Anklage-Beschlusses aus, beantragte eventuell aber: auch die erst in der Hauptverhandlung ermittelten Bekundungen der Angeklagten, in welchen er ebenfalls das falsche Zeugniß finden müsse, in die Fragestellung aufzunehmen. Der Schwurgerichtshof beschloß indessen, die Frage dem Antrage des Vertheidigers gemäß zu stellen, und lehnte die Aufnahme der nachträglich ermittelten Thatsachen ab:

> „weil in der Anklageschrift nur auf die dem Sitzungs-Protokolle entlehnten Aeußerungen die Anschuldigung des Meineides gegründet sei."

Die demgemäß gefaßte Frage ward von den Geschworenen verneint. Auf die Nichtigkeitsbeschwerde des Staats-Anwalts hat indessen das Ober-Tribunal, in Uebereinstimmung mit dem Antrage der General-Staats-Anwaltschaft:

In Erwägung,

daß die Art. 81. 86 und 30 des Gesetzes vom 3. Mai 1852 lediglich den allgemeinen Grundsatz aufstellen und hinsichtlich der Fragestellung bei Schwurgerichtssachen zur Geltung bringen:

> daß der Richter durch die Anklage mit der ganzen That, einschließlich aller dieselbe begleitenden, für die Strafbarkeit erheblichen Umstände befaßt werde ohne Rücksicht auf die der That selber durch die Anklage gegebene rechtliche Charakterisirung;

daß dagegen aus jenen Gesetzesstellen nicht herzuleiten ist, daß auch diejenigen faktischen Momente, welche nicht zu den Begriffsmerkmalen des betreffenden Straffalles gehören, sondern nur als Beweismomente für das Vorhandensein derselben in Betracht kommen, ebenwohl in die Fragestellung aufgenommen werden müßten;

daß die durch den Verweisungsbeschluß des Appellationsgerichts zu Hamm vom 15. Juni 1860 erhobene Anklage ganz allgemein dahin gerichtet war:

> daß die Ehefrau Kümmel am ersten März 1859 in der Untersuchungssache wider die Bergleute Johann Caspar und Heinrich Hedtheuer bei dem Königlichen Kreisgerichte zu Hagen als Zeugin wissentlich ein falsches Zeugniß mit einem Eide bekräftigt habe;

daß also die Unrichtigkeit der einzelnen, in jenem Zeugnisse enthaltenen Momente nur zum Beweise der Anklage überhaupt darzuthun war, jene Momente dagegen nicht als nähere Umstände oder als neue Gesichtspunkte für die Anklage im Sinne der angeführten Gesetzesstellen in Betracht kamen;

daß daher zwar die Ablehnung der von dem Staats-Anwalte beantragten Specialisirung der Schuldfrage durch Aufnahme eines bei der mündlichen Verhandlung hervorgetretenen Punktes des qu. Zeugnisses an und für sich eine Verletzung jener Gesetzesstelle nicht darstellt;

daß dagegen jene Ablehnung durch die gleichzeitige Aufnahme der von dem Vertheidiger beantragten Beschränkung der in dem Verweisungsurtheil enthaltenen allgemeinen Anklage auf die in der Anklageschrift hervorgehobene Aeußerung der Angeklagten und insbesondere durch die Erwägung des Gerichtshofes, daß nur die in der Anklageschrift bezeichnete Aeußerung der Angeklagten Gegenstand der Anklage sei, einen mit den Grundsätzen des Verfahrens nicht verträglichen Charakter annahm, indem hiermit die allgemeine, auf die Gesammtaussage der Ehefrau Kümmel in der qu. Untersuchungssache gegründete Anklage des Meineides mit Unrecht auf ein einzelnes Beweismoment beschränkt worden ist;

daß insbesondere diese Anklage durch die beschränkende Fragestellung nicht erledigt worden ist;

daß vielmehr durch die verneinende Erklärung der Geschworenen das in der Frage enthaltene specielle Moment zum Vortheile der Angeklagten endgültig beseitigt worden ist, wohingegen der anderweite, von der Staats-Anwaltschaft hervorgehobene Inhalt der eidlichen Zeugenaussage der Angeklagten noch der Erledigung durch das Schwurgericht unterliegt;

daß auch die Nichtigkeitsbeschwerde vom 9. Juli c. nicht auf Verletzung oder unrichtige Anwendung des Gesetzes, sondern auf Verletzung oder unrichtige Anwendung wesentlicher Vorschriften des Verfahrens gegründet worden ist, und die hier in Rede stehenden Thatsachen ausdrücklich der Beschwerde zu Grunde gelegt sind, mithin der Schlußsatz des Art. 111 des Gesetzes vom 3. Mai 1852 zur Anwendung zu bringen ist und nichts darauf ankommen kann, daß die Beschwerde in anderer Weise Seitens der Staats-Anwaltschaft motivirt worden ist;

daß, da nach dem Obengesagten der Fall der Art. 81. 86 und 30 des Gesetzes vom 3. Mai 1852 nicht vorlag, schon aus diesem Grunde eine Beschwerde nicht darauf gegründet werden kann, daß einem Antrage auf Vorbehalt anderweiter Verfolgung nicht entsprochen worden sei;

daß indessen auch ein solcher Antrag Seitens der Staats-Anwaltschaft nicht gestellt worden ist, indem derselbe nach Inhalt des Audienz-Protokolls nur bemerkte,

„daß er sich dann hiermit die nachträgliche Erhebung der Anklage in Betreff des von den Zeugen Beurkundeten vorbehalte,"

ohne einen Beschluß des Gerichtshofes desfalls zu beantragen;

für Recht erkannt:

daß das Urtheil des Schwurgerichts zu Hagen vom 3. Juli 1860 und das vorangegangene Verfahren, unter Aufrechthaltung des Verdikts der Geschworenen, soweit dasselbe die in der Frage enthaltenen speciellen Thatsachen betrifft, zu vernichten, und die Sache zur anderweiten Verhandlung und Entscheidung an dasselbe Schwurgericht zurückzuverweisen.

Sen. f. Straf-Sachen (II. Abth.). Vors.: Hr. Präs. Jähnigen. — Ref.: Hr. O. T. R. Reichensperger. — Antr. O. St. A. Oppenhoff.

Hausirhandel. — Bestellung.

Im § 2 des Hausir-Regulativs vom 28. April 1824 ist unter „Bestellung" die Aufforderung zu verstehen, dem Bestellenden eine Waare zu bringen oder zu senden, insofern nur die letztere dabei so individuell bezeichnet ist, daß sie von anderen Gegenständen gleicher Art unterschieden werden kann. Es läßt sich daher nicht aufstellen, daß eine Bestellung nur da vorliege, wo es nur noch einer genehmigenden Erklärung des Verkäufers bedürfe, um den Kauf perfekt zu machen [1]).

Haus.-Reg. v. 28. April 1824, § 2.

---

[1]) In demselben Sinn hat außer dem in den Gründen citirten Präj. n. 1504 sich auch ein Z. I. 7. Nov. 1860 c. Erbe (945) ausgesprochen. Eine Verfügung der Minister des Handels und der Finanzen an die Regierung zu Stettin vom 7. April 1851 wollte dagegen unter einer „Bestellung" nur einen nach Menge und Beschaffenheit bestimmten Auftrag, welcher ein bestimmtes abzuschließendes Geschäft in Aussicht stelle, verstehen.

Erk. (B. I.) v. 7. Nov. 1860 c. Rothholz. (927. I. Cr.)

In der Untersuchung wider R. hat das Ober-Tribunal für Recht erkannt:

daß das Erkenntniß des Kriminal-Senats des Königlichen Appellations-Gerichts zu Stettin vom 29. Juni 1860 zu vernichten, und die Sache zur anderweitigen Verhandlung und Entscheidung an das gedachte Gericht zurückzuweisen.

Gründe.

Der erste Richter, die Königliche Kreisgerichts-Deputation zu Pyritz, stellt thatsächlich fest:

daß der Angeklagte, Handelsmann Israel Rothholz, am 2. August 1859 eine Quantität Hosenzeug und wollenes Band aus Horst in die Wohnung der verehelichten Schröder zu Groß-Rischow, also außerhalb seines Wohnortes, zum Verkaufe gebracht,

und der verehelichten Schröder mehrere Ellen Hosenzeug und wollenes Band verkauft hat, ohne im Besitze eines Hausir-Gewerbescheins zu sein.

Der erste Richter erachtet jedoch den Angeklagten der Hausir-Gewerbesteuer-Kontravention nicht schuldig, weil die Schröder den Angeklagten aufgefordert habe, die gedachten Waaren ihr zum Verkaufe zu bringen, dieselben also bestellt gewesen seien.

Auf die Appellation des Polizei-Anwaltes hat das Königliche Appellations-Gericht zu Stettin eine neue Beweisaufnahme veranlaßt und den Angeklagten sodann mittelst Erkenntnisses vom 29. Juni 1860 unter Abänderung des ersten Erkenntnisses wegen Hausir-Gewerbesteuer-Kontravention zu einer Geldbuße von 48 Thalern, im Unvermögensfalle zu vier Wochen Gefängniß verurtheilt.

Der Appellations-Richter erachtet nämlich für erwiesen:

daß die verehelichte Schröder weder das Hosenzeug noch das Band, zu dessen Ueberbringung sie den Angeklagten aufgefordert hat, weder der Quantität noch der Qualität nach genau bezeichnet hat.

Unter der im § 2 des Hausir-Regulativs vom 28. April

1824 erwähnten Bestellung könne aber nur eine derartige Erklärung eines Kauflustigen verstanden werden, welche nur einer genehmigenden Erklärung des Verkäufers bedarf, um das Kaufgeschäft selbst perfekt werden zu lassen.

Als eine Bestellung in diesem Sinne könne es aber nicht gelten, wenn die Schröder den Angeklagten aufgefordert habe, er möge mit Hosenzeug und Band kommen.

Die vom Angeklagten gegen diese Entscheidung wegen unrichtiger Anwendung des Gesetzes eingelegte Nichtigkeitsbeschwerde muß für begründet erachtet werden.

Denn der zweite Richter nimmt nur deshalb an, daß eine Bestellung im Sinne des § 2 des Hausir-Regulativs vom 28. April 1824 nicht stattgefunden habe, weil dieselbe voraussetze, daß eine derartige Erklärung eines Kauflustigen vorliege, welche nur einer genehmigenden Erklärung des Verkäufers bedarf, um das Kaufgeschäft selbst perfekt werden zu lassen.

Dies ist aber nicht richtig.

Der § 2 des Hausir-Regulativs spricht nicht von Ueberbringung oder Uebersendung solcher Waaren, die schon verkauft sind, sondern von Waaren, die erst verkauft werden sollen.

Es kann daher bei Waarenbestellungen im Sinne des § 2 loco citato nicht verlangt werden, daß schon eine Verabredung über Qualität, Quantität und Preis der Waare zu Stande gekommen, oder daß doch vom Besteller eine in dieser Beziehung ganz bestimmte Aufforderung ergangen ist, vielmehr genügt es nach der Fassung und Absicht des Gesetzes zur Annahme, daß eine Bestellung im Sinne des § 2 des Hausir-Regulatis stattgefunden hat, wenn Jemand eine andere bestimmte Person auffordert, ihm Waaren zu bringen oder zu senden, und die letzteren wenigstens so individuell bezeichnet, daß sie von anderen Gegenständen gleicher Art unterschieden werden können, wie solches bereits in dem Erkenntnisse des Ober-Tribunals vom 9. Nov. 1844 in Sachen Behrendt wider den Königlichen Fiskus ausgesprochen ist (Präj. Nr. 1504).

Das angefochtene Erkenntniß unterliegt hiernach in Gemäßheit des Art. 107, Nr. 1 des Gesetzes vom 3. Mai 1852 der Vernichtung, und war die Sache zur anderweitigen Prüfung und Feststellung des Sachverhältnisses von dem in der gegenwärtigen Entscheidung angegebenen rechtlichen Standpunkte aus in die zweite Instanz zurückzuweisen.

Sen. f. Straf-Sachen (I. Abt.). Vors.: Hr. Präs. Dr. v. Schlieckmann. — Ref.: Hr. O. T. R. v. Holleben. — Antr. (entg.): Hr. O. St. A. v. Ingersleben.

---

1. Diebstahl. — Bezeichnung des Bestohlenen.
2. Diebstahl. — Gewahrsam des früheren Diebs.
3. Diebstahl. — Holz. — Wald.

1. Zur Feststellung eines Diebstahls bedarf es nicht nothwendig der Bezeichnung der Person des Bestohlenen [1]).

2. Auch dem Diebe kann die in seiner Gewahrsam befindliche gestohlene Sache durch einen Dritten wiederum gestohlen werden [2]).

StGB. § 215.

3. Wer „geschlagenes Holz" aus „einem Walde" stiehlt, unterliegt der Strafe des § 217, Nr. 3 des StGB., sollte der betreffende Wald auch nicht derjenige sein, in welchem das Holz ursprünglich geschlagen war [3]).

StGB. § 217, Nr. 3.

Erk. (Z. I.) v. 23. Nov. 1860 c. Koschke & Fischer. (1010. I. Cr.)

In der Untersuchung wider K. und F. hat das Ober-Tribunal für Recht erkannt:

---

[1]) Vgl. StGB. § 215 n. 14. In demselben Sinne erging: Z. I. 21. Dez. 1860 c. Penkert (1241). Hier ward die Hindeutung auf die Möglichkeit der Anwendbarkeit des § 228 des StGB. deshalb für unzutreffend erklärt, weil „es an jeder thatsächlichen Unterlage für die Anwendbarkeit dieses Ausnahmegesetzes ermangele."

[2]) Vgl. StGB. § 215 n. 16.

[3]) Vgl. StGB. § 217 Nr. 3 n. 8.

daß die gegen das Erkenntniß des Königlichen Appellations-Gerichts zu Frankfurt a. d. O. vom 21. Aug. 1860 eingelegte Nichtigkeitsbeschwerde der beiden Angeklagten zurückzuweisen und denselben auch die Kosten dieser Instanz aufzulegen.

Gründe.

Der erste Richter stellt gegen die Angeklagten fest, daß sie im November 1859 gemeinschaftlich aus der Schonung des Bauern Fischer zu Bahre drei und zwanzig Stück dort niedergelegtes geschlagenes kiefernes Astholz weggenommen haben, in der Absicht sich diese ihnen fremde Sachen rechtswidrig zuzueignen.

Der Appellations-Richter behält diese Feststellung bei, ergänzt sie aber mit Rücksicht auf den Einwand der Angeklagten in zweiter Instanz, daß nemlich der Besitz oder die Gewahrsam eines Dritten an diesem Holze nicht mehr bestanden habe, dahin:

daß die Angeklagten das Holz „einem Anderen, wenn schon Unbekannten" weggenommen haben.

Die Nichtigkeitsbeschwerde der Angeklagten gegen diese Feststellung und gegen die Anwendung des § 217 Nr. 3 auf dieselbe, ist unbegründet.

Zuvörderst ist es richtig, wie der Appellations-Richter annimmt, daß für den Zweck der Feststellung eines Diebstahls überhaupt die individuelle Ermittelung oder Bezeichnung der Person des Bestohlenen nicht nothwendig sei. Diese Person kann ungewiß sein. Es genügt aber, daß der Richter die Ueberzeugung habe, die Sache sei zur Zeit des Diebstahls nicht allein eine dem Diebe fremde, sondern auch in der Gewahrsam eines Dritten befindliche gewesen. Damit wird den Erfordernissen des § 215 des StGB. genügt.

Der Appellations-Richter stellt dies letztere aber fest.

Er erörtert die verschiedenen möglichen Fälle, unter denen das hier in Rede stehende Holz aus dem Königlichen

Forst nach der Fischer'schen Schonung gekommen sein könnte, und er kommt zu dem Resultate, daß dasselbe in der Königlichen Forst gestohlen war, und von dem Diebe oder den Dieben in der Fischer'schen Schonung niedergelegt sei.

Daß nun nach den landrechtlichen Vorschriften über Gewahrsam und Besitz im Titel 7, Theil I. auch dem Diebe an der gestohlenen Sache die Gewahrsam zusteht, daß also in soweit wiederum auch ein Diebstahl durch einen Anderen an der gestohlenen Sache in der Hand des Diebes verübt werden könne, unterliegt keinem Bedenken. Die Erörterung des Appellations-Richters in ihrem Zusammenhange ergiebt aber deutlich die Annahme desselben, daß auch im vorliegenden Falle die Diebe noch die Gewahrsam an jenem Holze in der Fischer'schen Schonung behalten haben.

In keinem Falle läßt sich mit der Nichtigkeitsbeschwerde diese Erörterung dahin auffassen, daß darin den Angeklagten der Beweis des Gegentheils, nämlich des Umstandes, daß die Diebe die Gewahrsam des Holzes bereits verloren gehabt hätten, aufgebürdet sei, vielmehr ist die Auffassung nur die, daß keine Umstände vorlägen um anzunehmen, daß die Diebe die ursprünglich gehabte Gewahrsam hinterher wieder verloren hätten. Der Dolus der Angeklagten in dieser Beziehung, also ihre Kenntniß der Gewahrsam, liegt schließlich in der Feststellung der Absicht rechtswidriger Zueignung.

Was nun die Anwendung des § 217 Nr. 3 betrifft, so steht nach dem Obigen allerdings fest, daß das Holz von seinem ursprünglichen Aufstellungsorte in der Königlichen Forst gestohlen und von den Dieben in der Fischer'schen Schonung — also unzweifelhaft wiederum in einem Walde — niedergelegt war, daß endlich dies Alles den Angeklagten bekannt gewesen ist.

Das Gesetz straft als qualificirten Diebstahl:

„wenn geschlagenes Holz aus dem Walde oder von der Ablage u. s. w. gestohlen wird."

Nichts deutet nun in dieser Fassung darauf hin, daß unter:

„dem Walde"

nur derjenige gemeint sei, in welchem das Holz ursprünglich geschlagen oder sonst zugerichtet worden sei, jedenfalls ist die Behauptung, daß die Fassung:

„aus dem Walde"

statt:

„aus einem Walde"

auf einen Unterschied zwischen den verschiedenen Orten, wo sich das Holz befinden könne, hindeute, eine verfehlte.

Der Zweck des Gesetzes, wie auch der ursprünglichen Vorschrift in § 1144, Tit. 20, Th. II des Allgemeinen Landrechts, und wie ferner mehrerer anderer in § 217 des StGB. enthaltener Strafbestimmungen, ist vielmehr nur der besondere Schutz von Sachen, welche nicht unter genauer Aufsicht gehalten werden können. Sind also die Sache und der Ort, wo sich dieselbe befindet, die im Gesetze bezeichneten, ist also, wie hier, die Sache:

„geschlagenes Holz,"

und der Ort, wo sie sich befindet, „ein Wald," so ist es gleichgültig, unter welchen Umständen die Sache an diesen Ort gelangt ist; der Schutz des Gesetzes folgt ihr vielmehr nach jedem anderen Walde.

Bei dieser rein objektiven Auffassung, welche also auch von dem Zwecke der Wegbringung von dem Orte der ersten Zurichtung und Aufstellung absieht, ist es sonach auch gleichgültig, ob die Sache lediglich durch einen Diebstahl an einen anderen Ort gebracht und dort noch in der Gewahrsam des Diebes selbst befindlich ist, sobald nur dieser Ort ein Wald ist.

Sen. f. Straf-Sachen, Abth. I. Vors.: Hr. Präs. Dr. v. Schlieckmann. — Ref.: Hr. O. T. R. Goltdammer. — Antr. (gleichl.): Hr. O. S. A. Hartmann.

Appellations-Richter. — Urtheil. — Gründe.

Der Appellations-Richter hat eine Entscheidung, durch welche er ein vom Appellanten wiederholt geltend gemachtes thatsächliches Moment als unerheblich beseitigt, genügend motivirt, wenn er in dieser Beziehung auf die vom Richter erster Instanz erwogenen Gründe verweist [1]).

Ges. v. 3. Mai 1853, Art. 31. 101.

Erk. (Z. II.) v. 22. Nov. 1860 c. Ritter. (353. II. Cr.)

In Erwägung,

daß der Appellations-Richter die thatsächliche Feststellung des ersten Richters unverändert beibehalten und zugleich erwogen hat, daß dieselbe, welche sich hauptsächlich auf das von dem Angeklagten bei seiner polizeilichen Vernehmung abgelegte Geständniß stütze, von dem Angeklagten zwar durch die bereits in erster Instanz vorgebrachte Behauptung, daß jenes Geständniß als ein freies nicht anzusehen sei, angefochten worden, daß diese Behauptung jedoch aus den schon in dem ersten Erkenntnisse angeführten Gründen nicht für begründet erachtet werden könne;

daß hiergegen von dem Angeklagten in seiner Nichtigkeitsbeschwerde dem Appellations-Richter der Vorwurf gemacht wird, daß derselbe, weil von ihm ohne eine eigene, selbstständige Begründung der Belastungsmomente und Prüfung der Entlastungsmomente und aus Abschneidung der Vertheidigungsmomente jene thatsächliche Feststellung des ersten Richters adoptirt worden, eine Entscheidung ohne Begründung abgegeben und zugleich gegen den Art. 108, Nr. 5 des Gesetzes vom 5. Mai 1852 verstoßen habe;

daß dieser Vorwurf jedoch ein völlig ungerechtfertigter ist, da jene Bezugnahme des Appellations-Richters auf die Gründe des ersten Richters eine hinlängliche, den Vor-

[1]) Vgl. Oppenhoff, Strafverfahren Art. 31 u. 41.

schriften des Art. 101 des Gesetzes vom 3. Mai 1852 entsprechende Motivirung seiner Entscheidung enthält, und sich dabei nicht absehen läßt, wie hierdurch für den Angeklagten eine unzulässige Abschneidung der Vertheidigung stattgefunden haben sollte; rc.

(Aus diesen Gründen Zurückweisung der Nichtigkeitsbeschwerde des Angeklagten.)

Sen. f. Straf-Sachen (II. Abth.). Vors.: Hr. Präs. Jähnigen. — Ref.: Hr. O. T. R. Sonnenschmidt. — Antr. (gleichl.): O. St. A. Oppenhoff.

Mahl- und Schlachtsteuer. — Einbringung. — Deklaration. — Defraudation.

Wenn Jemand beim Einbringen einer steuerpflichtigen Waare in eine mahl- und schlachtsteuerpflichtige Stadt die durch das Orts-Regulativ vorgeschriebene Gewichtsangabe zu geringe deklarirt, so unterliegt er der Defraudations-, nicht einer blossen Ordnungsstrafe.

Mahl- u. Schlachtsteuer-Ges. v. 30. Mai 1820 § 15 a. d. 17 a. b Steuer-Ordn. vom 8. Feb. 1819 § 60—62.

Erk. (Z. II.) v. 29. Nov. 1860 c. Friedrich. (305. II. Cr.)

Der Arbeitsmann Friedrich war, weil er

am 23. Jan. 1860 eine Ladung Roggenmehl in die Stadt Wittenberg eingebracht, und dieselbe an der Thorkontrolle um $1^1/_{16}$ Ctr. zu geringe an Gewicht deklarirt hatte,

von den Instanzgerichten zur Defraudationsstrafe verurtheilt worden. Seine Nichtigkeitsbeschwerde rügte Verletzung der oben citirten Gesetzesstellen, weil mit Unrecht die unrichtige Gewichtsangabe der gänzlich unterlassenen gleich gestellt worden sei. Die General-Staats-Anwaltschaft hielt diese Beschwerde für begründet, weil die von den Instanzrichtern in Bezug genommenen § 172 des Gesetzes vom 30. Mai 1820 und der dort in Bezug genommene § 60 nur die Strafe, nicht den Thatbestand der Defraudation bestimmten, der letztere vielmehr aus § 15 a und d entnommen werden müsse, hier aber nur die Unterlassung der Anzeige als Defraudation qualifizirt sei; dazu komme, daß § 60 der Steuer-Ordnung nur von Brauern und Branntweinbrennern, sowie von Gewerbshandlungen spreche, und daß der citirte § 17 b jenen diejenigen Gewerbtreibenden gleich stelle, welche die Mahl- und Schlachtsteuer zu entrichten schuldig seien.

Das Ober-Tribunal hat indessen die Nichtigkeitsbeschwerde zurückgewiesen, indem es erwog:

daß die Nichtigkeitsbeschwerde eine Verletzung der §§ 60—62 und 83 der Steuer-Ordnung vom 8. Febr. 1819, sowie der §§ 15 d und 17 a und b des Mahlsteuer-Gesetzes vom 30. Mai 1820 um deswillen behauptet, weil in dem angefochtenen Erkenntnisse eine unrichtige Gewichtsangabe einer unterlassenen gleichgestellt, und gleich jener bestraft werde, während doch nach dem Gesetze nur die Unterlassung der Anzeige als Defraude mit Strafe bedroht sei, und die im § 17 des Mahlsteuer-Gesetzes enthaltene Bezugnahme des § 60 der Steuer-Ordnung lediglich andere Fälle betreffe;

daß aber der § 17 b. c ausdrücklich verfügt, daß außer der Konfiskation der Waaren auch die Strafen eintreten sollen, welche in dem § 60 u. f. der Steuer-Ordnung auf die Uebertretung der gesetzlichen Vorschriften zur Gefährdung der Steuer angedroht sind, und der § 60 der Steuer-Ordnung eben so ausdrücklich die Strafe der Defraudation sowohl für den Fall der gänzlich unterlassenen, als auch für den Fall der unrichtigen Deklaration androht, so daß nicht abzusehen ist, wie das angefochtene Urtheil eines der angeführten Gesetze verletzt haben könnte, zumal da bei Deklaration eines zu geringen Gewichts hinsichtlich des mehr vorhandenen eine Unterlassung der Anzeige wirklich vorhanden ist;

daß hierbei die Bemerkung in der Nichtigkeitsbeschwerde, daß sonst auch die Angabe eines zu hohen Gewichtes eine Defraudation darstellen würde, als zutreffend nicht angesehen werden kann, da die Angabe eines zu hohen Gewichtes wohl eine Ordnungswidrigkeit, niemals aber eine Defraudation darstellen kann, indem nur bei der Deklaration eines zu geringen Gewichtes die Differenz zwischen dem angegebenen und dem wirklichen Gewichte sich als nicht deklarirt betrachten läßt;

daß endlich die Behauptung der Nichtigkeitsbeschwerde, als erachteten die Steuerbeamten willkürlich und ohne Bestimmung des Gesetzes eine Differenz von einigen Pfunden zwischen dem deklarirten und dem wirklichen Gewichte für zulässig, jeder Begründung entbehrt, da das Mahlsteuer-Gesetz (§ 4 c und § 15 b) ausdrücklich das zulässige Quantum des Uebergewichtes bestimmt.

Sen. f. Straf-Sachen (II. Abth.). Vors.: Hr. Präs. Jähnigen. — Ref.: Hr. O. T. R. Göbel. — Antr.: O. St. A. Oppenhoff.

Verleumdung. — Vertheidigung von Gerechtsamen. — Beleidigende Absicht. — Meinungs-Aeußerung.

1. Eine zur Ausführung oder Verleumdung von Gerechtsamen vorgebrachte Verleumdung ist als solche strafbar, sobald dabei die Absicht zu beleidigen obgewaltet hat [1]).

StGB. § 156. 154.

2. Auch die Aeußerung einer bloßen „Meinung" welche objektiv die Bezüchtigung einer Strafthat in sich schließt, ist geeignet, den Thatbestand der Verleumdung darzustellen [2]).

StGB. § 156.

Erk. (I. Abth.) v. 30. Nov. 1860 c. Bernkopf. (875. I. Cr.)

Die Zurückweisung der Nichtigkeitsbeschwerde des wegen Verleumdung verurtheilten Angeklagten stützt sich auf folgende Gründe:

---

[1]) Vgl. StGB. § 156 n. 21. Im ähnlichen Sinne erging: Beschl. I. 2. März 1860 c. Hentzschel (34. B. I.).

[2]) Vgl. StGB. § 156 n. 8.

Die vom Appellations-Richter beibehaltene thatsächliche Feststellung des ersten Richters, welche dahin geht,

daß der Angeklagte in einer von ihm unterschriebenen Klage, welche er am 4. Mai 1859 gegen die X. angestellt, sich der Worte bedient habe:

die Verklagte selbst hat einen Eid geleistet, den sie zu schwören mit gutem Gewissen nicht im Stande war;

daß in dieser Aeußerung die Behauptung einer unwahren Thatsache in Beziehung auf einen Anderen liege, welche denselben in der öffentlichen Meinung der Verachtung aussetzen müsse, und hierin nicht bloß vom objektiven, sondern auch vom subjektiven Standpunkte des Angeklagten aus eine Verleumdung desselben gegen die X. enthalten sei, letzteres namentlich aus der Stellung der Worte und dem Umstande folge, daß der Angeklagte sich sehr wohl anderer Ausdrücke hätte bedienen können, so wie endlich aus der Wahl der Worte selbst erhelle, hiernach aber aus den Umständen und aus der Form, wie die Aeußerung erfolgt, hervorgehe und angenommen werden müsse, daß der Angeklagte die Absicht gehabt habe, die X. beleidigen zu wollen,

enthält nicht nur die wesentlichen Merkmale des im § 156 des StGB. vorgesehenen Vergehens der Verleumdung, sondern auch die Voraussetzung, unter welcher die durch den § 154 daselbst begründete Straflosigkeit wegfällt.

Wenn dagegen die Nichtigkeitsbeschwerde auszuführen sucht, daß die incriminirte Aeußerung zur Ausführung respective Vertheidigung der Gerechtsame des Imploranten objektiv nothwendig gewesen, und daß er sie von seinem subjektiven Standpunkte aus auch für nothwendig oder erforderlich gehalten, respektive habe halten können: so ist diese Ausführung nicht geeignet, die behauptete Verletzung der § 156 und 154 cit. zu begründen, da sie lediglich gegen die im entgegengesetzten Sinne gemachte, und auch ausreichend motivirte Feststellung der Instanzrichter ergeht, Angriffe auf die thatsächliche Feststellung der Vorderrichter vom faktischen Standpunkte aus in der Nichtigkeitsinstanz aber nicht zulässig sind.

Die Behauptung des Imploranten, daß von einer Verleumdung nicht die Rede sein könne, weil er nur an die wahre Thatsache der Leistung eines Eides die Folgerung oder die Meinung angeknüpft habe,

> daß die rc. Verklagte den Eid nicht mit gutem Gewissen schwören könne,

also auch nach dieser Richtung hin gegen die Voraussetzungen des § 156 cit. gefehlt sei, ist als richtig nicht anzuerkennen. Denn es ist dem Appellations-Richter darin beizupflichten, daß auch die Aeußerung einer bloßen Meinung, welche objektiv die Bezüchtigung eines Meineides in sich schließt, dann Verleumdung bleibt, wenn die Falschheit der Eidesleistung nicht bewiesen, und überdem die Absicht der Beleidigung aus den Umständen entnommen, also der gute Glaube, welcher nach § 154 des StGB. den Ausschluß der Verleumdung rechtfertigen könnte, thatsächlich verneint ist.

Auf den festgestellten Thatbestand ist also § 156 des StGB. richtig angewendet und darnach ebenso wenig gegen § 154 ibid. verstoßen.

Sen. f. Straf-Sachen (I. Abth.). Vors.: Hr. Präs. Dr. v. Schlieckmann. — Ref.: Hr. O. T. R. Weisgerber. — Antr.: Hr. O. St. A. Hartmann.

Punktation. — Notarial-Akt. — Stempel-Verwendung.

Es bedarf der Verwendung eines Stempels zu einer Punktation nicht, wenn innerhalb der vierzehntägigen Frist ein notarieller Akt über dasselbe Rechtsgeschäft aufgenommen worden ist, sollte dieser letztere auch in einzelnen Punkten vom Inhalte der Punktation abweichen, sobald nur

nicht ein neues Rechtsgeschäft an die Stelle des früher beschlossenen getreten ist [1]).

Stemp.-Ges. v. 7. März 1822 § 12. 22.
A. K. O. v. 19. Juni 1834 (G. S., S. 81).
A. K. O. v. 24. Nov. 1835 (v. Kamptz Jahrb. 46, S. 561).
A. K. O. a. 28. Okt. 1836 (G. S., S. 308).

Erk. (Z. II.) v. 22. Nov. 1860 c. v. Westernhagen u. Gen.
(339. II. Cr.)

In der Untersuchung ꝛc. hat das Königliche Ober-Tribunal ꝛc. (in Uebereinstimmung mit dem Antrage der General-Staats-Anwaltschaft) für Recht erkannt:

daß die gegen das Erkenntniß des Criminal-Senats des Königlichen Appellations-Gerichts zu Halberstadt vom 15. Juni 1860 eingewandte Nichtigkeitsbeschwerde zurückzuweisen und die Kosten des Rechtsmittels niederzuschlagen.

Gründe:

In einer am 26. Dezember 1858 aufgenommenen, von den beiderseitigen Kontrahenten unterschriebenen Punktation verpachtete der Kreis-Richter von Westernhagen an vier Einwohner zu Hundeshagen, Ignaz Fuhrmann, Johann Zellermann, Wilhelm Kruse und Wilhelm Müller, auf zwölf Jahre, für ein jährliches Pachtgeld von 160 Thalern, zu dessen Zahlung sich die Pächter solidarisch verpflichteten, Feldgrundstücke, welche näher beschrieben wurden und von welchen einen Theil einer jener Pächter, nämlich Ignaz Fuhrmann, schon bis dahin in Pacht gehabt hatte. Letzterer gab dabei zugleich das Anerkenntniß

---

[1]) Nach einem B. I. 7. März 1860 c. Peter (217; Goltd. Arch. 8, S. 399) thuen die Parteien genug, wenn sie innerhalb der vierzehntägigen Frist die ungestempelte Punktation einem Gerichte oder Notar zum Zwecke der Aufnahme eines förmlichen Aktes überreichen. Selbst wenn es demnächst zu dieser Aufnahme nicht kommt, weil eine schließliche Einigung nicht erfolgt, bleiben jene straflos, weil das Gericht (der Notar) unbedingt für die Beikassirung des Stempels zu der eingereichten Punktation zu sorgen hatte.

ab, daß er 82 Thaler an Pachtgeldern noch verschulde; auch wurde in der Punktation gesagt, daß der Pachtkontrakt notariell aufgenommen und dabei der, bereits über ein Pertinenzstück des qu. Grundstücks mit dem Ignaz Fuhrmann aufgenommene Vertrag zu Grunde gelegt werden solle. Die notarielle Aufnahme eines, eben jene Grundstücke betreffenden, dieselbe Dauer der Pacht, dasselbe Pachtgeld, unter solidarischer Verhaftung der Pächter, und sonst dieselben Bedingungen bestimmenden Pachtkontrakts, zu welchem hiernächst — wie der Richter erster Instanz angeführt hat — bei der Ausfertigung der (gesetzliche) Stempel verwendet worden, ist auch nach der von dem Ober-Staats-Anwalte zu den Akten eingereichten Ausfertigung des Neben-Exemplars, am 31. Dezember 1858 von dem Notar Justizrath H. zwischen den genannten Personen, jedoch mit der Abänderung, daß auf Seiten der Pächter noch eine fünfte Person, nämlich der Musikus Knauff, vertreten durch seine mit Vollmacht versehene Ehefrau, als Mitpächter hinzutrat, und ohne daß in diesem Vertrage jener Punktation vom 26. Dezember 1858 und des darin von dem Ignaz Fuhrmann abgegebenen Anerkenntnisses eines Pachtgelder-Restes Erwähnung geschah, aufgenommen worden und zwar, wie dies der Appellations-Richter in der vorliegenden Untersuchung für erwiesen angenommen hat, nachdem jene Punktation auf Auftrag der (darin benannten Kontrahenten, der jetzigen) Angeklagten, dem Justizrath H. zur Rekognition — oder, wie es vorher und weiterhin heißt, „zur Verlautbarung" — vorgelegt worden war.

Die gedachte Punktation ist hiernächst in einem Prozesse des Kreis-Richters von Westernhagen gegen den Ignaz Fuhrmann als Beweismittel, für das darin von dem letzteren abgegebene Anerkenntniß eines Pachtgelder-Rückstandes producirt worden, und, weil zu derselben der gesetzliche Stempel nicht verwendet, auch nicht zeitig nachgebracht und kassirt sei, ist gegen den rc. von Westernhagen und die in der Punktation aufgeführten, oben genannten vier Pächter die Untersuchung wegen Stempelsteuer-Defraudation eröffnet worden. In dieser verurtheilte der erste Richter, der Einzelrichter des Kreisgerichts zu Worbis am 13. März 1860 jeden der fünf Angeklagten zu 26 Thaler Geldstrafe, indem er die zu. Punktation für rechtsbeständig erachtete und der Ansicht war, daß, wenn auch zwischen dem Datum der Punktation (vom 26. Dezember 1858) und dem Notariats-Kontrakte (vom 31. Dezember 1858) der vierzehntägige Zwischenraum, binnen welchem der tarifmäßige Stempel gelöset werden könne, gewahrt sei, doch auf diesen Notariats-Kontrakt, sowie auf die (dazu) erfolgte Verwendung des Stempels, keine Rücksicht genommen werden könne, weil in diesem Notariats-Kontrakte nicht dieselben Kontrahenten, wie sie in der Punktation genannt, geblieben, vielmehr darin noch eine fünfte Mitpächterin, die Ehefrau des Musikus Knauff aufgeführt wäre, daher angenommen werden müsse, daß dieser Notariats-Kontrakt ein ganz neuer sei.

Auf die Appellation der Angeklagten ist jedoch, nachdem anderweite Beweisaufnahme durch Vernehmung eines Zeugen stattgehabt hatte, auf den nach dieser Beweisaufnahme in dem zweiten Audienztermine zweiter Instanz gemachten Antrag des Ober-Staats-Anwalts behufs Wiederholung der Beweisaufnahme die Punktation vom 26. und den Vertrag vom 31. Dezember 1858 zu verlesen, nach welchen Schriftstücken, wie angeführt wurde, vor dem Notar ein ganz anderer Vertrag als der in der Punktation niedergelegte, zwischen den Kontrahenten abgeschlossen sei, da eine in der Punktation nicht mit aufgeführte Person, die verehelichte Fuhrmann, als Pächterin mit aufgestellt und das in der Punktation enthaltene Anerkenntniß des Mitkontrahenten Ignaz Knauff, über rückständige Pachtgelder nicht mit aufgenommen wäre, aber nicht eingegangen war — von dem Kriminal-Senat des Appellations-Gerichts zu Halberstadt am 15. Juni 1860 das erste Erkenntniß unter Freisprechung der Angeklagten von der ihnen zur Last gelegten Stempeldefraudation abgeändert worden.

Die Gründe dieser Freisprechung sind dahin angegeben:

als erwiesen müsse nach der stattgehabten anderweiten Beweisaufnahme angenommen werden, daß die betreffende Punktation auf Auftrag der Angeklagten dem Justizrath H. zur Rekognition vorgelegt sei,

hiernach sei es aber, mit Rücksicht auf die gesetzlichen Bestimmungen der Kabinets-Ordre vom 19. Juni 1834, des Gesetzes über die Stempelsteuer vom 7. März 1822 § 12 und 22 alin. 14, der Kabinets-Ordre vom 28. Okt. 1836 Nr. 1 und 4 der Ministerial-Verfügung vom 5. Nov. 1846 (JMBl. S. 191) und vom 19. März 1858 (JMBl. S. 122) und der Kabinets-Ordre vom 24. Nov. 1835 (von Kamptz Jahrb., Bd. 46. S. 560) auch die Pflicht des rc. H. gewesen, für den dazu erforderlichen Stempel zu sorgen,

dieser allein also und nicht die Angeklagten habe sich eines Vergehens gegen die §§ 12 und 22 des Gesetzes vom 7. März 1822 schuldig gemacht,

unerheblich bleibe es dabei und könne dahin gestellt bleiben, ob durch das Hinzutreten der verwittweten (verehelichten?) Knauff ein neuer anderweitig stempelpflichtiger Vertrag entstanden und zu diesem der nöthige Stempel verwendet sei, da es genüge, daß dem Notar die Punktation zur Verlautbarung vorgelegt sei, indem nach der allgemeinen Verfügung vom 27. Nov. 1835 (Jahrbücher, Bd. 46. S. 561) die Ueberweisung (Ueberreichung?) einer weder gerichtlich noch von einem Notar aufgenommenen Punktation an einen Richter oder Notar binnen der Frist von vierzehn Tagen mit dem Auftrage (Antrage) auf gerichtliche oder notarielle Vollziehung die Verwirkung einer Stempelstrafe gegen die Aussteller ausdrücklich ausschließe, aber in diesen Fällen die Richter resp. Notare verpflichtet seien, für die Einziehung des Stempels von Amtswegen ebenso Sorge zu tragen, wie es die Allerhöchste Kabinets-Ordre vom 19. Juni 1834 ad 3 und 4 vorschreibe, den Angeschuldigten könne hiernach die von ihnen begangene Verabsäumung als eine strafbare Kontravention nicht angerechnet werden.

Gegen dieses Erkenntniß hat der Ober-Staats-Anwalt zu Halberstadt die von ihm bereits am 17. Juni 1860 angemeldete Nichtigkeitsbeschwerde in einer Schrift eingelegt, welche, nachdem ihm die Akten mit der Urtelsausfertigung am 2. Juli zugestellt waren, am 8. Juli eingegangen ist.

In dieser wird, unter Bezugnahme auf Art. 107 Nr. 1 des Gesetzes vom 3. Mai 1852, dem Appellations-Richter vorgeworfen, durch seine (obige) Ausführung die §§ 12 und 22 des Gesetzes vom 7. März 1822 die Vorschriften unter Nr. 1 und 4 der Kabinets-Ordre vom 28. Okt. 1836 (GS. S. 308) und Nr. 1 der Kabinets-Ordre vom 19. Juni 1834 (GS. S. 81) verletzt zu haben.

Die Beschwerde ist unbegründet.

Pachtverträge gehören zu den Rechtsgeschäften, zu welchen es, wenn und soweit sie schriftlich eingegangen worden — unter den gesetzlichen Maaßgaben, mithin auch so weit zu ihrer Gültigkeit schon die schriftliche Form allein genügt, (Allgemeines Landrecht I. 21 § 401—407, Plen. Präj. Nr. 48, Sammlung I. S. 128 und Präj. Nr. 527 (Entsch. Bd. 4. S. 117—126)) eines Urkundenstempels (Plen. Präj. Nr. 233 vom 9. März 1857, Entsch. Bd. 36. S. 430—442) bedarf, der jedoch ein Procent- oder Werthstempel ist, d. h. dessen Höhe sich nach dem Werthsbetrage des Gegenstandes des Rechtsgeschäfts bestimmt (Gesetz vom 7. März 1822 § 6. 22 Absatz 5. § 13). Stempelpflichtige Verhandlungen sollen in der Regel auf das erforderliche Stempelpapier selbst geschrieben werden (§ 12); auch sind Punktationen wie Verträge über denselben Gegenstand zu besteuern, wenn sie deren Stelle vertreten (Tarif verbo „Punktationen“), selbst dann, wenn in der, eine Klage auf Erfüllung begründenden Punktation die Ausfertigung einer förmlichen Vertragsurkunde vorbehalten ist (Kabinets-Ordre vom 19. Juni 1834 Nr. 1. GS. S. 81). Das Gesetz läßt jedoch zu, daß der zu der Verhandlung erforderliche, dazu nicht sofort verwendete Stempel, noch innerhalb vierzehn Tagen nachgebracht und durch die Behörde oder den Stempelvertheiler dazu kassirt werde (Gesetz vom 7. März 1822 §§ 12 und 24), und in gleicher Beziehung hat hinsichts von Punktationen der gedachten Art, die Kabinets-Ordre vom 24. Nov. 1835 (von Kamptz Jahrb. Bd. 46. S. 563) bestimmt, daß die Verwirkung einer Stempelstrafe ausgeschlossen werde, wenn die Punktation innerhalb vierzehn Tage nach ihrer Errichtung an einen Notar mit dem Antrage auf notarielle Vollziehung überreicht wird, sowie daß dann der Notar für die Einziehung des Stempels — nämlich wie der Eingang der Ministerial-Verfügung vom 27. Nov. 1835 ergiebt, des Stempels, welcher zu dem Rechtsgeschäfte, über welches die Punktation errichtet war, erforderlich ist — ebenso Sorge zu tragen habe, wie die Kabinets-Ordre vom 19. Juni 1834 Nr. 3 und 4 dies bei von Notarien selbst aufgenommenen Verträgen vorschreibt.

In dem vorliegenden Falle war nun, nach den von der Staats-Anwaltschaft selbst zur Begründung der Anklage in Bezug genommenen und (resp. abschriftlich) eingereichten Urkunden, in der Punktation vom 26. Dez. 1858 schon gesagt, daß der Pachtvertrag — das Rechtsgeschäft, über welches vorläufig die Punktation errichtet war — notariell aufgenommen werden solle, und es ist über denselben Gegenstand, über dasselbe Rechtsgeschäft, unter denselben Bedingungen, zwischen denselben Personen, bereits am 31. Dez. 1858 der notarielle Vertrag aufgenommen. Denn daß dieser Vertrag bloß dadurch, daß auf Seiten der Pächter noch eine fünfte Person als Mitpächter aufgenommen, sowie dadurch, daß das bloß beiläufig abgegebene, zu dem eigentlichen Gegenstande der Punktation gar nicht gehörige Anerkenntniß des Ignaz Fuhrmann über einen Schuldrest von 82 Thalern in dem notariellen Vertrage nicht mit erwähnt wurde, nicht zu einem ganz neuen Rechtsgeschäfte wurde, ergiebt sich aus den gesetzlichen Vorschriften des

Allgemeinen Landrechts I. 16 § 454. 461 (vgl. I. 11 § 412. I. 14 § 399 ss., I. 16 § 262. 264). Es war vollkommen der Anweisung des § 36. Th. II. Tit. 2 der Allgemeinen Gerichts-Ordnung, auf welche der, durch das Gesetz vom 11. Juli 1845 (GS. S. 494 § 45) nicht aufgehobene § 48. Th. III. Tit. 7 der Allgemeinen Gerichts-Ordnung, die Notarien verweiset, entsprechend, wenn am 31. Dez. 1858 der instrumentirende Notar, nach Vernehmung der Parteien über ihre wahre Absicht und Meinung, nach dieser den Pachtvertrag aufnahm, und sodann für die Beschaffung des Stempels zu diesem Rechtsgeschäfte, welcher Stempel, wie der Richter erster Instanz schon angegeben hat, dazu auch verwendet worden ist, Sorge trug. Auch der Appellations-Richter hat, wenn er in seiner Feststellung angegeben hat, es sei die betreffende Punktation auf Auftrag der Angeklagten dem Justizrath H. zur Rekognition vorgelegt, unter dieser „Rekognition" nicht eine bloße Rekognition der Unterschriften, vielmehr, wie der Zusammenhang seiner Gründe ergiebt, die notarielle Aufnahme oder Vollziehung verstanden; er bezeichnet sie vorher und nachher als eine „Verlautbarung" und demnächst durch Bezugnahme auf die, den Inhalt der Kabinets-Ordre vom 24. Nov. 1835 angebende Ministerial-Verfügung vom 27 ejd. als eine „Vollziehung."

Bedurfte es nun aber zu der in Rede stehenden Punktation, neben dem zu dem, dasselbe Rechtsgeschäft betreffenden notariellen Pachtvertrage vom 31. Dez. 1858 verwendeten Procent- oder Werthstempel, nicht weiter eines Stempels, so ist die Freisprechung der Angeklagten gerechtfertigt; es sind durch selbige die von dem Imploranten als verletzt bezeichneten Gesetze nicht verletzt, daher die Nichtigkeitsbeschwerde zurückzuweisen war.

Sen. f. Straf-Sachen (II. Abth.). Vors.: Hr. Präs. Jähnigen. — Ref.: Hr. O. T. R. Stosch. — Antr.: O. St. A. Oppenhoff.

Rechts-Anwalt. — Legalisirung. — Dienen beiden Parteien.

Ein Rechts-Anwalt, welcher die Prozeßschriften für beide gegenüber stehende Parteien durch seine Unterschrift legalisirt, ist dadurch beiden bedient.

AGO. III. 7 § 26 d.

Erk. (I. Civ. Sen.) v. 7. Dez. 1860 c. Rechts-Anw. S. (262. D.)

Der Rechts-Anwalt S. war durch ehrenräthliches Erkenntniß zu einer Disziplinarstrafe verurtheilt worden; er legte Berufung ein, und machte u. A. geltend, das ihm zur Last gelegte Legalisiren der Prozeßschriften für beide gegenüberstehende Parteien sei nicht unerlaubt. Das Ober-Tribunal hat aber das erste Erkenntniß bestätigt, und zur Begründung angeführt:

Dadurch, daß der Angeschuldigte vielfach in Prozessen die Prozeßschriften für beide einander gegenüberstehende Parteien durch seine Unterschrift legalisirte, hat er gegen die Bestimmung des § 26 d. Th. III. Tit. 7 der Allgemeinen Gerichts-Ordnung verstoßen, welche verbietet, daß ein Rechts-Anwalt beiden Parteien in derselben Prozeßsache bedient sei. Daß aber der Rechts-Anwalt, welcher für eine Partei Prozeßschriften unterzeichnet, derselben bedient ist, kann nach den Bestimmungen der Verordnung vom 21. Juli 1846 in den §§ 3. 4. 7. 21 und 33 nicht bezweifelt werden, weil danach die Unterzeichnung der Prozeßschriften durch einen Rechts-Anwalt für Privatpersonen, welche nicht zum Richteramte befähigt sind, ein nothwendiges Erforderniß der Zulassung solcher Prozeßschriften ist, und weil danach der Rechts-Anwalt, welcher eine Klage, Klagebeantwortung oder andere Prozeßschriften unterzeichnet, für den Inhalt derselben ebenso verantwortlich ist, als wenn er die Schrift selbst abgefaßt hätte. Legt das Gesetz einerseits den Privatparteien, die nicht zum Richteramt befähigt sind, die Verpflichtung auf, ihre Prozeßschriften von einem Rechts-Anwalt unterzeichnen zu lassen, und macht es andererseits den Rechts-Anwalt für den Inhalt der von ihm unterzeichneten Prozeßschrift verantwortlich, so folgt daraus von selbst, daß der Rechts-Anwalt die von ihm zu unterzeichnende Schrift in formeller und materieller Beziehung ebenso genau zu prüfen hat, als wenn er sie selbst verfaßt hätte.

I. Civ.-Senat. Vors.: Hr. Erster Präs. Staats-Min. Uhden. — Antr. Hr. O. St. A. v. Ingersleben.

Zeuge. — Vereidung. — Nachträgliche Bekundung.

Nichtigkeit tritt ein, wenn ein Zeuge, nachdem er seine abgegebene Aussage beeidigt, oder ihre Wahrheit auf den früher geleisteten Eid versichert hatte, nachträglich noch fernere Bekundungen macht, diese aber nicht in gleicher Weise beeidet werden [1]).

Cr. Ordn. § 332. 333. 351; Verordn. v. 3. Jan. 1849 § 55.

Erk. (B. II.) v. 20. Dez. 1860 c. Nathans u. Gen. (12. II. Cr. 1861.)

In Erw., daß nach der Bestimmung des § 22 der Verordnung vom 3. Jan. 1849 in Verbindung mit dem § 332 der Crim.-Ordnung jede Zeugenaussage, wenn sie als Beweismittel dienen soll, eidlich bestärkt werden muß;

daß nach § 333 ibid. die Vereidung der Zeugen nach erfolgter Deposition zu bewirken ist, insofern nicht bei deren Vernehmung Gründe der gänzlichen Unglaubwürdigkeit entdeckt worden sind und deshalb von jeder Vereidung Abstand zu nehmen ist;

daß endlich nach § 55 der citirten Verordnung die schon in der Voruntersuchung eidlich vornommenen Zeugen bei ihrer nochmaligen Vernehmung nicht auf's neue vereidet, sondern auf den geleisteten Eid verwiesen werden sollen;

daß nun bei der Schwurgerichts-Verhandlung gegen die Imploranten nach Ausweis des Protokolles zwar im Allgemeinen demgemäß verfahren worden ist, indem die ein-

---

1) Vgl. Strafverf. § 55 u. 23. 31.

zelnen Zeugen und Sachverständigen nach geschehener Vernehmung auf ihre bereits geschehene Eidesleistung verwiesen worden sind;

daß jedoch die zuerst vernommenen acht Zeugen resp. Sachverständigen, nachdem dieselben ihre ersten Aussagen bereits auf ihren früher geleisteten Eid genommen, nachträglich wieder vorgerufen worden sind, und auf Befragen weitere Aussagen abgegeben haben, ohne desfalls von Neuem beeidigt oder auf den geleisteten Eid verwiesen worden zu sein;

daß mithin jene zusätzlichen Aussagen nicht als eidlich bekräftigte angesehen werden können, indem die vorhergegangenen Eidesverweisungen sich nach der im § 333 der Kriminal-Ordnung enthaltenen Eidesformel ebenwohl nur auf die bereits abgegebenen, nicht auch auf künftighin etwa abzugebende Depositionen bezogen haben, da jene Eidesformel lediglich einen assertorischen, nicht aber einen promissorischen Charakter hat, übrigens auch das Gericht selber nach § 333 und 351 ibid. bei jeder nachträglichen Vernehmung jedesmal zu prüfen hatte, ob etwa die betreffende Aussage wegen gänzlicher Unglaubwürdigkeit von der Vereidung förmlich auszuschließen sei.

Aus diesen Gründen Vernichtung und Zurückverweisung.

Sen. f. Straf-Sachen (II. Abth.). Vors.: Hr. Präs. Jähnigen. — Ref.: Hr. O. T. R. Reichensperger. — Antr. (gleichl.): O. St. A. Oppenhoff.

Hauptverhandlung. — Nähere Ermittlungen. — Vor-Untersuchung. — Angeklagter rc. — Anwesenheit.

1. Wenn das erkennende Gericht zur besseren Aufklärung und Vorbereitung nähere Ermittlungen anordnet, so wird die Sache dadurch nicht in das Stadium der Vor-Untersuchung zurückver-

setzt; sie bleibt vielmehr bei jenem anhängig, ein neuer Eröffnungs- oder Vertagungs-Beschluß findet nicht statt [1]).

2. Der Angeklagte und sein Vertheidiger haben kein Recht, bei den Vernehmungen, welche zum Zwecke der so angeordneten Ermittlungen statt finden, zugegen zu sein [2]).

Verordn. v. 3. Jan. 1849 § 21.

Beschl. (II. Abth.) v. 12. Juli 1860 c. Stackfleth (47. B. II. Cr.).

In einer schwurgerichtlichen Verhandlung hatte der Gerichtshof eine Vertagung eintreten lassen, und verordnet, daß in der Zwischenzeit verschiedene für nöthig erachtete nähere Ermittlungen bewirkt werden sollten. Den demgemäß veranlaßten Vernehmungen wollte der Vertheidiger beiwohnen, und ergriff, als dieser Antrag abgelehnt wurde, gegen die betreffende Verfügung die Beschwerde an das Ober-Tribunal, ward indessen von diesem folgendermaaßen beschieden:

„Was den Theil Ihres Antrages betrifft, welcher dahin gerichtet ist, Sie als Vertheidiger des Angeklagten St. bei den weiteren gerichtlichen Verhandlungen mit dem Angeklagten oder mit den Zeugen zuzuziehen, so erscheint es als vollkommen gerechtfertigt, daß Sie mit demselben durch die von Ihnen angefochtenen Verfügungen zurückgewiesen worden sind. Denn durch den in dem Audienz-Termine vom 15. Mai d. J. verkündeten Beschluß des Königlichen Schwurgerichtshofes zu Stendal ist die Verhandlung der wider den Angeklagten St. wegen Urkundenfälschung und Unterschlagung anhängigen Schwurgerichtssache vertagt worden, weil diese Sache einer näheren, in dem Audienz-Termine nicht zu beschaffen gewesenen Aufklärung bedarf. Die in Folge dessen von Seiten der Königlichen Staats-Anwaltschaft zu veranlassenden Ermittlungen und durch den Untersuchungs-Richter zu bewirkenden Verneh-

[1]) Vergl. Strafverf. § 11 n. 11; Art. 30 n. 34; § 42 n. 15; § 43 n. 49; § 44 n. 11; § 77 n. 3; § 78 n. 42.

[2]) Vgl. ibid. § 14 n. 36; § 21 n. 15.

mungen liegen ganz außerhalb des Hauptverfahrens, auf welches allein nur Ihre Funktionen als Vertheidiger des Angeklagten sich beziehen. Es sind jene Ermittlungen und Vernehmungen auch nicht aus dem Gesichtspunkte einer allerdings nicht zulässigen Wiederaufnahme der Vor-Untersuchung zu betrachten, das Wesen und die Bedeutung derselben als bloßer Scrutinial-Verhandlungen bringt es aber von selbst mit sich, daß Sie dabei als Vertheidiger des Angeklagten nicht konkuriren können. Ihr Verlangen zu diesen Verhandlungen in ihrer gedachten Eigenschaft zugezogen zu werden, ist daher mit Recht zurückgewiesen, weshalb Sie auch mit Ihrer hierüber geführten Beschwerde als nicht begründet, wie hierdurch geschieht, zurückgewiesen werden müssen."

Gleichzeitig erließ das Ober-Tribunal an das betreffende Kreis-Gericht folgende Verfügung:

Abschrift der vorstehenden Verfügung wird dem Königlichen Kreis-Gericht hierdurch nachrichtlich und mit dem Bemerken zugefertigt, daß die jetzt in dieser von dem Königlichen Schwurgerichtshofe daselbst einstweilen vertagten Schwurgerichtssache zu veranstaltenden Ermittlungen nicht so angesehen werden können, als sei die Vor-Untersuchung behufs deren Ergänzung wieder aufgenommen. In das Stadium der Vor-Untersuchung kann eine Schwurgerichtssache, sobald auf Grund des Anklagebeschlusses die Anklage erhoben worden, nicht wieder zurückversetzt werden. Wenn während des Laufes des Hauptverfahrens und zwar außerhalb desselben, zur besseren Aufklärung der Sache besondere Ermittlungen und Verhandlungen nöthig werden, so hört darum die Sache nicht auf, bei dem Schwurgerichtshofe, wohin sie verwiesen ist, anhängig zu bleiben und wie nach Beendigung jener Ermittlungen und Verhandlungen nicht die Fassung eines neuen oder auch nur zu ergänzenden Anklagebeschlusses in Frage kommen kann, so tritt alsdann das auf Grund der einmal erhobenen Anklage anhängige Hauptverfahren von selbst wieder ein und muß zu dem Ende ohne Weiteres ein anderweitiger Audienz-Termin anberaumt werden.

Sen. f. Straf-Sachen (II. Abth.). Vors.: Hr. Präs. Jähnigen. — Antr. (gleichl.): Hr. G. St. A. Grimm.

Angeklagter. — Haft. — Vorladung.

Wenn aus den Akten hervorgeht, daß sich der Angeklagte in Haft befindet, so kann eine in seiner Wohnung bewirkte Vorladung nicht genügen; dieselbe muß vielmehr an seine Person bewirkt werden [1]).

Ges. v. 3. Mai 1852. Art. 33.

Erk. (B. 1.) v. 13. Juli 1860 c. Gretzki (648. I. Cr.).

Es ist richtig, daß der Angeklagte zum Audienztermine zweiter Instanz, den 12. Mai 1860, nicht gehörig vorgeladen worden, und ohne gesetzlichen Grund das Haupt-Verfahren in seiner Abwesenheit statt gefunden hat, denn bei Erlaß seiner Vorladung zum gedachten Termine, am 1. Mai 1860, erhellte bereits aus den Akten, und namentlich aus dem Anschreiben der städtischen Arbeitshaus-Direktion zu Breslau vom 27. März 1860, daß er in dem Arbeitshause detinirt wurde. Demohnerachtet ist die diesfällige Citation in Folge der irrthümlichen anderweitigen Verfügung vom 9. Mai 1860, in der früheren, schon längst aufgegebenen Wohnung des Angeklagten angenagelt worden. Hiernach hat derselbe, da er sich auch noch zur Zeit der Einlegung der Nichtigkeitsbeschwerde im Arbeitshause befand, von dem Appellations-Audienztermine keine Kenntniß erhalten, und es mußte schon um deshalb das ergangene Erkenntniß nebst dem demselben vorangegangenen mündlichen Verfahren nach Art. 107. Nr. 2. 117 des Gesetzes vom 3. Mai 1852 **vernichtet** werden.

Sen. f. Straf-Sachen (I. Abth.). Vors.: Hr. Präs. Dr. v. Schlieckmann. Ref.: Hr. O. T. R. Dr. Kuhne. — Antr. (gleichl.): O. St. A. Oppenhoff.

---

[1]) Vgl. Strafverf. Art. 33 u. 10. 11. — In gleichem Sinne entschied: B. I. 12. Sept. 1860 c. Altmann (697).

Urtheil. — Rechtskraft. — Abänderung.

Ein auf die Appellation des Angeklagten vom zweiten Richter bestätigtes Urtheil kann nach beschrittener Rechtskraft deshalb, weil es (in erster Instanz) anders niedergeschrieben als verkündet sei, eine Veränderung im Tenor nicht mehr erfahren [1]).

Beschl. (I. Abth.) v. 18. Aug. 1860 c. Buttkus (130. B. I. Cr.).

Nachdem das gegen den Angeklagten B. in erster Instanz ergangene zum Sitzungs-Protokolle niedergeschriebene Erkenntniß auf seine Appellation bestätigt und rechtskräftig geworden war, beantragte der Staats-Anwalt eine Berichtigung des Tenors, weil sich jetzt erst herausgestellt habe, daß die bei der Urtheilsverkündung in erster Instanz mit ausgesprochene Untersagung der Ausübung der Ehren-Rechte bei der Niederschreibung vergessen worden sei. Die Gerichte beider Instanzen lehnten diesen Antrag ab, und das Ober-Tribunal wies in Uebereinstimmung mit dem Antrage der General-Staats-Anwaltschaft die vom Ober-Staats-Anwalte ergriffene Beschwerde zurück:

weil es, nachdem das Erkenntniß erster Instanz auf die Appellation des Angeklagten vom zweiten Richter einfach so, wie es nach Ausweis des Audienz-Protokolls lautet, bestätigt ist, für unstatthaft erachtet werden muß, nach beschrittener Rechtskraft noch Veränderungen im Tenor desselben vorzunehmen.

Sen. f. Straf-Sachen (I. Abth.). Vors.: Hr. Präs. Dr. v. Schlieckmann. — Antr. (gleichl.): O. St. A. Oppenhoff.

Untersuchungs-Akten. — Abschriften. — Vertheidiger.

Es ist nicht untersagt, von einzelnen Stücken der Untersuchungs-Akten dem Vertheidiger eine

---

[1]) Vgl. Strafverfahren, Art. 32 n. 13. Man darf bei dieser Entscheidung nicht außer Acht lassen, daß es sich von einer Beschwerde der Staats-Anwaltschaft handelte, welche zu jeder Zeit Einsicht von dem niedergeschriebenen Urtheile nehmen konnte, und nunmehr eine Abänderung zum Nachtheile des Angeklagten beantragte. Es ist daher

Abschrift zu ertheilen, vielmehr unterliegt es dem richterlichen Ermessen, ob einem derartigen Antrage statt zu geben sei [1]).

Verordn. v. 3. Jan. 1849 § 17.

Beschl. (I. Abth.) v. 12. Sept. 1860 c. Wolff (145. I. B. Cr.).

In der Untersuchungssache wider W. hat sich der Vertheidiger des Angeklagten, Rechts-Anwalt L., gegen die Verfügung des Königlichen Kammergerichts vom 18. Juli c. resp. die des Königl. Stadtgerichts vom 30. Mai c. beschwert, nach welchen ihm die Ertheilung einer Abschrift des in dieser Sache ergangenen Gutachtens des literarischen Sachverständigen-Vereins vom 13. Febr. c. um deshalb versagt worden, weil der § 17 der Verordnung vom 3. Jan. 1849 die Deferirung eines solchen Gesuchs verbiete.

Dieser Grund kann allerdings als ein rechtlich zutreffender nicht erachtet werden, da der erwähnte § 17 l. c. ein solches Verbot nicht enthält, es vielmehr in jedem einzelnen Falle von dem pflichtmäßigen Ermessen des Gerichts abhängt, ob dem Antrage statt zu geben sei. Es werden deshalb die Verfügungen des Königl. Kammergerichts vom 18. Juli c. resp. des Königl. Stadtgerichts vom 30. Mai c. aufgehoben und das Königl. Stadtgericht veranlaßt, den Antrag des Rechts-Anwalts L. vom 25. Mai c. anderweitig in Erwägung zu ziehen und über die Zulässigkeit desselben zu befinden.

Sen. f. Straf-Sachen (I. Abth.). Vors.: Hr. Präs. Dr. v. Schlieckmann. — Ref.: Hr. O. T. R. Dr. Kuhne. — Antr. (gleichl.): Hr. O. St. A. Hartmann.

---

nicht zu folgern, daß derselbe Grundsatz auch dem Angeklagten gegenüber gelten müsse, wenn dieser behauptet: das verkündete Urtheil sei unrichtig niedergeschrieben worden.

[1]) Vgl. Strafverf. § 17 n. 7.

1. Schwurgericht. — Vereidung. — Staats-Anwalt. — Rüge.

2. Geschworne. — Eidesformel. — Abweichung. — Nichtigkeit.

1. Der Staats-Anwalt ist befugt, im Wege der Nichtigkeitsbeschwerde die Mängel der Vereidung der Geschwornen zu rügen [1]).

Ges. v. 3. Mai 1852. Art. 109.

2. Die für die Vereidung der Geschwornen vorgeschriebene Eidesformel ist für sakramental zu erachten; Abweichungen von derselben haben die Nichtigkeit des Verfahrens zur Folge [2]).

Ges. v. 3. Mai 1852. Art. 73.

Erk. (B. I.) v. 19. Dez. 1860 c. Bensch (955. I. Cr.).

Nach dem Sitzungs-Protokolle war die Vereidung der Geschwornen nach der Vorschrift des Art. 73, jedoch unter Auslassung der Worte „freien und" (rechtschaffenen Manne geziemt ꝛc.) bewirkt worden. Auf die Nichtigkeitsbeschwerde des Staats-Anwalts hat das Ober-Tribunal das Erkenntniß und das vorhergegangene Verfahren vernichtet und die Sache vor den Schwur-Gerichtshof zurückverwiesen.

Gründe:

Der Gesetzgeber hat den Eid wörtlich für die gesetzmäßige Vereidung der Geschworenen vorgeschrieben und es kommt dem Richteramte nicht zu, die Erheblichkeit oder Unerheblichkeit einzelner Worte in der Eidesformel abzuwägen; genug, daß das Gesetz jeden einzelnen Geschworenen verpflichten will, seine Stimme abzugeben nicht bloß wie es einem rechtschaffenen, sondern auch freien Manne gebührt, welches beides nicht identisch, sondern jedes von sonderlicher Bedeutung ist.

Daß die Königliche Staats-Anwaltschaft diesen, die Zusammensetzung des Schwur-Gerichts vitiirenden Umstand

---

[1]) Vergl. Strafverf. Art. 109 n. 19.

[2]) Vergl. ibid. Art. 73 n. 7.

nach Art. 109. Abs. 2 des Gesetzes vom 3. Mai 1852 geltend machen kann, folgt aus der schon in einem früheren Urtheil vom 5. Mai 1858 c. Schultze (G. A. 6. S. 392) gegebenen Auseinandersetzung.

Sen. f. Straf-Sachen (I. Abth.). Vors.: Hr. Präs. Dr. v. Schlieckmann. — Ref. Hr. O. T. R. Dr. Heffter. — Antr. (entg.) Hr. O. St. A. v. Ingersleben.

Schwurgerichtshof. — Vorladung. — Contumacia. — Nichtigkeitsbeschwerde.

Der Art. 42 des Gesetzes v. 3. Mai 1852 ist unanwendbar, wenn gegen den gehörig vorgeladenen aber nicht erschienenen Angeklagten in contumaciam erkannt worden ist.

Ges. v. 3. Mai 1852. Art. 42. 64.

Beschl. (II. Abth.) v. 3. Okt. 1860 c. Amelong (297. II. Cr.).

Der Staats-Anwalt zu Hamm hatte gegen ein schwurgerichtliches Erkenntniß, durch welches der gehörig vorgeladene, aber nicht erschienene Angeklagte A. verurtheilt worden war, die Nichtigkeitsbeschwerde ergriffen, welche vom Kreis-Gerichte ohne vorherige Mittheilung an den A. beim Ober-Tribunale eingereicht wurde. Das letztere verordnete Nachholung jener Maßregel,

„weil Art. 42 sich nur auf dasjenige Kontumacialverfahren beziehe, welches gegen Angeklagte der im Art. 35 l. c. erwähnten Kategorie stattgefunden habe."

Sen. f. Straf-Sachen (II. Abth.). Vors.: Hr. Präs. Jähnigen.

Fragestellung. — Anklagebeschluß. — Erschöpfung.

Durch die Fragestellung an die Geschwornen muß die im Anklagebeschlusse formulirte Anklage vollständig erschöpft werden. Eine Zuwiderhandlung gegen diese Regel hat die Nichtigkeit des Verfahrens zur Folge [1]).

Ges. v. 3. Mai 1852. Art. 81. 86.

---

[1]) Vgl. B. II. 22. Nov. 1860 (S. 36); Strafverfahren Art. 79 n. 43; Art. 81 n. 3; Art. 86 n. 2.

Erk. (B. I.) v. 9. Okt. 1850 c. Schubert (726. I. Cr.).

H. A. Schubert war unter Anderem angeklagt, einen dem C. L. Schubert auferlegten Eid, sich für denselben ausgebend und unter dessen Namen, also wissentlich falsch geschworen zu haben[1]). Statt dieser vom Staats-Anwalt festgehaltenen Formulirung stellte der Schwurgerichtshof, ohne ersichtliche Gründe, die Frage: „Ist Angeklagter H. A. Sch. schuldig, am — vor dem Gericht zu — einen ihm auferlegten Eid wissentlich falsch geschworen zu haben." Die Geschwornen sprachen mit 7 gegen 5 Stimmen das Schuldig aus, der Schwurgerichtshof aber trat der Minderheit der Geschwornen bei und sprach den Angeklagten von der auf § 125 des StGB. gestützten Anklage frei.

Auf die Nichtigkeitsbeschwerde des Staats-Anwalts hat das Ober-Tribunal das schwurgerichtliche Verfahren vernichtet und die Sache vor den Schwurgerichtshof zurückverwiesen und zwar:

In Erwägung, daß die Nichtigkeitsbeschwerde des Staats-Anwalts nach Art. 109. Abs. 2 des Gesetzes vom 3. Mai 1852 zulässig erscheint, obgleich der Angeklagte für nicht schuldig erklärt worden, da die Stellung der den Geschwornen vorgelegten Frage angegriffen wird; daß zur Sache selbst die Anklage nach dem Beschlusse des Appellations-Gerichts zu B. vom 24. April d. J. dahin lautet:

„daß H. A. Sch. am 22. Mai 1857 einen dem Bäckermeister C. L. Sch. auferlegten Eid, sich für

---

[1]) Die dem H. A. Schubert zur Last gelegte That stellte — abgesehen von der Frage, ob in derselben ein wissentlicher Meineid zu finden war — unzweifelhaft das im § 252 des StGB. vorgesehene Verbrechen der sogenannten intellektuellen Urkundenfälschung dar, weil er durch seine Handlung veranlaßte, daß durch die über die Eidesleistung aufgenommene gerichtliche Verhandlung die unwahre Thatsache festgestellt wurde, der Eid sei durch C. L. Sch. ausgeschworen worden. Es wäre daher Stellung einer hierauf bezüglichen besondern Frage sehr zu empfehlen gewesen.

denselben ausgebend und unter dessen Namen, also wissentlich falsch geschworen habe,"

daß dagegen der Schwur-Gerichtshof auf den Antrag des Vertheidigers der den Geschwornen vorgelegten Frage die Fassung gegeben hat:

„Ist der Angeklagte H. A. Sch. schuldig, am 22. Mai 1857 hier, vor dem Stadtgericht zu B., einen ihm auferlegten Eid wissentlich falsch geschworen zu haben?

daß diese Frage, welche von den Geschwornen mit 7 gegen 5 Stimmen bejaht, von dem Gerichtshofe aber verneinend entschieden worden, nicht eine bloße Modifikation des in der Anklage enthaltenen Thatbestandes darstellt, sondern eine wesentliche Veränderung desselben herbeiführt, da dort von einem dem Bäckermeister C. L. Sch., hier von einem dem Angeklagten auferlegten Eide die Rede ist; daß daher durch die den Geschwornen vorgelegte Frage die Anklage nach Vorschrift des Art. 81 des Gesetzes vom 3. Mai 1852 nicht erledigt ist und die Verletzung dieser wesentlichen Prozeßvorschrift nicht durch die Bestimmung des Art. 86 gehoben wird, da in dem Falle, wenn die der Anklage zum Grunde liegenden Thatsachen oder die etwa hervorgetretenen nähern Umstände von einem Gesichtspunkte aus als strafbar erscheinen, unter welchen sie die Anklage nicht gebracht hat, geeignetenfalls darauf bezügliche, besondere eventuelle Fragen zu stellen sind, nicht aber der in der Anklage angenommene Thatbestand in seinen wesentlichen Theilen abzuändern und in dieser Fassung den Geschwornen vorzulegen ist;

daß in dem Stadium der Fragestellung es nicht zur Beurtheilung kommt, ob die Anklage nach dem Inhalte, wie sie an das Schwurgericht verwiesen ist, die gesetzlichen Merkmale des von dem Appellations-Gerichte bezeichneten oder eines andern im Strafgesetzbuche vorgesehenen Verbrechens oder Vergehens in sich begreife, die Anklage vielmehr erst durch den Ausspruch der Geschwornen zu erledigen und sodann bei Anwendung des Strafgesetzes zu erörtern ist, in wiefern dessen Voraussetzungen in dem festgestellten Thatbestande enthalten sind;

daß demnach das Erkenntniß des Schwurgerichts wegen Verletzung der Art. 81 und 86 des Gesetzes vom 3. Mai 1852 in Betreff der auf das Verbrechen des Meineides gerichteten Anklage zu vernichten und die Sache vor dasselbe zurück zu verweisen ist.

Sen. f. Straf-Sachen (I. Abth.). Vors.: Hr. Präs. Dr. v. Schlieckmann. — Ref.: Hr. O. T. R. Frech. – Antr. (gleichl.): Hr. O. St. A. Hartmann.

Zeugen-Vernehmung. — Generalfragen. — Mangel. — Rüge. — Nichtigkeit.

Die Nichtvernehmung eines Zeugen über die Generalfragen kann vom Angeklagten als Nichtigkeitsgrund nicht geltend gemacht werden, wenn er selbst oder sein Vertheidiger, obgleich in der Sitzung anwesend, es versäumt haben, jenen Verstoß zu rügen[1]).

Crim.-Ordn. § 319; Verordn. v. 3. Jan. 1849 § 22.

Erk. (Z. II.) v. 11. Okt. 1860 c. Rieso (285. II. Cr.).

In Erwägung, daß die ganz allgemein hingeworfene Behauptung des Angeklagten, daß bei der Vernehmung der Zeugen die gesetzlichen Vorschriften nicht beobachtet, namentlich die Vernehmung ad generalia nicht gehörig erfolgt sei, jetzt nicht mehr von dem Angeklagten geltend gemacht werden kann, da von seinem Vertheidiger, nach Ausweis des Audienz-Protokolles, in dem Audienztermine vom 11. Mai d. J. das eben Gedachte gar nicht gerügt, und dadurch von Seiten des Angeklagten hinlänglich zu erkennen gegeben worden, daß von ihm auf die Rüge derartiger

---

[1]) Die Zeugenvernehmung hatte nicht in der Sitzung selbst, sondern vor einem kommittirten Richter stattgefunden.

Zu vergleichen ist Strafverfahren, § 22 n. 51.

Formverstöße verzichtet werde. (Aus diesen Gründen: Zurückweisung.)

Sen. f. Straf-Sachen (II. Abth.). Vors.: Hr. Präs. Jähnigen. — Ref.: Hr. O. T. R. Sonnenschmidt. — Antr.: O. St. A. Oppenhoff.

Kauf auf Wiederkauf. — Wucher. — Vermuthung.

Die Vorschrift des § 323, I. 11 des ALR., nach welcher ein wucherliches Darlehnsgeschäft vermuthet wird, wenn bei einem Verkaufe auf Wiederkauf der Kauf- und der Wiederverkaufspreis erheblich verschieden sind, ist für das Strafverfahren aufgehoben [1]).

StGB. § 263; ALR. I. 11 § 323; Verordn. v. 3. Jan. 1849 § 22.

Erk. (Z. I.) v. 12. Okt. 1860 c. Kirsten (794. I. Cr.).

Der Appellations-Richter hat bei allen Punkten die Aussetzung des Beweises durch thatsächliche Gründe motivirt, und in soweit unterliegt sein diesfälliges Ermessen keiner weiteren Kritik in dieser Instanz. Insbesondere ist auch seine Berufung auf den § 323 Tit. 11 Th. I des ALR. nicht dahin zu verstehen, als begründe er sein Urtheil nur auf die darin ausgesprochene gesetzliche Vermuthung, die als solche nur bei der früheren Beweistheorie im Strafprozesse, nicht aber jetzt nach § 22 der Verordnung vom 3. Januar Kraft haben konnte. Vielmehr hat der Appellations-Richter offenbar nur ausdrücken wollen, daß auch ihn die vorliegenden Umstände zu derselben Annahme einer Simulation, wie sie jener § 323 vermuthet, geführt hätten. (Zurückweisung der Nichtigkeitsbeschwerde.)

Sen. f. Straf-Sachen (I. Abth.). Vors.: Hr. Präs. Dr. v. Schlieckmann. — Ref.: Hr. O. T. R. Goltdammer. — Antr. (gleichl.): Hr. O. St. A. Hartmann.

---

[1]) Vgl. Strafverf. § 22 n. 72. 74 a; StGB. § 263 n. 41. 42.

1. Weidfrevel. — Wiese. — Ernte.

2. Berechtigungs-Einrede. — Verweisung zum Civil-Verfahren.

1. Auf dem linken Rheinufer ist das Beweiden-Lassen einer fremden Wiese nach Art. 24 Tit. 2 des Rural-Gesetzes vom 28. Sept. — 6. Okt. 1791, nicht nach Art. 26 ibid. zu bestrafen [1]).

2. Wenn der eines Feldfrevels Beschuldigte eine Berechtigungs-Einrede vorschützt, so greift die Verordnung vom 31. Jan. 1845 Platz. Es steht dem Strafrichter nicht zu, jene Einrede selbst zu prüfen und demgemäß den Beschuldigten freizusprechen.

Erk. (V. II.) v. 18. Okt. 1860 c. Weingartz (370. II. Cr.).

W. war unter der Beschuldigung:

> im Mai 1860 auf einer fremden Wiese 30 Stück Rindvieh schweiden gelassen und dadurch einen Schaden von 34 Sgr. angerichtet zu haben,

vor das Polizei-Gericht zu Lechenich gestellt. Er gestand die That zu, behauptete aber, die Gemeinde [1]) L. und auch jeder Eingesessene habe das Recht, den ganzen Mai hindurch das Rindvieh auf den dortigen Wiesen schweiden zu lassen. Der Polizei-Richter erhob hierüber Beweis und sprach sodann frei, indem er erwog: das Recht habe bisher fortwährend, also 60 Jahre nach Einführung des Rural-Gesetzes bestanden, ohne daß je eine Bestrafung erfolgt sei; ehe daher eine Strafverfolgung statthaft sei, müsse vorher durch den Civil-Richter entschieden werden, daß der Gemeinde keine Weideservitut, sondern nur das Recht der Stoppelweide zustehe. Der Polizei-Anwalt ergriff den Kassations-

---

[1]) Als Ernte im Sinne des Art. 26 des Rural-Gesetzes sind nur die in Folge künstlicher Bestellung gezogenen Feldfrüchte, nicht die von selbst sich erzeugenden Produkte des Bodens, welche zum Viehfutter dienen, namentlich also nicht Wiesen zu verstehen. Cass. 9. Mai 1840. (Sir. 40. 1. 552.) Art. 24 gilt überall, wo ein Beweiden statt gefunden hat, und ist für diesen Fall weder durch Art. 475. Nr. 10 des C. pén. noch durch § 347. Nr. 10 des StGB. ersetzt. Vergl. R. Kass.-H. 22. Okt. 1836 c. Weber (Rh. Arch. 24. 2. 76).

rekurs, zu dessen Rechtfertigung der Ober-Prokurator zu Köln Verletzung der Verordn. v. 31. Jan. 1845 behauptete, gleichzeitig aber auch geltend machte: der Polizei-Richter sei gar nicht kompetent gewesen, weil die That ein Viehhüten in der Ernte eines Andern darstelle, und sonach der Strafe des Art. 26 des Rural-Gesetzes (Gefängniß bis zu einem Jahre) unterliege. Das Ober-Tribunal entschied:

In Erwägung, daß die erhobene Beschuldigung lediglich dahin gerichtet ist, daß Weingartz auf den näher bezeichneten, Dritten zugehörigen Wiesen, am 14. Mai l. J. 30 Stück Rindvieh schweiden gelassen habe, ohne daß dabei einer Verletzung fremder Ernten Erwähnung geschehen wäre; daß daher die vorbezeichnete Thathandlung der Strafbestimmung des Art. 24 des Gesetzes vom 28. Sept. 1791 unterliegt und nur mit einer dem doppelten Schadenersatz gleichkommenden Geldbuße und einer polizeilichen Gefängnißstrafe bedroht ist, mithin zur Kompetenz des Polizei-Gerichtes gehörte und durch den auf Anwendung des Art. 26 l. c. gerichteten Strafantrag des Polizei-Anwaltes in ihrem rechtlichen Charakter nicht alterirt werden konnte;

daß zur Sache selbst die Beschuldigten die ihnen zur Last gelegte Thathandlung nicht bestritten, sondern unter Bezugnahme auf eine langjährige Besitzausübung behauptet haben, daß der Gemeinde und deren Eingesessenen die Berechtigung zu der von ihnen ausgeübten Weide zustehe;

daß es dieser Behauptung gegenüber dem Polizei-Richter oblag, nach Vorschrift der Verordnung vom 31. Jan. 1845 zu untersuchen, ob die Einrede des Beschuldigten durch Angabe eines bestimmten Rechtsgrundes und bestimmter Beweismittel hinreichend bescheinigt sei, um dieselbe vor den Civil-Richter zu verweisen, oder falls dies nicht der Fall, das Straf-Gesetz zur Anwendung zu bringen;

---

[1]) Wie (nach Rheinischem Rechte) zu verfahren sei, wenn ein Beschuldigter die Einrede vorschützt, der Gemeinde, zu welcher er gehört, stehe die betreffende Berechtigung zu, darüber vergl. Mangin, de l'act. publ. n. 215; Merlin, Rép. 14. p. 466.

daß er dagegen die Bestimmung des Art. 24 des Gesetzes vom 28. Sept. 1791 und die Verordnung vom 31. Jan. 1845 verletzt hat, wenn er kraft eigener Würdigung des bestehenden Civilrechts-Verhältnisses die Beschuldigten freigesprochen hat;

aus diesen Gründen kassirt das Königliche Ober-Tribunal das Urtheil des Polizeigerichtes zu Lechenich vom 3. Juli l. J. 2c. und verweist 2c.

Sen. f. Straf-Sachen (II. Abth.). Vors.: Hr. Präs. Jähnigen. — Ref.: Hr. O. T. R. Reichensperger. — Antr. (gleichl.): O. St. A. Oppenhoff.

Prozeßverhandlungen. — Stempelpflichtigkeit. — Pauschquantum.

Gutachten der Sachverständigen, welche in einem Prozesse beigebracht worden, sind, sobald der Gegenstand fünfzig Thaler oder mehr beträgt, auch jetzt noch stempelpflichtig.

Stempel-Ges. v. 7. März 1822. Tarif s. v. Gutachten.
Ges. v. 10. Mai 1851 § 16 (GS. S. 631).

Erk. (B. I.) v. 19. Okt. 1860 c. Levy u. Gen. (894. I. Cr.).

Die Angeklagten hatten in einem Wechselprozesse, dessen Objekt fünfzig Thaler überstieg, zur Begründung eines Einwandes das Gutachten eines vereideten Sachverständigen vorgelegt, zu welchem der tarifmäßige Stempel von 15 Sgr. nicht verwendet war. Der Stempel-Defraude angeklagt, sind sie von den Instanz-Gerichten freigesprochen worden, weil Prozesse jetzt überhaupt nicht mehr stempelpflichtig seien (Ges. v. 10. Mai 1851 § 16).

In Uebereinstimmung mit dem Antrage der General-Staats-Anwaltschaft, welche dabei namentlich auf die Entstehungsgeschichte des citirten Gesetzes, insbesondere auf den § 2 des ersten Entwurfs, sowie auf die Motive zu demselben (JMBl. S. 113 und 142) und auf den Kommissionsbericht der zweiten Kammer vom 27. Febr. 1851 (S. 3) hinverwies, hat das Ober-Tribunal das appellationsgerichtliche Urtheil vernichtet, und unter Abänderung des erstinstanzgerichtlichen Erkenntnisses jeden der Angeklagten zur Stempelstrafe verurtheilt, und erwogen:

Die Beschwerde ist begründet, denn nach dem Tarif zum Stempel-Gesetze vom 7. März 1822 unterliegen Gutachten der Sachverständigen, wenn sie bei stempelpflichtigen Verhandlungen gebraucht werden, dem Stempel von 15 Sgr. Findet nun gleichwohl nach § 16 des Ges. vom 10. Mai 1851, betreffend den Ansatz und die Erhebung der Gerichtskosten, der Verbrauch des Stempelpapiers bei den Gerichten nicht mehr statt, so kann hieraus doch noch nicht mit dem Appellations-Richter gefolgert werden, daß Prozeßverhandlungen jetzt überhaupt nicht mehr steuerpflichtig sind. Nur der Naturalverbrauch des Stempelpapiers bei den Gerichten ist aufgehoben, während der Betrag des gesetzlichen Stempels für gerichtliche Verhandlungen von den Interessenten nach wie vor entrichtet werden muß, jedoch für Handlungen der streitigen Gerichtsbarkeit durch das Pauschquantum von der Partei mit erhoben wird, so daß in Beziehung auf die Stempelpflichtigkeit der gerichtlichen, also auch der prozessualischen Verhandlungen durch das Gesetz vom 10. Mai 1851 nichts geändert ist. Die Stempelpflichtigkeit prozessualischer Verhandlungen, wenn das Objekt 50 Thlr. erreicht, besteht vielmehr auch jetzt noch. Es sind daher Gutachten der Sachverständigen, welche in einem Prozesse beigebracht werden, sobald der Gegenstand 50 Thlr. oder mehr beträgt, weil sie dann bei stempelpflichtigen Verhandlungen gebraucht werden, und nach dem Tarif zum Stempelgesetze in einem solchen Falle besonders versteuert werden sollen, also durch den frühern Erkenntnißstempel nicht gedeckt wurden, auch gegenwärtig noch stempelpflichtig, der Stempelsteuer von 15 Sgr. unterworfen.

Sen. f. Straf-Sachen (I. Abth.). Vors.: Hr. Präs. Dr. v. Schlieckmann. — Ref.: Hr. O. T. R. v. Holleben. — Antr. (gleichl.): Hr. O. St. A. Hartmann.

Angeklagter. — Vernehmungs=Protokoll. — Vorlesung.

Der Vorsitzende kann bei dem Verhöre des Angeklagten das über die frühere Vernehmung desselben aufgenommene Protokoll verlesen lassen, ohne daß es einer besondern Anordnung dieser Maaßregel durch motivirten Beschluß des ganzen Gerichts bedürfte [1]).

Verordn. v. 3. Jan. 1849 § 54; Ges. v. 3. Mai 1852 Art. 76.

Erk. (Z. II.) v. 8. Nov. 1860 c. Müller (402. I. Cr.).

In Erwägung, daß das verlesene Protokoll vom 7. April d. J. das von der Angeklagten über die That zuerst vollständig in der Voruntersuchung abgelegte Geständniß enthält, und insofern allerdings nicht zu den in den §§ 19 und 21 der Verordnung vom 3. Jan. 1849 und im Art. 24 des Gesetzes vom 3. Mai 1852 gedachten Protokollen gehört, deren Vorlesung bei dem mündlichen Verfahren gesetzlich stattfinden muß;

daß jedoch die Anordnung der Vorlesung dieses Protokolls, da solche einen Theil des dem Vorsitzenden nach dem Art. 76 des Gesetzes vom 3. Mai 1852 zustehenden Verhöres der Angeklagten bildete, indem bei diesem Verhöre nach dem Zwecke desselben auch die früheren gerichtlichen Auslassungen der Angeklagten in Berücksichtigung gezogen werden müssen, unbedenklich sogar schon zu den Befugnissen des Vorsitzenden gehörte, so daß es dazu eines vorgängigen förmlichen Beschlusses Seitens des Königlichen Schwurgerichtshofes überall nicht einmal bedurfte, daß mithin auch durch die hiernach gar nicht unter die Vorschriften des Art. 25 a. a. O. fallende Vorlesung des Protokolls vom 7. April d. J. der obgedachte Grundsatz nicht verletzt und daß ebensowenig durch dieselbe gegen das Prinzip der Mündlichkeit des Verfahrens verstoßen worden ist, da

---

[1]) Vgl. Strafverfahren § 22 n. 11; Art. 25 n. 21.

nach Ausweis des Audienz-Protokolls bei der Schwur-Gerichtsverhandlung eine vollständige und ausführliche mündliche Vernehmung der Angeklagten stattgefunden hat. (Aus diesen Gründen: Zurückweisung.)

Sen. f. Straf-Sachen (II. Abth.). Vors.: Hr. Präs. Jähnigen. — Ref.: Hr. O. T. R. Sonnenschmidt. — Antr. (gleichl.): O. St. A. Oppenhoff.

Freiheitsstrafe. — Abführung. — Aufschub. — Königliche Gnade. — Strafverwandlung.

Dem zu einer Freiheitsstrafe rechtskräftig Verurtheilten, auf dessen Wunsch die Strafvollstreckung ausgesetzt worden ist, bis auf ein eingereichtes Begnadigungsgesuch entschieden worden, kann demnächst die fortgesetzte Untersuchungshaft nicht auf die im Gnadenwege verwandelte Strafe angerechnet werden.

Verordn. v. 3. Jan. 1849 § 159.

Beschl. (II. Abth.) v. 13. Sept. 1860 c. Gabriel (60. B. II. Cr.).

G. war zu zweijähriger Zuchthausstrafe verurtheilt worden und hatte am 18. Okt. 1859 erklärt: er beruhige sich bei dem ergangenen Erkenntnisse, gleichzeitig aber gebeten, die Vollstreckung jener Zuchthausstrafe so lange zu sistiren, bis über ein von ihm eingereichtes Begnadigungsgesuch entschieden sein werde. Diesem Antrage wurde statt gegeben, und demnächst die Strafe durch eine ihm am 25. Jan. 1860 verkündete Allerhöchste Ordre vom 4. ej. in einjähriges Gefängniß verwandelt. Nunmehr beantragte er, auf diese Strafe seine Haft seit dem 18. Okt. 1859 anzurechnen; von beiden Instanzgerichten abschläglich beschieden, hat er die Beschwerde an das Ober-Tribunal ergriffen, mit welcher er indessen zurückgewiesen wurde.

Gründe:

Die Vollstreckung der Strafe, auf welche von dem Schwurgerichte am 17. Okt. v. J. erkannt worden war, war ungeachtet der inzwischen eingetretenen Rechtskraft dieses Erkenntnisses, in Folge des von dem Gabriel im Protokolle vom 5. Nov. 1859 gemachten Antrages ausgesetzt worden, und sie ist bis zum Eingange der Allerhöchsten Kabinets-Ordre vom 4. Januar 1860 ausgesetzt geblieben, während bis dahin als Präventiv-Maaßregel, um die künftige Strafvollstreckung zu sichern, die Detention des verhafteten Gabriel fortdauerte. Erst bei dem Eingange dieser Kabinets-Ordre war, nachdem jene Sistirung der Strafvollstreckung stattgefunden hatte, die Möglichkeit gegeben, die am 17. Okt. v. J. erkannte Strafe, wie sie im Gnadenwege umgewandelt war, zu vollstrecken; es kann deshalb auch die bis dahin nur zur Sicherung der künftigen Strafvollstreckung stattgehabte Detention nicht als theilweise Vollstreckung der umgewandelten Strafe angesehen werden.

Sen f. Straf-Sachen (II. Abth.) Vors.: Hr. Präs. Jähnigen — Antr. (gleichl.): O. St. A. Oppenhoff.

Uebergabe der Frage an die Geschwornen. — Wiederaufnahme der Verhandlung.

Auch nach der Uebergabe der Frage an die Geschwornen bleibt eine Wiederaufnahme der Verhandlung statthaft [1]).

Gesetz v. 3. Mai 1852. Art. 79.

Erk. (Z. I.) v. 7. Sept. 1860 c. Starke (809. I. Cr.).

Unzutreffend ist der Angriff wegen Verletzung des Art. 79 des Gesetzes vom 3. Mai 1852. Richtig ist es zwar, daß im Allgemeinen mit der Uebergabe der Fragen an die Geschwornen derjenige Zeitpunkt eingetreten ist, mit welchem die thatsächlichen Erörterungen der Schuldfrage begrenzt werden. Allein daraus folgt noch nicht nothwendig, daß nunmehr eine Wiederaufnahme der Verhandlung unbedingt unstatthaft ist. Sie kann erforderlich werden, wenn Seitens des Staats-Anwalts oder der Vertheidigung die Fragestellung bemängelt wird, und ebenso, wenn das Verdikt der Geschwornen, wie der Art. 97 des Gesetzes vom 3. Mai 1852 vorausgesehen hat, Bedenken erregend

---

[1]) Vgl. Strafverfahren, Art. 79 u. 17 18.

ausgefallen ist. Die einzige Nothwendigkeit in allen diesen Fällen ist nur die, daß beiden Theilen das Wort zur Abgabe ihrer weitern Erklärungen verstattet werden muß.

Hiergegen ist in vorliegender Untersuchung nicht gefehlt worden. Das Audienz-Protokoll ergiebt, daß die Vertheidigung den ersten Wahrspruch der Geschwornen bezüglich der Fragen 3 und 4 für nicht gehörig erfolgt erachtete, weil aus demselben nicht erhelle,

> ob die Geschwornen auch angenommen, daß die Angeklagten **wissentlich** die Verleitung der Schneidergesellen Lehmann und Kley zur Leistung eines Meineides versucht haben.

Der Gerichtshof erachtete die Vervollständigung des Verdikts für nöthig, und das Audienz-Protokoll ergiebt, daß sämmtliche Betheiligte mit ihren diesfälligen Erklärungen mehrfach gehört worden sind. Wenn hierbei die Staats-Anwaltschaft, um den Beschluß des Gerichtshofes zu widerlegen, aus den bisherigen Zeugenaussagen deducirte, daß die beiden Angeklagten auch wissentlich die gedachten Schmiedegesellen zu einem Meineide zu verleiten versucht haben, so kann hieraus doch keine Verletzung des Art. 97 l. c. gefolgert werden, da die Grenzen, wie weit etwa thatsächliche Ausführungen gestattet sind, von der jedesmaligen Sachlage und dem diesfällig eintretenden Ermessen abhängen.

Sen. f. Straf-Sachen (I Abth.). Vors.: Hr. Präs. Dr. v. Schlieckmann. — Ref.: Hr. O. T. R. Dr. Kuhne. — Antr.: Hr. O. St. A Hartmann.

Eidesstattliche Versicherung. — Statthaftigkeit. — Falschheit. — Strafbarkeit.

Die wissentlich falsch bewirkte Abgabe einer Versicherung an Eidesstatt ist nur dann, und nur insoweit strafbar, als sie gesetzlich als Bestärkungsmittel einer Erklärung und als Grundlage des öffentlichen Glaubens anerkannt ist. Letzteres ist anzunehmen, sobald die betreffende Behörde

nach ihrem Ermessen eine derartige Versicherung für genügend erachten, oder auch die eidliche Bestärkung fordern konnte[1]).

Demgemäß ist die dem Vormundschafts-Gerichte wissentlich abgegebene unwahre eidesstattliche Versicherung der Richtigkeit eines vorgelegten Nachlaß-Verzeichnisses für strafbar zu erachten[1]).

StGB. § 129.

Erk. (V. Pl.) v. 24. Sept. 1860 c. Hänsler (9. Pl. — 505. I. Cr.).

Die Angeklagte Wittwe H. war vom Richter erster Instanz, weil sie:

> in der gerichtlichen Verhandlung vom — dem Nachlaßrichter wissentlich falsch die Versicherung an Eidesstatt abgegeben, es habe sich im Nachlasse ihres verstorbenen Ehemannes kein baares Geld vorgefunden (StGB. § 129),

zu viermonatlicher Gefängnißstrafe verurtheilt worden.

Das Appellations-Gericht zu Glogau hatte sie aber freigesprochen, weil sie nach §§ 440 ff. I, 9 und § 389. II, 18 des ALR. schuldig gewesen sei, auf Verlangen des Vormundschafts-Gerichts das Inventar eidlich zu bestärken, und das gedachte Gericht sich mit einer eidesstattlichen Versicherung nicht habe begnügen dürfen. Die vom O. St. A. gegen dieses Urtheil ergriffene, auf Verletzung von Rechtsgrundsätzen gestützte Nichtigkeitsbeschwerde gelangte zur Entscheidung der vereinigten Abtheilungen des Senats für Straf-Sachen auf den Grund eines vom General-Staats-Anwalt mit Ermächtigung des Justiz-Ministers gestellten Antrags (Gesetz v. 7. Mai 1856 § 4). In der Sitzung des Ober-Tribunals beantragte der General-Staats-Anwalt Vernichtung des angegriffenen Urtheils und Zurückverweisung der Sache an das Appellations-Gericht, da es für die Strafbemessung noch auf thatsächliche Erwägungen ankomme. Zur Begründung führte derselbe aus:

„Das Urtheil a quo gehe davon aus, daß eine falsche eidesstattliche Versicherung nur da strafbar sein könne, wo ihr das Gesetz eine rechtliche Wirkung beilege; ob dieses der Fall sei, werde nicht von der jene Versicherung abnehmenden Behörde (hier dem Nachlaßrichter) endgültig entschieden, sei vielmehr demnächst vom Strafrichter zu prüfen und in casu zu verneinen.

---

[1]) Vgl. StGB. § 129 n. 3.

In dieser Beziehung sei indessen die Absicht des Gesetzgebers unzweifelhaft dahin gegangen, falsche Eidesleistungen überall für strafbar zu erklären, wo dieselben möglicher Weise einen Rechtsnachtheil herbeiführen könnten. Sobald nun eine Behörde sich eine eidesstattliche Versicherung habe geben lassen, nehme sie die betreffende Thatsache als feststehend an, es trete also im Falle der Falschheit dieselbe Wirkung, derselbe Nachtheil ein, welche auch auf eine förmliche Vereidung gefolgt sein würden. Unter solchen Umständen würde es nun aber sehr bedenklich sein, demnächst dem Strafrichter noch eine selbstständige Prüfung zu gestatten, ob jene Behörde mit Recht oder mit Unrecht sich mit der bloßen Versicherung begnügt habe, vielmehr müsse in einem solchen Falle die Kognoscirung der die Versicherung abnehmenden Behörde auch für ihn maßgebend sein. Dafür spreche auch die Fassung des § 129, welcher zum Thatbestande nur die wissentliche Abgabe der Versicherung an eine Behörde verlange, und nicht minder die Entstehungsgeschichte dieser Gesetzesstelle. Während nämlich die ersten Entwürfe von 1828, 1833 und 1836 in Uebereinstimmung mit § 1424. II, 20 des ALR. den Fall vorgesehen hatten, wo die Gesetze derartige Versicherungen „fordern" („zulassen, vorschreiben"), sprächen die Entwürfe von 1845 (§ 156), von 1846 und 1847 (§ 153) und von 1851 (§ 117) nur von einer „durch eine öffentliche Behörde geforderten" Versicherung; auch dieses „Fordern der Behörde" sei sodann aber auf den Vorschlag der Kommission der II. Kammer im Einverständnisse mit der Regierung beseitigt worden, „weil es für die Strafbarkeit völlig gleichgültig sei, ob die Versicherung von der Behörde gefordert sei oder nicht." Wenn gleich sonach die hier vorliegende Frage nicht speciell zur Sprache gekommen sei, so spreche doch Alles, besonders aber die Beseitigung der ursprünglichen Fassung dafür, daß man sie nicht im Sinne des Appellations-Gerichts zu Glogau habe lösen wollen.

„Sollte gleichwohl das Königliche Ober-Tribunal den Strafrichter für berufen erachten, das Verfahren des Nachlaßrichters zu seiner Kognition zu ziehen, so könne es sich nur fragen, ob in einem Falle wie der vorliegende der eidesstattlichen Versicherung zufolge des Gesetzes die rechtliche Wirkung abzusprechen sei. Dieses sei zu verneinen. Eid und eidesstattliche Versicherung seien im Wesentlichen gleich, die letztere sei nur weniger feierlich, und verhalte sich zum Eide wie das minus zum maius; wer das maius fordern könne, dürfe sich auch mit dem minus begnügen; hier wo es sich nur um Maßregeln im Privatinteresse handle, sei nicht anzunehmen, daß die körperliche Ableistung des Eides als die ausschließliche Form habe hingestellt, und eine minder feierliche Art der Versicherung, welche das Gesetz ebenfalls kenne, als rechtlich wirkungslos habe betrachtet werden sollen," zumal da die §§ 440. I, 9 und 389. I, 18 des ALR. die eidliche Bestärkung nicht unbedingt vorschrieben, sondern vom Verlangen der Interessirten abhängig machten.

Das Ober-Tribunal hat sich dieser eventuellen Ausführung angeschlossen, und unter **Vernichtung** des appellationsgerichtlichen Erkenntnisses, das Urtheil erster Instanz bestätigt.

Gründe:

Der Appellationsrichter stützt in Uebereinstimmung mit einem Urtheil des Königlichen Ober-Tribunals vom 13. Febr. 1856 (G. A. 5. S. 265) sein Erkenntniß darauf, daß der § 129 des Strafgesetzbuchs solche eidesstattliche Versicherungen voraussetze, denen im Gesetze ausnahmsweise rechtliche Wirkung beigelegt sei, diese Voraussetzung aber im vorliegenden Falle nicht zutreffe.

Die Richtigkeit des Prinzips an sich ist auch anzuerkennen. Die eidesstattliche Versicherung muß jedenfalls einen Gegenstand betreffen, bezüglich dessen die Zulässigkeit einer solchen Versicherung gesetzlich nicht ausgeschlossen ist. Denn die eidesstattliche Versicherung stellt sich in der That als eine Ausnahme von der Regel der Eidesleistung dar, und ihre Verletzung kann daher auch nur strafbar erscheinen, wo und insoweit sie gesetzlich als Bestärkungsmittel einer Erklärung und als Grundlage des öffentlichen Glaubens anerkannt ist.

Daher erforderte denn auch der § 258 des Entwurfs von 1843 zur Strafbarkeit der verletzten eidesstattlichen Versicherung, daß sie in den Fällen abgegeben sei, in welchen die Gesetze eine solche vorschreiben, resp. zulassen. Von dieser Voraussetzung ist man auch in den spätern Stadien der Legislation ausgegangen, und daraus, daß die derselben entsprechenden Worte in dem Entwurf von 1847, sowie in dem § 129 des Strafgesetzbuchs nicht mehr aufgenommen sind, läßt sich, beim Mangel jeder näheren Erklärung in der Hinsicht, nicht ableiten, daß man von jener Voraussetzung habe abgehen wollen. Ebensowenig kann der in der Nichtigkeitsbeschwerde relevirte Umstand ins Gewicht fallen, daß die Immoralität des Angeklagten dieselbe bleibe, möge er nun die eidesstattliche Versicherung in einem gesetzlich hervorgehobenen Falle, oder in einem solchen geleistet haben, wo eine eidliche Bestärkung nach dem Gesetze erforderlich gewesen wäre, da die Immoralität einer Handlung nicht entscheidend ist, wenn das Gesetz deren Strafbarkeit von bestimmten objektiven Momenten abhängig macht, wie dies hier der Fall ist.

Noch weniger läßt sich endlich behaupten, daß schon die Admission der eidesstattlichen Versicherung Seitens der zuständigen Behörde über deren Zulässigkeit entschieden sei, so daß dem Strafrichter eine Prüfung nach der Richtung hin nicht mehr zustehen könne, da der Strafrichter so berechtigt wie verpflichtet ist, die zum Thatbestande eines Verbrechens oder Vergehens gehörigen Erfordernisse selbstständig zu prüfen, und nur von diesen sein Urtheil abhängig zu machen.

Allein bei Allem dem muß der Nichtigkeitsbeschwerde doch darin beigetreten werden, daß es sich im gegenwärtigen Falle um eine Angelegenheit nicht handle, bei welcher die Zulässigkeit einer eidesstattlichen Versicherung gesetzlich ausgeschlossen gewesen wäre. Wenn auch der § 403 Th. II. Tit. 18 des Allgemeinen Landrechts der eidesstattlichen Versicherung nur bezüglich des versiegelten Privatverzeichnisses erwähnt, so geht doch aus diesem Paragraphen und namentlich aus den auf die §§ 434. 435 Th. I. Tit. 9 ebendaselbst verweisenden Schlußworten desselben hervor, daß das Gesetz dieselbe überhaupt als Mittel anerkennt, die Richtigkeit eines in Vormundschaftssachen eingereichten Privat-Inventars zu bekräftigen.

Sie erscheint als eine Mittelstufe der Bekräftigung eines solchen Inventars, welche sich zur einfachen Versicherung, wie das Größere zum Geringeren, und zu der eidlichen Bestärkung in umgekehrter Weise verhält, ein Verhältniß, welches sich auch im § 486 Th. I. Tit. 9 daselbst in den Worten „gegen die bloße an Eidesstatt abzugebende Versicherung" angedeutet findet.

Wie nun aber der Nachlaßrichter im Falle des § 403 Th. II. Tit. 18 a. a. O. die Versicherung an Eidesstatt von dem Aussteller des Verzeichnisses zu fordern bloß berechtigt ist, sich also auch mit der einfachen Versicherung der Richtigkeit desselben begnügen kann, so ist auch in den Fällen, wo das Gesetz von der eidlichen Bestärkung des Privat-Inventars spricht, diese Bestärkung nicht als ein absolutes Erforderniß hingestellt. Nach § 440 Th. I. Tit. 9 muß das Privat-Inventarium nur auf Erfordern derjenigen, welche ein Interesse dabei haben, eidlich bestärkt werden. Unbedenklich muß daher auch, wenn die Interessenten mit der milderen Form der Bestärkung — der eidesstattlichen Versicherung — der Richtigkeit des Inventars zufrieden sind, diese Form für zulässig erachtet werden.

Nicht minder sagt der § 389 Th. II. Tit. 18 des Allgemeinen Landrechts in Betreff des in Vormundschaftssachen vorkommenden Privat-Inventariums bloß, daß derjenige, welcher dasselbe aufgenommen habe, solches auf Erfordern eidlich zu bestärken verbunden sei, und wenn auch der § 390 ebendaselbst bestimmt, daß diese eidliche Bestärkung der Regel nach sofort erfolgen solle, so gewährt doch auch das Gesetz nach der Richtung hin und überhaupt wiederum Spielraum.

Im Falle der §§ 990. 991 Th. II. Tit. 18 kann dem Vater die eidliche Bestärkung des eingereichten Verzeichnisses ganz erlassen, und nach § 391 ebendaselbst kann bei der Mutter der Pflegebefohlenen die eidliche Bestärkung des Inventars vom Vormundschaftsgericht nach Beschaffenheit der Umstände bis zu einer näheren Veranlassung mindestens ausgesetzt werden.

Es greift also auch hierbei das Ermessen des Vormundschaftsrichters ein, und wenn er danach berechtigt ist, sich unter Umständen mit der einfachen Versicherung der Richtigkeit des Verzeichnisses zu begnügen, eventuell aber auch die eidliche Bestärkung desselben fordern kann, so darf es ihm auch nicht verwehrt sein, definitiv oder vorläufig wenigstens die mittlere Bestärkungsform, nämlich die Versicherung der Richtigkeit an Eidesstatt eintreten zu lassen.

Im vorliegenden Falle, wo die Angeklagte vom Nachlaßrichter zur eidesstattlichen Versicherung des über den Nachlaß ihres Ehemannes zum Zwecke der Auseinandersetzung eingereichten Privat-Inventars zugelassen war, konnte daher auch diese Bestärkungsform gesetzlich nicht für ausgeschlossen erachtet werden. Mit Unrecht ist dieselbe mithin vom Appellationsrichter als wirkungslos betrachtet und demgemäß dem § 129 des Strafgesetzbuchs die Anwendung auf den festgestellten Thatbestand versagt worden.

Das Appellations-Urtheil konnte daher der Vernichtung nicht entgehen, und es hat, da die thatsächliche Feststellung der Vorderrichter den Erfordernissen des citirten Paragraphen entspricht, nur wie geschehen, auf Bestätigung des erstrichterlichen Urtheils erkannt werden können.

Sen. f. Straf-Sachen (verein. Abth.). Vorf.: Hr. Präs. Jähnigen. — Ref.: Hr. O. T. R. Weisgerber. — Antr.: Hr. G. St. A. Grimm.

---

1. Behändigung. — Nachträgliche Registratur. — Beweiskraft.
2. Geschwornen-Dienstliste. — Mangel der Behändigung. — Rüge.
3. Geschworner. — Gewissenhaftigkeit. — Nichtigkeits-Instanz. — Beweisführung.
4. Kompetenz-Vorschrift. — Preussisches Gericht. — Nichtigkeit.
5. Beamter. — Amtliche Auskunft. — Zeugniß.
6. Zeugniß. — Verlesung. — Beschluß.

1. Durch eine nachträgliche Registratur kann eine früher bewirkte Behändigung (der Geschwornen-Dienstliste) nicht bewiesen werden [1]).

Ges. v. 3. Mai 1852. Art. 33.

---

1) Vgl. Strafverf. Art. 33 n. 18.

2. Der Angeklagte, welcher an der Bildung des Schwurgerichts Theil nimmt, ohne es zu rügen, daß ihm die Geschwornen-Dienstliste nicht vorschriftsmäßig behändigt worden sei, kann diesen Mangel nicht mehr zum Gegenstande einer Nichtigkeitsbeschwerde machen [1]).

Verordn. v. 3. Jan. 1849 § 82.

3. In der Nichtigkeits-Instanz ist eine Beweisführung über den Grad der von einem Geschwornen beobachteten Aufmerksamkeit und Gewissenhaftigkeit unzulässig [2]).

Ges. v. 3. Mai 1852 Art. 56; Verordn. v 3. Jan. 1849 § 93.

4. Nur die Verletzung einer Vorschrift über die Kompetenz der Preussischen Gerichte, kann als Nichtigkeitsgrund geltend gemacht werden [3]).

Ges. v. 3. Mai 1852 Art. 108. Nr. 2.

5. Ein Beamter kann in der Regel eine Auskunft über eine amtlich wahrgenommene Thatsache nur als Zeuge oder Sachverständiger mündlich bei der mündlichen Hauptverhandlung ertheilen [4]).

Verordn. v. 3. Jan. 1849 § 14. 22.

6. Die Verlesung eines Schriftstücks (z. B. einer in der Voruntersuchung protokollirten Zeugen-Aussage) kann nur zur Aufklärung der Sache, und nur auf den Grund eines sie anordnenden Beschlusses des ganzen Gerichts erfolgen [5]).

Verordn. v. 3. Jan. 1849 § 21; Ges. v. 3. Mai 1852 Art. 25.

---

[1]) Vgl. Strafverf. § 82 n. 9.

[2]) Vgl. ibid. Art. 56 n. 9; § 93 n. 2.

[3]) Vgl. ibid. Art. 108 n. 15.

[4]) Vgl. ibid. § 22 n. 13—15; Art. 24 n. 2.

[5]) Vgl. ibid. Art. 25 n. 6. — Der oben aufgestellte Grundsatz hat bereits wiederholt die Anerkennung des Ober-Tribunals gefunden, und mehrfach zur Vernichtung instanzrichterlicher Erkenntnisse geführt. Vgl. B. I. 30. März 1860 c. Hirschfeld (271; G. A. 8. S. 534);

Erk. (Z. B. II.) v. 13. Dez. 1860 c. Hahn (413. II. Cr.).

Es findet sich, was die Rüge zu 1. der Beschwerdeschrift betrifft, darüber, daß dem verhafteten Angeklagten, der Vorschrift des § 82 der Verordnung vom 3. Januar 1849 gemäß, am Tage vor dem Beginne der schwurgerichtlichen Verhandlung ein Verzeichniß der Geschwornen, aus welchen das Schwurgericht für seine Sache genommen werden sollte, zugestellt worden sei, in den Akten nur eine mit der Unterschrift „Preuß" versehene nachträgliche Registratur vom 5. Okt. 1860 dahin, daß dem Angeklagten Hahn am

---

B. I. 13. April 1860 c. Grün (366; ibid.); B. II. 3. Mai 1860 c. Trautmann (141; JMBl. S. 294; G. A. 8. S. 524); B. II. 19. Mai 1860 c. Kloh (32; G. A. 8. S. 536.) Wenn trotz der Veröffentlichung dieser Entscheidungen doch noch immer Verstöße gegen jene Regel vorkommen, so scheint der Grund hauptsächlich darin zu liegen, daß die Instanzgerichte die Fälle des § 21 der Verordn. v. 3. Jan. 1849 und des Art. 25 des Ges. v. 3. Mai 1852 nicht gehörig auseinanderhalten. Jener § 21 gestattet die Verlesung einer in der Vor-Untersuchung zu Protokoll genommenen Zeugen-Aussage nur für den Fall, wo der Zeuge inzwischen verstorben ist; wo dagegen die Vernehmung eines Zeugen wegen Krankheit, Entfernung ꝛc. beim mündlichen Hauptverfahren nicht erfolgen kann, muß dieselbe anderweit, unter Zuziehung des Staats-Anwalts, des Angeklagten und seines Vertheidigers kommissarisch bewirkt und nur dieses Vernehmungs-Protokoll darf verlesen werden. Sonstige Verlesungen, insbesondere also die Verlesung der protokollarischen Vernehmungen aus den Voruntersuchungs-Akten, sind nur nach Maßgabe des Art. 25 cit., d. h. also nur auf den Grund eines dieselbe zur Aufklärung der Sache anordnenden, mit Gründen verkündeten Beschlusses des ganzen Kollegiums statthaft. Vgl. Strafverf. § 21 n. 17. Zu bemerken ist noch, daß ein Z. I. 7. Sept. 1860 c. Schröder (890) von dem oben aufgestellten Grundsatze da glaubte absehen zu dürfen, wo es sich von der Verlesung einer protokollirten Zeugenaussage aus andern Untersuchungsakten handelte, „weil hier nicht von einer den §§ 19 und 21 der Verordn. v. 3. Jan. 1849 gleichzustellenden Ausnahme die Rede sein könne, da der betreffende Zeuge in der vorliegenden Sache nirgends als Zeuge benannt worden sei." Die Gründe des oben mitgetheilten Erkenntnisses lassen indessen eine solche Unterscheidung nicht zu.

15. Sept. ein Geschwornenverzeichniß durch den Gefängniß-Inspector Lehmann behändigt worden sei, und durch diese Registratur konnte allerdings die zeitig und ordnungsmäßig geschehene Zustellung nicht dokumentirt werden. Allein es sind von dem Angeklagten die Erklärungen über die Annahme resp. Ablehnung der ausgeloosten Geschwornen abgegeben worden, ohne daß in Betreff der etwa nicht erfolgten Zustellung eines Verzeichnisses der einberufenen Geschwornen oder der etwaigen Nichtübereinstimmung dieses Verzeichnisses mit der Zahl und den Namen der aufgerufenen Geschwornen eine Ausstellung gemacht worden wäre. Hier aber, vor der Ausloosung der Geschwornen und vor Abgabe der Erklärung über deren Annahme oder Ablehnung, würde es am Orte gewesen sein, einen solchen etwaigen Mangel zu rügen. Dies war in dem Falle des in der Beschwerdeschrift erwähnten Erkenntnisses vom 28. Mai 1856 (JMB. S. 190) geschehen; die Bezugnahme auf dieses Erkenntniß ist daher hier, wo jenes nicht stattgefunden hat, unpassend. Auch der verhaftete Angeklagte kann, wenn er seine Erklärungen über die Annahme resp. Ablehnung der aufgerufenen und ausgeloosten Geschwornen ohne Vorbehalt abgegeben hat, in der unterbliebenen Zustellung einer Abschrift der Dienstliste der Geschwornen oder in der Unvollständigkeit derselben eine Nichtigkeit nicht mehr finden, wie dies in vielfältigen früheren Entscheidungen ausgeführt ist.

Wenn sodann zu 3. der Beschwerdeschrift in Bezug auf einen Ersatzgeschwornen, welcher am 19. September als Hauptgeschworner eintrat, behauptet wird, daß derselbe am vorhergehenden Tage während der wichtigsten Beweisaufnahme-Verhandlungen mindestens eine Stunde geschlafen habe, dabei über die Erscheinungen, wodurch dieses sich zu erkennen gegeben habe, ferner darüber, daß dies dem Vertheidiger erst nach Beendigung der Procedur bekannt geworden sei und resp. über Umstände, welche ihn verhindert hätten, solches während der Verhandlung wahrzunehmen, überhaupt neun Zeugen angegeben werden, und, indem behauptet wird, daß hiernach das zum Spruch über den Angeklagten berufene Schwurgericht in jenen wichtigen Momenten aus bloß eilf Geschwornen zusammengesetzt gewesen sei, hierin die Verletzung einer bei Strafe der Nichtigkeit vorgeschriebenen wesentlichen Förmlichkeit des Verfahrens und ein Verstoß gegen § 93 der Verordn. vom 3. Jan. 1849, die Art. 90. 91. 94. 96 des Gesetzes vom 3. Mai 1852 und gegen das Erkenntniß des Ober-Tribunals vom 27. Jan. 1858 [1]) gefunden wird, — so betraf dieses Erkenntniß den von dem vorliegenden verschiedenen Fall, daß einer der zwölf Geschwornen nach stattgehabter Berathung derselben wegen angeblicher Schwerhörigkeit mit abzustimmen sich geweigert und nicht mit abgestimmt hatte; es paßt also mit den darin angezogenen gesetzlichen Vorschriften hier nicht. Der hier in Rede stehende Geschworne B. hat, Inhalts des Sitzungsprotokolls, auch am 17. und 18. Sept. der ganzen Verhandlung beigewohnt, und er hat, nachdem er als Hauptgeschworner eingetreten war, als solcher auch bei der Berathung und Abstimmung der Geschwornen fungirt. Ueber eine im Laufe der Verhandlung an jenem Tage eingetretene Verhinderung desselben in der Wahrnehmung seiner Funktionen enthält das Protokoll nichts. Eine Beweisführung über den Grad der dabei von ihm beobachteten Aufmerksamkeit und Gewissenhaftigkeit aber, wie sie in der Beschwerdeschrift verlangt wird, ist in der Nichtigkeits-Instanz unzulässig. Diese läßt für nachträgliche thatsächliche Erörterungen und Beweisaufnahmen gegen den Inhalt des Sitzungsprotokolls und über nicht protokollirte Vorgänge in der öffentlichen Schwurgerichts-Sitzung — abgesehen von dem Falle etwa beantragt gewesener und verweigerter Aktnehmung über solche Vorgänge (Art. 78 Abs. 3 des Gesetzes vom 3. Mai 1852) — keinen Raum.

Von ebenso wenigem Gehalt ist die Ausstellung, welche zu 7. der Beschwerdeschrift, unter Bezugnahme auf Art. 108

---

[1]) Vgl. Strafverf. Art. 95 n. 10.

Nr. 2 des Gesetzes vom 3. Mai 1852, Rücksichts der Verhandlung gemacht worden ist, welche in der Voruntersuchung am 25. Mai 1860 über die in Schloß-Vippach und auf dem Wege von dort nach Sömmerda stattgehabte Besichtigung der Lokalitäten von der Gerichtskommission zu Sömmerda gemeinschaftlich mit dem Großherzoglich Sächsischen Justizamte zu Groß-Rudestedt aufgenommen war und bei der schwurgesichtlichen Verhandlung der Sache verlesen wurde. Denn, war auch dieses Justizamt in der ein Verbrechen betreffenden Untersuchung ohne Auftrag des Kreisgerichts zu Weimar nicht — wenigstens nur zu bestimmten Untersuchungsverhandlungen — kompetent, wie dies von dem letztern der Kreisgerichts-Kommission zu Sömmerda, auf deren Requisition vom 20. Mai, in dem jedoch erst nach stattgehabter Lokalbesichtigung eingegangenen Schreiben vom 25. ejd. mitgetheilt wurde (vgl. Weiske, Rechts-Lexikon, Bd XI. S. 66. 76); so ist doch nicht nur jene Theilnahme der Beamten des Justizamts Groß-Rudestedt an der stattgehabten Lokalbesichtigung Seitens des Kreisgerichts zu Weimar stillschweigend dadurch genehmigt worden, daß die in dem Schreiben der Gerichtskommission zu Sömmerda vom 29. Mai eventuell anheimgestellte weitere Mittheilung nicht erfolgte, sondern es hat auch die Vorschrift Nr. 2 des Art. 108 des Gesetzes vom 3. Mai 1852, wonach eine Verletzung wesentlicher Vorschriften des Verfahrens vorhanden ist, wenn die gesetzlichen Bestimmungen über die Kompetenz verletzt sind, nur auf die Preußischen Gesetze über die Kompetenz der Preußischen Gerichte Bezug; von der die Voruntersuchung führenden Gerichtskommission zu Sömmerda aber, welche die qu. Lokalbesichtigung und zwar, soweit diese sich auf Großherzoglich Sächsisches Gebiet erstreckte, mit Vorwissen der dortigen Behörde, vornahm, und vollends bei der Hauptverhandlung sind solche gesetzliche Bestimmungen über die Kompetenz nicht verletzt worden.

Dagegen ist, zu 5. der Beschwerdeschrift, die Beschwerde begründet, daß bei der schwurgerichtlichen Verhandlung gegen § 14 und 21 der Verordnung vom 3. Jan. 1849 verstoßen, nämlich das wesentliche Princip der Mündlichkeit verletzt worden sei.

Als von geringerer Erheblichkeit würden sich zwar auch bei diesem Beschwerdepunkte die Ausstellung ansehen lassen, welche in Beziehung darauf gemacht worden ist, daß bei der schwurgerichtlichen Verhandlung — soviel ersichtlich ohne vorgängigen Antrag — die amtliche Auskunft verlesen worden ist, welche noch vor der Voruntersuchung in dem Scrutinialverfahren die Post-Expedition zu Sömmerda in dem Schreiben vom 7. Febr. über eine in der Zeit vom 28. Jan. bis zum 6. Febr. stattgehabte Regulirung der dortigen Postbüreau-Uhr ertheilt hatte; wiewohl doch auch in Bezug auf diese Verlesungen ein dieselben, als zur Aufklärung der Sache nothwendig oder dienlich anordnender und die Gründe einer solchen Anordnung angebender Beschluß des Gerichtshofes aus dem Sitzungsprotokolle nicht ersichtlich ist, und wiewohl doch — abgesehen von dem Falle, wo eine Behörde als Kollegium schriftlich Auskunft ertheilt oder ein Gutachten abgegeben hat, und als solches nicht bei der mündlichen Verhandlung vernommen werden kann — auch einzelne Beamte, wie ein solcher hier der, allerdings von keiner Seite als Zeuge benannte Vorsteher der Post-Expedition zu Sömmerda war, die für erforderlich erachtete Auskunft über Thatsachen, die sie amtlich wahrgenommen haben, selbst, wenn diese ihre Amtsgeschäfte unmittelbar betrafen, in der Regel in der durch die Mündlichkeit des Verfahrens bedingten Form, also als Zeugen resp. Sachverständige mündlich bei der mündlichen Hauptverhandlung ertheilen müssen.

Es ist aber auch bei der schwurgerichtlichen Verhandlung, neben der mündlichen Vernehmung von sechs und fünfzig Zeugen und Sachverständigen, am 19. Sept. die in der Voruntersuchung aufgenommene eidliche Aussage des Schuhmachergesellen Hermann Lorenz aus Zeitz verlesen worden. Dieser stand zur Zeit seiner in der Voruntersuchung am 6. März 1860 stattgehabten eidlichen Vernehmung (über das Verhältniß, in welchem der Angeklagte zu der verehelichten Esther gestanden habe), in Sangerhausen in Arbeit. In der Anklageschrift hatte ihn der Staats-Anwalt, unter den auf seinen Antrag zum Termine (den 17. Sept.) zu ladenden zwei und vierzig Zeugen resp. Sachverständigen als Schuhmachergesellen Hermann Lorenz aus Zeitz aufgeführt. In Zeitz, wohin demzufolge die an ihn erlassene Vorladung gerichtet wurde, war er nicht zu ermitteln. Hiervon wurde der Staats-Anwalt nach der Verfügung vom 12. Sept. durch Vorlegung der betreffenden Botenanzeige, mit Bezugnahme auf die bereits (in der Voruntersuchung) erfolgte eidliche Vernehmung des Lorenz benachrichtigt. In dem Protokolle über die Schwurgerichtssitzung vom 17. Sept. ist demnächst in Bezug auf den Aufruf der vorgeladenen ein und fünfzig Zeugen registrirt:

> „nicht erschienen ist: der Schuhmachergeselle Lorenz, er ist nicht ermittelt,"

und weiterhin ist in die Registrirung der Bekundungen der demnächst auch vereidigten Wittwe Esther, hinter deren Angabe, daß ein Schuhmachergeselle Lorenz — zuletzt in Zeitz — auch bei ihnen gearbeitet habe, aufgenommen:

> „dieser ist vorgeladen, aber nicht zu ermitteln gewesen und wurde daher dessen Aussage in der Voruntersuchung verlesen."

Hiernach lag einer der Fälle, in welchen der § 21 der Verordnung vom 3. Jan. 1849 eine Abweichung von der Vorschrift des § 14 a. a. O., nach welcher die Beweisaufnahme bei dem mündlichen öffentlichen Verfahren stattfinden soll, dahin gestattet, daß, wenn bei dem mündlichen Verfahren die Vernehmung eines Zeugen wegen Krankheit, Alterschwäche, großer Entfernung oder wegen anderer unabwendbarer Hindernisse nicht erfolgen kann, solche anderweit zu bewirken und in diesen Fällen, sowie alsdann, wenn ein schon zuvor gerichtlich vernommener Zeuge inzwischen verstorben ist, das Vernehmungsprotokoll bei dem mündlichen

Verfahren vorzulesen ist, nicht vor. Zusätzlich zu dieser Bestimmung des § 21 der Verordnung vom 3. Jan. 1849 und zu der Regel, daß über die Thatsachen, welche für die Entscheidung von Erheblichkeit sind, die Personen, welche darüber Auskunft geben können, mündlich vor dem erkennenden Richter vernommen werden müssen, hat nun zwar der Art. 25 des Gesetzes vom 3. Mai 1852 bestimmt, daß jedoch, insoweit es auch außer den Fällen der §§ 19 und 21 jener Verordnung und des Art. 24 des Gesetzes vom 3. Mai 1852 zur Aufklärung der Sache als nothwendig oder dienlich erscheine, das Gericht befugt sei, auf den Antrag der Staats-Anwaltschaft, des Angeklagten oder von Amtswegen die Verlesung eines jeden Schriftstückes anzuordnen. Nach dieser zusätzlichen Bestimmung hat aber nicht etwa die Vernehmung von Zeugen in dem Audienztermine entbehrlich sein und die Verlesung der in der Voruntersuchung über ihre Aussagen aufgenommenen Verhandlungen an deren Stelle selber treten dürfen. Vielmehr ist dadurch eine solche Verlesung nur zur Aufklärug der Sache — also nicht um die Stelle einer Beweisaufnahme zu vertreten — gestattet, und die Befugniß selbige anzuordnen nicht etwa dem Vorsitzenden, sondern dem Gerichte eingeräumt. Bei der Anwendung dieser Bestimmung bedarf es daher eines Beschlusses des Gerichtshofes, welcher eine solche Anordnung mit der Bedeutung, daß die Verlesung des Schriftstückes zur Aufklärung der Sache dienen solle, trifft, und die denselben motivirenden Gründe ergiebt.

Ein diesen Erfordernissen entsprechendes Verfahren hat hier Rücksichts der Verlesung der in der Voruntersuchung aufgenommenen Zeugen-Aussage des Lorenz nicht stattgefunden. Der Schwurgerichtshof hat daher allerdings das wesentliche Princip der Mündlichkeit des Verfahrens verletzt. Deshalb war sein Erkenntniß und das vor ihm stattgehabte Verfahren, nach Art. 108 im Schlußsatze und Art. 117 des Gesetzes vom 3. Mai 1852, zu vernichten und die Sache zur anderweiten Verhandlung und Entscheidung an das Schwurgericht zu Erfurt zurückzuweisen.

Sen. f. Straf-Sachen (II. Abth.). Vorf.: Hr. Präs. Jähnigen. — Ref.: Hr. O. T. R. Stosch. — Antr. (gleichl.): O. St. A. Oppenhoff.

Schwurgerichtssache. — Verfügung. — Hauptverhandlung. Beschwerde. – Kompetenz.

1. „Von den nach Art. 12 des Gesetzes vom „3. Mai 1852 zunächst an das Appellationsgericht „gehenden Beschwerden über Verfügungen und „Beschlüsse, welche in den zur Kompetenz des „Schwurgerichtshofs gehörigen Sachen außerhalb „der Hauptverhandlung erlassen werden, sind „solche Beschwerden, welche die bevorstehende Haupt„verhandlung **betreffen**, dergestalt auszunehmen, „daß diese, auch wenn sie gegen Verfügungen oder „Beschlüsse gerichtet werden, die nur von der Ab„theilung des Stadt- oder Kreisgerichts und „nicht unmittelbar von dem Schwurgerichtshofe „erlassen sind, unmittelbar bei dem Ober-Tribu„nal anzubringen sind.“ Präj. Nr. 266 [1]).

Ges. v. 3. Mai 1852 Art. 12. 53.

2. Der Rechts-Anwalt, welcher einem Angeklagten zum Vertheidiger bestellt ist, kann nicht als dessen negotiorum gestor auftreten, um die Bestellung eines andern Vertheidigers zu beantragen.

Ges. v. 3. Mai 1852 Art. 21.

---

[1]) Nach der oben mitgetheilten Entscheidung ist in Oppenhoff's Strafverfahren die Note 9 zum Art. 12 des Ges. v. 3. Mai 1852 zu berichtigen. Aus den im Antrage des Hrn. General-Staats-Anwalts näher entwickelten Gründen kann die Richtigkeit der jetzt wiederholt vom Ober-Tribunal gebilligten Ansicht einem fernern Bedenken nicht mehr unterliegen.

3. Darüber, ob ein bloß bei dem Appellationsgerichte angestellter Rechts-Anwalt verpflichtet sei, eine ihm von Amtswegen übertragene Vertheidigung bei einem Schwurgerichtshofe zu übernehmen, ist nur im Wege der Justizverwaltung, resp. der Disciplin zu befinden.

Ges. v. 3. Mai 1852 Art. 17; Verordn. v. 2. Jan. 1849 § 35.

Beschl. (Pl.) v. 24. Sept. 1860 c. Kemper (7 Pl.; 49. B. II.).

In einer vor den Schwurgerichtshof zu Hamm verwiesenen Untersuchungssache war der Rechts-Anwalt H. durch Verfügung des die Funktionen des Schwurgerichtshofes wahrnehmenden Kreisgerichts von Amtswegen zum Vertheidiger des Mitangeklagten Kemper bestellt worden. Er wandte sich beschwerend an das Appellationsgericht zu Hamm, und, da dieses die Entscheidung unter Bezugnahme auf den Beschl. I. 20. Jan. 1859 c. Betzien [1]) ablehnte, an das Ober-Tribunal, indem er prinzipaliter „als negotiorum gestor des Angeklagten Kemper" dahin antrug:

> das Kreisgericht, resp. den Schwurgerichtshof anzuweisen, dem K. einen Vertheidiger zu bestellen, der zur Uebernahme der Vertheidigung gesetzlich verpflichtet sei;

eventuell aber im eignen Namen beantragte:

> das Kreisgericht resp. den Schwurgerichtshof anzuweisen, seine Bestellung als Vertheidiger in dieser Schwurgerichtssache zurückzunehmen.

Zur Begründung dieser Anträge suchte er auszuführen: daß er nur beim Appellationsgerichte angestellt, zu einer Praxis beim Kreisgerichte also weder verpflichtet noch berechtigt sei; daß ihm daher auch von demselben keine Geschäfte von Amtswegen übertragen werden könnten, zumal da die Ausführung eines solchen Geschäfts mit seinen Pflichten als Rechts-Anwalt beim Appellationsgerichte kollidirten, indem er die bei beiden Gerichten gleichzeitig anstehenden Termine nicht wahrnehmen könne.

Die Entscheidung über diese Beschwerde ward vor die vereinigten Abtheilungen des Senats für Straf-Sachen verwiesen, und hier von dem General-Staats-Anwalt in Betreff der Kompetenzfrage der Antrag gestellt:

> das Königliche Ober-Tribunal wolle beschließen, daß in Fällen wie der vorliegende, wo die erhobene Beschwerde die Haupt-

---

[1]) Vgl. Oppenhoff, Strafverfahren, Art. 12 n. 9.

verhandlung vor dem Schwurgerichtshofe betrifft, über dieselbe von dem Königlichen Ober-Tribunal unmittelbar zu befinden sei, und zur Begründung Folgendes ausgeführt:

„Die Beantwortung der Frage, ob die Beschwerde im vorliegenden Falle unmittelbar an das Ober-Tribunal oder zunächst an das Appellationsgericht zu Hamm zu richten sei, scheine auf den ersten Blick wenig zweifelhaft, weil die Worte im Art. 12 des Ges. vom 3. Mai 1852: „außerhalb der Hauptverhandlung" anscheinend gleichbedeutend seien mit: „nicht innerhalb der Hauptverhandlung," „nicht während der Hauptverhandlung." Bei näherer Prüfung ergäben sich aber aus der Entstehungsgeschichte jenes Art. 12 große Bedenken gegen diese Ansicht, wenn man dabei nicht bloß auf den Bericht der Justizkommission der II. Kammer, aus deren Initiative bekanntlich das Gesetz vom 3. Mai 1852 hervorgegangen sei, sondern auf die [ungedruckten] Kommissionsverhandlungen selbst zurückgehe.

„Danach habe der zweite Absatz des jetzigen Art. 12 in dem vom Regierungskommissar vorgelegten Entwurfe gelautet:

> Gegen Verfügungen und Beschlüsse der Gerichte erster Instanz in den zur Zuständigkeit der Schwurgerichte gehörigen Sachen geht die Beschwerde, so lange die Untersuchung noch nicht eröffnet ist, zunächst an das Appellationsgericht;

so daß also hier eine Unterscheidung nach der Zeit, je nachdem die Hauptverhandlung begonnen habe oder nicht, ausgeschlossen gewesen sei; sobald die Sache einmal an das Schwurgericht gelangt sei, hätten alle Beschwerden gegen seine Verfügungen zur unmittelbaren Zuständigkeit des Ober-Tribunals gehört. Auf die Bemerkung des Abgeordneten H., daß nach der Fassung des Artikels Beschwerden über die Strafvollstreckung an das Ober-Tribunal gelangen müßten, sei sodann beschlossen worden, statt der Worte:

> „so lange die Untersuchung noch nicht eröffnet ist"

zu setzen:

> „welche sich auf das Verfahren vor Eröffnung der Untersuchung und auf die Strafvollstreckung beziehen."

Bei der demnächstigen Berathung über den Entwurf des jetzigen Art. 13 Abs. 2 habe sodann derselbe Abgeordnete darauf aufmerksam gemacht, daß, wenn auf § 13 Bezug genommen werde, alle Beschwerden nach Eröffnung der Untersuchung statt an das Appellationsgericht an das Ober-Tribunal gehen würden, was nicht beabsichtigt werde. Diese Bemerkung sei für richtig erachtet worden, und eine Einigung dahin zu Stande gekommen, daß Abs. 2 des Art. 12 einer Redaktionsänderung dahin bedürfe, daß die Beschwerde über das das Schwurgericht abhaltende Gericht direkt an das Ober-Tribunal gehen solle. Demzufolge sei in einer spätern Sitzung die jetzige Fassung des gedachten Absatzes ohne weitere Bemerkung genehmigt worden.

„Hiernach sei im Kommissionsberichte der II. Kammer (Matt., S. 74) nicht etwa eine Ungenauigkeit des Ausdrucks untergelaufen, sondern derselbe spreche in der That das Ergebniß der Erörterungen und Beschlüsse aus, wenn es dort heiße:

> Nach der Ansicht der Kommission wird gegen Verfügungen und Beschlüsse, welche die Hauptverhandlung betreffen, die Beschwerde an das Ober-Tribunal gehen müssen, weil an dieses das Rechtsmittel gegen das auf der Hauptverhandlung beruhende Erkenntniß devolvirt wird; soweit dieselben aber außerhalb der Hauptverhandlung erlassen sind, also sich z. B. auf die Untersuchungshaft oder auf die Strafvollstreckung beziehen, wird das dem Gerichte, von welchem sie ergangen, vorgesetzte Appellationsgericht darauf zu befinden haben.

Diese Auffassung stimme auch mit den richtigen Grundsätzen überein. An sich werde der Richter bei seiner Endentscheidung (vom Falle des Art. 10 des Ges. v. 3. Mai 1852 abgesehen) durch die im Laufe des Verfahrens, selbst vom höchsten Gerichtshofe ausgegangenen Beschlüsse nicht gebunden [1]); immer aber habe ein solcher Beschluß dadurch ein Gewicht, daß voraussichtlich der höhere Richter die im Wege der Verfügung ausgesprochenen Grundsätze auch in iudicando aufrecht erhalten werde; diese Bedeutung würde gänzlich wegfallen, wenn über Inzidentpunkte im Verfahren ein Gericht zu befinden hätte, welches bei der endlichen Prüfung der Legalität des Verfahrens von jeder Kognition ausgeschlossen wäre. Hiernach habe Abs. 2 des Art. 12 nicht eine Ausnahme von dem im Abs. 1 ausgesprochenen allgemeinen Grundsatze, sondern nur eine Anwendung desselben auf die Schwurgerichte zur Beseitigung eines Zweifels bezweckt."

Dieser Ausführung gemäß hat das Ober-Tribunal an den Rechts-Anwalt H. folgenden Beschluß erlassen:

Die von Ihnen in der Untersuchung wider den Bergmann K. und Genossen unterm 2. Juli d. J. angebrachte Beschwerde, deren Anlagen hierbei zurückerfolgen, wird rücksichtlich des darin gestellten Prinzipal-Antrages, in Bezug auf welchen allein Ihre Beschwerde zus Entscheidung des Gerichts der höheren Instanz gehört, nach erfolgter Erklärung des Königlichen General-Staats-Anwalts hierdurch

[1]) Vgl. Strafverf. Art. 10 n. 1. 6.

zurückgewiesen, nachdem die Vorfrage, welche dabei in Betracht zu ziehen, und in Veranlassung Ihrer Beschwerde zur Entscheidung der vereinigten Abtheilungen des Senats für Straf-Sachen gebracht worden war, durch den Beschluß ihre Erledigung gefunden hat:

daß von den nach Art. 12 des Gesetzes vom 3. Mai 1852 zunächst an das Appellationsgericht gehenden Beschwerden über Verfügungen und Beschlüsse, welche in den zur Kompetenz der Schwurgerichtshöfe gehörigen Sachen außerhalb der Hauptverhandlung erlassen werden, solche Beschwerden, welche die bevorstehende Hauptverhandlung betreffen, dergestalt auszunehmen sind, daß diese, auch wenn sie gegen Verfügungen oder Beschlüsse gerichtet werden, die nur von der Abtheilung des Stadt- oder Kreisgerichts und nicht unmittelbar von dem Schwurgerichtshofe erlassen sind, unmittelbar bei dem Ober-Tribunal anzubringen sind.

Die Zurückweisung mußte erfolgen.

Denn nicht nur haben Sie bei Ihrem Prinzipal-Antrage die Frage über den Umfang Ihrer Dienstpflichten, auf welche der von Ihnen in eigenem Namen gestellte eventuelle Antrag Bezug hat, und welche nicht im Wege einer dem Instanzenzuge folgenden Beschwerde, sondern nur im Wege der Justizverwaltung resp. Disziplin ihre Erledigung finden könnte (Verordn. vom 2. Jan. 1849 § 35 Abs. 3; Gesetz vom 3. Mai 1852 Art. 17 und 22. Abs. 2), als bereits Ihrem Verlangen gemäß entschieden vorausgesetzt, sondern es ist auch in sich widersprechend, wenn Sie zu jenem Antrage als negotiorum gestor des zu vertheidigenden Angeklagten, der dabei ein mit dem Ihrigen nicht übereinstimmendes Interesse hat, oder doch haben kann, legitimirt sein wollen.

Sen. f. Straf-Sachen (vereinigte Abtheilungen). Vors.: Hr. Präs. Jähnigen. — Antr. (gleichl.): Hr. G. St. A. Grimm.

1. Nachdruck. — Urheber. — Drucker.
2. Nachdruck. — Vollendung. — Verbreitung.
3. Nachdruck. — Theilnahme. — Hülfeleistung.

1. Urheber eines Nachdrucks ist derjenige, welcher denselben für eigne Rechnung veranstaltet, oder durch einen Andern veranstalten läßt, um über die Exemplare als sein Eigenthum zu verfügen und sie zu verbreiten.

Daher macht sich der Drucker, welcher aus eigner Veranlassung mit der Absicht der Verbreitung unbefugter Weise nachdruckt, des Vergehens schuldig.

Ges. v. 11. Juli 1837 § 1. 2. 10.

2. Zum objektiven Thatbestande des Nachdrucks gehört die Verbreitung nicht; das Vergehen ist mit der Anfertigung vollendet.

Ges. v. 11. Juli 1837 § 10. 13.

3. Die allgemeinen Grundsätze von der Theilnahme finden auf den Nachdruck Anwendung.

Die Hülfeleistung beim Nachdrucke setzt nur den allgemeinen, für die Theilnahme erforderlichen Dolus voraus, d. h. die Wissenschaft, daß es sich von einem gegen Nachdruck geschützten litterarischen Werke handelt, und daß der Urheber unbefugter Weise zum Zwecke der Verbreitung eine Vervielfältigung vornehme.

Ges. vom 11. Juli 1837 § 1. 2. 10; StGB. § 34.

Erk. (V. I.) v. 7. Dez. 1860 c. Schultze (1015. I. Cr.).

Der erste Richter hat den Angeklagten wegen Nachdrucks verurtheilt, und zwar, wie der Sinn der Anklage und des Einleitungsbeschlusses und damit übereinstimmend die Motivirung und der Tenor des ersten Urtels ergiebt, als Urheber dieses Vergehens.

Der Appellationsrichter hat den Angeklagten dagegen

freigesprochen und seine Motivirung ergiebt, daß er denselben weder als Urheber noch auch als Theilnehmer an diesem Vergehen für strafbar erachtet.

Die Beschwerde des Ober-Staats-Anwalts über diese Freisprechung ist begründet.

Objektiv besteht das Vergehen des Nachdrucks in der mechanischen Vervielfältigung, also auch durch den Abdruck, fremder Werke und unter Umständen auch fremder Manuscripte ohne Ermächtigung des Berechtigten (§. 1. 2. 3 des Gesetzes vom 11. Juni 1837). Vollendet ist dasselbe durch die Anfertigung der Exemplare, so daß also die Verbreitung derselben zu diesem objektiven Thatbestande an sich nicht gehört.

Diese Merkmale treffen sonach in der Handlung des Druckers zu, wenn er ohne jene Ermächtigung handelt, und er wird daher des Vergehens unbedenklich schuldig sein, wenn auch zugleich die subjektiven Merkmale desselben, nämlich der Dolus, zu welchem indeß wenigstens die Absicht der Verbreitung gleichfalls gehört, vorhanden sind.

Die Ausführung des Appellationsrichters, soweit sie die Urheberschaft des Druckers überhaupt verneint, und dabei lediglich die Wortfassung der §§ 1 und 10 des Gesetzes vom 11. Juni 1837 im Auge hat, ist hiernach principiell eine unrichtige. Im § 1 ist von dem Rechte des Autors, eine Schrift vervielfältigen zu lassen, und in dem § 10 von dem „Gebrauch machen des Rechts des Autors ohne dessen Genehmigung" die Rede. Der Gebrauch (oder der Mißbrauch) betreffe mithin, so wird ausgeführt, das Recht, eine Schrift vervielfältigen zu lassen, nämlich durch den Drucker u. s. w.

Allein es leuchtet nicht ein, warum dies Alles nicht auch alsdann eintreten soll, wenn der Mißbraucher zufällig selbst der Drucker ist, wenn er also nicht allein das von dem Appellationsrichter vorausgesetzte Organ eines Andern, sondern wenn er ein Selbsthandelnder ist. Das Gesetz hat bei dem Ausdruck „vervielfältigen lassen" nur die rein zufällige Voraussetzung gehabt, daß der Autor oder Verleger nicht zugleich selbst der Drucker sei.

Ist dieser Fall aber vorhanden, ist also der Mißbraucher des fremden Autor- oder Verlagsrechtes nicht zugleich selbst der Drucker, vielmehr das Organ eines Andern, so handelt es sich um die Frage der Theilnahme.

Daß die Grundsätze über die Theilnahme auch auf die neben dem StGB. bestehenden Specialgesetze an und für sich anzuwenden seien, sofern nicht in einzelnen Fällen die Natur der in Rede stehenden Gesetze eine Ausnahme macht, unterliegt keinem Bedenken. Insbesondere steht aber der Anwendung dieser Grundsätze auf das Vergehen des Nachdrucks nach dem Gesetze vom 11. Juni 1837 nichts entgegen (Urtel des Ober-Tribunals vom 16. Juni 1859 c. Henning; G. A. 7 S. 692). Das Bedenken, daß dieses Gesetz die „Verbreitung des Nachdrucks," die allerdings als Theilnahme aufgefaßt werden könnte, mit einer besondern Strafe belegt (§ 13), also zu einem selbständigen Vergehen erhebt, steht nicht entgegen, weil dafür in diesem Falle besondere Gründe vorgelegen haben, welche zu einer gleichen Auffassung in Beziehung auf andere Theilnahmehandlungen keinen Anlaß geben. Der fernere Grund aber, daß jenes Gesetz im Uebrigen überall nur von dem Nachdrucker selbst, also von dem Veranlasser des Nachdrucks, mit andern Worten von dem Urheber spreche, entscheidet ebensowenig etwas. Jedes Strafgesetz spricht, der Regel nach, nur von dem Thäter der speciellen, mit Strafe bedrohten Handlung, also von dem Urheber; die Grundsätze über die Theilnahme daran finden sich für alle strafbaren Handlungen zusammen in dem allgemeinen Theile des StGB., und sind, wie gedacht, ebenso auf die neben dem StGB. bestehenden Specialgesetze, wie auf den besonderen Theil des StGB. selbst in jedem einzelnen Falle zu übertragen.

Was nun aber speciell die Frage über die Theilnahme des Druckers als solchen betrifft, so erledigen sich die Bedenken des Appellationsrichters durch den § 13 des Gesetzes vom 11. Juni 1837 und die allgemeinen Grundsätze über die Theilnahme in ihrem Verhältnisse zur Urheberschaft, insbesondere durch den § 34 des StGB. selbst.

Urheber eines Nachdrucks ist derjenige, welcher den Nachdruck für sich — für seine Rechnung — veranstaltet oder durch einen Andern veranstalten läßt, um über die Exemplare als sein Eigenthum zu verfügen und dieselben zu verbreiten, wenn er im Uebrigen auch den Dolus dieses Vergehens hat. Derjenige aber, welcher Handlungen der im § 34 Nr. 2 gedachten Art zur Unterstützung des Urhebers verübt, wissend, daß sie dazu dienen sollten, ist Theilnehmer des Nachdrucksvergehens.

Es steht nun fest, daß der Angeklagte auf die Bestellung eines Andern gedruckt, und diesem die gedruckten Exemplare ausgeantwortet hat. Hiernach ist das strafrechtliche Verhältniß des Angeklagten zu dem Besteller nach der Absicht beider zu beurtheilen, die Sache auch nach den ferneren Einwendungen des Angeklagten in appellatorio, insbesondere über die Existenz eines gegen Nachdruck geschützten litterarischen Produktes überhaupt, zu prüfen. Der Satz des Appellationsrichters, daß nur dem Besteller, nicht aber dem Angeklagten als bloßem Drucker, die gesetzliche Verpflichtung obgelegen habe, zu prüfen, ob die beabsichtigte Vervielfältigung erlaubt sei oder nicht, entbehrt aller Begründung; derselbe würde sich mehr oder minder auf jede Theilnahme ausdehnen lassen. Wußte der Drucker das mangelnde Recht des Bestellers und dessen Absicht der Verbreitung, handelte es sich ferner um ein wirkliches litterarisches Produkt, das gegen Nachdruck geschützt war, und war auch dies dem Drucker bekannt, so wird der Anwendung des Gesetzes, wenn die sonstigen Erfordernisse der Theilnahme vorliegen, nichts entgegenstehen. Die Frage, in wiefern ein Nachschreiben eines im Theater gesprochenen oder gesungenen Liedes, den Thatbestand einer unbefugten Benutzung eines fremden litterarischen Produktes im Sinne des darnach veranstalteten Nachdrucks enthalte, bleibt natürlich für jetzt außer Betracht.

(Aus diesen Gründen Vernichtung des angegriffenen Urtheils und Zurückverweisung der Sache in die zweite Instanz.)

Sen. f. Straf-Sachen (I. Abth.). Vors.: Hr. Präs. Dr. v. Schlieckmann. — Ref.: Hr. O. T. R. Goltdammer. — Antr. (gleichl.): Hr. O. St. A. Hartmann.

---

1. Polizeigericht. — Kompetenz-Urtheil. — Rechtsmittel.
2. Materielle Inkompetenz. — Rechtskraft.
3. Injurien. — Militärgerichtsstand.

1. Die lediglich über die Kompetenzfrage ergehenden polizeigerichtlichen Erkenntnisse unterliegen nach Rheinischem Rechte nicht der Appellation, sondern nur dem Kassationsrekurse.

Rh. St. P. O. Art. 172.

2. Nach Rheinischem Rechte wird der Appellationsrichter durch die vom ersten Richter über die Frage der materiellen und absoluten Zuständigkeit erlassenen und rechtskräftig gewordenen Entscheidungen nicht gebunden; er kann und muß dieselben selbstständig prüfen.

3. Der durch § 2 der Mil.-St. G. O. v. 3. Apr. 1845 begründete Militärgerichtsstand für Injurien ist durch spätere Gesetze nicht aufgehoben worden.

St. G. O. f. d. Heer v. 3. Apr. 1845 § 2; Ges. v. 28. Dez. 1848; Verordn. v. 2. Jan. 1849 § 9; Verfass. v. 31. Jan. 1850 Art. 37; Ges. v. 11. Apr. 1850 § 5.

Erk. (Z. II.) v. 22. Nov. 1860. Thies c. Cramer (395. II. Cr.).

Der zu Essen wohnende Bergamts-Assessor a. D. Th. ließ den zu Düsseldorf wohnenden Obrist-Lieutenant a. D. Cr. vor das Polizeigericht des Kantons Düsseldorf laden, weil dieser ihn in einer zu Wattenscheidt (Kreisgerichts-Bezirk Essen) abgehaltenen Sitzung des

Vorstandes der Zeche „Holland" durch Worte beleidigt habe [1]). Cramer machte geltend, daß er als pensionirter Offizier den Militärgerichtsstand habe, der Polizeirichter verwarf indessen diesen Einwand durch Urtheil vom 14. Juni 1860, weil

> derselbe unbewiesen und den allgemeinen Gesetzen, besonders der Verfassungs-Urkunde, entgegen sei.

Nachdem sich hierauf der Beschuldigte unter nochmaliger Wiederholung seiner Inkompetenzeinrede entfernt hatte, schritt der Polizeirichter zur Beweiserhebung und verkündete in der Sitzung vom 21. Juni ein verurtheilendes Erkenntniß, in welchem die Inkompetenzeinrede nochmals eingehend geprüft und beseitigt ward, weil zwar die Mil. St. G. O. v. 3. Apr. 1845 § 2 den Militärgerichtsstand auch für pensionirte Offiziere in Straf- und Injurien-Sachen anerkenne, diese Bestimmung aber, was die Injurien betrifft, durch das Gesetz vom 28. Dez. 1848, die Verordn. v. 2. Jan. 1849 § 9, die Verfass. v. 31. Jan. 1850 Art. 37 und das Ges. v. 11. März 1850 § 5 beseitigt sei. Cr. appellirte am 23. Juni gegen beide Erkenntnisse vom 14. und 21. Juni, indem er wiederholt die Inkompetenz behauptete, wogegen Th. geltend machte, daß nach Art. 172 der Rh. St. P. O. das die Inkompetenzeinrede verwerfende Urtheil vom 14. Juni nicht durch Appellation, sondern nur durch Kassationsrekurs habe angefochten werden können, und daher in Ermangelung desselben rechtskräftig geworden sei.

Der Richter zweiter Instanz, die Zuchtpolizei-Kammer des Landgerichts zu Düsseldorf verwarf diesen letztern Einwand, weil in Po-

---

[1]) Es war in dieser Sache gänzlich übersehen worden, daß das Polizeigericht zu Düsseldorf auch territorial für die angehobene Klage nicht kompetent war, da die Rh. St. P. O., wie sich aus einer Vergleichung der Art. 139 und 166 l. c. mit Art. 153 des C. v. 3. brum. IV ergiebt, in Polizei-Sachen, insbesondere auch bei einfachen Beleidigungen, nur den Gerichtsstand der begangenen That anerkennt (so indirekt: Beschl. II. 13. Dez. 1860 Sternemann c. Lindenlauf, 69. B. II; vgl. Gilb. C. d'Instr. crim. Art. 139 n. 21). Demgemäß stellt sich die Eigenthümlichkeit heraus, daß es für Fälle der vorliegenden Art, wo ein Bewohner des Rheinischen Rechtsgebiets an einem Orte, wo die altländischen Gesetze Geltung haben, einen Andern beleidigt, an einem zuständigen Gerichte im Staate gänzlich fehlt, da die altländischen Gesetze für die im Wege des Civilprozesses zu verfolgenden einfachen Beleidigungen nur den persönlichen Gerichtsstand des Wohnorts anerkennen. Es bleibt daher in den erwähnten Fällen Nichts übrig, als die Bestimmung des Gerichts nach Anleitung des Ges. v. 2. Mai 1853 § 2 durch das Ober-Tribunal herbeizuführen.

lizei-Sachen sich die Frage der Appellabilität nach dem Maße der schließlich erfolgenden Verurtheilung richte, sonach auch nur nach der Endentscheidung beurtheilt werden könne, welches Rechtsmittel gegen das frühere Kompetenz-Urtheil statthaft sei. Sodann ward die fortdauernde Gültigkeit des § 2 der Mil. St. G. O. angenommen und demgemäß unter Aufhebung des ersten Urtheils die Inkompetenz des Civil-Strafgerichts ausgesprochen.

Gegen dieses Erkenntniß hat Th. den Kassationsrekurs ergriffen und geltend gemacht:

1. Verletzung der Rh. St. P. O. Art. 172. 177. 416, weil ein über die Inkompetenz aberkennendes Urtheil weder als präparatorisches noch als Instruktions-Urtheil aufzufassen, daher selbstständig durch ein Rechtsmittel anzugreifen sei, welches nach Art. 172 nur der Kassationsrekurs sein könne.

2. Verletzung des Art. 37 der Verfassung vom 31. Jan. 1850 und der §§ 1 und 2 der Mil. St. G. O. v. 3. Apr. 1845 durch die Annahme der Inkompetenzeinrede.

Das Ober-Tribunal hat erkannt:

In Erwägung, daß das Polizeigericht die zu seiner Entscheidung gekommenen Fragen getrennt behandelt, in dem Urtheile vom 14. Juni c. diese Entscheidung als in erster Instanz ergangen qualificirend, die Inkompetenzeinrede des Verklagten verworfen, demnächst aber in dem ebenfalls als Erkenntniß erster Instanz qualificirten Endurtheile vom 21. Juni die wiederholte Inkompetenzeinrede einer abermaligen Prüfung unterzogen, dieselbe im Dispositiv als zu einer Berücksichtigung nicht geeignet erklärt und schließlich den Verklagten wegen Beleidigung zu einer Geldbuße von zehn Thalern eventualiter acht Tagen Gefängniß, zur Zahlung einer Civilentschädigung von fünf Thalern und in die Kosten verurtheilt hat;

daß jedoch auf die, von dem Verklagten am 23. Juni c. gegen beide Urtheile eingelegte Berufung diese Urtheile, als von einem inkompetenten Richter erlassen, durch Erkenntniß des Zuchtpolizeigerichts vom 1. Sept. c. aufgehoben worden sind;

in Erwägung — was die Behauptung der Unzulässigkeit der Berufung gegen das Erkenntniß vom 14. Juni und dessen eingetretener Rechtskraft betrifft — daß dasselbe keine bloß präparatorische, sondern in Betreff der darin allein erörterten Kompetenzfrage eine definitive Entscheidung darstellte, gegen welche die dagegen zulässigen Rechtsmittel offen standen;

daß nach Art. 172 der Rheinischen Civil-Prozeß-Ordnung die Berufung nur gegen solche polizeigerichtliche Urtheile zulässig ist, in denen entweder auf Gefängnißstrafe oder auf eine, den Betrag von fünf Franks übersteigende Geldstrafe, Restitution ꝛc. erkannt worden; daß diese Prozeßvorschrift auf die darin gezogenen Grenzen zu beschränken und auf solche Incident-Entscheidungen, welche eine Condemnation überall nicht enthalten, nicht auszudehnen ist; — daß daher untergebens, wo in dem Erkenntniß vom 14. Juni bloß über die Kompetenz-Entscheidung getroffen und eine Kondamnation, nach welcher die Appellabilität hätte bemessen werden können, nicht ausgesprochen war, an sich nicht die Berufung, sondern der Kassationsrekurs, in Gemäßheit der Art. 172. 177. 413 und 416 der Criminal-Prozeß-Ordnung das gesetzliche zulässige Rechtsmittel darstellte und dieser letztere Weg von dem Verklagten nicht eingeschlagen worden ist;

daß gleichwohl der Kassationsrekurs, welcher gegenwärtig Seitens des Klägers gegen das, die Kompetenzeinrede einer abermaligen Erörterung und Entscheidung unterziehende Urtheil zweiter Instanz eingelegt worden ist, verworfen werden muß, da es sich hierbei von einer Frage materieller und absoluter Zuständigkeit handelt, welche, als der öffentlichen Ordnung angehörig nicht der Art in Rechtskraft erwachsen konnte, daß der, durch die an sich statthafte Berufung gegen das Endurtheil vom 21. Juni c. mit der Sache selbst befaßte höhere Richter durch die Auffassung und Entscheidung des ihm untergeordneten Richters über die Kompetenz hätte gebunden und dem Appellationsrichter solchergestalt unabweislich die Entscheidung einer Sache hätte übermittelt werden können, in Betreff deren er nach seiner eigenen Ueberzeugung absolut inkompetent war; daß demnach das Zuchtpolizeigericht, des Erkenntnisses des Polizeigerichts vom 14. Juni c. ungeachtet, seine materielle Zuständigkeit zu prüfen ebenso berechtigt wie verpflichtet war; — daß, was diese Frage selbst betrifft, nach § 2 Tit. 1 Th. II des Militär-Strafgesetzbuchs vom 3. April 1845 die Militärgerichtsbarkeit die Straf-Sachen, mit Einschluß der Injurien, so weit letztere der gerichtlichen Bestrafung unterliegen, umfaßt, und nach § 1 ibid. Nr. 3 alle mit Inaktivitätsgehalt entlassenen, zur Disposition gestellten, und mit Pension verabschiedeten Offiziere, in welche Kathegorie nach der thatsächlichen Feststellung des Appellationsrichters der Verklagte in seiner Eigenschaft als pensionirter Offizier gehört, der Militärgerichtsbarkeit unterworfen sind; — daß an dieser Kompetenzbestimmung auch durch die spätere Gesetzgebung nichts geändert worden ist, namentlich nicht durch die Verfassungs-Urkunde vom 31. Jan. 1850, welche im Art. 37 bestimmt:

„der Militärgerichtsstand des Heeres beschränkt sich auf Straf-Sachen und wird durch das Gesetz geregelt,"

da weder aus dem generischen Ausdrucke: „Heer," noch aus dem Umstande, daß im Art. 37 der Injurien-Sachen nicht ausdrücklich gedacht ist, die Folgerung sich herleiten läßt, daß die zur Zeit der Verfassungsurkunde in Kraft bestehende Regulirung des Militärgerichtsstandes, sei es in Beziehung auf die ihr unterworfenen Personen, sei es in Beziehung auf die die Zuständigkeit der Militärgerichte begründenden Sachen habe abgeändert werden sollen, und zwar dies um so weniger als Injurien, da sie eine Strafe nach sich ziehen, unverkennbar zu den Straf-Sachen gehören und es deshalb einer besondern Hervorhebung derselben in der, nur in großen Grundzügen sich bewegenden Verfassungs-Urkunde nicht bedurfte; daß der § 10 der Verordnung vom 2. Jan. 1849 zwar bestimmte: „der Militärgerichtsstand in Straf-Sachen soll durch besondere

Gesetze anderweit bestimmt werden. Bis dahin verbleibt es bei den darüber bestehenden Vorschriften," — daß aber weder in dem Gesetze vom 26. April 1851, welches die Zusätze zu der Verordnung vom 2. Jan. 1849 enthält, noch in irgend einem spätern Gesetze der durch die Special=Gesetzgebung bestimmte Militärgerichtsstand, namentlich, was Injurien=Sachen betrifft, anderweit regulirt worden ist; daß insbesondere die in dem Erkenntnisse erster Instanz enthaltene Bezugnahme auf diejenigen Gesetze, wonach in den Landestheilen, in denen das allgemeine Landrecht und die allgemeine Gerichts=Ordnung Geltung haben, einfache Beleidigungen von dem Beleidigten nur im Wege des Civilprozesses verfolgt werden können, für die hier vorliegende Frage eines gegen den Beleidiger begründeten Militärgerichtsstandes nicht zutreffend und maßgebend ist, da hierdurch einerseits weder die Natur der Ehrenkränkung, als einer strafbaren Handlung hat alterirt, noch andererseits in den Fällen, wo der Militärgerichtsstand an sich gesetzlich begründet, dieser dadurch hat aufgehoben werden sollen, wie denn auch der § 5 des Gesetzes vom 11. März 1850 der Bestimmung „daß Ehrenkränkungen von dem Beleidigten nur im Wege des Civilprozesses verfolgt werden könnten," ausdrücklich die Restriktion hinzufügt, „in soweit nicht besondere Gesetze für einzelne Arten von Beleidigungen etwas anderes bestimmen;"

Aus diesen Gründen:

Verwirft das Königliche Ober=Tribunal, Senat für Straf=Sachen, Abth. II, den gegen das Urtheil der korrektionellen Kammer des Königlichen Landgerichts zu Düsseldorf vom 1. Sept. c. eingelegten Kassationsrekurs und verurtheilt den Kassationskläger in die Kosten und in die gesetzliche Succumbenzstrafe.

Sen. f. Straf=Sachen (II. Abth.). Vors.: Hr. Präs. Jähnigen. — Ref.: Hr. O. T. R. Hack. — Antr. (gleich.): O. St. A. Oppenhoff. — Rechts=Anw.: HH. J. R. Dorn und G. J. R. Neusche.

1. Beschlagnahme. — Entziehung. — Begründung eines Retentionsrechtes.

2. Beschlagnahme. — Entziehung. — Dolus.

1. Wenn Jemand über eine in Beschlag genommene Sache in der Weise verfügt, daß sie dadurch dem Pfand- oder dem Retentionsrechte eines Dritten unterworfen wird, so entzieht er sie wenigstens theilweise der Beschlagnahme.

2. Beim Vergehen des § 272 besteht der Dolus in der Kenntniß von der Untersagung jeder Verfügung über die Sache, sowie in dem Bewußtsein, daß durch die getroffene Verfügung eine Hinderung des Zwecks der Beschlagnahme eintrete oder eintreten könne[1]).

StGB. § 272.

Erk. (B. II.) v. 20. Dez. 1860 c. Pabst (369. II. Cr.).

Der Angeklagte P. hatte verschiedene Weine, welche auf Antrag eines Gläubigers bei ihm in Beschlag genommen waren, in einen andern Keller bringen lassen. Er machte geltend: das habe geschehen müssen, weil die Weine durch das lange Liegen verdorben gewesen, und nur in dem andern Keller durch geeignete Behandlung mit guten Weinen hätten wieder hergestellt werden können. Der Appellationsrichter nahm diese Thatsache zwar als erwiesen an, hielt aber dafür, daß dadurch der vom ersten Richter festgestellte Thatbestand (daß P. die in Beschlag genommenen Weine vorsätzlich bei Seite geschafft, und dadurch der gerichtlichen Pfändung entzogen habe) nicht beseitigt werde, weil jetzt ein anderes Handlungshaus an den wiederhergestellten Weinen wegen in Betreff derselben von ihm für P. verauslagten Fracht und Steuern ein Retentionsrecht ausübten, P. sich also selbst außer Stand gesetzt habe, über die Weine frei zu disponiren.

Auf die Nichtigkeitsbeschwerde des Angeklagten, welche Beschränkung der Vertheidigung und Verletzung des § 272 cit. rügte, hat das Ober-Tribunal das angegriffene Erkenntniß vernichtet, und die Sache in die zweite Instanz zurückverwiesen.

Gründe:

Wenn über Sachen, welche durch die zuständige Behörde oder Beamten in Beschlag genommen sind, der bei

[1]) Vgl. StGB. § 272 n. 19.

der Beschlagnahme erfolgten Untersagung zuwider, dergestalt verfügt wird, daß sie dadurch dem Pfandrechte oder dem — in der Konkurs-Ordnung vom 8. Mai 1855 § 33 (vgl. Nr. 4. 8. 10 und §§ 264. 376) diesem gleichgestellten Retentionsrechte eines Dritten unterworfen werden, durch welches für denjenigen, auf dessen Antrag die Beschlagnahme erfolgt war, eine Hinderung eintritt, vor Beseitigung desselben jene Sachen zum Objekte der Exekution zu machen, deren künftige Vollstreckung zu sichern Zweck der Beschlagnahme war, so findet dadurch allerdings eine Verfügung statt, welche, wenn man sie auch nicht als ein „Beiseiteschaffen," wovon in der obigen Feststellung gesagt ist, daß dadurch die qu. Weine der Pfändung entzogen seien, betrachten wollte, jedenfalls doch ein „Verbringen" oder ein wenigstens theilweises der Pfändung „Entziehen" im Sinne des Gesetzes (§ 272 des StGB.) enthält. Es ist auch dieses Verbringen oder Entziehen ein vorsätzliches, sobald der solchergestalt Verfügende sich dabei der ihm bei der Beschlagnahme erfolgten Untersagung jeder Verfügung über die mit Beschlag belegten Sachen, in Folge welcher Untersagung er sich nur als Verwahrer fremder Sachen (A. L. R. I, 14. § 24) zu verhalten hatte (vgl. Dienst-Instruktion vom 2. August 1850 §§ 70. 71. 50. 67, JMBl. S. 272), so wie dessen bewußt war, daß durch seine Disposition eine Hinderung des Extrahenten der Beschlagnahme oder der Behörde rücksichts des erwähnten Zwecks der Beschlagnahme eintrete oder doch eintreten könne.

Daß nun aber der Angeklagte mit einem solchen Bewußtsein und in diesem Sinne vorsätzlich bei derjenigen Disposition gehandelt habe, um derentwillen allein der Appellationsrichter, mit Bezug auf die von dem Angeklagten im Audienztermine zweiter Instanz abgegebene Erklärung, die sonst, nämlich abgesehen von dieser Erklärung, in dem Eingange seiner Erkenntnißgründe für erheblich erachteten neuen Behauptungen des Angeklagten für nicht geeignet gehalten hat, eine von der schließlichen thatsächlichen Feststellung des ersten Richters abweichende Feststellung herbeizuführen, hat allerdings der Appellationsrichter nicht festgestellt. Er hat daher unterlassen, das Erforderniß der Vorsätzlichkeit in Hinsicht seiner thatsächlichen Unterlage festzustellen und, da er gleichwohl den § 272 des StGB. angewandt hat, hierdurch dieses Gesetz verletzt.

Sen. f. Straf-Sachen (II. Abth.). Vors.: Hr. Präs. Jähnigen. — Ref.: Hr. O. T. R. Stosch. — Antr. (gleichl.): O. St. A. Oppenhoff.

Relative Rechtskraft. — Schwerere Qualifizirung.

Trotz der zu Gunsten des allein appellirenden Angeklagten eingetretenen relativen Rechtskraft des Urtheils erster Instanz steht dem Appellationsrichter die schwerere Qualifikation der ihm durch die Anklage unterbreiteten Strafthat ohne Einschränkung zu [1]).

Verordn. v. 3. Jan. 1849 § 126. 127. 131.

Erk. (B. I.) v. 17. Okt. 1860 c. Witt (653. I. Cr.).

Der Abdeckereipächter W. war angeklagt worden:

am 25. Febr. 1859 den Hund des X. in der Absicht rechtswidriger Aneignung todtgeschossen und demnächst weggenommen zu haben.

Der erste Richter bestrafte indessen nur wegen Vermögensbeschädigung und Unterschlagung und sprach gleichzeitig von der Anklage des Diebstahls frei [2]). Auf die alleinige Appellation des Angeklagten vernichtete das Appellationsgericht wegen Verletzung des § 225 des StGB. das angegriffene Erkenntniß, und wies die Sache in die erste Instanz zurück [3]). Die hiergegen vom Ober-Staats-Anwalt ergriffene Nichtigkeitsbescherde ward zurückgewiesen.

---

[1]) Vergl. Strafverf. Abschn. IV. (§ 126 ff.) n. 59. 60. 63.

[2]) Diese Freisprechung von der Qualifikation der That wäre — weil bedeutungslos — besser unterblieben; vgl. Strafverf. § 1 n. 29—31; Art. 30 n. 9. 32; § 23 n. 8.

[3]) Da das Appellationsgericht nur die Verletzung einer materiellen Gesetzesvorschrift annahm, so waren die Vernichtung des ersten Urtheils und die Zurückverweisung der Sache in die erste Instanz nicht

Bei der erneuerten Verhandlung stellte der erste Richter den Thatbestand der Vermögensbeschädigung und des Diebstahls fest, und wiederholte die frühere Strafverhängung. Der Appellationsrichter hielt diese Feststellung zwar an sich für begründet, erachtete aber wegen der eingetretenen relativen Rechtskraft des früheren Urtheils erster Instanz, und unter Bezugnahme auf das V. Pl. 23. Jan. 1860 c. Klempke (1014. I; JMBl. S. 135; Entsch. 42. S. 112) die Verurtheilung wegen Diebstahls für unstatthaft, weil W. durch die schwerere Qualifizirung der That, und wegen der ihm demnächst drohenden höheren Rückfallsstrafe in eine schlimmere Lage versetzt werde.

Auf die Nichtigkeitsbeschwerde des Ober-Staats-Anwalts hat indessen das Ober-Tribunal in Uebereinstimmung mit dem Antrage der General-Staats-Anwaltschaft das angegriffene Erkenntniß vernichtet, und die Sache zur nochmaligen Verhandlung in die zweite Instanz zurückverwiesen.

Gründe:

Schon das in der vorliegenden Sache ergangene Erkenntniß des Königl. Ober-Tribunals vom 16. Jan. 1860 hat es ausgesprochen,

„daß die Freisprechung des Angeklagten durch das erste Erkenntniß erster Instanz vom 1. Juli 1859, von der Anschuldigung des Diebstahls, zunächst nur auf die Qualifikation der mit der Tödtung des Hundes zusammenhängenden That sich bezieht, daß aber, wenn man dies nicht gelten lassen wolle, da jedenfalls die spätere Aneignung dabei mit in Betracht kommt, doch immer, wie der Appellationsrichter, wenn er sich der Prüfung der Sache selbst unterzogen hätte, so auch der erste Richter an der freien Beurtheilung der Natur des etwa vorhandenen Vergehens nicht behindert sein würde, obgleich frei-

---

gerechtfertigt. Beides stand dem Appellationsgerichte nur wegen eines Verstoßes gegen wesentliche Grundsätze 2c. des Verfahrens zu; eine materiell unrichtige (thatsächliche oder rechtliche) Entscheidung konnte nur eine Abänderung des Urtheils rechtfertigen. Vgl. Strafverf. Art. 102 n. 7. Zu bemerken ist, daß die Nichtigkeitsbeschwerde des Ober-Staats-Anwalts diesen Formverstoß nicht gerügt hatte, so daß das Ober-Tribunal nicht in der Lage war, denselben zum Gegenstande seiner Prüfung zu machen.

lich auf eine härtere, als die ausgesprochene Strafe nicht erkannt werden konnte.

Es harmonirt diese Entscheidung mit dem, von dem Königl. Ober-Tribunal vielfach aufgestellten Grundsatze,

daß dem Appellationsrichter auch bei der alleinigen Appellation des Angeklagten, die schwerere Qualifikation der ihm von der Anklage resp. den demnächstigen Untersuchungsverhandlungen unterbreiteten Strafthat, ohne Einschränkung zusteht,

eben weil er über die Subsumirung der ihm vorliegenden äußeren Thatsachen unter das richtige Strafgesetz zu befinden hat, wobei ihm Nichts, auch nicht ein abweichendes Erkenntniß der Vorinstanz hinderlich sein kann. Sein rechtliches Ermessen hat dabei volle Freiheit.

Dem steht auch nicht die Plenar-Entscheidung vom 23. Jan. 1860 entgegen. Denn diese verbreitet sich, wie aus der Fassung des diesfällig eingetragenen Präjudizes und aus der, in den Gründen näher entwickelten Sachlage erhellt, nicht über die Lösung der allgemeinen Frage,

ob die in der späteren Instanz ausgesprochene schwerere Qualifikation der Strafthat überhaupt, eine reformatio in pejus gegen den allein appellirenden Angeklagten sei,

sondern nur um die, nach der Seite der Kompetenz hin, welche im vorliegenden Falle gar nicht in Betracht kommt. Der Appellationsrichter hat daher aus einem Rechtsirrthum angenommen, daß die dem Angeklagten zur Last fallende Strafthat um deshalb nicht als Diebstahl angerechnet werden dürfe, weil gegen das ihn dieserhalb freisprechende Erkenntniß erster Instanz vom 1. Juli 1859 nur er selbst, nicht aber auch die Staats-Anwaltschaft appellirt hat. Der dafür aufgeführte Unterstützungsgrund,

daß die Lage des Angeklagten bei einem etwaigen Rückfalle verschlimmert werden würde,

ist offenbar unzutreffend. Denn der Angeklagte, der die Wiederholung einer Strafthat vermeiden kann und muß, hat kein Recht, auf seine künftigen rückfälligen Thaten eine Rücksichtsnahme zu verlangen, mit denen der gegenwärtige Richter nicht befaßt ist.

Es folgt also auch hieraus die Nichtigkeit des angefochtenen Appellations-Erkenntnisses. Die Sache selbst mußte nach Art. 117 des Ges. vom 3. Mai 1852 zur anderweitigen Verhandlung und Entscheidung in die zweite Instanz zurückgewiesen werden, da das dem Urtheil des Appellationsrichters vorangegangene Verfahren ebenfalls der Vernichtung unterlag.

Sen. f. Straf-Sachen (I. Abth.). Vors.: Hr. Präs. Dr. v. Schlieckmann. — Ref.: Hr. O. T. R. Dr. Kuhne. — Antr. (gleichl.): O. St. A. Oppenhoff.

Zeuge. — Vereidung. — Verweisung. — Nichtigkeit.

1. **Die ungerechtfertigte Unterlassung der Vereidung eines Zeugen hat die Nichtigkeit des Verfahrens zur Folge [1].**

Cr.-Ordn. § 332.

2. **Soll die Verweisung auf einen früher in derselben Sache geleisteten Eid die nochmalige Vereidung ersetzen, so muß die Erklärung des Vernommenen: „daß er die Richtigkeit seiner nachträglichen Aussage unter Berufung auf diesen Eid versichere" hinzutreten [2].**

Verordn. v. 3. Jan. 1849 § 55; Cr. O. § 335 Nr. 2; AGO. I, 10 § 203 Nr. 2. 4; StGB. § 128 Nr. 2.

---

[1] Sic: B. I. 9. Jan. 1861 c. Schildt (50.) mit dem Zusatze, daß auch derjenige Angeklagte, welcher selbst den betreffenden Zeugen nicht in Vorschlag gebracht hatte, die Nichtigkeit zu rügen befugt ist. Vgl. Strafverf. § 55 n. 23.

[2] In demselben Sinne hat sich auch B. I. 5. Okt. 1860 c. Cohn (733; JMBl. 61. S. 3) in Betreff der bei einem Gerichte ein für alle Male vereideten Sachverständigen ausgesprochen. Vgl. Strafverf. § 55 n. 36. 38.

Erk. (B. II.) v. 29. Nov. 1860 c. Dange (372. II. Cr.).

In Erwägung, daß der bei seiner in der Voruntersuchung erfolgten Vernehmung vereidigte Zeuge R. zwar bei seiner in dem Audienztermine erster Instanz anderweitig stattgefundenen Vernehmung jene seine frühere Aussage mit dem in dem Audienztermine vom 11. Januar d. J. näher aufgeführten Zusatze wiederholt und sich zur eidlichen Erhärtung seiner nachträglich abgegebenen Aussage erboten hat;

daß jedoch nach Ausweis des Audienzprotokolles eine solche Vereidigung des R. sowenig stattgefunden hat, als von demselben die Richtigkeit dieser seiner nachträglichen Aussage auf den von ihm geleisteten Zeugeneid versichert oder er in solcher Hinsicht auf den letzteren verwiesen worden ist;

daß hiergegen der Angeklagte in seiner Appellationsrechtfertigungsschrift, indem von ihm der zwischen der Aussage des R. und derjenigen der Anklagezeugen obwaltende Widerspruch gerügt worden, die nochmalige Vernehmung des R. und dessen nachträgliche Vereidigung beantragt hat;

daß dieser Antrag Seitens des Appellationsrichters ganz unberücksichtigt geblieben ist;

daß aber in der Art und Weise, wie nach dem Obigen bei der Vernehmung des Zeugen R. in dem Audienztermine vom 11. Jan. d. J. verfahren worden, die Verletzung einer wesentlichen Vorschrift des Verfahrens angetroffen werden muß;

In Erwägung nämlich, daß nach dem § 332 der Criminal-Ordnung jede Zeugenaussage, wenn sie als Beweismittel dienen soll, eidlich bestärkt werden muß;

daß diese Vorschrift in Gemäßheit des ersten Absatzes des § 22 der Verordnung vom 3. Jan. 1849 auch gegenwärtig noch volle Geltung hat;

daß zugleich der § 55 a. a. O. die Bestimmung enthält:

> die schon in der Voruntersuchung eidlich vernommenen Zeugen werden bei ihrer nochmaligen Abhörung (in der Audienz) nicht aufs neue vereidet, sondern auf den geleisteten Eid verwiesen;

und daß in Bezug auf den Meineid nach dem § 128 Nr. 2 des StGB. der Ableistung eines Eides es gleich erachtet wird, wenn derjenige, welcher als Partei, Zeuge oder Sachverständiger einen Eid geleistet hat, in gleicher Eigenschaft eine Versicherung unter Berufung auf den bereits früher in derselben Angelegenheit geleisteten Eid abgiebt;

daß hiernach der in der Voruntersuchung eidlich vernommene Zeuge N. bei seiner nochmaligen Abhörung in dem Audienztermine vom 11. Jan. d. J. wenn auch nicht auf's neue vereidigt, doch auf den bereits von ihm geleisteten Eid verwiesen und demgemäß von ihm die Richtigkeit seiner nachträglichen Aussage unter Berufung auf diesen Eid versichert werden mußte; 2c.

(Aus diesen Gründen Vernichtung des betreffenden Erkenntnisses 2c.)

Sen. f. Straf-Sachen (II. Abth.). Vors.: Hr. Präs. Jähnigen. — Ref.: Hr. O. T. R. Sonnenschmidt. — Antr. (gleichl.): O. St. A. Oppenhoff.

---

1. Voruntersuchung. — Fremde Sprache. — Zwei Dollmetscher. — Nebenprotokoll.

2. Hauptverhandlung. — Verlesung von Aktenstücken aus der Voruntersuchung. — Förmlichkeiten. — Nichtigkeit.

1. Für die Vernehmung einer der deutschen Sprache nicht mächtigen Person in der Voruntersuchung sind die Vorschriften der Criminal-Ordnung über die Zuziehung zweier Dollmetscher und die Aufnahme eines Nebenprotokolls noch maaßgebend [1]).

Criminal-Ordnung § 59. 62. 329.

2. Die in der Voruntersuchung aufgenommenen Verhandlungen dürfen im Hauptverfahren

---

[1]) Vgl. Strafverf. Art. 27 n. 1.

nur dann verlesen werden, wenn bei der Aufnahme derselben alle wesentlichen gesetzlichen Vorschriften beobachtet worden sind [1]).

Verordn. v. 3. Jan. 1849 § 21.

3. Die ausnahmsweise zu bewirkende Verlesung solcher Verhandlungen der Voruntersuchung, bei deren Aufnahme nicht alle wesentlichen gesetzlichen Vorschriften beobachtet worden sind, ist nur auf Grund eines dieselbe zur Aufklärung der Sache anordnenden, mit Gründen verkündeten Beschlusses des ganzen Gerichts statthaft [1]).

Ges. v. 3. Mai 1852 Art. 25.

Erk. (V. I) v. 9. Jan. 1861 c. Vincke (Pohlmann u. Gen. 74. I. Cr.).

In der Voruntersuchung wurde am 6. Juni 1860 der Altsitzer A. L. als Zeuge, indeß nur in deutscher Sprache vernommen. Die zweimaligen Vermerke in der betreffenden Verhandlung ergeben aber, daß dieselbe dem Zeugen in litthauischer Sprache vorgelesen worden ist. Daraus folgt, daß es mindestens zweifelhaft gewesen sein muß, ob er der deutschen Sprache vollkommen mächtig war. Dies lassen auch die von dem Königl. Staats-Anwalt zu Memel mit seiner Gegenerklärung auf die Nichtigkeitsbeschwerde überreichten amtlichen Erklärungen des Sekretärs Kuhnert und des litthauischen Dollmetschers Kanning II, welche bei jener Vernehmung fungirt haben, erkennen, nach welchen der Zeuge der deutschen Sprache nicht vollständig kundig war. Der A. L. ist demnächst in Gemäßheit der Anklage als Belastungszeuge zum Schwurgerichts-Termine vorgeladen worden, indeß nicht erschienen, und es heißt mit Bezug hierauf in dem Audienzprotokolle vom 8. Nov. 1860 wörtlich:

„Die Aussage des inzwischen verstorbenen, gerichtlich vernommenen und vereidigten Zeugen A. L. vom 6. Juni 1860, ist durch den Gerichtsschreiber verlesen worden."

---

[1]) Vgl. Strafverf. § 43 n. 5.

Dies Verfahren ist unrichtig. Schon formell stellt sich der eben allegirte Vermerk als ein mangelhafter dar, weil er nicht deutlich erkennen läßt, ob die Vorlesung der Zeugenverhandlung auf Grund des § 21 der Verordnung vom 3. Jan. 1849, oder in Folge des Art. 25 des Gesetzes vom 3. Mai 1852 erfolgt ist. Es muß jedoch das erstere angenommen werden, weil als Motiv der Vorlesung der inzwischen erfolgte Tod des Zeugen angegeben ist, also ein Grund, dessen der § 21 l. c. speciell gedenkt. Demnächst war der Angeklägte nach dem Anklagebeschlusse und der Anklage, nach § 238 des StGB. wegen schwerer Hehlerei angeklagt worden. Die Strafe ging daher bis zu 10 Jahr Zuchthaus. Es hätte deshalb, weil nach § 43 der Verordnung vom 3. Jan. 1849 der Untersuchungsrichter auch gegenwärtig noch bei der Voruntersuchung alle in der Criminal-Ordnung für den Inquirenten gegebenen Vorschriften zu beachten hat, nach § 329 der Criminal-Ordnung, in Verbindung mit § 59 l. c., das Vernehmungsprotokoll des Zeugen L., wenn es als ein legales Beweisstück hätte gelten sollen, unter Zuziehung zweier Dollmetscher, aufgenommen werden müssen, da nicht konstirt, ob der die Verhandlung leitende Richter und der als Gerichtsschreiber fungirende Sekretär Kuhnert der litthauischen Sprache mächtig sind. Jedenfalls war die Führung eines litthauischen Nebenprotokolls erforderlich, selbst wenn man von der Zuziehung zweier Dollmetscher absehen wollte. Denn das Nebenprotokoll giebt die Gewähr für die richtige Niederschreibung der Zeugenaussage, und hierfür kann das für die Hauptverhandlung vorgeschriebene einfachere Verfahren nicht eintreten, weil dieselbe in anderer Weise den nöthigen Schutz für den Angeklagten gewährt.

Dadurch erledigt sich der von dem Königl. Staats-Anwalt zu Memel in seiner Gegenerklärung hervorgehobene angebliche Widerspruch, daß bei dieser Auslegung zur Hauptverhandlung geringere Förmlichkeiten nöthig seien als zur Voruntersuchung.

Der Gerichtshof durfte hiernach das in Rede stehende Zeugenvernehmungsprotokoll als Beweisstück im Sinne des § 21 der Verordnung vom 3. Jan. 1849 nicht, wie geschehen, verlesen lassen. Freilich wäre es ihm unbenommen geblieben, diese Verlesung behufs näherer Aufklärung der Sache, nach Art. 25 des Gesetzes vom 3. Mai 1852 stattfinden zu lassen. Allein dies hätte in einem motivirten Beschlusse des Gerichtshofes ausdrücklich ausgesprochen, und damit eine diesfällige Belehrung der Geschwornen verbunden werden müssen, auf daß sie nicht in die Meinung versetzt werden konnten, als handle es sich um ein formell gültiges Beweismittel.

Sen. f. Straf Sachen (I Abth.). Vors.: Hr Präs. Dr v. Schlieckmann. — Ref.: Hr O. T. R. Dr. Kuhne. — Antr. (gleichl.): Hr. O. St. A. v. Ingersleben

---

Rekursrichter. — Strafmaaß. — Prüfung.

Der Rekursrichter ist befugt und eben deshalb auch verpflichtet, das vom ersten Richter festgesetzte Strafmaaß seiner Prüfung zu unterwerfen, insoweit nicht die relative Rechtkraft entgegensteht [1]).

Verordn. v. 3. Jan. 1849 § 166. 169. 170.

Erk. (B. I.) v. 19. Okt. 1860 c. Brahtz (909. I. Cr.).

Der schon früher wegen Schankpolizeikontravention polizeilich bestrafte Brauereibesitzer B. zu D. hatte am 30. März und am 15. April 1860 wiederum, der Vorschrift im § 342 des StGB. zuwider, nach Ablauf der von der Polizei bestimmten Zeit sitzende Gäste bei sich geduldet. Er war deshalb durch polizeiliches Strafresolut vom 30. April 1860 zu einer Strafe von 5 Thalern verurtheilt worden. Nachdem er rechtzeitig auf gerichtliche Untersuchung angetragen hatte, wurde vom Polizeirichter des Kö-

---

[1]) Vgl. Strafverf. § 166 n. 9.

niglichen Kreisgerichts zu D. am 24. Mai 1860 nur eine Strafe von 1 Thaler event. einem Tage Gefängniß wider den Angeklagten festgesetzt. Mit Rücksicht darauf, daß zwei Fälle vorlagen und daß sich der Angeklagte nicht nur im Rückfalle befand, sondern auch sonstige erschwerende Umstände nach Ansicht des Polizei-Anwalts vorlagen, sah sich Letzterer veranlaßt, den Rekurs einzulegen und auf Verschärfung der Strafe anzutragen. Dies Rekursgesuch ist jedoch vom Königl. Appellationsgericht zu S. mittelst Beschlusses vom 26. Juni 1860 zurückgewiesen, weil das vom ersten Richter erkannte Strafmaaß im Wege des Rekurses nicht verschärft werden könne.

Gegen diese Entscheidung hat der Ober-Staats-Anwalt mit Genehmigung des Justizministers in Gemäßheit des Art. 129 des Gesetzes vom 3. Mai 1852 die Nichtigkeitsbeschwerde eingelegt, welche auch für begründet erachtet werden muß, da der vom zweiten Richter ausgesprochene Grundsatz, daß das vom ersten Richter erkannte Strafmaaß im Wege des Rekurses nicht verschärft werden könne, allerdings unrichtig ist. Denn das Gesetz schreibt für Begründung des Rechtsmittels des Rekurses keine andere Beschränkung vor, als daß nach § 166 der Verordnung vom 3. Jan. 1849 nur Beweise über bereits angeführte Thatsachen gar nicht, und neue Thatsachen nur insofern, als sie sofort bescheinigt werden, geltend gemacht werden dürfen, während im Uebrigen der Rekursrichter unbeschränkt ist, und vermöge seiner Stellung als Richter der höheren Instanz sich jeder rechtlichen und thatsächlichen Beurtheilung der Sache zu unterziehen hat, mithin auch das vom ersten Richter festgesetzte Strafmaaß, insoweit dies ohne reformatio in pejus geschehen kann, einer nochmaligen Prüfung unterwerfen muß. In dieser Weise hat sich das Ober-Tribunal auch bereits in dem Erkenntnisse vom 13. Mai 1857 ausgesprochen. — (Goltdammers Archiv Bd. 5 S. 543.) — Der angefochtene Rekursbescheid unterliegt daher wegen Verletzung eines wesentlichen Grundsatzes des Verfahrens nach Art. 108 in fine des Gesetzes vom 3. Mai 1852 der Vernichtung, und war die Sache zur anderweitigen Entscheidung in die Rekurs-Instanz zurückzuweisen.

Sen. f. Straf-Sachen (I. Abth.). Vors.: Hr. Präs. Dr. v. Schlieckmann. — Ref.: Hr. O. T. R. v. Holleben. — Antr. (gleichl.): Hr. O. St. A. Hartmann.

Legalisirung. — Ausgeschiedener Beamter.

Ein auf sein eigenes Ansuchen aus dem Justizdienste geschiedener Beamter hat dadurch seine Befähigung zum Richteramte, und damit seine Qualifikation zur Legalisirung einer Nichtigkeitsbeschwerde nicht verloren [1]).

Ges. v. 3. Mai 1852 Art. 110.

Erk. (Z. I.) v. 19. Okt. 1860 c. Held (988 I. Cr.

Die Nichtigkeitsbeschwerde des Angeklagten wider das Appellations-Erkenntniß vom 10. Juli 1860 ist nicht begründet.

Es ist zwar nicht mit der Königl. Staats-Anwaltschaft bei dem Königl. Stadtgericht zu Berlin anzunehmen, daß die durch den Gerichts-Assessor a. D. A. legalisirte Anmeldung und Rechtfertigung der Nichtigkeitsbeschwerde, als der Vorschrift des Art. 110 des Gesetzes vom 3. Mai 1852 entsprechend nicht anzusehen sei. Denn das allegirte Gesetz verlangt nur, daß die diesfälligen Schriftstücke von einem zum Richteramte befähigten Rechtsverständigen legalisirt sein sollen, und es ist nicht zu bezweifeln, daß ein Gerichts-Assessor, wenn derselbe, wie hier, durch das Rescript des Justizministers vom 21. Aug. 1860 dargethan ist, auf sein eigenes Ansuchen aus dem Justizdienste geschieden, dadurch allein die Befähigung zu einem Richteramte noch nicht verloren hat ꝛc.

Sen. f. Straf-Sachen (I. Abth.). Vors.: Hr. Präs. Dr. v. Schlieckmann. — Ref.: Hr. O. T. R. Dr. Kuhne. — Antr.: Hr. O. St. A. Hartmann.

---

[1]) Vgl. Strafverf. Art. 110 n. 33.

Beweisantrag. — Angabe des Beweismittels. — Nichtberücksichtigung.

Die Nichtberücksichtigung einer thatsächlichen Behauptung stellt einen Nichtigkeitsgrund nicht dar, wenn für dieselbe ein Beweismittel nicht angegeben war [1].

Verordn. v. 3. Jan. 1849 § 49. 52.

Erk. (Z. I.) v. 19. Okt. 1860 c. Matschke (744. I. Cr.).

Der Angeklagte — behauptet in der Nichtigkeitsbeschwerde die Verletzung einer wesentlichen Prozeßvorschrift, nämlich Beschränkung der Vertheidigung durch unterlassene Aufnahme des erbetenen Entlastungsbeweises. Dieser Angriff ist aber verfehlt. — Zwar geschieht in dem Appellations-Urtheil von derjenigen Thatsache keine Erwähnung, welche der Angeklagte in der Audienz vom 11. Mai c. zum Protokoll erklärt hat; allein für diese Behauptung ist damals nach dem Audienzprotokolle kein Beweismittel angegeben. Der Appellationsrichter war daher gar nicht in der Lage, die mit keinem Beweisantrage unterstützte Behauptung zu berücksichtigen.

(Aus diesen Gründen Zurückweisung der Nichtigkeitsbeschwerde des Angeklagten.)

Sen. f. Straf-Sachen (I. Abth.). Vors.: Hr. Präs. Dr. v. Schlieckmann. — Ref.: Hr. O. T. R. Frech. — Antr. (gleichl.): Hr. O. St. A. Hartmann.

Beweisantrag. — Undeutlichkeit. — Unrichtige Auffassung.

Die unrichtige Auffassung eines vom Angeklagten gestellten Beweisantrages durch den Instanzrichter hat eine Nichtigkeit nicht zur Folge, wenn die Fassung desselben so undeutlich war, daß

[1]) Vgl. Strafverf. § 49 n. 12; § 52 n. 14.

sie auch die vom Richter ihr gegebene Deutung zuließ [1]).

Verordn. v. 3. Jan. 1849 § 52.

Erk. (Z. I.) v. 26. Okt. 1860 c. Linde & Bildt (884. I. Cr.).

Die Nichtigkeitsbeschwerde der Angeklagten rügte Beschränkung der Vertheidigung, weil der Appellationsrichter einen gestellten Beweisantrag im Erkenntnisse zwar aus thatsächlichen Gründen beseitigt, denselben aber falsch aufgefaßt, und also den wirklich gestellten Antrag ungeprüft gelassen habe. Das Ober-Tribunal erkannte:

Die Nichtigkeitsbeschwerde konnte für durchgreifend nicht erachtet werden. Denn wiewohl die Worte der Appellationsschrift die Deutung zulassen, daß die Zeugen B. und S. auf dem ganzen Wege — die Angeklagten begleitet hätten, so schließen sie doch die vom Appellationsrichter angenommene Deutung nicht aus, und es läßt sich aus diesem Verständnisse derselben dem letztern in dem Nichtigkeitsverfahren um so weniger ein Vorwurf machen, als ihm dabei der Inbegriff der thatsächlichen schriftlichen und mündlichen Verhandlungen als Material zur Auslegung der fraglichen Behauptung der Angeklagten vorlag, dasselbe aber dem Nichtigkeitsrichter unzugänglich ist.

Sen. f. Straf-Sachen (I. Abth.). Vors.: Hr. Präs. Dr. v. Schlieckmann. — Ref.: Hr. O. T. R. Dr. v. Seckendorff. — Antrag (gleichl.): Hr. O. St. A. Hartmann.

Beweisantrag. — Staats-Anwalt. — Nichtberücksichtigung. — Angeklagter. — Rüge.

Der Angeklagte kann es nicht rügen, wenn ein von der Staats-Anwaltschaft zur Belastung des Angeklagten gestellter Beweisantrag unberücksichtigt geblieben ist [2]).

Verordn. v. 3. Jan. 1849 § 2.

---

[1]) Vgl. Strafverf. § 52 n. 13. In demselben Sinne sprachen sich aus: Z. I. 16. Nov. 1860 c. Seeck (952); Z. I. 30. Nov. 1860 c. Gawalsch und Gen. (964).

[2]) Vgl. Strafverf. § 52 n. 24.

Erk. (Z. I.) v. 26. Okt. 1860 c. Püschel (808. I. Cr.).

I. E., daß die gerügte Unterlassung des Eingehens auf den eventuellen Antrag der Staats-Anwaltschaft, fruchtlose Exekutionen wider den Angeklagten zu ermitteln, eine Beschränkung der Vertheidigung nicht enthält, vielmehr für die Staats-Anwaltschaft eine Beschwerde daraus hätte erwachsen können, daß ihr dieser Beweis zur größern Belastung des Angeklagten abgeschnitten worden, während dieser nach Inhalt des Sitzungsprotokolles in keiner Weise zu seiner Entlastung sich darauf bezogen hat und seine jetzige Behauptung, der bloße Beweisantrag der Staats-Anwaltschaft habe schon einen nachtheiligen Einfluß auf das Richteramt zu seiner Verurtheilung ausgeübt, in dem Erkenntnisse nicht den leisesten Anhalt findet.

(Aus diesen Gründen Zurückweisung der Nichtigkeitsbeschwerde des Angeklagten.)

Sen. f. Straf-Sachen (I. Abth.). Vors.: Hr. Präs. Dr. v. Schlieckmann. — Ref.: Hr. O. T. R. Dr. v. Seckendorff. — Antr.: Hr. O. St. A. Hartmann.

---

1. Geschworner. — Feindschaft. — Befähigung.
2. Geschworner. — Zeuge. — Besprechung. — Nichtigkeit.

1. Die angebliche Feindschaft eines Geschwornen gegen den Angeklagten hebt die gesetzliche Befähigung zum Geschwornendienste nicht auf [1]).

Verordn. v. 3. Jan. 1849 § 95.

2. Angebliche Besprechungen, welche ein Geschworner in der Pause der Verhandlung mit einem Zeugen gepflogen hat, begründen keine Nichtigkeit [2]).

Ges. v. 3. Mai 1852. Art. 56.

---

[1]) Vgl. Strafverf. § 95 n. 24; Z. I. 29. Aug. 1860 c. Sensfuß (632; G. A. 8. S. 677).

[2]) Vgl. ibid. Art. 56 n. 9. In ähnlichem Sinne hatte sich auch ein Z. II. 27. Sept. 1860 c. Pfeiffer (295) ausgesprochen.

Erk. (Z. I.) v. 9. Nov. 1860 c. Köller (1084. I. Cr.).

In Erwägung, daß der Angeklagte Köller nach dem Protokolle vom 11. Sept. 1860 den Partikulier H. und den Gutsbesitzer St. als Geschworne ausdrücklich angenommen, daher über ihre Zulassung zu dem Schwurgerichte sich nicht zu beschweren hat, indem die angebliche Feindschaft derselben gegen ihn ihre gesetzliche Befähigung zum Geschwornendienste nicht aufhob und es seine Sache war, deshalb von dem Ablehnungsrechte gemäß § 86 der Verordnung vom 3. Jan. 1849 Gebrauch zu machen;

daß derselbe gegen die Vernehmung des Zeugen St. keinen Einwand vor dem Schwurgerichte erhoben hat, und dessen vorgebliches Zusammensein mit den Geschwornen in den Pausen der schwurgerichtlichen Verhandlungen keinen Vorwurf gegen das Verfahren des Schwurgerichtshofs zu begründen vermag, auch die bloße Möglichkeit einer Einwirkung dieses Zeugen auf die Geschwornen während jener Pausen in der gegenwärtigen Sachlage nicht berücksichtigt werden kann.

(Aus diesen Gründen Zurückweisung der Nichtigkeitsbeschwerde des Angeklagten.)

Sen. f. Straf-Sachen (I. Abth.). Vors.: Hr. Präs. Dr. v. Schlieckmann. — Ref.: Hr. O. T. R. Dr. v. Seckendorff. — Antr.: Hr. O. St. A. Hartmann.

Einrede der Territorial-Inkompetenz. — Präklusion. — Vernehmung des Angeklagten.

Die vom Angeklagten bei seiner ersten Vernehmung nicht geltend gemachte Einrede der territorialen Inkompetenz geht demselben dann nicht verloren, wenn er aus dieser Vernehmung nicht ersehen konnte, welches Gericht mit der Sache befaßt sei.

Ges. v. 3. Mai 1852 Art. 5.

Erk. (Z. I.) v. 26. Okt. 1860 c. Teßmar (873. I. Cr.).

Es muß zugegeben werden, daß die erste Vernehmung über die Beschuldigung, deren der Art. 5 des Gesetzes vom 3. Mai 1852 gedenkt, eine solche gewesen sein müsse, aus welcher der Angeschuldigte ersehen konnte, welches Gericht mit der Sache befaßt sei oder sich befassen werde ꝛc.

Sen. f. Straf-Sachen (I. Abth.). Vors.: Hr. Präs. Dr. v. Schlieckmann. — Ref.: Hr. O. T. R. Goltdammer. — Antr. (gleichl.): Hr. O. St. A. Hartmann.

Disziplinarverfahren (Rhein.). — Kassationsrekurs. — Succumbenzstrafe.

In (rheinischen) Disziplinar-Sachen gegen [Advokaten, Anwälte, Notarien] Gerichtsschreiber [und Gerichtsvollzieher] ist die Annehmbarkeit des Kassationsrekurses bedingt durch die Hinterlegung der Succumbenzstrafe [1]).

Ges. v. 11. Mai 1855 Art. 9; Rh. Str.-Pr.-O. Art. 419. 420.

Erk. (Z. II.) v. 20. Nov. 1860 c. Gerichtsschreiber F.

In Erwägung, daß der Kassationsrekurs gegen das Urtheil des Königlichen Appellationshofes zu Köln vom 27. Juli d. J. im Namen des Beschuldigten von dessen Vertheidiger zwar innerhalb der durch den Art. 9 des Gesetzes vom 11. Mai 1855 vorgeschriebenen zehntägigen Frist auf dem Sekretariate des Gerichtshofes angemeldet worden;

daß aber in Disziplinar-Sachen gegen Gerichtsschreiber u. s. w. nach diesem Artikel Abschn. 3. im Uebrigen die Vorschriften zur Anwendung kommen sollen, welche für den Rekurs gegen die in Straf-Sachen ergangenen contradictorischen Urtheile zweiter Instanz gelten und der Art. 419 der Criminal-Prozeß-Ordnung die Hinterlegung der gesetzlichen Succumbenzstrafe vorschreibt;

---

[1]) In demselben Sinne hatte sich früher bereits ein Z. II. 7. Juni 1859 c. Notar R. ausgesprochen.

daß jedoch die erforderliche Bescheinigung über die Hinterlegung derselben nicht beigebracht worden, auch keiner der im Art. 420 zugelassenen Fälle der Ausnahme besteht, daher der angemeldete Rekurs unannehmbar erscheint.

Aus diesen Gründen verwirft 2c.

V. (Rhein.) Civ.-Senat. Vors.: Hr. Präs. Jähnigen. — Ref.: Hr. O. T. R. Frech. — Antr. (gleichl.): O. St. A. Oppenhoff.

Handelsbillet. — Begriff. — Stempelpflichtigkeit.

1. Unter einem (der Stempelsteuer für gezogene Wechsel unterliegenden) „Handelsbillet" ist ein Schuldschein zu verstehen, welchen ein Kaufmann über den Betrag der auf Zeit erkauften Waaren ausstellt.

Ges. v. 26. Mai 1852 (GS. S. 299).

2. Jedenfalls ist das citirte Gesetz v. 26. Mai 1852 auf solche Papiere, welche weder von einem Kaufmanne ausgestellt noch für den Handel bestimmt sind, nicht anwendbar.

Erk. (Z. I.) v. 16. Nov. 1860 c. Blöm (1044 I. Cr.).

Der Advokat-Anwalt B. zu C. hatte eine Urkunde ausgestellt, dahin lautend:

> Am 23. April zahle ich gegen diese Anweisung an W. oder dessen Ordre die Summe von 505 Thlr., Werth in gleicher Zahlung für W. an mich.
>
> C., den 19. April 1859. B., Adv.-Anwalt.

und dieselbe an W. überschickt, welcher sie dem Steuer-Amte zur Stempelung vorlegte. Beide Richter haben den B. von der Anklage der Stempeldefraude freigesprochen. Die Nichtigkeitsbeschwerde der Steuerbehörde behauptete Verletzung der Strafgesetzes, weil jene Urkunde ein Handelsbillet, sonach das Gesetz vom 26. Mai 1852 darauf anwendbar sei, und außerdem Beschränkung der Vertheidigung durch Ablehnung der beantragten Einholung eines kaufmännischen Gutachtens über den Begriff eines Handelsbillets. Diese Nichtigkeitsbeschwerde ist vom Ober-Tribunal zurückgewiesen worden.

Gründe:

Die vom Haupt-Steueramte ꝛc. eingelegte Nichtigkeitsbeschwerde kann für begründet nicht erachtet werden. Denn die Steuerbehörde giebt selbst zu, was auch nach dem Inhalte des in Rede stehenden Scriptums außer Zweifel ist, daß dasselbe weder ein Wechsel, noch eine Anweisung ist; sie behauptet aber, daß es auch kein bloßer Schuldschein, sondern ein Handelsbillet sei, und daher nach dem Gesetze vom 26. Mai 1852 (GS. S. 299) der Stempelsteuer für gezogene Wechsel unterliege.

Dies ist jedoch unrichtig, da das Scriptum nach seinem Inhalte und der thatsächlichen Feststellung des vorigen Richters weder von einem Kaufmann ausgestellt, noch für den Handel bestimmt ist, also überhaupt kein Handelspapier, mithin auch kein Handelsbillet ist. Dazu kommt, daß Handelsbillets nach § 1250. II, 8. ALR. Schuldscheine sind, welche ein Kaufmann über den Betrag der auf Zeit erkauften Waaren ausstellt und, wenngleich die Bestimmungen des ALR. über Handelsbillets und kaufmännische Assignationen in den §§ 1250—1304 a. a. O. durch das Gesetz vom 15. Febr. 1850 (GS. S. 53), betreffend die Einführung der allgemeinen Wechsel-Ordnung für Deutschland aufgehoben sind, so ist doch der Ausdruck „Handelsbillet“ in dem Gesetze vom 26. Mai 1852 nicht in einem andern Sinne gebraucht, wie sich aus der Entstehungsgeschichte des gedachten Gesetzes unzweifelhaft ergiebt, indem der Commissionsbericht der zweiten Kammer, welcher beantragte, auch der Handelsbillets in dem Gesetze zu erwähnen, und sie in Beziehung auf die Stempelsteuer den Wechseln gleichzustellen, was in der ursprünglichen Regierungsvorlage nicht geschehen war, ausdrücklich Handelsbillets als Schuldscheine der Kaufleute über auf Zeit erkaufte Waaren unter Allegirung des § 1250 a. a. O. bezeichnet.

Es muß hiernach der Ansicht des vorigen Richters beigetreten werden, daß das in Rede stehende, vom Angeklagten ausgestellte Scriptum nur ein an Ordre ausgestellter Schuldschein ist, und da der erforderliche Stempel zu demselben noch vor Ablauf der vierzehntägigen Nothfrist verwandt ist, eine Stempelkontravention des Angeklagten nicht angenommen werden kann.

Die Einholung eines kaufmännischen Gutachtens darüber, was unter einem Handelsbillet zu verstehen sei, ist vom vorigen Richter mit Recht abgelehnt, weil es sich hier nicht um eine thatsächliche Feststellung, oder um eine technische Frage, sondern um einen Rechtsbegriff handelt.

Sen. f. Straf-Sachen (I. Abth.). Vors.: Hr. Präs. Dr. v. Schlieckmann. — Ref.: Hr. O. T. R. v. Holleben. — Antr.: Hr. O. St. A. Hartmann.

Hebeamme. — Befähigungszeugniß. — Hinausgehen über den angewiesenen Bezirk.

Eine vorschriftsmäßig approbirte Medizinalperson (Hebeamme) unterliegt den Strafbestimmungen des § 199 des StGB. nicht, wenngleich sie dabei die Gränzen des ihr zugewiesenen Bezirks überschritten hat[1]).

Erk. (Z. I.) v. 16. Nov. 1860 c. Käfer (850. I. Cr.).

Die früher für den Stolper Kreis approbirte Bezirks-Hebeamme Käfer zog demnächst in den Bütower Kreis, und ward hier von der Regierung zu Cöslin bedeutet, daß sie selbst im Falle ihrer Entlassung als Hebeamme in ihrem früheren Bezirke, dadurch nicht die Befugniß erhalte, an jedem andern beliebigen Orte die Hebeammenkunst auszuüben, da ihr ausdrücklich nur eine auf den Stolper Kreis beschränkte Erlaubniß ertheilt worden sei. Gleichwohl hat sie im Februar 1860 im Bütower Kreise eine Entbindung gegen Honorar vorgenommen. Dieserhalb angeklagt, ward sie in erster Instanz auf Grund des § 199 des StGB. verurtheilt, in zweiter Instanz aber freigesprochen, weil § 199 nur bezwecke, die Vornahme von Kuren durch technisch unqualificirte Personen zu verhüten, die Angeklagte aber ihre technische Befähigung durch das ihr ertheilte, bisher nicht

---

[1]) Im entgegengesetzten Sinne hatte ein V. Rh. Kass.-Hof vom 23. Nov. 1840 c. Mayrisch (Rh. Arch. 30. 2. S. 109.) sich ausgesprochen. Vgl. im Allg. StGB. § 199 n. 1. 4. 5.

zurückgenommene Befähigungszeugniß nachgewiesen habe, ihre Beschränkung auf einen bestimmten Bezirk aber nur das Interesse der Gewerbekonkurrenten berühre.

Die Nichtigkeitsbeschwerde des Ober-Staats-Anwalts suchte auszuführen: im § 199 seien die Worte: „ohne vorschriftsmäßig approbirt zu sein" nur auf die zunächst folgenden Worte: „gegen Belohnung — die Heilung übernimmt" zu beziehen, so daß selbst der vorschriftsmäßig approbirte, wenn er einem besondern polizeilichen Verbote zuwider die Handlung vornehme, der Strafe unterliegen.

Der Vertreter der General-Staats-Anwaltschaft trat dieser Ausführung nicht bei, erachtete vielmehr die Erwägungen des Appellationsrichters im Allgemeinen für begründet, insoweit es sich lediglich von örtlichen und nicht von materiellen Beschränkungen der Approbation handle [1]). Dagegen hob er hervor, daß nach dem Inhalte der Anklage die That der K. unter die Strafbestimmung der §§ 177. 45 der Gew.-Ordn. vom 17. Jan. 1845 fallen würde, sobald in derselben eine Gewerbshandlung zu erkennen sei [2]). Demgemäß hielt er dafür, daß zwar die Nichtigkeitsbeschwerde, in der Weise, wie sie gerechtfertigt worden, nicht begründet, gleichwohl aber das appellationsgerichtliche Erkenntniß zu vernichten, und die Sache zur nähern Prüfung aus dem angedeuteten Gesichtspunkte in die zweite Instanz zurückzuverweisen sei.

Das Ober-Tribunal hat die Nichtigkeitsbeschwerde zurückgewiesen, und zur Begründung ausgeführt:

Der Auffassung der Nichtigkeitsbeschwerde kann nicht beigetreten werden. Es steht derselben der Wortlaut des § 199 sowohl als auch der unzweifelhaft nur gegen den Betrieb der Medizinalpfuscherei gerichtete Zweck desselben entgegen. Danach ist das gedachte Strafgesetz in beiden darin gedachten Fällen, also wenn gegen Belohnung, oder einem besondern polizeilichen Verbote zuwider, die Heilung einer äußern oder innern Krankheit oder eine geburtshülf-

---

[1]) Auf derartige materielle Beschränkungen bezogen sich die zum StGB. § 199 n. 5 citirten Z. II. 10. Febr. 1853 c. Kuhle (Entſ. 25. S. 243); B. Rh. Kass.-Hof 16. Dez. 1837 c. Baudnin (Rh. Arch. 26. 2. A. S. 63).

[2]) Vgl. in Beziehung auf diese Frage: B. I. 4. Jan. 1856 c. Vieck (JMBl. S. 42), und B. I. 9. März 1860 c. Stolpien (205; G. Arch. 8. S. 416).

liche Handlung unternommen worden ist, nur gegen Personen anzuwenden, welche nicht vorschriftsmäßig approbirt sind. So ist denn auch von dem Ober-Tribunale in vorangegangenen ähnlichen Fällen entschieden worden. Hieraus folgt, daß, da die Angeklagte festgestelltermaaßen als Hebeamme vorschriftsmäßig approbirt worden ist, die von ihr der verehelichten Klamm geleistete Geburtshülfe der Vorschrift des § 199 des StGB. nicht unterliegt, wenngleich sie dabei die Grenzen des ihr zugewiesenen Bezirkes überschritten hat. Es mußte daher die lediglich auf Verletzung des angezogenen Strafgesetzes durch dessen Nichtanwendung gerichtete Beschwerde zurückgewiesen werden.

Sen. f. Strafs. (I. Abth.). Vors.: Hr. Präs. Dr. v. Schlieckmann. — Ref.: Hr. OTR. v. Kunow. — Antr.: Hr. OStA. Hartmann.

---

1. Schrift. — Urkunde. — Zweifelhafter Sinn. — Feststellung.

2. Urkunde. — Vollmacht. — Bestellbrief. — Mangel der namentlichen Bezeichnung des Bevollmächtigten und des Adressaten.

3. Schwurgericht. — Vorladung. — Präjudiz. — Kontumazialverfahren.

1. Läßt die wörtliche Fassung einer angeblichen Urkunde es zweifelhaft, was als ihr eigentlicher Inhalt anzusehen sei, so ist diese Frage den Geschwornen zu unterbreiten, und die von ihnen festgestellte Deutung ist der rechtlichen Beurtheilung, ob eine Urkunde vorliege, zum Grunde zu legen [1]. StGB. § 247.

2. Eine schriftliche Bevollmächtigung, bei einem Dritten für Rechnung des Auftraggebers Waaren zu entnehmen (Bestellbrief) ist eine Urkunde, sollte in der Schrift auch weder der Name des Bevollmächtigten, noch der Name desjenigen

---

[1]) Vgl. StGB. § 247 n. 60.

genannt sein, bei welchem die Waaren entnommen werden sollen [1]). StGB. § 247.

3. Gegen einen nicht verhafteten Angeklagten ist das schwurgerichtliche Kontumazialverfahren nur dann gerechtfertigt, wenn die Vorladung unter dem gesetzlich vorgeschriebenen Präjudize erfolgt ist.

(Vdn. v. 3. Jan. 1849 § 79); Ges. v. 3. Mai. 1852 Art. 64.

Erk. (V. II.) v. 8. Jan. 1861 c. Gude & Amelong (297. II. Cr.).

In Erwägung, daß die gesetzliche Begriffsbestimmung einer Urkunde, als eines Beweismittels für rechtliche Verhältnisse, einen Rechtsbegriff darstellt, welcher als solcher nicht der Beurtheilung der Geschwornen, sondern des Schwurgerichtshofes unterliegt, und zunächst aus dem Inhalte des betreffenden Schriftstücks selbst entnommen werden muß;

daß jedoch, falls die wörtliche Fassung der Scriptur zu dem Zweifel Veranlassung giebt, was als der eigentliche Inhalt derselben anzusehen sei, diese Frage als eine thatsächliche dem Ausspruche der Geschwornen mit der Wirkung unterbreitet werden kann, daß zwar die, dem Schriftstücke solchergestalt durch den Richter der That gegebene Deutung der Entscheidung des Strafrichters zu Grunde gelegt werden muß, letzterer aber in seiner Beurtheilung darüber, ob der so festgestellte Inhalt dem Schriftstücke die Eigenschaft einer Urkunde im Sinne des Gesetzes verleihe, unbeschränkt bleibt;

daß im untergebenen Falle durch das Verdikt der Geschwornen auf die zweite Frage festgestellt worden:

„daß die fragliche Schrift dahin zu verstehen: daß der Landwirth V. den Ueberbringer der Schrift beauftragen wollte, von einem Kaufmanne in Soest die in der Schrift bezeichneten Waaren für Rechnung des V. zu entnehmen und dieselben mit der von dem Kaufmanne auszustellenden Rechnung dem V. zu überbringen;"

---

[1]) Vgl. StGB. § 247 n. 132. 133.

daß der Schwurgerichtshof demnächst, der obigen Ausführung entsprechend, zwar die von den Geschwornen dem fraglichen Schriftstücke gegebene inhaltliche Deutung seiner Beurtheilung zu Grunde gelegt, gleichwohl aber dasselbe für eine Urkunde im Sinne des § 247 l. c. nicht erachtet und die Angeklagten von der incriminirten Urkundenfälschung resp. Theilnahme an einer solchen freigesprochen hat, und zwar dies wesentlich aus dem Grunde, „weil in dem fraglichen Zettel weder eine bestimmte Person als Ueberbringer, noch ein bestimmter Kaufmann in Soest, welcher die Waaren verabfolgen sollte, angegeben sei;"

daß diese Erwägung und Entscheidung jedoch, als dem Gesetze entsprechend, nicht angesehen werden kann;

daß, wenn nämlich die Aechtheit der Schrift unterstellt, der V. dem Angeklagten G. diese Schrift zu dem Zwecke übergab, damit er, als sein Bevollmächtigter, von einem Kaufmann in Soest die darin bezeichneten Waaren für seine (des V.) Rechnung entnehme und solche gleichzeitig mit der auszustellenden Rechnung an ihn (V.) abliefere, hierin ein Vollmachtsauftrag Seitens des V. lag, welcher, falls der Bestellung Seitens des Kaufmanns L. durch Ueberlieferung der Waaren an den Ueberbringer entsprochen wurde, für das Rechtsverhältniß zwischen V. und L. resp. bei einem zwischen beiden hierüber entstandenen Rechtsstreit unverkennbar von Erheblichkeit war, ja durch welchen, sobald nur die Thatsache, daß L. wirklich die verlangten Waaren an G., als Ueberbringer, verabfolgt habe, zugegeben resp. nachgewiesen wurde, der ganze Rechtsstreit zu Gunsten des Lieferanten seine vollständige Erledigung fand; indem die Erheblichkeit einer Urkunde nicht auf den Fall sich beschränkt, daß durch letztere allein der Beweis eines Rechtsgeschäfts vollständig hergestellt wird, es vielmehr hinreicht, wenn sie auch nur in Verbindung mit andern rechtlichen Momenten zum Beweise einer Verpflichtung oder Befreiung beiträgt und der Beweis allein, daß L. Waaren an G. verabfolgt habe, ohne das Hinzutreten der aus dem fraglichen Schriftstücke ersichtlichen Momente, eine Verpflichtung auf Seiten des V. noch keineswegs begründet haben würde;

daß hieran auch weder durch den Umstand, „daß in dem Zettel nicht gerade der G. als Ueberbringer desselben benannt," noch durch den Umstand, „daß darin ein bestimmter Kaufmann, von welchem die Verabfolgung der Waaren verlangt werde, nicht bezeichnet worden ist," etwas geändert wird, da, wenn auch bei Vollmachtsaufträgen über ein einzelnes Geschäft sowohl die Benennung des Bevollmächtigten, als des Dritten, mit welchem derselbe contrahiren soll, die Regel bildet, doch nach den untergebens zur Anwendung kommenden civilrechtlichen Grundsätzen des ALR. die Gültigkeit und Klagbarkeit von Vollmachtsaufträgen durch eine solche Namhaftmachung keineswegs bedingt ist und dies insbesondere von sogenannten Bestellzetteln gilt, bei welchen der Name des durch den Besitz des Zettels hinreichend legitimirten Ueberbringers für den Kaufmann, so wie die Bezeichnung des letzteren für den Besteller in der Regel nur von untergeordneter Bedeutung, jedenfalls aber in rechtlicher Beziehung von gar keinem entscheidenden Gewichte ist, indem der Auftraggeber dem Anspruche desjenigen, welcher die Waare auf Grund eines auf den Ueberbringer lautenden Scheins an letzteren verabfolgt hat, nicht mit dem Einwande würde begegnen können, daß der Ueberbringer in dem Bestellbriefe nicht benannt worden sei, oder daß der Ueberbringer mündlich den Auftrag gehabt habe, die Waare bei einem anderen als dem wirklichen Lieferanten zu entnehmen; —

In Erwägung — was den ausgebliebenen Mitangeklagten A. betrifft — daß gegen letzteren, da seine Verhaftung resp. die Vertagung der Sache nicht angemessen erachtet wurde, zwar auf Grund des Art. 65 des Gesetzes v. 3. Mai 1852 zur sofortigen Hauptverhandlung und Entscheidung in Gemäßheit des Art. 39 ibid. geschritten werden konnte; daß es jedoch hierzu vor allem einer gehörigen Vorladung desselben bedurfte, eine solche aber nicht vorlag; daß nämlich die Ladung des A. unter dem Präjudize „daß im Falle seines Nichterscheinens mit der Entscheidung in contumaciam werde verfahren werden," erfolgt, dies im § 79 der Vdn. v. 3. Jan. 1849 enthaltene Präjudiz aber im Art. 64 des Ges. v. 3. Mai 1852 aufgehoben und darin verordnet worden ist, daß statt desselben dem nicht verhafteten Angeklagten für den Fall seines Ausbleibens die Warnung gestellt werden solle, „daß angenommen werden würde, er gestehe die in der Anklage behaupteten Thatsachen zu;"

daß die Vorladung unter diesem Präjudize, wodurch dem Angeklagten zur Kenntniß gebracht werden muß, daß im Falle seines Ausbleibens die Thatfrage selbst nach Maaßgabe der Anklage als durch sein Zugeständniß festgestellt werde erachtet werden, und welches also viel weiter als die Androhung einer Untersuchung und Entscheidung in contumaciam bei anderen, als schwurgerichtlichen, Criminalverhandlungen geht (vgl. §§ 32. 35. 51 und 56 der Vdn. v. 3. Jan. 1849), ein so wesentliches Erforderniß eines schwurgerichtlichen Contumacial-Verfahrens bildet, daß es in Ermangelung eines solchen dem Verfahren und der Entscheidung an der nothwendigsten Voraussetzung gebricht; daher in der Sache selbst, und da auch die bei der früheren mündlichen Verhandlung von dem A. abgegebenen Erklärungen nach ausgesprochener Vernichtung dieses Verfahrens als nicht existent zu betrachten sind, von dem Schwurgerichte nicht wie geschehen erkannt und eine Verurtheilung des A. in contumaciam ausgesprochen werden konnte, demnach die Sache zur anderweiten Verhandlung und Entscheidung an das betreffende Schwurgericht zurückgewiesen werden muß.

(A. d. Gr. Vernichtung des angegriffenen Urtheils und Zurückverweisung der Sache an den SchwGH. zu Hamm.)

Sen. f. Strafs. (II. Abth.). Vors.: Hr. Präs. Jähnigen. — Ref.: Hr. OTR. Hack.— Antr. (gleich.): Hr. OStA. Hartmann.

Zeuge. — Vereidung. — Verzicht. — Statthaftigkeit.

Ein Verzicht auf die eidliche Bestärkung einer als Beweismittel dienenden Zeugenaussage ist auch außerhalb des schwurgerichtlichen Verfahrens unstatthaft, insofern derselbe nicht als Begebung des durch Produktion des Zeugen angetretenen Beweises anzusehen ist [1]).

Cr.-Ordn. § 332; Vdn. v. 3. Jan. 1849 § 55.

Erk. (S. II.) v. 17. Jan. 1861 c. Wenge (420. II. Cr. v. 1860.).

W. war in erster Instanz von der auf § 150 des StGB. gestützten Anklage freigesprochen worden; auf die Appellation des StA. erneuerte der zweite Richter die Beweisaufnahme durch Vernehmung des achtjährigen F. K. und seines Vaters des Arbeiters K., entließ dieselben sodann aber unvereidet, „nachdem auf die Vereidung beiderseits verzichtet war," und verurtheilte den Angeklagten, indem er „auf Grund der reproduzirten Beweisaufnahme" eine andere Feststellung traf. Auf die NB. des W. hat das OTr. dieses Erkenntniß vernichtet, und die Sache an das App.-G. zu Münster zurückverwiesen.

Gründe:

Der App.-Richter hat den Arbeiter K. für einen zum Zwecke der Beweisaufnahme vernommenen Zeugen angesehen, den im Audienzprotokolle registrirten — wie es dort heißt, beiderseits, also doch von der StA.-schaft und von dem, freilich auch nicht einmal mit Specialvollmacht versehenen Vertheidiger erklärten — Verzicht auf dessen Vereidung für zulässig und die stattgehabte nochmalige Vernehmung dieses Arbeiters K., ungeachtet der unterbliebenen Vereidung desselben, für eine wiederholte Beweisaufnahme, deren Ergebniß in der erstgedachten Beziehung die Aufrechthaltung der Feststellung des ersten Richters und in der

---

[1]) Daß im schwurgerichtlichen Verfahren eine Verzichtleistung auf die Vereidung eidesfähiger Zeugen und Sachverständigen unbedingt unstatthaft sei, hatte bereits ein S. II. 13. Sept. 1860 c. Lehmkuhl (351; JMBl. S. 370) anerkannt. Dasselbe nahm ein Z. I. 9. Jan. 1861 c. Gläsmer (57) indirekt auch in Betreff der Abtheilungssachen an. Vgl. über diese Frage: Oppenh. Strafverf. § 55 n. 30. 28.

letztgedachten Beziehung eine anderweite Feststellung begründe, wenigstens mit motivire, erachtet.

Der dem App.-Richter in der NB. gemachte Vorwurf, hierdurch gegen wesentliche Grundsätze des Verfahrens verstoßen zu haben, erscheint begründet. Wenn auch außerhalb des schwurgerichtlichen Verfahrens, also in einem Strafverfahren vor ständigen Richtern der von dem Angeklagten erklärte Verzicht auf Vereidung eines vernommenen Entlastungszeugen sich den Umständen nach als Begebung des durch Produktion dieses Zeugen angetretenen Beweises wird ansehen lassen, und deshalb jener Verzicht wird als zulässig erachtet werden können, so bestimmt doch § 332 der Cr.-O., daß jede Zeugenaussage, wenn sie als Beweismittel dienen soll, eidlich bestärkt werden muß. Diese, das Verfahren des Richters bei Aufnahme der Beweise betreffende Vorschrift (vgl. Cr.-O. Th. II, Tit. 5 im Rubrum) ist, nach § 22 der Vdn. v. 3. Jan. 1849, auch für das mündliche und öffentliche Strafverfahren maaßgebend geblieben und sie gehört zu den wesentlichen Vorschriften des Verfahrens. Nach ihr muß die Aussage eines überhaupt eidesfähigen Zeugen, wenn daraus ein Beweis entnommen werden soll (Ges. v. 3. Mai 1852 Art. 31. Abs. 2) eidlich bestärkt sein; es ist deshalb auch eine Verzichtleistung auf die Vereidung eines vernommenen eidesfähigen Zeugen, dessen Aussage der erkennende Richter bei der Beweisfrage zu würdigen hat und würdigt — also abgesehen von dem schon gedachten Falle, wo eine solche Verzichtleistung sich als Begebung eines angetreten gewesenen Entlastungs-Beweises ansehen läßt — unzulässig.

Sen. f. Straff. (II. Abth.). Vors.: Hr. Präs. Jähnigen. — Ref.: Hr. OTR. Stosch. — Antr. (gleichl.): OStA. Oppenhoff.

Wahrspruch. — Qualifizirtes Verbrechen. — Theilnahme. — Stimmenverhältniß.

Es genügt, wenn die die Theilnahme an einem unter erschwerenden Umständen begangenen Verbrechen betreffende Frage einfach und ohne besondere Abstimmung über die erwähnten Umstände bejaht wird, sobald diese Frage rücksichtlich der Hauptthat nur eine Bezugnahme auf die den Urheber betreffende Frage enthielt, und der Wahrspruch auf die letztere das Ergebniß der besondern Abstimmung über die Umstände angab. [1])

Ges. v. 3. Mai 1852 Art. 91. Abs. 4.

Erk. (Z. I.) v. 24. Okt. 1860 c. Brauer (Kirst u. Gen. 942. I. Cr.).

Der Dienstknecht Kirst war eines Diebstahls unter Benutzung eines falschen Schlüssels, die unverehelichte Brauer der Theilnahme an diesem Diebstahl durch Verschaffung des Werkzeugs angeklagt. Die den Kirst betreffende Hauptfrage ward von den Geschwornen in regelrechter Weise bejaht, und dabei namentlich auch das Ergebniß der besondern Abstimmung über den erschwerenden Umstand angegeben. Ebenso ward auch die die Brauer betreffende Frage mit mehr als 7 Stimmen bejaht, ohne daß aber hier der besondern Abstimmung über jenen Umstand Erwähnung geschehen wäre. Dieses rügt die NB. der Brauer, als eine Verletzung des cit. Art. 91. Abs. 4, ist indessen mit derselben vom OTr. zurückgewiesen worden, und zwar:

In Erwägung, daß die Frage an die Geschwornen zu 2., ob die Angeklagte Brauer schuldig:

> im Dez. 1859 zu R. dem Angeklagten Kirst denjenigen falschen Schlüssel, welcher zur Verübung des in der Frage 1. bezeichneten Diebstahls von dem K. gebraucht ist, verschafft, und dabei gewußt zu haben, daß dieser Schlüssel zu dem in der Frage 1. bezeichneten Verbrechen des K. dienen sollte?

in ihrem Schlußsatze keinen von dem Thatbestande der strafbaren Theilnahme trennbaren, dieselbe begleitenden Umstand enthält, wie in der NB. behauptet wird, sondern ein zum Inbegriffe jener Theilnahme gehöriges wesentliches Merkmal bezeichnet, ohne welches die subjektive Strafbarkeit der Angeklagten nach Art. 34. Nr. 2 des StGB. ganz wegfallen würde;

daß auch die ganze Frage nur den einen untheilbaren Begriff der Theilnahme nach dieser Strafbestimmung um-

---

[1]) Vgl. StGB. § 175 n. 11; Strafverf. Art. 91 n. 15.

faßt, die darin bezogene Frage zu 1. aber sowohl den Diebstahl eines Umschlagetuches, an sich als den Umstand der Anwendung eines falschen Schlüssels besonders zur Beantwortung der Geschwornen gestellt hat, und auch von diesen in zwei Schuldsprüchen beantwortet ist;

daß das beobachtete Verfahren hiernach den Vorschriften der Art 81. 84 und 91 des Ges. v. 3. Mai 1852 entsprach und das einfache Ja der Geschwornen auf die obige Frage zu 2. die Anwendung der §§ 34. Nr. 2 und 218. Nr. 3 des StGB. gegen die Implorantin mit Recht nach sich gezogen hat;

Sen. f. Strafs. (I. Abth.). Vors.: Hr. Präs. Dr. v. Schlieckmann. — Ref.: Hr. OTR. Dr. v. Seckendorf. — Antr. (gleichl.): Hr. OStA. v. Ingersleben.

---

1. Nichtigkeitsbeschwerde. — Statthaftigkeit. — Rekursurtheil. — Unrichtige Behandlung.

2. Polizeirichter. — Vergehen. — Bestrafung wegen Uebertretung. — Appellation.

1. Ist ein Rechtsmittel vom Appellationsgerichte mit Unrecht als Rekurs statt als Appellation behandelt worden, so kann das betreffende Erkenntniß wegen dieses Formverstoßes durch Nichtigkeitsbeschwerde angefochten werden [1]).

Ges. v. 3. Mai 1852 Art. 106.

2. Ist die Untersuchung vom Polizeirichter wegen eines durch das Gesetz vom 14. April 1856 seiner Kompetenz überwiesenen Vergehens eröffnet worden, so ist selbst dann, wenn durch das ergehende Erkenntniß die That nicht als Vergehen, sondern als Uebertretung qualifizirt wird, das dagegen statthafte Rechtsmittel die Appellation und nicht der Rekurs [2]).

Ges. v. 3. Mai 1852 Art. 101; Vdn. v. 3. Jan. 1849 § 170.

---

[1]) Vgl. Strafverf. Art 106 n. 10.

[2]) Vgl. ibid. § 126 n. 4. 5.

Erk. (B. II.) v. 25. Okt. 1860 c. Sauer (248. II. Cr.).

Der Polizeirichter hatte gegen S. die Untersuchung wegen des Vergehens der unbefugten Ausübung der Jagd eröffnet, demnächst aber im Hauptverfahren in der That nur die im § 347 Nr. 11 des StGB. vorgesehene Uebertretung erkannt, und deshalb bestraft. S. ergriff den „Rekurs," welcher aber vom App.-G. zu Arnsberg im Rekursverfahren verworfen wurde. Gegen dieses Erkenntniß ergriff der OStA. die NB., weil das Rechtsmittel des Angeklagten als Appellation und nicht als Rekurs zu behandeln gewesen sei. Das OTr. hat demgemäß jene Entscheidung vernichtet, und die Sache in die Appellations-Instanz zurückverwiesen.

Gründe:

In Erwägung, daß die von dem OStA. — und zwar ohne Ermächtigung des Justizministers eingewandte — NB. zulässig erscheint;

daß nämlich zwar, außer den Urtheilen der Schwurgerichtshöfe nur die in der Appellations-Instanz ergangenen Urtheile, nicht aber die auf eingewandten Rekurs, von den zur Erledigung der Rekurse bestimmten Abtheilungen des Appellationsgerichts abgefaßten Urtheile, nach dem Ges. v. 3. Mai 1852 Art. 106 und der Vdn. v. 3. Jan. 1849 § 170, durch NB. angefochten werden können;

daß aber als ein in der Appellations-Instanz ergangenes Urtheil, im Sinne des Art. 106 des Ges. v. 3. Mai 1852 auch ein solches Urtheil angesehen werden muß, welches in dem wegen eines derjenigen Vergehen, die durch das Ges. v. 14. Apr. 1856 in erster Instanz der Kompetenz des Einzelrichters zugewiesen sind, vor dem Einzelrichter eröffneten Strafverfahren, auf das gegen das Erkenntniß erster Instanz eingewandte Rechtsmittel ergangen ist, auch dann, wenn dieses nicht als Appellation, sondern irrthümlich als Rekurs behandelt worden ist, weil bei einem solchen Strafverfahren, nach Art. 1. § 2 jenes Gesetzes, zwar in erster Instanz diejenigen Vorschriften Anwendung finden sollen, welche überhaupt für den Einzelrichter in Straffachen maaßgebend sind, dagegen in Ansehung der Rechtsmittel die für Vergehen bestehenden Vorschriften gelten, also sowohl der StA.-schaft als dem Angeschuldigten die Rechtsmittel verbleiben, welche ihnen zugestanden haben würden, wenn das Erkenntniß erster Instanz vor der Gerichts-Abtheilung ergangen wäre (G. Arch. 4. S. 104. 108), und weil es nicht in der Absicht des Gesetzgebers gelegen haben kann, einer Partei, welcher im legalen Wege, d. h. wenn die zweite Instanz richtig, als Appellation behandelt wäre, das Rechtsmittel der NB. zugestanden hätte, dasselbe um deshalb zu verweigern, weil zu der behaupteten materiellen Beeinträchtigung auch noch eine formelle durch Nichtzulassung des für die zweite Instanz gesetzlich vorgeschriebenen Rechtsmittels getreten ist (vgl. Erk. v. 2. März 1860, JMBl. S. 256. 257);

in fernerer Erwägung, daß sodann auch die Beschwerde selbst begründet erscheint;

daß nämlich zwar der Art. 101 des Ges. v. 3. Mai 1852 im ersten Satze bestimmt:

„das Rechtsmittel der Appellation ist nur gegen Urtheile der Gerichtsabtheilungen zulässig,“

und diese Bestimmung, von welcher nur der Art. 142 eine Ausnahme macht, rücksichts der Zulässigkeit des Rechtsmittels der Appellation ein Zurückgehen auf die Natur der den Gegenstand der Untersuchung und Entscheidung bildenden strafbaren Handlung nicht gestattete (vgl. Entsch. 29. S. 460; 31. S. 363. 364; JMBl. 55. S. 367), dieselbe aber auch darauf beruhte, daß alle Vergehen der Untersuchung und Entscheidung der Gerichtsabtheilungen zugewiesen worden waren, Einzelrichter dagegen nur noch über Uebertretungen zu erkennen hatten (Art. 120 des Ges. v. 3. Mai 1852) und deshalb auch der § 137 der Vdn. v. 3. Jan. 1849 aufgehoben worden war;

daß hierin jedoch durch das Ges. vom 14. Apr. 1856, welches mehrere Vergehen der Kompetenz der Einzelrichter zugewiesen und in Bezug auf das solche Vergehen betreffende Verfahren hinsichts der Rechtsmittel bestimmt hat, daß in Ansehung der Rechtsmittel gegen die Entscheidungen des Einzelrichters die für Vergehen bestehenden Vorschriften gelten (Art. 1. § 2. Abs. 3) rücksichts des solche Vergehen betreffenden Verfahrens eine Aenderung eingetreten ist;

daß nach dieser Bestimmung die Zulässigkeit der Appellation nicht davon abhängig ist, wie der erste Richter erkannt hat, die Appellation, über welche, nach § 132 der Vdn. v. 3. Jan. 1849 eine aus fünf Mitgliedern bestehende Abtheilung des App.-G. zu erkennen hat, vielmehr unabhängig von solchem Ausfalle der Entscheidung erster Instanz und ohne daß es darauf ankommt, was als Gegenstand der Beschwerde bezeichnet wird, zulässig ist;

daß danach namentlich der StA.-schaft sowohl darüber, daß nicht wegen des in der Anklage behaupteten Vergehens, als darüber, daß nicht wenigstens wegen einer Uebertretung auf Strafe erkannt sei, die Appellation unbedenklich zusteht (vgl. Beschl. v. 12. März 1858, G. Arch. 6. S. 541), und aus dem Grundsatze der Gleichheit der Parteienrechte schon folgt, daß ebenso unbeschränkt dem Angeschuldigten die Appellation, namentlich auch dann zustehe, wenn der Einzelrichter in dem wegen eines solchen Vergehens eingeleiteten Verfahren den Angeschuldigten nur einer Uebertretung schuldig befunden und deshalb auf Strafe erkannt hat;

daß hiergegen in dem angefochtenen Erkenntnisse, indem dasselbe angenommen hat:

> daß, da in zweiter Instanz nur noch über eine Jagdpolizei-Uebertretung erkannt werden könne, hinsichts dieser nur der Rekurs stattfinde, weil nach § 2 des Ges. v. 14. April 1856 das Rechtsmittel der Appellation nur dann Platz greifen würde, wenn in dieser Instanz noch über ein nach § 1. Nr. 4 bezeichnetes Vergehen zu erkennen wäre,

gefehlt, bei unrichtiger Auslegung des § 2. Art. 1 des Ges. v. 14. April 1856, unrichtiger Anwendung des § 168 und Verletzung des § 132 der Vdn. v. 3. Jan. 1849, ein gesetzlich unstatthaftes Rechtsmittel — der Rekurs — zugelassen und das rechtzeitig angebrachte gesetzlich zulässige Rechtsmittel der Appellation, dessen durch den Angeschuldigten geschehene Bezeichnung als „Rekurs" unerheblich war, unmittelbar versagt (Ges. v. 3. Mai 1852 Art. 108. Nr. 6), zugleich auch die gesetzlichen Bestimmungen über die Kompetenz verletzt worden sind (Art. 108. Nr. 2 a. a. O.).

Sen. f. Strafs. (II. Abth.). Vors.: Hr. Präs. Jähnigen. — Ref.: Hr. OTR. Stosch. — Antr. (gleichl.): OStA. Oppenhoff.

Rheinisches Verfahren. — Thatfrage. — Beweis. — Zeuge. — Eidesunmündiger.

Nach rheinischem Verfahren ist rücksichtlich der Thatfrage für den Polizeirichter seine aus der stattgehabten Verhandlung geschöpfte Ueberzeugung uneingeschränkt und allein maaßgebend.

Hierbei ist die Aussage eidesunmündiger Kinder als Beweismittel grundsätzlich nicht ausgeschlossen. Rh. StPO. Art. 79. 154. 155.

Erk. (V. II.) v. 22. Nov. 1860 c. Schweich (380. II. Cr.).

Das Polizeigericht zu Trier Nr. I. hatte den einer Uebertretung beschuldigten J. Sch. „in Ermangelung eines rechtlichen Beweises" freigesprochen, weil die vom Polizei-Anwalt vorgeführten Zeugen eidesunmündig und daher (vgl. Art. 154. 155 der StPO.) als wirkliche Zeugen nicht zu betrachten seien, ihre uneidlichen Aussagen aber nach Art. 79 nur als Aufschlüsse zur Erforschung der auf andere Weise zu ermittelnden Wahrheit dienen könnten.

Auf den Kassationsrekurs des Polizei-Anwalts hat das OTr. diese Entscheidung vernichtet, indem es erwog:

Daß der Polizeirichter aus dem Zusammenhange der Bestimmungen der Art. 154 und 155 der Cr.-Pr.-O. den zur thatsächlichen Feststellung einer Kontravention gesetzlich zulässigen Beweis auf eine Beweisführung durch Protokolle oder Berichte (par procès-verbaux ou rapports) oder zu deren Ersatz oder Unterstützung durch Aussagen vereideter Zeugen für beschränkt, demgemäß bloß die Aussagen unvereideter Zeugen, hier eidesunmündiger Kinder in allen Fällen grundsätzlich für unzureichend erachtet und aus diesem Grunde, ohne im vorliegenden Falle auf eine Würdigung der unvereideten Zeugenaussagen selbst einzugehen, die einer Kontravention Beschuldigten von Strafe und Kosten freigesprochen hat;

daß diese Rechtsauffassung des Polizeirichters, die sich demnach als die Vorbedingung des angegriffenen Urtheils darstellt, auf einer falschen Auslegung der bezogenen gesetzlichen Bestimmungen beruht und das Urtheil selbst also der Kassation unterliegt;

daß, wenn es bei dem Inhalte des Art. 155 der Cr.-Pr.-O. dem gemäß die Zeugen unter Nichtigkeitsstrafe den Eid zu leisten haben, auch zuzugeben, daß der Gesetzgeber in dem unmittelbar vorhergehenden Artikel unter der Benennung „Zeugen" zunächst vereidete Zeugen im Auge gehabt, doch nichts die Annahme rechtfertigt, daß er, um dieser Anführung willen in dem letztern Artikel die Summe aller für die richterliche Ueberzeugung zulässigen Beweismittel außer dem Inhalte der betreffenden Protokolle und Berichte, bloß auf die Aussagen vereideter Zeugen habe beschränken, d. h. einen jeden in anderer Weise, und namentlich einen bloß durch die Aussagen unmündiger Kinder herzustellenden Beweis für den Zweck der thatsächlichen Feststellung einer Kontravention unbedingt habe ausschließen wollen;

daß eine solche, dem Geiste des französischen Prozeßrechtes in der richterlichen Ermittelung des strafrechtlichen Thatbestandes widerstreitende Beschränkung, wenn sie bei Konstatirung von Kontraventionen von dem Gesetzgeber überhaupt wäre beabsichtigt worden, des bestimmtesten und unzweideutigsten Ausdrucks unmöglich hätte entbehren können;

daß die bezogenen Artikel jedenfalls eine solche ausdrückliche Beschränkung nicht enthalten und daher mit bloßer Ausnahme der formellen Unangreifbarkeit der betreffenden Protokolle und Berichte bis zur Einschreibung der

Fälschungsklage, auch hinsichts der thatsächlichen Feststellung der Contravention die aus der stattgehabten Verhandlung geschöpfte Ueberzeugung für den Richter uneingeschränkt und allein maaßgebend bleibt.

Sen. f. Straff. (II. Abth.). Vorf.: Hr. Präs. Jähnigen. — Ref.: Hr. OTR. Blömer. — Antr. (gleichl.): OStA. Oppenhoff.

Rekurs. — Zurückweisung. — Beschwerde. — Nichtigkeitsbeschwerde.

Die Beschwerde, welche gegen die ein eingelegtes Rechtsmittel als Rekurs zurückweisende appellationsgerichtliche Verfügung eingelegt ist, muß als Nichtigkeitsbeschwerde behandelt werden [1]).

Vdn. v. 3. Jan. 1849 § 169; Ges. v. 3. Mai 1852 Art. 129.

Beschl. (I.) v. 23. Nov. 1860 c. Glomsda (199. B. I. Cr.).

G. war von der Anklage einer Post-Kontravention vom Polizeirichter freigesprochen worden; der dagegen ergriffene „Rekurs" des Polizei-Anwalts ward vom Ostpreußischen Tribunal als „unbegründet" zurückgewiesen. Auf die „Beschwerde" des Ober-Staats-Anwalts hat das Ober-Tribunal in Uebereinstimmung mit dem Antrage der GStA-schaft verfügt:

Daß, da die in Gemäßheit des § 169 der Verordn. v. 3. Jan. 1849 erlassene Verfügung des Königl. Ostpreußischen Tribunals v. 14. Okt. 1860, wodurch der eingelegte Rekurs zurückgewiesen wird, zwar nicht der Form nach ein Erkenntniß, einem solchen jedoch in der Wirkung gleich zu achten ist, die gedachte darüber erhobene Beschwerde des Ober-Staats-Anwalts nur als eine Nichtigkeitsbeschwerde behandelt werden kann. Die Königl. Kreis-

---

[1]) Vgl. Strafverf. Art. 129 n. 10. 11. Die Zurückweisung durch Verfügung war hier schon deshalb ungerechtfertigt, weil es sich von einer Post-Kontravention handelte, somit das Rechtsmittel des Polizei-Anwalts nach Art. 142 als Appellation zu behandeln war. Ueber die unbedingte Statthaftigkeit der Beschwerde und das zu beobachtende Verfahren vgl. l. c. Art. 129 n. 4.

gerichts-Kommission hat daher die Beschwerde dem Angeklagten zuvörderst nach § 144 der Vdn. v. 3. Jan. 1849 zur Gegenerklärung mitzutheilen und sodann nach Eingang der letztern oder Ablauf der präklusivischen Frist die Akten unter Benachrichtigung der Parteien von deren Absendung zur Entscheidung auf die Beschwerde des Königl. Ober-Staats-Anwalts wieder anher einzureichen.

Sen. f. Strafs. (I. Abth.). Vors.: Hr. Präs. Dr. v. Schlieckmann. — Antr.: Hr. OStA. v. Ingersleben.

---

1. 2. Maischsteuer. — Ueberschöpfen. — Defraudation. 3. Mehrheit selbstständiger Handlungen. — Fortgesetztes Vergehen. 4. Anstiftung. — Mehrheit von Vergehen.

1. Jedes Ueberschöpfen der Maische stellt einen Akt der Einmaischung dar und fällt, wenn es der Steuerbehörde nicht angesagt ist, unter die Strafvorschrift der AKO. v. 10. Jan. 1824, mag das Gefäß, aus welchem oder in welches übergeschöpft ist, an und für sich deklarirt und versteuert sein oder nicht [1]).

AKO. v. 10. Jan. 1824.

---

[1]) In demselben Sinne sprachen sich auch: B. I. 28. Mai 1856 c. Parkowski (529); B. I. 7. Okt. 1859 c. Wiemann; Z. I. 20. April 1860 c. Gummelt (348); Z. I. 26. Sept. 1860 c. Riege (790) aus. — Eine Deklaration kann stets nur für einen einmaligen Akt der Einmaischung Geltung haben, die spätere Wiederholung dieses Aktes ohne neue Anmeldung ist daher eine undeklarirte und sonach strafbare Handlung. Als Einmaischen ist aber jedes Einlassen von Flüssigkeit in den bemaischten Bottich anzusehen, selbst das der Schlempe oder des reinen Wassers, ohne daß es darauf ankäme, ob dadurch ein höherer Alkoholgehalt gewonnen wird oder nicht. So: Z. II. 17. Juli 1856 c. Daweke (202); B. I. 28. Jan. 1859 c. Berger (1084 v. 1858); Z. I. eod. c. Schmiedler (82 v. 1859); B. I. 18. März 1859 c. Winkler (249). Gleichgültig ist es daher auch, ob die Handlung in der Absicht zu defraudiren geschah: B. I. 22. Juni 1859 c. Winkler (345); B. I. 22. Juni 1859 c. Becker (501). Gleichwohl soll nicht jede zu-

2. Die Maischsteuer-Defraudationsstrafe richtet sich stets nach dem ganzen Quartinhalte der mißbrauchten Gefäße [1]).

St.-Ordn. v. 8. Febr. 1819 § 61.

3. Eine Mehrheit verschiedener und selbstständiger strafbarer Handlungen kann nicht als ein fortgesetztes Vergehen angesehen werden [2]).

StGB. § 55. 56.

4. Wer durch eine einzige Handlung zu verschiedenen selbstständigen Vergehen anstiftet, wird als Theilnehmer an allen diesen Vergehen bestraft.

StGB. § 34. Nr. 1.

Erk. (Z. I.) v. 23. Nov. 1860 c. Lüdicke & Avenarius (1058. I. Cr.).

Der Appellationsrichter stellt thatsächlich fest:

daß durch den Angeklagten L. in der Brennerei Liebsau in der Zeit vom 1. Okt. 1854 bis 24. April 1855 wenigstens dreimal wöchentlich und mindestens an 60 verschiedenen Tagen Zubereitung von Maische in anderen Gefäßen als den angesagten vorgenommen ist, und zwar in der Art, daß aus dem frisch bemaischten Bottich in den Bottich, der Maische in steigender Gährung enthielt, von dieser Maische in den Bottich, der in

---

fällige und nicht beabsichtigte Verdünnung der reifen Maische durch Wasser eine Kontravention darstellen, vielmehr wird stets vorausgesetzt, daß die betreffende Handlung zum Zwecke der Maischbereitung geschah. So: Z. I. 23. April 1855 c. Kutz (232). Zu vergleichen sind im Uebrigen die Fin.-Min.-Reskr. v. 16. Juni 1827; v. 2. Juni 1832 und v. 25. März 1839 (Villeaume, Steuer-Gesetze S. 194 c.). Eine Verf. der Gen.-Dir. d. St. v. 20. Aug. 1841 ermächtigte die Steuerbehörden in einzelnen Fällen das Zugießen von Wasser zu gestatten.

[1]) Es kommt sonach nicht auf das Quantum der eingebrachten (übergeschöpften) Maische an. Sic: Z. I. 7. Okt. 1859 c. Laske (662; G. Arch. 7. S. 816). Ebensowenig ist der belassene Steigraum in Abzug zu bringen. Z. (V.) Pl. 12. Nov. 1855 c. Schlömer (14; Entsch. 31. S. 326; G. Arch. 4. S. 79).

[2]) Vgl. StGB. § 56 n. 1.

abnehmender Gährung stand, übergeschöpft und endlich aus letzterem Bottich Maische in das Maischreservoir hinaufgepumpt, und von da in den Vorwärmer eingelassen ist;

so wie

daß durch diese Operation bezweckt ist, mittelst übermäßiger Bemaischung einen höheren Spiritusertrag zu erzielen, als dies bei ordnungsmäßiger Füllung der Bottiche möglich war, und dadurch somit nicht bloß eine Verkürzung der Steuer vom Angeklagten L. beabsichtigt, sondern in der That eine solche auch eingetreten ist.

In Beziehung auf den Angeklagten A. stellt der Appellationsrichter ferner fest:

daß der Angeklagte A. in der Absicht, die dem Staat zu zahlende Maischsteuer zu verkürzen, den Brenner L. durch Mißbrauch seines Ansehens als Stellvertreter seines Bruders L. A., dem die obere Leitung der Brennerei zu Liebsau übertragen war, und durch Ueberredung dazu verleitet und bestimmt, auch ihm dazu Anleitung gegeben hat, in der Brennerei zu Liebsau wöchentlich wenigstens dreimal in der Zeit vom 1. Okt. 1854 bis 24. April 1855 Maische in anderen Gefäßen als den nach dem Betriebsplan angesagten zu bereiten, welche Handlungen L. ausgeführt hat.

Es erhellt nicht, daß diesen thatsächlichen Feststellungen ein Rechtsirrthum zum Grunde liegt, und der Appellationsrichter hat daher mit Recht auf Grund der AKO. v. 10. Jan. 1824 Nr. 5 den Angeklagten Brenner L. wegen Maischsteuer-Kontravention und wegen Maischsteuer-Defraudation, sowie den Angeklagten Techniker A. mit Rücksicht auf § 34 Nr. 1 und 35 des StGB. wegen Theilnahme an diesen Vergehen des L. bestraft.

Wenn die NB. behauptet, daß durch die festgestellte Prozedur die Maische nur aus einem angesagten und versteuerten Gefäß in ein anderes versteuertes und angesagtes Gefäß gebracht wurde, so ist dies schon, wie die NB. selbst anerkennen muß, wenigstens in Beziehung auf den beim

Ueberschöpfen der Maische benutzten Vorwärmer unzutreffend, jedes Ueberschöpfen von Maische involvirt aber auch einen Akt der Maischbereitung, und mithin, wenn das Ueberschöpfen der Maische der Steuerbehörde nicht angesagt ist, eine nicht angesagte, also nach der AKO. v. 10. Jan. 1824 strafbare Zubereitung von Maische, mag das Gefäß, aus welchem oder in welches übergeschöpft ist, an und für sich auch deklarirt und versteuert sein, wie solches bereits in mehrfachen Entscheidungen des OTr. ausgesprochen und näher ansgeführt ist.

Eben so unerheblich sind die Einwendungen, welche in der NB. gegen die Höhe der vom Appellationsrichter festgesetzten Strafen erhoben sind. Zuvörderst kann von einem fortgesetzten Vergehen in dem Sinne, daß nur einmal die Kontraventionsstrafe von 100 Thlr. verwirkt worden, keine Rede sein, da die vorigen Richter sechzig selbstständige Ueberschöpfungen von Maische an ebenso viel verschiedenen Tagen, also sechzig verschiedene und selbstständige Contraventionsfälle feststellen, mithin § 56 des StGB. Anwendung findet. Das Ges. v. 21. Sept. 1860 (GS. S. 433) hat der Appellationsrichter selbstredend nicht zur Anwendung bringen können, weil es zur Zeit seiner Entscheidung noch nicht existirte, und muß daher diese neuere gesetzliche Bestimmung, welche keine Deklaration ist, und nach welcher allerdings bei gleichzeitiger Entdeckung mehrerer Kontraventionsfälle die Strafe von 100 Thlr. nur einmal entrichtet werden soll, bei der Prüfung, ob dem vorigen Richter eine Gesetzesverletzung zur Last fällt, ganz außer Betracht bleiben. Ebenso richtig ist aber auch die Defraudationsstrafe vom Appellationsrichter berechnet, wenn er dabei die nach dem ganzen Quartinhalt der gemißbrauchten Gefäße zu entrichtende Steuer zum Grunde legt, und die Angeklagten in den vierfachen Betrag derselben verurtheilt hat. Nicht bloß der Vorwärmer, wie die NB. behauptet, sondern auch die Bottiche, in welche das Ueberschöpfen erfolgt ist, kommen hierbei in Betracht.

Wenn endlich die NB. auszuführen sucht, daß der Angeklagte A. nicht für jeden einzelnen Kontraventionsfall verantwortlich sein könne, die Anstiftung des A. vielmehr, da sie nur durch eine einzige Instruktion erfolgt sei, als eine einzige strafbare Handlung angesehen werden könne, so erledigt sich diese Behauptung durch die thatsächliche Feststellung des Appellationsrichters, welcher ausdrücklich feststellt, daß A. den L. dazu bestimmt und ihm dazu Anleitung gegeben habe, in der Zeit vom 1. Okt. 1854 bis 24. April 1855 wöchentlich wenigstens dreimal Maische deklarationswidrig zu bereiten.

(A. d. Gr. Zurückweisung der NB. der Angeklagten.)

Sen. f. Strafs. (I. Abth.). Vors.: Hr. Präs. Dr. v. Schlieckmann. — Ref.: Hr. OTR. v. Holleben. — Antrag.: Hr. OStA. Hartmann.

Beweisantrag. — Angabe der Thatsache und des Beweismittels. — Verspätung.

Wenn zur Rechtfertigung der Appellation eine neue Thatsache und das Beweismittel für dieselbe rechtzeitig angegeben sind, so darf der Appellationsrichter beide nicht aus dem Grunde unberücksichtigt lassen, weil der förmliche Antrag auf Erhebung des Beweises erst nach Ablauf der betreffenden Frist gestellt worden sei, und kein Grund vorliege, denselben nachträglich zuzulassen [1])

Vdn. v. 3. Jan. 1849 § 52. 129; Ges. v. 3. Mai 1852 Art. 101. 104.

Erk. (V. I.) v. 16. Jan. 1860 c. Zimmermann (985. I. Cr.).

Der Angeklagte hatte in seiner rechtzeitig eingereichten Appellationsschrift die Glaubwürdigkeit des in erster Instanz vernommenen Belastungszeugen W. angefochten, weil dieser in einer von der Königl. Direktion der Ostbahn geführten Disciplinar-Untersuchung das Gegentheil seiner jetzigen Aussage auf seinen Diensteid versichert, also entweder damals oder jetzt sich eines Meineides schuldig gemacht habe. Das App.-G. ließ diese Thatsache unberücksichtigt, weil sie zwar selbst

[1]) Vgl. Strafverf. § 126 n. 43.

rechtzeitig angebracht, der Antrag auf Avozirung und Einsicht der Disciplinar-Akten aber erst nach Ablauf der Rechtfertigungsfrist in der Sitzung gestellt, und kein Grund vorhanden sei, denselben nachträglich zuzulassen. — Das OTr. hat das angegriffene Erkenntniß vernichtet

Gründe:

Der Grund des Appellationsrichters, aus welchem er die Prüfung des dem Zeugen W. gemachten Vorwurfes des Meineides und der in der administrativen Voruntersuchung enthaltenen Aussagen über die Bearbeitung des Feldes des Angeklagten ablehnt, kann nicht als prozessualisch richtig angesehen werden. In der Appellationsrechtfertigung ist ausdrücklich das Beweismittel angegeben, aus welchem beide Behauptungen entnommen sind, es heißt: „in den von der Ostbahn-Direktion angeordneten disciplinarischen Vorverhandlungen“ und wenn auch zuerst in dem Termine zur mündlichen Verhandlung von dem Vertheidiger in der Unterstellung, daß noch kein Beweis angetreten sei, um Avozirung dieser Akten gebeten wird, so war dieser Antrag bei der bestimmten Anzeige des Beweismittels nicht erforderlich, ganz abgesehen davon, daß die administrativen Voruntersuchungsakten den adhibirten gerichtlichen Untersuchungsakten gegen den Zeugen W. beigefügt waren, und wenn dieselben in der Audienz nicht vorgelegen haben sollten, deren Herbeischaffung keine Schwierigkeiten veranlaßte. Da die Zulassung eines gehörig bezeichneten Beweismittels nicht von dem richterlichen Ermessen abhängt, so fand der Art. 104 des Ges. vom 3. Mai 1852 keine Anwendung und liegt im Sinne des Art. 108. Nr. 5 eine Beschränkung der Vertheidigung vor, wenn in dem angegriffenen Urtheil die beiden Angaben des Angeklagten einer Prüfung nach Inhalt jenes Beweismittels nicht unterworfen worden sind.

Sen. f. Strafs. (I. Abth.). Vors.: Hr. Präs. Dr. v. Schlieckmann. — Ref.: Hr. OTR. Frech. — Antr. (gleichl.): Hr. OStA. v. Ingersleben.

Kauf. — Eheleute. — Gütergemeinschaft. — Stempelpflichtigkeit.

Mehrere selbständige Mitkontrahenten, welche zusammen dem andern kontrahirenden Theile gegenüber nur einen Kontrahenten bilden, haften nur gemeinschaftlich und solidarisch für den einfachen Betrag der Stempelstrafe [1]).

Das gilt namentlich von zwei in Gütergemeinschaft lebenden Ehegatten.

Stemp.-Ges. v. 7. März 1822 § 22.

Erk. (Z. I.) v. 23. Nov. 1860 c. Eheleute Fröse u. Gen. (866. I. Cr.).

Die in Gütergemeinschaft lebenden Eheleute Fr. hatten durch eine Punktation, zu welcher ein Stempel nicht verwendet worden war, von S. ein Grundstück gekauft. Dieserhalb der Stempelkontravention angeklagt ward nur der Ehemann in die Stempelstrafe mit der Maaßgabe verurtheilt, daß für die Geldbuße das gütergemeinschaftliche Vermögen verhaftet sei, dagegen ward die Ehefrau freigesprochen. Die NB. der Provinzial-Steuer-Direktion zu Danzig rügte Verletzung des § 22 des Stempelgesetzes, weil feststehe, daß die Ehefrau als Mitkäuferin aufgetreten sei, sie sich also an der Stempelkontraventien betheiligt habe. Die GStA.-schaft erachtete zwar den oben an die Spitze gestellten Grundsatz für zu weit gehend, hielt aber doch die NB. für unbegründet, weil hier die Gütergemeinschaft das angekaufte Grundstück allein erworben habe, diese aber durch den Ehemann allein vertreten werde, auch der Beitritt der Frau an diesem Rechtsverhältnisse Nichts ändere, insbesondere eine persönliche Verbindlichkeit der Frau dem Verkäufer gegenüber nicht begründe [2]).

Das OTr. hat die Nichtigkeitsbeschwerde zurückgewiesen aus folgenden Gründen:

---

[1]) Vgl. Z. I. Civ.-Sen. 22. Sept. 1848 Fiskus c. Schaar. Präj. Nr. 2020.

[2]) Nach der Auffassung der GStA.-schaft hängt die Stempelpflichtigkeit, sowie eventuell die Straffälligkeit lediglich davon ab, ob der Mitkontrahent dem andern Kontrahenten gegenüber auch persönlich verpflichtet wird. Beide würden daher Platz greifen, wenn die unter dem Güterrechte des Rheinischen BGB. lebende Ehefrau mit ihrem Manne gemeinschaftlich einen Vertrag abschließt.

Die verehelichte Fröse hat zwar die in Rede stehende Punktation mitunterschrieben, es erhellt aber auch aus derselben, daß die Fröse'schen Eheleute in Gütergemeinschaft leben.

Unter diesen Umständen kann die verehelichte Fröse als eine selbstständige Mitkontrahentin überhaupt nicht angesehen werden, und daher auch nach § 22 des Stemp.-Ges. v. 7. März 1822 die Stempelstrafe nicht verwirkt haben, weil ihre Zuziehung zu dem Vertrage als Mitkäuferin des Grundstückes ganz überflüssig war, da ihrem Ehemanne nach § 377. II, 1 ALR. die alleinige Verwaltung des gemeinschaftlichen Vermögens gebührt und keiner der Fälle vorlag, in welchen nach § 378 und 379 l. c. die Einwilligung der Frau in eine Disposition des Ehemannes ausnahmsweise vom Gesetze erfordert wird. Vielmehr gelten, wenn ein solcher Fall der Ausnahme nicht vorliegt, alle von dem Manne in Ansehung des gemeinschaftlichen Vermögens auch einseitig getroffenen Verfügungen und dieses Vermögen haftet dafür unbedingt.

Aber auch mehrere selbständige Mitkontrahenten, die zusammen nur einen Kontrahenten dem andern kontrahirenden Theilegenüber bilden, haften nur gemeinschaftlich und solidarisch für den einfachen Betrag der Stempelstrafe. Dem § 22 des Stempelgesetzes ist daher genügt, wenn im vorliegenden Falle nur der Ehemann Fröse in die Stempelstrafe verurtheilt, aber ausgesprochen ist, daß dafür das ganze gemeinschaftliche Vermögen der Fröse'schen Eheleute verhaftet sei.

Sen. f. Straff. (I. Abth.). Vors.: Hr. Präs. Dr. v. Schlieckmann. — Ref.: Hr. OTR. v. Holleben. — Antr.: Hr. OStA. Hartmann.

Beweisantrag. — Nichtberücksichtigung. — Wiederholung in der Sitzung. — Abwesenheit des Angeklagten.

Die Nichtberücksichtigung eines vom Angeklagten vor der Sitzung gestellten Beweisantrages bildet keinen Nichtigkeitsgrund, wenn derselbe, vorher von dieser Nichtberücksichtigung unterrichtet, es unterlassen hat, jenen Antrag in der Sitzung zu wiederholen. In diesem Falle ist es gleichgültig, ob der Angeklagte selbst oder durch einen Vertreter in der Sitzung erschienen ist oder nicht [1]). Vdn. v. 3. Jan. 1849 § 52.

Erk. (Z. I.) v. 2. Nov. 1860 c. Koch (946. I. Cr.).

Was den Angriff gegen das Verfahren betrifft, so ist es zwar richtig, daß der Appellationsrichter der Beweisanträge in der Vorstellung vom 27. März 1860 nicht gedenkt. Allein nachdem diese Vorstellung mit den kommissarischen Beweisverhandlungen bei dem Appellationsgericht eingegangen war, beschloß dasselbe in der Audienz vom 13. April 1860 anderweiten Beweis, der jedoch jene Anträge in der Vorstellung vom 23. März nicht betraf. Der Angeklagte war hiernach davon unterrichtet, daß dieser Beweis nicht erhoben werden sollte. Sonach war es seine Sache, in der Schlußaudienz seine diesfälligen Anträge zu wiederholen; er ist aber in dieser Audienz weder selbst noch durch seinen Vertheidiger erschienen, und es muß demnach angenommen werden, daß er darauf verzichtet hat.

(A. d. Gr. Zurückweisung der NB. des Angeklagten.)

S. f. Strafs. I. Abth.. Vors.: Hr. Präs. Dr. v. Schlieckmann. — Ref.: Hr. OTR. Goltdammer. — Antr.: Hr. OStA. Hartmann.

---

1. Chausseebäume. — Beschädigung. — Fahrlässigkeit.
2. Trunkenheit. — Unzurechnungsfähigkeit. — Fahrlässigkeit.

1. Die Strafbestimmung der Nr. 19 der zusätzlichen Vorschriften zum Chausseegeld-Tarif vom

---

[1]) Vgl. Strafverf. § 52 n. 18. Hatte dagegen der Angeklagte vorher keine Kenntniß davon erlangt, daß seine Beweisanträge unberücksichtigt geblieben seien, so kann aus seinem Nichterscheinen im Sitzungstermine ein Verzicht auf dieselben nicht gefolgert werden: V. II. 27. Sept. 1860 c. Feldmann (223; JMBl. S. 395).

29. Febr. 1840 findet auch bei fahrlässigen Beschädigungen der Chausseebäume Anwendung.

2. Eine durch eigenes Verschulden herbeigeführte bis zur Sinnlosigkeit gesteigerte Trunkenheit kann eine aus Fahrlässigkeit begangene Gesetzesverletzung nicht straflos machen.

StGB. § 40.

Erk. (B. I.) v. 9. Nov. 1860 c. Jänsch (1074. I. Cr.).

Der Knecht J. war von der Anklage: einen Chausseebaum umgefahren zu haben (Chausseegeld-Tarif v. 29. Febr. 1840, Zusätzliche Vorschr. Nr. 19), durch den Polizeirichter wegen nachgewiesener Trunkenheit und daraus hervorgegangener vollständiger Unzurechnungsfähigkeit freigesprochen worden. Der vom P.-Anw. ergriffene Rekurs ward vom App.-G. aus den vom ersten Richter erwogenen Gründen durch Verfügnng zurückgewiesen.

Auf die vom OStA. mit Genehmigung des Justiz-Ministers ergriffene NB. hat das OTr. jene appellationsgerichtliche Verfügung durch Erkenntniß aufgehoben und die Sache zur Entscheidung in die Rekursinstanz zurückverwiesen.

Gründe:

Der § 19 der zusätzlichen Vorschriften zum Chausseegeld-Tarif v. 29. Febr. 1840 bestimmt:

> Beschädigungen der Chausseebäume sind, wenn die allgemeinen Gesetze keine härtere Strafe bestimmen, vorbehaltlich des Schadenersatzes mit einer Strafe von 5 Thlr. für jeden durch Verschulden beschädigten Baum zu ahnden.

Durch diese Strafbestimmung wird offenbar zugleich mit der vorsätzlichen, jetzt nach § 282 des StGB. zu bestrafenden, auch die fahrlässige Beschädigung von Chausseebäumen getroffen, indem sich der Gesetzgeber des diesen Begriff umfassenden Ausdruckes „verschulden" bedient hat.

Der Grund hierzu ist auch ein nahe liegender, weil dergleichen fahrlässige Beschädigungen, wenn nicht häufiger, doch eben so oft vorkommen, wie die vorsätzlichen.

Es ist nun zwar dem Appellationsgerichte zuzugeben, daß sinnlose Trunkenheit, wie sie im gegenwärtigen Falle festgestellt worden, unter Umständen die in diesem Zustande begangene That straflos machen kann. Allein dieser Strafausschließungsgrund tritt im Allgemeinen nur bei solchen gesetzwidrigen Handlungen ein, bei denen der Vorsatz des Thäters zur Anwendung des Strafgesetzes erforderlich ist.

Bei Gesetzesverletzungen aus Fahrlässigkeit dagegen erscheint die, wie hier durch eigene Schuld herbeigeführte Trunkenheit des Thäters schon an sich als eine Fahrlässigkeit, für deren schädlichen Erfolg er einstehen muß, da er dessen möglichen Eintritt vorauszusehen im Stande war. Die Doctrin stimmt hiermit überein (Berner's Lehrbuch S. 115; Hälschner II, S. 115; Goltd. Mat. I, S. 408 ff.).

Die angegriffene Verfügung hat daher den § 40 des StGB. unrichtig ausgelegt und mußte, wie geschehen, aufgehoben werden.

S. f. Straff. I. Abth. Vors.: Hr. Präs. Dr. v. Schlieckmann. — Ref.: Hr. OTR. Dr. Kuhne. - Antr. (gl.): Hr. OStA. Hartmann.

Appellationsrichter. — Neue Feststellung. — Beweiserhebung.

Auch über eine im Urtheile erster Instanz gar nicht erwähnte Thatsache kann der Appellationsrichter nur auf den Grund einer neuen Beweisaufnahme eine Feststellung treffen.

Ges. v. 3. Mai 1852 Art. 101.

Erk. (B. I.) v. 25. Jan. 1861 c. Klose (1159. I. Cr. v. 1860.).

K. war von einem Chausseegelderheber wegen einer vermeintlichen Chausseegeld-Kontravention angehalten worden, und hatte demselben ein Fäßchen Bier angeboten, wenn er die Sache nicht anzeige; deshalb des Bestechungsversuchs angeklagt, war er freigesprochen worden, weil seine Handlung keine Kontravention darstelle, und somit auch nicht der Gegenstand einer begründeten Denunziation habe sein können. Das OTr. hatte das betreffende Erkenntniß vernichtet, und die Sache in die zweite Instanz zurückverwiesen, weil es für die Anwendbarkeit des § 311 nur darauf ankomme, ob der Beamte die That für eine Kontravention gehalten habe, welche zu denunciren seine Pflicht sei, von deren Erfüllung ihn jenes Anerbieten habe abhalten sollen (vgl. StGB § 311 n. 7). Ohne neue Beweisaufnahme hat sodann das App.-G. diese letztere Frage verneint, und abermals freigesprochen. Auf die NB. des OStA. hat das OTr. auch dieses Erkenntniß vernichtet, und die Sache an ein anderes App.-G. verwiesen.

Gründe:

Mit der thatsächlichen Erörterung der Sache von dem [erwähnten] Gesichtspunkte aus hat das diesseitige Erkenntniß vom 15. Juni v. J. den App.-Richter befaßt. Dieselbe war bis dahin sowohl in erster als in zweiter Instanz gänzlich unterblieben, das App.-G. also nicht in der Lage, gemäß der im Art. 101 l. c. ausgesprochenen Regel seiner Entscheidung darüber eine im ersten Urtheile enthaltene Feststellung zu Grunde zu legen. Hieraus folgte mit Nothwendigkeit, daß der Schlußsatz des Art. 101 Platz griff und demgemäß der vorige Richter nicht anders als vermöge einer Beweisaufnahme zu der neuen thatsächlichen Feststellung gelangen durfte.

Indem er diese Feststellung nichts desto weniger ohne jegliche Beweisaufnahme vorgenommen, vielmehr aus einer einseitigen Interpretation gewisser Ausdrücke in der Anklage- und Appellationsschrift hergeleitet hat, wobei nicht einmal die darin Seitens der StA.-schaft produzirten Beweisverhandlungen und der gleichzeitig angetretene Zeugenbeweis eine Erwähnung gefunden haben, kann sein Verfahren der von dem Imploranten beantragten Vernichtung nicht entgehen.

S. f. Strafs. I. Abth Vors.: Hr. Präs. Dr. v. Schlieckmann. — Ref.: Hr OTR. Dr v Seckendorff. · Antr. (gl.): Hr. OStA Hartmann.

Urkunde. — Bestellbrief. — Mündliche Bestellung.

Der Begriff einer Urkunde wird dadurch nicht geändert, daß der Inhalt derselben [eine Bestellung] auch mündlich hätte ausgedrückt werden können [1]). StGB. § 247.

---

[1]) Vgl. StGB. § 247 n. 130.

Beschl. (I.) v. 5. Dez. 1856 c. Weidle (219. B. I. Cr.).

W. hatte unter einem falschen Namen einen Fuhrwerksbesitzer brieflich ersucht, ihm ein Fuhrwerk zu einer Reise zu schicken. Das App.-G. zu Greifswalde hatte hierin eine Urkundenfälschung nicht gefunden, „da, wenn auch die sonstigen Merkmale zutreffen, doch eine Urkunde im Sinne des § 247 nicht vorliegt, weil die Absicht des Angeschuldigten bei Abfassung des Schreibens nicht darauf gerichtet war, eine Schrift, welche zum Beweise von Rechtsverhältnissen vom Erheblichkeit war, anzufertigen, das Schreiben vielmehr nur eine mündliche Bestellung ersetzen sollte." Auf die Beschwerde des OStA. hat das OTr.:

In Erwägung, daß der Angeschuldigte hinreichend beschwert ist:

am 2c. zu 2c. das 2c. Schreiben in folgendem Wortlaute:

„Herrn Klüber,

Bitte mir durch Ueberbringer dieses meines Schreibens unterm heutigen Datum den 15. Aug. ein bequemes, leichtes und gutes Fuhrwerk aus, um direkt nach Greifswald zu kommen.

Eduard v. Bornstädt."

in der Absicht sich Gewinn zu verschaffen oder Anderen Schaden zuzufügen, fälschlich angefertigt und von demselben zum Zwecke der Täuschung Gebrauch gemacht zu haben,

daß das vorstehende Schreiben eine Urkunde im Sinne des § 247 des StGB. ist und der Begriff einer solchen nicht dadurch geändert wird, daß der Inhalt derselben auch mündlich hätte ausgedrückt werden können, der Beschluß des Vorderrichters daher auf einer Verletzung des § 247 beruht,

daß die vorgedachte Thathandlung alle Merkmale des in den §§ 247 und 250 des StGB. vorgesehenen Verbrechens enthält,

die definitive Versetzung in den Anklagestand beschlossen.

S. f. Straff. I. Abth. Vors.: Hr. Präs. Dr. v. Schlieckmann. — Antr.: Hr. OStA. Hartmann.

Urkundenfälschung. — Mitgebrauch anderer Mittel zur Täuschung.

Für den Begriff der Urkundenfälschung ist es unerheblich, ob die betreffende Urkunde allein, oder ob neben ihr auch noch andere Mittel zur Täuschung gebraucht sind, sowie welches dieser Mittel vorzugsweise wirksam gewesen ist.

StGB. § 247.

Beschl. (I.) v. 5. Dez. 1860 c. Pilz (215. B. I. Cr.).

Der Maurerlehrling Sl. hatte sich wegen Ablegung der Gesellenprüfung an den Beschuldigten, Maurermeister P. gewendet. Dieser ließ ihn in seiner Gegenwart einige Arbeiten verrichten, und übergab ihm sodann ein angeblich von einer Prüfungskommission ausgefertigtes Zeugniß, welches außer der echten Unterschrift des Pilz noch die falschen Unterschriften des Oberbürgermeisters und zweier anderer Handwerksmeister trug. Sl. zahlte dafür 5 Thlr. 20 Sgr. Das App.-G. zu Marienwerder hielt diese Handlung nur für einen von P. gegen S. ausgeübten Betrug, nicht aber für eine Urkundenfälschung:

> „weil in den mündlichen Vorspiegelungen die Täuschung gelegen, das gefälschte Dokument nur zur Unterstützung gedachter Täuschung gedient, durch diese Urkunde selbst aber ein Gewinn oder eine Beschädigung nicht bezweckt sei, während es zum Begriffe der Urkundenfälschung gehöre, daß Gewinn oder Beschädigung Zweck der Ausstellung resp. des Gebrauchs der Urkunde allein gewesen sein müsse."

Der aus diesen Gründen die definitive Versetzung in den Anklagestand ablehnende Beschluß ist indessen auf die Beschwerde des OStA. aufgehoben, und die Sache zur anderweiten Beschlußfassung an das App.-G. zu M. zurückverwiesen worden, und zwar:

In Erwägung, daß der vorige Richter rechtsgrundsätzlich ausspricht: zum Begriffe der Urkundenfälschung gehöre es, daß Gewinn oder Beschädigung Zweck der Ausstellung resp. des Gebrauches der Urkunde allein gewesen, und unter Aufhebung des erstrichterlichen Beschlusses die Anklage wegen falscher Anfertigung der fraglichen Urkunde deshalb nicht erkannt hat, weil dieselbe nur zur Unterstützung der in mündlichen Vorspiegelungen gelegenen Täuschung des betrogenen S. gedient habe; daß es aber für die Anwendbarkeit der §§ 247, 250 und 251 des StGB unerheblich ist, ob neben dem Gebrauch der Urkunde zum Zwecke der Täuschung noch andere Mittel zur Täuschung oder die Urkunde allein gebraucht, und ob durch diese oder jene die Täuschung vorzugsweise bewirkt worden;

daß mithin die gedachte Rechtsansicht den § 247 a. a. O. unrichtig auslegt, und thatsächlich außer der falschen Anfertigung der fraglichen Urkunde durch den Angeschuldigten in der Absicht, sich Gewinn zu verschaffen, in der in Rede stehenden Beziehung lediglich zu untersuchen war, ob Angeschuldigter hinreichend beschwert sei, von der falschen Urkunde irgend einen Gebrauch zum Zwecke der Täuschung gemacht zu haben, und diese Untersuchung dem App.-G. noch anheimfällt, da die von demselben vorgenommene thatsächliche Prüfung von einem unrichtigen rechtlichen Gesichtspunkte ausgegangen ist.

S. f. Strafs. I. Abth. Vors.: Hr. Präs. Dr. v. Schlieckmann. — Antr. (gl.): Hr. OStA. Hartmann.

Festungsrayon. — Bauten. — Zaun. — Reparatur.

1. Den beschränkenden Vorschriften des § 3 des Festungsrayon-Regulativs vom 10. Sept. 1828 unterliegt jede bauliche Anlage, ohne Unterschied ob dadurch eine Veränderung der Erdoberfläche herbeigeführt wird oder nicht.

2. Auch die Reparatur eines Zaunes kann unter Umständen als ein „Reparaturbau" im Sinne des citirten § 3 angesehen werden.

Regulat. v. 10. Sept. 1828, gen. durch AKO. v. 30. Sept. ej. (GS. S. 119) § 3.

Erk. (V. I.) v. 5. Dez. 1860 c. Albrecht (996. I. Cr.).

A. war durch polizeirichterliches Erkenntniß von der Anklage, im Innern des zweiten Festungsrayons von Swinemünde ohne Konsens der Kommandantur verschiedene näher angegebene Reparaturen an einem Plankenzaune vorgenommen zu haben, freigesprochen, weil nur eine „Reparatur" nicht aber ein Reparaturbau vorliege, wie § 3 des oben cit. Regulativs voraussetze. Das App.-G. zu Stettin wies den Rekurs des Polizeianwalts durch Verfügung zurück, weil die festgestellten Handlungen des Angeklagten weder als ein Reparatur- oder Umbau, noch als eine die Gestalt der Erdoberfläche ändernde Anlage im Sinne jenes § 3 erachtet werden könne, da die Reparatur eines Zaunes an sich als Bau nicht zu betrachten sei, und durch die Ersetzung der schadhaften Theile eines Zaunes durch neue Bretter u. dgl. eine Aenderung der Erdoberfläche nicht bewirkt werde.

Auf die NB. des OStA. hat das OTr. jene Verfügung aufgehoben und die Sache zur kontradiktorischen Verhandlung an die Rekurs-Abtheilung des App.-G. zurückverwiesen.

Gründe:

Die auf unrichtige Anwendung und Auslegung des Regulativs v. 10. Sept. 1828 gestützte Beschwerde muß für begründet erachtet werden. Denn zuvörderst enthält es einen Rechtsirrthum des zweiten Richters, wenn er das von der Pol.-Anwaltschaft eingelegte Rekursgesuch deshalb zurückweist, weil die Reparatur eines Zaunes an sich — also überhaupt und in abstracto — als Bau gar nicht zu betrachten sei; vielmehr kann allerdings unter Umständen auch die Reparatur eines Zaunes als ein Reparaturbau im Sinne des § 3 des Rayon-Regulativs v. 10. Sept. 1828 angesehen werden, wie sich schon daraus ergiebt, daß § 9 des gedachten Gesetzes ausdrücklich der Bewährungen eines Grundstückes von Holzmaterial, nämlich der Planken-, Staket- und Flechtzäune erwähnt, und nur diese für zulässig erklärt, dagegen Einhegungen durch Mauern, Lehm- und Steinwände, sowie durch Neuanlage lebendiger Hecken untersagt, wie denn auch schon § 162. Tit. 8. Th. I. des ALR. von der Verpflichtung des Grundbesitzers unter gewissen Umständen einen Zaun zu bauen und zu unterhalten spricht.

Ebenso unrichtig ist es, wenn der Rekursrichter anzunehmen scheint, daß § 3 des Regulativs vom 10. Sept. 1828 sich nur auf eine die Gestalt der Erdoberfläche ändernde Anlage beziehe. Dies ist schon nach der Fassung des § 3 nicht der Fall, im Eingange des Gesetzes wird der Zweck desselben aber auch ausdrücklich dahin angegeben, die Beschränkung der Vertheidigungsfähigkeit der Festungen durch solche bauliche Anlagen oder Veränderungen der Erdoberfläche zu verhüten, wodurch die freie Umsicht von den Festungswerken und die Wirkung der Schußwaffen behindert, sowie die Annäherung des Feindes begünstigt werden könnte. Also jede bauliche Anlage, jeder Neu-, Reparatur- oder Umbau unterliegt der Vorschrift des § 3 des Regulativs v. 10. Sept. 1828, mag dadurch zugleich eine Veränderung der Erdoberfläche eintreten oder nicht.

S. f. Strafs. I. Abth. Vors.: Hr. Präs. Dr. v. Schlieckmann. — Ref.: Hr. OTR. v. Holleben. — Antr. (gl.): Hr. OStA. v. Ingersleben.

Perhorrescenzgesuch. — Anbringen beim befaßten Gerichte. Entscheidung.

Ueber ein Perhorrescenzgesuch, welches nicht beim dafür zuständigen höhern Gerichte, sondern bei dem mit der Sache befaßten Gerichte angebracht wird, kann dieses selbst befinden. Beruhigt sich der Antragsteller bei der betreffenden Entscheidung, so ist ein Verzicht auf das Gesuch anzunehmen [1]).

Ges. v. 26. April 1851 Art. 5. 2 a. (GS. S. 153).

Erk. (Z. I.) v. 5. Dez. 1860 c. Teßmar (779. I. Cr.).

Die NB. rügt, daß die Zurückweisung des vom Angeklagten angebrachten Perhorrescenzgesuches vom Appellationsrichter selbst erfolgt ist, während doch die Entscheidung darüber dem Ober-Tribunale gebührt habe. — Diese Beschwerde war jedoch zu verwerfen. Denn wenn auch nach Art. 5 des Ges. v. 26. April 1851 die Entscheidung über ein Perhorrescenzgesuch, welches gegen ein App.-G. angebracht wird, schließlich dem OTr. gebührt, so hat Im-

---

[1]) Vgl. Strafverf.: Ges. v. 26. April 1851 Art. 5 Note 6 (S. 55).

plorant im vorliegenden Falle doch den Antrag „auf Implorirung des Justiz-Ministers wegen Bestellung eines anderen Gerichtshofes“ beim App.-Gerichte selbst angebracht, und das letztere war daher auch, wenn es den gestellten Antrag unbegründet hielt, denselben, wie geschehen, zurückzuweisen befugt. Der Angeklagte aber hat sich, so viel die vorliegenden Akten ergeben, hierbei beruhigt, also thatsächlich auf sein Perhorrescenzgesuch verzichtet, und er kann deshalb aus der unterbliebenen Einholung der Entscheidung des OTr. die Nichtigkeit des Verfahrens nicht herleiten.

(A. d. Gr. Zurückweisung der NB. des Angeklagten.)

S. f. Straff. I. Abth. Vors.: Hr. Präs. Dr. v. Schlieckmann. — Ref.: Hr. OTR. v. Holleben. — Antr. (gl.): Hr. OStA. v. Ingersleben.

Rechtsanwalt. — Vertheidigung. — Deutsche Sprache. — Großherzogthum Posen.

1. Ein Rechtsanwalt, welcher sich weigert, in einer Untersuchungssache vor dem erkennenden Gerichte seinen Vortrag in deutscher Sprache zu halten, macht sich einer Verletzung seiner Amtspflicht schuldig.

2. Eine solche Weigerung kann auch im Großherzogthume Posen nicht durch die den Gebrauch der polnischen Sprache bei den gerichtlichen Verhandlungen betreffende Gesetzgebung gerechtfertigt werden.

Ges. v. 3. Mai 1852 Art. 27; Vdn. v. 9. Feb. 1817 § 143—146. 148. 150. 156; Vdn. v. 16. Juni 1834 § 9.

Erk. (I. Civ.-Sen.) v. 5. Dez. 1860 c. Rechtsanwalt K. (267. D.).

(Die umfangreichen Gründe dieser Entscheidung sind im JMBl. 61. S. 21. abgedruckt. Der Raumersparniß wegen wird hier darauf verwiesen.)

Apotheker. — Gehülfe. — Haftbarkeit.

Zuwiderhandlungen gegen die Apothekerordnung vom 11. Okt. 1801 können nur an dem Apotheker selbst, nicht an seinen Gehülfen oder Lehrlingen bestraft werden.

Apoth.-Ordn. v. 11. Okt. 1801 Tit. 3 § 2.

Erk. (Z. I.) v. 5. Dez. 1860 c. Scheider (644. I. Cr.).

Die verehelichte B. hatte sich mit einer Quantität Gift, welches ihr der Angeklagte, Apothekergehülfe Sch., auf den Grund eines von ihr gefälschten Rezeptes verabfolgt hatte, vergiftet. Der fahrlässigen Verabreichung von Gift angeklagt, war Sch. in zweiter Instanz freigesprochen worden, weil die vom ersten Richter gegen ihn zur Anwendung gebrachte Strafbestimmung (§ 2 Tit. 3 der cit. Apoth.-Ordn.) nur gegen den Eigenthümer der Apotheke, nicht auch gegen dessen Gehülfen eine Strafe androhe. Die NB. des OStA. ist vom OTr. zurückgewiesen worden.

Gründe:

Es ist dem vorigen Richter darin beizutreten, daß wider den Angeklagten Apothekergehülfen Scheider — auf dessen Strafbarkeit es jetzt nur noch ankommt — eine Strafe auf Grund der Apothekerordnung v. 11. Okt. 1801 nicht verhängt werden kann. Sie enthält keine andere Strafbestimmung, als den Schlußsatz im § 2. Tit. III, welcher lautet:

> „Es haben demnach alle und jede Apotheker in Unsern Landen, bei Vermeidung von 5 bis 20 Thlr. Strafe auf jeden Kontraventionsfall, und bei wiederholter Kontravention bei noch höherer Geldstrafe, sich nach diesen Verordnungen zu achten, auch bei Vermeidung gleicher Strafe dafür zu sorgen, daß von ihren Gehülfen und Lehrlingen dieselben auf das genaueste befolgt werden; gleichwie sie für das, was ihre Gehülfen oder andere zu ihrem Hause gehörige Personen hierin zuwider handeln, schlechterdings einstehen müssen, obschon ihnen das Recht vorbehalten bleibt, ihren Regreß an gedachte Personen zu nehmen."

Hier ist der Apotheker, der Eigenthümer des Geschäfts, seinen Gehülfen und Lehrlingen entgegengesetzt, und klar ausgesprochen, daß sich der Staat wegen Uebertretung der Vorschriften der Apothekerordnung immer nur an den Apotheker selbst hält, und daß dieser allein mit Strafe belegt werden soll, gleichviel ob die Kontravention von ihm selbst oder von einem seiner Gehülfen, Lehrlinge oder Angehörigen begangen ist; daß er vielmehr schlechterdings, also unter allen Umständen, für letztere, mit Vorbehalt seines Regresses an sie, einstehen muß. Daß, abgesehen von einer allgemein strafrechtlichen Verschuldung eines Apothekergehülfen oder Lehrlings, diesen wegen einer von ihm begangenen bloßen Kontravention gegen die Apothekerordnung eine selbstständige Strafe treffen soll, sagt das Gesetz nicht, und dies wird, wie der vorige Richter mit Recht bemerkt, schon dadurch widerlegt, daß der Gehülfe u. s. w. sich durch eine solche Kontravention seinem Prinzipal regreßpflichtig macht, letzterer also von dem Gehlüfen u. s. w. die Erstattung der wider ihn, den Prinzipal, festgesetzten Strafe zu fordern befugt ist; das Gesetz kann aber nicht beabsichtigt haben, wegen einer vom Gehülfen begangenen Kontravention gegen die Apothekerordnung sowohl den Prinzipal als den Gehülfen zu bestrafen, und einestheils den Prinzipal für die von dem Gehülfen verwirkte Strafe als verhaftet, andererseits den Gehülfen für die von dem Prinzipal entrichtete Strafe als regreßpflichtig zu erklären.

S. f. Straff. I. Abth. Vors.: Hr. Präs. Dr. v. Schlieckmann. — Ref.: Hr. OTR. v. Holleben. — Antr. (gl): Hr. OStA. v. Ingersleben.

---

1. Ersatzgeschworner. — Platz.
2. Geschworne. — Vorlegung eines Situationsplanes.

1. Die Verabsäumung der Vorschrift, nach welcher den Ersatzgeschwornen abgesonderte Plätze anzuweisen sind, hat nicht die Nichtigkeit des Verfahrens zur Folge [1]).

Ges. v. 3. Mai 1852. Art. 72.

---

[1]) Vgl. Strafverf. Art 72 n. 5.

2. Es ist statthaft, den Geschwornen Kopien des in der Voruntersuchung aufgenommenen Planes der zur Sprache kommenden Oertlichkeiten vorzulegen, ohne daß der Angeklagte vorher über die Richtigkeit des Planes oder der Kopie befragt worden wäre; es genügt, wenn das Protokoll nachweist, daß die Kopie eine „getreue“ gewesen ist [1]).

Erk. (Z. II.) v. 6. Dez. 1860 c. **Wagener** (445. II. Cr.).

In Erwägung, daß sich in dem Audienzprotokolle nach Aufführung der Namen der zwölf Hauptgeschwornen vermerkt findet:

Als Ersatzgeschworner fungirt 13. Dr. H. Dem letzteren ist ein besonderer Platz eingeräumt worden;

daß nach diesem Vermerke angenommen werden muß, daß bei der Schwurgerichtsverhandlung der Vorschrift des Art. 72 des Ges. v. 3. Mai 1852 ein vollständiges Genüge geschehen ist, wonach die Ersatzgeschwornen der ganzen Verhandlung beiwohnen müssen, und denselben zu diesem Behufe besondere, von denen der Hauptgeschwornen abgesonderte Plätze anzuweisen sind;

daß hiernach die von dem Angeklagten in seiner Richtigkeitsbeschwerde aufgestellte Behauptung, daß dem als Ersatzgeschwornen zugezogenen Dr. H. kein abgesonderter Platz angewiesen worden, daß derselbe vielmehr während der ganzen Schwurgerichtsverhandlung einen Platz dicht an den Hauptgeschwornen inne gehabt habe, der thatsächlichen Begründung entbehrt;

daß überdies die die Anweisung abgesonderter Plätze an die Ersatzgeschwornen betreffende Vorschrift jenes Art. 72 nur als eine reglementarische Vorschrift zu betrachten ist;

daß daher ein etwaiger Verstoß gegen dieselbe sich nicht als die Verletzung einer wesentlichen Vorschrift des Verfahrens auffassen läßt; —

---

[1]) Vgl. Strafverf. Art. 74 n. 18. 20.

In Erwägung, daß nach Ausweis des Audienzprotokolles zur Information der Geschwornen das Protokoll v. 3. Mai c., soweit dasselbe die Einnahme des Augenscheins betrifft, verlesen, den Geschwornen auch eine getreue Kopie der bei den Akten befindlichen Handzeichnung eingehändigt worden ist;

daß in der letzteren Beziehung zwar von dem Angeklagten gerügt wird, daß ausweislich des Audienzprotokolles weder die Richtigkeit dieser Kopien mit dem Originale, noch die Richtigkeit des letzteren thatsächlich festgestellt worden;

daß es jedoch einer solchen besonderen Feststellung nicht bedürfen konnte, da die Richtigkeit des in Rede stehenden Situationsplanes durch das Augenscheinsprotokoll v. 3. Mai c. gerichtsseitig festgestellt ist, die Richtigkeit der hiervon angefertigten und den Geschwornen eingehändigten Kopien aber nicht minder angenommen werden muß, weil dieselben von Seiten des Gerichtshofes als „getreue" Kopien bezeichnet sind;

daß mithin der von dem Angeklagten behauptete Formverstoß nicht vorliegt, und deshalb nicht zu untersuchen ist, ob in demselben die Verletzung einer wesentlichen Vorschrift des Verfahrens würde gefunden werden können;

daß hiernach die eingelegte NB. sich als unbegründet darstellt.

(A. d. Gr. Zurückweisung der NB. des Angeklagten.)

S. f. Straff. II. Abth. Vors.: Hr. Präs. Jähnigen. — Ref.: Hr. OTR. Sonnenschmidt. — Antr.: OStA. Oppenhoff.

Querulircn. — Staats-Anwaltschaft.

Wiederholtes ungestümes Suppliziren bei der Staats-Anwaltschaft fällt nicht unter das Strafverbot der AGO. III, 1. § 30. 31 [1]).

---

[1]) Dagegen erachtete ein Z. I. 14. Mai 1858 c. Paul (408; GA. 6 S. 546) die Vorschrift auf die an eine General-Kommission gerichteten Eingaben für anwendbar.

Erk. (B. II.) v. 6. Dez. 1860 c. Brandt (414. I. Cr.).

Der Angeklagte war, weil er, „nachdem er seines Unrechts gehörig bedeutet worden, dennoch seine Klagen fortgesetzt, und durch wiederholtes ungestümes Suppliziren etwas, so gegen Ordnung und Recht sei, durchzusetzen gesucht habe," auf den Grund der bezogenen Paragraphen der AGO. zu vierzehntägiger Gefängnißstrafe verurtheilt. Festgestellt war insbesondere, daß er nach stattgehabter Verwarnung doch noch in einer Eingabe an die StA.-schaft seine früheren Beschwerden und Gesuche wiederholt habe. Seine die Verletzung jener Paragraphen rügende Nichtigkeitsbeschwerde hielt die GStA.-schaft für unbegründet, weil, wenn auch die StA.-schaft in den gedachten Gesetzesstellen nicht erwähnt sei, sie doch solche Funktionen wahrzunehmen habe, welche nach der früheren Gerichtsverfassung den Kollegien obgelegen hätten; mit der Uebertragung dieser Funktionen müßten auch die gesetzlichen Schutzvorschriften für sie wirksam geworden sein, welche eine Abwehr unberechtigter Behelligungen bezweckten. Das OTr. hat indessen das Urtheil zweiter Instanz vernichtet und den B. freigesprochen, und zwar:

In Erwägung, daß auf die thatsächliche Feststellung von den Instanzrichtern mit Unrecht die Strafbestimmung des § 3. III, 1. AGO. gegen den Angeklagten zur Anwendung gebracht worden ist, da hier keiner der drei in dem § 30 a. a. O. gedachten Fälle des muthwilligen oder boshaften Querulirens, für welche die in jenem § 31 festgesetzte Strafe angedroht ist, festgestellt vorliegt;

daß letzteres in Betreff des ersten und dritten dieser Fälle unzweifelhaft ist, und daß es hierüber um so weniger einer besondern Auseinandersetzung bedarf, als auch die vorigen Richter die obige thatsächliche Feststellung nur unter den zweiten jener Fälle subsummirt haben;

daß diese Subsumtion jedoch um deswillen für eine unrichtige erachtet werden muß, weil bei dem zweiten nicht minder, wie bei dem ersten jener Fälle nothwendige Voraussetzung ist, daß das Beschwerdeführen und wiederholte Suppliziren den Landes-Justizkollegien und deren Vorgesetzten gegenüber verübt worden;

daß vorliegend aber die beiden Angeklagten, nachdem sie ihres Unrechtes bedeutet und gerichtlich verwarnt worden, nur die Eingabe v. 14. Mai c. an die Kgl. StA.-schaft zu St. gerichtet haben;

daß aber diese Eingabe nicht in Betracht gezogen werden kann, da nach der gegenwärtigen Gerichtsorganisation die StA.-schaft außer einigen hier nicht in Betracht kommenden Ausnahmefällen, nur in Bezug auf die Strafrechtspflege, keineswegs aber in Bezug auf die hier allein in Frage stehende Civilrechtspflege zu den Gerichtskollegien gehören und einen Theil derselben ausmachen.

S. f. Strafs. II. Abth. Vors.: Hr. Präs. Jähnigen. — Ref.: Hr. OTR. Sonnenschmidt. — Antr.: OStA. Oppenhoff.

Mahlversteuerungsschein. — Geringeres Quantum. — Defraude.

Ein Müller, welcher auf einen über ein höheres Quantum lautenden Versteuerungsschein ein geringeres Quantum annimmt und vermahlt, unterliegt der Defraudations- und nicht bloß einer Ordnungsstrafe [1]).

Ges. v. 2. April 1852 § 2.

Erk. (Z. I.) v. 7. Dez. 1860 c. Bohtz u. Gen. (1012. I. Cr.).

Die von den Angeklagten wegen unrichtiger Anwendung des Gesetzes eingelegte NB. ist unbegründet. Sie behaupten, daß nur eine Ordnungsstrafe und nicht die Defraudationsstrafe gerechtfertigt gewesen sei, indem nur die

---

[1]) In einem solchen Falle ist anzunehmen, daß der Versteuerungsschein gar nicht für das vermahlene Quantum bestimmt gewesen sei, die Strafe muß daher nach dem ganzen Betrage des letztern bemessen werden. Gleichwohl ist ein Gegenbeweis gegen diese Vermuthung nicht ausgeschlossen. Das ward anerkannt durch Z. I. 23. Mai 1855 c. Erich u. Gen. (519), welches aussprach, daß ein Müller, welcher zu einem angezeigten und versteuerten Quantum Mahlgut ein nicht angezeigtes unversteuertes Quantum zuschütte, nur rücksichtlich des letzteren eine Defraude begehe, die Nichtübereinstimmung der Quantitäten mache den Schein nicht durchaus werthlos.

Anzeige bei der Steuerbehörde unterlassen sei, daß statt 10 Centner in fünf Säcken nur $3^{5}/_{16}$ Centner in zwei Säcken auf dem in Rede stehenden Mahlschein vermahlen werden sollten. Die thatsächliche Feststellung des Appellationsrichters geht jedoch dahin:

> daß die Angeklagten B. und R. im rc., als sie bei dem Mühlenmeister M. in Kondition standen und die Geschäfte auf der Mühle desselben besorgten, auf einem Mahlschein vom rc. über 10 Ctr. Roggen eine Post von nur $3^{5}/_{16}$ Ctr. angenommen und zu Schrot vermahlen haben.

Hierin liegt der Thatbestand einer Mahlsteuer-Defraudation im Sinne des § 2 des Ges. v. 2. April 1852.

S. f. Straff. I. Abth. Vorf.: Hr. Pr. Dr. v. Schlieckmann. — Ref.: Hr. OTR. v. Holleben. — Autr.: Hr. OStA. Hartmann.

Maischsteuer-Kontravention. — Dolus.

Das Auffangen der übergährenden Maische in einem anderen Gefäße ist strafbar, sobald es mit Bewußtsein geschieht; daß das betreffende Gefäß zum Zwecke des Auffangens hingestellt sei, ist nicht erforderlich. [AKO. v. 10. Jan. 1824 Nr. 5.]

Erk. (Z. I.) v. 12. Dez. 1860 c. Kuchna & Gen. (1116. I. Cr.).

Der Brauerknecht K. war zur Kontraventionsstrafe von 100 Thlr. verurtheilt, und sein Dienstherr N. dafür subsidiarisch haftbar erklärt worden, weil der erstere:

> am — — unter den mit gährender Maische gefüllten Bottich Nr. 6 zwei Eimer gestellt hatte, in welche die überlaufende Maische hineinlief.

Die NB. beider behauptete unrichtige Anwendung der Gesetze, weil nicht festgestellt sei, daß K. die Absicht gehabt habe, eine Ordnungswidrigkeit und damit eine Maischsteuer-Kontravention zu begehen.

Zurückweisung.

Gründe:

Ob der Angeklagte K. die Eimer absichtlich zu dem Zwecke hingestellt hat, um die übergährende Maische aufzufangen, darauf kommt es im vorliegenden Falle nicht an, es genügt vielmehr, da die Absicht einer Verkürzung der Steuer im vorliegenden Falle vom Appellationsrichter verneint ist, zur Verhängung der Kontraventionsstrafe, daß der Angeklagte K. die Handlung, welche eine Uebertretung der AKO. v. 10. Jan. 1824 enthielt, mit Bewußtsein vornahm, was unbestritten der Fall gewesen ist.

S. f. Straff. I. Abth. Vorf.: Hr. Pr. Dr. v. Schlieckmann. — Ref.: Hr. OTR. v. Holleben. — Antr. (gl.): OStA. v. Ingersleben.

Einmaischung. — Hefenbereitung. — Kontravention.

Auch die Hefenbereitung ist ein Akt der Einmaischung und fällt geeigneten Falles unter die Strafvorschrift der AKO. v. 10. Jan. 1824.

Erk. (Z. I.) v. 12. Dez. 1860 c. Fritze (1107. I. Cr.).

Der Brenner F. war, weil er:

am — — den Inhalt des in gährender Hefe stehenden Fasses Nr. 7, um das Uebergähren und den damit verbundenen Verlust der übergährenden Hefe zu verhindern, zum Theil in das Gefäß Nr. 8, welches nach dem steueramtlichen Betriebsplane an diesem Tage zur Hefenbereitung nicht bestimmt war, übertragen hatte,

zur Kontraventionsstrafe der AKO. v. 10. Jan. 1824 verurtheilt, und sein Dienstherr Fr. dafür subsidiarisch haftbar erklärt worden. Die NB. des letztern ward zurückgewiesen.

Gründe:

In dem festgestellten Thatbestande liegt eine nach § 5 der AKO. v. 10. Jan. 1824 zu bestrafende Ordnungswidrigkeit des Brenners F., für welchen Implorant nach § 83 der St.-Ordn. subsidiarisch haften muß, indem es außer Zweifel ist, daß die AKO. v. 10. Jan. 1824 auch Anwendung findet, wenn Hefengefäße an anderen als den deklarirten Tagen in Betrieb gefunden werden, weil das letztgedachte Gesetz von der Maischbereitung und Einmaischung ganz im Allgemeinen spricht, die Hefenbereitung aber als ein Akt der Einmaischung und als ein integrirender

Theil derselben anzusehen ist (JMR. v. 20. Febr. 1838; Schimmelpf. 2. Ausg. S. 724). —

S. f. Strafs. I. Abth. Vors.: Hr. Pr. Dr. v. Schlieckmann. — Ref.: Hr. OTR. v. Holleben. — Antr. (gl.): Hr. OStA. v. Ingersleben.

Strafantritt. — Rechtsmittel des Staats-Anwalts. — Strafverschärfung. — Zuchthausstrafe. — Anrechnung. — Umwandlung.

Dem Angeklagten, welcher sich bei dem ihn zu einer Gefängnißstrafe verurtheilenden Erkenntnisse erster Instanz beruhigt und die Strafe angetreten hat, ist die abgebüßte Zeit auch dann, wenn auf die Appellation des Staats-Anwalts in zweiter Instanz auf Zuchthausstrafe erkannt ist, anzurechnen, und zwar in der Weise, daß die verbüßte Gefängnißstrafe unter Zugrundelegung des im § 16 des StGB. aufgestellten Maaßstabes in die entsprechende Zuchthausstrafe umgewandelt wird [1]).

Verordn. v. 3. Jan. 1849 § 158. 159; StGB. § 16.

Beschl. (I. Abth.) v. 12. Dez. 1860 c. Bärenstrauch (2. B. I. Cr.).

B. hatte sich bei dem ihn zu einer Gefängnißstrafe verurtheilenden Erkenntnisse erster Instanz beruhigt und seine Strafe angetreten; auf die Appellation des Staats-Anwalts erkannte das Appellationsgericht auf Zuchthausstrafe. Bei der Strafvollstreckung ward beschlossen, die abgebüßte Gefängnißstrafe nach dem Umwandlungsmaaßstabe des § 16 des StGB. auf die Zuchthausstrafe anzurechnen. Die hiergegen gerichtete Beschwerde des OStA. ward vom OTr. zurückgewiesen:

Gründe:

Es ist richtig, daß das Ober-Tribunal bisher in verschiedenen Fällen den Grundsatz ausgesprochen hat, daß der Antritt einer erkannten Zuchthausstrafe immer nur erst von der Ablieferung des Verurtheilten an die Zuchthausanstalt selbst angerechnet werden könne, die theilweise Abbüßung im

---

[1]) Vgl. Strafverf. § 158 n. 4.

Gefängnisse, weil dieses eine innerlich verschiedene Strafart, daher unstatthaft sei. Die Fälle, welche dieser Entscheidung zum Grunde lagen, waren jedoch von dem vorliegenden wesentlich verschieden. Dort handelte es sich nämlich um die Frage, ob der für die Gefängnißstrafe angenommene Grundsatz, daß bei Verhafteten der Tag der Publikation des rechtskräftig gewordenen zur Gefängnißstrafe verurtheilenden Erkenntnisses zugleich als der Tag des Beginnens dieser Gefängnißstrafe zu betrachten sei, und ferner, daß der Aufenthalt in einer öffentlichen Krankenanstalt, in welche der im Gefängnisse seine Gefängnißstrafe bereits verbüßende Verurtheilte auf Anordnung der Behörde gebracht war, demselben auf die Dauer seiner Strafe anzurechnen sei, auch auf die Zuchthausstrafe übertragen werden könne? Diese Frage ist verneint, weil die Verurtheilungen zur Zuchthausstrafe bereits feststanden, als es sich um jene Anrechnung der Haft während der Dauer der Fristen für die Rechtsmittel und in der Krankenanstalt handelte. Im vorliegenden Falle aber war eine Verurtheilung zur Gefängnißstrafe gegen den Angeklagten in erster Instanz erfolgt, und sie war gegen ihn (relativ) rechtskräftig geworden, als er erklärte, sich bei dem ergangenen Erkenntnisse beruhigen zu wollen. Aus der Fassung der §§ 158 und 159 der Vdn. v. 3. Jan. 1849 muß man schließen, daß in solchem Falle auch alsdann, wenn von Seiten der Staats-Anwaltschaft ein Rechtsmittel gegen das Erkenntniß eingelegt wird, es sowohl das Recht des Angeklagten sei, jene in erster Instanz gegen ihn erkannte Gefängnißstrafe sofort anzutreten, als auch die Pflicht des Richters, diese Strafe sofort gegen ihn zu vollstrecken. Allerdings hat nun das Gesetz nicht zugleich die Frage entschieden, welche Folge eintreten solle, wenn auf jenes Rechtsmittel der StA.-schaft ein in Beziehung auf die Strafart verschärfendes Erkenntniß, also ein auf Zuchthaus lautendes, in den folgenden Instanzen ergeht, während die Verbüßung der in erster Instanz erkannten Gefängnißstrafe gemäß jener §§ 158. 159

ereits begonnen hatte. Allein es ist nicht unstatthaft, in bsolchem Falle den Art. 131 des Ges. v. 3. Mai 1852 analog anzuwenden. Derselbe verordnet die Umwandlung nach § 16 des StGB., wenn verschiedene gegen die nämliche Person ergangene Strafurtheile, welche Freiheitsstrafen von schwererer und geringerer Art verhängen, gleichzeitig zur Vollstreckung zu bringen sind. Er setzt also mehrere in verschiedenen Untersuchungen gegen die nämliche Person ergangene rechtskräftige Strafurtheile voraus. Der Unterschied ist also nur der, daß hier verschiedene Strafurtheile in derselben Sache vorliegen, welche zwar die nämliche strafbare Handlung betreffen, von denen aber das eine, wie oben gezeigt, früher vollstreckbar geworden ist, als das andere.

Es muß daher bei den Verfügungen der Kreisgerichts-Deputation zu S. und des App.-G. zu F. verbleiben, nach welchen eine Umwandlung des von dem B. bereits verbüßten Theils seiner Gefängnißstrafe und die Anrechnung auf die später rechtskräftig erkannte Zuchthausstrafe erfolgen soll.

S. f. Straff. I. Abth. Vors.: Hr. Pr. Dr. v. Schlieckmann. — Antr.: Hr. OStA. Hartmann.

Nachdruck. — Musikalische Komposition. — Sammlung zum Schulgebrauche.

Der Abdruck einzelner musikalischer Kompositionen in einer zum Schulgebrauche bestimmten Sammlung ist, wenn er ohne Genehmigung des Komponisten oder seines Rechtsnachfolgers bewirkt ist, Nachdruck und als solcher strafbar.

Ges. v. 11. Juli 1837 § 18. 19. 3. 4.

Erk. (Z. II.) v. 13. Dez. 1860 c. Körner (425. II. Cr.).

K. war angeklagt und geständig: im Jahre 1859 eine „Sammlung auserlesener Choräle rc." verlegt zu haben, unter welchen zehn einer im ausschließlichen Verlagsrechte des Buchhändlers B. stehenden Sammlung religiöser Gesänge von B. K. entlehnt waren. Er wandte ein, seine Sammlung sei auch für Seminarien, also zum Schulgebrauche bestimmt, die Aufnahme einzelner Kompositionen stelle daher nach § 4 Nr. 2 des Ges. v. 11. Juni 1837 keinen Nachdruck dar; er ward indessen von den Instanzgerichten zu einer Geldbuße von 50 Thlr. und zur Konfiskation der nachgedruckten Stücke verurtheilt, weil § 19 des cit. Ges. für musikalische Kompositionen ebenso wie § 18 die Anwendbarkeit der §§ 3. 4 cit. ausschlössen. Seine NB. rügte Verletzung der angeführten Gesetzesstellen, weil die negativen Vorschriften des § 4 auch ohne ausdrückliche gesetzliche Vorschrift Platz greifen müßten; wären § 3 und 4 bei musikalischen Kompositionen ausgeschlossen, so fehlte es an einem Verbote, fremde Kompositionen aus den Manuscripten abzudrucken.

Das OTr. wies die NB. zurück, indem es erwog:

daß das Gesetz zum Schutz des Eigenthums an Werken der Wissenschaft und Kunst vom 11. Juni 1837 in den §§ 1—17 von dem Nachdruck eigentlicher Schriften handelt und demnächst in den §§ 18. 19 und 21 ibid. sich getrennt und besonders mit geographischen und ähnlichen Zeichnungen, mit musikalischen Kompositionen und mit andern Kunstwerken beschäftigt;

daß, wenn nun im § 18 hinsichtlich der qu. Zeichnungen lediglich die Bestimmungen der §§ 1. 2. 5—17 des Gesetzes für anwendbar erklärt werden, hiermit die omittirten §§ 3 und 4 selbstredend als nicht anwendbar zu betrachten sind, eben dasselbe aber auch hinsichtlich der musikalischen Kompositionen Platz greifen muß, indem der § 19 in unmittelbarem Anschlusse an § 18 bestimmt, daß dieselben Vorschriften hinsichtlich der ausschließlichen Befugniß zur Vervielfältigung musikalischer Kompositionen gelten;

daß hiernach in dem angegriffenen Urtheil mit Recht angenommen worden ist, daß die Seitens des Angeklagten aufgestellte Behauptung, die inkriminirte Sammlung sei zum Schulgebrauche bestimmt und darum nach § 4 Nr. 2 l. c. als strafbarer Nachdruck nicht zu betrachten, der rechtlichen Begründung entbehrt.

S. f. Strafs. II. Abth. Vors.: Hr. Präs. Jähnigen. — Ref.: Hr. OTR. Reichensperger. — Antr. (gl.): OStA. Oppenhoff. — Vertb.: Hr. RA. Schmückert.

Falscher Schlüssel. — Begriff. — Gestohlener Schlüssel.

Der Wille des Eigenthümers ist für die Bestimmung eines Schlüssels nur insofern entscheidend, als dieser Wille durch eine äußerlich wahrnehmbare Kundgebung erklärt worden ist.

Eine solche Kundgebung kann nicht in dem alleinigen Umstande gefunden werden, daß ein gestohlener Schlüssel durch einen andern ersetzt worden ist. [StGB. § 218 Nr. 224 (vgl. dort n. 2. 3.).]

Erk. (Z. I.) v. 14. Dez. 1860 c. Zimpel (1077. I. Cr.).

Gegen die Angeklagte war festgestellt, daß sie einen Diebstahl mittelst eines von ihr längere Zeit vorher entwendeten, vom Eigenthümer inzwischen durch einen andern ersetzten Sekretärschlüssels verübt habe. Die Instanzrichter erachteten diesen ursprünglich richtigen Schlüssel nicht für einen falschen im Sinne des § 224 cit., weil die Bestimmung des Schlüssels nur durch eine Veränderung am Schlosse, nicht aber durch die Anschaffung eines neuen Schlüssels aufgehoben werde. Der hiergegen gerichteten NB. des OStA. schloß sich die GStA.-schaft an, indem sie ausführte: Wenn auch nach den Motiven (S. 162) die vereinigten Ausschüsse den Antrag, den gestohlenen Schlüssel dem falschen gleich zu stellen, abgelehnt hätten, so folge daraus doch keineswegs, daß dieses nicht unter geeigneten Umständen dennoch Platz greifen könne, namentlich dann, wenn der Eigenthümer in irgend einer Weise zu erkennen gegeben habe, daß er die Bestimmung jenes Schlüssels aufheben wolle; die Annahme des Gegentheils führe dazu, daß auch ein vom frühern Eigenthümer beim Verkaufe der Sache zum Zwecke des Diebstahls zurückbehaltener Duplikatschlüssel nicht als falscher angesehen werden könne [1]).

Das OTr. wies indessen die NB. zurück.

Gründe:

Die OStA.-schaft stützt ihre Beschwerde über Nichtanwendung des § 218. Nr. 3 und 224 des StGB. auf die Behauptung, daß über die Bestimmung eines Schlüssels lediglich der Wille des Eigenthümers entscheide. In dieser Allgemeinheit kann jedoch jener Behauptung nicht beige-

---

[1]) Hiernach dürfte die aufgeworfene Frage überhaupt nicht in abstracto zu lösen sein, sondern nur thatsächlich nach den obwaltenden Umständen.

treten, es muß vielmehr angenommen werden, daß der Wille des Eigenthümers nur in dem Falle entscheidend sein könne, wenn derselbe von dem Eigenthümer durch eine äußerlich wahrnehmbare Kundgebung erklärt worden ist. Daß eine solche Kundgebung von Seiten des Bestohlenen im vorliegenden Falle stattgefunden habe, ist weder festgestellt, noch von der NB. behauptet worden, denn sie kann allein in dem Umstande, daß der Damnifikat sich einen anderen Schlüssel hat anfertigen lassen, nicht gefunden werden. Das StGB. § 224 versteht unter einem falschen Schlüssel einen solchen, welcher nachgemacht, verändert, oder für das Schloß, bei welchem der Thäter ihn angewendet hat, nicht bestimmt ist. Diese Begriffsbestimmung trifft auf den von der Angeklagten zur Eröffnung des Sekretärs gebrauchten Schlüssel nicht zu, denn dieser war, wie der Appellationsrichter thatsächlich festgestellt hat, für das Schloß des Sekretärs gefertigt worden, und zum Zweck der Eröffnung desselben bestimmt, und wenn der Appellationsrichter hinzufügt, daß der fragliche Schlüssel diese seine Bestimmung dadurch nicht verloren habe, daß der Damnifikat denselben durch einen neuen ersetzt gehabt, so ist darin ein Rechtsirrthum nicht zu entdecken. Ueberdies findet die Ansicht des zweiten Richters in der Geschichte der Gesetzgebung ihre Bestätigung. In den Motiven zum § 207 des Entwurfes — entsprechend dem § 224 des StGB. — ist nämlich gesagt:

„der bei dem vereinigten Ausschusse gestellte, jedoch von der Majorität verworfene Antrag, einen vorher entwendeten rechten Schlüssel dem falschen gleich zu achten, hat auch bei Abfassung des gegenwärtigen Entwurfs keine Berücksichtigung gefunden, weil ein solcher Fall mit dem eigentlichen, durch Nachschlüssel bewirkten Diebstahle keine wahre innere Verwandtschaft hat und der Thatbestand des Verbrechens dadurch zweifelhaft wird, daß sich schwer ermessen läßt, wie viel Zeit zwischen der Wegnahme des Schlüssels und der Begehung des Diebstahls verflossen sein müsse, um anzunehmen, daß der Schlüssel vorher entwendet sei."

Die Kommissionsberichte beider Kammern enthalten keine Zusätze zu diesem Motive und der § 207 ist darauf in der jetzigen Fassung des § 224 des StGB. angenommen worden. Hieraus geht mit Bestimmtheit hervor, daß die Gesetzgebung einen vorher entwendeten und hiernächst zur Verübung eines Diebstahls benutzten rechten Schlüssel unbedingt nicht für einen falschen im Sinne des § 224 des StGB. erachtet hat.

S. f. Strafs. I. Abth. Vors.: Hr. Pr. Dr. v. Schlieckmann. — Ref.: Hr. OTR. v. Kunow. — Antr. (entg.): Hr. OStA. Hartmann.

Konkurs. — Befriedigung eines Gläubigers zum Nachtheile der übrigen. — Gültigkeit des betreffenden Vertrags.

Die Handlung eines Gemeinschuldners, durch welche derselbe nach erfolgter Zahlungseinstellung einen Gläubiger zum Nachtheile der übrigen befriedigt, wird dadurch nicht straflos, daß dieselbe demnächst gerichtlich für ungültig erklärt wird.

Konk.-Ordn. v. 8. Mai 1855 § 308. 101.

Erk. (Z. I.) v. 14. Dez. 1860 c. Rosenthal (1094. I. Cr.).

Der Angeklagte, Kaufmann R., war auf Grund des citirten § 308 verurtheilt worden, weil er nach erfolgter Zahlungseinstellung einem seiner Gläubiger, v. H., durch Vertrag sein Waarenlager zur Befriedigung für Forderungen desselben eigenthümlich abgetreten hatte. Seine NB. behauptete, die Instanzrichter seien zur Feststellung des Thatbestandes des § 308 cit. vermöge eines Rechtsirrthums gelangt, weil der erwähnte Vertrag hinterher gerichtlich für ungültig erklärt worden sei, und hieraus seine Unwirksamkeit von Anfang an folge. Es erfolgte Zurückweisung, indem erwogen wurde:

daß die Ungültigkeit des Kaufvertrags nach Inhalt des Vorerkenntnisses erst in Folge der späteren Konkurseröffnung den Gläubigern gegenüber nach § 101 der Konk.-Ordn. ausgesprochen und der v. H. zur Herausgabe der in sein Eigenthum übergegangenen Sachen verurtheilt worden ist, mithin nicht bloß der Kaufvertrag des Angeklagten mit demselben vollendet und vollzogen war, sondern auch die Befriedigung des v. H. und die Benachtheiligung der übrigen

Gläubiger des zahlungsunfähigen Angeklagten, dadurch also das im § 308 a. a. O. vorgesehene Vergehen, von den Vorderrichtern thatsächlich als vollendet angesehen werden konnte, ohne daß sie dabei rechtlich irrten;

daß der Appellationsrichter ganz mit Recht die Ungültigkeitserklärung des mehrgenannten Vertrages und ihre Folgen zum Vortheile oder Nachtheile der Gläubiger bezüglich der Wiederaufhebung der geschehenen Benachtheiligung derselben, wie eine etwaige Reue des Angeklagten an sich für unerheblich erkannt, denselben eine Rückwirkung auf das vollendete Vergehen des § 308 versagt hat, und deshalb auch die Vernehmung des Rechtsanwalts K. über das Erbieten des v. H zur Zahlung von 25 Procent an die Gläubiger des Angeklagten zurückweisen mußte, ohne hiermit die Vertheidigung in unzulässiger Weise zu beschränken.

S. f. Strafs. I. Abth. Vors.: Hr. Pr. Dr. v. Schlieckmann. — Ref.: Hr. OTR. Dr. v. Seckendorf. — Antr. (gl.): Hr. OStA. Hartmann.

Pfändung (Beschlagnahme). — Beiseiteschaffung. — Dolus.

Zum Thatbestande des Vergehens der Beiseiteschaffung von gepfändeten ꝛc. Sachen bedarf es nicht nothwendig der Absicht einen Andern zu benachtheiligen, oder sich selbst Vortheil zu verschaffen. StGB. § 272.

Erk. (Z. I.) v. 14. Dez. 1860 c. v. Itzenplitz (1136 I. Cr.).

Der App.-Richter hat keinesweges, wie ihm vorgeworfen wird, verkannt, „daß zur Anwendbarkeit des § 272 des StGB. das Vorhandensein eines verbrecherischen Dolus erforderlich ist.“ Dieser setzt aber, wie richtig ausgeführt wird, nicht nothwendig voraus, daß der Handelnde gerade die Benachtheiligung eines Anderen oder die Herbeiführung seines eigenen Vortheils beabsichtigt haben muß.

Es wird zwar eins oder das andere in den meisten Fällen vorwaltend gewesen sein, es lassen sich aber dergleichen denken, in denen dies für den Thäter nicht maaßgebend gewesen, und er dennoch der Strafe des § 272 verfallen ist. Daß dies Gesetz im Titel vom „strafbaren Eigennutz" seinen Platz gefunden, ist nicht entscheidend, wie die NB. meint. Es befinden sich daselbst Vergehen, die mehr einen rein polizeilichen Charakter haben, und nur wegen der Strafhöhe nicht unter den Abschnitt von „Uebertretungen" gebracht werden konnten. Dazu kommt, daß die früheren Entwürfe zum StGB. von 1833 und 1836 bei dem § 272 l. c. hinzugefügt hatten: „in eigennütziger Absicht," daß aber die Immediat-Kommission diese Worte strich und statt ihrer das bloße „vorsätzlich" hinzufügte, um nicht den Umfang des Vergehens zu sehr zu beschränken (Goltd. Mat. II, 619). Es wird deshalb dem Appellationsrichter im Allgemeinen zuzugeben sein, daß der hier gemeinte Dolus sich darauf erstreckte, daß der Thäter, die Beschlagnahme kennend, mit Bewußtsein dagegen handle.

Die diesfälligen Beweggründe und Endzwecke unterliegen dann der jedesmaligen Prüfung des Einzelfalles, damit das Vergehen des § 272 l. c. nicht etwa zu einem lediglich formalen herabgedrückt werde.

In vorliegender Sache haben beide Vorderrichter eine dahin zielende Erörterung eintreten lassen, indem der erste ausführt:

> daß die Veräußerung der beschlagenen Gegenstände zum Nutzen der Wirthschaft oder zur Bezahlung der Liedlöhner keineswegs nöthig war;

der zweite Richter aber erwägt:

> daß der Angeklagte recht geflissentlich seinen Inspektor angewiesen habe, gegen den richterlichen Befehl zu verkaufen, also demselben absichtlich entgegen zu handeln.

Sonach liegt in der eben erwähnten Richtung hin kein Rechtsirrthum vor.

(A. d. Gr. Zurückweisung der NB.)

S. f. Straff. I. Abth. Vors.: Hr. Pr. Dr. v. Schlieckmann. — Ref.: Hr. OTR. Dr. Kuhne. — Antr. (gl.): OStA. Hartmann.

Angeklagter. — Ungebührliches Betragen. — Entfernung aus der Sitzung. — Verwarnung. — Beschluß.

Die Entfernung des Angeklagten aus der Sitzung wegen ungebührlichen Betragens ist nur dann gerechtfertigt, wenn das Sitzungsprotokoll die Erfolglosigkeit der vorgängigen Verwarnung nachweist, und ein demnächst mit Gründen verkündeter Beschluß des ganzen Gerichts jene Maaßregel angeordnet hat.

Vdn. v. 3. Jan. 1849 § 14; Ges. v. 3. Mai 1852 Art. 28. 134.

Erk. (V. I.) v. 6. Febr. 1861 c. Beil (91. I. Cr.).

Die Eheleute B. waren vor das Schw.-G. zu Breslau verwiesen worden. Das Sitzungsprotokoll enthält bei der Vernehmung der beiden Angeklagten folgenden Vermerk:

> „Die Ehefrau bestritt dieses; worauf der Angeklagte seine Ehefrau anfaßte und mit Thätlichkeiten drohte. Sie wurden durch den Gerichtsboten getrennt. Der StA. beantragte gegen den Angeklagten eine sofort zu vollstreckende acht und vierzigstündige Gefängnißstrafe festzusetzen. Der Gerichtshof beschloß und der Vorsitzende verkündete, daß in Abwesenheit des Angeklagten B. zu verhandeln. Der Angeklagte B. wurde abgeführt."

Nachdem sodann die Vernehmung der Zeugen erfolgt war, ist weiter in dem Sitzungsprotokolle vermerkt:

> „Hierauf wird der Angeklagte B. vorgeführt. Der Präsident theilt ihm mit, was seit des Angeklagten Entfernung aus dem Gerichtssaale geschehen und was die vernommenen Zeugen bekundet haben."

Demnächst hat der Angeklagte der weiteren Verhandlung, welche mit seiner Verurtheilung endete, beigewohnt.

Auf seine NB., welche die zeitweise Entfernung aus dem Sitzungssaale als die Verletzung einer wesentlichen Vorschrift des Verfahrens auffaßte, ist das Urtheil vernichtet und die Sache vor den Schwurgerichtshof zurückverwiesen.

Gründe:

Der Art. 134 des Ges. v. 3. Mai 1852, auf den sich die StA.-schaft bezieht, gestattet zwar dem Gericht, wenn der Angeklagte die Verhandlung durch ungebührliches Betragen stört, die Entfernung und Abführung des Angeklagten zu beschließen, jedoch nur, wenn derselbe ungeachtet der Ermahnung und Verwarnung des Vorsitzenden von seinem ungebührlichen Benehmen nicht absteht. Daß eine solche Ermahnung stattgefunden habe, ergiebt das Sitzungsprotokoll nicht. Der darin registrirte Beschluß giebt überhaupt keine Gründe an. Gleichwohl ist die Vorschrift des cit. Artikels, welche eine Ausnahme von der gesetzlichen Regel des mündlichen Verfahrens, und dem darin begründeten Recht des Angeklagten auf unausgesetzte persönliche Anwesenheit und Betheiligung an den Verhandlungen enthält, streng zu erklären und daher auch streng auf das Vorhandensein der gesetzlichen Bedingungen zu dieser Ausnahme zu bestehen.

Auf Art. 28 ibid. kann sich der Beschluß nicht stützen, denn hierdurch ist die einstweilige Entfernung nur bei Vernehmung einzelner Zeugen oder Mitangeklagten gestattet und es muß die Vernehmung der Zeugen vor ihrer Vereidung in Gegenwart des Angeklagten wiederholt werden. Davon ist im vorliegenden Falle keine Rede gewesen.

S. f. Strafs. I. Abth. Vors.: Hr. Pr. Dr. v. Schlieckmann. — Ref.: Hr. OTR. Dr. Heffter. — Antr. (gl.): Hr. OStA. v. Ingersleben.

Todtschlag bei Verübung eines Verbrechens. — Fragestellung.

Im Falle einer Anklage, welche einen bei Ausführung eines Verbrechens ꝛc. verübten Todtschlag zum Gegenstand hat, muß die den Geschwornen vorgelegte Frage den Thatbestand dieses Verbrechens ꝛc. genau enthalten; es genügt nicht den allgemeinen Ausdruck „Verbrechen" in die Frage aufzunehmen. [StGB. § 178; Ges. v. 3. Mai 1852 Art. 81.]

Erk. (B. I.) v. 30. Jan. 1861 c. Rappier (112. I. Cr.).

Den Geschwornen war die Frage vorgelegt worden:

ob R. schuldig sei — — bei Unternehmung eines Verbrechens den ꝛc. J. vorsätzlich getödtet zu haben, und zwar um ein der Ausführung entgegentretendes Hinderniß zu beseitigen,

Eine für den Verneinungsfall gestellte Eventualfrage hatte einen von R. gegen J. verübten Straßenraub zum Gegenstande, bei welchem der Tod des J. durch Mißhandlung verursacht worden sei. Bei Uebergabe des Fragebogens hatte der Vorsitzende die Geschwornen belehrt, daß in der ersten Frage mit dem Worte: „Verbrechen" der vom Angeklagten zugestandene, in der zweiten Frage in seine Merkmale aufgelöste Raub bezeichnet werde. Auf Grund des die erste Frage bejahenden Wahrspruchs erfolgte die Verurtheilung des R. zur Todesstrafe (StGB. § 178). Auf seine NB. hat das OTr. dieses Erkenntniß vernichtet und die Sache an den Schw.-G.-Hof zurückverwiesen.

Gründe:

Indem die Frage 1. den Geschwornen die Möglichkeit eröffnete, sich bei dem „Unternehmen eines Verbrechens" ein beliebiges Verbrechen zu denken oder zu construiren, ging sie über den Bereich und die Grenzen des den Geschwornen wesentlich über Thatsachen anvertrauten Urtheilsamtes hinaus. Was aber mündlich die Erläuterung des Gerichtsvorsitzenden betrifft, so gewährt dieselbe keine gleiche Sicherheit dafür, daß die Geschwornen dessen eingedenk geblieben sind, als wenn eine schriftliche specifische Frage gestellt worden wäre; auch soll die Frage, d. i. die mündlich und schriftlich gestellte Frage nach Art. 81 des Ges. v. 3. Mai 1852 die Merkmale der zur Anklage gebrachten Handlung selbst enthalten und es liegt kein Ausspruch der Geschwornen vor, der dieselben im Bereiche der vorliegenden Frage feststellt.

S. f. Strafs. I. Abth. Vors.: Hr. Pr. Dr. v. Schlieckmann. — Ref.: Hr. OTR. Dr. Heffter. — Antr.: Hr. OStA. v. Ingersleben.

Hausoffiziant. — Schlüssel. — Gewahrsam. — Diebstahl.

Dadurch daß einem Hausoffizianten [Dienstboten] die Schlüssel zu einzelnen Gelassen in der Wohnung der Herrschaft anvertraut worden sind, geht die Gewahrsam an den dort befindlichen Sachen noch nicht auf denselben über.

StGB. § 215. [vgl. dort n. 26 ff.] 225.

Erk. (V. I.) v. 25. Jan. 1861 c. Siewert (87. I. Cr.).

Unter den von der StA.-schaft behaupteten Umständen, daß die Angeklagte in der Wohnung ihrer Dienstherrschaft K. aus der Speisekammer Vorräthe entwendet und, weil dieselben dort in der Gewahrsam der Herrschaft sich befunden, einen Diebstahl so verübt habe, konnte weder die Uebergabe der Schlüssel zur Speisekammer, noch die Verwahrung der Vorräthe Seitens der Angeklagten, beides als reine Thatsachen aufgefaßt, dem Uebergange der Gewahrsam an den Vorräthen von der Herrschaft auf ihre Wirthschafterin mit rechtlicher Nothwendigkeit gleich gestellt werden. Selbst wenn die K. keinen Schlüssel, wodurch auch sie den beliebigen Zutritt zur Speisekammer neben der Angeklagten erlangen konnte, an sich behalten hätte, so würde sie doch das physische Vermögen, über die Vorräthe durch Andere, namentlich die Angeklagte, zu verfügen, nach der Natur des Verhältnisses zwischen Herrschaft und Gesinde einschließlich der Hausoffizianten (§ 186. II, 5 ALR.), wozu die Angeklagte möglicher Weise als Haushälterin oder Wirthschafterin zu zählen war (§§ 177. 180 ibid.), und somit gemäß § 111. I, 7 ALR. die Gewahrsam daran nicht verloren haben, falls nicht besondere Umstände etwa hinzugetreten wären, welche jenes natürliche Verhältniß stören und ändern konnten. Um den § 225 des StGB. gegen einen Hausbedienten, welcher Sachen der Herrschaft aus deren Wohnung in der Absicht rechtswidriger Zueignung wegnimmt, in Anwendung zu bringen, genügt nicht die Feststellung, daß ihm die Schlüssel zu den Zimmern, worin die Sachen sich befanden, auf kürzere oder längere Zeit anvertraut waren und er als zu der Hausdienerschaft gehörig, jene Sachen verwahren sollte; der § 225 verlangt vielmehr vor Allem, daß derselbe Besitz oder Gewahrsam an den Sachen erlangt habe und sodann, daß damit die Verpflichtung, sie zu verwahren, verbunden sei. Letztere, wie sie der Gesindevertrag als solcher für das Gesinde mit sich führt (§§ 1. 66 ff. Ges.-Ordn. vom 8. Nov. 1810 und

§ 177. II, 5 ALR.), involvirt nicht die Gewahrsam des Gesindes, wie die Pflicht des Depositars und des Güterverwalters die Gewahrsam ihm anvertrauter Sachen involvirt (§ 9. I, 14 ALR. und § 109 ibid.).

Es bedurfte demnach für die Anwendbarkeit des § 225 a. a. O. außer der thatsächlichen Feststellung der Vorderrichter und der näheren Ermittelung, ob sie gegen Kost und Lohn gedient habe und welches ihr sonstiges Verhältniß zur K. gewesen, sowie der Natur und des Werthes der Objekte des fraglichen Vergehens noch der Feststellung eines Merkmals für den Uebergang der Verfügungsfreiheit der K. über ihre in ihrer Speisekammer befindlichen Vorräthe (§ 1. I, 7 ALR.) auf die Angeklagte, bevor diese dieselben fortschaffte, mag solches nun in einem weitern rein thatsächlichen Ereignisse oder in einer speciellen Vertragsbestimmung zwischen der K. und der Angeklagten gefunden werden, und mußte in Ermangelung davon das angefochtene Erkenntniß vernichtet werden.

(A. d. Gr. Vernichtung des Urtheils zweiter Instanz.)

S. f. Strafs. I. Abth. Vors.: Hr. Pr. Dr. v. Schlieckmann. — Ref.: Hr. OTR. Dr. v. Seckendorff. — Antr. (gl.): Hr. StA. Stegemann.

Geschwornenspruch. — Verlesung. — Rüge von Unrichtigkeiten. — Präklusion.

Jeder Geschworne ist befugt, bei der Verlesung des Spruches durch den Vorsteher einen Einspruch gegen das Verfahren des Vorstehers oder der Mehrheit, oder gegen eine sonstige Unrichtigkeit vorzubringen.

In Ermanglung eines solchen Einspruchs ist ein Einverständniß aller Geschwornen über die Richtigkeit des Spruchs anzunehmen, es ist nicht statthaft, das Gegentheil im Wege der Nichtigkeitsbeschwerde geltend zu machen und unter Beweis zu stellen [1]). [Ges. v. 3. Mai 1852 Art. 96.]

---

[1]) Vgl. Strafverf. Art. 96 n. 11; Art. 96 n. 23. 24.

Erk. (Z. I.) v. 19. Dez. 1860 c. Rudloff (1238. I. Cr.).

Der Angeklagte war von den Geschwornen mit 7 gegen 5 Stimmen für schuldig erklärt, und auf Grund der zustimmenden Entscheidung des Gerichtshofes verurtheilt worden. Seine NB. behauptete, unter Bezugnahme auf das Zeugniß der Geschwornen: nach erfolgter Abstimmung und während des Niederschreibens des Spruches habe einer der 7 die Schuldfrage bejahenden Geschwornen sein Votum geändert, und für Nichtschuldig gestimmt, so daß jetzt nur 6 Stimmen für das Schuldig übrig geblieben seien; der Vorsteher habe aber diese Aenderung für verspätet erklärt, und den bejahenden Spruch verlesen. Zurückweisung.

Gründe:

Zu 1. kann für die letzte Entscheidung des Schwurgerichts nur derjenige Ausspruch der Geschwornen maaßgebend sein, welcher von dem Vorsteher derselben nach Vorschrift des Art. 96 des Ges. v. 3. Mai 1852 in Gegenwart der sämmtlichen 12 Schwurmänner vorgelesen wird, indem bis zu diesem Augenblick noch jedem einzelnen Geschwornen zustehen würde, seinen Protest gegen das Verfahren des Vormannes oder der Mehrheit oder gegen eine sonstige Unrichtigkeit ohne Störung des Zusammenhanges der Verhandlung vorzubringen, wenn es nicht schon früher möglich gewesen wäre, den Gerichtshof selbst nach Art. 94 zur Ertheilung einer Aufklärung zu erbitten.

Ist nun von keinem Geschwornen ein Einspruch gegen die Verlesung des im Berathungszimmer niedergeschriebenen Verdikts erhoben worden, so muß angenommen werden, daß jeder einzelne der 12 Geschwornen über die Richtigkeit des Ausspruches nach Beschaffenheit des Stimmenverhältnisses einverstanden gewesen und eine erneuerte Abstimmung mit genauerer Beobachtung des Stimmenverhältnisses nicht zulässig sei.

S. f. Straff. I. Abth. Vorf.: Hr. Präs. Dr. v. Schlieckmann. — Ref.: Hr. OTR. Dr. Heffter. — Antrag.: Hr. OStA. Hertmann.

Versicherung auf den Diensteid. — Amtliche Aussage.

Eine Aussage kann als eine „amtliche' aufgefaßt, und demgemäß die Versicherung ihrer

Wahrheit auf den Diensteid für statthaft erachtet werden, wenn die bekundete Thatsache sich direkt auf eine Amtshandlung des Betreffenden bezog.

Das gilt insbesondere von den Erklärungen, welche ein Gerichts-Exekutor über die bei einer aufgetragenen Exekution vorgekommenen, auf dieselbe einen Einfluß ausübenden Umstände abgiebt.

StGB. § 128 (vgl. dort n. 3).

Erk. (Z. I.) v. 19. Dez. 1860 c. Schimming (878. I. Cr.).

Der Kreisgerichts-Exekutor Schimming zu Inowraclaw erhielt von dem dortigen Kreisgerichte in einer Prozeßsache den Auftrag, von dem Verklagten, Wirth Gulczynski zu Zerniki, die Forderung des Klägers exekutivisch beizutreiben. Er berichtete unter Ueberreichung einer unterkreuzten Quittung, auf welcher unter den Kreuzen auch noch die Worte: „Besdzwolek als Zeuge" standen, daß der Kläger befriedigt sei. Die Quittung ergab sich später als falsch und wurde Gegenstand einer Untersuchung wegen Urkundenfälschung gegen den Wirth Gulczynski und dessen Sohn. In dieser Untersuchung vor dem Schwurgerichte zu Bromberg als Zeuge vernommen, sagte der Schimming aus:

> daß er die Quittung so dem Gerichte übergeben habe, wie er sie bekommen; daß er nichts hinzugesetzt, auch nicht gesehen habe, wer sie geschrieben, und daß er nicht wisse, wer die hinter dem Namen Besdzwolek befindlichen Worte „als Zeuge" geschrieben habe.

Die Richtigkeit dieser Aussage versicherte der 2c. Schimming auf seinen Diensteid. Da er jedoch später bei einer im Disziplinarwege veranlaßten Vernehmung zugestand, daß er die auf der Quittung befindlichen Worte „als Zeuge" selbst geschrieben habe, wurde gegen ihn die Anklage erhoben, aus Fahrlässigkeit eine unwahre amtliche Versicherung unter Berufung auf seinen Diensteid abgegeben zu haben. In erster Instanz freigesprochen, in der zweiten dagegen der Anklage gemäß auf Grund des § 132 in Verbindung mit § 128 Nr. 3 des StGB. verurtheilt, machte der Angeklagte in der von ihm eingelegten NB. geltend, daß der Appellationsrichter den rechtlichen Begriff einer amtlichen Versicherung im Sinne des § 128 Nr. 3 l. c. verkannt habe, da eine solche ihrem Gegenstande nach das Amt unmittelbar betreffen müsse, es aber nicht zu den amtlichen Funktionen eines Exekutors gehöre, bei Exekutionsvollstreckungen die von dem Schuldner beigebrachten Quittungen zu vervollständigen.

Das OTr. hat die NB. zurückgewiesen.

Gründe:

Der App.-Richter hat den rechtlichen Begriff einer amtlichen Versicherung, von welchem der § 128 Nr. 3 des StGB. ausgeht, nicht verkannt. Eine solche Versicherung muß ihrem Gegenstand nach das Amt des Versichernden unmittelbar betreffen (Pl.-Beschl. v. 13. Nov. 1854), und es kommen hierbei thatsächliche und rechtliche Gesichtspunkte in Betracht. In dem App.-Urtheil ist nun mit Bezug auf die veränderte thatsächliche Feststellung erwogen, „daß der Angeklagte in amtlicher Eigenschaft zu G. gekommen, daß er in amtlicher Eigenschaft und in Beziehung auf den zu vollstreckenden Auftrag gehandelt, daß mithin seine Handlung unmittelbar sein Amt betroffen, wenn er auch die fraglichen Worte „als Zeuge" auf die Quittung gesetzt hätte, ehe sie förmlich übergeben worden." Zwar gehört es nicht zu den amtlichen Funktionen eines Exekutors, die vom Schuldner bei Exekutionen vorgelegten Quittungen zu vervollständigen, allein der App.-Richter irrt rechtlich nicht, wenn er hier die Handlung des Angeklagten als eine sein Amt unmittelbar betreffende qualificirt, da dieselbe nicht eine mit der Ausübung des Amts in keiner Verbindung stehende fremde Handlung ist, sondern sich direkt auf den dem Angeklagten ertheilten Exekutionsauftrag und den Fortgang der Vollstreckung bezieht. Die Erklärung über alle Umstände, welche bei der Exekution vorgekommen und auf dieselbe von Einfluß gewesen, war demnach eine amtliche Versicherung.

S. f. Straff. I. Abth. Vorf.: Hr. Präs. Dr. v. Schlieckmann. — Ref.: Hr. OTR. Frech. — Antr. (gl.): Hr. OStA. v. Ingersleben.

Richter erster und zweiter Instanz. — Verwandtschaft. — Nichtigkeit.

Ein nahes Verwandtschaftsverhältniß, welches zwischen einem in erster und einem in zweiter Instanz fungirenden Richter besteht, begründet keine Nichtigkeit. [Vdn. v. 3. Jan. 1849 § 38 (n. 12); § 132.]

Erk. (Z. I.) v. 19. Dez. 1860 c. Schmidt (152. I. Cr.).

Die NB. des Angeklagten, welche nur das Verfahren angreift, ist unbegründet. Es soll die Verletzung einer wesentlichen Prozeßvorschrift darin liegen, daß der Präsident D., obwohl er der leibliche Vater des Kreisgerichts-Direktors D., gewesenen Vorsitzenden in erster Instanz, ist, den Vorsitz in zweiter Instanz geführt hat. Diese Beschwerde ist jedoch hinfällig, da die Gesetze, wie sich dies namentlich aus § 52 des Disziplinarges. vom 7. Mai 1851 ergiebt, nur ein zu nahes Verwandtschafts- oder Schwägerschaftsverhältniß zwischen Mitgliedern desselben Gerichtshofes für unangemessen erklären, nirgends aber aussprechen oder auch nur andeuten, daß ein Gleiches auch von Richtern gelten soll, welche in verschiedenen Instanzen bei Entscheidung einer Sache mitgewirkt haben.

S. f. Straff. I. Abth.. Vors.: Hr. Pr. Dr. v. Schlieckmann. — Ref.: Hr. OTR. v. Holleben. — Antr. (gl.): Hr. OStA. v. Ingersleben.

Gesinde-Dienstbuch. — Stempelpflichtigkeit.

Die Eintragung eines Dienstzeugnisses in ein ungestempeltes (z. B. ausländisches) Gesindebuch begründet die Verhängung der Stempelstrafe gegen den Aussteller. Der Dienstbote haftet nur, insoweit er Inhaber oder Vorzeiger des Zeugnisses ist [1]).

Stempel-Ges. v. 7. März 1822 § 21; AKO. v. 29. Sept. 1846 (GS. S. 467).

Erk. (V. II.) v. 20. Dez 1860 c. Otto, Pauly u. Gen. (434. II. Cr.).

Die vier Angeklagten hatten in das von einer ausländischen Behörde ausgefertigte, mit einem Preußischen Stempel nicht versehene

---

[1]) In gleichem Sinne sprachen sich Z. I. 13. Okt. 1858 c. Radbyl (726) und V. II. 20. Sept. 1860 c. Weber (269; G. A. 9. S. 59) aus. Auf demselben Grundsatze beruht ein Z. I. 6. Nov. 1857 c. Niedermeier (1189), nach welchem die Stempelstrafe auch denjenigen trifft, der in ein auf sechs Zeugnisse berechnetes und ausgefülltes Gesindebuch nachträglich noch ein siebentes Dienstzeugniß einschreibt.

Dienstbuch der Dienstmagd W., ein Dienstentlassungs-Zeugniß eingeschrieben, ohne daß dazu der Stempel rechtzeitig kassirt worden wäre. Das App.-G. zu Naumburg sprach sie aber von der Anklage der Stempel-Defraudation frei, weil nach der AKO. v. 29. Sept. 1846 nicht mehr das Dienstentlassungs-Zeugniß, sondern das Dienstbuch stempelpflichtig, das letztere aber nicht von der Herrschaft, sondern vom Dienstboten beim Stempelvertheiler zu entnehmen sei. Auf die NB. des OStA. hat das OTr. das angegriffene Erkenntniß vernichtet und die Angeklagten in die Stempelstrafe verurtheilt, und zwar:

In Erwägung, daß an der durch den Stempel-Tarif vorgeschriebenen Stempelpflichtigkeit der Gesindeentlassungs-Scheine die Vdn. v. 29. Sept. 1846 überall nichts geändert hat, da dieselbe in dieser Verordnung so wenig ausdrücklich aufgehoben, als darin irgend eine Andeutung, daß dergleichen beabsichtigt worden, enthalten ist;

daß ebenso wenig sich annehmen läßt, daß in Folge der Einführung der Gesinde-Dienstbücher jene Stempelpflichtigkeit der Gesindeentlassungs-Scheine von selbst hinweggefallen ist;

daß die durch die Vdn. v. 29. Sept. 1846 eingeführten gedruckten Gesindebücher allerdings mit einem Stempel von 10 Sgr. versehen sind, und daß es zu den in dieses Gesindebuch einzutragenden sechs Dienstentlassungs-Scheinen nebst Attesten keines weiteren Stempels bedarf, da der sonst dazu gesetzlich erforderliche Stempel durch den zu dem Dienstbuche selbst verwendeten Stempel von 10 Sgr. gesetzlich gedeckt ist;

daß aber für die in dieser Weise eintretende Ermäßigung des Stempels zu den in das Dienstbuch einzutragenden sechs Entlassungsscheinen nothwendige Voraussetzung und Bedingung ist, daß das Dienstbuch mit jenem Stempel versehen ist;

daß dagegen, wenn letzteres nicht der Fall, zu einem in das also nicht gestempelte Dienstbuch einzutragenden Dienstentlassungs-Scheine ebenso der tarifmäßige Stempel von 5 Sgr. zu verwenden ist, als solches geschehen muß, wenn von der Dienstherrschaft, außerhalb des Dienstbuches, dem Dienstboten besonders schriftlich der Dienstentlassungs-Schein ausgestellt wird;

In Erwägung, daß es zwar richtig ist, daß, da durch die Vdn. v. 29. Sept. 1846 der Dienstbote verpflichtet worden, sich mit dem vorgeschriebenen Gesindedienstbuche zu versehen, der Dienstbote derjenige ist, welcher die auf diesem Dienstbuche oder vielmehr auf den darin einzutragenden sechs Dienstentlassungs-Scheinen haftende Stempelsteuer von 10 Sgr. zu entrichten hat, und daß es sich ebenso wenig bestreiten läßt, daß, wenn von dem Dienstboten die Ausstellung eines besonderen schriftlichen Dienstentlassungs-Scheines Seitens der Herrschaft gefordert wird, der Dienstbote den zu diesem Scheine erforderlichen tarifmäßigen Stempel von 5 Sgr. beizubringen hat, daß wenigstens die Dienstherrschaft verlangen kann, daß ihr das zur Ausstellung des Scheines erforderliche Stempelpapier von dem Dienstboten vorgelegt wird;

daß dessen ungeachtet es jedoch nicht zweifelhaft sein kann, daß, wenn von der Dienstherrschaft in ein ungestempeltes Gesindedienstbuch ein Dienstentlassungs-Zeugniß eingetragen, so wie wenn von derselben dem Dienstboten ein besonderer schriftlicher Dienstentlassungsschein ausgestellt wird, ohne dazu den tarifmäßigen Stempel zu verwenden, die Dienstherrschaft als Aussteller als der eigentliche Kontravenient anzusehen ist, welcher nach den §§ 21 und 22 des Stempel-Ges. nicht nur den nicht verwendeten tarifmäßigen Stempel nachzubringen, sondern auch die Stempelstrafe von 1 Thlr. zu erlegen hat;

daß dagegen der Dienstbote weder in dem einen noch in dem andern Falle, da er nicht der Aussteller ist, als der eigentliche Kontravenient behandelt werden kann und daß gegen ihn eine Verfolgung wegen Erlegung der Stempelstrafe nur insofern stattfindet, als er Inhaber oder Vorzeiger des Dienstbuches, beziehungsweise des Entlassungsscheines ist.

Antr. des GStA.s gleichl. [25. — 3.]

Feldfrüchte. — Ausdreschen. — Diebstahl.

Die Entwendung von Feldfrüchten unterliegt auch dann, wenn diese bereits ausgedroschen sind, und auf dem Felde in Mieten aufbewahrt werden, nur den Strafbestimmungen des § 42 Nr. 2 der FPO., insofern nicht § 45 ibid. zutrifft [1]).

FPO. v. 1. Nov. 1847 § 42 Nr. 2; StGB. § 215.

Erk. (Z. I.) v. 21. Dez. 1860 c. Gillert (912. I. Cr.).

Auf die Appellation der in erster Instanz wegen Diebstahls zu den Strafen der §§ 217 und 219 des StGB. verurtheilten Angeklagten und nach neuer Beweisaufnahme hat der App.-Richter abändernd den Thatbestand dahin festgestellt:

> daß die Angeklagten in der Zeit ꝛc. zu B. unbefugterweise dem Bauer F. eine geringe Quantität Stroh von unbedeutendem Werth aus einer Miete auf dem Felde ohne gewinnsüchtige Absicht entwendet haben;

und demgemäß unter Anwendung des § 42 Nr. 2 und § 45 der FPO. in der Fassung des Ges. v. 13. April 1856 die Angeklagten mit einer Geldbuße von 2 Thlr. bestraft.

Diese Anwendung der FPO. kann nicht, wie die NB. behauptet, als eine unrichtige bezeichnet werden. Feldfrüchte unterliegen durch den Umstand allein, daß sie ausgedroschen worden, nicht einer Veränderung ihrer Eigenschaft im Sinne des § 42 Nr. 2 der FPO., und das Stroh ist nichts als ein neues Produkt weiterer Bearbeitung gewisser Feldfrüchte

---

[1]) Vgl. StGB. § 215 n. 69. — Der Umstand, daß die Bodenerzeugnisse auf dem Felde in einen sogenannten Schober (Miete, Kartoffelgrube ꝛc.) gebracht sind, schließt die Anwendbarkeit der FPO. nur dann aus, wenn thatsächlich feststeht, daß durch jene Vorkehrung die Früchte nicht bloß gegen die Einwirkungen der Witterung, sondern auch gegen Dritte geschützt werden sollten. Z. I. 22. Okt. 1858 c. Gruhn (994; G. A. 7. S. 92); Z. I. eod. c. Strehmel (999); B. I. 2. Febr. 1859 c. Klose (78).

zu betrachten. Das Ausdreschen bewirkt nur eine Trennung der verschiedenen Theile der Feldfrüchte und das übrig bleibende Stroh behält daher die Natur eines Bodenerzeugnisses. Wenn das letztere auf dem Felde in Mieten aufbewahrt wird, so gewährt bei Entwendung geringer Quantitäten und ohne gewinnsüchtige Absicht die FPO. hier den gesetzlichen Schutz, während sonst die Wegnahme, im Falle jene Bedingungen nicht vorhanden sind, die schärferen Strafen des Diebstahles zur Anwendung kommen, Grundsätze, welche in früheren Entscheidungen des Königl. OTr. bereits näher ausgeführt sind (Entsch. 37. 2. S. 3; Goltd. Arch. 5. S. 546; 6. S. 690; 7. S. 92; 8. S. 699). Die entgegengesetzte Annahme würde zu der Inkonsequenz führen, daß die Aufbewahrung des ausgedroschenen Strohes einen größeren Schutz fände, als die Feldfrüchte selbst.

(A. d. Gr. Zurückweisung der NB. des OStA.)

Antr. des GStA.s gleichl. [13.—4.]

---

1. Sitzungsprotokoll. — Beurkundung. — Antrag des Angeklagten.

2. Sitzungsprotokoll. — Versäumniß. — Mangel.

1. Der Angeklagte hat im Falle einer Versäumniß oder eines Mangels im Verfahren das Recht, auf Vermerknahme hiervon im Sitzungsprotokolle anzutragen.

Ges. v. 3. Mai 1852 Art. 78 [vgl. dort n. 27. 28].

2. Auch die Versäumniß vorgeschriebener Förmlichkeiten, sowie jeder Mangel bei ihrer Beobachtung kann nur durch das Sitzungsprotokoll bewiesen werden.

Ges. v. 3. Mai 1852 Art. 78 [vgl. dort n. 55].

Erk. (Z. I.) v. 21. Dez. 1860 c. Rosin (Schröder u. Gen. 36. I. Cr. v. 1861).

Die NB. des Angeklagten machte geltend: der Vorsitzende habe dem Vertheidiger die Vertheidigungsrede untersagt, und trat darüber gegen den Inhalt des Sitzungsprotokolls, nach welchem die „Vertheidigungsrede gehalten" worden war, anderweiten Beweis an. Ohne den letztern zu berücksichtigen, wies indessen das OTr. die NB. zurück.

Gründe:

Man kann den von R. vorgetragenen Sachverhalt im Allgemeinen für richtig annehmen, weil der StA. in seiner Entgegnung auf die Beschwerde denselben im Allgemeinen für richtig erklärt. Derselbe behauptet jedoch, daß der Vorsitzende nur die Form der Ausführungen des Vertheidigers gerügt, nicht aber materiell dieselben untersagt habe. Da nun der Vorsitzende zu jener Rüge gesetzlich befugt ist, so handelt es sich um die Feststellung der näheren Umstände des Vorfalls. In dieser Hinsicht steht aber allerdings der Beschwerde entgegen, daß sie nicht durch einen Vermerk in dem Audienzprotokolle bewiesen ist. Denn das Protokoll enthält von dem Vorgetragenen überhaupt nichts, es enthält nur, daß der Vertheidiger des R. die Vertheidigungsrede gehalten und das Nichtschuldig für seinen Klienten beantragt habe. Der Art. 78 des Ges. v. 3. Mai 1852 enthält die näheren Anweisungen über den Inhalt eines Protokolles. Allerdings spricht derselbe am Schlusse nur von dem Beweise der Beobachtung der vorgeschriebenen Förmlichkeiten, allein ihr Sinn führt folgerichtig zu dem Schlusse, daß auch die Versäumniß solcher Förmlichkeiten, sowie jeder Mangel bei ihrer Beobachtung eben so nur durch das Protokoll, also durch das in der Macht der Betheiligten stehende Mittel eines auf ihren Antrag in das Protokoll aufzunehmenden, solche Versäumniß respektive solchen Mangel konstatirenden Vermerks bewiesen werden kann. Der Begriff der „Förmlichkeiten" läßt sich aber nach der Absicht und nach dem Sinne des Ges. nicht in der Beschränkung, wie sie die NB. behauptet, auffassen. Dies ergiebt sich deutlich im vorliegenden Falle. Das Protokoll bescheinigt, daß der Vertheidiger die Vertheidigungsrede gehalten habe. Es würde der Natur des ganzen Verfahrens, insbesondere der NB. widersprechen, diese Registratur einem Beweise des Gegentheils in der Nichtigkeitsinstanz zu unterwerfen.

Ist dies aber richtig, so folgt von selbst, daß dasselbe auch von jeder Behauptung, welche die Beschränkung oder die Untersagung jener Vertheidigungsrede darthun will, gelten muß. Denn auch diese Behauptung enthält, wenn auch in minderem Maaße, einen Angriff gegen die Richtigkeit jenes Vermerks.

Antr. des GStA.s gleichl. [13.—4.]

Gefangene. — Meuterei. — Freiwilliger Rücktritt.

Gefangene, welche sich in einer Gefangenanstalt zusammenrotten und einen gewaltsamen Ausbruch versuchen, werden durch den demnächstigen freiwilligen Rücktritt von diesem Versuche nicht straflos. StGB. § 96 [vgl. dort n. 14].

Erk. (Z. I.) v. 21. Dez. 1860 c. Reinsch & Warton (1250. I. Cr.).

Durch das Verdikt ist jeder der Angeklagten schuldig erklärt:

> am ꝛc. als Gefangener in der Kreisgerichts-Gefangenanstalt zu F. sich mit einem anderen Gefangenen zusammengerottet und einen gemeinsamen Ausbruch versucht zu haben, auch selbst Gewaltthätigkeiten gegen Sachen verübt zu haben.

Die Angeklagten behaupten nun, von diesem versuchten Ausbruche freiwillig abgestanden zu sein; sie haben diese Behauptung auch in der Audienz aufgestellt, und auch der StA. hat beantragt, die Frage nach den Erfordernissen des § 31 des StGB. zu stellen. Allein wie das Plenum des OTr. durch das Präj. v. 20. April 1857 bereits festgestellt hat, so ist der Thatbestand der vollendeten Meuterei nach § 96 auch alsdann schon vorhanden, wenn von den zusammengerotteten Gefangenen aus dem Gefängnisse mittelst Anwendung von Gewalt an Sachen u. s. w. auszubrechen gesucht ist. Es bedarf hiernach der Feststellung der Erfordernisse des § 31, mithin auch der Hinderung nur durch äußere Umstände nicht.

(A. d. Gr. Zurückweisung der NB. der Angeklagten.)

Antr. des GStA.s gleichl. [15.—4.]

Umschlossener Raum. — Schlüssel. — Riegel. — Vorgeschobener Pflock.

Im § 221 des StGB. ist unter „Schlüssel" nur ein zum Oeffnen eines Schlosses brauchbares Werkzeug zu verstehen.

Daher liegt kein Rechtsirrthum vor, wenn der Instanzrichter einen Raum nicht für „umschlossen" erachtet hat, dessen Zugangspforte nur durch einen vorgeschobenen Riegel oder einen vorgesteckten Pflock zugehalten wurde.

StGB. § 221. 224.

Beschl. (II.) v. 3. Jan. 1861 c. Stähr (3. B. II. Cr.).

Nach der Definition, welche der Schlußsatz des § 221 des StGB. von dem „umschlossenen Raume" gegeben hat, ist ein Raum umschlossen, wenn man in denselben nur durch den Gebrauch von Schlüsseln oder durch Einbrechen oder Einsteigen gelangen kann; unter Schlüsseln, und zwar falschen Schlüsseln, aber werden nach § 224 a. a. O. verstanden: nachgemachte, veränderte oder solche Schlüssel, welche für das Schloß, bei welchem der Thäter sie anwendet, nicht bestimmt sind, so wie Dietriche, Haken und andere zum Oeffnen von Schlössern brauchbare Werkzeuge.

Auch im Schlußsatze des § 221 können deshalb unter Schlüsseln, außer eigentlichen Schlüsseln, Nachschlüsseln und Dietrichen, nur zum Oeffnen von Schlössern brauchbare Haken und andere hierzu brauchbare Werkzeuge verstanden werden. Es wird, wenn von der Eröffnung mittelst eines Schlüssels die Rede ist, stets und namentlich auch im Schlußsatze des § 221 ein mittelst des Schlüssels zu eröffnendes Schloß — ein Verschluß, zu dessen Eröffnung ein Schlüssel bestimmt ist — vorausgesetzt. Ein solches existirte aber nach dem Sachverhalte, welchen der Beschluß vom 2. Nov. v. J. als vorliegend angenommen hat, nicht, sondern nur ein durch Vorschieben eines hölzernen Riegels und durch Einstecken eines hölzernen Pflockes in eine eiserne Kettel, welche in eine eiserne Krampe übergriff, bewirkter Verschluß einer Thorwegspforte, so daß nach der thatsächlichen Annahme jenes Beschlusses die Möglichkeit vorhanden war, in den in Rede stehenden Hofraum auf andere Weise zu gelangen als durch den Gebrauch von Schlüsseln oder durch Erbrechen oder Einsteigen.

Als umschlossener Raum im Sinne des Gesetzes war daher dieser Hofraum nicht anzusehen.

(A. d. Gr. Zurückweisung der Beschwerde des OStA.)

[4.]

Theilnahme. — Unterlassung. — Pflichtverletzung.

Theilnahme durch Hülfeleistung kann auch in einer Unterlassung (einem Nichthindern) gefunden werden, wenn die Thätigkeit durch die Pflicht geboten war. StGB. § 34 Nr. 2 [vgl. dort n. 51].

Erk. (Z. II.) v. 3. Jan. 1861 c. Allstädt & Gülsdorf (2. II. Cr.).

Obschon im Allgemeinen die Beihülfe in der Regel eine positive Mitwirkung voraussetzt, so kann doch da, wo, wie bei dem mit Waarenverkauf betrauten Commis, die Pflicht besteht, eine widerrechtliche Wegnahme der Waare zu hindern, strafbare Theilnahme angenommen werden, sobald die Nichthinderung auf einer Connivenz mit dem Diebe beruht und hierdurch der Diebstahl möglich gemacht oder auch nur erleichtert wird.

Antr. des GStA.s gleichl. [27. — 4.]

---

1. Verjährung. — Unterbrechung. — Ober-Prokurator. — Hülfsbeamte.

2. Verbrechen. — Mildernde Umstände. — Verjährungsfrist.

1. Die Verfügungen des Rheinischen Ober-Prokurators an seine Hülfsbeamten, welche auf die Ermittlung des Urhebers einer Strafthat gerichtet sind, unterbrechen die Verjährung.

StGB. § 48 [vgl. dort n. 5. 1].

2. **Eine vom Gesetz als Verbrechen qualificirte Strafthat behält diesen Charakter auch dann, wenn sie unter mildernden Umständen begangen ist, und deshalb nur eine Gefängnißstrafe nach sich zieht. Das gilt namentlich in Betreff der Verjährung.** StGB. § 46 [vgl. l. c. n. 3; § 177 n. 2].

Erk. (Z. II.) v. 10. Jan. 1861 c. Klein (23. II. Cr.).

Im Juni 1846 ward zu Elberfeld der Kutscher R. erstochen. Der Verdacht der Thäterschaft fiel auf einen gewissen B.; die gegen ihn eingeleitete und später nochmals wieder aufgenommene Untersuchung ward aber am 30. Dez. 1848 von der Rathskammer eingestellt. Später eingehende anonyme Denunciationen veranlaßten den Ober-Prokurator im Jahre 1858 einzelne seiner Hülfsbeamten mit näheren Nachforschungen zu beauftragen, in Folge deren im Jahre 1860 die Untersuchung gegen K. eingeleitet wurde. Von den Geschwornen der vorsätzlichen Mißhandlung mit tödtlichem Erfolge, unter gleichzeitiger Annahme des Reizes und mildernder Umstände (§ 196) schuldig erklärt, ward er, unter Verwerfung der vorgeschützten Verjährungs-Einrede zu vierjähriger Gefängnißstrafe verurtheilt. Sein Kassationsrekurs rügte Verletzung der §§ 196. 46 Nr. 1 und 48 des StGB., weil

1. mit Unrecht angenommen sei, daß die Verfügungen des Ober-Prokurators aus dem Jahre 1858, obgleich sie gegen keine bestimmte Person, insbesondere nicht gegen ihn, den Angeklagten, gerichtet gewesen, die seit dem 30. Dez. 1848 laufende Verjährung unterbrochen hätten;

2. weil die ihm zur Last fallende That (tödtliche Körperverletzung unter mildernden Umständen) nach § 196 nur eine Gefängnißstrafe nach sich ziehe, somit ein Vergehen darstelle, welches nach § 46 nicht in zehn, sondern in fünf Jahren verjähre.

Das OTr. hat den Rekurs verworfen, und zwar:

In Erwägung, daß nach der umfassenden Bestimmung des § 48 des StGB. jeder Antrag und jede sonstige Handlung der StA.-schaft, welche die Eröffnung, Fortsetzung oder Beendigung der Untersuchung betrifft, die Verjährung unterbricht, es daher keinem Zweifel unterliegt, daß die hier fraglichen Verfügungen der Staatsbehörde aus dem April, Juli und August 1858, da sie eben auf Ermittelungen des der Tödtung des R. Schuldigen und somit auf Eröffnung der desfallsigen Untersuchung gegen denselben gerichtet waren, diesen die Verjährung unterbrechenden Handlungen der StA.-schaft mit Recht subsumirt worden sind;

daß nach § 1 des StGB. die Strafart und Strafe, womit eine Handlung bedroht ist, das über ihre strafrechtliche Qualifikation als Verbrechen, Vergehen oder Uebertretung entscheidende Moment bildet, und daß, hiermit völlig übereinstimmend, im § 46 des StGB. die Eintheilung der Verjährung in eine dreißig-, zwanzig-, zehn-, fünf- und dreijährige ebenfalls nur nach Maaßgabe des mit dieser oder jener Strafe bedrohten Verbrechens oder Vergehenserfolgt ist;

daß die Annahme mildernder Umstände die konstitutiven Merkmale einer mit Strafe bedrohten Handlung unverändert bestehen läßt;

daß sie folgeweise niemals ein Verbrechen in ein Vergehen verwandeln kann;

daß das Verbrechen des § 194 des StGB. gegen den Angeklagten thatsächlich festgestellt ist, und der Kgl. Assisenhof daher ganz dem Gesetze gemäß gehandelt hat, wenn er bei der Frage über die Verjährungsfrist an dem Charakter dieses Verbrechens festhielt, und um der zu Gunsten des Angeklagten zusätzlich festgestellten Milderungsgründe des § 196 des StGB. nicht statt des verbleibenden Thatbestandes eines Verbrechens den veränderten Thatbestand eines bloßen Vergehens annahm.

Antr. des GStA.s gleichl. [11. — 3.]

Rechts-Anwalt. — Beruf. — Amt. — Unbefugte Ausübung. — Cession des verfolgten Anspruchs.

Der Beruf des Rechts-Anwalts stellt ein öffentliches Amt dar. Wenn daher ein Anderer ein vom Staate den Rechts-Anwälten ausschließlich übertragenes Geschäft vornimmt, so wird § 104 des StGB. anwendbar. Die Strafbarkeit kann auch nicht durch eine simulirte Cession beseitigt werden, durch welche der Angeklagte scheinbar den verfolgten Anspruch selbst für sich erworben hat. StGB. § 104.

Erk. (Z. I.) v. 11. Jan. 1861 c. Ruhwedel (1170. I. Cr.).

Der App.-Richter hat keineswegs rechtlich geirrt, wenn er angenommen hat, „daß den Rechts-Anwälten ausschließ„lich die Befugniß zusteht, die Parteien in Prozessen zu „vertreten." Der § 44 der Einleitung und der § 22. I, 3 der AGO. bestimmen dies deutlich, die §§ 17. 39. 40. III, 7. l. c. aber stehen bestätigend zur Seite. Diese Grundsätze hat auch das Kgl. OTr. mehrfach anerkannt, namentlich in dem Urtheile v. 22. Febr. 1855 (JMBl. S. 111), so wie auch in dem, von der NB. selbst allegirten Plenarbeschlusse v. 20. Juni 1853 (Entsch. 26. S. 5). Daß der § 22. I, 3 der AGO. durch die neuere Prozeß-Gesetzgebung aufgehoben worden sein soll, widerlegt sich dadurch, daß erstens die Vorschriften über das Prozeß-Verfahren, wie sie durch die Verordnungen vom 1. Juni 1833 und 21. Juli 1846 aufgestellt worden sind, an sich mit den Personen, welche bei der Führung der Prozesse mitzuwirken berufen sind, nichts gemein haben, demnächst aber auch die gedachten Gesetze im Anschluß an die AGO. ausdrücklich von der Voraussetzung ausgehen, resp. bestimmen, daß die Parteien nur von Rechts-Anwälten vertreten werden dürfen, und lediglich von diesen die näher bezeichneten Schriftsätze zu fertigen sind (§ 26 der Vdn. v. 1. Juni 1833; §§ 7. 21. 23 N. d der Vdn. v. 21. Juli 1846.)

Die hiernach allgemein geltende Regel hat durch ausdrückliche Vorschriften anderer Gesetze allerdings Ausnahmen erlitten, z. B. bei vermutheten Vollmachten nach § 119 ff. I, 13. ALR., § 25. I, 3. AGO., oder wenn Gefahr im Verzuge sein sollte, § 26. I, 3. AGO. Allein dies sind eben Ausnahmen, welche die Regel nicht alteriren, und Alles, was die Nichtigkeitsbeschwerde dagegen an- und ausführt, hat nur auf die speziellen Ausnahmen Bezug und fällt dadurch in sich selbst zusammen. Namentlich aber ist die Deduktion irrig, daß der § 49 der Gew.-Ordn. vom 17. Jan. 1845 die Vertretung der Parteien in Prozessen frei gegeben habe. Der § 49 l. c. spricht nur von dem

Gewerbebetriebe, „der in der Vermittlung von Geschäften oder der Uebernahme von Aufträgen, speciell in der Abfassung schriftlicher Aufsätze für Andere besteht." Es ist dabei selbstverständlich, daß die Uebernahme derjenigen Aufträge, und das Abfassen solcher schriftlichen Aufsätze ausgeschlossen ist, welche durch besondere Gesetze, wie hier, gewissen Personen ausdrücklich überwiesen sind, und daß demzufolge durch den § 190 der Gew.-Ordn. diese Bestimmungen nicht aufgehoben sein können. Es kommt daher auch der § 97 Einl. zum ALR. nicht in Betracht, weil eine Kollision von Rechten in dieser Beziehung überhaupt nicht vorhanden ist. —

Daß nun die Rechts-Anwälte, wenn sie diese ihnen ausschließlich vom Staate übertragenen Geschäfte vornehmen, in amtlicher Eigenschaft handeln, folgt aus der Sache und dem § 462 Anh. z. AGO., so wie aus den §§ 10. 13. 20. 22. 26 c. III, 7. l. c., in welchen die Rechts-Anwälte als Staatsdiener betrachtet, und ihre Funktionen als Amt bezeichnet werden; auch haben sie den im § 471 Anh. zur AGO. vorgeschriebenen Diensteid zu leisten.

Der von der NB. angezogene Plenarbeschluß des Kgl. OTr. v. 20. Juni 1853 [cit.] steht dem nicht entgegen, indem derselbe anerkennt, daß Rechts-Anwälte, obschon nicht zu den Staatsdienern im eigentlichen engern Sinne gehörig, doch zu denjenigen Personen zählen, welche zur Besorgung gewisser Angelegenheiten ausschließlich und öffentlich vom Staate angestellt sind. —

Der App.-Richter hat daher, namentlich mit Rücksicht auf den § 329 des StGB., welcher den Rechts-Anwälten gleichfalls die amtliche Eigenschaft beilegt, die Bedeutung des § 104 des StGB. keineswegs verkannt. —

Die fernere Bemerkung der NB., daß jeder Cessionar eines simulirten Geschäfts antheilsweise ein wesentliches Interesse bei dem Streitgegenstande habe, also nach § 120 I, 13. ALR. als ein Präsumtiv-Bevollmächtigter anzusehen, und folgeweise bei dem Prozesse zugelassen sei, hat ebenso wenig eine rechtliche Bedeutung als die Ausführung, daß gegen den Angeklagten nicht festgestellt worden, daß er in einem Prozesse eine Partei vertreten habe, daß er selbst vielmehr Partei gewesen und für sich aufgetreten sei. Denn das Strafbare der inkriminirten Handlung hat der App.-Richter gerade darin gefunden, daß der Angeklagte, um ein den Rechts-Anwälten kraft ihrer öffentlichen Funktionen ausschließlich zustehendes Geschäft vornehmen zu können, die Form einer simulirten Cession gewählt, resp. sich hinter derselben verborgen hat, also, daß er nicht die eigentliche Prozeßpartei gewesen.

(A. d. G. Zurückweisung der NB. des Angeklagten.)

Antr. des GStA.s gleichl. [20.—4.]

---

1. Innung. — Sekretär. — Behörde. — Beamter.
2. Beamter. — Geschenk. — Vermeintliche amtliche Thätigkeit.

1. Eine Innung ist keine Behörde, ihr Sekretär kein Beamter. StGB. § 331.

2. Die Strafbarkeit eines Beamten, welcher für eine an sich nicht pflichtwidrige Handlung sich ein Geschenk versprechen läßt, ist nicht dadurch bedingt, daß er auf die betreffende Angelegenheit wirklich einen Einfluß auszuüben habe; es genügt, wenn das Versprechen ꝛc. für eine vermeintliche amtliche Thätigkeit geleistet wird.

StGB. § 309.

Beschl. (I.) v. 11. Jan. 1861 c. Flogertzy (11. B. I.).

Fl. war von dem StA. des im § 309 des StGB. vorgesehenen Vergehens beschuldigt worden, weil er in seiner Eigenschaft als magistratualischer Beisitzer der Tuchmacher-Innung zu Gr. sich vom Mühlenbesitzer O. ein Geschenk dafür habe versprechen lassen, daß er bei der Innung seinen Einfluß für die Verpachtung einer Walkmühle an den O. aufbiete. Das App.-G. zu Stettin lehnte indessen die Eröffnung der Untersuchung ab, weil Fl. als Sekretär und Protokollführer der Innung nicht Beamter sei, und als magistratualischer Beisitzer auf die betreffende Angelegenheit keinen Einfluß auszuüben gehabt habe. Auf die Beschwerde des OStA. hat das OTr. den betreffenden Beschluß aufgehoben, und die Sache zur näheren thatsächlichen Prüfung an das App.-G. zurückverwiesen, und zwar:

In Erwägung, daß zwar dem ersten Entscheidungsgrunde beizutreten ist, indem Fl. als Sekretär und Protokollführer jener Innung amtliche Funktionen allerdings nicht auszuüben hatte, da die Innung selbst den Charakter einer Behörde nicht an sich trägt, sondern eine bloße Corporation bildet, folglich dadurch, daß sie eine Person als Sekretär oder Protokollführer beschäftigt, ihr einen amtlichen Charakter nicht beilegen kann;

daß dagegen der zweite Entscheidungsgrund als richtig nicht anerkannt werden kann, da das Geschenk dem Fl. eben nur mit Rücksicht auf seine Qualität als magistratualischer Beisitzer der Innung versprochen worden sein soll, in welchem Falle es gleichgültig sein würde, ob Fl. in dieser Qualität gesetzlich einen Einfluß auf das Zustandekommen der zwischen der Innung und dritten Personen abzuschließenden Verträge gehabt habe oder nicht, und ob O. das erstere irrthümlich geglaubt und Fl. diesen Irrthum des O. benutzt habe, da dann immer die 100 Thlr. wenigstens für eine vermeintliche amtliche Thätigkeit versprochen worden wären, — abgesehen davon, daß die Sache auch so aufgefaßt werden kann, daß das Geschenk dafür versprochen worden, daß Fl. die Gesetzmäßigkeit des zu erzielenden Beschlusses der Innung in Betreff der Verpachtung der Mühle anerkennen solle, möge er von dieser Gesetzmäßigkeit überzeugt sein oder nicht. —

Antr. des GStA.s gleichl. [4.]

Förster. — Betreffen bei der That. — Widersetzlichkeit.

Die Anwendbarkeit des Gesetzes vom 31. Mai 1837 ist nicht durch ein Betreffen bei Begehung des Forst- oder Jagdvergehens bedingt.

Ges. v. 31. März 1837.

Beschl. (I.) v. 11. Jan. 1861 c. Rahn (17. B. I. Cr.).

In Erwägung, daß an und für sich die amtliche Befugniß des Forstbeamten eine von ihm in seinem Reviere betroffene Person, welche er der Verübung oder doch der beabsichtigten Verübung eines Forst- oder Jagdvergehens für verdächtig erachtet, zur Nennung ihres Namens anzuhalten, nicht bezweifelt werden kann;

daß aber auch eben so wenig aus der Ueberschrift des Ges. v. 31. März 1837: „über die Strafe der Widersetzlichkeit bei Forst- und Jagdverbrechen" gefolgert werden darf, als wenn in demselben ein Betreffen bei der Begehung der That vorausgesetzt werde, da die Fassung sowohl des Eingangs, als der einzelnen Paragraphen dieses Gesetzes durchaus keine Hindeutung auf eine solche Beschränkung enthalten, vielmehr stets nur von „der Ausübung ihres Amtes oder Rechtes" sprechen, es auch an jedem inneren Grunde für eine solche Unterscheidung gänzlich fehlt;

daß hiernach die Thätigkeit des Försters P. beim Vorfalle vom 20. März c. unbedenklich als eine amtliche aufzufassen war. (A. d. Gr. Aufhebung des appellationsgerichtlichen Beschlusses 2c.)

Antr. des GStA.s gleichl. [3.]

Erkenntniß erster Instanz. — Verletzung materieller Gesetze. — Appellationsrichter. — Vernichtung. — Zurückverweisung.

Findet der Appellationsrichter, daß das Urtheil erster Instanz gegen eine materielle Gesetzesvorschrift verstößt, so kann er dasselbe nicht vernichten, und ebensowenig die Sache in die erste Instanz zurückverweisen; es steht ihm nur zu, selbst zur Sache abändernd zu entscheiden [1]).

Ges. v. 3. Mai 1852. Art. 102.

---

[1]) Vgl über diese Frage die Bemerkungen oben S 28 und 113 (Note 3), und Oppenhoff Strafverf. Art 102 n. 7

Erk. (V. I.) v. 1. Febr. 1860 c. Wessolowski (101. I. Cr.).

W. war wegen Diebstahls „bereits geerndteter Kartoffeln aus einer Grube im Garten“ auf Grund des § 216 des StGB. verurtheilt, indem der erste Richter den § 217 Nr. 2 deshalb für unanwendbar hielt, weil „die Kartoffeln durch das Vergraben in einer Kaule bereits in die unmittelbare Gewahrsam des Eigenthümers gekommen seien.“ Auf die Appellation des W. ist das Erkenntniß vom App.-G. zu Bromberg aufgehoben, und die Sache in die erste Instanz zurückverwiesen worden, weil weder der Werth der gestohlenen Kartoffeln noch die gewinnsüchtige Absicht des W. festgestellt, und eventuell nicht § 42 oder 45 der FPO. und § 217 Nr. 2 StGB. zur Anwendung gebracht seien. Auf die NB. des OStA. ist dieses Erkenntniß vernichtet und die Sache in die zweite Instanz zurückverwiesen worden.

Gründe:

Die Beschwerde, daß der zweite Richter vorschriftswidrig die Sache in die *erste* Instanz zurückverwiesen habe, erschien begründet. Denn das Kreisgericht hatte aus materiellen Gründen entschieden, daß nicht der in der Anklage hervorgehobene § 217 des StGB., sondern der § 216 verbunden mit § 215 Platz greife; es hatte dabei das in der Anklage erwähnte thatsächliche Merkmal der Anwendbarkeit des § 217 Nr. 2, daß die *Kartoffeln* aus einem *Garten* gestohlen, nicht übergangen, sondern namentlich angeführt, war aber der materiellen Rechtsansicht, daß nichts destoweniger die Entwendung durch dies vorhergegangene Vergraben und Verwahren der Kartoffeln in einer Kaule der Anwendbarkeit des § 217 entzogen sei, die Gewahrsam des Eigenthümers an von ihm vergrabenen Kartoffeln den Begriff des Feld- oder Gartendiebstahls aufhebe. Also vermöge dieser Auslegung der §§ 215 und 217 Nr. 2, nicht vermöge eines mangelhaften Verfahrens war der erste Richter zu der Bestrafung des Angeklagten gelangt und hatte damit seine Aufgabe dergestalt erledigt, daß für ihn die Quantität und der Werth der Kartoffeln sowie die nähere Qualifikation der Absicht des Angeklagten, sich dieselben rechtswidrig anzueignen, unerheblich waren. Wie immer daher die Ermittelungen hierüber, welche das angefochtene Erkenntniß in die erste Instanz verwiesen hat, ausfallen möchten, der erste Richter würde bei seinem Spruche lediglich beharren können, da keine Vorschrift besteht, welche sein materielles Urtheil an die Rechtsansicht des Appellationsrichters bindet, vielmehr der Art. 118 des Ges. vom 3. Mai 1852 positiv nur den Erkenntnissen des OTr. eine Wirkung beilegt, die in der Stellung desselben als höchstes Gericht ihre Erklärung findet. Das auf die §§ 215. 216 des StGB. gebaute Erkenntniß des Königl. Kreisgerichts konnte demnach von dem App.-Gerichte nicht aufgehoben werden, um die Merkmale des nach der Ansicht des ersten Richters jedenfalls unanwendbaren § 217 Nr. 2 des StGB. oder § 42 der FPO. von demselben untersuchen zu lassen, sondern dem zweiten Richter nur überlassen bleiben, die gemäß seiner eigenen abweichenden Rechtsansicht noch erheblichen Umstände für die eventuelle Abänderung des Urtheils erster Instanz in der zweiten durch wiederholte oder neue Beweisaufnahme selbst festzustellen. Indem das angegriffene Erkenntniß die weitere Verhandlung und abermalige Entscheidung an das Kreisgericht zurückverwiesen hat, ist die dem App.-Richter in Art. 102 des Ges. vom 3. Mei 1852 ertheilte besondere Befugniß, bei einer Aufhebung des Urtheils oder Verfahrens erster Instanz wegen formeller Nichtigkeit die Sache dahin zurück zu verweisen, den Grundsätzen des Verfahrens zuwider auf einen Fall angewendet worden, worin gemäß Art. 101 daselbst die Sache in zweiter Instanz erledigt werden mußte.

Antr. des GStA.s gleichl. [23. — 5.]

Nichtigkeitsbeschwerde. — Legalisirung. — Befähigung des Angeklagten.

Wenn der Angeklagte ein zum Richteramte befähigter Rechtsverständiger ist, so genügt seine alleinige Unterschrift, um die betreffende Schrift zu legalisiren [1]). Gesetz v. 3. Mai 1852. Art. 110.

---

[1]) Derselbe Grundsatz folgt auch aus Z. Pl. 26. Jan. 1857 c. Meerländer (1066 v. 1856; Präj. n. 228; Entsch. 35. S. 265; G. A. 5. S. 76).

Erk. (Z. II.) v. 17. Jan. 1861 c. Dieckmann (458. II. Cr. v. 1860).

In Erwägung, daß die formelle Zulässigkeit der vom Angeklagten eingelegten NB. keinem Bedenken unterworfen sein kann, da der Angeklagte selbst ein zum Richteramte befähigter Rechtsverständiger ist, und daher außer seiner Namensunterschrift die Anmeldungs- oder Rechtfertigungsschrift der NB. nicht noch der Legalisation durch einen andern befähigten Rechtsverständigen bedürfen konnte; rc.

Antr. des GStA.s gleichl. [3.]

---

1. Urtheil erster Instanz. — Nichtigkeit. — Appellationsrichter. — Aufhebung.

2. Urtheil erster Instanz. — Mangelhafte Feststellung. — Appellationsrichter. — Beweisaufnahme. — Ergänzung.

1. Leidet das Urtheil erster Instanz an einer Nichtigkeit, so muß der Appellationsrichter dasselbe aufheben, sollte jener Mangel vom Appellanten auch nicht zum Gegenstande einer Beschwerde gemacht worden sein.

Ges. v. 3. Mai 1852 Art. 102 [vgl. dort n. 2. 3].

2. Wenn der erste Richter die Anklage nicht erschöpft, und sich über das Vorhandensein oder Nichtvorhandensein eines von der Anklage behaupteten wesentlichen Merkmals des betreffenden Straffalles nicht ausgesprochen hat, so steht es dem Appellationsrichter nicht zu, ohne neue Beweiserhebung jenen Mangel zu ergänzen; er muß vielmehr das erste Urtheil aufheben, und kann dann nur auf den Grund einer neuen Beweiserhebung eine selbstständige Feststellung des Thatbestandes treffen. Ges. v. 3. Mai 1852 Art. 101.

Erk. (V. II.) v. 25. Okt. 1860 c. Schlabach (383. II. Cr.).

Gegen den Postillon Schl. war die Untersuchung wegen eines den Voraussetzungen des § 31 entsprechenden Versuchs einer Amtsunterschlagung eröffnet worden; der erste Richter verurtheilte ihn, stellte indessen den Thatbestand jenes Vergehens nur unvollkommen fest, insbesondere fehlte es an einem Ausspruche darüber, ob der Versuch (wie die Anklage behauptete) durch Handlungen, welche einen Anfang der Ausführung enthielten, an den Tag gelegt sei. Mit Rücksicht hierauf machte die Appellation des Angeklagten Gesetzesverletzung geltend. Das App.-G. zu Arnsberg fand diese Rüge gerechtfertigt, stellte dann aber ohne neue Beweiserhebung fest, daß es an den Begriffsmerkmalen des behaupteten Straffalles, insbesondere an dem Anfange der Ausführung fehle, und sprach unter „Abänderung" des ersten Urtheils den Angeklagten frei. Dieses Erkenntniß ist auf die NB. des OStA. vom OTr. vernichtet und die Sache an das App.-G. zurückverwiesen worden, und zwar:

In Erwägung, daß die Anklage auf einen strafbaren Versuch der Unterschlagung amtlich vereinnahmter Gelder gerichtet ist;

daß nach § 31 StGB. zu den wesentlichen Erfordernissen eines strafbaren Versuchs auch gehört, daß derselbe durch Handlungen, welche einen Anfang der Ausführung enthalten, an den Tag gelegt sein muß;

daß daher nach Art. 31 Ges. v. 3. Mai 1852 der erste Richter sich in seinem Urtheil darüber aussprechen mußte, ob erwiesen sei oder nicht, daß der dem Angeklagten zur Last gelegte Unterschlagungsversuch durch äußere Handlungen an den Tag gelegt worden, und ob erwiesen sei oder nicht, daß diese Handlungen einen Anfang der Ausführung des Vergehens enthielten;

daß derselbe zur Feststellung dieser Thatsachen um so mehr im vorliegenden Falle verpflichtet war, als in der Anklageschrift ausdrücklich die Behauptung aufgestellt war, daß der dem Angeklagten zur Last gelegte Versuch durch äußere, den Anfang der Ausführung enthaltende Handlungen an den Tag gelegt worden sei;

daß aber in dem erstrichterlichen Erkenntnisse eine Feststellung über diese Punkte sich nicht vorfindet, weshalb die Verurtheilung des Angeklagten durch dasselbe nicht gerechtfertigt war, und daß daher der App.-Richter in Gemäßheit des Art. 102 a. a. O. dieses Urtheil aufheben, und entweder auf Grund eines neuen Verfahrens zugleich anderweit in der Sache erkennen, oder dieselbe, wenn er den Fall dazu angethan fand, in die erste Instanz zur anderweiten Verhandlung und Entscheidung zurückweisen mußte;

daß statt dessen aber der App.-Richter ohne neue Beweisaufnahme den Angeklagten freisprach, indem er im Wesentlichen annahm, daß die Handlungen des Angeklagten einen Anfang der Ausführung der von demselben angeblich beabsichtigten Unterschlagung nicht enthielten, und daß selbst die Absicht desselben, das fragliche Geld zu unterschlagen, nicht dargethan sei;

daß diese beiden Annahmen rein thatsächlicher Natur sind, und daß, da die erstere in der thatsächlichen Feststellung des ersten Richters nicht enthalten ist, die letztere aber sogar mit derselben in directem Widerspruch steht, der App.-Richter ohne Verletzung des Art. 101 a. a. O. diese beiden Thatsachen ohne eine neue oder wiederholte Beweisaufnahme in zweiter Instanz nicht feststellen konnte.

Antr. des GStA.s gleichl. [14. — 3.]

---

1. Medizinalpfuscherei. — Belohnung. — Preis des Mittels.

2. Appellationsrichter. — Vorbehalt. — Relative Rechtskraft.

1. Eine Heilung ist gegen Belohnung unternommen, sobald sie als Mittel zur Bereicherung dient; es ist daher nicht erforderlich, daß die Gegenleistung ausdrücklich als „Lohn“ bezeichnet worden ist, vielmehr reicht es hin, wenn der Gewinn in dem hohen Preise des verabreichten Mittels gesucht wird. StGB. § 199.

2. Der Appellationsrichter kann auf Grund einer neuen Beweisaufnahme den Vorbehalt einer Strafverfolgung von einem andern [selbst schwereren] Gesichtspunkte aus machen, ohne in dieser

Beziehung durch den Grundsatz der relativen Rechtskraft behindert zu sein [1]).

Ges. v. 3. Mai 1852. Art. 30.

Erk. (S. I.) v. 8. Febr. 1861 c. Erbe (981. I. Cr. v. 1860).

E. hatte die Heilung der an einer äußern Krankheit leidenden H. übernommen, sich für die „aus der Apotheke zu holende" Salbe 2 Thlr. zahlen lassen, und diesen Betrag behalten, indem er die H. glauben machte, der Preis der Salbe sei so hoch, während derselbe nur wenige Groschen betrug. Der erste Richter strafte wegen des „Unternehmens einer Heilung gegen Belohnung"; auf die Appellation des E. sprach ihn das Kammer-G. nach einer erneuerten Beweisaufnahme von der Anklage der Medizinalpfuscherei frei, und behielt der StA.-schaft das Recht vor, „wegen des betr. Vorfalls anderweit Klage zu erheben" [2]). Erwogen ward: E. habe durch betrügliche Vorspiegelungen über den Preis der Salbe Gewinn gesucht und erlangt, aber nicht eigentlich gegen Belohnung die Heilung unternommen; eine Verurtheilung wegen Betrugs, oder eines andern auf Unredlichkeit beruhenden Vergehens sei dagegen durch die relative Rechtskraft ausgeschlossen. Auf die NB. des OStA., welche Gesetzesverletzung und Verkennung des Begriffs einer reformatio in peius rügte, hat das OTr. das Erkenntniß **vernichtet** und die Sache in die zweite Instanz zurückverwiesen.

Die NB. mußte in jeder Beziehung für begründet erkannt werden. Denn

1. hat der Ausdruck „Belohnung" im § 199 StGB. keinen engeren Sinn als „Entgelt" und sollte nach der Entstehungsgeschichte dieses Paragraphen einerseits weniger als die Gewerbsmäßigkeit des ALR. (§ 702. II, 20) andrerseits mehr als ein Kuriren ohne allen Gewinn zum Thatbestande erfordern und in letzterer Beziehung das unentgeltlich unternommene Heilungsverfahren nicht hinterher durch ein unvorhergesehenes Geschenk strafbar werden las-

---

[1]) Vgl. S. I. 17. Okt. 1860 c. Witt (653; S. 113); Oppenh. Strafverf. Abschn. IV. (§ 126 ff.) n. 59. 60. 63.

[2]) Der hier ausgesprochene Vorbehalt war auch insofern mangelhaft, als nicht dasjenige Vergehen ꝛc., wegen welches eine anderweite Strafverfolgung statthaft sein sollte, ausdrücklich und genau bezeichnet war; vgl. Oppenh. Strafverf. Art. 30 n. 39. 51.

sen. Dagegen war gar keine Veranlassung gegeben, außer dem Heilungsverfahren

a. ohne vorschriftsmäßige Approbation und

b. gegen Erlangung eines Vortheils,

auch noch als drittes nothwendiges Merkmal der Strafbarkeit zu erfordern, daß der unbefugte Heilungsunternehmer (Medizinalpfuscher, Quacksalber), dessen Gefährlichkeit für die Gesundheit Anderer den Hauptgesichtspunkt darstellt, aus welchem er mit Strafe bedroht ist (im Tit. 25 „Körperverletzung"), die Gegenleistung, womit er sich belohnt macht, ausdrücklich als Lohn für seine angebliche Kunst oder Behandlung des Leidenden (merces, manupretium, honorarium) bezeichnet oder gar als solchen empfangen habe. Es genügt, daß er einen Kranken unbefugter Weise nicht uneigennützig in ein Heilverfahren genommen, sondern das unbefugte Heilverfahren als Mittel zum Zwecke einer Bereicherung benutzt hat. Dieses hat aber Angeklagter nach der vorderrichterlichen thatsächlichen Feststellung gethan, und die Vernichtung des angegriffenen Erkenntnisses wegen unrichtiger Auslegung und Nichtanwendung des § 199 des StGB. konnte daher keinem Bedenken unterliegen. Dagegen war das erstrichterliche Erkenntniß nicht sofort herzustellen, weil

2. der App.-Richter, welcher sich in Gemäßheit des Art. 101 des Ges. v. 3. Mai 1852 zum Herrn der ganzen unter Anklage gestellten Thathandlung durch neue Beweiserhebung gemacht, dennoch dieselbe nicht in Gemäßheit des ersten Satzes des Art. 30 daselbst unter allen Gesichtspunkten der Strafbarkeit, worunter sie seines Erachtens zu bringen war, festgestellt, sondern solches einem neuen Verfahren vorbehalten hat. Dieses ist nach Inhalt der Urtelsgründe nicht etwa wegen der Nothwendigkeit einer besseren Vorbereitung der Anklage oder der Vertheidigung geschehen, wie der zweite Satz des Art. 30 voraussetzt, sondern weil der App.-Richter die Subsumtion der Handlung des Angeklagten nach allen ihren Merkmalen unter

die Strafgesetze gegen Betrug oder andere auf Unredlichkeit beruhende Vergehen für eine unzulässige reformatio in peius hielt. Wäre sie das, so würde sie auch nicht einem neuen Verfahren vorbehalten werden dürfen: denn ein solcher Vorbehalt ist nach Art. 30 alin. offenbar nur zu dem nämlichen Endzwecke statthaft, wozu auch eine Vertagung führen darf, sie ist ein Surrogat für eine Vertagung. In der That liegt aber keine reformatio in peius vor, wenn der competente zweite Richter in der Handlung des Angeklagten die Merkmale des Thatbestandes eines andern Vergehens findet, mithin dieselbe für ein anderes Vergehen qualificirt, wie der erste Richter; hierzu ist er vielmehr so befugt als verpflichtet, sei es ohne neue Beweisaufnahme, wenn der erste Richter auf den festgehaltenen Thatbestand ein unrichtiges Strafgesetz angewendet hat, sei es weil in Folge neuer Beweisaufnahme die Veränderung der erstrichterlichen thatsächlichen Feststellung auch die Anwendbarkeit eines andern Rechtsbegriffs als gesetzlichen Vergehens darauf bedingt. Die sogenannte relative Rechtskraft des ersten Erkenntnisses hindert den App.-Richter nach § 528 der Cr.-Ordn. nur, eine höhere Strafe gegen den Angeklagten, als die erkannte, auszusprechen, sie kann ihn aber nicht hindern, seine That bei dem rechten Namen, welchen das Gesetz ihr beilegt, zu nennen, oder gar nöthigen, den Rechtsirrthum des ersten Richters zu sanctioniren.

Der App.-Richter hat sich daher der, einem neuen Verfahren mit Verletzung der Art. 30 und 101 des Ges. v. 3. Mai 1852 vorbehaltenen Prüfung und Entscheidung selbst zu unterziehen, nach Obigem zu 1. zwar nicht darum, weil die Anwendung des § 199 des StGB. wegfällt oder wegfallen könnte, sondern weil dabei in der Handlungsweise des Angeklagten die Concurrenz anderer Paragraphen des StGB. mit jenem sich herausstellen kann.

Antr. des GStA.s gleichl. [23. — 5.]

Nothwehr. — Hinausgehen über die Grenzen der Vertheidigung. — Fragstellung.

Das Hinausgehen über die Grenzen der Vertheidigung aus Bestürzung ꝛc. rechtfertigt eine Freisprechung nur dann, wenn gleichzeitig (durch den Geschwornenspruch) festgestellt worden ist, daß es sich von der Abwendung eines gegenwärtigen rechtswidrigen Angriffs gehandelt habe.

StGB. § 41 [vgl. dort n. 5].

Erk. (B. I.) v. 22. Febr. 1861 c. Pompecki (1251. I. Cr. v. 1860).

Die Geschwornen hatten den P. einer vorsätzlichen Körperverletzung mit tödtlichem Erfolge schuldig erklärt, eine die Nothwehr betreffende Frage (4) verneint, sodann aber die fünfte Frage bejaht, welche dahin lautete:

> Ist der Angeklagte bei der That zu 1 nur aus Bestürzung, Furcht oder Schrecken über die Grenzen der Vertheidigung gegangen?

Das hierauf ergangene freisprechende Erkenntniß des Schw.-GH. ist auf die NB. des StA. vom OTr. vernichtet und die Sache vor ein neues Schw.-G. zurückverwiesen worden.

Gründe:

Die fünfte Frage entbehrte der, zu einem die Strafausschließung bedingenden Exceß bei einer Nothwehr, erforderlichen Momente eines gegenwärtigen und rechtswidrigen Angriffes, die in die Frage zu Nr. 5 aufzunehmen um so nothwendiger war, als sie mit der vorangehenden Frage sub Nr. 4 in keine äußere Verbindung gebracht worden. Das Verdict lautete demgemäß eben so unvollständig:

> Ja, der Angeklagte ist bei der That zu 1 nur aus Furcht, Bestürzung oder Schrecken über die Grenzen der Vertheidigung hinausgegangen.

Daraus können nun die wesentlichen Momente eines straffreien Excesses bei einer Nothwehr, wie gezeigt, nicht genügend entnommen werden, und der Schw.-GH. war auf diesen mangelhaften Thatbestand hin nicht befugt, auf Grund des § 41 des StGB. auf die Freisprechung des

Angeklagten zu erkennen. Er hat daher das allegirte Gesetz unrichtig angewendet.

Antr. des GStA.s gleichl. [20. — 5.]

Gottesdienst. — Gesang der Gemeinde. — Störung. — Dolus.

Der Gesang der Gemeinde in einer dem Gottesdienste gewidmeten Zeit ist als Theil des evangelischen Gottesdienstes zu betrachten.

Beim Vergehen der Störung des Gottesdienstes genügt als Dolus das Bewußtsein des störenden Charakters der Handlung.

StGB. § 136 [vgl. dort n. 11. 12].

Erk. (Z. I.) v. 5. Dez. 1860 c. Zabel (1008. I. Cr.).

Z. war auf Grund der thatsächlichen Feststellung,

daß er am ꝛc. zu Spandau in der St. Nicolai-Kirche den Nachmittags-Gottesdienst einer im Staate bestehenden Religionsgesellschaft, nämlich der evangelischen Gemeinde daselbst, durch Erregung von Lärm gestört habe,

zu einmonatlicher Gefängnißstrafe verurtheilt worden. Seine NB. behauptete Verletzung des § 136 l. c., weil der Gesang der Gemeinde einen Theil des Gottesdienstes nicht bilde und der Vorsatz, den Gottesdienst zu stören, nicht festgestellt sei.

Das OTr. hat die Beschwerde zurückgewiesen:

Gründe:

Zuvörderst beruht es auf gänzlicher Unkunde oder Nichtverständniß des evangelischen Gottesdienstes, den Gesang der Gemeinde in einer dem Gottesdienst gewidmeten Zeit nicht als Theil des Gottesdienstes betrachten zu wollen, da derselbe bekanntlich in seiner regelmäßigen Form aus Gesang, Predigt und Gebet besteht. —

Was aber den vom Imploranten vermißten Vorsatz betrifft, so kann nach der Fassung des § 136 nicht die bestimmte Absicht einer Störung für erforderlich erachtet werden, sondern es muß schon das vorhandene Bewußtsein von dem störenden Charakter der Handlung genügen, wie auch der App.-Richter angenommen und befunden hat, so daß es gemäß § 44 des StGB. einer entgegengesetzten Feststellung des mangelnden Bewußtseins zu des Angeklagten Exculpation bedurft haben würde.

Antr. des GStA.s gleichl. [17. — 2.]

Diebstahl. — Salz. — Magazin. — Kontrebande. — Defraude.

Derjenige, welcher Salz aus einem Königlichen Magazine stiehlt, begeht durch die Einführung desselben weder eine Kontrebande noch eine Zolldefraudation. [Z.-Str.-Ges. v. 23. Jan. 1838 § 1. 6.]

Erk. (Z. I.) v. 23. Jan. 1861 c. Wölm (60. I. Cr.).

Die NB. des OStA. zu Marienwerder und des Kgl. Pr.-St.-Directors zu Danzig wider das App.-Erk. v. 26. Okt. 1860, wegen Verletzung der §§ 1. 6. 23. 24 des Ges. v. 23. Jan. 1838, ist nicht begründet.

Thatsächlich ist festgestellt,

> daß die Angeklagte am 2c. aus dem Kgl. Salz-Magazin zu Danzig 77¼ Pfd. Salz gestohlen, und diese gedachte Quantität Salz in die Stadt Danzig eingeführt hat.

Hierin liegt aber nicht der Thatbestand einer Kontrebande, weil nach § 1 des Z.-Str.-Ges. v. 23. Jan. 1838 nur derjenige die Strafe der Kontrebande verwirkt hat, welcher Gegenstände, deren Aus- oder Einfuhr verboten ist, diesem Verbote zuwider ein- oder auszuführen unternimmt, was hier nicht der Fall, indem die in Rede stehende Quantität Salz nicht vom Auslande her in das Preußische, und speciell in die Stadt Danzig eingeführt worden ist.

Aus demselben Grunde kann ebenso wenig von einer Zolldefraudation die Rede sein, weil nur das aus dem Auslande nach Preußen eingeführte Salz zollpflichtig sein könnte. Mag man daher annehmen, daß Salz überhaupt nicht, oder nur nach Entrichtung eines Eingangszolles aus dem Auslande eingeführt werden darf, so liegt doch immer kein Vergehen wider das Z.-Str.-Ges. v. 23. Jan. 1838 vor.

Wenn hiergegen die NB. auszuführen sucht, daß eine Kontrebande oder Zolldefraudation nach § 6 l. c. als vollbracht angesehen werden müsse, weil die Angeklagte unverzollte Waaren aus einer Anstalt zur Niederlegung derselben, ohne vorschriftsmäßige Deklaration entfernt habe, so führt hiergegen der App.-Richter mit Recht aus, daß das vom Staate in seinen Magazinen aufbewahrte, im Inlande gewonnene Salz als eine unverzollte Waare überhaupt nicht angesehen werden könne.

Antr. des GStA.s gleichl. [18.—2.]

Einsteigen. — Versuch. — Anfang der Ausführung. — Feststellung.

Ob das Einsteigen in ein fremdes Gebäude als Anfang der Ausführung eines Diebstahlsversuchs zu betrachten sei, ist Gegenstand der thatsächlichen Beurtheilung.

StGB. § 31 [vgl. dort n. 16. 19. 21].

Erk. (Z. II.) v. 24. Jan. 1861 c. Holtmann (36. II. Cr.).

In Erwägung, daß die in der Rechtfertigungsschrift enthaltenen Ausführungen im Wesentlichen auf einen Angriff gegen diese thatsächliche Feststellung sich zurückführen;

daß dies insbesondere auch von der Behauptung, „daß in dem bloßen Einsteigen, ohne contrectatio, der von dem erkennenden Richter angenommene Anfang der Ausführung eines Diebstahls nicht zu finden sei," gilt, indem auch dies Merkmal des strafbaren Versuchs nach den concreten Umständen sich bemißt, und weder aus einer Bestimmung des Gesetzes, noch aus der Natur der Sache sich herleiten läßt, daß an und für sich das in diebischer Absicht verübte Einsteigen in ein Gebäude 2c. nur als eine vorbereitende Handlung betrachtet werden könne, welche als solche nicht unter die Bestimmung des § 31 falle.

(A. d. Gr. Zurückweisung der NB.)

Antr. des GStA.s gleichl. [16.—3.]

Geldbuße. — Uneinziehbarkeit. — Verwandlung in prinzipale Gefängnißstrafe.

Die Instanzgerichte sind nicht befugt statt der verwirkten Geldbuße, wegen vermeintlicher Uneinziehbarkeit, unmittelbar die entsprechende Gefängnißstrafe als Prinzipalstrafe zu verhängen.

StGB. § 17.

Erk. (B. II.) v. 24. Jan. 1861 c. Recke (454. II. Cr. v. 1860).

Die Ansicht des App.-Richters, daß es zulässig gewesen sei, die der Geldbuße von 10 Thlr. entsprechende eventuelle Gefängnißstrafe sofort als Prinzipalstrafe auszusprechen, ist nicht haltbar, da es dem Richter nicht zusteht, von dem gesetzlich bestimmten Strafsysteme abzuweichen. Der vom App.-Richter aus der muthmaaßlichen oder schon feststehenden Unbeitreiblichkeit der Geldbuße abgeleitete Grund ist um so weniger geeignet, seine Ansicht zu rechtfertigen, als er in seinem Urtheil Verhältnissen nicht vorgreifen konnte, welche lediglich von der Zeit der Strafvollstreckung abhängig sind.

Antr. des GStA.s gleichl. [27 — 3.]

Kuppelei. — Verübung der Unzucht.

Zum Thatbestande der Kuppelei wird nicht erfordert, daß eine Unzucht von oder mit den Personen, welchen dazu Vorschub geleistet wurde, wirklich verübt worden sei.

StGB. § 147 [vgl. dort n. 11].

Erk. (Z. II.) v. 24. Jan. 1861 c. Stahler (16. II. Cr.).

In Erwägung, daß zum Thatbestande der im § 147 vorgesehenen Kuppelei, als eines selbstständigen Vergehens keineswegs erfordert wird, daß eine Unzucht von oder mit den Personen, welchen dazu Vorschub geleistet wurde, wirklich verübt worden sei, sondern es zur Herstellung dieses Vergehens hinreicht, daß ihnen dazu ein Vorschub unter den, im § 147 aufgeführten Momenten geleistet worden ist, und im übrigen die thatsächliche Würdigung darüber: ob diejenigen Handlungen, deren der oder die Angeklagte sich schuldig gemacht hat, eine Vollendung des Vergehens der Kuppelei durch Vorschubleistung darstellen, dem Richter der That anheimfällt.

(A. d. Gr. Zurückweisung der NB.)

Antr. des GStA.s gleichl. [16. — 3.]

---

1. Nachdruck. — Verbreitung. — Preußen. — Ausland.
2. Nachdruck. — Halten zum Verkauf. — Bestellung.
3. Nachdruck. — Dolus.
4. Nachdruck. — Entschädigung. — Kompetenz. — Strafrichter.

1. Die Verbreitung eines widerrechtlich vervielfältigten Werks ist ein selbstständiges Vergehen; wenn daher in Preußen ein Werk gegen Nachdruck geschützt ist, so ist die hier verübte Verbreitung einer solchen widerrechtlich bewirkten Vervielfältigung nach Preußischen Gesetzen strafbar, sollte diese Vervielfältigung auch im Auslande vorgenommen und dort nicht strafbar sein.

Ges. v. 11. Juni 1837 § 9. 10. 13.

2. Das Verbot „widerrechtlich vervielfältigte Werke zum Verkaufe zu halten" ist nur auf einen gewerblichen Verkehr zu beziehen; ein solcher kann aber auch da stattfinden, wo dem Verkaufe eine specielle Bestellung vorhergeht.

Ebendas. § 13.

3. Beim Vergehen des Nachdrucks und der Verbreitung eines nachgedruckten Werks genügt als Dolus die Kenntniß vom Verlagsrechte des Andern. Ebendas. § 10. 13.

4. Der Strafrichter ist kompetent, in Untersuchungen wegen Nachdrucks zugleich über die vom Verletzten geforderte Entschädigung zu erkennen.

Ebendas. § 10. 13; StGB. § 6.

Erk. (Z. I.) v. 18. Jan. 1861 c. Ziegler (1124. I. Cr. v. 1860).

Die NB. gegen das App.-Erkenntniß ist unbegründet.

Zu A. Nr. 1.

Es handelt sich hierbei um die Rechtsfrage, ob die in Preußen stattgefundene Verbreitung eines außerhalb Preußens gedruckten und dort herausgegebenen Verlagsartikels, welcher nach den am Orte seines Erscheinens geltenden Gesetzen nicht, wohl aber nach Preußischen Gesetzen ein Nachdruck eines ursprünglich hier erschienenen Werkes ist, unter die Strafbestimmungen des Ges. v. 11. Juni 1837 falle. Es ist unrichtig, daß die bloße Verbreitung von Exemplaren nachgedruckter Werke ihrer Natur nach als eine Handlung der Theilnahme an dem Vergehen des Nachdrucks aufgefaßt werden kann, obwohl zur Vollendung des Vergehens diese Verbreitung an sich nicht, vielmehr nur die Vervielfältigung in der Absicht der Verbreitung, gehört. Allein sowohl nach den Bundesgesetzen (Bundesbeschluß v. 9. Nov. 1837 Art. 5), als nach den Gesetzen einzelner deutscher Staaten, und insbesondere nach dem Preußischen Ges. v. 11. Juni 1837 § 13 ist die Verbreitung unbedenklich ein besonders unter Strafe gestelltes selbstständiges Vergehen. Darüber kann sowohl nach den Motiven, als nach der Fassung jenes § 13 kein Zweifel bestehen.

Für die Regeln der bloßen Theilnahme waren nach dem ALR., so wie jetzt nach dem StGB., die im allgemeinen Theile vorgeschriebenen Grundsätze maaßgebend. Sobald sich das Gesetzbuch also im einzelnen Falle nicht mit diesen Grundsätzen begnügt, vielmehr im besondern Theile für die in Rede stehende Handlung ausdrücklich eine eigene Strafandrohung erläßt, ist unzweifelhaft anzunehmen, daß es diese Handlung als ein selbstständiges Vergehen behandelt wissen will.

Auch darüber kann ferner gegen die Ausführungen der NB. ein Zweifel nicht obwalten, daß der Nachdruck und die analogen, in dem Ges. v. 11. Juni 1837 mit Strafe bedrohten Handlungen, also auch die Verbreitung des Nachdrucks, strafbare Handlungen im eigentlichen Sinne sind, weil sie, abgesehen von den civilrechtlichen Folgen, in einem Verbotsgesetze mit öffentlicher Strafe bedroht sind. Von einer Hereinziehung civilrechtlicher Grundsätze kann also bei der Beurtheilung auch dieser strafbaren Handlungen gegen das gedachte Gesetz v. 1837 keine Rede sein, vielmehr gilt hier lediglich der Grundsatz, daß sie, abgesehen von der Ausdehnung des Territorialitätsprincips im § 4 des StGB., nach den Gesetzen des Ortes, an welchem sie verübt worden, zu beurtheilen sind, daß daher eine in Preußen verübte Verbreitung eines Nachdrucks lediglich nach Preußischen Gesetzen zu beurtheilen ist, sobald das nachgedruckte Werk nach diesen Gesetzen gegen Nachdruck geschützt ist. Der Schutz des Autor- und Verlagsrechts, welcher durch das Gesetz bezweckt worden, wird ja hauptsächlich durch die Verbreitung der nachgedruckten Exemplare vereitelt, und es ist aus diesem Grunde gleichgültig, ob die Anfertigung dieser Exemplare im Auslande oder im Inlande selbst geschehen ist. Der Art. 5 des durch Patent v. 29. Nov. 1837 in Preußen publicirten Bundesbeschluß v. 9. Nov. 1837 sagt daher auch ausdrücklich:

> Der Debit aller Nachdrücke und Nachbildungen u. s. w., sie mögen im deutschen Bundesgebiet oder außerhalb desselben veranstaltet sein, soll in allen Bundesstaaten bei Vermeidung der Wegnahme und der durch die Landesgesetze angedrohten Strafen untersagt sein.

Wenn auch diese Vorschrift nur das Verhältniß des Bundesgebietes zu dem außerdeutschen Auslande im Auge hat, so versteht es sich doch von selbst, daß der Grundsatz selbst, sollte er sonst irgend wie zweifelhaft sein, seine Anwendung um so mehr auf das Verhältniß der einzelnen Bundesstaaten unter einander Anwendung finden muß, wenn ausnahmsweise nach Lage der Particulargesetze ein verschiedenes Maaß des Schutzes unter ihnen obwalten sollte, wie dies in dem vorliegenden Falle vorausgesetzt ist.

Hiernach erweisen sich alle Ausführungen des Angeklagten bei diesem Punkte als hinfällig.

Zu A. Nr. 3.

Der § 13 des Gesetzes v. 11. Juni 1837 straft denjenigen, welcher „widerrechtlich vervielfältigte Werke wissentlich zum Verkauf hält." Daß hierunter allerdings nur ein gewerblicher Vertrieb im Wege des Handels gemeint sei, ergiebt der Zusammenhang und der Umstand, daß jenes Gesetz offenbar nicht über den Thatbestand der Bundesgesetze, die von einem Handelsbetrieb mit nachgedruckten Werken reden (Bundesbeschluß v. 1845 § 4), hat hinausgehen wollen.

Der App.=Richter irrt nun aber auch darin nicht, wenn er annimmt, daß das Halten zum Verkaufe auch dann stattfinde, wenn eine specielle Bestellung vorausgegangen sei. Die Bestellung einer Waare bei einem Handeltreibenden und die Ausführung dieser Bestellung durch den letzteren bildet entweder das Kommissionsgeschäft oder das Lieferungsgeschäft; beide aber sind Handelsgeschäfte, und im Sinne des Buchhandels sind literarische, musikalische u. s. w. Erzeugnisse Waaren. Im Sinne jenes § 13 fällt unbedenklich auch dies unter das „Halten zum Verkauf;" denn das Wesentliche ist nur, daß der die Bestellung Ausführende Jedwedem dient und von solchem Debit ein Gewerbe macht.

Zu A. Nr. 4.

Von beiden Richtern ist das Zugeständniß des Angeklagten festgestellt, daß er gewußt, Schl. habe das Verlagsrecht aller der hier streitigen Artikel erworben.

Eines Mehreren bedarf es nicht zur Strafbarkeit des Nachdrucks und der Verbreitung. —

Schließlich endlich ist auch die Beschwerde über die erkannte Verweisung der Entschädigungsfrage in die erste Instanz unbegründet. Mit Recht entnimmt der App.=Richter aus den Vorschriften des Ges. v. 11. Juni 1837 die Kompetenz des Strafrichters, in der Untersuchung wegen Nachdrucks zugleich über die Entschädigung des Verletzten, welche dieser ausdrücklich fordert, zu erkennen, obwohl frei=

lich die Bezugnahme des App.-Richters auch auf den Bundesbeschluß v. 19. Juni 1845, da dieser selbstverständlich über das Verfahren in Nachdruckssachen in den einzelnen deutschen Staaten Nichts hat bestimmen wollen oder können, ungerechtfertigt ist.

Daß das Ges. v. 11. Juni 1837 ein Strafgesetz sei, insofern es den Nachdruck u. s. w. für eine strafbare Handlung erklärt und dafür eine öffentliche Strafe androht, ist oben bereits bemerkt. In unmittelbarer Verbindung mit dieser Strafe steht nun die in dem Gesetze zugleich ausgesprochene Entschädigungspflicht des Nachdruckers u. s. w., für deren Betrag dem Richter Normen angegeben werden. In einem Falle ist sogar die als Strafe auszusprechende Konfiskation selbst als ein Mittel der Entschädigung bezeichnet, indem ausgesprochen ist, daß dem Berechtigten die konfiscirten Nachdrucksexemplare auf seine geforderte Entschädigung, und statt derselben, überlassen werden können (§ 12). Wenn nun aber überall das Verfahren wegen Nachdrucks in den Untersuchungsweg gewiesen, hierbei Grundsätze und formelle Anweisungen für den „Richter" zur Ermittelung und Feststellung der Entschädigungssumme gegeben sind, und nach eingeleiteter Untersuchung zwar auch die Zurücknahme des Entschädigungs-, nicht aber des eigentlichen Strafantrages gestellt ist, so kann dies alles nur einen Sinn haben, wenn das Gesetz sich unter dem „Richter" nur den Strafrichter, als den sowohl für die Strafe, als für die Entschädigung kompetenten Richter gedacht hat.

Der Grundsatz des App.-Richters ist sonach richtig, auch wenn, was die NB. unpassenderweise als Verletzung eines Rechtsgrundsatzes rügt, das zugleich angeführte Motiv über die Inkonvenienzen verschiedener richterlicher Kompetenzen über die Strafe und resp. über die Entschädigung, aus welchem widersprechende Entscheidungen hervorgehen könnten, hier nicht maaßgebend sein kann.

Die Berufung der Beschwerde dagegen auf § 6 des StGB., dessen Sinn der App.-Richter, wenn auch zu beschränkt, richtig angiebt, ist eben so verfehlt, wie die Berufung auf den Rechtsgrundsatz, daß über alle Gegenstände des Privatrechts unter den Parteien gestritten werden müsse, ein solcher Streit aber nicht in der Untersuchung, sondern nur im Civilprozesse möglich sei. Denn ein solcher Grundsatz kann allerdings für den Gesetzgeber leitend sein, nicht aber, einem bestehenden Gesetze gegenüber und nach dessen unzweifelhaftem Sinne, für den Richter.

Antr. des GStA.s gleichl. [15. — 4.]

Beweisantrag. — Ablehnung. — Gründe.

Wird ein Beweisantrag ohne Angabe von Gründen abgelehnt, so tritt Nichtigkeit ein.

Vdn. v. 3. Jan. 1849 § 52 [vgl. dort n. 25].

Erk. (B. II.) v. 14. März. 1861 c. Schmidt (49. II. Cr.).

Im Laufe der schwurgerichtlichen Verhandlung stellte der Vertheidiger des Angeklagten den Antrag, einen Zeugen K. über eine behauptete Thatsache zu vernehmen. Nach dem Sitzungsprotokolle wurde dieser Antrag: „ex concluso abgelehnt." Auf die NB. des Angeklagten, weil die Gründe dieses Beschlusses nicht angegeben seien: Vernichtung.

Gründe:

In Erwägung, daß dieser [erwähnte] Beschluß nicht als der Intention und Bestimmung des Gesetzes entsprechend angesehen werden kann, da jede richterliche Entscheidung, also auch eine solche, welche über Incidentanträge ergeht, motivirt und namentlich bei Anträgen der vorliegenden Art, mit Rücksicht auf die Vorschrift des Art. 108 Nr. 5 l. c., aus derselben ersichtlich sein muß, ob die Ablehnung aus thatsächlichen oder aus rechtlichen Gründen erfolgt sei? —

daß überdies aber auch die Gründe, welche den Richter zur Ablehnung bestimmt haben, zur Kenntniß der betreffenden Partei gebracht werden müssen, und die Thatsache, daß diese wesentlichen Erfordernisse jeder Entscheidung beobachtet worden, nach Art. 78 l. c. nur durch den Inhalt des Sitzungsprotokolls nachgewiesen, nicht aber durch den Vermerk, „daß die Entscheidung ex concluso erfolgt sei," ersetzt werden können.

Antr. des GStA.s gleichl. [16.—3.]

Criminalprozeß. — Schriftstück. — Veröffentlichung.

Durch die Einreichung einer Denunciation bei der Staats-Anwaltschaft wird noch nicht ein Criminalprozeß im Sinne des § 48 des Preßgesetzes v. 12. Mai 1851 anhängig gemacht, so lange noch nicht durch einen Antrag jener das Gericht mit der Sache befaßt worden ist.

Preßges. v. 12. Mai 1851 § 48.

Erk. (V. I.) v. 25. Jan. 1861 c. Holdheim (1190. I. Cr. v. 1860.).

Der Zeitungsredakteur H. hatte eine bei der StA.-schaft eingereichte Denunciation veröffentlicht, ehe noch eine Verfügung auf dieselbe ergangen war. Auf erhobene Anklage verurtheilten ihn die Instanzgerichte wegen Zuwiderhandlung gegen § 48 Abs. 3 des Preßges.; auf seine NB. erfolgte die Vernichtung des app.-gerichtlichen Erkenntnisses und seine Freisprechung aus folgenden Gründen:

Die Strafbestimmung Abs. 3 § 48 des Preßges. verbietet, ein „Schriftstück eines Criminalprozesses" zu veröffentlichen, bevor die mündliche Verhandlung stattgefunden oder der Prozeß auf anderem Wege sein Ende erreicht hat. So lange ein gewisser Criminalprozeß nicht eröffnet ist, keinen Anfang genommen hat, kann ein Schriftstück nicht dazu gehören, es fehlt das Object der im § 48 verbotenen Veröffentlichung. Ein Criminalprozeß, selbst im weitesten Sinne des Wortes, kann immer nur ein gerichtliches Untersuchungsverfahren sein (vgl. §§ 6. 11. 15. II. 17 des ALR.; §§ 1. 3. 4. 12—15 der Cr.-Ordn.; §§ 1. 11 der Vdn. v. 3. Jan. 1849; Art. 1. 135 ff. des Ges. v. 3. Mai 1852). Die StA.-schaft gehört nicht zu den richterlichen Beamten, ihr sind Untersuchungsverhandlungen der Regel nach ausdrücklich untersagt; was sie innerhalb ihres Wirkungskreises vornimmt, kann mithin keine Untersuchungsverhandlung sein und zum Schriftstücke eines Criminalprozesses nur und dann erst werden, wenn das Gericht einen solchen eröffnet hat. Noch viel weniger ist eine Privatschrift, die der StA.-schaft überreicht wird, schon darum ein „Schriftstück eines Criminalprozesses." —

Hier war nicht einmal ein Antrag an ein Gericht ergangen, um es mit der Untersuchung zu befassen (Ges. v. 3. Mai 1852 Art. 4), es konnte daher von einer eröffneten Untersuchung, einem schwebenden Criminalprozesse, noch keine Rede sein. Aus den Gründen des zweiten Erkenntnisses ist nur zuzugeben, daß der gesetzliche Weg, um zum Richter zu gelangen, betreten, keineswegs aber, daß dieser Weg schon ein Stadium des Criminalprozesses selbst war, zu dessen Einleitung er möglicher Weise führte. Indem der vorige Richter es als zweifellos ausspricht, daß eine der StA.-schaft eingereichte Denunciation das Schriftstück sei, mit welchem das gegen den Denunciaten angeregte Untersuchungsverfahren beginne, insofern die StA.-schaft das angezeigte Sachverhältniß dazu angethan finde, ihre amtliche Thätigkeit eintreten zu lassen, drückt derselbe sich einestheils ungenau aus und stellt anderntheils einen für die Anwendung des § 48 des Preßges. ganz unerheblichen Satz hin; dem gerichtlichen Untersuchungsverfahren, dem Criminalprozesse, wird darin die amtliche Thätigkeit der StA.-schaft gleichgestellt, welche jenem bald mit bald ohne Erfolg vorausgeht, sei es als bloßes Scrutinialverfahren, sei es als Antrag auf Einleitung einer gerichtlichen Untersuchung entweder gemäß §§ 42 ff. oder gemäß § 39 und §§ 47 ff. der Vdn. v. 3. Jan. 1849, und zugleich wird das Einschreiten der StA.-schaft als Bedingung erfordert, damit die dazu „anregende" Denunciation das Untersuchungsverfahren beginne, somit doch anerkannt, daß durch sie selbst es noch keinen Anfang nehme. Der App.-Richter fährt fort: „Die Denunciation liefert zunächst das Motiv des amtlichen Einschreitens und das Material für die Untersuchung des Thatbestandes. Unstreitig eben deshalb ist sie noch kein Stück der Untersuchung, sondern kann höchstens eines werden, wenn die StA.-schaft dieselbe zum gerichtlichen Verfahren bringt, das Gericht eine Untersuchung eröffnet und die Denunciation zu einem Stücke derselben macht. Das alles war am 2c. noch nicht geschehen: das Material der Denunciation war noch nicht Gegenstand einer Untersuchung, wie der Denunciat noch nicht in Untersuchung war; jenes konnte objectiv wie dieser subjectiv zur Untersuchung gezogen werden oder nicht. Motiv einer Untersuchung zu sein und Material dazu zu liefern, hat eine Denunciationsschrift mit vielen anderen Schriften gemein, die darum noch keine Schriftstücke eines Criminalprozesses sind. Auf einer völlig unzulässigen Ausdehnung des Wortinhaltes der fraglichen Strafbestimmung des Preßges. beruht endlich auch der Entscheidungsgrund des Vorderrichters: „der Angeklagte wußte vollständig, daß das ihm zugesandte und von ihm abgedruckte „Aktenstück" (vom Denuncianten) bestimmt war, zu den Akten der StA.-schaft zu gelangen und demzufolge ein zu dem (vom Denuncianten bezweckten) Criminaplrozeß gegen den Denunciaten gehöriges Schriftstück zu werden." Denn es bedarf nach dem Gesagten keiner weiteren Ausführung, daß die Bestimmung einer Schrift Seitens des Autors als Privatmannes, zunächst Aktenstück der StA.-schaft und eventuell Aktenstück eines Criminalprozesses zu werden, die Schrift nicht zu letzterem machen kann, und das Bewußtsein eines Zeitungsredakteurs, welches auf eine derartige Bestimmung der Schrift beschränkt ist, unterscheidet sich wesentlich von dem Bewußtsein, daß dieselbe Stück eines anhängigen Criminalprozesses sei. Wäre selbst den Grundsätzen der Auslegung polizeilicher Strafbestimmungen entgegen eine Extension des § 48 nach der Absicht des Gesetzgebers statthaft, so würde letztere doch nicht im Sinne des angegriffenen Erkenntnisses aus den vom ersten Richter in Bezug genommenen Kammerverhandlungen erweislich sein. Denn so lange eine Schrift lediglich als Privatdenunciation sich darstellt, wovon es noch ungewiß ist, ob die competenten Behörden ihr irgend einen Glauben schenken, eine Folge geben, und ob eventuell nicht vielmehr eine Untersuchung gegen den Denuncianten wegen falscher Anschuldigung oder Verläumdung als gegen den Denunciaten daraus erwachsen werde, so lange kann von einer Gefährdung der Unbefangenheit von Zeugen, Geschwornen oder Richtern nur in einem viel entfernteren Sinne die Rede sein, als bei der Veröffentlichung eines Schriftstücks einer bereits anhängigen Criminalprocedur. Dazu kommt, daß die Quelle, woraus der § 48 des Preßgesetzes geschöpft ist, der Art. 10 des Französischen Gesetzes v. 9. Sept. 1835, die Veröffentlichung der Anzeige eines Verletzten an das Untersuchungsgericht (plainte) auf dessen Verlangen ausdrücklich gestattet Um so weniger kann die Veröffentlichung einer Denunciation an die StA.-schaft vor Einleitung der gerichtlichen Untersuchung, in Ermangelung eines klaren ausdrücklichen Verbotes, unter einer Gesetzgebung für strafbar angenommen worden sein, wo die StA.-schaft dem Verletzten den directen Weg zum Gerichte verschließt. Vom Schutze der Denunciaten handelt es sich in § 48 des Preßges. nicht: dieser ist in anderen Paragraphen des Preßgesetzes (§§ 29. 32—37 ꝛc.) und im gemeinen Strafrechte (§ 133 f. 152. 156 ꝛc. des StGB.) gewährt.

Antr. des GStA s gleichl. [23 —5.]

---

1. Disciplinarverfahren. — Non bis in idem.
2. Schwurgerichtsvorsitzender. — Vertheidiger. — Ordnungsruf.

1. Der Grundsatz Non bis in idem gilt auch für Disciplinaruntersuchungen.

2. Dem Schwurgerichtsvorsitzenden steht die Befugniß zu, den Vertheidiger wegen einer Ausschreitung zur Ordnung zu rufen.

Ges. v 3. Mai 1852. Art 76.

Erk. (I. Civ.-Sen.) v. 28. Jan. 1861 c. Rechtsanwalt M. (267. D.)

Der Rechtsanwalt M hatte als Vertheidiger in einer schwurgerichtlichen Verhandlung sich verschiedener Ausdrücke in Beziehung auf das Gericht und die StA.-schaft bedient, welche von der letzteren für beleidigend erachtet wurden. Nach dem Sitzungsprotokoll nahm hierauf der Vorsitzende:

„Veranlassung in Betreff des Ausdrucks: 2c. für das hiesige Gericht öffentlich Verwahrung einzulegen, und nach beendigter Vertheidigung auf den Antrag des StA. dem Hrn Rechtsanwalt M. wegen der Unangemessenheit der Ausdrücke: 2c. einen Verweis zu ertheilen, diesen Verweis auch öffentlich auszusprechen."

Demnächst beantragte der OStA. wegen derselben Thatsache die Einleitung des förmlichen Disciplinarverfahrens, der Ehrenrath hielt indessen dafür, daß die Sache durch den öffentlich ertheilten Verweis erledigt, und eine nochmalige Disciplinarstrafe unstatthaft sei. Dieses Erkenntniß ist auf die Berufung des OStA. vom OTr. bestätigt worden.

Gründe:

Wenn der OStA. den allgemeinen strafrechtlichen Grundsatz: Non bis in idem für Disciplinaruntersuchungen überhaupt als unanwendbar ausschließen will, so geht er jedenfalls zu weit und schon in dem diesseitigen Präjudikate v. 27. Juni 1853 (Entsch. 25 S. 368) ist das Gegentheil dargethan worden.

Auf den §5 des Ges. v. 21. Juli 1852 kann sich die StA.-schaft hier aber schon um deshalb nicht berufen, da dessen Voraussetzungen hier überall nicht zutreffen, und jene an sich schon exceptionelle Vorschrift nicht wohl geeignet erscheint, um daraus für Disciplinarsachen einen jener generellen Rechtsregel geradezu widersprechenden, allgemeinen Grundsatz zu abstrahiren.

Daß dem Vorsitzenden bei Schwurgerichten, wie ihm überhaupt die Leitung der Verhandlung obliegt, auch die Befugniß zusteht, den Vertheidiger für den Fall etwaiger Ausschreitungen zur Ordnung zu rufen, mag immerhin zugegeben werden.

Auf einen solchen einfachen Ordnungsruf hat sich der damalige Schwurgerichtspräsident indessen keineswegs beschränkt; 2c.

[Sodann wird vom OTr. ausgeführt, es sei anzunehmen, daß der vom Vorsitzenden ausgesprochene Verweis vom Schwurgerichtshofe erkannt, und vom Vorsitzenden nur als dessen Organ verkündet worden sei, zumal da der letztere einseitig und selbstständig, d. h. ohne Konkurrenz der übrigen beisitzenden Richter gar nicht die Befugniß zur Ertheilung eines solchen Verweises nach § 75 des Ges. v. 21. Juli 1852 gehabt habe.[1])]

Antr. des GStA.s gleichl. [2.]

Ausländischer Wechsel. — Acceptation. — Inland. — Stempelpflichtigkeit.

Ein ausländischer, auf einen Inländer gezogener Wechsel, wird durch die Acceptation des letztern noch nicht zum inländischen Wechsel. Seine Stempelpflichtigkeit kann nur durch den besonders zu führenden Nachweis begründet werden, daß das Accept im Inlande hinzugefügt worden sei[2]).

Stemp.-Ges. v. 7. März 1822 § 20.

Erk. (Z. I.) v. 30. Jan. 1861 c. Cohn (1255. I. Cr. v. 1860).

C., ein Inländer, hatte einen aus Leipzig gezogenen Wechsel acceptirt, ehe derselbe gestempelt worden war; deshalb der Stempelkontravention angeklagt, ward er in beiden Instanzen freigesprochen, und die vom OStA. ergriffene NB. zurückgewiesen.

In Erwägung, daß der Ausführung der NB., nach welcher ein ausländischer Wechsel, der eine inländische Adresse trägt, durch das Accept dieses im Inlande woh-

---

[1]) Es leuchtet ein, wie wünschenswerth es ist, daß die Vermerke im Sitzungsprotokolle in Fällen der vorliegenden Art möglichst genau und deutlich abgefaßt werden, damit Zweifel über den Sinn und die Bedeutung der getroffenen Maßregel nicht aufkommen können. Ebenso ist es dringend zu empfehlen, die Ausdrucksweise der Gesetze selbst beizubehalten, und Wendungen wie „Verwahrung einlegen" zu vermeiden.

[2]) Sic: Z. I. 19. Nov. 1858 c. Kleeberg (1000); Z. I. 2. Dez. 1859 c. Graupe (895); Z. I. 16. Dez. 1859 c. Grünberg (1195); Z. I. 6. Jan. 1860 c. Hechinger (1236). Das zuletzt erwähnte Erkenntniß sprach allgemein aus, daß jeder im Auslande gezogene Wechsel ein „ausländischer" sei, und daß ein von einem Inländer im Auslande gemachtes Geschäft eine Stempelpflichtigkeit nicht begründe.

nenden Bezogenen in Beziehung auf die Stempelpflichtigkeit zu einem inländischen Wechsel werden soll, nicht beizutreten ist, vielmehr nach § 20 des Stempelgesetzes vom 7. März 1822 die Stempelstrafe immer erst dann verwirkt ist, wenn mit einem ausländischen Wechsel vor der Stempelung im Inlande ein Geschäft gemacht oder Zahlung darauf geleistet ist;

daß nun im vorliegenden Fall vom App.-Richter thatsächlich für nicht erwiesen erachtet ist, daß der in Rede stehende Wechsel — welcher selbst nicht ergiebt, wo das Accept vom Angeklagten darauf gesetzt ist — im Inlande acceptirt worden, dies auch blos daraus, daß der Bezogene in Preußen wohnt, rechtlich nicht gefolgert werden kann.

Antr. des GStA.s entg. [18.—2.]

---

1. Urkunde. — Beamter. — Aufnahme. — Ausstellung.
2. Zeugniß. — Beamter. — Ausstellung. — Urkunde.
3. Beamter. — Vorschuß. — Erstattung. — Unterschlagung. — Betrug.
4. Anklagesenat. — Vergehen. — Konnexität. — Beschlußnahme.

1. Als „Urkunde," deren Aufnahme oder Ausstellung einem Beamten obliegt, ist nur ein solches Schriftstück anzusehen, welches für oder gegen dritte Personen als Beweismittel dienen soll. Schriftstücke, welche nur den innern dienstlichen Verkehr des Ausstellers mit seiner vorgesetzten Behörde betreffen, gehören nicht hierher.

StGB. § 323 [vgl. dort n. 4].

2. Ein „Zeugniß" im Sinne des § 254 setzt voraus, daß es zu Gunsten eines Dritten oder doch überhaupt über eine dritte Person, oder über Thatsachen dritter Personen ausgestellt worden sei.

3. Der Beamte, welcher gegen besseres Wissen die Erstattung eines von ihm in einer Amtsangelegenheit angeblich gemachten Vorschusses er-

wirkt, begeht nicht eine Unterschlagung, sondern unter den geeigneten Voraussetzungen einen Betrug. StGB. §§ 225. 241. 324.

4. Der Anklagesenat des Appellationsgerichts, welcher über die definitive Versetzung in den Anklagestand wegen eines Verbrechens und eines damit konnexen Vergehens zu beschließen hat, muß selbst dann, wenn er in Betreff des Verbrechens außer Verfolgung setzt, in Beziehung auf das Vergehen ebenfalls Beschluß fassen, und geeigneten Falles die Untersuchung eröffnen, obgleich mit der Konnexität die Veranlassung weggefallen ist, durch welche jenes zu seiner Entscheidung gebracht wurde.

Ges. v. 3. Mai 1852. Art. 63 [vgl. dort n. 27].

Beschl. (I. Abth.) v. 30. Jan. 1861 c. Spiegelthal (37. I. B. Cr.).

Der Consul Sp. zu S. hatte die Remunerationen an die Dragomans des Consulats auszuzahlen; er war indessen von der Beibringung der Quittungen derselben dispensirt, und es war ihm durch Ministerialerlaß gestattet worden, daß er die betreffenden Beträge auf seine eigene Quittung selbst erheben, und vierteljährlich die bestimmungsmäßige Verwendung derselben bescheinigen solle. Demnächst ward er beschuldigt, Summen, welche er zu jenem Zwecke erhoben hatte, unterschlagen, und die erwähnten Bescheinigungen falsch ausgestellt zu haben. Der Anklagesenat des Kammergerichts lehnte indessen die beantragte Versetzung in den Anklagestand ab, weil jene Bescheinigungen weder Urkunden im Sinne des § 323, noch Belege im Sinne des § 325 des StGB. seien; gleichzeitig wies er den Antrag: über verschiedene andere mit jenem angeblichen Verbrechen konnexe, dem Sp. außerdem zur Last gelegte Vergehen Beschluß zu fassen, aus dem Grunde zurück, weil der Schw.-G.-Hof zur Entscheidung über diese nur dann berufen sei, wenn die das Verbrechen betreffende Anklage zu seiner Aburtheilung gelange. Der OStA. ergriff die Beschwerde, und behauptete Verletzung des § 323 resp. des § 325 des StGB., sowie eventuell des Art. 63 des Ges. v. 3. Mai 1852, letztere aus dem Grunde, weil trotz der weggefallenen Konnexität der Anklagesenat über die Vergehen Beschluß zu fassen verbunden gewesen sei. Das OTr. hat die erste Beschwerde zurückgewiesen, und zur Begründung ausgeführt:

Es handelt sich hierbei um die Urkundenqualität der Bescheinigungen, welche der Angeschuldigte, der dienstlichen Bestimmung gemäß, über die Verwendung der Dragomanatsremunerationen seiner vorgesetzten Behörde gegenüber ausgestellt hat.

Sieht man zuvörderst von der Anwendbarkeit des § 254 des StGB. ab, so ist es unbedenklich erforderlich, daß die im § 323 gedachten Urkunden den allgemeineren Charakter, wie derselbe im § 247 bezeichnet ist, haben, daß sie also zum Beweise von Rechten und Rechtsverhältnissen von Erheblichkeit sein müssen. Der Begriff der „Beurkundung" nun, welche einen solchen Charakter haben soll, weist von selbst auf solche Urkunden hin, wie sie als Beweismittel über Rechte und Rechtsverhältnisse in der AGO. I, 10 Abschn. 3 näher bezeichnet sind. Ihr Zweck oder doch ihre prozessualische Bedeutung ist immer nur die Beziehung zu dritten Personen, für welche oder gegen welche sie als Beweismittel dienen sollen oder dienen können. Dadurch ergiebt sich deutlich der Unterschied von allen Schriftstücken, welche lediglich den inneren dienstlichen Verkehr des Ausstellers mit seiner vorgesetzten Behörde betreffen. Möge sie eine Form haben, welche ihnen unter anderen Umständen die Bedeutung einer wirklichen Beurkundung von Thatsachen mit amtlichem Charakter geben würde, wie dies bei den vorliegenden „Bescheinigungen" unbedenklich der Fall sein würde, so ist doch ihr Zweck und ihr Inhalt nicht für die Rechte dritter Personen, sondern nur dazu bestimmt, um in dem Dienstverhältnisse des Ausstellers zu seiner Behörde über die Ausführung einer Amtshandlung der letzteren allein Rechenschaft zu geben. Nur gegen den Aussteller selbst würde daraus in Prozessen ein Beweis geführt werden können, aber nicht deshalb, weil er die Urkunde „vermöge seines Amtes aufgenommen oder ausgestellt hat," sondern weil sie überhaupt von ihm herrührt, insoweit also die Beweiskraft jeder Privaturkunde gegen deren Aussteller hat. Es tritt hiernach deutlich der Unterschied zwischen öffentlichen Urkunden und amtlichen Anzeigen oder Berichten an die Dienstbehörden hervor, und eine andere Bedeutung, als solche Anzeigen oder Berichte, haben die in Rede stehenden Bescheinigungen nicht. Die etwaigen Rechte derjenigen Personen, für welche die Dragomanatsgelder bestimmt waren, werden dadurch in keiner Weise berührt, und welche erhöhte Beweiskraft die Behörde derselben beilegen wolle, also hier in der Ausdehnung, daß sie dadurch auch das Verhältniß des Ausstellers zu dritten Personen, an welche er Staatsgelder zahlen soll, für erledigt annimmt, das kommt bei der Beurtheilung der rechtlichen Natur der Urkunden im Sinne der §§ 247 und 323 des StGB. nicht weiter in Betracht.

Die in Bezug genommene Entscheidung vom 9. Okt. 1859 wider Burgas [Oppenh. StGB. § 247 n. 99] ist nicht geeignet, für andere Fälle ein Präjudiz aufzustellen; sie hat einen von dem vorliegenden völlig verschiedenen Fall betroffen. Dagegen liegt der oben ausgesprochene Grundsatz über die Nichtanwendbarkeit des gesetzlichen Urkundenbegriffes den früheren Entscheidungen v. 7. Sept. 1853; 26. Mai 1854; 18. April 1853 und 14. Nov. 1855 (G. A. 2. S. 130; 696; 4. S. 260; Entsch. 25. S. 261 [Oppenh. StGB. § 247 n. 92; § 323 n. 10. 11]) zum Grunde. Der § 323 des StGB. ist deshalb auf den vorliegenden Fall nicht anwendbar.

Dasselbe ist der Fall mit dem § 254. Insoweit dort überhaupt „öffentliche Urkunden" genannt werden, findet das oben Gesagte Anwendung. Von den sonst hier genannten Kathegorien würden nur noch die „Zeugnisse" in Frage kommen können. Allein auch sie setzen natürlich voraus, daß sie zu Gunsten oder doch überhaupt über eine dritte Person, oder über Thatsachen dritter Personen ausgestellt werden, weil ein Zeugniß über den Aussteller selbst nicht denkbar ist.

Was endlich den, von dem Anklagesenat gleichfalls in Betracht gezogenen § 325 betrifft, so würde es sich zwar fragen, ob die Gründe, welche der gedachte Anklagesenat anführt, um den in Rede stehenden Bescheinigungen die Natur von „Belegen" zu verneinen, anzuerkennen wären. Allein der § 325 bezieht sich überhaupt auf den § 324 zurück, und setzt „Unterschlagungen" voraus, in Beziehung auf welche die Fälschungen verübt sind; er supponirt mithin die Verwaltung u. s. w. anvertrauter Gelder oder Sachen. Davon ist aber hier überall keine Rede gewesen. Dem Angeklagten sind die in den Etat des Consulats zu S. aufgenommenen 400 Thlr. zur Remuneration von Dragomanen nicht gezahlt, um sie zu verwalten und zu dem angegebenen Zwecke im Laufe des Jahres zu verwenden; er hat daher auch die erhaltene Summe nicht unterschlagen. Die Anschuldigung geht vielmehr dahin, daß er, um überhaupt bestimmungsgemäß einen von ihm zur Remuneration der Dragomane geleisteten Vorschuß hinterher erstattet zu erhalten, die Bescheinigungen über die Verwendung eines solchen Vorschusses fälschlich ausgestellt hat. Insofern also das Sachverhältniß in dieser Art genügend ermittelt wird, was, weil es an einem Beschlusse über die Einleitung der Untersuchung fehlt, noch nicht geschehen, würde das Vergehen des Betruges, also ein anderer Thatbestand, als ihn der § 325 voraussetzt, vorliegen.

Dagegen ward die zweite, das Verfahren betreffende Beschwerde für begründet erachtet, und demzufolge dem Kammergerichte aufgegeben sich der Beschlußfassung über die Eröffnung der Untersuchung rücksichtlich der Vergehen zu unterziehen.

Gründe:

Dem Kgl. Kammergericht theilen wir beifolgend Abschrift derjenigen Verfügung mit, welche wir heute an den OStA. auf dessen Beschwerde über den Beschluß v. 9. Jan. d. J. in der Untersuchung wider Spiegelthal erlassen haben.

Hiernach ist diese Beschwerde zwar in ihrem materiellen Theile unbegründet, und damit anzuerkennen, daß nach dem in dem Antrage der StA.-schaft aufgestellten Sachverhältnisse der Thatbestand eines in den §§ 254. 323

und 325 mit Strafe bedrohten Verbrechens nicht vorliegt. Wenn sonach auch die Konnexität der außerdem in diesem Antrage gedachten Vergehen mit solchen die Kompetenz des Schwurgerichts begründenden Verbrechen nicht mehr vorliegt, so hat dadurch doch die durch diese Konnexität einmal begründete Kompetenz der Rathskammer resp. des Anklagesenats zur Beschlußfassung über die Eröffnung der Untersuchung wegen dieser Vergehen, und damit die Verpflichtung zu einer solchen Beschlußfassung nicht aufgehört.

Das Kgl. Kammergericht wird daher veranlaßt, sich der letztern annoch zu unterziehen.

Antr. des GStA.s gleichl. [15.—3.]

Erkenntniß. — Person. — Namen. — Befugniß zur Ergreifung eines Rechtsmittels.

Ein Strafverfahren richtet sich gegen ein Individuum, nicht gegen einen Namen.

Deshalb kann derjenige, welcher als Angeklagter vorgeladen worden, wenn auf Grund dieser Vorladung erkannt, und ihm das ergangene (Kontumazial-) Urtheil zugestellt worden ist, gegen das letztere das zulässige Rechtsmittel ergreifen, und er kann Aburtheilung über dasselbe verlangen, sollte sich inzwischen auch herausstellen, daß er nicht dasjenige Individuum sei, gegen welches die Untersuchung eröffnet worden war.

Vdn. v. 3. Jan. 1849 Abschn. 4 [vgl. StGB. § 58 n. 21].

Beschl. (I.) v. 1. Febr. 1861 c. Voß (39. B. I. Cr.).

Gegen den Arbeitsmann Alb. Hermann Jul. Voß war die Untersuchung eröffnet; vorgeladen ward ein Schiffsarbeiter Alb. Jul. **Voß**, diesem auch das demnächst ergangene Kontumazialurtheil zugestellt; er appellirte und wies nach, daß er nicht der A. Herm. J. Voß sei, gegen welchen der Eröffnungsbeschl. gerichtet war; der OStA. beantragte daher seine Freisprechung; das App.-G. zu Stettin verfügte aber, daß zur Zeit noch nicht zu erkennen, vielmehr das ergangene Erk. erster Inst. dem richtigen Angekl. zu insinuiren und abzuwarten sei, ob dieser appelliren werde. Auf die Beschwerde des

OStA. hat das OTr. diesen Beschluß aufgehoben und dem App.-G. aufgegeben über die Appellation des A. J. Voß zu erkennen, indem es erwog:

In Erwägung, daß ein Strafverfahren nicht gegen einen Namen, sondern gegen ein bestimmtes Individuum sich richtet, und deshalb eine Entscheidung, welche gegen ein Individuum ergangen ist, selbst dann, wenn dasselbe sich einen falschen Namen beigelegt hatte und diesem gemäß auch in der Procedur bezeichnet worden ist, doch unbedenklich zur Vollstreckung gebracht werden kann;

daß sonach bei Prüfung einer Entscheidung stets nur erörtert werden kann, gegen welches Individuum dieselbe ergangen sei;

daß im vorliegenden Falle der angefochtene Beschluß des App.-Gerichts seinem Inhalte nach und in Verbindung mit den Vorverhandlungen ergiebt, daß dasselbe den Einwand des, als Appellant aufgetretenen Schiffsarbeiters Alb. Jul. Voß: „er sei nicht der Angeklagte Arbeitsmann Alb. Hermann Jul. Voß gegen welchen durch Gerichtsbeschluß vom 6. Jan. 1859 die Untersuchung eröffnet worden," für begründet erachtet hat;

daß die Vorladung zu dem Audienztermine, in welchem demnächst auf Grund der Kontumazialverhandlung das Urtheil gesprochen worden ist, dem jetzigen Appellanten Alb. Jul. Voß, angeblichen Sohne der Ehefrau Schl. und nicht dem eigentlichen Angeklagten Alb. Hermann Jul. Voß, dem Sohne des Chr. Fr. Voß und dessen Ehefrau, geb. Schröder behändigt, auch jenem das ergangene erstrichterliche Kontumazialurtheil zugestellt worden ist;

daß demzufolge das letztere selbst auch nur als gegen den unrichtigen Angeklagten und jetzigen Appellanten ergangen aufgefaßt werden kann, weshalb dieser mit vollem Rechte gegen dasselbe appellirt hat und verlangen kann, daß über seine Appellation definitiv entschieden werde;

daß aus demselben Grunde das erste Urtheil gegen den richtigen Angeklagten, über welchen nicht erkannt worden, in keiner Weise zum Vollzuge gebracht werden kann, es mithin auch seiner Appellation nicht bedarf um dessen Wirksamkeit zu beseitigen;

daß aber der angefochtene Beschluß des App.-Gerichts eine Anordnung enthält, welche dem, auf Erledigung der allein vorliegenden Appellation des Alb. Jul. Voß gerichteten Zwecke der Untersuchung in zweiter Instanz entgegen ist.

Antr. des GStA.s gleichl. [16. — 3.]

Steuerbehörde. — Strafresolut. — Geldbuße. — Anrechnung. — Kompetenz.

Das Gericht, welches eine durch ein Resolut der Steuerbehörde festgesetzte Geldstrafe in Gefängnißstrafe zu verwandeln berufen ist, hat auch zu prüfen, ob und in wiefern der Verurtheilte die Geldstrafe getilgt habe und worauf stattgehabte Theilzahlungen zunächst anzurechnen seien.

Ges. v. 3. Mai 1852 Art. 137 [vgl. dort n. 10];
Ges. v. 20. Jan. 1820 § 3.

Beschl. (I.) v. 1. Febr. 1861 c. Parow (6. B. I. Cr.).

P. war durch ein Resolut der Steuerbehörde wegen Salzkontrebande zu einer Geldbuße, zur Erstattung des Werthes des vernichteten Salzes und in die Kosten verurtheilt; im Zwangswege ward nur ein Theil dieser Beträge beigetrieben, welchen die Steuerbehörde zunächst auf die Kosten, und dann auf den Salzwerth in Anrechnung brachte, und da dieser nicht ganz gedeckt ward, die gerichtliche Verwandlung der ganzen Geldstrafe in Gefängnißstrafe beantragte. Das Kr.-G. zu Stralsund und das App.-G. zu Greifswalde rechneten dagegen den ganzen beigetriebenen Betrag auf die Geldstrafe als die drückendere Schuld an, und sprachen die Verwandlung nur für den Rest aus. Die hiergegen von der Prov.-Steuer-Direktion ergriffene Beschwerde, welche unter Bezugnahme auf Anweisungen der höheren Verwaltungsbehörden (vgl. Fin.-Min.-Verf. v. 31. Jan. 1839, und Verf. d. G.-Dir. d. St. v. 14. Okt. 1840; Centr.-Bl. der Abg. 1839 S. 50; 1840 S. 376) Verletzung des Art. 137 des Ges. v. 3. Mai 1852 und des § 3 des Ges. v. 20. Jan. 1820 rügte, ist vom OTr. zurückgewiesen worden.

Gründe:

Die stattgehabte Prüfung, ob und in wieweit anzunehmen sei, daß der Verurtheilte die ihm durch das Resolut der Verwaltungsbehörde aufgelegte Geldstrafe getilgt habe, verletzt nicht die Bestimmungen des § 3 Ges. v. 20. Jan. 1820 resp. des Art. 137 Ges. v. 3. Mai 1852, da hierdurch die rechtskräftig feststehende Entscheidung der Verwaltungsbehörde nicht berührt wird, sondern nur erwägt, und zwar mit Recht, in wieweit eine Umwandlung der festgesetzten Strafart annoch zulässig sei.

Diese letztere Frage ist jedoch von dem App.-Richter zutreffend entschieden worden. Denn da es gesetzliche Vorschriften über den vorliegenden Spezialfall nicht giebt, Anweisungen des Kgl. Fin.-Ministerii an die ihm untergebenen Behörden aber für die gerichtliche Entscheidung nicht maßgebend sind, so ist mit Recht auf die Grundsätze des Gemeinen, im Bezirk des Kgl. App.-Gerichts zu Greifswald geltenden Rechts zurückgegangen worden. Diese bestimmen aber, namentlich l. 5. pr., l. 7. D. 46, 3 ganz ausdrücklich, daß eine Theilzahlung, oder was dem gleich steht, beim Mangel entgegengesetzter Verabredung, auf diejenige Schuld angerechnet werden müsse, welche dem Schuldner am drückendsten sei.

Antr. des GStA.s gleichl. [16 — 3.]

Schlachtsteuerdefraude. — Theilweise Nichtanmeldung. — Differenz unter einem sechszehntel Centner.

Die Verheimlichung eines an und für sich steuerpflichtigen Gegenstandes wird dadurch nicht straflos, daß ein anderes gleichzeitig eingebrachtes Quantum zur Verwiegung gebracht ist, und daß mit Rücksicht auf dieses Quantum ein Uebergewicht des verheimlichten Betrages eine Erhöhung der Steuer nicht herbeigeführt haben würde.

Ges. v. 30. Mai 1820 § 15 b (G. S. S. 143); Ges. v. 2. April 1852.

Erk. (Z. I.) v. 6. Febr. 1861 c. Droste (1144. Cr. I. v. 1860).

Dr. hatte beim Eintritte in eine schlachtsteuerpflichtige Stadt eine Quantität Rindfleisch zur Versteuerung angemeldet, gleichzeitig aber eine andere von 5 Pfd. verschwiegen und ausdrücklich abgeleugnet. Deshalb wegen Steuerdefraudation verurtheilt, erbot er in zweiter Instanz den Nachweis, daß das von ihm deklarirte Quantum volle $\frac{10}{16}$ Centner gewogen habe, und machte geltend, daß neben einer solchen Quantität ein Uebergewicht von weniger als $\frac{1}{16}$ Centner bei der Versteuerung gesetzlich unberücksichtigt bleibe. Seine demnächstige NB. rügte es, daß der App.-Richter diesen Beweis nicht erhoben und den ganzen Einwand verworfen habe. Zurückweisung.

Gründe:

Es steht fest, daß der Angeklagte die in Rede stehenden 5 Pfund Fleisch den Steuerbeamten auf ausdrückliches wiederholtes Befragen abgeleugnet und verheimlicht, also nicht gleichzeitig mit dem deklarirten Quantum zur Verwiegung gebracht hat, wie das Ges. v. 2. April 1852 und die Bekanntmachung des Finanzministers v. 21. Juli 1852 voraussetzen, wenn das Uebergewicht von weniger als $^1/_{16}$ Centner bei der Versteuerung nicht berücksichtigt werden soll.

Nach den eigenen Angaben des Angeklagten und der thatsächlichen Feststellung des App.-Richters hat er 5 Pfund Rindfleisch, also ein an und für sich steuerpflichtiges Object, nicht nur nicht zur Versteuerung angemeldet, sondern den Steuerbeamten auch ausdrücklich verheimlicht, sich also einer Steuerdefraudation schuldig gemacht, ohne daß es darauf ankommt, wie hoch sich die Steuer belaufen hätte, wenn die verheimlichten 5 Pfund mit dem deklarirten Quantum gleichzeitig zur Verwiegung gekommen wären, weil eben eine solche gleichzeitige Verwiegung nicht allein nicht stattgefunden hat, sondern auch geflissentlich vom Imploranten verhindert ist.

Antr. des GStA.s entg. [12. - 2.]

Polizeiliche Anmeldung. — Unterlassung. — Verjährung.

Die Unterlassung einer vorgeschriebenen polizeilichen Anmeldung setzt sich als Uebertretung so lange fort, als der Grund für die Anmeldung dauert; es läuft daher während dieser Zeit die Verjährung nicht.

StGB. § 46 [vgl. dort n. 9]; 339.

Erk. (B. II.) v. 7. Febr. 1861 c. Pölz (443. II. Cr. v. 1860).

In Erwägung, daß die Unterlassung der durch die Regierungsverordnung v. 17. Sept. 1857 vorgeschriebenen Anmeldung, in Gemäßheit dieser Verordnung vierzehn Tage nach dem Anzuge strafbar zu werden anfängt, nicht aber von da an strafbar zu sein aufhört, daß vielmehr die durch eine mehr als vierzehntägige Unterlassung der Anmeldung bedingte Uebertretung, der Natur der Sache und der unverkennbaren Tendenz der Verordnung nach so lange fortdauert, als eben diese Bedingung selbst — das fernere Verweilen ohne Anmeldung — fortbesteht; daß daher der Polizeirichter die bezogene Verordnung verletzte und den § 339 StGB. falsch anwandte, indem er die Strafe der hier fraglichen Contravention darum für verjährt hielt, weil seit den ersten vierzehn Tagen nach dem von ihm auf den 25. Nov. 1859 angenommenen Anzuge des noch gegenwärtig in F. wohnenden Beschuldigten, am 1. Aug. 1860 mehr als drei Monate verflossen waren.

Antr. des GStA.s gleichl. [13. — 3.]

Gewerbsmäßige Unzucht. — Polizeiliche Erlaubniß. — Straflosigkeit.

Die gewerbsmäßige Unzucht ist nur dann straflos, wenn sie mit polizeilicher Erlaubniß ausgeübt wird; es bedarf daher zur Begründung der Strafbarkeit nicht der Feststellung des Gegentheils.

StGB. § 146 [vgl. dort n. 1].

Erk. (Z. I.) v. 20. Febr. 1861 c. Knoll (114. I. Cr.).

Die wegen gewerbsmäßiger Unzucht verurtheilte Angeklagte behauptete in der eingelegten NB. unrichtige Anwendung des § 146 des StGB., weil nicht festgestellt worden sei, daß sie durch den Betrieb der gewerbsmäßigen Unzucht den polizeilichen Anordnungen zuwider gehandelt habe, dieses auch nicht festgestellt werden könne, da sie unter sittenpolizeilicher Aufsicht stehe und den angeordneten sanitätspolizeilichen Untersuchungen sich unterwerfen müsse. Zurückweisung.

Gründe:

Es fehlt allerdings, wie die NB. hervorhebt, die ausdrückliche Feststellung des in dem § 146 l. c. enthaltenen ferneren Moments, „daß die Angeklagte den polizeilichen Anordnungen zuwider gehandelt habe." — Allein das gedachte Gesetz hat, wie auch bereits das Kgl. OTr. in vielfachen Entscheidungen [Oppenh. StGB. § 146 n. 1] ausgeführt, den Sinn: „daß die gewerbsmäßige Unzucht nur dann straflos sein soll, wenn sie mit polizeilicher Erlaubniß ausgeführt wird."

Diese erforderliche Genehmigung ist daher ein Ausschließungsgrund der sonst überall eintretenden Strafe, und von diesem Gesichtspunkte aus bedarf es einer speziellen thatsächlichen Feststellung des Mangels einer solchen Anordnung nur, wenn von Seiten der Angeklagten, was hier nicht geschehen, im Laufe der Untersuchung zeitig ein dahin eingehender Einwand erhoben worden ist. —

Auch auf die in der NB. unter Beweisantretung angebrachten neuen Thatsachen kann es nicht ankommen, „daß nämlich die Angeklagte unter sittenpolizeilicher Aufsicht stehe und zu den diesfällig inscribirten Frauenspersonen gehöre, welche sich sanitätspolizeilichen Recherchen zu unterwerfen haben." Denn abgesehen davon, daß aus diesen sanitätspolizeilichen Auflagen noch nicht zu folgern sein würde, daß die Angeklagte eine ausdrückliche polizeiliche Erlaubniß zur gewerbsmäßigen Betreibung der Unzucht erhalten habe, so können auch die gesammten Behauptungen, weil sie thatsächlicher Natur und in den früheren Instanzen nicht vorgebracht sind, gegenwärtig keine Berücksichtigung finden.

Antr. des GStA.s gleichl. [20. — 2.]

Appellationsrichter. — Beweisantrag. — Dritter Beweis der Unschuld.

Der Appellationsrichter kann einen vom Angeklagten gestellten Beweisantrag nicht aus dem Grunde ablehnen, weil die behaupteten Thatsachen nicht den direkten Beweis der Unschuld liefern würden.

Ges. v. 3. Mai 1852. Art. 101 [vgl. dort n. 60].

Erk. (B. I.) v. 6. März 1861 c. Macieczack (168. I. Cr.).

Der App.-Richter lehnt die beantragte Beweiserhebung um deshalb ab: weil die gedachten Behauptungen, wenn sie wahr seien, nicht den direkten Beweis der Unschuld des Angeklagten liefern würden.

Hiermit hat der Appellationsrichter den Sinn des Art. 101 loc. cit. verkannt. Denn dieser verlangt nach seiner deutlichen Fassung keineswegs, daß der Angeklagte in zweiter Instanz einen Beweis des Gegentheils dessen, was der erste Richter thatsächlich festgestellt hat, zu führen habe, der App.-Richter muß vielmehr nur beurtheilen, ob die in Appellatorio angebrachten neuen Thatsachen oder Beweismittel von der Art sind, daß sie, im Falle ihrer Richtigkeit und im Zusammenhange mit dem, von dem Vorderrichter in Betracht gezogenen, geeignet sind, eine andere Ueberzeugung von dem bisher Festgestellten herbeizuführen.

Es ist daher die obige Erwägung des App.-Richters eine irrige, die auch nicht dadurch unschädlich gemacht wird, daß er in dem ferneren Verlaufe seiner Entscheidung thatsächlich die Unerheblichkeit der diesfälligen Beweisanträge ausführt, weil dem die obige unrichtige Voraussetzung zum Grunde liegt.

Antr. des GStA.s gleichl. [20. — 3.]

Geschlagenes Holz. — Diebstahl. — Bäume zum Verpflanzen.

Im § 217 Nr. 3 des StGB. ist unter „geschlagenem Holze" alles durch die Arbeit des Nutzungsberechtigten vom Boden oder vom Stamme getrennte und dadurch als Forstnutzung perzipirte Holz zu verstehen, ohne Rücksicht darauf, wozu dasselbe bestimmt worden ist.

Demgemäß gehören auch Bäume, welche zum Zwecke der Verpflanzung ausgenommen sind, hierher.

StGB. § 217 Nr. 3 [vgl. dort n. 2].

Erk. (Z. II.) v. 21. Febr. 1861 c. Wittekopf (53. I. Cr.).

W. war, weil er „über 100 Stück ausgerodeter und in Bündel zusammengebundener Kirschbäume aus dem Walde in der Absicht rechtswidriger Zueignung weggenommen," auf Grund des § 217 Nr. 3 cit. verurtheilt worden. Seine NB. rügte Verletzung dieser Gesetzesstelle, weil dieselbe sich nur auf das zum Verbrauche als Brenn- oder Nutzholz bestimmte Holz beziehe, ward aber vom OTr. zurückgewiesen, indem erwogen wurde:

daß der von der NB. gemachte Vorwurf sich nicht als gerechtfertigt betrachten läßt, da der Umstand, daß die ausgerodeten und in Bündel zusammengebundenen Kirschstämme, um deren Entwendung es sich hier handelt, zum Verpflanzen bestimmt gewesen, nicht dazu geeignet ist, denselben die ihnen vom App.-Richter festgestelltermaßen beigelegte Eigenschaft von geschlagenem Holze abzusprechen;

daß unter dem letzteren vielmehr alles von dem Nutzungsberechtigten im Walde gefällte, das heißt durch die Arbeit des Berechtigten vom Boden oder vom Stamme getrennte und dadurch als Forstnutzung percipirte Holz zu verstehen ist;

daß der Ausdruck: „geschlagenes Holz" sich nicht auf dasjenige gefällte Holz, welches zum Verbrauche als Nutz- oder Brennholz bestimmt ist, beschränken läßt, und

daß eine solche Beschränkung sich auch keineswegs aus der Wortfassung der Nr. 3 des § 217 cit. ergiebt, da im Gegentheile jener dort ohne alle Beschränkung oder Einschränkung gebrauchte Ausdruck es klar stellt, daß durch denselben alles im Walde gefällte, von dem Nutzungsberechtigten durch dessen Arbeit percipirte Holz hat umfaßt werden sollen, und zwar ohne alle Rücksicht darauf, wozu das

Holz bei oder nach der Fällung von dem Nutzungsberechtigten bestimmt worden;

daß daher der App.-Richter ganz richtig die fraglichen Kirschstämme für geschlagenes Holz erachtet hat.

Antr. des GStA.s gleichl. [25. — 3.]

Zustellung. — Aushang. — Verlassen der bisherigen Wohnung. — Polizeiliche Abmeldung.

Soll der Aushang einer Schrift die förmliche Zustellung derselben ersetzen, so genügt es nicht, festzustellen, daß der Betreffende bei der Polizei als aus seiner bisherigen Wohnung weggezogen abgemeldet worden sei; es bedarf vielmehr dann auch noch eines vorherigen Versuchs der Zustellung in der bisherigen Wohnung.

Ges. v. 3. Mai 1852 Art. 50.

Beschl. (I.) v. 15. Febr. 1861 c. Weiß (44. B. I. Cr.).

W. in erster Instanz zur Hauptverhandlung gehörig vorgeladen, war in der App.-Instanz nicht erschienen. Demnächst zeigte der mit der Zustellung des verurtheilenden Erkenntnisses zweiter Instanz beauftragte Bote an:

> daß W. laut umstehender polizeilicher Bescheinigung — ohne Angabe seiner Wohnung abgemeldet sei.

Da auch fernere Nachfragen beim Polizei-Präsidium nach dem Verbleibe des W. nicht zum Ziele führten, so veranlaßte das Stadtgericht zu B. den Aushang in Gemäßheit des Art. 50 cit. W. ergriff die NB., ward aber damit vom St.-G. zurückgewiesen, weil inzwischen die zehntägige Frist des Art. 110 l. c. verstrichen sei. Auf seine Beschwerde hat das OTr. dem St.-G. nähere Ermittlungen darüber aufgegeben, ob jener Bote die Zustellung der Ausfertigung in der frühern Wohnung an die in den §§ 20 ff. I, 7 AGO. bezeichneten Personen versucht, und aus welchem Grunde dieselbe auf diese Weise nicht habe bewirkt werden können. In dieser Beziehung ward, abgesehen von den der Lage des konkreten Falles entlehnten Gründen, ausgesprochen:

Der Art. 50 [l. c.] ordnet den Aushang alsdann an, wenn im Laufe der Untersuchung 2c. eine fernere Zustellung an den Angeklagten nicht auf die gesetzlich vorgeschriebene

Weise im Inlande bewirkt werden kann. Hiernach müssen die gewöhnlichen Arten der Zustellung auf die gesetzlich vorgeschriebene Weise, wiewohl fruchtlos, vielmehr versuchtsein. —

In jedem Falle ist die bloße polizeiliche Abmeldung allein nicht geeignet, die in dem § 20. 1, 7 AGO. vorgeschriebene Förmlichkeit der Insinuation zu ersetzen; sie kann außerdem etwa nur weitere Recherchen überflüssig machen.

Antr. des GStA.s entg. [2.]

Amtsunterschlagung. — Verfälschung von Büchern. — Führung derselben.

Der Beamte, welcher amtlich empfangene Gelder unterschlägt, und in Beziehung auf diese Unterschlagung ein zur Eintragung oder Kontrolle der Einnahmen oder Ausgaben bestimmtes Buch verfälscht, unterliegt der Strafe des § 325 StGB., sobald sich dieses Buch auf seine Verwaltung bezog, sollte er dasselbe auch nicht selbst geführt haben. StGB. § 325 [vgl. dort n. 6].

Erk. (Z. I.) v. 8. Febr. 1861 c. Kasischke (2. Cr. I.).

Der Post-Expedient K. war der Unterschlagung amtlich empfangener Gelder, und der Verfälschung eines zur Eintragung und Kontrolle der Einnahme und Ausgabe bestimmten Buches schuldig erklärt worden. Seine NB. rügte Gesetzesverletzung, weil nicht feststehe, daß er das von ihm selbst geführte Register gefälscht habe; Zurückweisung.

Gründe:

Der Angriff ist verfehlt, weil der Angeklagte als Vorsteher der Anstalt die gesammte Postverwaltung zu B. zu führen hatte, mithin auch alle Rechnungsbücher, gleichviel ob sie von ihm selbst oder von einem durch ihn beauftragten Expeditionsgehülfen geführt wurden, sich auf seine Verwaltung bezogen, daher Fälschungen, die in einem oder anderem dieser Bücher von ihm vorgenommen werden, den erschwerenden Charakter eines Verbrechens im Amte an sich tragen.

Antr. des GStA.s gleichl. [6. — 5.

---

1. Sachverständiger. — Beamter. — Zwangspflicht.
2. Sachverständiger. — Auswahl. — Antrag.
3. Beweismittel. — Herbeischaffung. — Nothwendigkeit der Beweiserhebung.

1. Ein als Sachverständiger vorgeladener Beamter kann auch ohne Zustimmung der vorgesetzten Dienstbehörde desselben vom Gerichte zum Erscheinen gezwungen werden.

Cr.-Ordn. § 311. 312. 337; Vdn. v. 3. Jan. 1849 [vgl. dort n. 26].

2. Die Auswahl der Sachverständigen steht dem Gerichte zu; es kann daher auch der Antrag auf Vorladung eines Sachverständigen gar nicht deshalb abgelehnt werden, weil ein solcher nicht namentlich in Antrag gebracht worden sei.

Vdn. v. 3. Jan. 1849 § 52 [vgl. dort n. 52].

3. Der die Vorladung eines Sachverständigen anordnende Beschluß kann das Gericht nicht hindern, später von der Vernehmung desselben abzusehen, wenn er dieselbe später für unerheblich erachtet.

Vdn. v. 3. Jan. 1849 § 52 [vgl. dort n. 54].

Erk. (Z. II.) v. 7. Febr. 1860 c. Kagelmann (24. II. Cr.).

Der Vertheidiger des Angeklagten K. hatte vor dem Sitzungstermine die Vorladung des Medizinalraths N. in Antrag gebracht, damit dieser über die Zurechnungsfähigkeit des K. ein Gutachten abgebe. Der Schw.-G.-H. verfügte zu diesem Zwecke die Vorladung; N. erschien indessen nicht, weil er die Exploration des Gemüthszustandes für unverträglich mit seiner amtlichen Stellung erachtete, worauf der Vertheidiger Vertagung des Termins und nochmalige Vorladung des N. beantragte. Beides lehnte der Schw.-G.-H. ab, und zwar:

„1. weil er nicht befugt sei, den ꝛc. N., einen Beamten, ohne die Genehmigung seiner Behörde zu zwingen, und ein anderer Sachverständiger nicht vorgeschlagen sei;

„2. weil die Sachlage keinen Anhalt biete, die Zurechnungsfähigkeit des Angeklagten zur Zeit der That durch einen Arzt erforschen zu lassen."

Gegen das verurtheilende Erkenntniß hat K. die NB eingelegt, und dieselbe auf die Ablehnung jenes Vertagungsantrags gestützt; der GH. habe, nachdem die Vorladung des 2c. N. einmal verfügt worden, von dieser und seiner Vernehmung nicht mehr absehen dürfen. Das OTr. hat dieselbe zurückgewiesen.

Gründe:

Dem Schwurgerichtshofe stand unzweifelhaft das Recht zu, den Vertagungsantrag des Vertheidigers abzulehnen. Von diesem seinem Rechte hat derselbe auch nur den gesetzlich zulässigen Gebrauch gemacht. Sein desfallsiger Beschluß ist gehörig motivirt. Die Richtigkeit des von ihm zu dem Ende angeführten zweiten, rein thatsächlichen Grundes ist einer Kritik in der Nichtigkeitsinstanz nicht unterworfen; und da durch denselben der Beschluß ganz selbstständig getragen wird, so kommt es nicht weiter darauf an, daß der erste jener Gründe, welcher sonst allerdings einem Angriffe durch NB. unterworfen gewesen sein würde, auf unrichtigen Rechtsanschauungen beruht. Denn zunächst ist es entschieden unrichtig, daß der Schw.-G.-H. sich nicht für befugt erachtet hat, den ausgebliebenen Med.-Rath N., als einen Beamten, ohne die Genehmigung seiner Behörde zum Erscheinen zu zwingen. Die bloße Beamtenqualität konnte den Gerichtshof überall nicht daran hindern, den 2c. N. anderweitig vorzuladen und auf die Befolgung dieser Ladung mit Nachdruck zu halten. Sodann konnte aber auch von ihm der Umstand, daß von dem Vertheidiger ein anderer Sachverständiger nicht vorgeschlagen war, nicht als ein Ablehnungsgrund geltend gemacht werden, da es eines solchen Vorschlages nicht nothwendig bedurfte, vielmehr es wesentlich Sache des Gerichtshofes war, die Entscheidung wegen der Zuziehung eines Sachverständigen und die Auswahl des Letzteren zu treffen.

Aus dem zweiten, rein thatsächlichen Grunde hat der Schw.-G.-H. die Vernehmung des 2c. N. für nicht erheblich und nothwendig erachtet, und deshalb dieselbe ganz abgelehnt. Dies konnte von ihm unbedenklich geschehen, wenn auch von ihm zuvor dem Antrage des Vertheidigers auf Vorladung des 2c. N. zum Audienztermine stattgegeben gewesen war, da ihn solches in keiner Weise unbedingt dazu verpflichtete, den 2c. N. wirklich zu vernehmen.

Antr. des GStA.s gleichl. [25.—3.]

---

1. Theilnahme. — Hauptthat. — Vollendung.
2. Ehrverletzung. — Wiederholung. — Erneuerung des Vergehens.

1. Theilnahme an einer Strafthat ist nur so lange denkbar, als die letztere selbst noch nicht vollendet und somit beendet ist. StGB. § 34.

2. Die Wiederholung einer Ehrverletzung (z. B. der Wiederabdruck eines beleidigenden Zeitungsartikels, nachdem derselbe bereits verbreitet worden war) stellt beim Vorhandensein des erforderlichen Dolus eine abermalige Begehung des Vergehens dar. StGB. § 152 ff.

Erk. (V. I.) v. 8. März 1861 c. Bürkner 160. Cr. I..

B. hatte einen, eine Amtsehrenverletzung enthaltenden Artikel mit Kenntniß des Inhalts aus einer andern Zeitschrift in die von ihm redigirte Zeitung aufgenommen, ward aber von den Instanzrichtern weder der Theilnahme an der ersten Beleidigung, noch auch der selbstständigen Verübung einer neuen Ehrverletzung schuldig befunden, und nur nach § 37 des Preß-Ges. v. 12. Mai 1851 bestraft. Auf die NB. des OStA. ist das app.-gerichtliche Erk. vernichtet, und die Sache an das betr. App.-G. zurückverwiesen worden.

Gründe:

Das angefochtene Erkenntniß führt richtig aus, daß von einer Theilnahme an einer strafbaren Handlung nur so lange die Rede sein könne, als die Strafthat selbst noch nicht vollendet ist.

Ebenso zutreffend ist die weitere Ausführung, daß nach § 32 des Preß-Ges. die Strafbarkeit eines durch die Presse begangenen Vergehens mit der Veröffentlichung des Preßerzeugnisses beginne und letztere nach § 33 l. c. erfolgt sei, sobald die Druckschrift verkauft, verhandelt oder verbreitet worden.

Wenn nun der App.-Richter mit dem ersten thatsächlich angenommen hat, daß der incriminirte Artikel aus einer früheren Nummer der Volkszeitung in der vom Angeklagten redigirten Breslauer Zeitung abgedruckt worden sei, so haben sie nicht geirrt, wenn sie ausgesprochen haben, daß die Beleidigung, die jener Artikel enthielt, schon consumirt war, als die Nummer der Volkszeitung, in der er zuerst abgedruckt war, ihre Verbreitung erhalten hatte.

Von einer Theilnehmerschaft an diesem Vergehen kann daher, was den Angeklagten betrifft, nicht die Rede sein.

Mit Recht behauptet aber die NB., daß der App.-Richter darin rechtlich geirrt habe, wenn er angenommen,

> daß, da die in dem incriminirten Artikel liegende Beleidigung durch die Volkszeitung oder Pommersche Zeitung bereits verübt gewesen, dieselbe durch die Breslauer Zeitung nicht noch einmal habe verübt werden können.

Weshalb dies unter Umständen nicht möglich sein sollte, kann nicht abgesehen werden, zumal der App.-Richter selbst anerkennt, daß, wenn das Vergehen der Verleumdung vorläge, was nicht der Fall, dieses durch den erneuerten Abdruck des Artikels habe wiederholt begangen werden können. Eine strafbare Handlung kann ohne Unterschied des Falles, die faktische Möglichkeit vorausgesetzt, so oft erneut vollbracht werden, als die damit in Verbindung stehende böse Absicht des Thäters vorhanden ist.

Antr. des GStA.s gleichl. [20. — 5.]

Schlägerei. — Betheiligung. — Schwere 2c. Körperverletzung. — Urheber. — Mildernde Umstände. — Strafmaaß.

Die Strafe desjenigen, welcher sich bei einer Schlägerei 2c. betheiligt, und bei dieser Gelegenheit einem Andern eine erhebliche Körperverletzung zugefügt, oder an einer solchen Handlung „Theil genommen" (StGB. § 34) hat, kann nicht wegen

des Vorhandenseins mildernder Umstände unter das geringste Maaß der im § 195 Abs. 1 l. c. angedrohten Gefängnißstrafe herabgesetzt werden [1]).

StGB. § 195 Abs. 1 und 3; § 196.

Erk. (B. II.) v. 14. Febr. 1861 c. Schwenke (451. II. Cr. v. 1860).

Schw. war vom Richter erster Instanz wegen „Betheiligung an einer Schlägerei, bei welcher ein Mensch eine erhebliche Körperverletzung erlitten," zu dreimonatlicher Gefängnißstrafe (§ 195 Abs. 1) verurtheilt worden. Auf seine Appellation stellte das App.-G. zu Halberstadt, auf Grund einer neuen Beweisaufnahme gegen ihn fest:

> daß er — an einer Schlägerei, bei welcher sein Vater — dem Arbeiter K. vorsätzlich und mit Ueberlegung eine Körperverletzung zugefügt hat, welche eine länger andauernde Arbeitsunfähigkeit des K. zur Folge gehabt hat, sich insofern betheiligt habe, als er seinem Vater in Handlungen, welche die That erleichterten, wissentlich Hülfe geleistet habe;

und verurtheilte ihn unter gleichzeitiger Annahme von mildernden Umständen auf Grund der §§ 195. 192 a. 34 Nr. 2. 35. 196 des StGB. zu vierwöchentlicher Gefängnißstrafe. Auf die NB. des OStA., welche Verletzung der §§ 195 und 196 rügte, hat das OTr. dieses Erkenntniß vernichtet und das Urtheil erster Instanz bestätigt.

Gründe:

Der App.-Richter hat den § 195 des StGB. im Verhältnisse zu § 196 und 34 unrichtig aufgefaßt und demzufolge irrthümlich es für zulässig erachtet, mildernde Umstände, welche er als vorhanden (zu b) festgestellt, zur Herabsetzung der Strafe unter das geringste gesetzliche Maaß des § 195 Abs. 1 zu berücksichtigen, wiewohl auch bei seiner abweichenden Feststellung (zu a) solche Berücksichtigung nicht zulässig war.

---

[1]) Der entgegengesetzte Grundsatz würde zu dem abnormen Verhältnisse führen, daß die Strafe der Urheber (Theilnehmer) der bei einer Schlägerei zugefügten erheblichen Körperverletzungen beim Vorhandensein mildernder Umstände bis auf vier Wochen herabgesetzt werden könnte, während diejenigen, welchen nur im Allgemeinen eine Betheiligung bei der Schlägerei, und keine sonstige eigene That nachgewiesen wird, nothwendig mit dreimonatlicher Gefängnißstrafe zu belegen sind; vgl. Oppenhoff StGB. § 195 n. 20; Abh. in G. Arch. 7 S. 550.

Der § 195 des StGB. hat, wie die Entstehungsgeschichte desselben näher ausweist (Entwurf 1847 § 230. 241; Motive 1847 S. 63. 64. 66; Bleich, A. B. 4. S. 32. 33. 51—53; Entwurf 1850 § 178; Motive S. 51. 52; KB. II. K. S. 110—112; Entw. des Ges. v. 14. April 1856; G. A. 3. S. 849. 858; 4. S. 117. 131. 136), mit Erweiterung des Thatbestandes auch auf Körperverletzungen das homicidium in turba und das homicidium a pluribus commissum zum Gegenstande. Es setzt dieser Paragraph in allen drei Absätzen eine Schlägerei oder einen von Mehreren verübten Angriff — ein Handgemenge oder einen Raufhandel, und daß bei diesem ein Mensch getödtet, schwer oder erheblich verletzt sei, voraus. Unter dieser Voraussetzung soll nach der von den allgemeinen Grundsätzen über die strafrechtliche Schuld allerdings abweichenden Bestimmung des ersten Absatzes jeder, der sich — überhaupt schuldbar (vgl. Abs. 1 am Ende und G. Arch. 4. S. 840. 841) — an der Schlägerei oder dem Angriffe betheiligt hat, schon wegen dieser Betheiligung einer härteren als der im § 187 Abs. 1 bestimmten Strafe, nämlich einer Gefängnißstrafe von wenigstens drei Monaten verfallen. Es bestimmt unter derselben Voraussetzung der zweite Absatz des § 195 die Strafe derjenigen dieser Betheiligten, von denen ermittelt wird, daß ihre Handlung zwar nicht für sich, aber doch mit der Handlung anderer Betheiligten zusammenwirkend den tödtlichen, schweren oder erheblichen Erfolg gehabt hat (vergl. Bischoff in Bleich A. B. 4. S. 52), und der dritte Absatz geht, unter eben jener Voraussetzung, auf den Fall, daß unter denen, welche sich an der Schlägerei oder dem Angriffe betheiligt haben, derjenige oder diejenigen ermittelt werden, denen der tödtliche resp. schwere oder erhebliche Erfolg (Tödtung, schwere oder erhebliche Körperverletzung) als Urheber zur Last fällt oder die diesen Urheber zu der Tödtung resp. zu der schweren oder erheblichen Körperverletzung angestiftet oder ihm dazu Hülfe geleistet haben, und also Theilnehmer (im Sinne des

§ 34) an diesen strafbaren Handlungen (Mord, Todtschlag, schwere oder erhebliche Körperverletzung) sind.

Auch diese Urheber und Theilnehmer bleiben Betheiligte an der Schlägerei oder an dem Angriffe, wobei die Körperverletzung 2c. stattgefunden hat, im Sinne des ersten Absatzes des § 195. Auch sie verfallen deshalb mindestens der Strafe dieses Abs. 1, der die Berücksichtigung mildernder Umstände für das Vergehen jener Betheiligung, Rücksichts der dort schon wegen dieser Betheiligung gedrohten Strafe nicht zuläßt, wenn auch in Bezug auf ihre außerdem stattgehabte Urheberschaft oder Theilnahme an der schweren oder erheblichen Körperverletzung mildernde Umstände vorhanden sein sollten, und diese in Bezug auf die Strafe der Körperverletzung zu berücksichtigen sein würden.

Der § 196 des StGB. kann nicht herangezogen werden, um zu einem anderen Resultate zu gelangen. Er läßt allerdings bei einer Mißhandlung oder Körperverletzung von tödtlichem, schwerem oder erheblichem Ausgange die Berücksichtigung nicht bloß des durch Provocation veranlaßten gerechten Affekts des Thäters (vgl. auch § 177), sondern — in Folge des Zusatzes, welchen § 179 des Entwurfes vom Jahre 1850 bei den Kammerverhandlungen erhielt — auch anderer mildernder Umstände, zur Ermäßigung der Strafe der Mißhandlung oder Körperverletzung zu. Wie aber überhaupt diese Vorschrift den Fall einer außerhalb eines Raufhandels verübten Mißhandlung oder Körperverletzung zunächst im Auge hat, und im Entwurfe von 1850 lediglich darauf ging, so kann sie, und namentlich ihre Bestimmung über mildernde Umstände, insbesondere nicht für die Bestimmung des ersten Absatzes des § 195, welche letztere der Entwurf vom Jahre 1850 § 178 noch nicht enthielt, und welche gar nicht die Strafe der Mißhandlung oder Körperverletzung für sich, sondern — in ähnlicher Weise, wie § 91 Abs. 1, verglichen mit Abs. 2 — eine Strafe schon der bloßen Betheiligung (Theilnahme im nicht technischen Sinne) am Aufruhr, ohne persönliche Verübung von Gewaltthätigkeiten, und § 96 Abs. 1 verglichen mit Abs. 2 eine Strafe schon der bloßen Betheiligung an der Meuterei ohne persönliche Verübung von Gewaltthätigkeiten (vgl. Erk. v. 30. April 1860, G. Arch. 8. S. 529) — eine Strafe bestimmt, welche schon wegen der Betheiligung an einer Schlägerei oder an einem von Mehreren verübten Angriffe von tödtlichem, schwerem oder erheblichem Ausgange, ohne Zulassung der Berücksichtigung mildernder Umstände eintreten sollte, herangezogen werden, um gleichwohl auch diese letztere Strafe unter das gesetzlich bestimmte geringste Maaß herabzusetzen, wie denn der § 196 eben deshalb nur Rücksichts der Tödtung, bei welcher auch im Falle stattgehabter Provocation oder sonst vorhandener mildernder Umstände eine mindestens sechsmonatliche Gefängnißstrafe, also schon eine höhere als die im ersten Absatze des § 195 bestimmte Strafe eintreten soll, auf den § 195 Bezug nimmt, weil neben den §§ 192 a und 193 noch der § 195 Abs. 1 in solchem Falle (unter der Maaßgabe des § 55) anwendbar bleibt.

Antr. des GStA.s gleichl. [26. — 3.]

Betrug. — Versuch. — Kenntniß des zu Täuschenden von der wahren Sachlage.

Der Versuch eines Betruges kann auch dann angenommen werden, wenn der zu Täuschende vorher schon Kenntniß von der wahren Sachlage, somit von der Unwahrheit der vorgebrachten Thatsache hatte. Auch in einem solchen Falle liegt nicht etwa ein absolut untaugliches Mittel des Versuches vor. [StGB. § 242.]

Erk. (Z. I.) v. 15. Febr. 1861 c. Hoff (13. I. Cr.).

Es ist richtig, daß der App.-Richter feststellt, der Pfarrer L. habe die unwahre Versicherung des Angeklagten über die Höhe des Lohnsatzes, welchen derselbe von dem

Gutsbesitzer v. B. erhalte, nicht geglaubt, vielmehr seine Bedenken dagegen zu erkennen gegeben; der L. habe deshalb ferner unter dem ausdrücklichen Vorbehalt der Rückforderung gezahlt und geäußert, er wolle sich bei dem v. B. erkundigen. Der App.-Richter erkennt somit an, daß eine Irrthumserregung bei dem L. nicht stattgefunden habe. Allein die Behauptung der NB., daß eben deshalb auch der Versuch eines Betruges, dessen Kriterien der App.-Richter feststellt, nicht hätten angenommen werden können, ist eine unrichtige.

Allerdings ist ein Versuch mit absolut untauglichen Mitteln nicht strafbar, und man kann zugeben, daß ein Mittel auch alsdann als ein absolut untaugliches zu erachten sein würde, wenn es unter den obwaltenden Umständen unmöglich war, daß dasselbe den beabsichtigten schädlichen Erfolg hervorbringen konnte. Ein solcher Fall würde also alsdann anscheinend vorliegen, wenn bei dem Betruge der zu Täuschende die Wahrheit, also das Gegentheil der falschen Versicherung, bereits kannte, mithin der letzteren keinen Glauben schenkte. Allein einmal gehört die Unvermeidlichkeit des Irrthums nicht zum Begriffe des Betruges — Urth. des OTr.s v. 12. Okt. 1853 (G. Arch. 2. S. 127 [Oppenh. StGB. § 241 n. 52]) — und sodann kann jedenfalls von der absoluten Untauglichkeit des Mittels in solchem Falle beim Betruge nicht die Rede sein. Es handelt sich dabei nämlich lediglich um die Stärke der Ueberzeugung von der Wahrheit bei dem zu Täuschenden, also um die Kraft der Ueberredung dessen, welcher ihn zu täuschen sucht. In diesem Sinn also kann man in solchem Falle niemals von einem absolut, sondern nur von einem relativ untauglichen Mittel reden, und ein solches schließt den Thatbestand des Versuches nicht aus — Urth. des OTr.s v. 6. Nov. 1854 und v. 25. Juni 1857 (G. Arch. 2. S. 823; 5. S. 669 [Oppenh. StGB. § 31 n. 7]).

Noch weniger aber kann von der Unmöglichkeit einer Vermögensbeschädigung im vorliegenden Falle gesprochen werden. Der Pfarrer L. hatte bereits die geforderte Summe an den Angeklagten bezahlt. Der Vorbehalt der Rückforderung war nur geeignet, den etwaigen Civilanspruch gegen den Angeklagten auf Rückzahlung zu begründen oder zu unterstützen, und es hing überall nur von den besonderen Umständen ab, ob der L. hiernächst die Erstattung des zuviel Gezahlten von dem v. B. oder von dem Angeklagten selbst erlangen konnte.

Antr. des GStA.s entg. [8.—5.]

Beamter. — Nöthigung. — Drohung. — Beziehung zur Amtsgewalt.

Ein Beamter kann auch durch eine Drohung eine widerrechtliche Nöthigung ausüben; dazu wird aber vorausgesetzt, daß die Drohung mit der Amtsgewalt in einer Wechselbeziehung stehe.

StGB. § 315.

Erk. (V. I.) v. 15. März 1861 c. Niederstetter (206. I. Cr.).

Der App.-Richter hat die erstrichterliche thatsächliche Feststellung beibehalten, welche dahin geht:

daß der Angeklagte als Beamter, und zwar als Kgl. Polizeirath — — seine Amtsgewalt gemißbraucht hat, um den v. M. zu einer Handlung — — widerrechtlich zu nöthigen.

Hierzu gelangt der App.-Richter, indem er erwägt:

die Nöthigung liege unzweifelhaft in der Vorladung des v. M. durch einen Polizei-Sergeanten, welcher ihn nach Abgabe der Citation nicht verlassen, sondern bis zum Polizeiamte begleitet habe, in der mehrstündigen Verhandlung in später Abendzeit und in der wiederholten Bedrohung mit einer Criminaluntersuchung.

Alle diese drei Momente zusammen haben zur Anwendung des § 315 l. c. geführt, indeß beruht das letzte auf einer irrigen Rechtsanschauung.

Der App.-Richter nimmt nämlich in Bezug hierauf, in Folge der von ihm veranlaßten Beweisaufnahme nur für erwiesen an,

daß der Angeklagte den v. M. wiederholt mit einer Criminaluntersuchung bedroht habe.

Daß die im § 315 l. c. gedachte Nöthigung auch durch eine Drohung herbeigeführt werden kann, ist an sich nicht zu bezweifeln, allein es ist zugleich erforderlich, daß diese nöthigende Drohung, wie die im Gesetze gemeinte „Nöthigung" überhaupt, mit der von dem betreffenden Beamten gemißbrauchten Amtsgewalt in Wechselbeziehung, in einem Causalzusammenhange stehen muß. Der Wortlaut des § 315 l. c. läßt hierüber keinen Zweifel aufkommen, indem es heißt:

„Ein Beamter, welcher seine Amtsgewalt mißbraucht, um Jemand zu einer Handlung, Duldung oder Unterlassung widerrechtlich zu nöthigen, wird &c."

Der App.-Richter hat diesen Sinn verkannt, und geht in seiner Auslegung viel weiter, wenn er schon die von dem Angeklagten geschehene Bedrohung mit einer Criminaluntersuchung, deren Verhängung ganz außerhalb seiner amtlichen Befugnisse als Polizeirath lag, für ausreichend erachtet hat.

Dieser Rechtsirrthum hat jedenfalls zur Herbeiführung der obigen thatsächlichen Feststellung in entscheidender Weise gewirkt, und es läßt sich nicht ermessen, ob dieselbe beibehalten worden wäre, wenn er nicht stattgefunden hätte.

(A. d. Gr. Vernichtung des app.-gerichtlichen Erk. und Zurückverweisung der Sache &c.)

Antr. des GStA.s gleichl. [20. - 5.]

Anstiftung. — Mißbrauch des Ansehens. — Berechtigung.

Der Mißbrauch des Ansehens kann nur da als Mittel der Anstiftung angesehen werden, wo eine berechtigte Autorität vorhanden ist.

Gleichwohl kann es genügen, wenn derjenige, welcher augenblicklich nicht unter einer solchen Autorität steht, zu jeder andern Zeit in die Lage kommen kann, unter der Aufsicht des Anstifters zu arbeiten, und die Voraussicht dieser Möglichkeit den Angestifteten zur Folgeleistung bestimmt.

StGB. § 34 Nr. 1.

Erk. (Z. I.) v. 15. Febr. 1861 c. Bubolz (67. I. Cr.).

Was die Beschwerde über die Anwendung des § 34 StGB. betrifft, so ist es zuzugeben, daß das Gesetz unter dem Ausdruck „Mißbrauch des Ansehens oder der Gewalt" in der Nr. 1 jenes § 34 ein Verhältniß wirklicher Subordination, also einer Autorität vorausgesetzt hat, welche zu Befehlen und Anordnungen an Untergebene berechtigt ist, und die letzteren dadurch verleitet, denselben Folge zu leisten. Im vorliegenden Falle ist nun festgestellt, daß der Angeklagte der Voigt auf dem Gutshofe, und der Sp. ein dort beschäftigter Tagelöhner ist, welcher den Befehlen des ersteren dann unterworfen war, wenn er bei speciellen Arbeiten unter dessen Aufsicht gestellt war. Ein Verhältniß der oben gedachten Art war daher im Allgemeinen allerdings nicht vorhanden. Wenn nun aber ferner festgestellt ist, daß bei der hier in Rede stehenden Gelegenheit, also bei dem Aussäen der Gerste, und an dem Tage, als der Sp. hiermit beschäftigt war, derselbe allerdings nicht unter die Aufsicht des Angeklagten gestellt, hierbei also dessen Befehlen nicht unterworfen gewesen sei, so hat doch der App.-Richter nicht geirrt, wenn er dennoch den § 34 angewendet, und einen „Mißbrauch des Ansehens oder der Gewalt" deshalb angenommen hat, weil der Sp. zu jeder anderen Zeit in die Lage habe kommen können, unter der speciellen Aufsicht des Angeklagten zu arbeiten. Die vorausgesetzte Autorität des Vorgesetzten ist in solchen Fällen nicht schlechthin zu verneinen; ihre Wirkung ist offenbar auch dann vorhanden, wenn sie auch in dem einzelnen Falle vorübergehend keine vollkommen berechtigte war, doch aber in jedem Augenblicke wieder eine solche werden konnte, in dieser Voraussicht aber den Handelnden zur Folgeleistung bestimmte.

Antr. des GStA.s gleichl. [15.—5.]

Beschlagnahme. — Beiseiteschaffen. — Vorherige Tilgung der Forderung.

Die Beiseiteschaffung einer zum Zwecke der Exekution in Beschlag genommenen Sache wird dadurch nicht straflos, daß die Schuld, für welche die Beschlagnahme erfolgt war, vorher getilgt worden ist. StGB. § 272.

Erk. (Z. I.) v. 13. Febr. 1861 c. Michael (1156. I. Cr. v. 1860).

M. war, „weil er eine vom zuständigen Exekutor in Beschlag genommene Sache bei Seite geschafft habe," verurtheilt worden. Seine NB. rügte u. A. Beschränkung der Vertheidigung insoweit, als der App.-Richter seinen Beweisantrag: „daß die betr. Forderung vor der Disposition über das Pfandstück getilgt gewesen sei," als rechtlich unerheblich beseitigt habe. Zurückweisung.

Gründe:

Der App.-Richter hat die Beweisanträge des Imploranten geprüft, theils aber aus thatsächlichen Gründen, theils aus dem richtigen Rechtsgrunde beseitigt, daß durch die angebliche Tilgung der Forderung, für welche die Beschlagnahme erfolgt sei, das Pfandstück selbst noch nicht unmittelbar der Verfügung des Gepfändeten überlassen gewesen sei.

Antr. des GStA.s gleichl. [3.—2.]

1. Verleumdung. — Anzeige bei der Behörde. — Beschluß daß die Eröffnung der Untersuchung nicht stattfinde.
2. Gerichtsstelle. — Oeffentlicher Ort.

1. Die Verfügungen der vorgesetzten Dienstbehörde, sowie der Staatsanwaltschaft, daß wegen einer zur Anzeige gebrachten angeblich strafbaren

Handlung weder eine Disciplinar-Untersuchung, noch ein Strafverfahren stattfinden werde — sind für Beschlüsse: daß die Eröffnung der Untersuchung nicht stattfinde, im Sinne des § 159 des StGB. zu erachten. [StGB. § 159 (vgl. dort n. 4)].

2. Die Gerichtsstelle kann als ein öffentlicher Ort betrachtet werden.

StGB. § 151 (vgl. dort n. 2).

Erk. (Z. II.) v. 21. Febr. 1861 c. Kolbe v. Schreeb (30. I. Cr.)

K. v. Schr. war wegen öffentlicher Beleidigung und Verleumdung des Kr.-G.-Raths H. verurtheilt. Seine NB. rügte Verletzung der §§ 151 und 159 cit., weil die Gerichtsstelle mit Unrecht für einen öffentlichen Ort erachtet sei, es auch an einem Beschlusse darüber fehle, daß gegen H. eine Untersuchung wegen der bei seiner vorgesetzten Dienstbehörde und der StA.-schaft zur Anzeige gebrachten Handlungen nicht zu eröffnen sei. Zurückweisung der NB.

Gründe:

Von dem App.-Richter ist in einer vollständig ausreichenden Weise festgestellt, daß vorliegend dem § 159 cit. dadurch ein Genüge geschehen ist, daß sowohl von dem Plenum des App.-G.s zu N. als der kompetenten Disciplinarbehörde, als auch von der zuständigen StA.-schaft zu M. auf die von dem Angeklagten wegen der von ihm dem H. zur Last gelegten strafbaren Handlungen gemachten Anzeigen verfügt worden, daß weder eine Disciplinar-Untersuchung, noch die Eröffnung der Criminal-Untersuchung gegen den H. stattfinde. Diese Verfügungen sind unbedenklich als Beschlüsse im Sinne des § 159 anzusehen. Ohne allen Grund wird es aber von dem Angeklagten bestritten, daß die betreffenden beiden Verfügungen des App.-G.s zu N. von dem Plenum des letzteren erlassen worden, und ist es nicht minder ungerechtfertigt, daß der Angeklagte die Verfügung der StA.-schaft zu M., wodurch ein Einschreiten gegen den H. im Strafverfahren abgelehnt worden, nicht als einen Beschluß über die Nichteinleitung der Untersuchung gegen den H. gelten lassen will. Mit Recht hat auch bereits der App.-Richter aus ganz zutreffenden Gründen die Ausführung des Angeklagten, daß erst ein kollegialisch gefaßter und rechtskräftig gewordener Beschluß über die Einleitung oder Nichteinleitung einer Untersuchung gegen den H. vorliegen müsse, bevor gegen ihn selbst vorgegangen werden könne, als eine irrige zurückgewiesen.

In Bezug auf die an der Gerichtsstelle gegen den H. verübten Beleidigungen hat aber der App.-Richter ohne Gesetzesverletzung annehmen können, daß dieselben öffentliche seien, und ist auch der gegen diese Annahme gerichtete Angriff des Angeklagten ein verfehlter, da von dem App.-Richter nach dem von ihm Festgestellten die Gerichtsstelle mit Recht als ein öffentlicher Ort angesehen worden ist.

Antr. des GStA.s gleichl. [25.—3.]

---

1. Schwurgericht. — Verbleiben für die folgende Sache. — Einmalige Verwarnung.

2. Zeuge. — Verwarnung vor dem Meineide. — Nichtigkeit.

1. Wenn das Schwurgericht für mehrere auf einander folgende Sachen verbleibt, so erfolgt auch die Vereidung desselben für alle zusammen.

Ges. v. 3. Mai 1852 Art. 68 [vgl. dort n. 19]; Art. 73 [vgl. dort n. 6].

2. Die Verwarnung der Zeugen und Sachverständigen vor dem Meineide ist keine wesentliche Förmlichkeit des Verfahrens[1]).

Cr.-Ordn. §§ 317. 322. 325. 338. 339.

Erk. (Z. II.) v. 21. Febr. 1861 c. Grüter gen. Plenger (95. II. Cr.).

In Erwägung, daß in Schwurgerichtssachen nach Art. 68 des Ges. v. 3. Mai 1852, wenn an demselben Tage mehrere Sachen zur Verhandlung stehen, die Bildung der Schwurgerichte für alle diese Sachen vor Beginn der Verhandlung der ersten erfolgen kann, und falls hiermit

---

[1]) Vgl. Strafverf. § 55 n. 8. — Sic: Z. I. 5. Okt. 1860 c. Boas (492); Z. I. 6. Febr. 1861 c. Wendt (19).

(wie in concreto geschehen) die StA.-schaft und der Angeklagte sich einverstanden erklären, das für die erste Sache gebildete Schwurgericht auch für die folgenden an demselben Tage zur Verhandlung anstehenden Sachen verbleibt;

daß schon aus diesen Bestimmungen folgt, daß die Vereidung der Geschwornen für alle diese Sachen nur einmal, und zwar vor dem Beginne der ersten Verhandlung zu geschehen hat, und, falls hierüber noch ein Zweifel bestehen könnte, dieser durch die im Art. 73 l. c. enthaltene Eidesnorm gehoben sein würde, indem letztere gerade mit Rücksicht auf die Vorschrift des Art. 68 dahin präcisirt ist:

„Sie schwören und geloben ꝛc. in der Anklagesache (in den Anklagesachen) ꝛc.“

In Erwägung, daß allerdings nach § 317 der Cr.-Ordn. der abzuhörende Zeuge vor seiner Vernehmung, und zwar auch vor der auf seine persönlichen Umstände gerichteten Vernehmung (§§ 318 und 319) ernstlich zur Aussage der Wahrheit ermahnt und auf den, nach beendigtem Verhöre zu leistenden Eid verwiesen werden soll;

daß in concreto nach Ausweis des Sitzungsprotokolles diese Ermahnung und Verweisung in Betreff der Zeugen, Gebrüder M., erst nach deren Vernehmung ad generalia, und in Betreff der Zeugen B. und R., sowie der Gutachter W., A. und R. überhaupt nicht stattgehabt, wenigstens das Audienzprotokoll hierüber nichts constatirt hat;

daß indeß die Bestimmung des § 317 nur als eine instructive, keinesweges als eine so wesentliche Vorschrift des Verfahrens angesehen werden kann, daß auf deren Unterlassung eine NB. an und für sich begründet werden könnte, wie denn auch andererseits die Strafe des Meineides gegen einen falschen Zeugen wegen unterbliebener Verwarnung nicht ausgeschlossen sein würde. [1])

Antr. des GStA.s gleichl. [16. — 3.]

---

[1]) Vgl. StGB. § 125 n. 15; § 126 n. 16.

Zeitschrift. — Kautionsfreiheit. — Eintritt der Kautionspflichtigkeit.

Eine an sich nach ihrer wissenschaftlichen Bestimmung kautionsfreie Zeitschrift wird sofort kautionspflichtig, sobald sie politische oder sociale Fragen erörtert. Dabei kommt auf die Absicht, die Kautionspflicht zu umgehen, Nichts an, sobald nur die Handlung nicht eine unbewußte war. [1])

Preßges. v. 12. Mai 1851 §§ 11. 17. 42.

Erk. (Z. I.) v. 22. Febr. 1861 c. Hengstenberg (1245. I. Cr. v. 1860).

Aus § 11 des Preß-Ges. v. 12. Mai 1852 folgt, daß eine Zeitschrift, wenngleich sie, wie festgestelltermaaßen die evangelische Kirchenzeitung, von vorn herein nur für rein wissenschaftliche Gegenstände bestimmt, und daher kautionsfrei war, doch sofort und zwar lediglich um deshalb kautionspflichtig wird, sobald sie politische oder sociale Fragen erörtert. Ob sie dies thut, gehört in jedem Einzelfalle zur richterlichen thatsächlichen Feststellung, wie sich auch aus § 42 l. c. ergiebt. Die Vorderrichter haben diese Frage bejaht, und hiergegen ist mit der NB. nicht anzukämpfen.

Es entscheidet zur Beurtheilung der Kautionspflicht einer periodischen Druckschrift ausschließlich die Thatsache der stattgehabten Besprechung politischer oder socialer Angelegenheiten, und das in Rede stehende Vergehen stellt sich als ein sogenanntes formales dar. Deshalb kommt es auch nicht, wie die NB. auszuführen sucht, in subjectiver Hinsicht darauf an, ob der Herausgeber gerade die Absicht gehabt hat, die Kautionspflicht zu umgehen, die diesfällige Handlung muß nur nicht eine unbewußte gewesen sein.

Antr. des GStA.s gleichl. [20. — 5.]

---

[1]) Hiernach begründet auch die einmalige Ueberschreitung der Grenzen der Kautionsfreiheit die Strafe des § 42 l. c. Sic: Beschl. v. 24. Okt. 1851 (Entsch. 24. S. 181); Z. II. 7. April 1853 c. Kasche (123); Z. I. 12. Juli 1854 c. Mertens (616).

Kontrebande; Zolldefraudation. — Einbringen von Waaren. — Seegrenze.

Weder eine Kontrebande noch eine Zolldefraudation liegt vor, so lange das mit den betreffenden Waaren beladene Fahrzeug sich von der Seeseite her dem Lande nicht bis auf fünfzig Fuß genähert hat.

Zoll-Ges. v. 23. Jan. 1838 § 29; Zoll-Ordn. § 85; ZSt.-Ges. § 6 Nr. 2 d.

Erk. (Z. I.) v. 27. Febr. 1861 c. Niemann (1174. Cr. I. v. 1860).

Der Angeklagte war mit seiner mit Salz und zollpflichtigen Waaren beladenen Jacht aus dem Mecklenburgischen Theile des Saaler Boddens in den Preußischen Theil gefahren, und war hier diesseits der die Grenze markirenden Tonnenlinie 150 Schritte vom Ufer vor Anker gegangen. Wegen Kontrebande und Zolldefraudation verfolgt ward er in beiden Instanzen freigesprochen. Die NB. der Prov.-Steuer-Direktion machte geltend: die Zollgrenze falle mit der Grenze des Staatsgebietes auch da wo diese in einem Gewässer, insbesondere in der See liege, zusammen. Zurückweisung.

Gründe:

Es steht fest, daß der Angeklagte mit seiner Jacht im Saaler Bodden, und zwar im Preußischen Antheile desselben, vor Anker gelegen hat. Hieraus kann jedoch die Strafbarkeit desselben noch nicht gefolgert werden, weil die vorigen Richter andererseits für erwiesen ansehen, daß der Angeklagte mit seinem Fahrzeuge noch 150 Schritte vom Ufer entfernt gewesen, auch gar nicht an's Land gekommen, viel weniger einen unerlaubten Landungsplatz benutzt hat, § 85 der Zoll-Ordn. aber vorschreibt, daß beladene Fahrzeuge den Ufern der Gewässer, welche längs der Zollgrenze sich erstrecken, ohne Erlaubniß des nächsten Zollamtes sich nur bis auf 50 Fuß nähern dürfen, der Angeklagte also weder gegen diese Bestimmung gefehlt, noch dem § 29 des Zoll-Ges. zuwider gehandelt hat, welcher lautet:

„Wer zollpflichtige oder zollfreie Waaren mit sich führt, darf über die Zollinie zu Wasser oder zu Lande nur während der Tageszeit und nur auf einer Zollstraße ein- oder austreten, auch nur bei einem erlaubten Landungsplatze anlanden. Die

Häfen am Meere mit den polizeilich dazu angewiesenen Einfahrten sind die Zollstraßen an der Seeseite."

Es kann aber keinem Bedenken unterliegen, daß diese speciellen gesetzlichen Vorschriften in den §§ 29 und 85 l. c., wenn es sich, wie hier, um eine von der Seeseite aus verübte Kontrebande oder Zolldefraudation handelt, die vorerwähnte allgemeine Bestimmung im § 2 d des Zoll-Strafgesetzes, deren Verletzung die NB. behauptet, modifiziren.

Antr. des GStA.s gleichl. [18. — 2.]

Fischereiordnung. — Setznetz. — Lädering.

Die Fischereiordnung für die in der Provinz Pommern belegenen Theile der Oder, das Haff und dessen Ausflüsse, vom 2. Juli 1859 (GS. S. 453) gestattet **nicht**, Setznetze, welche mit einer Läderring versehen sind, zu gebrauchen.

Erk. (V. I.) v. 27. Febr. 1861 c. Conrad (119. I. Cr.).

Die Fischerei-Ordn. v. 2. Juli 1859 unterscheidet in den §§ 7 bis 14. 18 bis 23 diejenigen Fischereien, welche mit sackähnlichem Fischerzeuge betrieben werden, von denjenigen, bei denen man Netze anwendet. §§ 15 bis 17 l. c. Im § 15 heißt es dann wörtlich:

„Unter Netzen werden hier Fischerzeuge verstanden, welche aus einer bloßen Netzwand bestehen, die entweder an beiden Seiten in eine Leine, Simm genannt, eingefaßt, oder die auch nur an der obern Seite mit einem Simm versehen ist.

Die Fischerei mit Netzen wird auf verschiedene Art betrieben, und es führen die Netze nach den verschiedenen Fischgattungen, auf deren Fang sie eingerichtet sind, und nach ihrer Gebrauchsart verschiedene Namen.

Die Netze werden im Wasser ausgesetzt, bleiben dann eine Zeit lang oder über Nacht stehen, um demnächst oder andern Tages aufgenommen zu werden. Diese heißen Setznetze ....

Ferner wirft oder schiebt man sie aus, und nimmt sie nach kurzer Zeit wieder auf, und endlich läßt man sie auf eine kurze Strecke mit der Strömung treiben, wo sie dann, sofern sie nur oben ein Simm haben, Triftnetze, und sofern sie auch unten mit einem Simme versehen sind, Treibnetze, auch Grundnetze genannt werden."

Im § 16 l. c. wird die Länge der Netzmaschen bei einer Anzahl von Netzen bestimmt, im § 17 l. c. dagegen Folgendes unter Anderem angeordnet;

Nr. 8. In dem Neuwarper See dürfen Setznetze nur vom Ufer oder von den Kämpen ab . . . . aufgestellt werden.

Nr. 9. Bei der Fischerei mit dem Staaknetze, welches mit einer Lädering versehen sein darf, dürfen nicht zwei oder mehrere Netze an einander gebunden werden, auch darf damit nicht gezogen und im freien Wasser getrieben oder gelenkt, sondern es darf nur in den Kämpen, im Kraut und am Ufer gefischt werden, indem das Netz mit der Staakruthe ausgeschoben wird.

Nr. 10. In den Strömen, Flüssen, Bächen, Kanälen und Gräben darf mit Setznetzen gar nicht, und mit Trift- oder Treibnetzen nicht in der Zeit vom 15. April bis zum letzten Mai, außer dieser Zeit auch nur unter der Beschränkung gefischt werden, daß . . . . diese Netze nicht mit einer Lädering versehen sind.

Was nun unter „Lädering" zu verstehen sei, bezeichnet die Fischerei-Ordn. nicht. Der erste Richter erklärt sie, und der Rekursrichter hat daran festgehalten, für ein weitläuftiges Geflecht von grobem Bindfaden, das auf beiden Seiten der Netzwand befindlich ist. Der Angeklagte stimmt dem in seinen Erklärungen im Wesentlichen bei, und diese Annahme wird auch durch die zum Entwurfe zur Fischerei-Ordn. beigefügte Denkschrift bestätigt, woselbst es S. 29 heißt:

Unter Lädering werden die äußeren Netzwände des Staak- und Jagnetzes verstanden, welche viel weitmaschiger als die innere Wand sind, und dazu dienen, die in die Netze verwickelten Fische nicht wieder loskommen zu lassen.

Die von beiden Seiten in die innere Netzwand verwickelten Fische drängen nämlich, um sich zu befreien, die engen Maschen, in denen sie haften, in die weiten Maschen der äußern Setzwände (Lädering) hinein, und bilden sich auf diese Weise zu beiden Seiten Beutel, in denen die Fische um so sicherer gefangen werden.

Der ganze Zusammenhang obiger Gesetzstellen, deren Grund- und Entstehungsgeschichte, läßt nun keinen Zweifel darüber zu, daß der Angeklagte mit Unrecht einer Lädering bei seinen Setznetzen sich bedient habe. Der § 15 l. c. stellt nämlich als allgemeine Regel auf, daß ein Netz, gleichviel welcher Art es sein mag, nur aus einer Netzwand bestehen darf. Es ist also schlechthin nicht erlaubt, irgend eine Vorrichtung zu treffen, welche an diese eine Netzwand noch eine andere, oder einen Beutel, einen Sack bringt. Die Lädering aber ist eine solche, und es folgt daraus, daß sie an sich verboten ist. Der Grund hierzu liegt darin, wie die Denkschrift zum Entwurfe der Fischerei-Ordn. in den Zusätzen zum § 17 l. c. erkennen läßt, daß sonst durch die allzu leichte Art des Fischfanges der Fischbestand zu sehr verringert werden würde. Eine Ausnahme hiervon statuirt die Nr. 9 l. c. bei dem sogenannten Staaknetz, indem sie an diesem die Anbringung einer Lädering gestattet. Es rührt dies daher, weil die Gebrauchsart eines solchen Netzes die vorbemerkte Besorgniß nicht aufkommen läßt. Die gedachte Denkschrift erläutert dies, wenn sie S. 28 sagt:

> „Der Gebrauch des Staaknetzes außer der Laichzeit ist auch in den Strömen nicht schädlich, weil es seiner Natur nach nur am Ufer und in den Rohr- und Binsenkämpen gebraucht werden kann, mithin dem Gange der Fische nicht hinderlich ist.
>
> Die unter dieser Nr. 9 übrigens ausgesprochenen Verbote sind nothwendig, damit neben der Staaknetzfischerei auch noch andere Fischereiarten auf dem gleichen Gebiete betrieben werden können, und weil es ein Mißbrauch sein würde, das dafür nicht bestimmte Staaknetz auch im freien Wasser zu gebrauchen.
>
> Das Staaknetz ist nach seiner Gebrauchsart ohne die Lädering nicht anzuwenden."

Die Nr. 9 des § 17 l. c. hatte demnächst in dem Entwurfe noch nicht die jetzt in derselben befindlichen Worte:

> „welches (das Staaknetz) mit einer Lädering versehen sein darf,"

diese sind erst nachträglich hinzugekommen, und zwar aus der so eben angeführten letzten Erwägung.

Hiernach bestärkt die bei dem Staaknetze gestattete Ausnahme, die aber im gegenwärtigen Falle nicht vorliegt, weil hier nur Setznetze in Anwendung gebracht worden sind, die sonst allgemein geltende Regel des Verbots der Lädering. Dem steht auch die Nr. 10 des § 17 l. c. nicht entgegen, denn einmal spricht diese von der Fischerei in Strömen, Flüssen, Bächen, Kanälen und Gräben, währenddem im vorliegenden Falle von dem Neuwarper See die Rede ist, und dann würde aus dieser Bestimmung höchstens zu folgern sein, daß, wenn man die Ausnahme der Nr. 9 l. c. auch hier gelten lassen wollte, die Lädering ebenfalls nur bei dem Gebrauch des Staaknetzes erlaubt ist.

Gleichgültig erscheint es aber, daß, wie der Angeklagte behauptet, und der erste Richter bestätigt, bis zur Emanation der Fischerei-Ordn. v. 2. Juli 1859 der Gebrauch der Lädering bei Setznetzen zulässig war, weil diesen das neue Gesetz gerade verboten hat, und eben so einflußlos ist die Angabe, daß Setznetze ohne Lädering nicht anwendbar sein sollen.

Antr. des GStA.s gleichl. [20. — 2.]

Anzeige für sich selbst. — Zeugniß.

Eine Anzeige, welche Jemand für sich selbst, um einer polizeilichen Vorschrift zu genügen, bei der Behörde macht, ist, wenn sich dieselbe auch auf einen Dritten mit bezieht, darum doch noch kein Zeugniß im Sinne des § 254 des StGB., insofern nicht besondere Gründe obwalten, aus welchen dieselbe auch für jenen Dritten zu irgend einem amtlichen Nachweise dienen sollte. [1])

StGB. § 254.

Beschl. (I.) v. 27. Febr. 1861 c. Wegener (59. B I. Cr.).

Die Anklage legte der W. die Fälschung und den Gebrauch einer Privatschrift zur Last, durch welche der Ortspolizeibehörde das

---

[1]) Vgl. Beschl I. 30 Jan 1861 c Spiegelthal (37 B., oben S. 233).

Einziehen eines neuen Miethers in eine Schlafstelle gemeldet wurde. Der zurückweisende Beschluß des App.-G.s ward auf die Beschwerde des OStA. aufgehoben, und die Sache zur näheren Prüfung an das App.-G. zurückverwiesen.

Gründe:

Die den Gegenstand der Anklage bildende, zum Zwecke der Täuschung der Polizei-Behörde in St. fälschlich angefertigte Schrift trägt nur die Unterschrift einer Privatperson und gehört daher allerdings nicht zu den im § 254 des StGB. gedachten amtlichen Urkunden. Sie ist eine durch die Polizei-Behörde gebotene Anzeige eines Schlafstellenvermiethers über das Zuziehen eines neuen Miethers und kann, als eine von diesem Vermiether für sich selbst ausgestellte Schrift, kein Zeugniß für den Vermiether enthalten, weil, abgesehen von besonderen Verhältnissen, z. B. denen eines Beamten, Niemand ein Zeugniß über seine eigenen Handlungen ausstellen kann.

Allein nach einer anderen Seite hin kann jene Schrift als ein Zeugniß im Sinne des allegirten § 254 angesehen werden. Sie enthält nämlich zugleich eine Bescheinigung über eine Thatsache, nämlich das Einziehen einer Mietherin, welche zur Legitimation der darin genannten Person dienen kann, wenn darin die Bescheinigung über ein gefundenes Unterkommen zu erblicken ist. Daß und ob eine richtige Schrift dieser Art nicht gerade zu diesem Zwecke ausgestellt zu werden pflegt, ist nicht von entscheidendem Gewicht, wenn sie nur zu diesem Zwecke dienen und zu diesem Zwecke also auch möglicherweise fälschlich angefertigt werden kann.

Ob die hier in Rede stehende Schrift von diesem Gesichtspunkte aus als ein Zeugniß im Sinne des § 254 zu betrachten, ob sie zu dem gedachten Zwecke fälschlich angefertigt und benutzt worden ist, bedarf der nochmaligen thatsächlichen und rechtlichen Erwägung.

Antr. des GStA.s gleichl. [43. — 5.]

---

1. Polizeirichter (Rh.). — Verweisung zum Civilwege. — Berufung. — Kassationsrekurs.

2. Civileinrede. — Angabe des Beweismittels. — Unerläßlichkeit.

1. Nach Rheinischem Verfahren unterliegt ein polizeirichterliches Erkenntniß durch welches die Entscheidung über die Strafklage so lange ausgesetzt wird, bis über eine Berechtigungseinrede des Beschuldigten im Civilprozesse abgeurtheilt sein werde — nicht der Berufung, sondern nur dem Kassationsrekurse.

Rh. StPO. Art. 172.

2. Die Vorschützung einer Berechtigungseinrede durch den Beschuldigten ermächtigt den Strafrichter nur dann zur vorläufigen Aussetzung des Erkenntnisses, wenn für jene Einrede die Beweise angegeben waren, und diese in dem die Aussetzung aussprechenden Urtheile namhaft gemacht werden.

Ges. v. 31. Jan. 1845 § 1.

Erk. (B. II.) v. 28. Febr. 1861 c. Walter (76. II. Cr.).

W., beschuldigt von dem Grundstücke seines Nachbarn einen Streifen abgepflügt zu haben, wandte ein: er habe stets so gepflügt und befinde sich im ausschließlichen Besitze des betr. Streifens, worauf der Pol.-Richter das Erkenntniß „bis zur Entscheidung der Eigenthumsfrage im Civilwege aussetzte, weil W., wenn jene Behauptung wahr sei, nicht bestraft werden könne.“ Auf den Kass.-Rekurs des Pol.-Anw. hat das OTr. dieses Urtheil vernichtet, und zwar:

In Erwägung, daß nach Art. 172 der Rh. StPO. die Berufung von einem, in einer Polizeisache ergangenen Urtheile nur dann zulässig ist, wenn in demselben auf Gefängnißstrafe oder auf eine Geldbuße oder Entschädigung von mehr als 5 Franken erkannt worden;

daß in dem angefochtenen Urtheile des Pol.-G.s auf eine Strafe oder Entschädigung überhaupt nicht erkannt, vielmehr das Erkenntniß bis zur Entscheidung über die vom

Beschuldigten vorgeschützte Berechtigungseinrede im Civilprozeß ausgesetzt worden ist;

daß daher das Urtheil, als in letzter Instanz ergangen betrachtet werden muß, folglich ungeachtet der unrichtigen Qualifikation desselben als eines Urtheils erster Instanz, der Kassationsrekurs zulässig erscheint;

daß sodann — zur Sache selbst — nach § 1 des Ges. v. 31. Jan. 1845 in Feldfrevelsachen die von dem Angeschuldigten vorgebrachte Einrede, daß er zu der ihm als Frevel zur Last gelegten Handlung berechtigt gewesen sei, vom Strafrichter nur dann berücksichtigt und das Erkenntniß nur dann ausgesetzt werden darf, wenn die Einrede durch Angabe des bestimmten Rechtsgrundes und der Beweismittel hinreichend bescheinigt ist, und daß in dem Urtheil dieser Rechtsgrund und diese Beweismittel angegeben werden müssen;

daß in diesem Falle der Cass.-Verklagte, welcher behauptet, daß derjenige Streifen Landes, welchen er seinem Nachbar S. abgepflügt haben soll, ihm eigenthümlich zugehöre, und daß er ihn im langjährigen Besitze habe — für diese Behauptung Beweise überhaupt nicht angegeben hat, und daß demgemäß auch das angefochtene Urtheil eine Angabe solcher Beweise nicht enthält;

daß daher der Pol.-Richter, indem er gleichwohl das Erkenntniß in der Sache bis zur Entscheidung im Civilwege über die vorgeschützte Einrede aussetzte, hierdurch den allegirten § 1 des Ges. v. 31. Jan. 1845 verletzt hat, weshalb das angefochtene Urtheil der Cassation unterliegt ꝛc.

[14. 3.]

Arzt. — Unrichtiges Zeugniß. — Dolus.

Die Ausstellung eines unrichtigen ärztlichen Zeugnisses zum Gebrauche bei einer Behörde oder Versicherungsgesellschaft ist strafbar, sobald sie mit dem Bewußtsein der Unrichtigkeit und des

angegebenen Zweckes erfolgt; es ist keineswegs erforderlich, daß dasselbe für und im Interesse eines Dritten, um demselben einen Vortheil zu verschaffen, oder Schaden von ihm abzuwenden, ausgestellt sei.

StGB. § 257.

Beschl. (I.) v. 1. März 1861 c. Stich (60. B. I. Cr.).

Der zur Zurückweisung des betreffenden Anklagepunktes herangezogene Grund,

> daß der § 257 l. c. zu seiner Anwendung verlange, daß das in Rede stehende ärztliche Zeugniß für einen Dritten und im Interesse dieses Andern, um demselben einen Vortheil zu verschaffen, resp. Schaden von ihm abzuwenden, zum Gebrauche bei einer Behörde wider besseres Wissen ausgestellt worden sein müsse,

kann als ein rechtlich zutreffender nicht erachtet werden.

Das Kgl. App.-Gericht ist hierbei von der Voraussetzung ausgegangen, daß zum Thatbestande des im § 257 l. c. vorgesehenen Vergehens auch noch das Vorhandensein der im § 247 l. c. hervorgehobenen Momente gehöre. Allein die Wortfassung des § 257 l. c. giebt hierzu keinen Anhalt, und die §§ 254. 255 l. c. zeigen, daß unter den 23. Titel des StGB., der von der Urkundenfälschung im Allgemeinen handelt, auch solche Vergehen aufgenommen worden sind, bei denen es auf die gewinnsüchtige Absicht ꝛc. des Thäters nicht ankommt. Zu einem solchen gehört auch das, in dem § 257 l. c. vorgesehene Vergehen, der seinem innern Grunde nach, die Aerzte und übrigen Medizinalpersonen, welche das ihnen vom Staate geschenkte Vertrauen unter Verletzung der ärztlichen Berufspflicht durch die Ausstellung eines wissentlich unrichtigen Zeugnisses zum Gebrauch bei einer Behörde mißbrauchen, ganz abgesehen von dem dabei obwaltend gewesenen Beweggrunde, resp. der damit verbunden gewesenen Absicht, bestraft wissen will. Der § 258 l. c. steht dem nicht entgegen, denn er weicht von den in Bezug genommenen §§ 256. 257 l. c. nur insofern ab, als er diejenigen, die von einem derartigen Zeugnisse Gebrauch machen, mit Strafe bedroht, im Uebrigen aber keine weiter gehenden Merkmale aufstellt.

Hiernach ist zur Anwendbarkeit des § 257 l. c. nichts weiter erforderlich,

als daß ein Arzt 2c. ein wissentlich unwahres, zum Gebrauch bei einer Behörde bestimmtes Zeugniß ausstellt.

Daß die StA.-schaft, welche im vorliegenden Falle die in Rede stehende Krankheitsgeschichte bezüglich des Knechts L., zum Gebrauche in der Untersuchung wider B., verlangt hat, als eine Behörde zu betrachten ist, und daß es rechtlich gleichgültig erscheint, ob das Zeugniß unmittelbar von der betreffenden Behörde erfordert, oder dieser von einem Dritten überreicht wird, kann keinem begründeten Zweifel unterworfen werden.

Antr. des GStA.s gleichl. [20. – 5.]

---

1. Fragstellung. — Begriffsmerkmale. — Nebenfrage.
2. Versuch. — Tauglichkeit des Mittels. — Kenntniß.

1. Eine Nebenfrage darf nie dahin abzielen, ein in der Hauptfrage enthaltenes Begriffsmerkmal des betreffenden Verbrechens nochmals in Frage zu stellen.

Ges. v. 3. Mai 1852 Art. 80 (vgl. dort n. 22); Art. 81 (vgl. dort n. 30. 49); Art. 84 (vgl. dort n. 8).

2. Der zum Versuche einer Strafthat erforderliche Vorsatz wird dadurch nicht ausgeschlossen, daß der Angeklagte sich in Betreff der Natur des gebrauchten Mittels in einem Irrthum befindet, insofern dieser Irrthum die Tauglichkeit des Mittels unberührt läßt. [StGB. § 31.]

Erk. (B. II.) v. 11. April 1861 c. Gäde & Weber (42. II. Cr.).

Die unverehelichte G., welche ihre Leibesfrucht abzutreiben beabsichtigte, hatte auf den Rath der W. in der Apotheke „Bergöl" verlangt, statt dessen aber „stinkendes Thieröl" erhalten und genossen. Die Sachverständigen erklärten beide Mittel für gleich tauglich, um den angedeuteten Zweck herbeizuführen. In der schwurgerichtlichen Verhandlung wurden zunächst die Fragen gestellt:

1. Ist die G. schuldig — — im schwangern Zustande ihre Frucht durch ein inneres, zum Abtreiben der Leibesfrucht an sich geeignetes Mittel vorsätzlich abzutreiben versucht, auch diesen Versuch durch Handlungen, welche den Anfang der Ausführung enthielten, an den Tag gelegt zu haben, und ist dieser Versuch nur durch äußere, von ihrem Willen unabhängige Umstände ohne Erfolg geblieben?

2. Ist die W. schuldig — der G. zu dem ad 1 bezeichneten Versuche des Verbrechens Anleitung gegeben zu haben?

Sodann aber ward auf den Antrag des Vertheidigers der G., des Widerspruchs des StA.s ungeachtet, für den Fall der Bejahung der ersten Frage noch gefragt:

3. war der G. unbekannt, daß das von ihr angewendete Mittel zur Abtreibung der Leibesfrucht geeignet war?

Alle drei Fragen wurden von den Geschwornen bejaht, worauf der Schw.-G.-H. freisprach, indem er in seinen Gründen noch näher auf die oben erwähnte Verwechslung einging, und zu dem Resultate gelangte, daß der G. der Gebrauch des Mittels (Thieröl), da es nicht dasjenige gewesen, auf welches ihr Vorhaben gerichtet war, nicht angerechnet werden könne, und daß es eben deshalb an Handlungen, welche den Anfang der Ausführung enthielten, fehle. Auf die NB. der StA.-schaft hat das O.Tr. das Urtheil und das vorhergegangene Verfahren vernichtet, und die Sache an den Schw.-G.-H. zurückverwiesen.

Gründe:

Nach § 44 des StGB. soll ein factischer Irrthum des Thäters, welcher und soweit er den Vorsatz (Dolus) beseitigt, die Zurechnung ausschließen und insofern im Sinne des Rubrums des Thl. I. Tit. 4 des StGB. ein Strafausschließungsgrund sein. Es hat diese Bestimmung mithin nicht auf jeden factischen Irrthum des Handelnden Bezug, sondern nur auf einen solchen Irrthum, der den Mangel eines verbrecherischen Vorsatzes überhaupt, oder des zu der fraglichen Verbrechensspecies erforderlichen Dolus begründet. Einen solchen Mangel aber begründet der factische Irrthum nur dann, wenn er wesentlich ist, also nicht, wo er sich auf unwesentliche thatsächliche Voraussetzungen bezieht, die für den gewollten Erfolg ohne strafrechtliche Bedeutung sind, wie dies namentlich in Betreff der Benennung des zur Herbeiführung des gewollten Erfolges angewandten und dazu auch tauglichen Mittels und auch in Betreff des Mittels selbst, sobald solches nur überhaupt ein taugliches, der Fall ist. Wenn sodann Art. 81 Abs. 3 a. E. des Ges. v. 3. Mai 1852 bestimmt, daß einem besonders gestellten Antrage, die zu stellenden Fragen auch darauf zu richten: „ob der Angeklagte die That ohne Zurechnungsfähigkeit begangen habe, oder, ob andere Gründe, welche die Strafe ausschließen, vorhanden seien,“ bei Strafe der Nichtigkeit entsprochen werden müsse; so kann sich letzteres — da auch das Gesetz nicht gestattet, die dieserhalb beantragte Frage allgemein darauf zu richten, ob Gründe vorhanden seien, welche die Strafe ausschließen — nur auf den Fall beziehen, wenn die behaupteten Umstände, über welche, als die Strafe ausschließend, eine besondere Fragestellung neben der Schuldfrage, oder doch deren Hervorhebung in dieser Hauptfrage beantragt wird, nach gesetzlicher Vorschrift geeignet sein würden, die Strafe der dem Angeklagten (durch dessen Schuldigerklärung) zur Last gelegte That zu beseitigen, wenn also diese Umstände im StGB. als Strafausschließungsgründe, d.h. als zur Aufhebung der durch das Vorhandensein des vollständigen Thatbestandes begründeten Strafbarkeit der That nach gesetzlicher Vorschrift geeignete Thatsachen, anerkannt sind. Muß daher auch da, wo das Strafgesetz, wie dies bei den Vorschriften des StGB. öfters in Betreff der Vorsätzlichkeit oder Absichtlichkeit, und also auch der Kenntniß thatsächlicher Verhältnisse der Fall ist, zu dem Thatbestande der mit Strafe bedrohten Handlung gewisse Thatsachen, ohne sie als wesentliches Merkmal speciell hervorzuheben, als selbstverständlich voraussetzt, hierauf, bei einem dieserhalb gestellten Antrage, die Fragestellung, die, wenn sie den Thatbestand nach dem Wortlaute des Gesetzes aufgegenommen hat, an und für sich genügen würde, mit gerichtet werden, — so ist doch die Stellung einer Nebenfrage, welche dahin abzielt, Momente des gesetzlichen Thatbestandes, die schon die Hauptfrage ausdrücklich aufgenommen hat, nochmals in negativer Form in Frage zu stellen, und deren Stellung daher geeignet sein würde, bei bejahender Beantwortung sowohl der Hauptfrage als der Nebenfrage, den Ausspruch der Geschwornen in sich widersprechend zu machen, ebenso unstatthaft, als es unzulässig, wenigstens effektlos und daher ungeeignet ist, Nebenfragen über thatsächliche Umstände oder Verhältnisse zu stellen, die, bei stattfindender Herstellung des Thatbestandes eines Verbrechens durch die bejahende Beantwortung der Hauptfrage, nicht geeignet sind, nach gesetzlicher Vorschrift die Strafbarkeit der That aufzuheben oder zu mindern, und die daher von keiner strafrechtlichen Bedeutung sind.

Von solcher Beschaffenheit war aber hier die Rücksichts der Angeklagten G. für den Fall der Bejahung der ersten Frage gestellte zusätzliche Frage Nr. 3, welche dahin lautete: „War der Angeklagten G. unbekannt, daß das von ihr angewendete Mittel zur Abtreibung der Leibesfrucht geeignet war?" Wäre die Bejahung dieser Frage geeignet gewesen, die durch die Bejahung der Hauptfrage erfolgende Feststellung des verbrecherischen Bewußtseins und damit des Dolus — des zum Thatbestande des versuchten Verbrechens, dessen die Angeklagte in der Anklage beschuldigt wurde, erforderlichen Vorsatzes (ohne welchen ohnehin ein Versuch überhaupt nicht denkbar ist) wieder zu beseitigen — (wie dies der Schwurgerichtshof in den Erwägungen seines Erkenntnisses angenommen hat, durch welche die, auf den Antrag des Vertheidigers geschehene Stellung der Zusatzfrage hat gerechtfertigt werden sollen und in welchen thatsächliche Momente erörtert worden sind, die durch den Ausspruch der Geschwornen nicht festgestellt sind, die aber, wenn es darauf hätte ankommen können, durch Fragestellung an die Geschwornen, also nicht durch den Gerichtshof hätten festgestellt werden müssen) — so wurde der Ausspruch der Geschwornen in sich widersprechend.

Solcher Widerspruch mußte denn auf dem gesetzlich vorgeschriebenen Wege (Ges. v. 3. Mai 1852 Art. 97) gehoben werden, und dies hat der Schurgerichtshof nicht gethan.

In der That war aber die durch die bejahende Beantwortung jener Zusatzfrage erfolgte Feststellung, also der dadurch festgestellte Mangel der Kenntniß, daß das bei dem Abtreibungsversuche, also mit dem auf Abtreibung der Leibesfrucht gerichteten Willen angewendete Mittel, wirklich ein zu solcher Abtreibung taugliches Mittel war, ohne strafrechtliche Bedeutung und konnte also nicht von Einfluß auf die Entscheidung sein, während allerdings, wenn das angewendete Mittel ein (absolut) untaugliches gewesen und dies durch die Fragestellung an die Geschwornen festgestellt wäre, von einem strafbaren Versuche der Abtreibung nicht die Rede sein könnte.

Dadurch, daß, wie durch den Ausspruch der Geschwornen auf die Zusatzfrage in Verbindung mit der bejahenden Beantwortung der Hauptfrage (siehe oben) festgestellt worden ist, der Angeklagten G. unbekannt war, daß das von ihr zur Abtreibung ihrer Leibesfrucht angewendete, dazu auch geeignete Mittel ein hierzu geeignetes war, daß — wie der Schwurgerichtshof in seinen thatsächlichen Erwägungen angenommen hat — die G. sich zwar nicht über die Eigenschaft dieses Mittels als Abortivmittel zu dienen, wohl aber insofern im Irrthum befand, als sie es für Bergöl hielt, während es in Wirklichkeit ein dazu gleich geeignetes Mittel, nämlich stinkendes Thieröl war, wurde die Willensbestimmung, der auf Herbeiführung der Abtreibung ihrer Leibesfrucht, als beabsichtigten Erfolg, gerichtete Vorsatz der G. nicht irgendwie modificirt. Jener Irrthum war daher für die Beurtheilung der Handlung der Angeklagten ohne alle Bedeutung (vgl. Hälschn. I. S. 122; G. Arch. 7. S. 441).

Der Schwurgerichtshof hat deshalb dadurch, daß er die gedachte Zusatzfrage stellte und deren bejahende Beantwortung für geeignet erachtet hat, die Freisprechung der beiden Angeklagten zu begründen, den Art. 81 des Ges. v. 3. Mai 1852 und zugleich die §§ 181. 31. 32. 34 Nr. 2 und 35 des StGB. verletzt.

Antr. des GStA.s gleichl. [26.—3.]

Maischsteuer. — Uebergährung. — Verhinderter Abfluß. — Handeln im Auftrage eines Andern.

Derjenige, welcher durch seine Handlung (bewußter Weise) den Abfluß der übergegohrenen Maische verhindert, ist als Steuerkontravenient anzusehen, sollte er auch selbst nicht Vorsteher der Brennerei sein, und jene Handlung nur auf Weisung des ihm übergeordneten Inspektors vorgenommen haben. [AKO. v. 10. Jan. 1824.]

Erk. (V. I.) v. 20. März 1861 c. Reinke (Radde u. Gen. 1183. I. Cr. v. 1860).

R. hatte nach der Feststellung der Instanzrichter durch Niederlassung des Schiebers an einem Abzugskanale[1]) in einem Brennereilokale es veranlaßt, daß übergegohrene Maische nicht abgeflossen war.

---

[1]) Als Gefäß im Sinne der cit. AKO. ist jede räumliche Vorrichtung zu betrachten, welche Maische aufzufassen vermag: Z. I. 11. Jan. 1860 c. Engel (10); daher ist auch eine den Abfluß nicht gestattende Abzugsrinne unbedenklich als ein solches Gefäß, und das Aufstauen der übergegohrenen Maische in derselben als Einmaischung zu betrachten: Z. I. 3. Okt. 1856 c. Ley (990); Z. I. 18. Sept. 1857 c. Kurzmann (919). Dabei ist es auch gleichgültig, ob die Verstopfung der Rinne absichtlich herbeigeführt oder durch Zufall entstanden ist: V. I. 22. Jan. 1858 c. Noserus (1326; G. Arch. 6. S. 263); V. I. 29. Jan. 1858 c. Fritz (137; Entsch. 37. 2. 48); V. I. 1. Okt. 1858 c. Schulz (786); V. I. 13. April 1859 c. Haacke (789); u. ö. (feste Praxis). Im letztern Falle genügt als Dolus das Bewußtsein (die Kenntniß) von dem Aufstauen. Z. I. 12. Dez. 1860 c. Kuchna (oben S. 172). Vgl. Regul. f. Erfurt v. 24. Nov. 1833 § 63 (AKO. v. 8. Dez. 1833; Villeaume Steuergesetzgeb. S. 215 ff.).

Er ward gleichwohl von der Anklage der Maischsteuerkontravention freigesprochen, weil er „der Brennerei nicht selbstständig vorgestanden, auch den Schieber nicht aus eignem Antriebe herabgelassen habe, er vielmehr hierbei nur ein Werkzeug des den Befehl hierzu ertheilenden Inspektors gewesen sei, welcher das Herablassen ebenso gut selbst hätte bewirken können." Das betr. Erkenntniß ist auf die NB. des Pr.-St.-Dir. vom OTr. vernichtet worden.

Gründe:

Der App.-Richter spricht den Angeklagten, Brauknecht R., von der ihm zur Last gelegten Steuerkontravention nur deshalb frei, weil er nicht selbstständig der Brennerei vorgestanden, oder aus eigener Bewegung den Schieber herabgelassen habe, R. sei vielmehr nur das Werkzeug des Inspektors gewesen, welcher den Befehl dazu ertheilt, und ebenso gut das Herablassen des Schiebers habe selbst bewirken können. Hierin liegt aber ein Rechtsirrthum des App.-Richters, da es sich im vorliegenden Fall nur um eine Steuerkontravention handelt, bei welcher es lediglich auf die **objektive** mit **Bewußtsein** vorgenommene That, und nicht auf dolus oder culpa ankommt. Hat daher der Angeklagte R., wie die Anklage behauptet, den Schieber herabgelassen und dadurch die Abzugsrinne verstopft, so hat er sich auch einer Kontravention nach Nr. 5 der AKO. v. 10. Jan. 1824, und zwar als der unmittelbare Thäter schuldig gemacht, gleichviel, ob er selbstständig der Brennerei vorstand oder nicht, und ob er aus eigener Bewegung oder allein auf Anordnung des Inspektors R. handelte, welcher im letztern Falle nur als intellektueller Urheber der Kontravention nach § 34 Nr. 1. des StGB. anzusehen ist. Daß der Inspektor das Herablassen des Schiebers, anstatt dem R. solches anzubefehlen, ebenso gut selbst bewirken konnte, ist für die Beurtheilung der Strafbarkeit des R. ganz gleichgültig.

Antr. des GStA.s gleichl. [18. — 2.]

Vorbehalt. — Antrag der Staatsanwaltschaft ꝛc.

Das erkennende Gericht kann die anderweite Verfolgung der den Gegenstand der Anklage bildenden That aus einem andern Gesichtspunkte aus vorbehalten, ohne daß es dazu des vorgängigen Antrags des Staatsanwalts oder des Angeklagten bedarf.

Ges. v. 3. Mai 1852 Art. 30. 86 [vgl. dort n. 43].

Erk. (Z. II.) v. 7. März 1861 c. Knebelkamp (98. II. Cr.).

Der Art. 30 des Ges. v. 3. Mai 1852 bestimmt zwar in seinem zweiten Absatze, daß das Gericht, wenn es mit Rücksicht auf die veränderte Sachlage eine bessere Vorbereitung der Anklage oder der Vertheidigung nothwendig findet, auf den Antrag der StA.-schaft oder des Angeklagten eine Vertagung anordnen, oder geeigneten Falles die betreffenden Anschuldigungspunkte einem neuen Verfahren vorbehalten könne. Allein schon nach einer rein grammatikalischen Interpretation dieses zweiten Absatzes läßt sich nicht behaupten, daß für den Vorbehalt eines neuen Verfahrens der Antrag der StA.-schaft vom Gesetz verlangt werde, da des Antrages der Parteien nur bei der anzuordnenden Maaßregel der Vertagung gedacht ist. Aber auch abgesehen hiervon, ist der Anträge der Parteien hier gar nicht in einer Weise Erwähnung geschehen, die darauf schließen ließe, daß der Gesetzgeber von diesen Anträgen die Zulässigkeit der betreffenden Maaßregeln überhaupt habe abhängig machen wollen. Es ist vielmehr dieser Anträge der Parteien nur gedacht, um ihre Befugniß zur Stellung derselben anzuerkennen, denn ein aus dem Geiste der ganzen jetzigen Strafprozeßgesetzgebung hervorgehender Grund, weshalb der erkennende Richter in der freien Beurtheilung eines Straffalles, mit dem er befaßt ist, durch die Anträge der Parteien in der Weise habe beschränkt werden sollen, daß er nicht selbstständig die nach Lage der Sache geeignetste Maaßregel sollte ergreifen können, liegt überall nicht vor. Daß der erkennende Richter nicht lediglich an die von der StA.-schaft gestellten Anträge und namentlich an die von ihr producirten Beweismittel gebunden ist, sondern sowohl die durch die Voruntersuchung ermittelten Beweismomente, als auch diejenigen nach freiem Ermessen benutzen kann, welche bei den vor ihm stattfindenden Verhandlungen sich sonst ergeben, erkennt das Gesetz ausdrücklich an (cit. Ges. Art. 25. 29. 30), und ebenso die Befugniß, noch nicht aufgeklärte Thatsachen erst näher ermitteln zu lassen. Es würde sich daher nicht absehen lassen, warum der erkennende Richter in der Befugniß beschränkt sein sollte, den ihm nach Lage des concreten Falles zweckmäßig scheinenden Vorbehalt einer neuen Untersuchung über die noch nicht ermittelten Thatumstände stellen zu dürfen, die in Verbindung mit den bereits ermittelten Thatsachen für die Strafbarkeit eines Angeklagten von Erheblichkeit sein können. Das vom Gesetze allerdings geschützte Interesse des Angeklagten, nicht mehrmals wegen derselben That vor Gericht gestellt zu werden und eine definitive Entscheidung über den beanzeigten Straffall möglichst bald zu erhalten, könnte es für sich allein nicht rechtfertigen, den erkennenden Richter beim Mangel eines entgegenstehenden Antrages der StA.-schaft zu nöthigen, eine von ihm als nicht umfassend erkannte Untersuchung wegen mangelhafter Beweisführung durch ein freisprechendes Urtheil zu beendigen. Da nun auch die legislativen Verhandlungen, welche dem Gesetze von 1852 voraufgingen, und namentlich der Kommissionsbericht und die Ausführungen des Referenten (Matt. S. 775 und 820) beweisen, daß es die Absicht nicht gewesen ist, in den Artt. 30 und 86 den erkennenden Richter in seinem freien Ermessen so, wie die NB. behauptet, zu beschränken, so mußte letztere, wie geschehen, zurückgewiesen werden.

Antr. des GStA.s gleichl. [14. — 3.]

Waarenbezeichnung. — Fremder Namen. — Firma. — Gestattung des Inhabers des Namens.

1. Die Einwilligung dessen, der selbst einen Namen mit Recht führt, kann einem Dritten nie das Recht geben, sich dieses Namens zu Waarenbezeichnungen zu bedienen.

2. Das Recht einen fremden Namen als Firma zu führen kann nicht durch Gestattung eines Dritten, diesen Namen Führenden, erworben werden, wenn dieser nicht selbst ein solches Geschäft betrieb und die Firma mit dem letztern übertrug.

StGB. § 269; ALR. II, 8 §§ 621. 622.

Erk. (Z. II.) v. 28. Febr. 1861 c. Hahn (54. II. Cr.).

Der unter der Firma: „H. Schäfer" handelnde Wichsfabrikant C. W. Schäfer versieht sein Fabrikat mit einer Etikette, dahin lautend: „Habermann'sche Glanzwichse, fabrizirt von H. Schäfer zu Erfurt ꝛc."

Hahn (in Magdeburg) ist angeklagt, die von ihm fabrizirte Wichse mit gleichlautenden Etiketten versehen und in den Verkehr gebracht zu haben. Er wandte ein, und stellte unter Beweis, daß ein wirklicher H. Schäfer aus Erfurt ihm die Erlaubniß ertheilt habe, seinen Namen auf die Etiketten zu setzen, er habe somit das Recht erworben, diesen fremden Namen als Firma zu führen. Das App.-G. lehnte die Beweiserhebung ab, weil H. Schäfer ein solches Recht nicht habe übertragen können. Das rügt die NB. des Angeklagten als rechtsgrundsätzlich unrichtig, unter Bezugnahme auf das Ges. v. 24. April 1854 (GS. S. 213). Zurückweisung.

Gründe:

Die Ausführung der NB., daß Firma ein angenommener Name sei, und der Eigenthümer desselben den Gebrauch seines Namens gestatten könne, wem er wolle, und daß, wie der H. Sch. unzweifelhaft berechtigt gewesen wäre, Habermann'sche Glanzwichse zu fabriziren und dieselbe mit seinem Namen und Wohnort zu bezeichnen, er auch dem Imploranten die von diesem behauptete Erlaubniß habe ertheilen können, ist nicht zutreffend. Zunächst ist nämlich Firma zwar ein angenommener Name; aber sie bildet die Bezeichnung, worunter ein Handlungshaus oder eine Fabrik ihre Geschäfte betreibt, und ihre Annahme ist schon keine rein willkürliche (ALR. II, 8 §§ 619 bis 622); namentlich darf sie eine schon bestehende Firma nicht beeinträchtigen. Indessen kommt es hierauf, sowie auf die Frage, inwieweit der H. Sch. aus E., auf welchen Implorant sich beruft, befugt gewesen sein würde, „Habermann'sche Glanzwichse" zu fabriziren und dieselbe unter seiner Namens- und Wohnortsbezeichnung in Verkehr zu setzen, im gegenwärtigen Falle nicht an. Denn Implorant behauptet selbst nicht, daß der von ihm laudirte Sch. unter der Firma H. Schäfer in E. eine Fabrik von Habermannscher Glanzwichse betrieben habe; er wäre daher auch nicht einmal in der Lage gewesen, eine solche Firma an den Angeklagten mit dem Geschäfte zu veräußern, geschweige denn ihm den Gebrauch des Namens derselben zu gestatten.

Den Gebrauch seines Namens kann aber vollends Niemand einem Dritten mit Wirksamkeit gestatten. Denn Niemand darf seinen Namen willkürlich verändern (AKO. v. 15. April 1822), und verboten ist es Jedem, sich eines ihm nicht zukommenden Namens zu bedienen (§ 105 StGB.). Daraus folgt von selbst, daß auch die Einwilligung dessen, der einen bestimmten Namen mit Recht führt, einen Dritten nicht berechtigt, sich desselben statt des seinigen zu bedienen.

Vollkommen gerechtfertigt bleibt daher die Annahme des App.-Richters, daß der H. Sch. dem Imploranten die Erlaubniß, seinen Namen zur Bezeichnung der Etiketten in der geschehenen Weise nicht habe ertheilen können, und es ist gleichgültig, inwieweit sich Sch., wenn er mit dem Zweck, den Angeklagten mit dem Gebrauche seines Namens zu erreichen beabsichtigte und welcher nach der Annahme des zweiten Erkenntnisses dahin ging, unter dem Deckmantel dieses Namens die der Firma H. Schäfer zustehende Waarenbezeichnung straflos zu benutzen, bekannt gewesen wäre, als Theilnehmer an dem dem Angeklagten beigemessenen Vergehen würde betrachten lassen.

Antr. des GStA.s gleich. [27. — 3.]

Unterkommen. — Verschaffung. — Fristbestimmung. — Landrath.

Die Bestimmung der Frist, binnen welcher Jemand nach dem Verluste des bisherigen Unterkommens sich ein anderes zu verschaffen habe, kann nicht allein durch die Ortspolizeibehörde, sondern auch durch den dieser vorgesetzten Landrath erfolgen. [StGB. § 119 Nr. 3.]

Erk. (Z. I.) v. 1. März 1861 c. Trautnick (1202. I. Cr. v. 1860).

Tr. hat nach Verlust seines bisherigen Unterkommens sich nicht innerhalb der vom Kreislandrath ihm gesetzten Frist ein anderweitiges Unterkommen verschafft. Deshalb verurtheilt, rügt er Gesetzverletzung, weil eine Fristbestimmung der Ortspolizeibehörde fehle. Die NB. ist zurückgewiesen:

da die an den Angeklagten ergangene Aufforderung, resp. Verwarnung eine zur Verhütung eines Vergehens wider die öffentliche Ordnung gesetzlich angeordnete Maaßregel in sich schließt, welche zu treffen nach den Worten des Gesetzes zwar schon der Ortspolizeibehörde zusteht, damit aber keineswegs der Cognition der dieser Behörde unmittelbar vorgesetzten Polizeibehörde entzogen worden ist.

Antr. des GStA.s gleichl. [18. - 5.]

Disziplinarverfahren. — Verjährung.

Die Vorschriften des StGB. über die Verjährung der Strafthaten finden im Disziplinarverfahren keine Anwendung [1]).

Erk. (I. Civ.-Sen.) v. 28. Febr. 1861 c. Kreisgerichtsrath F. (273. D. v. 1860).

War seit der im Juni 1858 stattgehabten Verzögerung der Strafsache wider G. bis zum Einleitungsbeschluß im jetzigen Disziplinarverfahren ein Zeitraum von ungefähr

---

[1]) Sic: Erk. V. Civ.-Sen. v. 29. Sept. 1855 c. E. (37). — Erk. I. Civ.-Sen. v. 2. Nov. 1857 c. S. (207. D.).

ein und einem halben Jahre verstrichen, so konnte dies keinen Grund abgeben, den Fall außer Berücksichtigung zu lassen.

Der Angeschuldigte, welcher meint, daß ihm dieser Zeitablauf zu Statten kommen müsse, hat dabei auf die über die dreimonatliche Verjährung der Uebertretungen sich verhaltende Vorschrift (§ 339 StGB.) verwiesen. Im Disziplinargesetz v. 7. Mai 1851 ist indessen von einer solchen Verjährung nicht die Rede. Dieselbe ist rein positiven Rechts und kann da, wo sie nicht ausdrücklich eingeführt ist, nicht Platz greifen. Einer analogen Anwendung dieser Vorschrift steht schon die, ihrem Wesen und Charakter nach bestehende Verschiedenheit der Disziplinarstrafen entgegen. Ueberdies bildet nach der Natur des in concreto vorliegenden Vergehens der Vernachlässigung amtlicher Arbeiten nicht jede einzelne Säumniß eine selbstständige Uebertretung, und es ist als solche auch der obige Fall nicht der Untersuchung unterworfen, vielmehr im Zusammenhange mit den fortgesetzten Verzögerungen gewürdigt und zur Strafe gezogen worden. [2.]

Hauptverfahren. — Anordnung einer Ortsbesichtigung. — Beisitzender Richter.

Es steht dem erkennenden Gerichte zu, im Laufe des Hauptverfahrens die sofortige Vornahme einer Ortsbesichtigung durch einen beauftragten Richter anzuordnen.

Nichts steht im Wege, mit dieser Maaßregel einen der beisitzenden Richter zu beauftragen.

Erk. (Z. II.) v. 7. März 1861 c. Gimberg (102. II. Cr.).

Der Schw.-G.-H. hatte im Laufe des Hauptverfahrens die sofortige Vornahme einer Ortsbesichtigung und die Vernehmung eines Zeugen an Ort und Stelle durch eine Deputation angeordnet, und zu diesem Ende die Fortsetzung der Verhandlung auf den folgenden Tag vertagt. Mit der Erledigung dieses Beschlusses ward vom Vorsitzenden einer der beisitzenden Richter beauftragt, und das von diesem aufgenommene Protokoll demnächst in der Sitzung verlesen. Das rügte die NB. des Angeklagten als unstatthaft. Zurückweisung.

Es ward erwogen:

daß die NB. dem Gerichtshofe, bezüglich dem Vorsitzenden zwar die Befugniß zu diesen, von der Vertheidigung selbst veranlaßten und bei den ferneren Verhandlungen des Schwurgerichts, worin das Protokoll der Deputation verlesen und vom Angeklagten ausdrücklich als richtig anerkannt wurde, von keiner Seite beanstandeten Maaßnahmen bestreitet, diese Befugniß aber im Allgemeinen in der Verpflichtung des erkennenden Gerichts, bei der ihm obliegenden Beweisaufnahme keinen erheblichen Umstand unberücksichtigt zu lassen, unbedenklich enthalten und die Art ihrer Ausübung, den Augenschein nicht vom ganzen Gerichte, sondern durch eine Deputation aus seinem Schooße erheben zu lassen, im § 19 der Vdn. v. 3. Jan. 1849 vorausgesetzt und den Grundsätzen des Verfahrens angemessen ist, die ebenso wenig die Vornahme einer Untersuchungshandlung außerhalb des Gerichtslokales durch einen besonderen richterlichen Kommissar, als umgekehrt den Beisitz des gewöhnlichen Untersuchungsrichters bei dem erkennenden Gerichte verbieten.

Antr. des GStA.s gleichl. [23.—3.]

Prozessionen. — Herkommen. — Polizeiliche Genehmigung.

Kirchliche Prozessionen, Wallfahrten und Bittgänge bedürfen nur dann der vorgängigen polizeilichen Genehmigung nicht, wenn sie am Orte hergebracht sind, und in derselben Weise, wie sie hergebracht sind, stattfinden [1]).

Ges. v. 11. März 1850 § 9. 11. 17 (GS. S. 279).

Erk. (Z. II.) v. 28. Febr. 1861 c. Lex u. Gen. (457. II. Cr. v. 1860).

Die Angeklagten waren als Ordner und Leiter einer von der Polizei nicht genehmigten Prozession im Dorfe H., wo die Abhaltung

---

[1]) In demselben Sinne haben sich Z. II. 14. März 1853 c. Meinerding (130; Präj. Nr. 24; Entsch. 24 S. 494; G. A. 1. S. 381) und Z. I. 1. März 1861 c. Müller (104) ausgesprochen.

von Prozessionen nicht hergebracht war, thätig gewesen, und nach Maaßgabe des § 17 des Ges. v. 11. März 1850 verurtheilt worden. Ihre NB. rügte Verletzung des § 10 l. c., weil nach diesem kirchliche Prozessionen 2c. der polizeilichen Genehmigung nicht bedürfen, „wenn sie in der hergebrachten Weise stattfinden," diese Worte aber nicht auf das örtliche, sondern auf das allgemeine Herkommen der betr. Kirchengemeinschaft bezogen werden müßten, wie aus dem Gegensatze gegen die in demselben Paragraphen vorkommenden Worte: „Züge der Hochzeitsversammlungen, wo diese hergebracht sind," hervorgehe. Zurückweisung.

Gründe:

Das Ges. v. 11. März 1850, welches, nach § 23 desselben, an die Stelle der Vdn. v. 29. Juni 1849 (GS. S. 221) getreten ist, bestimmt:

> § 9. daß öffentliche Versammlungen unter freiem Himmel der vorgängigen Genehmigung der Ortspolizeibehörde bedürfen, welche letztere, wenn die Versammlung auf öffentlichen Plätzen, in Städten und Ortschaften oder auf öffentlichen Straßen stattfinden soll, bei Ertheilung der Erlaubniß auch alle dem Verkehr schuldige Rücksichten zu beobachten habe.

Gleichgestellt werden solchen Versammlungen im § 10 öffentliche Aufzüge in Städten und Ortschaften oder auf öffentlichen Straßen. Ausgenommen von dieser Gleichstellung solcher öffentlichen Aufzüge werden aber unter diesen wieder und es sollen einer vorgängigen Genehmigung (§ 9) und selbst einer Anzeige an die Ortspolizeibehörde (§ 1. 3. 5. 12) nicht bedürfen: gewöhnliche Leichenbegängnisse, sowie Züge der Hochzeitsversammlungen, wo diese hergebracht sind, kirchliche Prozessionen, Wallfahrten und Bittgänge, wenn sie in der hergebrachten Art stattfinden.

Es wird also Hinsichts der Züge der Hochzeitsversammlungen jene Ausnahme sogleich dahin beschränkt, daß jene Ausnahme Rücksichts derselben nur da eintreten soll, wo solche Züge hergebracht sind, sodann aber in Betreff ihrer und der kirchlichen Prozessionen 2c. die Bedingung angegeben, unter welcher Hinsichts ihrer jene Ausnahme stattfinden soll, so daß, wo diese Bedingung nicht eintritt, auch kirchliche Prozessionen 2c. unter die im ersten Satze des

§ 10 ausgesprochene Gleichstellung von öffentlichen Aufzügen in Städten rc. mit den im § 9 erwähnten Versammlungen, und damit unter die Bestimmungen des § 9 über letztere zurückfallen. Während also jene, die Züge von Hochzeitsversammlungen betreffende Beschränkung zunächst schon von dem Hergebrachtsein an einem bestimmten Orte überhaupt die Vornahme solcher Züge abhängig macht, wird durch die letztgedachte Bedingung für die vorgedachten Züge von Hochzeitsversammlungen und sodann — ohne daß dabei eine bestimmte christliche Kirche erwähnt oder sonst darauf hingewiesen ist, was geschehen sein würde, wenn es nur auf das bei ihr Hergebrachte hätte ankommen sollen — für kirchliche Prozessionen, Wallfahrten und Bittgänge, zu ihrer Vornahme ohne vorgängige Genehmigung der Ortspolizeibehörde und selbst ohne Anzeige an diese, nicht bloß das Hergebrachtsein überhaupt erfordert, sondern auch, daß sie in der hergebrachten **Art** stattfinden. Dies bezieht sich, und namentlich in Betreff kirchlicher Prozessionen, Wallfahrten und Bittgänge, nicht bloß auf die Form, sondern auch auf die Zeit der Vornahme und insbesondere auch auf den Ort der Vornahme, also auf das Herkommen oder Hergebrachtsein an einem bestimmten in Rede stehenden Orte.

Letzteres geht schon aus der Entstehungsgeschichte des Gesetzes hervor.

Die Vdn. v. 6. April 1848 über einige Grundlagen der künftigen Preußischen Verfassung (GS. § 87) hatte im § 4 angegeben:

„Auch Versammlungen unter freiem Himmel können, insofern sie für die öffentliche Sicherheit und Ordnung nicht gefahrbringend sind, von der Obrigkeit gestattet werden."

Der in Verfolg dieses Gesetzes der National-Versammlung von der Regierung vorgelegte Entwurf eines Gesetzes über unerlaubte Volksversammlungen rc. (Stenogr. Bericht 1848 S. 871) wollte im § 2 bestimmen:

„Zu .... öffentlichen Aufzügen auf öffentlichen Straßen und Plätzen bedarf es der vorgängigen Genehmigung der Ortspolizeibehörde."

Der Entwurf eines Gesetzes, betreffend die Verhütung eines 2c. Mißbrauchs des Versammlungs- und Vereinigungsrechtes, welcher hiernächst unterm 2. März 1849 von der Regierung der zweiten Kammer vorgelegt wurde, lautete im § 16:

„Diesen Versammlungen (§ 15) werden öffentliche Aufzüge gleichgestellt. ... Gewöhnliche Leichenbegängnisse werden jedoch nicht hierher gerechnet. Auch bei kirchlichen Prozessionen bedarf es der vorherigen Anzeige oder Genehmigung nicht, wenn sie in der hergebrachten Art stattfinden,"

und dazu bemerkten die diesem Entwurfe beigegebenen Motive:

„Zu Versammlungen, welche auf öffentlichen Plätzen 2c. stattfinden sollen, ist die vorherige Genehmigung der Ortspolizeibehörde vorbehalten worden, weil solches im Interesse der Freiheit und Sicherheit des Verkehrs, welche dem Publikum ungeschmälert erhalten werden muß, unerläßlich erscheint und in dieser Beziehung die Attributionen der Ortspolizeibehörden auch dem Associationsrechte gegenüber fortbestehen. Oeffentliche Aufzüge unterliegen daher denselben Bestimmungen; es ist jedoch vorbehalten worden, daß dieselben sich nicht auf solche Aufzüge erstrecken, welche dem kirchlichen oder gewöhnlichen Leben angehören und in der an jedem Orte hergebrachten Weise stattfinden sollen." (Stenogr. Ber. der 2. Kammer 1849 a. S. 121.)

Auf das Bestimmteste war also hier ausgesprochen, daß auch bei kirchlichen Prozessionen es auf das an jedem Orte Hergebrachte ankommen solle.

Der Centralausschuß der zweiten Kammer nahm in seinen Entwurf (§ 12) noch als weitere Ausnahmen: „Wallfahrten, Bittgänge und Züge der Hochzeitsversammlungen nach und aus der Kirche" auf, behielt aber den Schlußsatz („wenn sie in der hergebrachten Art stattfinden") bei, „da er denselben wesentlich geeignet fand, Mißbräuche und Umgehungen des Gesetzes zu verhüten, ohne das, was wirklich ausnahmsweise gestattet sein soll, irgendwie zu beeinträchtigen" (a. a. O. S. 636 b). Bei der Abstimmung in der zweiten Kammer wurden zwar die Beschränkungen dieser Ausnahmen („wo .... und wann ....") verworfen, und es wurde vielmehr der Satz angenommen:

„Kirchliche Prozessionen, Wallfahrten und Bittgänge, gewöhnliche Leichenbegängnisse und Züge der Hochzeitsversammlungen unterliegen der Bestimmung des § 1 (nämlich dem Erforderniß vorher nachzusuchender Genehmigung der Ortspolizeibehörde) nicht," (a. a. O. S. 637. 638).

Die demnächst publicirte Vdn. v. 29. Juni 1849 (GS. S. 223) nahm aber im § 11 die Bestimmungen auf, wie sie (nur mit Einschaltung der Worte: „oder auf öffentlichen Straßen" in dem ersten Satze) der § 10 des Ges. v. 11. März 1850 enthält.

Daß etwa durch die Aufnahme der weitern Ausnahmen von der Gleichstellung öffentlicher Aufzüge mit den im § 9 erwähnten Versammlungen und namentlich durch die Aufnahme der Worte: „sowie Züge der Hochzeitsversammlungen, wo diese hergebracht sind," die auf kirchliche Prozessionen Bezug habende Bestimmung des letzten Satzes eine andere Bedeutung hätte erhalten sollen, als sie nach den obigen Motiven des Entwurfs vom 2. März 1849 haben sollte, darüber enthalten die Motive, mit welchen die Verhandlung v. 29. Juni 1849 den Kammern zur Genehmigung vorgelegt wurde (Stenogr. Bericht der 2. Kammer 1849—50 S. 199. 202. 203), und sodann die Kammerverhandlungen (a. a. O. S. 2774 § 10. 2779. 2795; Stenogr. Bericht der 1. Kammer 1849—50 S. 2875; vgl. auch Stenogr. Bericht der 2. Kammer 1850—51 S. 729) keine Andeutung.

Mit Rücksicht auf die Bestimmungen der Verfassungsurkunde v. 31. Jan. 1850 Art. 12, wonach zwar die Freiheit des religiösen Bekenntnisses und der gemeinsamen, auch öffentlichen Religionsübung gewährleistet ist, aber auch durch die Ausübung der Religionsfreiheit den bürgerlichen und staatsbürgerlichen Pflichten kein Abbruch geschehen darf und also jede Kirche und Religionsgesellschaft zu beobachten hat, daß neben ihr in dem Preußischen Staate Gemeinschaften anderen religiösen Bekenntnisses mit gleichen Rechten bestehen und daß die öffentliche Religionsübung nicht Anlaß einer Gefahr der Störung des öffentlichen Friedens geben darf, mit Rücksicht ferner auf die Zustände, welche Rücksichts der öffentlichen Religionsübung in dem, auch durch die Bestimmung der Deutschen Bundesakte v. 28. Juni 1815 Art. 16 betroffenen größten Theile des Preußischen Staats die, auch noch in dem Patente v. 30. März 1847 Abs. 1 und 3 (GS. S. 121) berücksichtigten Vereinbarungen des Westphälischen Friedens vom $^{14}/_{24}$ Okt. 1648 (Art. 5. 7 § 1. 2 und Art. 17 § 2) und des Reichsdeputations-Hauptschlusses v. 25. Febr. 1803 § 63 herbeigeführt hatten und welche hergebrachten Zustände, mit Gefährdung des durch jene Vereinbarungen in Deutschland begründeten Friedens unter den verschiedenen christlichen Religionsparteien, gänzlich zu beseitigen, nicht beabsichtigt werden konnte, mußte denn auch in Bezug auf öffentliche kirchliche Prozessionen das an jedem Orte Hergebrachte für maaßgebend erachtet werden. Ein allgemeines Herkommen bei der katholischen Kirche überhaupt konnte es nicht und um so weniger, als bekanntlich von dieser Prozessionen, namentlich Frohnleichnamsprozessionen, in den Ländern und Orten, wo sie ecclesia dominans ist resp. war — welchen Begriff das Preußische Recht allerdings nicht kennt — in anderer Weise und mit größerem Gepränge gehalten werden als in Ländern und Orten gemischter Konfessionen.

So wurde denn auch speciell in Bezug auf die Provinz Westphalen in den, von dem damaligen Minister der geistlichen Angelegenheiten genehmigten Erlasse des Oberpräsidenten der Provinz Westphalen v. 8. Mai 1852 ad 2 (v. Rönne Preuß. Staatsrecht 1. S. 646, 1, vgl. Dr. Richter Entwickelung des Verhältnisses zwischen dem Staate und der katholischen Kirche &c., in Dr. Dove's Zeitschrift für

Kirchenrecht. 1861. Heft 1) ausgesprochen, daß bei Andachtsübungen außerhalb der katholischen Kirche (Kirchengebäude) nur die allgemeinen Polizeivorschriften zu berücksichtigen seien, jedoch an Orten gemischter Konfessionen das Herkommen nicht außer Acht gelassen werden dürfe.

Ist nun aber hiernach und nach den durch den Druck veröffentlichten Gründen des Präj. Nr. 24 v. 14. April 1853 [cit. S. 287] die Auslegung, welche der App.-Richter dem des Ges. v. 11. März 1850 gegeben hat, richtig, so ist § 10 auch, da die thatsächliche Feststellung alles enthält, dessen es zur Anwendung des § 17 eben dieses Gesetzes bedurfte, namentlich auch, daß die in Rede stehende kirchliche Prozession zu H. in nicht hergebrachter Art stattgefunden habe, der § 10 und ebenso der § 17 a. a. O. von dem App.-Richter nicht verletzt.

Antr. des GStA.s gleichl. [26.—3.]

Begnadigung. — Abolition. — Niederschlagung einer Untersuchung.

1. Die Vorschrift der Verfassung, nach welcher der König bereits eingeleitete Untersuchungen nur auf den Grund eines besondern Gesetzes niederschlagen kann, bezieht sich auf solche Handlungen nicht mit, wegen welcher eine Untersuchung noch nicht verhängt worden ist; in Betreff ihrer steht dem Könige die Abolition zu.

Verfass. v. 31. Jan. 1850 Art. 49.

2. Der Allerhöchste Gnadenerlaß v. 12. Jan. 1861 Nr. 1 bezieht sich nur auf solche Fälle, in welchen bereits eine rechtskräftige Verurtheilung erfolgt ist; er steht sonach einer erst anzuhebenden Strafverfolgung wegen eines der dort genannten Straffälle nicht entgegen.

Beschl. (I.) v. 8. März 1861 c. Przygocki (63. B I. Cr.).

Die von dem StA. gegen P wegen Vergehens gegen die §§ 89 und 102 des StGB. beantragte Eröffnung der Untersuchung ward von beiden Instanzgerichten auf Grund des Allerh. Gnadenerlasses v. 12. Jan. 1861 abgelehnt.

Auf die vom OStA. ergriffene Beschwerde, mit welcher sich die GStA.-schaft einverstanden erklärte, hat das OTr. den app.-gerichtlichen Beschluß aufgehoben, und die Sache zur nähern Prüfung an das App.-G. zurückverwiesen.

Gründe:

Es ist zwar nicht zu bezweifeln, daß nach Art. 49 der Verf.-Urk. v. 31. Jan. 1850 Sr. Majestät dem König das Recht zugestanden hätte, bei dem Allerh. Gnadenerlasse v. 12. Jan. auch auszusprechen, daß derselbe sich auf die Fälle der näher bezeichneten Kategorien ebenfalls beziehen soll, in denen bisher noch keine Untersuchung eingeleitet worden. Denn es ist gemeinrechtlich unbestritten und auch im § 590 ff. der Cr.-Ordn. für die Pr. Staaten ausgesprochen, daß dem Oberhaupte des Staats das Begnadigungsrecht im weitern Sinn und zwar auch die sogenannte Abolition zusteht, es mag sich dieselbe auf erst einzuleitende oder bereits eingeleitete Untersuchungen beziehen. Der Art. 49 der Verf.-Urk. läßt sich in seinem ersten Absatze ebenfalls ganz allgemein dahin aus, daß der König das Recht der Begnadigung und Strafmilderung hat. Stände dieser Satz allein da, so würde nach den geltenden Interpretationsregeln kein Bedenken obwalten, anzunehmen, daß dem König das Recht der Begnadigung im ausgedehntesten Sinne des Begriffs zukomme. Indeß enthält der dritte Absatz des § 49 l. c. — auf den zweiten, einen Spezialfall betreffenden, kommt es hier nicht an — eine Ausnahme, indem es dort heißt:

„Der König kann bereits eingeleitete Untersuchungen nur auf Grund eines besondern Gesetzes niederschlagen."

Diese Beschränkung muß, wie jede andere, nach bekannter Interpretationsregel nicht weiter ausgedehnt werden, als wohin sie ihrem Wortsinne nach reicht. Sie bezieht sich nur auf bereits eingeleitete Untersuchungen, hat also keinen Bezug auf diejenigen strafbaren Handlungen, über welche noch nicht eine Untersuchung verhängt worden.

Diese Fälle sind vielmehr in das allgemeine Begnadigungsrecht des ersten Absatzes des Art. 49 l. c. eingeschlossen und der ausschließlichen Allerh. Bestimmung anheimgegeben.

Es steht mit dieser Ausführung auch die Entstehungsgeschichte des Art. 49 im Einklange. Der Art. 48 des Kommissions-Entwurfs der National-Versammlung enthielt dieselben Bestimmungen wie der jetzige Art. 49. Damit stimmt der Art. 47 der Verf.-Urk. v. 5. Dez. 1848 überein. Bei der Revision derselben empfahl der Central-Ausschuß der ersten Kammer in dem Bericht v. 15. Okt. 1849, den jetzigen dritten Satz des Art. 49 l. c. in folgender Art zu fassen:

> Die Abolition von Verbrechen, die noch nicht zur richterlichen Cognition gekommen sind, sowie die Niederschlagung bereits eingeleiteter Untersuchungen kann nur auf Grund eines besondern Gesetzes erfolgen.

Das Plenum lehnte jedoch diese Fassung ab und nahm die gegenwärtige an, die von der Unzulässigkeit der Abolition noch nicht eingeleiteter Untersuchungen nichts enthält, sonach nicht hineingetragen werden darf.

Demohnerachtet kann dem, die Einleitung der Untersuchung wider Przygocki ablehnenden Beschlusse des Kgl. App.-Gerichts nicht beigepflichtet werden, weil der Allerh. Gnadenerlaß v. 12. Jan. 1861 sub Nr. 1 ausdrücklich nur auf solche Fälle sich bezieht, in denen bereits eine rechtskräftige Verurtheilung erfolgt ist, und in der Nr. 2 in Betreff der demnächst erst zu ergehenden Verurtheilungen fernere Gnadenakte vorbehalten worden sind, diejenigen Fälle der bezüglichen Kategorien also, in denen noch keine Untersuchung eingeleitet ist, zur Zeit nicht betroffen werden. [20. — 3.]

Wechsel. — Abschrift. — Umlauf. — Accept. — Stempelpflichtigkeit.

1. Eine verbriefte Wechselsumme ist nur einmal stempelpflichtig, selbst wenn über sie zur Erleichterung des Verkehrs mehrere Exemplare gefertigt sind. [1])

2. Der Acceptant eines Wechsels macht sich keiner Stempelkontravention schuldig, wenn er das „nur zum Accepte bestimmte" Wechselexemplar mit diesem Accepte versehen an den Inhaber zurückgelangen läßt, ohne sich davon zu vergewissern, daß der Stempel zum Umlaufsexemplare adhibirt worden sei.

Das gilt selbst dann, wenn das zum Accepte bestimmte Exemplar, ehe die Kopie davon gefertigt wurde, im Ausland zum Indossiren benutzt worden ist.

Stemp.-Ges. v. 7. März 1852 §§ 20. 26; AKO. v. 3. Jan. 1830 Nr. 5.

Erk. (Z. I.) v. 13. März 1861 c. Seligmann (183. I. Cr.).

Ein von G. in Zürich auf den Angeklagten S. in Berlin gezogener, im Auslande mehrfach girirter Wechsel ward von einem Inhaber in Leipzig mit dem Vermerke: „nur zum Accept bestimmt" versehen, während eine Kopie zum Giro auf ein Handlungshaus in Berlin benutzt wurde. S hat sodann den ihm vorgelegten Originalwechsel acceptirt, und ungestempelt dem Inhaber zurückgegeben. Die Inst.-Gerichte haben ihn von der Anklage der Stempelkontravention freigesprochen, und das OTr. hat die NB. der Steuerbehörde zurückgewiesen.

Gründe:

Obgleich es richtig ist, daß nach den §§ 20. 26 des Stemp.-Ges. v. 7. März 1822 der im Auslande ausge-

---

[1]) Dagegen genügt der Umstand, daß ein Wechsel den Vermerk: „nur zum Accepte bestimmt" getragen, nicht, um die Stempelfreiheit zu rechtfertigen, vielmehr bedarf es zur Anwendung der cit. Nr. 5 der AKO. v. 3. Jan. 1830 der Feststellung, daß wirklich der Wechsel in mehreren Exemplaren existirt habe. So: V. I. 27. April 1860 c. Seligmann (256; G. A. 8. S. 551).

stellte Wechsel, noch ehe er von dem inländischen Acceptanten angenommen wird, gestempelt werden muß, weil nach Art. 23 der Allg. D. Wechs.-Ordn. die Acceptation eines Wechsels, ihrer rechtlichen Folgen wegen, als eine Geschäftseingehung zu betrachten ist, so tritt doch in Fällen der vorliegenden Art, gemäß der Nr. 5 der AKO. v. 3. Jan. 1830, eine Ausnahme ein. Es heißt dort:

„Wird ein gezogener Wechsel in mehreren Exemplaren ausgefertigt, so ist unter diesen dasjenige stempelpflichtig, welches zum Umlauf bestimmt ist. Auch eine Abschrift, wenn sie zur Uebertragung des Eigenthums an dem Dokument durch Indossiren oder Giriren benutzt wird, unterliegt dem Wechselstempel; die übrigen Exemplare sind stempelfrei."

Es ergiebt sich hieraus der allgemeine Grundsatz:

daß die verbriefte Wechselsumme nur einmal stempelpflichtig ist, selbst wenn über sie zur Erleichterung des Wechselverkehrs mehrere Exemplare gefertigt sind.

Diese Rechtsregel hat auch noch heute ihre volle verbindende Kraft, obschon gegenwärtig die bei ihrer Entstehung geltenden §§ 944 ff. II, 8 ALR. und die AKO. v. 16. Mai 1816 durch die Allg. D. Wechs.-Ordn. v. 15. Febr. 1850 beseitigt worden sind. Denn dieselbe hat darin, daß der Acceptant aus seinem einfachen Accepte nur einmal verhaftet wird, in den Art. 23. 67 l. c. nichts geändert, und wenn die Art. 70. 71 l. c. bezüglich der Haftbarkeit der Indossanten für ihre auf einer Kopie befindlichen Original-Indossamente von den frühern abweichende Bestimmungen getroffen haben sollten, so beziehen sich diese jedenfalls nur auf diese wechselrechtlichen Folgen, nicht aber auf die hier in Rede stehende Frage: „inwieweit der Acceptant eines Wechsels für dessen rechtzeitige Stempelung zu sorgen hat. Die hierfür maaßgebende AKO. v. 3. Jan. 1830 läßt sich mit der jetzt bestehenden Allg. D. Wechs.-Ordn. füglich in Verbindung bringen, und sie muß, als verkehrserleichternd und mildere Bestimmungen umfassend, so lange in

Anwendung gebracht werden, bis sie ausdrücklich im Wege der Gesetzgebung aufgehoben oder abgeändert wird.

Hieraus folgt, daß der Acceptant eines, wie hier nur zum Accept bestimmten Wechselexemplares nicht die Verpflichtung hat, sich vor seinem Accept zu vergewissern, daß der Stempel zu dem Umlaufsexemplare adhibirt worden.

Es ist auch einflußlos, daß das zum Accept bestimmte Wechselexemplar vorher, ehe die Kopie davon gefertigt worden, im Auslande zum Indossiren benutzt gewesen, weil durch das Fertigen der Abschrift vor der im Inlande geschehenen Acceptation, und durch die Bestimmung derselben zum ferneren Umlaufe, das erste Exemplar, das fortan nur zum Accept benutzt werden sollte, die Stempelfreiheit erlangte. Ebenso gleichgültig ist es, daß später, nach dem Accept, der Stempel zu dem freien Exemplare, anstatt zur Kopie, verwendet worden ist, da hierfür der Acceptant nicht verantwortlich gemacht werden kann, der bei dieser Maaßnahme gar nicht betheiligt gewesen.

Antr. des GStA.s entg. [20. — 2.]

Festungsrayon. — Bauliche Anlage. — Verbindung mit dem Boden.

Eine auf Brettern ruhende und mit dem Grunde und Boden nicht verbundene Gartenlaube kann unter Umständen als eine bauliche Anlage im Sinne des Rayonregulativs vom 10. Sept. 1828 (Ges.-Samml. S. 120) angesehen werden.

Erk. (B. I.) v. 13. März 1861 c. Lehmann (190. I. Cr.).

Eine Gartenlaube, auch wenn sie auf Brettern ruht und mit dem Grunde und Boden nicht verbunden ist, kann unter Umständen allerdings als eine bauliche Anlage angesehen werden, wodurch, wie es im Eingange des Rayonregulativs heißt, die freie Umsicht von den Festungswerken und die Wirkung der Schußwaffen verhindert, so wie die Annäherung des Feindes begünstigt werden würde, welche daher nach § 3 des Rayonregulativs nicht ohne Erlaubniß der Ortspolizeibehörde vorgenommen werden darf. Auch das Anhäufen von Materialienvorräthen, also jedenfalls beweglicher Gegenstände, darf nach § 3 l. c. auf Grundstücken, welche innerhalb der beiden ersten Rayonbezirke liegen, nicht ohne Erlaubniß der Ortspolizeibehörde geschehen, woraus klar erhellt, daß der Umstand, ob die Anlage transportabel oder mit dem Grund und Boden verbunden ist, in Beziehung auf die Verbindlichkeit zur Einholung der Erlaubniß der Ortspolizeibehörde und Anwendbarkeit des § 3 des Rayonregulativs einflußlos ist.

A. d. Gr. Vernichtung ꝛc.

Antr. des GStA.s gleichl. [18.—2.]

Wechsel. — Aushändigung an den Remittenten. — Auftrag. — Verschulden eines Dritten. — Stempel.

1. Der Aussteller eines (trockenen) Wechsels muß denselben vor der Aushändigung an den Remittenten stempeln lassen.

Die im Falle einer Zuwiderhandlung verwirkte Stempelstrafe kann nicht durch einen dem Remittenten ertheilten Auftrag, die Stempelung zu bewirken und dann erst den Wechsel für sich zu behalten, beseitigt werden.

Stemp.-Ges. v. 7. März 1822 § 20. 26.

2. Derjenige, welcher einen von ihm ausgestellten Wechsel einem Dritten übergiebt, haftet der Steuerbehörde dafür, daß derselbe nicht ungestempelt in die Hände des Remittenten gelangt; geschieht letzteres, so verfällt jener in die Stempelstrafe. Stemp.-Ges. l. c.

Erk. (Z. II.) v. 14. März 1861 c. Richter (87. II. Cr.).

R. war auf Grund der Feststellung: „daß er einen trocknen Wechsel — — ausgestellt und aus den Händen gegeben habe, und daß dieser Wechsel ungestempelt in den Besitz des Remittenten B. gelangt sei," zur Stempelstrafe verurtheilt worden. Seine NB., welche Gesetzesverletzung rügte, ward zurückgewiesen.

Gründe:

Das was das Stemp.-Ges. will, ist, daß die Urkunde, welche eine wechselmäßige Verpflichtung enthält, so wie sie vom Aussteller angefertigt ist, und ehe noch der bestimmungsmäßige Gebrauch davon gemacht wird, gestempelt werden soll.

Darum bestimmt der § 20 cit., daß der Wechsel gleich nach der Ausstellung, und ehe noch ein Geschäft damit gemacht wird, abgestempelt werden müsse, und darum tritt nach § 26 daselbst die Stempelstrafe gegen den Aussteller, Acceptanten u. s. w. erst ein, wenn der Wechsel von ihnen in Umlauf gesetzt ist.

Das Entscheidende ist also, daß mit dem Wechsel vor der Abstempelung kein Geschäft gemacht, derselbe nicht in Cours gesetzt werden darf. Durch die Aushändigung des Wechsels von Seiten des Ausstellers an den Remittenten wird aber unzweifelhaft ein Geschäft mit dem Wechsel gemacht und derselbe in Umlauf gesetzt, indem nunmehr der Aussteller dem Inhaber desselben unbedingt für die Zahlung haftet.

Es folgt daraus von selbst, daß der Aussteller eines Wechsels denselben vor der Aushändigung an den Remittenten stempeln muß, und daß er mithin, wenn er dies unterläßt, die gesetzliche Stempelstrafe verwirkt hat.

Gleichgültig ist es sonach, ob die Abstempelung des von dem Imploranten ausgestellten Wechsels in Schw. erfolgen konnte, und daß sie noch am 16. April pr., als am Tage der Ausstellung, erfolgt ist. Der Implorant mußte vielmehr, weil er durch Aushändigung des Wechsels an den Remittenten B. vor der Abstempelung desselben ein Geschäft damit gemacht, und solchen als Aussteller in Umlauf gesetzt hat, der Stempelstrafe unterliegen.

Der Implorant behauptet ferner zwar, daß er nach dem Sachverhältnisse des gegenwärtigen Falles den Wechsel nach der Ausstellung dem Remittenten B. übergeben, und ihm aufgetragen habe, den Wechsel stempeln zu lassen, und ihn dann zu behalten, so daß B. in Bezug auf die Wechselstempelung nur sein, des Ausstellers, Beauftragter gewesen, und erst nach vollzogenem Auftrag Besitzer des Wechsels geworden sei.

Allein zuvörderst hatte der Implorant in der Appellationsinstanz nur behauptet und unter Beweis gestellt, daß er einem gewissen Schn. den Wechsel mit dem Auftrage und dem nöthigen Gelde übergeben habe, um, wenn der Remittent B. denselben annehmen wolle, solchen vorher stempeln zu lassen und diese Behauptung ist vom App.-Richter in Uebereinstimmung mit dem Urtheil des Kgl. OTr. v. 23. April 1858 [c. Meier (373); JMBl. S. 198] mit Recht um deswillen für unerheblich erklärt worden, weil der Angeklagte, wenn er den von ihm ausgestellten Wechsel in der bemerkten Weise aus den Händen gegeben habe, der Steuerbehörde gegenüber, welche sich an den Schn. nicht halten könne, dafür verantwortlich geblieben sei, daß der Wechsel nicht ungestempelt in den Besitz des Remittenten gelangte.

Aber selbst wenn man auf die gegenwärtige Behauptung des Imploranten, als schon früher angeregt, eingehen könnte, würde solche doch von rechtlicher Erheblichkeit überall nicht sein, wie dies vom Kgl. OTr. in mehreren Fällen (Erk. v. 24. Okt. 1857 [c. Cramer; 1142]; G. Arch. Bd. 6 S. 269; und 24. Febr. 1860 c. Pfeifer [176]; G. Arch. Bd. 8 S. 401) entschieden worden ist [1]).

---

[1]) Es ist dieses ein in der Praxis feststehender durch eine große Reihe von Erkenntnissen anerkannter Grundsatz. Der Steuerbehörde gegenüber kann es nur auf das thatsächliche Verhältniß ankommen, daß sich jetzt der Wechsel in den Händen desjenigen befindet, welcher durch denselben einen wechselmäßigen Anspruch gegen einen Andern erlangt hat, so daß also die Besitzerwerbung desselben nothwendig die Natur eines mit dem Wechsel gemachten Geschäfts annimmt; es kann daher ein dem Remittenten ertheilter Auftrag: „im Namen des Trassanten die Stempelung zu veranlassen" weiter nicht in Betracht kommen.

Wenn sodann die NB. weiter auszuführen sucht, daß, weil nach dem Erkenntnisse des Kgl. OTr. v. 20. Febr. 1850 (Entsch. Bd. 22 S. 80) bei Wechseln an eigene Ordre der Stempel noch nach dem Accept von dem Aussteller eingeholt werden könne, dies folgerecht auch bei trockenen Wechseln zulässig sein müsse, so wird dabei übersehen, daß bei einem Wechsel an eigene Ordre, welcher sich noch in der Hand des Ausstellers befindet — nicht weiter begeben ist — vor der Acceptation keine wechselpflichtige Person vorhanden ist (§ 23 der D. Wechs.-Ordn.), die Stempelpflicht aber erst durch das Dasein einer eine wechselmäßige Verbindlichkeit enthaltenden Urkunde begründet wird, und bei dem trockenen Wechsel diese Verbindlichkeit von dem Aussteller dem Remittenten gegenüber sofort übernommen ist.

Endlich spricht zwar allerdings der § 20 des Stemp.-Ges. nur von gezogenen Wechseln. Nachdem aber durch das Ges. v. 26. Mai 1852 § 2 alle Vorschriften des Stemp.-Ges., und namentlich auch die Vorschriften des § 20 und 26 dieses Gesetzes, auch auf trockene Wechsel für anwendbar erklärt worden, ergiebt sich von selbst, daß beide dem Stemp.-Ges. gegenüber nur einer gleichen Behandlung unterliegen können, folglich auch der Aussteller des trockenen Wechsels denselben vor der Aushändigung an den Remittenten abstempeln lassen muß, wie dies beim gezogenen Wechsel der Fall ist (vgl. das cit. Erk. des Kgl. OTr. v. 24. Febr. 1860).

Hiernach erledigt sich auch die am Schluß der NB. befindliche Andeutung, daß, wenn auch bei gezogenen Wechseln die Aushändigung derselben vor der Abstempelung an den Remittenten nicht zulässig sein möchte, damit doch nicht gesagt sei, daß ein Gleiches für die trockenen Wechsel gelten müsse, von selbst.

Antr. des GStA.s gleichl. [27. — 3.]

1. 2. Verletzung der Schamhaftigkeit. — Oeffentliches Aergerniß.

3. Anstiftung eines vorher Entschlossenen.

1. Zum Thatbestande einer ein öffentliches Aergerniß gebenden Verletzung der Schamhaftigkeit wird nicht die Begehung an einem öffentlichen Orte vorausgesetzt, es genügt, wenn die Handlung so offenkundig vorgenommen ist, daß sie in die Publicität dringt.

StGB. § 150 [vgl. dort n. 5].

2. Ebenso reicht der objectiv unsittliche Charakter der Handlung hin, sollten auch die Gegenwärtigen kein Aergerniß genommen, sondern Beifall gespendet haben. [vgl. l. c. n. 11.]

3. Die Anstiftung eines bereits zur That Entschlossenen ist unmöglich. [StGB. § 34 Nr. 2.]

Erk. (Z. I.) v. 13. März 1861 c. Harm u. Gen. (207. I. Cr.).

H. hatte sich in einem Privathause in Gegenwart einer Mehrheit von Personen schamlos entblößt, nachdem ihn mehrere Andere dazu durch Geschenke bestimmt hatten. Deshalb auf Grund der §§ 150 und 34 Nr. 2 verurtheilt, ergriffen sie die NB., welche aber vom OTr. zurückgewiesen wurde.

Gründe:

Zunächst ist nicht anzunehmen, daß der App.-Richter den Begriff des „öffentlich gegebenen Aergernisses" im Sinne des § 150 l. c. verkannt habe. Denn derselbe läßt es dahin gestellt, ob der Ort der That als ein öffentlicher anzusehen sei, tritt aber der Ausführung des ersten Richters bei, nach welcher die Erregung eines öffentlichen Aergernisses auch dann vorhanden sei, wenn die schamlosen Handlungen in Gegenwart mehrer Personen verübt worden, was hier der Fall. Daß diese Erwägung nicht ein allgemeines Princip ausdrücken, sondern bloß den konkret vorliegenden Fall betreffen soll, geht aus dem Nachsatze hervor, in welchem bemerkt wird, daß zu jener Gesellschaft zahlreiche Personen, und zwar auch aus dem weiblichen

Geschlecht, gehört haben. So aufgefaßt liegt in der eben entwickelten Ansicht kein Rechtsirrthum, weil es zur Anwendbarkeit des § 150 l. c. allerdings nicht gehört, daß der Ort der That gerade ein öffentlicher sein muß, vielmehr genügt, daß die strafbare Handlung so offenkundig vorgenommen wird, daß sie in die Publicität dringt, und so zum öffentlichen Aergerniß gereichen kann. Eben so wenig ist es nothwendig, daß ein solches wirklich bei den anwesend gewesenen Personen erregt worden ist; es reicht zur Erfüllung des Thatbestandes aus, wenn die Handlung nur objektiv eine unsittliche gewesen, sollten auch die dabei Gegenwärtigen, wie in dem vorliegenden Falle geschehen, ihren Beifall zu erkennen gegeben haben.

Eben so hinfällig ist der Vorwurf der NB., daß der § 34 l. c. verletzt worden sei. Der App.-Richter führt im Gegensatze zu dem ersten aus, daß auch dann, wenn der verbrecherische Wille bei dem Thäter bereits bestand, derjenige, der den Thäter zur Begehung der That, und also zur Ausführung seines verbrecherischen Vorhabens durch Mittel, die eine Anreizung, Verleitung oder Bestimmung enthalten, anstiftet, im Sinne des § 34 Nr. 1 des StGB. einer strafbaren Theilnahme sich schuldig macht, da es eben nur darauf ankomme, daß die Anstiftung die Begehung der That herbeigeführt habe.

Diese Sätze, abstrakt aufgefaßt, könnten allerdings zu weit führen, da es im Allgemeinen anerkannter Grundsatz ist, daß die Anstiftung eines bereits zur That Entschlossenen nicht möglich ist. Indeß hat der App.-Richter offenbar diesen Sinn mit seiner Erwägung nicht verknüpft, vielmehr ebenfalls in Anbetracht des konkreten Falles nur ausdrücken wollen, daß der Angeklagte H. an sich zur Vollbringung der strafbaren Handlung geneigt gewesen, und durch die Mitangeklagten, resp. deren Geldofferten, zu dem entscheidenden Entschlusse gebracht worden ist 2c.

Antr. des GStA.s gleichl. [20. — 2.]

---

1. Geschwornenspruch. — Stimmenangabe. — Verkuppelung der Tochter.

2. Verkuppelung der Tochter. — Gewohnheitsmäßigkeit. — Eigennutz. — Erschwerende Umstände.

1. Der Umstand, daß der Kuppler der Unzucht der **eignen** Tochter Vorschub geleistet hat, ist nicht als erschwerender (begleitender) Umstand des im § 147 StGB. vorgesehenen Vergehens im Sinne des Art. 91 des Ges. v. 3. Mai 1852 anzusehen.

2. Ebenso sind die Gewohnheitsmäßigkeit und der Eigennutz im Falle der Verkuppelung der eignen Tochter nicht als erschwerende Umstände zu betrachten. [StGB. § 148 Nr 2; Ges. v. 3. Mai 1852 Art. 91.]

Erk. (Z. I.) v. 20. März 1861 c. Rose (302. I. Cr.).

Die den Geschwornen vorgelegten Fragen:

1. Ist R. schuldig — — gewohnheitsmäßig und aus Eigennutz der Unzucht seiner Tochter — durch Gewährung und Verschaffung von Gelegenheit Vorschub geleistet zu haben?

2. Ist R. schuldig — gewohnheitsmäßig und aus Eigennutz der Unzucht mehrerer anderer Personen durch Gewährung und Verschaffung von Gelegenheit Vorschub geleistet zu haben?

sind dahin beantwortet worden: „Ja, R. ist schuldig, mit mehr als sieben Stimmen, mit den in der Frage enthaltenen Umständen," worauf die Verurtheilung wegen schwerer und einfacher Kuppelei erfolgte. Die NB. rügte Verletzung des Art. 91 des Ges. v. 3. Mai 1852, weil die Wahrsprüche das Ergebniß der Abstimmung über die erschwerenden Umstände nicht ersehen ließen. [Vgl. Oppenh. Strafverf Art. 91 n. 26.] Zurückweisung.

Gründe.

Es könnte als zweifelhaft angesehen werden, ob aus dem dahin gefaßten Ausspruche der Geschwornen:

> „Ja, der Angeklagte ist schuldig, mit mehr als sieben Stimmen mit allen in der Frage enthaltenen Umständen"

mit völliger Gewißheit zu entnehmen sei, ob die in der Frage enthaltenen besonderen Umstände ebenfalls mit mehr als sieben Stimmen für festgestellt zu erachten sind.

Dessen ungeachtet war es im vorliegenden Falle nicht erforderlich, daß die Geschwornen in Gemäßheit des Art. 97 des Ges. v. 3. Mai 1852, um einen deutlicheren Wahrspruch herbeizuführen, in ihr Berathungszimmer zurückgeschickt wurden; denn der Zusatz in der Antwort der Geschwornen: „mit allen in der Frage enthaltenen Umständen" war im vorliegenden Falle ein überflüssiger. Die den Imploranten betreffenden Fragen zu 1 und 2 auf dem Fragebogen Blatt 292 der Akten ergeben nemlich deutlich, daß durch die Frage 1 die Kuppelei, welche an der Tochter des Angeklagten verübt worden, von den, andere Frauenzimmer betreffenden Kuppeleien abgesondert und als ein einzelner selbstständiger Fall in die Fage 1 aufgenommen worden ist. Wenn nun in dieser Frage nur eine Person, nemlich die Tochter des Angeklagten, als Gegenstand der Kuppelei genannt ist, so kann die Frage auch nur als eine solche, die eine einfache That betrifft, aufgefaßt und beantwortet worden sein. Mit einer etwaigen Verneinung des Umstandes, daß der Unzucht der Tochter Vorschub geleistet worden sei, würde die Person, welche verkuppelt worden, unfestgestellt geblieben sein, da als diese Person nur die Tochter bezeichnet war. Nachdem Letzteres geschehen, so handelte es sich nicht um die Aufnahme eines erschwerenden Umstandes, mithin auch nicht darum, daß über einen solchen besonders abzustimmen und die Stimmenzahl besonders anzugeben gewesen wäre.

Dasselbe gilt von den in die Frage 1 aufgenommenen Merkmalen des Eigennutzes und der Gewohnheitsmäßigkeit. Denn der Thatbestand der Kuppelei im § 148 des StGB. ist nicht als ein solcher aufzufassen, welcher die einfache That des § 147, nur mit erschwerenden Umständen darstellt, als welche dann etwa die Nr. 1 und 2 des § 148 anzusehen wären.

In diesem § 148 wird vielmehr ein selbstständiger Thatbestand bestimmt, dessen wesentliche Merkmale nur von einem Theil derer des § 147 und bezüglich der Nr. 1

und 2 des § 148 gebildet werden, während ein anderer Theil der wesentlichen Merkmale des § 147, nemlich die Gewohnheitsmäßigkeit und der Eigennutz, der alternativ oder cumulativ concurriren kann, im § 148 fehlen darf und, wenn vorhanden, doch weder wesentlich ist, noch erschwerende Umstände enthält. Es bedurfte daher, insofern die Merkmale des Eigennutzes und der Gewohnheitsmäßigkeit in die Frage 1 aufgenommen wurden, auch in Betreff dieser Merkmale keiner besonderen Abstimmung der Geschwornen und Angabe der Stimmenzahl, sondern nur der zusammengefaßten Beantwortung zugleich mit den übrigen Merkmalen der That.

Antr. des GStA.s entg. [43.—2.]

Urkunde. — Vernichtung. — Nachtheil.

Die Vernichtung einer fremden Urkunde kann als zum Nachtheile eines Andern geschehen angesehen werden, sobald dadurch die Geltendmachung eines Rechts formell beschränkt oder verhindert wird. StGB. § 243 Nr. 8 (vgl. dort n. 35).

Erk. (Z. I.) v. 13. März 1861 c. Puder (318. I. Cr.).

P. war auf Grund des cit. § 243 Nr. 8 verurtheilt worden, weil er: „am 2. Juli 1860 einen Wechsel, welcher ihm nicht gehörte, zum Nachtheile des Eigenthümers vernichtet habe.“ Diesen Nachtheil fand das AG. in der Entziehung der Wechselklage des Wechselgläubigers, wobei er es für unerheblich erklärte, daß diese Klage im betr. Augenblicke, wegen einer früher bewilligten Stundung noch nicht habe ausgeübt werden können, und daß vor Ablauf der betr. Frist vom Angeklagten vollständige Zahlung geleistet worden sei, zumal da letzteres erst geschehen sei, nachdem der Gläubiger Schritte bei der Behörde gethan habe. Die NB. des Angeklagten, welche geltend machte, zur Zeit der That sei dem Gläubiger noch kein Nachtheil erwachsen, ward vom OTr. zurückgewiesen.

Gründe:

Es kann die Auslegung, welche der App.-Richter dem in Rede stehenden Strafgesetze gegeben hat, keinem Bedenken unterliegen. Nachtheil heißt nicht schlechterdings eine positive, absolute Entziehung oder Verminderung des materiellen

Rechts einer Person, was der App.-Richter offenbar unter einem wirklich entstandenen Schaden gemeint hat, sondern schon eine formale Beschränkung oder Verhinderung der Geltendmachung des Rechts fällt unter den Begriff, wie in der That beides in der Definition des Schadens im ALR. I, 6 § 1 enthalten ist, indem darunter „jede Verschlimmerung des Zustandes eines Menschen in Absicht seines Körpers, seiner Freiheit, Ehre oder seines Vermögens" verstanden und in den folgenden §§ 2. 3 auch als Nachtheil bezeichnet wird. Eine Rechtsbeschränkung oder Verhinderung kann nun aber bereits mit dem Entbehren einer Urkunde verbunden sein, insofern es zu Maaßregeln oder Schritten nöthigt, welche bei ungestörtem Besitze der Urkunde nicht erforderlich gewesen sein würden.

Antr. des GStA.s gleichl. [17. — 2.]

Zustellung. — Verlassene Wohnung. — Aushang.

Wird der zur Hauptverhandlung erster Instanz gültig vorgeladene Angeklagte in seiner bisherigen Wohnung nicht mehr angetroffen, und eine andere Wohnung desselben nicht ermittelt, so sind fernere Zustellungen an ihn nicht durch Anheftung an die Wohnungsthüre, sondern durch öffentlichen Aushang zu bewirken, sobald der frühere Hauswirth die Annahme verweigert.

Ges. v. 3. Mai 1852 Art. 50; AGO. I, 7 § 21. 36.

Beschl. (I.) v. 20. März 1861 c. Weiß (44. B. I. Cr.).

In der (oben S. 246 bereits erwähnten) Sache war der in erster Instanz gültig vorgeladene Angeklagte W., als ihm das Erkenntniß zweiter Instanz zugestellt werden sollte, in seiner aus den Akten sich ergebenden bisherigen Wohnung nicht mehr anzutreffen; seine bisherige Wirthin verweigerte die Annahme. Es ward daher der öffentliche Aushang in Gemäßheit des Art. 50 cit. veranlaßt. Die nach Ablauf der gesetzlichen Frist angemeldete NB. des W. ward vom Richter erster Instanz als verspätet zurückgewiesen. Seine Beschwerde machte geltend, daß der Aushang hier die Zustellung nicht habe ersetzen können. Zurückweisung.

Gründe:

Unter den obwaltenden Umständen war es gesetzlich zulässig und geboten, das im Art. 50 des Ges. v. 3. Mai 1852 vorgeschriebene Verfahren, nämlich die Publikation des ergangenen App.-Urtels durch vierzehntägigen Aushang an der Gerichtsstelle zu veranlassen. Aus § 36 in Verbindung mit § 21. I, 7 AGO. würde zwar zu folgern sein, daß auch in solchem Falle, wo der Hauswirth die Annahme der Verfügung deshalb verweigert, weil der Vorzuladende die Wohnung bei ihm aufgegeben habe, die Anheftung der Verfügung an die Haus- oder Stubenthür in Kraft der Insinuation erfolgen müsse, vorausgesetzt, daß eine anderweite Wohnung nicht ermittelt werden kann. Allein nach der Entstehungsgeschichte jenes Art. 50 cit. hat der letztere gerade den Zweck, in Fällen solcher Art die gedachte Anheftung durch den öffentlichen Aushang zu ersetzen.

Antr. des GStA.s gleichl. [15.—2.]

Hausirhandel. — Umherziehen.

Zum Begriffe eines Hausirhandels gehört ein Umherziehen; ein solches kann zwar auch da angenommen werden, wo nur **ein** Fall der Aufforderung zu einer Waarenbestellung vorliegt, dann muß aber die Reise an den betreffenden Ort zum Zwecke dieser Aufforderung gemacht sein; wo dieses nicht vorliegt, die Aufforderung vielmehr nur gelegentlich bei einer anderweitigen Anwesenheit an einem fremden Orte geschah, kann ein Hausiren nicht angenommen werden [1])

Regul. v. 28. April 1824 § 5. 26.

Erk. (B. II.) v. 21. März 1861 c. Miltenberg (408. II. Cr. v. 1860).

Die Instanzrichter hatten festgestellt, daß M., „der als Metzger besteuert sei, ohne einen Gewerbeschein zum Gewerbebetriebe im Um-

[1]) In demselben Sinne hat sich auch ein Z. I. 13. Nov. 1857 c. Bock (1093) ausgesprochen.

herziehen zu besitzen, außerhalb des Polizeibezirks seines Wohnorts B. nach M. gereist sei, und hier — — in einem Falle eine Bestellung von frischem Fleische zum Ankaufe nachgesucht habe." Gleichzeitig war es für nicht erwiesen erklärt worden, daß er gereist sei, um die Bestellung zu suchen. Das verurtheilende Erkenntniß zweiter Instanz ward auf die NB. des Angeklagten vernichtet, und das freisprechende erstinstanzgerichtliche Urtheil bestätigt.

Gründe:

In allen §§ 1—7 des Regulativs v. 28. April 1824 ist ein Gewerbebetrieb im Umherziehen die Voraussetzung. Es ging die ein solches Suchen von Waarenbestellungen betreffende Vorschrift § 21 a des Gewerbesteuer-Ges. v. 30. Mai 1820 (vgl. auch § 2. 8. 20 a. 24. 38 desselben), woraus die darauf Bezug habende Bestimmung des § 5 des Regulativs v. 28. April 1824 in dieses übergenommen wurde (vgl. Entsch. 5. S. 147 und Ges. v. 7. Sept. 1811 § 137), auf Personen, welche von Ort zu Ort umherreisen, um Waarenbestellungen zu suchen; es spricht ebenso der § 5 des Regulativs v. 28. April 1824 von Personen, welche durch das Land reisen, um Waarenbestellungen zu suchen, und auch sonst ist überall in den solchen Gewerbebetrieb betreffenden gesetzlichen Bestimmungen das Umherreisen zum Zwecke des Suchens von Waarenbestellungen oder doch das Suchen von Waarenbestellungen im Umherreisen als diejenige gewerbliche Thätigkeit bezeichnet, zu der es eines Gewerbescheins bedarf (vgl. Erk. v. 11. Nov. 1858 [c. Kreuzer; 311] G. Arch. 7. S. 87).

Daß ein solcher Gewerbebetrieb im Umherziehen, und namentlich bei einem Suchen von Waarenbestellungen stattgefunden habe, wird von dem Richter der Thatfrage den Umständen nach allerdings auch da festgestellt werden können, wo nur ein Fall der Aufforderung zu einer Waarenbestellung zur Sprache gekommen ist. An einer solchen Feststellung fehlt es aber im vorliegenden Falle. Nach der von dem App.-Richter bewirkten Feststellung ist nur gelegentlich bei einer Reise eine Bestellung gesucht worden, es hat nach ihr nicht ein Umherreisen und nicht ein Reisen um Bestellungen zu suchen stattgefunden, wie denn der App.-Richter angegeben hat, daß dies letztere nicht habe festgestellt werden können. Der § 26 in Verbindung mit § 5 des cit. Regulativs v. 28. April 1824 durfte daher nicht angewendet werden, und er ist, da er ohne dazu genügende thatsächliche Feststellung angewendet worden ist, hierdurch verletzt.

Antr. des GStA.s gleichl. [26.—3.]

---

1. Wechsel auf eigene Ordre. — Accept. — Aushändigung an den Remittenten. — Stempel.

2. Wechsel. — Ausschließung eines Exemplars vom Umlaufe. — Stempelpflichtigkeit.

1. Der Bezogene, welcher einen auf eigene Ordre gezogenen, noch mit keinem Giro, wohl aber mit seinem Accepte versehenen Wechsel vor der Stempelung dem Zieher zurückgiebt, macht damit ein Geschäft, und verfällt in die Stempelstrafe.

Das gilt auch von einem ausländischen, im Inlande acceptirten Wechsel.

Stemp.-Ges. v. 7. März 1822 § 20. 26.

2. Nur der Aussteller (nicht der Bezogene) ist berechtigt, mehrere Exemplare eines Wechsels auszufertigen, und durch Vermerke auf denselben vorzuschreiben, welches von ihnen nur zum Accepte, also nicht zum Umlaufe bestimmt sein solle. Der Acceptant ist nicht befugt, durch einen derartigen Zusatz in Betreff der Stempelpflichtigkeit der einzelnen Exemplare eine Abänderung zu bewirken.

Wechs.-Ordn. Art. 98.

Erk. (Z. II.) v. 21. März 1861 c. Jacob (15. Cr. II.).

Verfehlt sind zunächst die Deductionen der Beschwerdeschrift zu 1, in welchen darzuthun versucht wird, daß eine an die eigene Ordre des Ausstellers gestellte Tratte für sich nicht die rechtliche Natur eines gezogenen Wechsels (im Sinne des § 20 des Ges. über die Stempelsteuer) habe, diese Natur auch nicht durch die Acceptation, vielmehr erst durch Indossirung erhalte und daß deshalb der App.-Richter den Begriff und die rechtliche Natur eines gezogenen Wechsels verkannt, und zwar dadurch verkannt habe, daß er angenommen hat, der Angeschuldigte hätte den in Rede stehenden, von dem letztern mit dem Accepte versehenen Wechsel vor Rücksendung desselben an den Trassaten zur Stempelung vorlegen müssen.

An eigene Ordre gestellte trockene oder eigene Wechsel sind allerdings der Allg. D. Wechsel-Ordn. unbekannt (Art. 96. 98; vgl. Erk. v. 9. Dez. 1858, JMBl. 1859 S. 58—60), ebenso wie sie es dem landrechtlichen Wechselrechte und dem Wechselrechte des Rh. HGB., welche bei Emanation des für den ganzen Umfang des Pr. Staats ergangenen Ges. v. 7. März 1822 über die Stempelsteuer in diesem neben einander bestanden, waren. Wohl aber kannten diese Wechselrechte gezogene, an eigene Ordre des Ziehers gestellte Wechsel (Entsch. 4. S. 265; 9. S. 72. 78. 347; 10. S. 52. 402; 14. S. 150. 325; Code de comm. art. 110), und die Allg. D. Wechs.-Ordn., welche den Trassaten, der acceptirt hat, auch schon gegen den Zieher wechselmäßig haften läßt (Art. 23), führt solche Wechsel an eigene Ordre, in welchen sich der Zieher zugleich als Remittenten bezeichnet, unter den gezogenen Wechseln auf (Art. 6). Zu den gezogenen Wechseln, deren die §§ 20 und 26 des Stemp.-Ges. gedenken, denen aber auch ohnehin die nicht gezogenen, die trockenen Wechsel schon durch das Ges. v. 26. Mai 1852 § 2 und 1 (GS. S. 299) gleichgestellt worden sind, gehören deshalb auch an eigene Ordre gestellte Tratten. Allerdings entsteht aus einer solchen, so lange sie weder mit dem Accepte des Bezogenen, noch mit einem Indossamente des darin zugleich als Remittent bezeichneten Ausstellers versehen ist, nicht irgend ein Recht; sie erhält aber bei erfolgtem Accepte des Bezogenen diese Eigenschaft eines gezogenen Wechsels keinesweges erst dadurch, daß der darin zugleich als Remittent bezeichnete Zieher selbige indossirt, wenn auch dieser eine Regreßverbindlichkeit erst hierdurch überkommen kann. Völlig unpassend ist es, wenn die Beschwerdeschrift, welche nur die an fremde Ordre gestellten Tratten für gezogene Wechsel oder für gezogene Wechsel im eigentlichen Sinne gelten lassen will, dieserhalb auf die Erkenntnisse vom 20. Febr. 1850 (Entsch. 22. S. 80) und v. 31. Okt. 1855 (G. Arch. 4. S. 228) Bezug nimmt, in welchen nur von den Verpflichtungen des Ausstellers eines an eigene Ordre gezogenen Wechsels die Rede war und ausgeführt ist, daß Seitens dieses Ausstellers, der, nachdem er den Wechsel zum Accepte versandt und mit dem Accepte des Bezogenen versehen zurückerhalten hat, nun bevor noch von ihm ein Geschäft damit gemacht wird, denselben zur Stempelung vorlegt, dem § 20 des Stemp.-Ges. genügt, daher, wenn auch der Acceptant, welcher den Wechsel nicht ohne ihn stempeln zu lassen hätte aus der Hand geben sollen, doch nicht ein solcher Aussteller einer Stempelstrafe verfallen sei. Ebenso unpassend ist die Bezugnahme auf das Erk. v. 15. Juli 1857 (G. Arch. 5. S. 681), bei welchem ein Schriftstück vorlag, das wegen mangelnder Unterschrift des Ausstellers zur Zeit des beigefügten Accepts noch kein Wechsel war, wie dies auch in dem Falle des von dem ersten Richter in anderer Beziehung angeführten Erkenntnisses v. 3. Okt. 1856 (a. a. O. 4. S. 822) wegen des noch fehlenden Datums des an fremde Ordre gezogenen Wechsels, der Fall war.

Allerdings ist durch die Ausstellung eines an eigene Ordre gestellten Wechsels und durch dessen Versendung zum Accept der Wechsel noch nicht in Umlauf gesetzt, und noch nicht damit ein Geschäft gemacht, und allerdings wird auch dadurch allein, daß ein an eigene Ordre gestellter gezogener Wechsel, von dem Bezogenen mit dem Accepte versehen wird, noch nicht der Wechsel in Umlauf gesetzt (§ 26 des Stemp.-Ges.) und noch nicht damit ein Geschäft gemacht (§ 20 a. a. O.); wohl aber geschieht dies, wenn der Wechsel, versehen mit diesem Accepte, durch welches der Bezogene in die Wechselverpflichtung eintritt und auch schon dem Aussteller wechselmäßig verhaftet wird, dem Remittenten — also bei an eigene Ordre gezogenen Wechseln auch dem Aussteller, der bei diesen Wechseln zugleich Remittent ist (Art. 6 der Wechs.-Ordn.) — zugestellt wird.

Auch wird dies Geschäft bei einem im Auslande ausgestellten, auf das Inland gezogenen, zum Accepte eingesandt gewesenen Wechsel durch solche Acceptation und Rücksendung im Inlande gemacht, und macht den rücksendenden Acceptanten, der vor der Rücksendung den Wechsel nicht hat stempeln lassen, straffällig, da, nach dem Stemp.-Tarif (s. v. Wechsel) in Verbindung mit der AKO. v. 3. Jan. 1830 Nr. 1 (GS. S. 9) auch aus dem Auslande eingehende Wechsel, mit Ausnahme der im Auslande ausgestellten und auf einen Ort im Auslande gezogenen, der Stempelsteuer unterliegen, der Bezogene schon durch sein Accept, auf dem von ihm aus den Händen gegebenen Wechsel auch dem Aussteller wechselmäßig verhaftet wird und er dadurch, daß er den acceptirten Wechsel vor der Stempelung aus den Händen läßt, namentlich denselben dem Aussteller, der darin zugleich als Remittent bezeichnet ist, zusendet, als Acceptant an dem Umlaufe Theil nimmt (§ 26 des Stemp.-Ges.).

Wenn sodann — was die Angriffe zu 2. der Beschwerdeschrift betrifft — der App.-Richter angeführt hat:

> „es liege hier auch nicht der, in der AKO. vom 3. Jan. 1830 zu 5 vorgesehene Fall vor, indem der Angeschuldigte gar nicht behauptet, noch weniger habe beweisen können, daß außer dem von ihm acceptirten Wechsel noch ein anderes Exemplar ausgefertigt und zum Umlauf bestimmt gewesen sei, das Gegentheil vielmehr aus den Worten des Wechsels selbst: „Secunda nicht" deutlich hervorgehe und der Angeschuldigte durch den von ihm auf den Wechsel gesetzten Vermerk: „nur zum Accept bestimmt," dem

Aussteller gegenüber nicht berechtigt gewesen sei — wie er dies selbst nicht habe in Abrede stellen können — den Wechsel dem Umlaufe zu entziehen, was denn auch der Erfolg gelehrt habe;"

so kann dahin gestellt bleiben, ob in dieser Argumentation die Worte des qu. Wechsels: „gegen diesen Prima-Wechsel, Secunda nicht," richtig aufgefaßt sind. Denn immer ist die Argumentation des App.-Richters in ihrem Resultate mit Rücksicht darauf richtig, daß, wie auch in der Beschwerdeschrift anerkannt wird, erst der Bezogene (der Angeschuldigte) bei dem Accepte dem vorliegenden Wechselexemplare die Ueberschrift: „nur zum Accept bestimmt," beigefügt hat, er, wie ebenfalls in der Beschwerdeschrift zugegeben wird, hierdurch nicht hindern konnte, daß der Aussteller dennoch dieses Exemplar in Umlauf setzte, und der Bezogene (der Angeschuldigte) gleichwohl dies mit seinem Accepte versehene Exemplar, ohne es vorher zur Stempelung vorzulegen, dem Aussteller, der darin zugleich als Remittent bezeichnet war, zurücksandte. Denn jener erst vom Bezogenen beigefügte Vermerk war wirkungslos. Können auch bloße Wechselkopien (Allg. D. Wechs.-Ordn. Art. 70—72. 98 Nr. 8), welche für das landrechtliche Wechselrecht schon die AKO. v. 16. Mai 1816 (GS. S. 153), um sie zum Indossiren zu gebrauchen, zuließ und deren die AKO. v. 3. Jan. 1830 zu 5 (GS. S. 9) neben der Ausfertigung mehrerer Exemplare eines Wechsels gedenkt, auch von Anderen, als dem Wechselaussteller, und namentlich von jedem Indossanten zu dem gedachten Behufe gefertigt werden (Rechts-Lexikon 14. S. 246), so ist es doch nur der Aussteller, welcher mehrere Exemplare eines gezogenen Wechsels (bei welchen allein und nicht bei trockenen Wechseln solche vorkommen; Art. 98 der Allg. D. W.-Ordn.), ausfertigen und der, da eine solche Ausfertigung mehrerer Exemplare zu verschiedenen Zwecken geschehen kann (Rechts-Lexikon 14. S. 244 Nr. 126; 246 Nr. 135; Eichhorn D. Priv.-Recht § 131 h, i; 133 e), dabei — wenn zu diesem Zwecke diese Ausfertigung mehrerer Exemplare geschieht — durch Vermerk auf den einzelnen Exemplaren bestimmen kann, welches derselben nur zum Accept, also nicht zum Umlauf (zum Indossiren) bestimmt sei (Rechts-Lexikon 14. S. 243—246; Gelpke Zeitschr. 2. S. 200).

A. d. Gr. Zurückweisung der NB. des Angeklagten.

Antr. des GStA.s gleichl. [26. — 3.]

Bernstein. — Ostpreußen. — Strafbestimmung.

Die den Schutz des Bernsteinregals des Staats bezweckenden Strafbestimmungen des Ostpreußischen Provinzialrechts Zusatz 228 Nr. 9. 10 sind durch die Einführung des StGB. nicht außer Wirksamkeit gesetzt.

Einf.-Ges. z. StGB. Art. 2.

Erk. (V. Pl.) v. 25. März 1861 c. Bussas u. Gen.
(10. Pl.; 819. I. Cr. v. 1860).

Das OTr. hat zuerst in dem Erkenntnisse v. 7. April 1852 wider Zibulski den Grundsatz ausgesprochen, daß die Aneignung von Bernstein auf fremdem Grund und Boden in Westpreußen nach § 226 des StGB. als Unterschlagung zu bestrafen sei. Später sind verschiedene Entscheidungen in Beziehung auf Ostpreußen ergangen, nach denen auch dort die Aneignung gefundenen Bernsteins nach eben derselben Vorschrift des § 226 bestraft worden ist.

Das Sachverhältniß ist jedoch in Beziehung auf beide Landestheile ein verschiedenes, und mit Rücksicht hierauf ist aus den zuletzt gedachten in Beziehung auf Ostpreußen ergangenen Entscheidungen ein Zweifel entstanden, zu dessen Erledigung die vorliegende Sache an das Plenum des Senats für Strafsachen gewiesen ist.

In Westpreußen ist der Bernstein nur in der Ostsee und am Meeresstrande Regal, innerhalb des Landes dagegen nicht; hier, innerhalb Landes, gehört der Bernstein dem Besitzer des Grund und Bodens, auf welchem derselbe gefunden wird. Die Aneignung solchen Bernsteins auf fremdem Grund und Boden durch dritte Personen zum Nachtheil des Grundbesitzers fällt dort, in Ermangelung provinzialrechtlicher Strafbestimmungen, unter die allgemeinen gesetzlichen Vorschriften oder Rechtsgrundsätze in Hinsicht auf die Aneignung unterirdischer Naturerzeugnisse, welche, auch wenn deren Occupation noch nicht stattgefunden hat, dennoch dem Besitzer des Grund und Bodens gehören. Diese Aneignung in Verbindung mit der Disposition über den Fund ist in jener Entscheidung v. 7. April 1852 für eine Unterschlagung im Sinne des § 226 des StGB. erklärt worden.

In Ostpreußen ist dagegen der Bernstein überall, also auch innerhalb Landes, Regal, und es existiren über den Schutz dieses Regals detaillirte provinzialrechtliche Vorschriften überhaupt, insbesondere auch Strafvorschriften, im Zusatz 228 des Ostpreuß. Provinzialrechts v. 4. Aug. 1801. Diese Vorschriften sind für aufgehoben nicht zu erachten. Daß sie an und für sich, abgesehen von ihrem strafrechtlichen Charakter, also insoweit sie das Regal des Staats überhaupt, die Art seiner Ausübung und seinen Schutz in rein polizeilicher Hinsicht betreffen, annoch fortbestehen, unterliegt keinem Bedenken, da inzwischen eine ausdrückliche Aufhebung nirgends erfolgt ist. In Hinsicht auf die einen polizeilichen Charakter an sich tragende Vorschrift des § 8 des Zusatzes 228 ist in dem Pl.-Erk. v. 28. März 1859 in der Untersuchung wider Stolzke u. Gen. das Fortbestehen ausdrücklich anerkannt; dagegen ist dort die Frage über das Fortbestehen der reinen Strafvorschrift des § 9 dieses Zusatzes unentschieden geblieben, es ist nur auf die bisherigen Abtheilungsentscheidungen, welche die Aufhebung ausgesprochen hatten, Bezug genommen worden.

Es handelt sich um die Anwendung des Art. II. des Einführungs-Ges. v. 14. April 1851 in Bezug auf die in Rede stehenden Strafvorschriften des Zusatzes 228. Dadurch ist die Frage über ihr Fortbestehen oder ihre Aufhebung bedingt, je nachdem sie „Materien" betreffen, auf welche sich das neue StGB. bezieht, oder aber in Hinsicht deren dasselbe nichts bestimmt. Der Ausdruck „Materien" unterliegt einer verschiedenen Auffassung. Versteht man darunter die strafrechtliche Qualifikation allein, welche der Handlung in der betreffenden Vorschrift gegeben ist, das Wesen derselben, auf welche sich die Strafandrohung bezieht, so ist es unbedenklich, die §§ 9 und 10 des Zusatzes 228 für aufgehoben zu erklären, weil sie Handlungen betreffen, welche auch in dem neuen StGB. mit Strafe bedroht sind, nämlich Unterschlagung nach § 226 und Theilnahme daran resp. Hehlerei nach § 34 und 237. Allein einmal ist es unstatthaft, die Vorschriften immer nur vereinzelt, also getrennt von dem Zusammenhange, in welchem das Gesetz sie erlassen hat, aufzufassen, und sodann ist auch der Sinn des Ausdrucks: „Materie" ein anderer. Er bezeichnet vielmehr im zweiten Absatz des Art. II, in seiner Verbindung mit dem Ausdrucke: „besondere Strafgesetze," und im Gegensatze zu den im ersten Absatz gedachten allgemeinen Rechtsmaterien, gewisse Kathegorien von Gegenständen der Gesetzgebung, welche nebst den darauf bezüglichen strafbaren Handlungen, wegen ihrer besonderen Natur, zur Zeit der Emanation des StGB. bereits durch eine Spezialgesetzgebung, unabhängig von dem früheren allgemeinen Strafrecht, vorgesehen waren, und über welche in diesem Zusammenhange das StGB. keine Bestimmungen enthält. Das ergiebt sich deutlich aus den Beispielen, welche der Absatz 2 des Art. II. aufführt. In dem hier in Rede stehenden Zusatz 228 des Ostpreußischen Provinzialrechts ist das Regal des Staates am Bernstein das Hauptobjekt der Legislation, und weder über dasselbe im Allgemeinen noch insbesondere über seinen Schutz enthält das StGB. Vorschriften, vielmehr hat man bei den Redaktionsverhandlungen ausdrücklich diejenigen Vorschriften früherer Entwürfe, welche gleich denen des ALR. den besonderen Schutz der Regalien des Staates bezweckten, namentlich allgemein die Aneignung solcher Gegenstände, welche vermöge eines Hoheitsrechtes dem Staate (oder Andren) vorbehalten sind, als Diebstahl qualifizirten und straften, gestrichen, „weil die Pönalisirung solcher Vergehen den speziellen Verordnungen zu überlassen sei." Enthalten also solche „spezielle Verordnungen," wie das hier in Rede stehende Gesetz, nicht eine Bezugnahme auf das gemeine Strafrecht, um dadurch die erwähnten Handlungen mit Strafe zu bedrohen, enthält es vielmehr, wie die §§ 9 und 10 des Zusatzes 228, spezielle Strafandrohungen, so sind diese durch den Wechsel des gemeinen Strafrechts nicht mit betroffen, sondern nach Art. II. Abs. 2 des Einführungsgesetzes für fortbestehend zu erachten.

Daß endlich das neuerlich ergangene Gesetz v. 26. März 1856 diese Vorschriften nicht aufgehoben hat, weil sich dasselbe auf den Bernstein nicht bezieht, hat bereits der App.-Richter unter Hinweisung auf die Entstehungsgeschichte dieses Gesetzes richtig angeführt.

A. d. Gr. Vernichtung des angefochtenen Erkenntnisses.

Antr. des GStA.s gleichl. [15.—3.]

---

1. Hauptverfahren. — Prüfung der Zurechnungsfähigkeit des Angeklagten. — Gegenwart desselben und der Geschwornen.

2. Neu-Vorpommern. — Criminalordnung.

3. Eidesunmündiger. — Kind des Angeklagten. — Informatorische Vernehmung.

1. Die Erörterungen und Beweiserhebungen über die Frage: ob der Angeklagte augenblicklich seiner Geisteskräfte mächtig und ob es sonach statthaft sei, ihn einem Hauptverfahren zu unterwerfen, kann in Abwesenheit desselben und in Gegenwart der Geschwornen stattfinden.

Vdn. v. 3. Jan. 1849 § 14 [vgl. dort n. 27]; Ges. v. 3. Mai 1852 Art. 28. 134.

2. **In Neu-Vorpommern hat die Crim.-Ordn. keine Gültigkeit.**

Vgl. Oppenh. Strafverf. § 183 n. 2.

3. **Auch nach gemeinem Rechte können Kinder über 7 Jahre und selbst Kinder des Angeklagten informatorisch als Zeugen vernommen werden.**

Vgl. Oppenh. Strafverf. § 22 n. 42.

Erk. (Z. I.) v. 25. März 1861 c. Schröder (318. I. Cr.). Zurückweisung der NB. des Angeklagten.

Gründe:

Der Gerichtshof war so berechtigt als verpflichtet, sich darüber auszusprechen, ob die aufgestellte Behauptung der Vertheidigung [daß der Angeklagte zur Zeit unzurechnungsfähig sei] richtig und dem Antrage auf Vertagung der Sache stattzugeben sei. Er befand sich daher auch in seinem Rechte, wenn er zu seiner näheren Information über diese Vorfrage, die anwesenden ärztlichen Sachverständigen hörte. Da diese Vorfrage, die eigentliche Hauptverhandlung, die nach Art. 74 des cit. Ges. v. 3. Mai 1852 erst mit der Verlesung der Anklageschrift beginnt, in ihren inneren Bestandtheilen nicht berührte, so war auch an sich nicht die Gegenwart des Angeklagten bei der diesfälligen Informationseinziehung durch Befragung der Sachverständigen nothwendig, und es erscheint daher die stattgehabte Entfernung desselben während dieser Zeit nicht als unzulässig. Es ist dabei auch gleichgültig, daß, wie die NB. behauptet, dem Angeklagten, nach Beendigung der Vernehmung der Sachverständigen, deren Aussagen nicht mitgetheilt und sie nicht noch einmal in seiner Gegenwart vernommen worden. Denn die dadurch angeblich verletzten Art. 28 und 134 des cit. Ges. v. 3. Mai 1852 beziehen sich ausdrücklich nur auf die Hauptverhandlung, die hier, wie bereits erwähnt, noch gar nicht begonnen hatte, ganz abgesehen davon, daß nach dem Inhalte des diesfälligen Protokolls bei der erwähnten Informationseinziehung der Vertheidiger des Angeklagten zugegen war.

Bedenklicher konnte der Vorwurf der NB. sein, daß dieses präparatorische Verfahren in öffentlicher Sitzung, in Gegenwart sämmtlicher einberufenen Geschwornen, aus denen später das Schwurgericht in dieser Sache gebildet wurde, stattfand, weil möglicherweise dadurch die nachträglich fungirenden Geschwornen in ihrer Ansicht: ob der Angeklagte zur Zeit der That etwa unzurechnungsfähig gewesen, hätten präoccupirt werden können. Allein es handelte sich damals keineswegs um die Feststellung, ob die That mit oder ohne Zurechnungsfähigkeit verübt worden, sondern lediglich um die Frage: ob zur Zeit der Angeklagte zurechnungsfähig sei, und jetzt mit ihm verhandelt werden könne, oder ob dem Antrage der Vertheidigung auf Vertagung der Sache deferirt werden müsse.

Durch die Erörterung der zweiten Frage wurde die der ersten nicht berührt, diese gehörte selbstredend zur Hauptverhandlung, wie sie denn auch später nach Ausweis des Audienzprotokolls eingehend stattgefunden hat, so daß ein unstatthaftes Präoccupiren der fungirenden Geschwornen in Bezug hierauf nicht anzunehmen ist. —

Unzutreffend ist der Vorwurf der NB., daß der § 357 der Cr.-Ordn. und die L. 6. Cod. de testibus (IV, 20) dadurch verletzt worden seien, daß der zehnjährige Sohn des Angeklagten nicht eidlich vernommen worden sei, wenngleich derselbe auf diesfälliges Befragen sich bereit dazu erklärt habe, weil Kinder unter 14 Jahren keine Willenserklärungen abgeben könnten.

Denn die Bestimmungen der Cr.-Ordn. haben im Bezirke des Schw.-G. zu Stralsund keine gesetzliche Gültigkeit, vielmehr sind dort die des Gemeinen Rechts maaßgebend. Könnte indeß die Cr.-Ordn. in Betracht gezogen werden, so ergiebt der § 358 l. c., daß es dem Ermessen des Richters anheimgegeben ist, inwiefern er die in dem § 357 genannten Personen, worunter auch die leiblichen Kinder des Angeschuldigten sich befinden, sogar mit dem Zeugeneide belegen will, und daß er sie der näheren Aufklärung der Sache wegen vernehmen darf, besagt der Eingang des § 357 l. c. ausdrücklich. Das letztere ist auch die Praxis des Gemeinen Rechts. Die L. 6. Cod. de testibus (IV, 20) lautet zwar:

Parentes et liberi invicem adversus se, nec volentes, ad testimonium admittendi sunt.

Allein es bezieht sich diese Vorschrift nur darauf, daß Kinder und Eltern gegen einander nicht als vollgültige, zu vereidigende Zeugen auftreten können. Als Informationszeugen, wie im gegenwärtigen Falle, können sie, wenn sie sich dazu bereit erklären, nach dem Gerichtsgebrauch verhört werden. Es bezeugen dies Quistorp, Grundf. des D. Peinlichen Rechts § 692; Tittmann, Handb. der Strafrechtswissenschaft § 762; Heffter, Lehrb. des Gemeinen D. Strafrechts § 628. Dem steht auch das jugendliche Alter des H. Schr. nicht entgegen, da nach der gemeinrechtlichen Praxis nur Kinder unter 7 Jahren absolut als unfähig zum Zeugniß betrachtet werden. Quistorp a. a. O. § 693; Tittmann l. c. § 819. Der Gerichtshof hat daher nicht gefehlt, wenn er den zehnjährigen Sohn des Angeklagten blos der näheren Erkundigung wegen vernommen hat.

Antr. des GStA.s gleichl. [20. — 5.]

Pommersche Forstordnung. — Weidefrevel. — Ziegen. — Konfiskation.

Nach der Pommerschen Forstordnung v. 24. Dez. 1777 sind Ziegen, welche in einem Forste angetroffen werden, zu konfisciren, ohne Unterschied, ob sie vorsätzlich eingetrieben oder in Folge einer Unachtsamkeit übergetreten sind.

Pomm. Forst-Ordn. v. 24. Dez. 1777 Tit. 14 § 9.

Erk. (V. I.) v. 12. April 1861 c. Braun u. Gen. (113. I. Cr.).

Die Hirtenknaben B. und W. hatten aus Unachtsamkeit ihr Vieh (darunter einige Ziegen) in den benachbarten Forst übertreten lassen. Deshalb angeklagt wurden sie vom Pol.-Richter zu einer Geldbuße verurtheilt, der Antrag: die Ziegen zu konfisciren aber zurückgewiesen. Den Rekurs des Pol.-Anwalts wies das App.-Gericht durch Verfügung zurück. Auf die mit Genehmigung des Just.-Ministers ergriffene Beschwerde des OStA. hat das OTr. jene Verfügung aufgehoben, und die Sache zur kontradiktorischen Verhandlung in die Rekursinstanz verwiesen.

Gründe:

Der § 9 Tit. 14 der Pomm. Forst.-Ordn. v. 24. Dez. 1777 verordnet:

„Alles Vieh, welches von den Hütungsberechtigten in Unsern, den Kämmerei-, Bürger- und Dorfs-Heyden angetroffen wird, soll gepfändet und dem Forstbedienten dafür das unten festgesetzte Pfandgeld bezahlt werden; Ziegen aber, sie mögen mit oder ohne Hirten eingejagt werden, confiscirt sein."

Der Richter erster Instanz nimmt hiernach an, daß Ziegen nur, wenn sie vorsätzlich in die Forst eingetrieben sind, konfiscirt werden sollen. Dies ist aber unrichtig. — Darauf, ob eine Hütungskontravention vorsätzlich begangen ist oder nicht, kommt es schon nach der Natur solcher Uebertretungen gar nicht an, wie denn auch die Pomm. Forst-Ordn. in dieser Beziehung im § 9 l. c. nicht unterscheidet, sondern ganz allgemein bestimmt: daß alles Vieh, welches in der Forst angetroffen wird, gepfändet werden soll. — Unzweifelhaft ist nicht beabsichtigt, die für die Forsten besonders gefährlichen Ziegen, als welche sie der § 7 Tit. 3 ausdrücklich bezeichnet, milder als anderes Vieh, Pferde, Rindvieh, Schafe und Schweine zu behandeln, vielmehr durften sie nach jenem § 3 gar nicht, auch nicht unter einem Hirten, in der Forst gehütet werden; es ist auch die Fassung des Schlußsatzes im § 9 Tit. 14 unverkennbar, daß das Gesetz es härter ahnden will, wenn Ziegen überhaupt in der Forst gefunden werden sollten. Es kann daher der Schlußsatz des § 9 l. c. ungeachtet des darin gebrauchten Ausdruckes: „sie mögen mit oder ohne Hirten eingejagt werden," nur dahin verstanden werden, daß Ziegen unter allen Umständen, sobald sie überhaupt in der Forst betroffen werden, nicht wie anderes Vieh bloß gepfändet werden sollen, daß sie vielmehr statt der Pfändung der härteren Strafe der Konfiskation unterliegen. Dies erhellt auch daraus, daß die Höhe des Pfandgeldes nur für Pferde, Rindvieh, Schafe und Schweine bestimmt ist, und daß selbst § 10 der cit. Forstordnung, welcher sich auf das Eintreiben und das Uebertretenlassen des Viehs in die Schonungen bezieht, nur von Pferden, Rindvieh, Schafen und Schweinen spricht, die Ziegen aber gar nicht erwähnt, was sich nur daraus erklären läßt, weil sie in der Forst wegen ihrer Gefährlichkeit überhaupt nicht geduldet, sondern, mögen sie in der Schonung oder übrigen Forst mit oder ohne Hirten getroffen werden, mögen sie vorsätzlich eingetrieben oder nur übergetreten sein, nach § 9 l. c. konfiscirt werden sollen.

Auch die Bestimmungen der Ergänzungsverordnung zur Pomm. Forst-Ordn. v. 22. Juni 1800 stehen hiermit im Einklang. Auch hier wird der Ziegen nur in § 4 Tit. 1 gedacht, auf welchen sich der zweite Richter allein berufen hat, und welcher lautet:

„Mit Ziegen darf bei Strafe der Confiskation in die Forsten überall nicht eingehütet werden."

Die Strafbestimmungen in den §§ 1. 2. 3 und 5 l. c., welche im Wesentlichen mit den in der Forst-Ordn. vom 24. Dez. 1777 übereinstimmen, betreffen gleichfalls nur Pferde, Rindvieh, Schafe und Schweine, und nur rücksichtlich dieser ist die Höhe des verwirkten Pfandgeldes festgesetzt, offenbar weil Ziegen nach § 4 l. c., ungeachtet des darin gebrauchten Ausdruckes „eingehütet," unter allen Umständen, sobald sie in der Forst angetroffen werden, mögen sie vorsätzlich eingetrieben oder ihnen auch nur das Uebertreten in dieselbe gestattet sein, zwar nicht der Pfändung, dagegen aber der härteren Konfiskation unterliegen sollen.

Antr. des GStA.s gleichl. [18. — 5.]

Gericht. — Richter. — Beleidigung in Beziehung auf das Amt. — Selbstbetheiligter. — Unfähigkeit zur richterlichen Entscheidung.

Die Zuständigkeit des an sich kompetenten Gerichts wird dadurch nicht beseitigt, daß es selbst oder Mitglieder desselben in ihrem Berufe beleidigt worden sind, und diese Beleidigung den Gegenstand des Verfahrens bildet [1]).

In einem solchen Falle sind auch die beleidigten Richter nicht als bei der Sache betheiligt, und als unfähig zur Ausübung ihres Richteramtes anzusehen [1]).

Cr.-Ordn. § 47; AGO. I, 2 § 143; Vdn. v. 14. Dez. 1833 § 5 Nr. 5; Dekl. v. 6. April 1839 Art. 17; Ges. v. 26. April 1851 Art. V, 2 a.

Beschl. (II.) v. 7. Febr. 1861 c. Henke (16. B. II. Cr.).

H. war von der Anklage, mehrere Mitglieder des Kreisgerichts zu Hechingen öffentlich beleidigt und verleumdet zu haben, von diesem Kreisgerichte in erster Instanz freigesprochen worden; der StA. appellirte, worauf das Kreisgericht anzeigte, daß es sich der ihm (nach dem Ges. v. 30. April 1851 § 4) obliegenden Aburtheilung in zweiter Instanz nicht unterziehen könne, weil, wenn man von den selbstbeleidigten Mitgliedern absehe, das Kollegium nicht genug Mitglieder zähle, um für die zweite Instanz eine Abtheilung (5 Mitgl.) zu bilden. Das OTr. hat dieses Bedenken nicht für gerechtfertigt erachtet, und dem Kreisgerichte aufgegeben, sich der Verhandlung und Entscheidung der Sache zu unterziehen.

Gründe:

Die Zuständigkeit des an sich kompetenten Gerichts wird dadurch nicht beseitigt, daß es oder Mitglieder desselben in ihrem Beruf beleidigt werden oder beleidigt wor-

---

[1]) Außer den im Urtheil citt. Entscheidungen [Oppenh. Strafverf. S. 56 n. 18. 20] hat sich das OTr. auch durch einen Beschl. I. 10. Okt. 1860 c. Grochowski (177. B.) in demselben Sinne ausgesprochen. Außerdem entschied das cit. Z. I. 19. Okt. 1860 c. Held (723; G. A. 8 S. 813), daß durch das erwähnte Verhältniß auch ein Perhorrescenzgesuch nicht gerechtfertigt werden könne. Vgl. L. 1. D. 2, 3.

den sind, und diese Beleidigung den Gegenstand des Verfahrens ausmacht. Es erscheinen bei der wegen einer solchen Beleidigung eintretenden Strafverfolgung, bei welcher der StA., ohne daß es eines Antrags bedarf (StGB. § 103 Abs. 2), im öffentlichen Interesse einschreitet, die Gerichtsmitglieder, gegen welche eine solche Beleidigung gerichtet war, noch nicht als bei der Sache betheiligt, da eine solche Betheiligung — eine eigene Sache — nur da vorliegt, wo Jemand von dem Vortheil oder Nachtheil einer Sache unmittelbar betroffen wird.

Daß jeder zum Richteramt Berufene durch sonstige Beziehungen zur Sache sich von getreuer Pflichterfüllung nicht abhalten lassen werde, muß vorausgesetzt werden und setzt der Gesetzgeber voraus.

Deshalb ist schon gemeinrechtlich der Grundsatz anerkannt, daß der Richter die ihm in seinem Berufe zugefügten Beleidigungen selbst zu ahnden befugt sei, und hiervon ist auch schon in bisherigen Entscheidungen das OTr. ausgegangen (Oppenhoff, Strafverf. S. 56 n. 18; 57 n. 20; Erk. v. 7. Sept. 1859 [Z. I. c. Teßmar, 658], G. A. 7. S. 690; Erk. v. 19. Okt. 1860 [Z. I. c. Held, 723], G. A. 8. S. 813). Ein Grund, hinsichts derjenigen Richter der an sich kompetenten Gerichtsabtheilung, von welchen die Anklage angenommen hat, daß gegen sie die inkriminirten Aeußerungen gerichtet seien, einen geringeren Grad von Unbefangenheit anzunehmen, als auch bei im Amte beleidigten Richtern das Gesetz voraussetzt, liegt nicht vor.

Da nun auch der Angeschuldigte ein Perhorrescenzgesuch nicht angebracht hat, so hat das Kgl. Kreisgericht — vorbehaltlich eines etwaigen solchen Gesuchs, über welches dann zu befinden sein würde — sich der Verhandlung und Entscheidung der Sache zu unterziehen.

Antr. des GStA.s gleichl. [26. — 3.]

1. Feldfrüchte. — Diebstahl. — Hofraum. — Feld-Polizeiordnung.

2. Vernichtung. — Ober-Tribunal. — Mildernde Umstände. — Zurückverweisung.

1. Die Entwendung von Feldfrüchten rc. von unbedeutendem Werthe aus einem Hofraume ist nicht nach § 42 Nr. 2 der FPO. v. 1. Nov. 1847, sondern nach §§ 215. 216 des StGB. zu bestrafen.

2. Vernichtet das Ober-Tribunal ein Erkenntniß wegen Gesetzesverletzung unter Aufrechthaltung der thatsächlichen Feststellung, so muß eine Zurückverweisung der Sache an das Instanzgericht erfolgen, wenn das für anwendbar erklärte Gesetz die Berücksichtigung von mildernden Umständen gestattet, die Instanzrichter aber das Vorhandensein derselben unerörtert gelassen haben.

Ges. v. 3. Mai 1852 Art. 116 [vgl. dort n. 6].

Erk. (B. II.) v. 25. April 1861 c. Simon (137. II. Cr.).

S. war überführt erklärt worden: „— — auf den Hof der Wittwe H. zu — gegangen und aus einer daselbst befindlichen Grube zum Trocknen hingelegte und unbedeckt gelassene Kartoffeln in geringer Quantität und geringem Werthe in der Absicht rechtswidriger Zueignung weggenommen zu haben.“ Der zweite Richter bestrafte auf Grund des § 42 Nr. 2 der FPO., weil ein Hofraum unbedenklich einem „Garten rc.“ gleich zu stellen sei. Auf die NB. des OStA. hat das OTr. dieses Erkenntniß vernichtet, und die Sache in die zweite Instanz zurückverwiesen, und zwar:

In Erwägung, daß die Anwendung dieser Strafbestimmung [FPO. v. 1. Nov. 1847 § 42 Nr. 2] auf die obgedachte thatsächliche Feststellung sich nicht als gerechtfertigt betrachten läßt, da die Nr. 2 des § 42 cit. zu ihrer Anwendung nothwendig voraussetzt, daß die Entwendung von Gartenfrüchten, Feldfrüchten oder anderen Bodenerzeugnissen aus Gärten, Weinbergen, Obstanlagen oder Alleen, oder von Feldern, Aeckern oder Wiesen stattgefunden hat;

daß es jedoch an der vorstehenden Voraussetzung vorliegend fehlt, weil die fraglichen Kartoffeln auf oder von einem Hofraume entwendet worden, welcher, als solcher, zu den in dem Gesetze ganz bestimmt bezeichneten Orten der Entwendung nicht gezählt werden kann;

daß vielmehr die von dem App.-Richter vorgenommene ausgedehnte Erklärung der Nr. 2 des § 42 cit. als eine unzulässige erscheint, welcher sich in keiner Weise beipflichten läßt;

daß zur Sache selbst auf den festgestellten Thatbestand zwar an sich die Bestimmungen der §§ 215. 216 und 219 Nr. 1 StGB. Anwendung finden müssen;

daß hierauf indessen für jetzt noch nicht erkannt werden kann, weil über die Frage, ob dem Angeklagten mildernde Umstände zur Seite stehen, bisher in den Instanzen noch keine Erörterung stattgefunden hat;

daß daher, behufs dieser Erörterung die Sache zur anderweitigen Verhandlung und Entscheidung in die zweite Instanz zurückzuverweisen ist.

Antr. des GStA.s gleichl. [25. — 3.]

Strafantrag. — Geistesfähigkeit. — Blödsinnigkeitserklärung.

Der Strafrichter hat selbstständig zu prüfen, ob der durch die Strafthat Verletzte bei der Stellung seines Strafantrages das dazu erforderliche Willensvermögen gehabt habe; der Umstand, daß derselbe für blödsinnig erklärt, und daß die betreffende Maaßregel nicht wieder aufgehoben worden ist, reicht nicht hin, jenen Antrag sofort als wirkungslos erscheinen zu lassen.

StGB. § 50. 54.

Erk. (V. II.) v. 25. April 1861 c. Stiene (141. II. Cr.).

St. war wegen eines zum Nachtheile seines Schwiegervaters J. F. verübten schweren Diebstahls definitiv in Anklagestand versetzt worden. In der schwurgerichtlichen Verhandlung beantragte der Vertheidiger nach Beendigung des Zeugenverhörs: „der Ger.-Hof möge beschließen, ob er in der Sache kompetent sei, da der Damnifikat J. F., auf dessen Antrag (StGB. § 229) die Bestrafung erfolgen solle, für blödsinnig erklärt, und der Antrag von ihm ohne Aufhebung jener Erklärung gestellt sei." Der Ger.-Hof erklärte sich darauf für kompetent, verordnete aber gleichzeitig, daß über die angeregte Frage verhandelt werden solle. Es wurden sodann einige Zeugen, und namentlich J. F. selbst über jene angebliche Blödsinnigkeitserklärung vernommen, wobei der letztere erklärte: er sei vor drei Jahren durch rechtskräftiges Urtheil für blödsinnig erklärt worden, drei Monate in einer Irrenanstalt gewesen und dann ohne Aufhebung jener Erklärung entlassen worden. Nachdem sodann ein Antrag des Vertheidigers: den Geschwornen eine Frage über die Gültigkeit des Strafantrags vorzulegen, abgelehnt worden war, erfolgte die Stellung der Frage in Betreff der That selbst, welche von den Geschwornen unter Verneinung des erschwerenden Umstandes bejaht wurde. Trotz dieses Wahrspruchs sprach der Schw.-G.-Hof frei, weil J. F. für blödsinnig erklärt sei, und daher von ihm ein gültiger Strafantrag (nach § 22. 26. I, 4 ALR.; § 3. I, 1. AGO.) nicht habe ausgehen können [1]). Die NB. des StA.s behauptete:

1. Verletzung wesentlicher Grundsätze des Verfahrens, weil die Frage, ob J. F. für blödsinnig erklärt gewesen sei, nur nach den für das Civilrecht geltenden Beweisregeln habe beurtheilt werden dürfen, nach diesen aber es an einem genügenden Beweise gefehlt habe; zugleich ward ausgeführt, daß nach

---

[1]) Das vom Schw.-G.-Hof in dieser Sache beobachtete Verfahren erregt in mancher Beziehung Bedenken. Richtig war es zwar, daß die Inkompetenzeinrede des Vertheidigers verworfen, und der Antrag desselben, die Geschwornen über die Gültigkeit des Strafantrags zu befragen, abgelehnt wurde. Dagegen war es ungeeignet, die Entscheidung über diese Gültigkeit dem Endurtheile vorzubehalten, vielmehr mußte (arg. § 9 der Vdn. v. 3. Jan. 1849, nach welchem in Ermanglung eines gültigen Strafantrags die Strafverfolgung und somit das ganze Strafverfahren unstatthaft ist) über diese Frage sofort entschieden, und eventuell das Strafverfahren zur Zeit für unstatthaft erklärt werden. Jedenfalls aber konnte eine Freisprechung unter keiner Bedingung erfolgen, da in Ermanglung eines Antrags eine solche ebenso unzulässig ist, als eine Verurtheilung; vgl. StGB. § 50 n. 14; Strafverf. § 9 n. 9. Da der StA. diesen Formverstoß nicht zum Gegenstande seiner NB. gemacht hatte, so war das OTr. nicht in der Lage, denselben zu berücksichtigen.

näheren Ermittlungen eine Blödsinnigkeitserklärung des J. F. nie erfolgt sei.

2. Verletzung der §§ 229. 219 des StGB.

Das OTr. hat das Erkenntniß vernichtet, und die Sache an den Schw.-G.-Hof zurückverwiesen.

Gründe:

In Erwägung, daß der Schw.-G.-Hof in dem angegriffenen Erkenntnisse die Freisprechung des von den Geschwornen eines zum Nachtheile seines Schwiegervaters J. F. verübten Diebstahls schuldig erklärten Angeklagten nicht auf die thatsächliche Annahme, daß J. F. zur Zeit für blödsinnig erklärt sei und daher unter Vormundschaft stehe für sich allein, sondern in unzertrennlicher Verbindung damit auf die Rechtsansicht gestützt hat, „daß unter diesen Umständen der nach § 229 des StGB. von Seite des Damnifikaten erforderliche Strafantrag nach §§ 22 und 26. I, 4. ALR. und § 3. I, 1. AGO. als vorliegend nicht angesehen werden könne;

daß die NB. gegen jene thatsächliche Annahme als solche sich vergeblich richtet (Ges. v. 3. Mai 1852 Art. 107), außerdem aber auch Verletzung materieller Gesetze behauptet, und diese Behauptung der allseitigen Prüfung des Nichtigkeitsrichters unterliegt;

in Erwägung, daß der Antrag, wovon der § 229 StGB. die Einleitung der Untersuchung wegen Diebstahls unter Verwandten abhängig macht, nach den §§ 50 ff. daselbst und § 9 der Vdn. v. 3. Jan. 1849 nichts weiter ist, als die Erklärung des Willens des Damnifikaten bei einer zuständigen Behörde, die selbst eine bloße Polizeibehörde sein kann, daß der Beschuldigte zur Strafe gezogen werde und eine weitere Thätigkeit oder irgend welche Verbindlichkeit des Antragstellers nicht mit sich führt, vielmehr lediglich den amtlichen Beruf der StA.-schaft und folgeweise der Strafgerichte in Bewegung setzt, deren Einschreiten von dem Eintritte jener Willensäußerung bedingt war und die darauf in ihre volle ausschließliche Wirksamkeit treten;

daß der Antragsteller also weder als Kläger vor Gericht im Sinne des von dem Schwurgerichtshofe angezogenen § 3. I, 1. AGO. betrachtet werden kann, noch die Bestimmungen des ALR. I, 4. über die Fähigkeit zu rechtsverbindlichen Willensäußerungen, woraus Vortheile oder Nachtheile für den Deklaranten erwachsen, für ihn maaßgebend erscheinen, zumal da § 54 des StGB. ausdrücklich zu erkennen giebt, daß andere Gesichtspunkte bei der Beurtheilung der Befähigung zu den fraglichen Anträgen leitend sein müssen, als diejenigen, worauf die §§ 20 ff. I, 4. ALR. beruhen;

daß sonach die §§ 22 und 26 daselbst in dem angefochtenen Erkenntnisse unrichtig und ihrem Wortlaute wie ihrer Absicht zuwider angewendet sind und dasselbe deshalb vernichtet werden muß;

daß demgemäß die Frage, ob der Damnifikat J. F. zur Zeit seines Antrages oder bei rechtzeitiger Wiederholung desselben ein dazu hinreichendes Willensvermögen gehabt habe, einer anderweiten thatsächlichen Untersuchung bedarf, von deren Folge nicht allein das Erkenntniß in der Sache, sondern auch die Rechtsbeständigkeit des ganzen Verfahrens nach § 50 des StGB. und § 9 der Vdn. v. 3. Jan. 1849 dergestalt bedingt ist, daß die unrichtige Anwendung der §§ 22 und 26. I, 4. ALR, obgleich an sich materieller Gesetze, eine Verletzung jener §§ 9 und 50 und des § 229 des StGB. in sich schließt.

Antr. des GStA.s: Vernichtung. [25. – 3.]

---

1. Urkunde. — Unterschrift (lithographirte).
2. Bescheinigung eines Dritten. — Urkunde.

1. Eine mit einer lithographirten Unterschrift versehene Schrift kann für eine Urkunde erachtet werden, wenn über die Vollziehung derselben und die Verantwortlichkeit desjenigen, auf dessen Namen sie lautet, ein Zweifel nicht obwaltet. [StGB. § 247 (vgl. dort n. 81 a).]

2. Eine von einem Dritten ausgestellte schriftliche Bescheinigung über Thatsachen, welche für den Beweis von Rechtsverhältnissen Anderer erheblich sind, kann als eine Urkunde angesehen werden, wenn die Ertheilung solcher Bescheinigungen im Interesse des öffentlichen Verkehrs eingeführt, unter polizeiliche Kontrolle gestellt, und allgemein als eine für das gewerbe- und handeltreibende Publikum Norm gebende anerkannt ist.

StGB. § 247 [vgl. dort n. 128].

Erk. (Z. II.) v. 4. April 1861 c. Steubing (68. II. Cr.).

In der Stadt S. besteht die Einrichtung, daß schwere Fuhren auf den Brückenwagen einzelner polizeilich konzessionirter Privatbesitzer verwogen werden, welche über den Befund Bescheinigungen ausstellen. St. war der Verfälschung eines solchen, mit der lithographirten Unterschrift des Besitzers J. F. G. versehenen Wagescheins angeklagt. Bei der Verhandlung der Sache vor dem Schw.-G.-Hofe ergab es sich, daß nicht der J. F. G., sondern dessen Frau die Verwiegung bewirkt, und die Bescheinigung ausgestellt hatte, weshalb der Vertheidiger die Aufnahme des letztern Umstandes in die Fragestellung beantragte. Der Schw.-G.-H. lehnte diesen Antrag ab, worauf die Geschwornen die Frage:

1. ob St. schuldig sei, in der Absicht sich Gewinn zu verschaffen, den — Wageschein — durch Veränderung — — verfälscht und von diesem Scheine zum Zwecke der Täuschung Gebrauch gemacht zu haben,

verneinten, sodann aber die zweite Frage:

2. ob er schuldig sei, in der Absicht sich Gewinn zu verschaffen, von dem ad 1. gedachten verfälschten Wagescheine, wissend, daß er falsch sei, Gebrauch gemacht zu haben,

bejahten. Der Schw.-G.-Hof erwog, der Schein sei arg. § 158 a. I, 10 der AGO. für den Beweis der darin bekundeten Thatsachen von einiger Erheblichkeit, daher eine Urkunde, und verurtheilte demgemäß auf Grund des § 247. Die NB. rügte:

1. die Ablehnung des oben erwähnten Antrags, weil nunmehr eine Thatsache bei den Geschwornen nicht in Frage gestellt sei, welche ein wesentliches Merkmal der fraglichen Fälschung sei;

2. Verletzung des § 247, weil der Schein keine Urkunde darstelle.

Die GStA.-schaft erachtete die letztere Aufstellung für begründet; zwar sei es für den Begriff einer Urkunde nicht erforderlich, daß die Schrift für sich allein den vollständigen Beweis eines Rechtsverhältnisses liefere, wohl aber müsse sie an sich und selbstständig den in ihr bekundeten Umstand darthun (vgl. Oppenh. StGB. § 247 n. 73. 77); das thue der hier in Frage stehende Schein nicht, er gelte nach § 158 a. cit. nur als ein unbeeidetes Zeugniß, welchem das Gesetz nirgendwo eine Beweiskraft beilege, und könne nur unter besonderen, mit der Schrift selbst meistentheils nicht im Zusammenhange stehenden thatsächlichen Voraussetzungen eine Vermuthung bewirken, und den Richter nach den Umständen zur Erkennung eines nothwendigen Eides veranlassen; es wohne sonach der Schrift die Erheblichkeit für den Beweis nicht objektiv bei, was doch für den Begriff einer Urkunde unerläßlich sei. Das OTr. hat indessen die NB. zurückgewiesen.

Gründe:

In Erwägung, daß der Sinn und Zweck der bei der mündlichen Verhandlung von dem Vertheidiger des Angeklagten beantragten veränderten Fragestellung, wenn auch aus der Formulirung der Frage selbst nicht völlig klar ersichtlich, doch theils aus den Erwägungsgründen des angegriffenen Erkenntnisses, hauptsächlich aber aus der Substantiirung der NB. dahin präcisirt ist, daß durch den Ausspruch der Geschwornen festgestellt werden sollte: ob der in Rede stehende Wageschein wirklich von dem Brückenwagebesitzer G. ausgestellt worden sei?

daß allerdings bei der Anklage der Verfälschung einer Urkunde die regelmäßige Voraussetzung die ist, daß das Schriftstück in seiner ursprünglichen Gestalt ein echtes gewesen und von demjenigen, welchem es attribuirt wird, ausgestellt worden sei;

daß daher, wenn in dieser Beziehung von dem Angeklagten ein Widerspruch erhoben wird, die Feststellung dieses Moments, als eines thatsächlichen, dem Ausspruche der Geschwornen unterliegen und, dem Antrage des Angeklagten entsprechend, ein hierauf bezüglicher Passus in die, den Geschwornen vorzulegende Frage aufzunehmen sein wird;

daß es sich jedoch anders verhält, wenn, wie im vorliegenden Falle, das Bestreiten des Angeklagten bloß dahin geht:

„daß das Schriftstück um deswillen nicht als von dem angeblichen Aussteller ausgegangen betrachtet werden könne, weil die Unterschrift eine bloß lithographirte sei,"

indem der Begriff einer Urkunde einen Rechtsbegriff darstellt, die Entscheidung der Frage daher: ob im gegebenen Falle formell und materiell eine Urkunde, d. h. ein zur Feststellung rechtlicher Verhältnisse geeignetes Beweismittel vorliege, nicht dem Richter der Thatfrage, sondern dem Schw.-G.-Hofe zusteht und es sich bei der, durch den Antrag der Vertheidigung in Anregung gebrachten Frage: ob auch eine lithographirte Unterschrift dem Schriftstücke die Eigenschaft einer Urkunde im Sinne des Gesetzes zu verleihen geeignet sei, nicht von Feststellung einer zu den wesentlichen Merkmalen des inkriminirten Verbrechens gehörigen Thatsache, sondern von einer Rechtsfrage handelte, bei welcher das zu deren Entscheidung dienende thatsächliche Moment, nämlich das Vorhandensein einer bloß lithographirten Unterschrift, unbestritten war;

daß demnach der Schwurgerichtshof, wenn er auf die von der Vertheidigung beantragte Fragestellung nicht einging, sondern die Entscheidung über die angeregte Streitfrage in dem demnächst erlassenen Erkenntnisse selbstständig vornahm, in keiner Weise gegen die gesetzlichen Bestimmungen verstoßen hat;

daß, was diese Entscheidung selbst betrifft, der hiergegen gerichtete Angriff als begründet nicht angesehen werden kann, da zum Begriffe einer Urkunde nicht unbedingt gehört, daß sie ganz von der Hand des Ausstellers, oder daß wenigstens die Unterschrift von ihm geschrieben sein müsse, sondern es wesentlich nur darauf ankommt, daß das Schriftstück in einer Gestalt vorliege, welche über die Vollziehung desselben und über die Verantwortlichkeit desjenigen, auf dessen Namen es lautet, keinen Zweifel bestehen läßt, diese Bedingungen aber, mit Rücksicht auf die in der Stadt S. bestehenden Verkehrsverhältnisse und die polizeilich geordnete und überwachte Einrichtung der dortigen Brückenwagen als vorhanden angenommen worden sind;

daß sodann der Schw.-G.-Hof den fraglichen Wageschein auch in Betreff seiner Erheblichkeit für Rechtsverhältnisse, d. h. seiner Eigenschaft als Urkunde im Sinne des § 247 des StGB. einer Prüfung unterzogen und diese Eigenschaft als vorhanden angenommen hat;

daß zwar die Rechtfertigungsschrift des Imploranten speciell gegen die desfallsige Ausführung nicht gerichtet, jedoch da in derselben überhaupt eine, durch die Annahme des Vorhandenseins einer Urkunde stattgehabte Verletzung des § 247 behauptet ist, die Entscheidung auch von diesem Gesichtspunkte aus hier geprüft werden muß;

daß zwar ein derartiger Wageschein nur eine Bescheinigung darüber enthält, daß eine Verwiegung der Fuhre stattgefunden und daß sich hierbei ein bestimmtes Brutto-, Tara- und Nettogewicht ergeben habe;

daß auch durch einen solchen Schein eine unmittelbare Verbindlichkeit weder gegen den Besitzer der Brückenwage, noch gegen den Empfänger resp. Käufer der Fracht begründet wird, es Letzterem vielmehr unbenommen bleibt, zur anderweiten Verwiegung des Empfangenen zu schreiten;

daß jedoch bei der Prüfung der Erheblichkeit eines Schriftstücks für Rechtsverhältnisse einerseits nicht zu übersehen ist, daß die Erheblichkeit nicht dadurch bedingt wird, daß die Schrift für sich allein den vollständigen Beweis eines Rechtsanspruchs enthalte, es vielmehr auch hinreicht, wenn sie auch nur in Verbindung mit anderen Umständen einen solchen Anspruch zu bescheinigen geeignet ist, andererseits auch der Zweck, die Umstände und die Garantie, unter welchen dergleichen Bescheinigungen ausgestellt werden, nicht außer Betracht gelassen werden können, hiernach aber es sich vorliegend von einer Einrichtung handelt, die im Interesse des öffentlichen Verkehrs eingeführt, unter polizeiliche Kontrolle gestellt und allgemein als eine für das gewerb- und handeltreibende Publikum Norm gebende anerkannt ist und die daher auch bei entstandener Kontestation zwischen dem Frachtführer und dem Abnehmer der Fracht um so mehr von rechtlicher Bedeutung erscheint, als der § 158 a. b. I, 10. AGO. für den Fall, daß durch eine, von einem Dritten ausgestellte Privaturkunde nicht eine übernommene Verbindlichkeit, sondern irgend eine andere erhebliche Thatsache dargethan werden soll, die darin enthaltene Angabe als ein unbeeidetes Zeugniß gelten und sogar eine, die Zulassung zum suppletorium rechtfertigende Vermuthung alsdann eintreten läßt, wenn von einer eigenen Handlung des Ausstellers die Rede und kein vernünftiger Grund ersichtlich ist, warum derselbe in der Urkunde eine Unwahrheit hätte niederschreiben sollen;

daß die in diesem Paragraphen gedachten Voraussetzungen untergebens vorhanden sind und dieselben sich in erhöhtem Grade geltend machen würden, wenn man sich den Fall eines gänzlichen Untergangs der Ladung bei dem Empfänger oder den einer, die nachträgliche Verwiegung unmöglich machenden, weiteren Disposition desselben denkt, in welchen Fällen die Bescheinigung des Brückenwagebesitzers den einzig sichern Anhaltspunkt für die Bemessung des Gewichts der Ladung und des verdienten Fuhrlohns abgeben dürfte.

Antr. des GStA.s entg. [16. — 3.]

Richterliches Strafmandat. — Einspruch. — Verwerfung. — Wiedereinsetzungsgesuch. — Beschwerde.

Wenn der gegen eine polizeirichterliche Strafverfügung vom Beschuldigten ergriffene Einspruch wegen seines Nichterscheinens im Termine verworfen worden ist, so steht demselben gegen den Beschluß des Rekursrichters, durch welchen ein Gesuch um Wiedereinsetzung in den vorigen Stand abgelehnt wird, eine Beschwerde an das Ober-Tribunal nicht zu.

Ges. v. 3. Mai 1852 Art. 126. 129. 130. 12; Vdn. v. 3. Jan. 1849 § 170.

Beschl. (I.) v. 26. März 1861 c. Henzschel (73. B. I. Cr.).

In einer Uebertretungssache hatte der Beschuldigte gegen die polizeirichterliche Strafverfügung Einspruch erhoben, den nun anberaumten Termin aber versäumt. Sein Einspruch wurde daher gemäß Art. 126 cit. verworfen. Er suchte nach Art. 130 Wiedereinsetzung in den vorigen Stand nach, wurde aber von den Instanzrichtern abgewiesen. Seine weitere Beschwerde ist vom OTr. als unstatthaft zurückgewiesen.

Gründe:

Nach Art. 12 des Ges. v. 3. Mai 1852 folgt die Beschwerde dem Instanzenzuge der gegen Erkenntnisse in den betreffenden Sachen zulässigen Rechtsmittel.

Hier nun steht eine zur polizeirichterlichen Kompetenz nach Art. 120 daselbst gehörige Strafsache und die Nichtwahrnehmung des im Art. 125 und 126 gedachten Termins in Frage, und da in derartigen Sachen nach § 170 der cit. Verordnung und Art. 129 des cit. Zusatzgesetzes die Entscheidungen des Rekursrichters einer weiteren Anfechtung seitens des Angeschuldigten nicht unterliegen, so erscheint auch beim Befinden über ein Gesuch um Wiedereinsetzung gemäß Art. 130 cit. der ablehnende Bescheid des Rekursrichters für den Angeschuldigten endgültig und ist die vorliegende weitere Beschwerde unstatthaft.

[18. — 5.]

Angeklagter. — Abschrift des Audienzprotokolls. — Versagung. — Nichtigkeit.

Es unterliegt dem richterlichen Ermessen, inwiefern dem Vertheidiger des Angeklagten Abschrift von einzelnen Stücken der Untersuchungsakten (z. B. des Audienzprotokolls erster Instanz) zu ertheilen sei. Ablehnung eines hierauf gerichteten Antrags begründet keine Nichtigkeit [1]).

Vdn. v. 3. Jan. 1849 § 17 [vgl. dort n. 7].

---

[1]) Sic: Beschl. I. 12. Sept. 1860 c. Wolff (145. B; G. A. 8. S. 681) in Beziehung auf ein Gutachten des literarischen Sachverständigen-Vereins.

Erk. (Z. I.) v. 17. April 1861 c. Noack (255. I. Cr.).

Der Vertheidiger des Angeklagten beantragte bei der Anmeldung der Appellation ihm eine Abschrift des Audienzprotokolls erster Instanz zu ertheilen, und erhielt darauf den Bescheid:

> daß eine Abschrift des Audienzprotokolls nicht ertheilt werden könne, die Untersuchungsakten jedoch für den Vertheidiger im Criminalbüreau zur Einsicht bereit lägen.

Die NB. des Angeklagten rügte diese Ablehnung als eine unzulässige Beschränkung der Vertheidigung. Zurückweisung.

Gründe:

Der (cit.) Bescheid findet durch den § 17 der Vdn. v. 3. Jan. 1849 seine Rechtfertigung, und wenn es gleich keine ausdrückliche Vorschrift giebt, welche die Ertheilung von Abschriften der in den Akten befindlichen Verhandlungen und Schriftstücke verbietet, so liegt doch jedenfalls die Gewährung eines derartigen Antrages in dem Ermessen des betreffenden Gerichts. In dieser Weise ist bereits von dem Kgl. OTr. in der Untersuchung wider Gisevius, am 7. März 1860 (Nr. 211 [Oppenh. l. c.]) entschieden worden, und es ist auch kein Grund ersichtlich, wodurch der Vertheidiger des Angeklagten behindert gewesen sein soll, die betreffenden Akten in dem Büreau des Gerichtes einzusehen, oder die jetzt in der NB. unter Benennung von Zeugen aufgestellten Entlastungsmomente dem App.-Richter zu unterbreiten.

Antr. des GStA.s gleichl. [20. — 2.]

Betrugsversuch. — Irrthumserregung. — Ueberzeugung vom Gegentheil.

Der Thatbestand eines Betrugsversuches wird dadurch nicht ausgeschlossen, daß der zu Täuschende von der Unwahrheit der vorgebrachten Thatsachen überzeugt war, wenn diese letztern objektiv wahr sein konnten [1]).

StGB. § 242.

---

[1]) Vgl. Z. I. 15. Febr. 1861 c. Hoff (13; oben S. 255).

Erk. (B. I.) v. 26. April 1861 c. Gregor (312. I. Cr.).

Gegen die Angeklagte war die Untersuchung wegen Betrugs eröffnet worden weil sie von G., welcher mit ihr wiederholt den Beischlaf vollzogen, unter dem Vorgeben, sie sei von ihm schwanger, Geldunterstützungen gefordert und erhalten hatte. Da indessen G., als Zeuge vernommen, versicherte: er habe jener Angabe keinen Glauben geschenkt, und die Zahlungen nur aus Mitleiden, und um einen Eclat zu vermeiden, geleistet, so folgerten die Instanzrichter daraus, daß das Vorbringen der falschen Thatsache hier ein völlig ungeeignetes Mittel zur Erregung eines Irrthums gewesen sei, weshalb ebensowenig ein Betrugsversuch als ein Betrug angenommen werden könne. NB. des OStA.s. Vernichtung.

Gründe:

Die vorigen Richter sprechen die Angeklagte von der Beschuldigung des versuchten Betruges frei, und zwar nur deshalb, weil das Vorbringen der falschen Thatsache, daß sie schwanger sei, da G. von der Unwahrheit dieser Behauptung überzeugt war, ein völlig ungeeignetes Mittel gewesen, um einen Irrthum zu erregen, der Betrug in der gewählten Art daher unmöglich gewesen sei. Hierin liegt ein Rechtsirrthum, eine Verletzung der §§ 241 und 31 des StGB. Denn G. hatte, wie die vorigen Richter für erwiesen annehmen, wiederholt mit der, von ihrem Ehemanne getrennt lebenden, Angeklagten den Beischlaf vollzogen, sie konnte also sehr wohl von ihm schwanger sein, und man kann es daher rechtlich für kein absolut untaugliches Mittel einen Irrthum zu erregen, erachten, wenn die Angeklagte dem G. fälschlich vorspiegelte, daß sie von ihm schwanger sei.

Mit Recht führt die NB. aus, wie der zufällige Umstand, daß G. der Behauptung der Angeklagten keinen Glauben schenkte, gerade der äußere von dem Willen der Angeklagten unabhängige Umstand gewesen sei, weshalb die Handlung der Angeklagten ohne den beabsichtigten Erfolg blieb, also der Betrug nicht vollendet wurde.

Antr. des GStA.s gleichl. [18.—2.]

---

1. Hausirgewerbe. — Betreibung für einen an sich berechtigten Dritten.

2. Selbstgewonnene Produkte. — Umhertragen zum Verkaufe. — Umherfahren.

1. Auch derjenige macht sich einer Hausirkontravention schuldig, welcher für einen Andern und in dessen Auftrag umherziehend das Gewerbe treibt, sollte der letztere auch einen Gewerbeschein besitzen.

Hausf.-Reg. v. 28. April 1824 § 28.

2. Selbstgewonnene Produkte, welche Jedermann auf Wochenmärkten feilbieten kann, dürfen zwar im zweimeiligen Umkreise des Wohnorts zum Verkaufe **herumgetragen**, nicht aber **herumgefahren** werden. [Ebendas. § 4.]

Erk. (B. I.) v. 12. April 1861 c. Mehrmann (268. I. Cr.).

Der App.-Richter spricht die Angeklagte Wittwe M. von der ihr zur Last gelegten Hausirgewerbesteuer-Kontravention allein deshalb frei, weil sie die Fische, welche dem Amtsrath B. gehörten, nur als dessen Tagelöhnerin in seinem Auftrage und für seine Rechnung umherziehend feilgeboten und verkauft habe, die Frage aber, ob der B. befugt war, die in den zur Domaine W. gehörigen, ihm verpachteten Seen, gefangenen Fische im zweimeiligen Umkreise von W. unter Benutzung eines Fuhrwerkes zum Transport, umherziehend feilbieten zu lassen, ohne einen Hausirschein zu haben, auf sich beruhen könne, weil selbst, wenn B. eine Hausirkontravention begangen haben sollte, doch die Angeklagte, als die Tagelöhnerin des B., sich der Theilnahme an dessen Gewerbesteuerkontravention nicht schuldig gemacht haben würde.

Dies ist jedoch unrichtig, und der erste Richter bemerkt mit Recht, wie der Umstand, daß die Angeklagte in fremdem Auftrage und für fremde Rechnung das Hausirgewerbe betrieben habe, ihr nicht zur Entschuldigung gereichen könne, da nach § 28 des Hausirregulativs, selbst wenn B. einen Hausirgewerbeschein besessen hätte, derselbe doch mit der Angeklagten sich strafbar gemacht haben würde, wenn er das Gewerbe für seine Rechnung durch die Angeklagte betreiben ließ.

Es kommt also zunächst allerdings darauf an, ob der B. befugt war, die in den von ihm gepachteten Seen gefangenen Fische, ohne einen Hausirschein zu besitzen, unter Benutzung eines Fuhrwerkes zum Transport, umherziehend feilbieten und verkaufen zu lassen. Diese Frage muß aber verneint werden. Nach § 4 des Hausirregulativs war der ꝛc. zwar berechtigt, diese Fische als selbstgewonnenes Produkt, das Jedermann auf Wochenmärkten feil halten darf, auch außerhalb seines Wohnortes in dessen Umgegend, d. h. innerhalb zwei Meilen zum Verkaufe umherzutragen oder umhertragen zu lassen, ohne einen Hausirschein zu besitzen; er durfte sich aber, weil der beschränkende Ausdruck „umhertragen,“ welcher, zumal es sich im § 4 l. c. um eine Ausnahme von der allgemeinen Regel des Gesetzes handelt, nicht ausdehnend interpretirt, vielmehr nur wörtlich verstanden werden kann, zum Transporte der Fische keines Fuhrwerkes bedienen. Dies ist im vorliegenden Falle geschehen und damit die dem Verkaufe im Umherziehen ohne Gewerbeschein vom Gesetze vorgeschriebene Grenze überschritten. (Erk. v. 2. Nov. 1860; G. A. 9. S. 65.) [1])

(A. d. Gr. Vernichtung des freisprechenden appellationsgerichtlichen Erkenntnisses und Zurückverweisung der Sache in die zweite Instanz.)

Antr. des GStA.s gleichl. [17. — 5.]

---

[1]) Das cit. Z. I. 2. Nov. 1860 c. Schmidt (841) betraf einen Fall des § 1 a. E. des Ges. v. 2. April 1852 zur Ergänzung des Mahl- u. Schlachtsteuer-Ges. v. 30. Mai 1820 (GS. S. 107).

Verletzung der Schamhaftigkeit. — Dolus.

Als Dolus genügt bei einer Verletzung der Schamhaftigkeit das Bewußtsein der Unsittlichkeit der Handlung, und daß durch dieselbe ein öffentliches Aergerniß gegeben werden kann. Der Absicht, die Schamhaftigkeit Anderer zu verletzen und so ein öffentliches Aergerniß herbeizuführen, bedarf es nicht.

StGB. § 150 [vgl. dort n. 13—15].

Erk. (B. I.) v. 1. Mai 1861 c. Frankenstein (241. I. Cr.).

Der Angeklagte hatte sich in Gegenwart zweier Kinder schamlos entblößt; auf das Geschrei der letztern kamen mehrere andere Personen hinzu und wurden so ebenfalls Zeugen des Vorfalls. Der App.-Richter sprach frei, weil dem F. nicht das Bewußtsein zur Last gelegt werden könne, daß seine Handlung ein öffentliches Aergerniß herbeizuführen im Stande sei, denn seine Schamlosigkeit sei nur auf jene beiden Kinder berechnet gewesen, die übrigen hinzueilenden Personen hätten ihn überrascht, es sei daher nicht anzunehmen, daß sein Dolus auch dahin gegangen sei, daß auch diese Zeugen seiner Handlung sein sollten. NB. des OStA.s. Vernichtung des angegr. Urtheils, und Zurückverweisung der Sache in die zweite Instanz.

Gründe:

Es ist gar nicht abzusehen, weshalb nicht bereits aus der Gegenwart der beiden Kinder das Vorhandensein des in Rede stehenden Bewußtseins hergeleitet werden konnte. Der vom Gesetz erforderte Dolus besteht lediglich in dem Bewußtsein der Unsittlichkeit der Handlung bei ihrer Vornahme, sowie in dem, daß dadurch ein öffentliches Aergerniß gegeben werden kann. Zu dem letztern Ende ist die Möglichkeit der Wahrnehmung durch Andere nothwendig, allein die größere oder geringere Anzahl der diesfälligen Personen ist gänzlich ohne Einfluß. Der App.-Richter ist bei seiner Erwägung offenbar von der rechtsirrthümlichen Ansicht ausgegangen, daß der Dolus § 150 l. c. die Absicht in sich schließe, die Schamhaftigkeit Anderer verletzen und so ein öffentliches Aergerniß herbeiführen zu wollen, Voraussetzungen, die dem allegirten Strafgesetz nicht beiwohnen. Hätte aber diese Ansicht nicht vorgewaltet, so würde der App.-Richter in dem Herbeikommen noch anderer Personen zur Zeit der Vornahme der schamverletzenden Handlung nicht ein bloßes Ueberraschen des Angeklagten erblickt und hieraus das Fehlen des erforderlichen Bewußtseins hergeleitet haben.

Antr. des GStA.s gleichl. [20. — 2.]

Vorbehalt. — Staatsanwalt. — Erkenntnißgründe.

1. Ein nur von der Staatsanwaltschaft ausgesprochener Vorbehalt der Strafverfolgung von einem andern Gesichtspunkte aus ist wirkungslos.

2. Der Vorbehalt einer anderweiten Verfolgung muß [insofern er nicht durch einen besondern Beschluß ausgesprochen wird] im Erkenntnißtenor gemacht werden; insbesondere genügt eine in den Gründen vorkommende Bemerkung: „es behalte bei dem vom Staats-Anwalte gemachten Vorbehalte sein Bewenden,“ nicht.

Ges. v. 3. Mai 1852 Art. 30 [vgl. dort n. 46] 86.

Beschl. (I.) v. 10. April 1861 c. Heidtmann (80. B. I. Cr.).

In einer schwurgerichtlichen einen Mordversuch betreffenden Verhandlung hatte sich der OStA. vor der Uebergabe der Frage an die Geschwornen „die Verfolgung der H. wegen vorsätzlicher Körperverletzung vorbehalten,“ ohne daß hierauf ein Beschluß des Gerichtshofes erfolgt wäre. Der Geschwornenspruch lautete: „des Mordversuchs nichtschuldig,“ worauf ein freisprechendes Erkenntniß erging, in dessen Gründen es hieß: „es behalte bei dem Vorbehalte des OStA.s sein Bewenden, ohne daß es für erforderlich angenommen werden könne, den Vorbehalt im Tenor auszusprechen.“ Die demnächst von der StA.-schaft erhobene neue Anklage wegen Körperverletzung ward indessen von beiden Instanzgerichten wegen Res iudicata zurückgewiesen, weil ein gültiger Vorbehalt nicht gemacht sei. Beschw. des OStA.s an das OTr. — Die GStA.-schaft beantragte Zurückweisung, weil der nur vom StA. ausgesprochene Vorbehalt wirkungslos sei [vgl. B. II. 22. Nov. 1860 c. Kümmel; RdO. 1. S. 36), und von Seiten des Schwurgerichtshofes ein Vorbehalt nach der Verkündung eines regelrechten Wahrspruchs nicht mehr gemacht werden könne [vgl. Oppenh. Strafverf. Art. 86 n. 38. 39]; zwar könne ein unstatthafter Weise erst im schwurgerichtlichen Endurtheile ausgesprochener Vorbehalt, als Theil der Entscheidung, in Ermanglung eines Angriffs durch das statthafte Rechtsmittel rechtskräftig und wirksam werden [vgl. l. c. Art. 30 n. 36; Art. 86 n. 40]; hier aber liege ein vom SH. ausgesprochener Vorbehalt gar nicht vor; die Stelle in den Erwägungsgründen könne um so weniger als ein solcher betrachtet werden, als der Angeklagte gar nicht in der Lage gewesen sei, denselben im Wege der NB. anzufechten. Das OTr. hat die Beschw. zurückgewiesen.

Gründe:

Es bedarf nach Art. 86 des Ges. v. 3. Mai 1852 eines ausdrücklichen Beschlusses des Gerichtshofes, daß der StA.-schaft eine anderweitige Verfolgung wegen der betreffenden Thatsachen vorbehalten werde. Ein solcher ist im vorliegenden Fall nicht ergangen. Der in der Schwurgerichtsverhandlung befindliche Vermerk besagt nur: „daß der OStA. sich für den Fall, daß das Nichtschuldig ausgesprochen werden sollte, gegen die Angeklagte die Anklage wegen vorsätzlicher Körperverletzung vorbehalte." Eine solche Erklärung Seitens der Staatsanwaltschaft ist nicht geeignet, die Vorschrift des Art. 86 l. c. zu erfüllen. Demnächst enthält der Tenor des ergangenen Schwurgerichtserkenntnisses einen gesetzlich ausreichenden Vorbehalt ebenfalls nicht, und die in den Entscheidungsgründen befindliche Bemerkung, daß die StA.-schaft sich vorbehalten habe, die Angeklagte wegen vorsätzlicher Körperverletzung zu verfolgen und behalte es bei diesem Vorbehalte sein Bewenden, ist ebenfalls nicht geeignet, in derselben einen, nach Art. 86 l. c. erforderlichen Beschluß des Gerichtshofes, dem eine, die diesfälligen Umstände würdigende Prüfung vorangegangen, zu erblicken.

Antr. des GStA.s gleichl. [20. — 3.]

Braumalzsteuer. — Deklarirung des Malzes. — Defraudation. — Absicht. — Ordnungsstrafe.

1. Wenn bei einem Brauer über das zur Einmaischung längstens für den folgenden Tag deklarirte und versteuerte Quantum Malzschrot vorgefunden wird, so wird dadurch allein die Defraudationsstrafe verwirkt, ohne daß es dabei auf eine unredliche Absicht des Brauers irgendwie ankäme [1]).

AKO. v. 10. Jan. 1824 Nr. 3.

2. Hat außerdem eine Aufbewahrung des Malzschrotes an einem undeklarirten Orte stattgefunden, so greift gleichzeitig die Ordnungsstrafe [1 Thlr. pro Centner] Platz [2]).

AKO. v. 10. Jan. 1824 Nr. 1.

Erk. (Z. I.) v. 12. April 1861 c. Seidel (239. I. Cr.).

Der Angeklagte hatte als Braumeister bei der Steuerbehörde 7 Ctr. Braumalz als das Quantum deklarirt, welches am 23. Mai zur Einmaischung kommen sollte. An diesem Tage fanden die revidirenden Beamten an dem zur Aufbewahrung des Malzes bestimmten Orte 8 Ctr. 6 Pfd. für den Tag einzumaischendes Braumalz. Auf Grund der AKO. v. 10. Jan. 1824 ist der Angeklagte in zweiter Instanz wegen Braumalzsteuer-Defraudation verurtheilt worden. Die NB. des Angeklagten machte geltend, daß ihm jede Absicht einer Defraude fremd gewesen sei. Zurückweisung.

Gründe:

Nach der AKO. vom 10. Jan. 1824 soll schon das bloße Aufbewahren des Malzschrotes an einem andern als dem deklarirten Ort mit einer Ordnungsstrafe von 1 Thlr. für den Centner geahndet werden, sobald aber ein größeres als das für den folgenden Tag zur Einmaischung deklarirte

---

[1]) Sic: Z. II. 18. Okt. 1855 c. Holzerland (297). Die hiernach begründete gesetzliche Vermuthung kann auch nicht durch einen Gegenbeweis entkräftet werden: B. II. 12. März 1857 c. Schröter (72; JMBl. S. 174); B. II. 20. Jan. 1859 c. Landsperger (403; G. A. 7. S. 536). Vgl. Ges. v. 17. Mai 1856 § 28 (GS. S. 450).

[2]) Sic: cit. B. II. 12. März 1857 c. Schröter.

Quantum vorgefunden wird, die Defraudationsstrafe eintreten, wobei es, wie der App.-Richter mit Recht ausführt, auf die unredliche Absicht des Brauers, sich auf Kosten des Steuerfiskus einen Gewinn zu machen, gar nicht ankommt. Es genügt vielmehr zur Verwirkung der Defraudationsstrafe, daß ein größeres Quantum Malzschrot als das zur Einmaischung deklarirte vorgefunden ist, was im vorliegenden Falle der App.-Richter festgestellt hat.

Da das Malzschrot übrigens nicht deklarationswidrig aufbewahrt ist, so konnte auch eine Ordnungsstrafe wider den Angeklagten nicht festgesetzt werden. Wäre dagegen nicht bloß mehr Malzschrot, als zur Einmaischung deklarirt war, sondern dasselbe auch an einem nicht deklarirten Orte vorgefunden worden, so hätte der Angeklagte nicht bloß die Defraudationsstrafe, sondern außerdem auch noch die vorgedachte Ordnungsstrafe verwirkt.

Antr. des GStA.s gleichl. [18. — 5.]

Bankerutt. — Zahlungseinstellung. — Mangel der Buchführung. — Kausalzusammenhang.

Die Anwendbarkeit des § 261 Nr. 2 des StGB. ist nicht durch den Nachweis bedingt, daß die Zahlungseinstellung durch die unterlassene oder unordentliche Buchführung herbeigeführt worden sei.

StGB. § 261 Nr. 2 [vgl. dort n. 3].

Erk. (Z. II.) v. 4. April 1861 c. Schirmer (118. II. Cr.).

Zur Anwendung des § 261 Nr. 2 des StGB. ist keineswegs der Nachweis erforderlich, daß die Zahlungseinstellung durch die unterlassene resp. unordentliche Buchführung herbeigeführt worden sei. Das Gesetz knüpft vielmehr an den durch die Zahlungseinstellung begründeten Konkurszustand des Kaufmanns die Strafe des einfachen Bankerutts, sobald sich der Kaufmann in einem der im § 261 cit. unter 1—4 bezeichneten Fälle befindet. Liegt der Konkurs unter solchen Erscheinungen vor, dann präsumirt das Gesetz in der That, daß er nicht ohne Verschulden des Kaufmanns zu Stande gekommen sei, und es kann daher auch bei solchen unter jenen Nummern angegebenen Kommissiv- oder Omissivhandlungen, welche der Zahlungseinstellung vorangehen, auf den Nachweis des Kausalzusammenhanges zwischen der letztern und jenen Handlungen nicht ankommen, da auch dieser, soweit das Gesetz darauf überhaupt Gewicht legen mag, jedenfalls präsumirt wird.

(A. d. Gr. Zurückweisung der NB. des Angeklagten.)

Antr. des GStA.s gleichl. [27.—3.]

Zweikampf. — Verabschiedeter Offizier. — Militärgerichtsstand.

Ein verabschiedeter Offizier, welchem die Erlaubniß zum Tragen der Armeeuniform ertheilt worden ist, hat in Beziehung auf Herausforderungen und Zweikämpfe den Militärgerichtsstand selbst dann, wenn er definitiv im Civilstaats- oder Kommunaldienste angestellt ist.

Vdn. v. 20. Juli 1843 § 3 Nr. 1. 6; § 4 d; 37 (GS. 44. S. 199); StGB. f. d. Heer v. 3. April 1845 Thl. II. § 6 Nr. 5; § 16 Nr. 1 a; AKO. v. 27. Sept. 1845 (GS. S. 681).

Erk. (Z. I.) v. 17. April 1861 c. Vangerow (72. I. Cr.).

Der Ober-Grenzkontrolleur v. V. war angeklagt eine Civilperson zum Zweikampfe mit tödtlichen Waffen herausgefordert zu haben. Er machte den Einwand der Inkompetenz des Civilgerichts, weil er verabschiedeter Landwehroffizier sei, und die Erlaubniß zum Tragen der Armeeuniform besitze, ward indessen in erster Instanz damit zurückgewiesen, weil er durch seine definitive Anstellung im Staatsdienste den Militärgerichtsstand wieder verloren habe; dagegen sprach das AG. auf seine Appellation die Inkompetenz des Civilgerichts aus. NB. des OStA.s. Zurückweisung.

Gründe:

Wenn auch § 16 Thl. II des Mil.-StGB. v. 3. April 1845 sub Nr. 4 bestimmt, daß Militärpersonen — also auch Offiziere — sobald sie im Civilstaatsdienst oder im

Kommunaldienst definitiv angestellt worden, ihren Militärgerichtsstand verlieren, so tritt doch hiervon insofern eine Ausnahme ein, als nach den beiden Allerh. Verordnungen v. 20. Juli 1843 über die Ehrengerichte und über das Verfahren derselben, sowie über die Bestrafung des Zweikampfs unter Offizieren, welche als Spezialgesetze der obengedachten allgemeinen Bestimmung des § 16 Nr. 4. Thl. II des Mil.-StGB. vorgehen, zumal Thl. I § 192 ausdrücklich auf sie verwiesen ist, verabschiedete Offiziere, denen die Erlaubniß ertheilt ist, die Militäruniform zu tragen, unbedingt den Ehrengerichten unterworfen bleiben, und folgeweise auch in Duellsachen ihren Militärgerichtsstand behalten, selbst wenn sie im Civilstaatsdienst oder im Kommunaldienst definitiv angestellt sind. Der App.-Richter führt auch ganz richtig aus, daß wenn die Vdn. v. 20. Juli 1843 (GS. 1844. S. 308) auch nur das Verfahren der Ehrengerichte bei Untersuchung der zwischen Offizieren vorfallenden Streitigkeiten und Beleidigungen, sowie die Bestrafung des Zweikampfs unter Offizieren betreffe, doch durch die diese Verordnung ergänzende AKO. v. 27. Sept. 1845 (GS. S. 681) bestimmt ist, welche Strafen bei einem Zweikampf zwischen Offizieren und nicht zum Offizierstande gehörigen Militär- oder Civilpersonen eintreten sollen, woraus sich ergiebt, daß auch in einem solchen Fall der verabschiedete Offizier, welchem die Befugniß beigelegt ist, die Militäruniform zu tragen, dem Militärgerichtsstand unterworfen bleibt.

Antr. des GStA.s gleichl. [17. — 2.]

Appellation statthaft. — Rekurs. — Zurückweisung durch Verfügung. — Rechtsmittel.

Ist in einer der Appellation unterliegenden Sache der ergriffene „Rekurs“ durch Verfügung zurückgewiesen worden, so kann diese durch eine als Nichtigkeitsbeschwerde zu behandelnde Beschwerde [ohne Ermächtigung des Ministers] angefochten

werden, jedoch nur in den für die Nichtigkeits-beschwerde im Allgemeinen bestimmten Formen und Fristen. [Ges. v. 3. Mai 1852 § 169 [vgl. dort n. 4].]

Erk. (Z. I.) v. 17. April 1861 c. Glowsda (130. I. Cr.).

In der (oben S. 147 bereits erwähnten) Sache war der „Rekurs" des Polizeianwalts gegen das den Gl. von der Anklage einer Postkontravention freisprechende polizeirichterliche Urtheil vom AG. durch Verfügung als „unbegründet" zurückgewiesen worden. Die hiergegen vom OStA. ergriffene, beim OTr. eingereichte Beschwerde ward als „verspätet" zurückgewiesen.

Gründe:

Auf eine materielle Prüfung dieser Beschwerde des OStA.s kann nicht eingegangen werden, weil sie formell als verspätet zurückgewiesen werden mußte.

Denn da der angefochtene Beschluß, durch welchen das vom Polizeianwalt eingelegte Rechtsmittel als Rekurs zurückgewiesen ist, zwar nicht der Form, aber der Sache nach ein Erkenntniß ist, so kann das von dem OStA. eingelegte Rechtsmittel, seine jetzige Beschwerde auch nur wie eine NB. behandelt werden, ganz aus denselben Gründen, welche bei dem Präj. Nr. 251 des Pleni des Sen. f. Strafs. v. 26. April 1858 ([Beschl. Pl. c. Lübbert; 25. B. I; Oppenh. Strafverf. Art. 129 n. 10]; JMBl. S. 238; Entsch. 39. 2. S. 99) maaßgebend gewesen sind.

Die Beschwerde hätte daher im vorliegenden Fall nicht, wie geschehen, beim OTr. unmittelbar, sondern binnen der für die NB. vorgeschriebenen zehntägigen präklusivischen Frist beim Gericht erster Instanz angebracht, und dort in Gemäßheit des § 144 der Vdn. v. 3. Jan. 1849 instruirt werden müssen.

Der angefochtene Beschluß ist dem OStA. am 18. Okt. 1860 bekannt gemacht, die ihm zur Einlegung des Rechtsmittels zustehende Frist lief daher am 28. cj. ab. Seine Beschwerde ist aber erst lange nach Ablauf dieses fatale an das Gericht erster Instanz gelangt. [17. — 2.]

Urkunde. — Unterdrückung. — Thatbestand.

Der Thatbestand der Unterdrückung einer fremden Urkunde kann in jeder Handlung gefunden werden, durch welche dieselbe dem Berechtigten als Beweismittel entzogen wird, sollte sich der Angeklagte auch noch selbst im Besitze derselben befinden, und also die Erzwingung der Herausgabe möglich sein.

StGB. § 243 Nr. 8 [vgl. dort n. 36].

Erk. (Z. I.) v. 19. April 1861 c. Heinze (254. I. Cr.).

Wenn auch die Handlung der „Unterdrückung" der Urkunde nur darin bestanden hat, daß, als die Wittwe S. dem Angeklagten die Punktation auf seine Nachfrage vorgezeigt, derselbe sie mit den Worten: „das ist für Nichts" eingesteckt habe, so konnten die Richter doch mit Recht hierin allein eine Entziehung des Beweismittels, mithin eine Unterdrückung desselben finden, zumal sie auch das fernere Erforderniß des „Nachtheils" der Eigenthümer feststellen. Es läßt sich dagegen nicht behaupten, daß präsumtiv, nämlich in Ermangelung einer anderweiten Feststellung über den Verbleib der Urkunde, der Angeklagte sich noch jetzt im Besitze derselben befinden könne, und es sich also nur um die Civilklage der Wittwe S. um Zurückgabe derselben handele, auch erst das Ergebniß eines solchen Prozesses über den Thatbestand der Unterdrückung entscheiden könne. Denn dieser Thatbestand ist hiervon unabhängig; auch wenn sich der Angeklagte noch jetzt im Besitze der Urkunde befände, also zu deren Herausgabe gezwungen würde, so liegt doch der Thatbestand bereits in solcher Vorenthaltung des Beweismittels, welche den Berechtigten hindert, darüber zu verfügen.

(A. d. Gr. Zurückweisung der NB. des Angeklagten.)

Antr. des GStA.s gleichl. [15.—5.]

Wechsel. — Accept in blanco. — Ausfüllung durch den Trassanten. — Stempel.

Derjenige, der ein in blanco acceptirtes Wechselformular nachträglich als Trassant ausfüllt und dadurch zum vollgültigen Wechsel macht, verfällt nicht in die Wechselstempelstrafe, wenn er diesen Wechsel nunmehr, ehe er selbst ein Geschäft damit macht, zur Stempelung präsentirt.

Stemp.-Ges. v. 3. März 1822 §§ 20. 26.

Erk. (Z. II.) v. 18. April 1861 c. Wolff (69. II. Cr.).

Noah Wolff zu A. sandte ein über 4000 Thlr. lautendes ununterschriebenes Wechselformular, in welchem der Name des Remittenten unausgefüllt gelassen war, an Wolff Wolff in B. Dieser fügte sein (Blanko-) Accept hinzu, und sandte es zurück, worauf der erstere seine Unterschrift hinzufügte und den Namen des Remittenten ausfüllte, und die jetzt vollständige acceptirte Tratte zur Stempelung vorlegte. Beide der Wechselstempeldefraudation angeklagt, wurden in erster Instanz freigesprochen, W. W. weil er nur ein Blankett acceptirt, N. W. weil er mit dem Wechsel kein Geschäft gemacht habe. Dieses Urtheil ward auch auf die vom Pol.-Anw. nur gegen den N. W. ergriffene Appellation bestätigt. Die NB. der Prov.-St.-Direktion behauptete Verletzung der §§ 20 und 26 des Stemp.-Gesetzes. Es liege hier eine vollständige mit einem Accepte versehene Tratte vor, durch welche der augenblickliche Inhaber einen wechselmäßigen Anspruch erworben habe; dieses sei ohne ein mit dem Wechsel gemachtes Geschäft rechtlich nicht denkbar; W. W., der sein Accept auf das unfertige Formular gesetzt habe, sei eben deshalb nicht als Urheber der Gesetzesverletzung anzusehen, wohl aber müsse N. W. dafür gelten, da er durch seine Handlung das Wechselgeschäft zur Vollendung gebracht, und so auch dem früher bedeutungslosen Accepte des W. W. eine Bedeutung, und der Rückgabe des acceptirten Formulars an ihn (N. W.) nachträglich die Wirksamkeit eines „Geschäfts," sowie eines „Umlaufs" beigelegt habe.

Die GStA.-schaft erachtete diese NB. für nicht begründet. Müsse zugegeben werden, daß N. W. in dem Augenblicke, wo er das acceptirte Wechselformular von W. W. zurückerhielt, an dem „Umlaufe eines Wechsels" (St.-G. § 26) noch nicht Antheil genommen habe, so könne das, was er für sich später mit dem Schriftstücke vornehme, weder als ein „Wechselgeschäft" noch als ein „Antheil an einem Umlaufe" gelten; er sei also unter allen Umständen straflos. Dagegen betrachtete sie den (rechtskräftig freigesprochenen) W. W. als den Straffälligen, und die von der Pr.-St.-Direktion geäußerte entgegengesetzte Ansicht für nicht begründet. Bei der Wahrung des fiskalischen Rechts des Staats könne stets nur der thatsächliche Sachverhalt in Betracht kommen; finde sich daher ein vom Trassaten acceptirter, jetzt vollständiger Wechsel ungestempelt in der Hand des Trassanten, welcher daraus einen wechselmäßigen Anspruch erworben habe (D. W.-Ordn. Art. 23), so sei damit ein geschehenes Wechselgeschäft als erwiesen anzusehen, als dessen Urheber derjenige betrachtet werden müsse, welcher das ihn verpflichtende Schriftstück in die Hand eines Berechtigten habe gelangen lassen, d. h. hier W. W., der das Accept an N. W. verabfolgt habe. Daß dieses geschehen sei, noch ehe das Schriftstück ein Wechsel war, und ehe also das Accept eine wechselmäßige Bedeutung erlangte, habe nur dann in Betracht kommen können, wenn N. W. das unausgefüllte Formular zur Stempelung präsentirt habe, sei dagegen jetzt bedeutungslos, eben weil nur der jetzt vorliegende thatsächliche Sachverhalt entscheidend sein könne. W. W. habe vielmehr der Behörde gegenüber dafür einstehen müssen, daß nicht sein zur Zeit noch wirkungsloses Accept rc. später durch die [berechtigte] Handlung des Andern eine rechtliche Bedeutung erlangte, nach welcher dem Staate die ihm gebührende Stempelabgabe nicht rechtzeitig geworden sei [1]). Das OTr. hat die NB. zurückgewiesen.

Gründe:

Ein noch nicht existirender Wechsel kann nicht in Umlauf gesetzt und nicht damit ein Geschäft gemacht werden. Vor erfolgter Ausstellung des Wechsels kann also wohl ein damit zu machendes Geschäft vorbereitet, nicht aber der Wechsel in Umlauf gesetzt und nicht damit ein Geschäft gemacht werden. Ausgestellt wird aber — die übrigen wesentlichen Erfordernisse eines Wechsels vorausgesetzt — ein Wechsel erst, wenn ihn der Aussteller, also bei einem gezogenen Wechsel der Trassant mit seiner Unterschrift versieht (Allg. D. Wechs.-Ordn. Art. 4. 7). Beim Mangel dieser Unterschrift, ebenso wie beim Mangel eines sonstigen wesentlichen Erfordernisses, z. B. des Datums (vgl. Er-

---

[1]) Das OTr. hat sich durch die in den Erkenntnißgründen citirten Z. I. 3. Okt. 1856 und Z. I. 15. Juli 1857 gegen diese Ansicht und auch für die Straflosigkeit des Acceptanten ausgesprochen.

kenntniß v. 3. Okt. 1856 [Z. I. c. Gützlaff; 888] G. A. 4. S. 821), ist das Schriftstück — das Wechselformular, woraus einen Wechsel künftig zu machen beabsichtigt wird, noch kein Wechsel (vgl. Erk. v. 15. Juli 1857 [Z. I. c. Breslauer; 857] G. A. 5. S. 681).

Für die Beweisfrage, nämlich für die Frage, wem der Beweis zur Last falle, wenn es in Frage kommt, ob das bei der Vorlegung zur Stempelung sich als vollständiger Wechsel darstellende Schriftstück, dies auch schon zur Zeit des darauf gesetzten Accepts und der durch den Acceptanten ohne vorgängige Stempelung geschehenen Rücksendung gewesen sei, könnte vielleicht der Umstand von Bedeutung sein, daß, wenn auf ein mit der Unterschrift des (künftigen) Ausstellers noch nicht versehenes, oder hinsichts eines sonstigen wesentlichen Erfordernisses des Wechsels noch unvollständiges Wechselformular ein Accept gesetzt und dasselbe mit diesem Accepte versehen aus den Händen gegeben und namentlich dem künftigen Trassanten zugestellt wird, dies füglich keinen anderen Zweck haben kann als den, diesen letzteren zu ermächtigen, das Schriftstück zu ergänzen und daraus einen vollständigen Wechsel zu machen, aus welchem der Acceptant dann, und zwar auch dem Aussteller, ebenso wechselrechtlich haftet, als wenn schon zur Zeit des vermerkten Accepts und der Rücksendung das Schriftstück ein vollständiger Wechsel war (vgl. Erk. v. 24. Sept. 1859; Strieth. Arch. 35. S. 118). Wo aber festgestelltermaaßen das Accept auf ein Schriftstück, dem ein wesentliches Erforderniß eines Wechsels fehlte und das daher bei dem Acceptationsvermerke und bei der Rücksendung noch kein Wechsel war, gesetzt und dann dieses nach erfolgter Ergänzung, durch welche erst die Ausstellung eines Wechsels erfolgt, von dem Aussteller, ehe dieser mit dem nunmehrigen Wechsel ein Geschäft macht, und ihn in Umlauf setzt oder Zahlung darauf geleistet wird, zur Stempelung vorgelegt worden ist, da hat auch der Aussteller dem Gesetze (§ 20 des Stemp.-Ges.) Genüge geleistet.

Dieser Fall liegt nach der thatsächlichen Feststellung hier vor. Die erfolgte Freisprechung des Noah Wolff ist daher gerechtfertigt und die NB. nicht begründet.

[26. — 3.]

---

1. Ueberversicherung. — Prolongation.
2. Liquidirung einer zu hohen Brandentschädigungsforderung. — Thatbestand. — Betrug.

1. Die auf Höhe derselben Versicherungssumme abgeschlossene Prolongation einer früheren wissentlichen Ueberversicherung stellt einen neuen Versicherungsvertrag und eben deshalb ein neues selbstständiges Vergehen dar.

Ges. v. 8. Mai 1837 § 20.

2. Die in böslicher Absicht erfolgende Aufstellung einer den erlittenen Verlust übersteigenden Brandentschädigungsforderung unterliegt der Strafe des § 241 StGB., ohne daß es in dieser Beziehung der Feststellung der wesentlichen Merkmale eines Betrugs oder Betrugsversuches bedürfte.

Ges. v. 3. Mai 1837 § 28; StGB. § 241 [vgl. dort n. 57].

Erk. (Z. I.) v. 19. April 1861 c. Seyler (252. I. Cr.).

S. hat seine Mobilien im Februar 1856 auf vier Jahre gegen Feuersgefahr versichert und den Vertrag 1860 unverändert prolongirt. Hierbei hat er sich einer Ueberversicherung schuldig gemacht, was mit Rücksicht auf den Werth seines Mobiliars zur Zeit der Prolongation festgestellt wird. Anfangs April 1860 entstand Feuer in dem vom Angeklagten bewohnten Hause, er liquidirte einen Brandschaden von 426 Thlrn., während der wirklich entstandene Schaden etwa 20 Thlr. betrug. Er ward daher wegen beider Vergehen auf Grund der citt. Paragraphen des Ges. v. 8. Mai 1837 und § 241 des StGB. verurtheilt. Seine NB. behauptete unrichtige Anwendung des Strafgesetzes, weil die 1856 eingegangene Versicherung, wenn strafbar, verjährt, rücksichtlich der als Betrug gestraften Mehrliquidation aber nicht festgestellt sei, daß er einen Irrthum erregt und fremdes Vermögen wirklich beschädigt habe. Zurückweisung.

Gründe:

Mit Recht hat der Vorrichter angenommen, daß es nicht sowohl auf eine bei der ersten Versicherung vor zehn Jahren stattgehabte Ueberversicherung, sondern auf diejenige Versicherung ankam, welche durch die Prolongation vom 12. Febr. v. J. erfolgte. Daß bei einer Prolongation auch auf Höhe der früheren Summe eine wissentliche Ueberversicherung über den gemeinen Werth der versicherten Gegenstände hinaus strafbar sei, folgt nicht nur aus den §§ 1 und 37 des Ges. v. 8. Mai 1837, sondern ergiebt auch die Natur der Sache, weil ja eine auch auf Höhe der früheren Versicherungssumme abgeschlossene Prolongation ein ganz neuer Versicherungsvertrag ist, indem der vorher abgeschlossene durch Ablauf der darin festgesetzten Versicherungszeit seine Endschaft erreicht hat. Ist hiernach das Vergehen der Ueberversicherung am 12. Febr. v. J. verübt, so kann von einer Verjährung desselben und einer Verletzung des § 46 des StGB. nicht die Rede sein.

Auch eine Verletzung des Art. III des Einf.-Ges. v. 14. April 1851 und des § 242 des StGB. ist nicht anzunehmen, denn der App.-Richter hat thatsächlich festgestellt:

> daß der Angeklagte nach dem in der Nacht zum 3. April v. J. stattgefundenen Brande in böslicher Absicht als Versicherter bei der Feuer-Versicherungs-Gesellschaft einen Entschädigungsanspruch für sein Mobiliar aufgestellt, der den in Folge des Brandes wirklich erlittenen Verlust weit überstiegen hat.

Hiermit sind alle Erfordernisse festgestellt, welche der § 28 des Ges. v. 8. Mai 1837 zur Anwendung des ALR. Thl. II Tit. 20 §§ 1375. 1376 und 1328 voraussetzt. Der letztgedachte § 1328 enthält die Strafbestimmung für einen unter erschwerenden Umständen verübten Betrug. Nach Art. III des Einf.-Ges. treten, wo in irgend einem Gesetze auf Bestimmungen des bisherigen Strafrechts verwiesen wird, die Vorschriften des StGB. an deren Stelle.

Hiernach sind die Begriffsbestimmungen des vorliegenden Vergehens nicht aus dem StGB. § 241 zu entnehmen, sondern müssen solche lediglich den Bestimmungen des § 28 des Ges. v. 8. Mai 1837 entsprechen. Es bedarf mithin auch nicht der Feststellung derjenigen Umstände, welche jetzt nach § 241 StGB. den Thatbestand des Betruges bilden und es kann also dem Vorrichter nicht der Vorwurf eines Verstoßes gegen das ebengedachte Strafgesetz und gegen Art. III des Einf.-Ges. gemacht werden. Diese Grundsätze sind auch schon in früheren Fällen vom Kgl. OTr. angenommen worden (Erk. v. 26. Nov. 1855 c. Torges; Entsch. 31. S. 344).

Antr. des GStA.s gleichl. [43. — 5.]

Bankerutt. — Mangel der Buchführung. — Fähigkeit.

Im Falle des § 261 Nr. 2 des StGB. kann die Unterlassung der vorschriftsmäßigen Buchführung nicht durch den Mangel der dazu erforderlichen Kenntnisse und Fähigkeiten entschuldigt werden [1]. [StGB. § 261 Nr. 2.]

Erk. (Z. I.) v. 19. April 1861 c. Sommerfeldt (95. I. Cr.).

Der Angeklagte, ursprünglich Schuhmacher, hat einige Jahre ein kaufmännisches Geschäft betrieben, für dessen Umfang nicht ausreichende Bücher geführt und dann seine Zahlungen eingestellt. Aus § 261 Nr. 2 StGB. angeklagt, wendete er ein, daß ihm die zur Buchführung erforderlichen Kenntnisse mangelten, wurde aber in zwei Instanzen verurtheilt. Die NB. des OStA.s rügt unrichtige Anwendung des Gesetzes, weil das Strafgesetz nur den Willen, nicht die Intelligenz treffen könne. Zurückweisung.

Gründe:

Das Gesetz will durch die Strafvorschriften gegen den einfachen Bankerutt den öffentlichen Kredit, welchen der

---

[1]) Vgl. StGB. § 261 n. 11; Sic: Z. I. 27. Mai 1859 c. Lewin (523; G. A. 7. S. 560); Z. I. 19. Dez. c. Möwius (820); Z. eod. c. Kretzer (949). Ueberhaupt ist die Strafbarkeit im Falle der cit. Nr. 2 weder durch einen bei der betr. Unterlassung obwaltenden Dolus noch durch eine Fahrlässigkeit bedingt: Z. I. 4. Mai 1860 c. Goldmann (378).

Handelsmann ꝛc. in Anspruch nimmt, gegen Benachtheiligung schützen. Insbesondere haben seine rein formellen Vorschriften im § 261 Nr. 2 und 3 diesen Zweck; sie sind Sicherungsmittel gegen eine leichtsinnige Führung des Handelsgeschäfts, insbesondere gegen eine Verdunkelung der Masse bei ausbrechender Zahlungsunfähigkeit. Erfüllt der Handelsmann die gesetzlichen Erfordernisse bei der Führung seines Geschäftes nicht, so liegt ein Unterlassungsvergehen vor, dessen Thatbestand nicht von der größern oder geringern Fähigkeit zur Erfüllung jener Erfordernisse abhängig ist, sondern allein durch die Thatsache der Unterlassung hergestellt wird. — Das Gesetz erfordert zudem nicht, daß der Handelsmann die Handelsbücher persönlich führe; ist er also dazu unfähig, so ist es seine Pflicht, dieselben durch Dritte führen zu lassen.

Antr. des OStA.s gleichl. [15.—5.]

Diebstahl. — Gegenstand des Transports. — Reisegepäck des Fuhrmanns. — Futter.

Zu den Gegenständen des Transports im Sinne des § 218 Nr. 4 des StGB. gehört auch das eigene Reisegepäck des Fuhrmanns, z. B. das zum Verfüttern auf der Reise bestimmte Pferdefutter.

Erk. (V. II.) v. 25. April 1861 c. Küster (133. II. Cr.).

Gegen K. war festgestellt: „daß er — — dem Knechte B. zwei Futterbeutel mit einer Quantität Häcksel und Hafer auf einem öffentlichen Wege mittelst Ablösens der Befestigungsmittel in der Absicht rechtswidriger Zueignung weggenommen habe;" gleichwohl bestrafte der App.-Richter nur wegen einfachen Diebstahls, weil die Futterbeutel nur die Bestimmung gehabt hätten, das auf der Fahrt zu verfütternde Pferdefutter mitzuführen, und deshalb weder Futterbeutel noch Futter zu dem „Reisegepäck" oder zu den „Gegenständen des Transports" gerechnet werden könnten. Auf die NB. des OStA. hat das OTr. das Erkenntniß vernichtet, und die auf Grund des § 218 Nr. 4 ergangene erstinstanzgerichtliche Verurtheilung bestätigt, und zwar:

In Erwägung, daß der § 218 Nr. 4 des StGB. als Objekt des Diebstahls bezeichnet: „Sachen, welche zum

Reisegepäck oder zu anderen Gegenständen des Transports gehören;" daß hierbei das Gesetz hinsichtlich des Eigenthümers oder Besitzers solcher Gegenstände nicht unterscheidet, so daß es also gleichgültig ist, ob sie dem Reisenden, der sich des Transportmittels nur zur Beförderung seiner Person oder seiner Effekten bedient, oder ob sie dem Fuhrmann, Frachtführer ꝛc. selbst zugehören;

daß eine solche Unterscheidung auch nicht im Sinne des Gesetzes liegt, dessen Zweck offenbar kein anderer ist, als durch Androhung einer schwereren, als der gewöhnlichen Diebstahlsstrafe, der Sicherheit auf den öffentlichen Land- und Wasserstraßen einen erhöhten Schutz angedeihen zu lassen;

daß der Zusatz in der Bezeichnung des Diebstahlsobjekts: „oder anderen Gegenständen des Transports" augenscheinlich nicht nur den Zweck nicht hat, den Schutz des Gesetzes hinsichtlich des Gegenstandes des Diebstahls zu beschränken, sondern daß er recht eigentlich nur zu dem Zweck gewählt sein kann, um diesen Schutz des Gesetzes allen Gegenständen, die der Sicherheit öffentlicher Land- und Wasserstraßen anvertraut werden müssen, angedeihen zu lassen;

daß auf den festgestellten Thatbestand der App.-Richter den cit. § 218 Nr. 4 um deswillen für nicht anwendbar erachtet hat, weil die entwendeten Futterbeutel nur die Bestimmung gehabt haben, das auf der Fahrt zu verfütternde Pferdefutter mitzuführen, und weil deshalb weder die Futterbeutel noch das darin gewesene Pferdefutter zu dem Reisegepäck oder zu Gegenständen des Transports gerechnet werden könne;

daß diese letztere Schlußfolgerung offenbar eine mit dem Wortlaute und dem Geiste des Gesetzes im Widerspruch stehende ist, da die entwendeten Beutel mit ihrem Inhalt nach der festgestellten vorbezeichneten Bestimmung derselben recht eigentlich zu dem Reisegepäck des Fuhrmanns, nämlich zu dem Gepäck, welches er behufs seiner

Reise mit sich genommen hatte, gehörte, und ebenso unzweifelhaft unter die noch umfassendere Bezeichnung: „Gegenstand des Transports" zu subsumiren war;

daß nicht abzusehen ist, wie der Umstand, daß das entwendete Futter zur Fütterung der Pferde des Fuhrmanns bestimmt gewesen ist, bei Beurtheilung des Falles von Erheblichkeit sein könnte, indem, wie bemerkt, die Effekten des Fuhrmanns selbst durch das Gesetz ebenso geschützt sind, und geschützt werden sollten, wie die Effekten der übrigen Reisenden auch, und indem im Uebrigen das Gesetz hinsichtlich solcher Reiseeffekten weder bestimmt, daß sie auf der ganzen projektirten Reise mitgenommen zu werden bestimmt sein müssen, um gesetzlich geschützt zu sein, noch einen Unterschied unter denselben in Betreff ihrer Benutzung, Verwendung oder Bestimmung aufstellt.

Antr. des GStA.s gleichl. [14.—3.]

Förster. — Pfändung außerhalb des Waldes. — Widerstand.

Ein gehörig vereideter Förster ist befugt selbst dann, wenn er außerhalb des seiner Aufsicht anvertrauten Waldes auf einem nahen Wege Jemanden mit frisch abgeschnittenem Holze aus jener Richtung kommend antrifft, eine Pfändung dieses Holzes vorzunehmen. [StGB. § 89.]

Erk. (Z. II.) v. 25. April 1861 c. Eickhoff u. Gen. (84. II. Cr.).

In Erwägung, daß die beibehaltenen erstrichterlichen Feststellungen den Thatbestand der in der §§ 89. 192 beziehungsweise 187 des StGB. vorgesehenen Vergehen vollkommen erschöpfen, insbesondere auch den Umstand, daß der Förster S. die Angeklagten außerhalb des seinem Schutze anvertrauten Waldes auf einem nahen Wege mit den frisch abgeschnittenen Besenreisern dorther kommend traf, der Pfändung der letztern zum Beweise des Frevels den Charakter einer öffentlich autorisirten Amtshandlung vermöge der nach § 32 und 33 des Holzdiebstahlsgesetzes v. 2. Juni 1852 erfolgten Vereidung des S. nicht benehmen konnte.

(A b. Gr. Zurückweisung der NB. des Angeklagten.)

Antr. des GStA.s gleichl. [23.—3]

Auktionskommissar. — Unterschlagung. — Verwaltung von Geldern rc. — Auktionsprotokoll.

Der Auktionskommissar hat eine Verwaltung von Sachen und Geldern, über welche er Rechnung zu legen hat [1]). Das von ihm geführte Auktionsprotokoll dient zur Eintragung und Kontrolle der Einnahmen. Eventuell findet daher im Falle einer von ihm verübten Unterschlagung § 325 des StGB. auf ihn Anwendung.

Dabei macht es auch keinen Unterschied, ob er definitiv als Auktionskommissar bestellt, oder ob er als gerichtlicher Subalternbeamter nur einzelne Aufträge zur Versteigerung von Sachen erhalten hat. [StGB. § 325 (vgl. dort n. 5).]

Erk. (V. I.) v. 26. April 1861 c. Mentzel (420. I. Cr.).

Durch Geschwornenspruch war gegen den Angeklagten festgestellt: daß er mehrfach als Auktionskommissar Gelder und Sachen, die er in dieser amtlichen Eigenschaft zur Ablieferung an die Gerichtskasse (resp. zur Versteigerung) empfangen, für sich verbraucht, auch in Beziehung auf diese Unterschlagung, die zur Eintragung der Einnahmen bestimmten Auktionsregister unrichtig geführt habe.

Gleichwohl verurtheilte ihn der Schw.-G.-Hof nur auf Grund des § 324, weil § 325 eine wirkliche Verwaltung der Gelder und Sachen voraussetze, der Angeklagte aber nur die Abschätzung und Versteigerung der Sachen, die Annahme und Ablieferung des Nettoerlöses, endlich die Einreichung der Auktionslisten nebst Ausführungsanzeige zu besorgen gehabt habe. NB. des StA. wegen Verletzung des § 325. — Das OTr. hat das Erkenntniß vernichtet, und den M. aus § 325 bestraft.

---

[1]) Sic: Z. I. 16. Sept. 1859 c. Schwabach (852).

Gründe:

Nach dem Erk. Pl. v. 11. Dez. 1854 (JMBl. 55. S. 336 [Z. c. Fischer; Oppenh. StGB. § 325 n. 5]) ist es richtig, daß der § 325 des StGB. eine wirkliche Verwaltung von Sachen oder Geldern voraussetzt, auf welche die Führung der Rechnungen, Register oder Bücher sich bezieht; aber es muß auch abweichend von der Ansicht des vorigen Richters angenommen werden, daß ein Auktionskommissarius mit einer solchen Verwaltung von Sachen und Geldern wirklich betraut ist, und zwar sowohl, wenn er generell als Auktionskommissarius bestellt ist, als auch wenn er, wie hier, als Subalternbeamter des Gerichts nur einzelne Aufträge zur Verauktionirung von Sachen erhalten hat. Denn der vom Gericht zur Besorgung einer Auktion ernannte Kommissarius ist nicht bloß wie der in der cit. Entscheidung v. 11. Dez. 1854 gedachte Gerichtsbote mit Einziehung bestimmter Summen von Gerichtskosten von bestimmten Personen beauftragt, sondern ihm werden die zu verauktionirenden Sachen selbst anvertraut, er sorgt für die öffentliche Bekanntmachung des Auktionstermins, läßt die Sachen taxiren, versteigert sie dann, zieht selbst die Auktionslösung für die einzelnen Sachen von den verschiedenen Meistbietenden ein, welchen er dagegen die von ihnen erstandenen Sachen übergiebt, und liefert den Gesammterlös nach Abzug der Kosten an das Gericht ab, welchem er über dies alles Rechnung legt und wobei das von ihm geführte Auktions-**Protokoll** gerade zur Eintragung und Kontrolle der Einnahme dient (§§ 84—91. I, 4 AGO.). Hierin liegt unzweifelhaft eine wirkliche Verwaltung von Sachen und Geldern, wie sie § 325 des StGB. im Auge hat, und der vorige Richter hat mithin das letztgedachte Gesetz durch Nichtanwendung verletzt.

Antr. des GStA.s gleichl. [18. — 5.]

Freiheitsberaubung. — Dolus.

Als Dolus genügt beim Vergehen der Freiheitsberaubung das Bewußtsein der Widerrechtlichkeit; insbesondere braucht der Vorsatz nicht darauf gerichtet zu sein, dem Damnifikaten außer der Freiheitsberaubung noch einen andern positiven Nachtheil zuzufügen.

StGB. § 210 [vgl. dort n. 1—4].

Erk. (Z. I.) v. 26. April 1861 c. Söppliet (288. I. Cr.).

Der App.-Richter hat nicht verkannt, daß zur Anwendbarkeit des § 210 StGB. das Bewußtsein des Thäters gehört, daß seine Handlungsweise eine widerrechtliche sei, er hat dies vielmehr ausdrücklich festgestellt.

Daß es aber auch zum Thatbestande des allegirten Gesetzes gehören soll, wie der Implorant behauptet, daß der Vorsatz des Thäters zugleich dahin gerichtet gewesen sein müsse, dem Damnifikaten außer der Freiheitsberaubung an sich noch einen andern positiven Nachtheil zuzufügen, und daß dieser gleichfalls festgestellt werden müsse, ist als richtig nicht anzuerkennen. Der beabsichtigte Zweck kann ein verschiedenartiger sein, im vorliegenden Falle haben die Vorderrichter ihn darin gefunden, daß der Angeklagte beabsichtigt habe, die ihm entwendeten Sachen wieder zu erlangen.

(A. d. Gr. Zurückweisung der NB. des Angeklagten.)

Antr. des GStA.s gleichl. [20. — 5.]

Amtliche Verfügungen. — Pflicht zur Annahme. — Aufforderung zur Nichtannahme.

Es ist die Pflicht jedes Einwohners des Staats die von einer Behörde an ihn ergehenden Verfügungen anzunehmen; die Aufforderung zur Verweigerung der Annahme aller in einer gewissen Form erlassenen Verfügungen fällt daher unter § 87 des StGB.

Beschl. (I.) v. 26. April 1861 (103. B. I. Cr.).

Eine im Verlage v. S. zu G. anonym erschienene, in polnischer Sprache abgefaßte und in der Provinz Posen verbreitete Schrift enthielt u. A. die Aufforderung an die polnischen Bewohner der Provinz die Annahme aller deutsch abgefaßten Verfügungen von Behörden zu verweigern. Die StA.-schaft fand hierin den Thatbestand des § 87 StGB., und veranlaßte die vorläufige Beschlagnahme, welche indessen von den Instanzgerichten wieder aufgehoben wurde, weil die Nichtannahme einer amtlichen Verfügung nur gewisse Kontumazialfolgen herbeiführen würde, zu deren Vermeidung Niemand gezwungen werden könne. Auf die Beschw. des OStA. hat das OTr die Beschlüsse beider Instanzen aufgehoben, und die Fortdauer der Beschlagnahme verhängt:

Gründe:

Prinzipiell hat jeder Einwohner des Staats, vorbehaltlich des Rechts der Beschwerde am geeigneten Ort, diejenigen Anweisungen, Verfügungen und Erlasse der Behörden in Empfang zu nehmen, die ihm behändigt werden sollen. Er darf sich dieser Pflicht nicht durch Bemängelungen formeller Art entziehen, sofern sie nur nicht etwa geeignet sind, Bedenken zu erregen, ob er wirklich der gemeinte Adressat ist. Anderenfalls springt es in die Augen, daß durch beständig wiederkehrende Weigerungen der in einem geordneten Staate nothwendige geregelte Geschäftsgang zwischen den Behörden und den Staatseinwohnern in Unordnung gerathen muß, und Nachtheile herbeigeführt werden, die nicht bloß sogenannte Kontumazialfolgen für die Person des sich Weigernden involviren. So muß bei Vermeidung der zulässigen Exekution ein Jeder nach § 1 des Gesetzes über die Polizeiverwaltung v. 11. März 1850 den polizeilichen Anordnungen Folge leisten. Es muß nach den §§ 68—72 der Vdn. v. 3. Jan. 1849 ein jeder einberufene Geschworne im anberaumten Termine bei Vermeidung einer Geldstrafe bis zu 100 Thlrn. erscheinen; es muß ein jeder, sobald er als Zeuge vorgeladen wird, die Citation annehmen und befolgen, widrigenfalls er nach § 179. 183. I, 10. AGO. und nach § 310—312 der Cr.-Ordn. sowie

§ 20 der Vdn. v. 3. Jan. 1849 seine zwangsweise Gestellung oder auch Geld- resp. Gefängnißstrafen zu gewärtigen hat. In allen diesen beispielsweise aufgeführten Fällen würde es zu den größten Inkonvenienzen führen, wenn der Betheiligte die Nichtannahme, resp. die Nichtbefolgung der an ihn ergehenden Anordnungen der Behörden damit rechtfertigen dürfte, daß sie nicht in derjenigen Sprache abgefaßt seien, welche nach seinem Dafürhalten hätte gebraucht werden sollen. Das Ansehen der betheiligten, namentlich der richterlichen Behörden würde durch ein solches Belieben einer jeden Partei beständig in Frage gestellt sein und es bestimmt deshalb bereits der § 37. I, 7. der AGO.:

> daß Alle und Jede, denen gerichtliche Befehle oder auch Verordnungen, welche die von dem Richter bestellten Deputirten und Kommissarien kraft ihres Auftrages erlassen, eingehändigt werden, dieselben annehmen müssen, und sich dessen unter dem Vorwande, als ob die Titulatur, oder sonst etwas in der Aufschrift nicht gehörig eingerichtet wäre, bei willkürlicher Strafe keineswegs weigern dürfen, vielmehr den etwaigen Verstoß nach erhaltener Citation anzuzeigen haben, damit selbiger in Zukunft vermieden werden könne.

Es liegt hierin eine klare und unzweideutige Anerkennung des oben ausgesprochenen Prinzips und danach kann es keinem Zweifel unterliegen,

> daß die erwähnte Druckschrift, wenn sie festgestelltermaaßen die öffentliche Aufforderung zur Weigerung der Annahme deutscher Verfügungen von Behörden enthält, eine nach § 87 des StGB. zu beahndende Aufreizung zum Ungehorsam enthält.

Antr. des GStA.s gleichl. [20. — 5.]

Gewerbe. — Wittwe. — Befähigung. — Hülfe eines Gesellen.

Die Wittwe eines der im § 23 der Gew.-Vdn. v. 9. Febr. 1849 genannten Gewerbtreibenden kann das Gewerbe mit Hülfe eines Gesellen nur dann fortsetzen, wenn dieser letztere seine Befähigung

zum Betriebe in Gemäßheit des cit. § 23 nachgewiesen hat.

Gew.-Vdn. v. 9. Febr. 1849 § 23. 74.

Erk. (B. I.) v. 26. April 1861 c. Fröhlich (181. Cr. I.).

Die Angeklagte Wittwe F. hatte nach dem Tode ihres Ehemannes das von ihm betriebene Stellmachergewerbe selbstständig und für eigene Rechnung mit Hülfe eines nicht geprüften Gesellen betrieben. Deshalb vom Polizeirichter verurtheilt, ergriff sie den Rekurs und ward in zweiter Instanz freigesprochen. Auf die vom OStA. mit Ermächtigung des Justiz-Ministers ergriffene NB. hat das OTr. das zweite Erkenntniß vernichtet, und den Rekurs der F. zurückgewiesen.

Gründe.

Vor Einführung der allgemeinen Gewerbefreiheit mußte, wo Zünfte existirten, ein Jeder, der in einer Stadt ein zünftiges Gewerbe treiben wollte, sich in die Zunft aufnehmen lassen (ALR. II, 8 § 181). Dessen ungeachtet hatte die Wittwe eines Zunftgenossen, wenn nicht etwa die Zunftartikel etwas anderes verordneten, die Befugniß, das Gewerbe ihres Mannes durch Gesellen für eigene Rechnung fortzusetzen, nur mußte sie zur Zunft gleich einem andern Meister beitragen. Das Recht verlor sie aber nur durch eine anderweitige Verheirathung (§§ 238—240 a. a. O.).

Das Edikt v. 2. Nov. 1810 (GS. S. 79) führte in den damals zum preußischen Staate gehörigen Landestheilen die allgemeine Gewerbefreiheit ein, indem es den Grundsatz aufstellte, daß zum Betriebe eines jeden Gewerbes die Lösung eines Gewerbescheines erforderlich, aber auch genügend sein solle, und dieser Gewerbeschein Niemand zu versagen sei, der bis dahin einen rechtlichen Lebenswandel geführt habe. Nur im öffentlichen Interesse wurde zum Beginn einiger speziell genannten Gewerbe eine polizeiliche Genehmigung erfordert. Das Stellmacherhandwerk gehört nicht zu diesen.

Dieser Grundsatz der allgemeinen Gewerbefreiheit wurde weder durch das Edikt v. 7. Sept. 1811 (GS. S. 263) noch durch das Gew.-St.-Ges. v. 30. Mai 1820 (GS.

S. 147) geändert. Nach diesen Gesetzen kam mithin das Recht einer Wittwe zum Gewerbebetriebe gar nicht in Frage.

Die für den ganzen Umfang der Monarchie geltende Allg. Gew.-Ordn. v. 17. Jan. 1845 (GS. S. 41) hielt das Prinzip der Gewerbefreiheit aufrecht. Nur für den Gewerbebetrieb im Umherziehen wurden die bereits bestehenden Vorschriften und für einzelne stehende Gewerbe im öffentlichen Interesse das Erforderniß einer polizeilichen Konzession beibehalten (§§ 14. 26. 42—58). Zum Betriebe der Stellmacherei ist solche Konzession nicht erforderlich.

Im Uebrigen aber stellte der § 16 die Regel auf:

ein stehendes Gewerbe darf für eigene Rechnung und unter eigener Verantwortlichkeit (selbstständig) nur derjenige betreiben, welcher

a. dispositionsfähig ist und
b. innerhalb Unserer Staaten einen festen Wohnsitz hat.

Rücksichtlich des Gewerbebetriebes der Wittwe und minderjährigen Hinterbliebenen eines Gewerbetreibenden bestimmen sodann die §§ 61 und 62:

§ 61. Die Befugnisse zum Gewerbebetriebe können durch Stellvertreter ausgeübt werden; diese müssen jedoch nicht nur den für den selbstständigen Gewerbebetrieb im Allgemeinen, sondern auch den für das in Rede stehende Gewerbe insbesondere vorgeschriebenen Erfordernissen genügen.

§ 62. Nach dem Tode eines Gewerbetreibenden darf das Gewerbe für Rechnung der Wittwe während des Wittwenstandes oder, wenn minderjährige Erben vorhanden sind, für deren Rechnung durch einen nach § 61 qualificirten Stellvertreter betrieben werden, insofern die über den Betrieb einzelner Gewerbe bestehenden besonderen Vorschriften nicht ein Anderes anordnen. Dasselbe gilt während der Dauer der Curatel oder Nachlaßregulirung.

Hiernach und, da für die Stellmacherei besondere Vorschriften nicht existiren, erscheint es unbedenklich, daß nach der Allg. Gew.-Ordn. von 1845 die Wittwe eines Stellmachers wohl befugt war, das von ihrem Ehemanne betriebene Stellmacherhandwerk mit Hülfe eines Gesellen selbstständig fortzusetzen, sofern nur dieser Geselle den für den selbstständigen Gewerbebetrieb im Allgemeinen vorgeschriebenen Erfordernissen genügt, d. h. nach § 16, sofern dieser Geselle nur großjährig und ein Inländer war. Daß der Geselle der Wittwe F. diesen Erfordernissen nicht genüge, ist nicht behauptet.

Das Prinzip der allgemeinen Gewerbefreiheit wurde nun aber im Wesentlichen durch die Vdn. v. 9. Febr. 1849 (GS. S. 93) aufgehoben, indem hiernach die Befähigung zur Betreibung eines Handwerks erfordert wurde und ohne den Nachweis einer solchen es nicht begonnen werden durfte. Damit sollte, wie der Bericht der Kommission der zweiten Kammer über die spätere Berathung der Verordnung in den Kammern ergiebt, ein Mittelweg zwischen dem Zunftzwang und der allgemeinen und unbedingten Gewerbefreiheit eingeschlagen werden (Sten. Bericht der II. Kammer 1849—1850. 2. S. 708). Der § 23 dieser Verordnung bestimmt:

> Den nachstehend benannten Handwerkern ist fortan der Beginn des selbstständigen Gewerbebetriebes nur dann gestattet, wenn sie entweder in eine Innung, nach vorgängigem Nachweise der Befähigung zum Betriebe ihres Gewerbes aufgenommen sind, oder diese Befähigung vor einer Prüfungskommission ihres Handwerks besonders nachgewiesen haben.

Zu diesen speziell aufgeführten Handwerkern gehören die Rad- und Stellmacher.

Rücksichtlich der Wittwen dieserartiger Handwerker, welche das Handwerk ihrer Männer fortbetreiben, findet sich in dem Gesetze gar keine Bestimmung. Ebensowenig ist der Wittwen in dem vor Emanation der Verordnung v. 9. Febr. 1849 vom Kgl. Staats-Ministerium Allerhöchsten Orts erstatteten Berichte v. 7. Febr. ej. erwähnt, auch nicht in dem Berichte der Kommission II. Kammer über jene Verordnung (allegirt. Stenogr. Berichte S. 697). Die Vdn. v. 9. Febr. 1849 hat nun aber im § 77 nicht die Allg. Gew.-Ordn. von 1845 überhaupt, sondern nur die der Verordnung entgegenstehenden allgemeinen und besonderen Bestimmungen außer Kraft gesetzt. Der § 62 der Allg. Gew.-Ordn. kann deshalb nicht für aufgehoben erachtet werden, denn es widerspricht weder einer besondern Bestimmung, noch dem Prinzipe der Vdn. v. 9. Febr. 1849, daß eine Handwerkerwittwe mit Hülfe eines qualifizirten Gesellen das Gewerbe ihres Mannes fortbetreiben dürfe; und es entsteht nur die Frage, was nunmehr unter dem Ausdrucke: „qualifizirt" zu verstehen sei. In dieser Rücksicht unterliegt es aber keinem Bedenken, daß man damit nicht bloß den Inbegriff der in den §§ 61 und 16 der Allg. Gew.-Ordn. aufgestellten Erfordernisse, sondern diejenigen Bedingungen begreifen muß, die nach jetziger Lage der Gesetzgebung, d. h. nach dem Gesetze v. 9. Febr. 1849 erforderlich sind; sonst würden die Grundsätze dieses Gesetzes, nach welchem ein Befähigungsnachweis zum selbstständigen Betriebe der § 23 erwähnten Handwerke nöthig ist, gänzlich umgestoßen.

Der Rekursrichter ist ebenfalls der Ansicht gewesen, daß an sich der Geselle der Angeklagten den Bedingungen entsprechen müsse, welche die Vdn. v. 9. Febr. 1849 zum selbstständigen Betriebe der Stellmacherei erfordert. Obwohl nun der Geselle der Angeklagten diesen Bedingungen nicht entspricht, so straft der zweite Richter doch nicht, weil er eine Strafandrohung für diesen Fall im Gesetze vermißt; jedoch mit Unrecht.

Allerdings wäre die Wittwe F., abgesehen von der neueren Vdn. v. 9. Febr. 1849 nach der Allg. Gew.-Ordn. von 1845 nicht strafbar; da sie nicht etwa gegen den § 22 verstoßen hat. Dieser Paragraph bestimmt zwar, daß ein Jeder, der den selbstständigen Betrieb eines Gewerbes anfangen will, zuvor der Kommunalbehörde davon Anzeige machen, und daß diese Behörde, sofern sie nicht selbst die Polizeiobrigkeit bildet, die Anzeige dieser letzteren Behörde mittheilen muß und nach § 23 hat die Polizeibehörde zu prüfen, ob den vorgeschriebenen Erfordernissen des Gesetzes genügt sei, und wenn dies der Fall, dem Anmeldenden lediglich eine Bescheinigung über die geschehene Anmeldung zu ertheilen. Nach § 176 ibid. hat der, welcher ohne vorherige Anmeldung oder nach erfolgter Untersagung ein Gewerbe beginnt oder fortsetzt, eine Geldbuße bis zu 50 Thlr. oder entsprechende Gefängnißstrafe verwirkt. Allein daß die Wittwe F. die Anmeldung ihres Gewerbes unterlassen, oder ihr solches zu betreiben verboten worden, und sie dawider gehandelt habe, ist in der Anklage nicht behauptet, auch hierauf ihre Bestrafung in erster Instanz nicht gegründet worden. Die Strafbestimmung § 176 greift daher nicht Platz.

Nach der Vdn. v. 9. Febr. 1849 dagegen stellt sich die Strafbarkeit der Angeklagten in anderer Art dar. Denn nach dem oben dargelegten Prinzipe dieses Gesetzes ist es eine nur durch die Bestimmung des § 62 der älteren allgemeinen Gewerbeordnung von 1845 zu begründende Ausnahme von der Regel des § 23, daß die Wittwe eines Stellmachermeisters, ohne zur Befähigung für dies Handwerk geprüft zu sein, dennoch selbstständig mit Hülfe eines qualifizirten Gesellen das Handwerk ihres Mannes soll betreiben dürfen, und diese Ausnahme kann nicht weiter ausgedehnt werden, als es das Prinzip der Vdn. v. 9. Febr. 1849 zuläßt. Mit Rücksicht auf § 23 derselben muß es aber als unbedingte Regel anerkannt werden, daß der, welcher eines der dort genannten Handwerke betreiben will, die Befähigung dazu nachgewiesen haben muß, und will man daher den Wittwen überhaupt die im § 62 der Allg. Gew.-Ordn. zugestandene Begünstigung zu Gute kommen lassen, so muß man erfordern, daß der Geselle, mit dessen Hülfe die Wittwe das Handwerk betreibt, ein im Sinne des neueren Gesetzes qualifizirter sei, d. h. daß er seine Befähigung für dies Handwerk nach Maßgabe des Gesetzes dargethan habe. Ist dies nicht der Fall, so kann die Wittwe, die also mit einem nicht in diesem Sinne qualifizirten Gesellen das Handwerk betreibt, überhaupt den Ausnahmefall für sich nicht geltend machen, und sie hat damit direkt gegen den § 23 der Vdn. v. 9. Febr. 1849 verstoßen. Ein solcher Verstoß zieht nach § 74 daselbst eine Geldbuße bis 200 Thlr. oder Gefängniß bis zu drei Monaten nach sich.

Antr. des GStA.s gleichl. [43.—5.]

Zeugenvernehmung. — Ausland. — Vereidung. — Ausländisches Gesetz.

Der Aussage eines auf die Requisition eines inländischen Gerichts im Auslande vernommenen Zeugen kann die Kraft eines gesetzlichen Beweismittels nicht deshalb versagt werden, weil die Vereidung nur in Gemäßheit der betreffenden ausländischen Gesetze (z. B. durch Handgelöbniß) und nicht nach Anleitung der Preußischen Gesetze erfolgt ist.

Cr.-Ordn. § 332; Vdn. v. 3. Jan. 1849 § 55.

Erk. (S. I.) v. 26. April 1861 c. Arndstein (371. I. Cr.).

In der Untersuchungssache c. A. war auf die Requisition des App.-Gerichts ein Entlastungszeuge in Basel durch das dortige Gericht vernommen und hatte in Gemäßheit der dort bestehenden Gesetzgebung seine Aussage nur mit einem Handgelöbnisse an Eidesstatt bekräftigt. Das App.-Gericht hielt dafür, daß mit Rücksicht auf § 332 der Cr.-Ordn. diese Aussage einer eidlich bestärkten, beweisenden nicht gleich zu achten sei, ging aber zugleich auf den Inhalt derselben ein, und erklärte sie für thatsächlich unerheblich. Die NB. des Angeklagten rügte Verletzung des Grundsatzes: Locus regit actum, und verwies auf den Fall des § 335 Nr. 4 l. c. als einen analogen. Zurückweisung.

Gründe:

Zwar ist es unrichtig, daß der App.-Richter für das eidliche Zeugniß der in Basel vernommenen Zeugen die Form des wirklichen Zeugeneides im Sinne der Cr.-Ordn. fordert, und auf diejenigen Grundsätze kein Gewicht legt, welche nach der Bescheinigung des Baseler Crim.-Gerichts dort theils nach den Gesetzen, theils nach der Gerichtspraxis bei der Vernehmung von Zeugen gelten. Hat, wie hiernach für festgestellt zu achten, dort in Fällen der vorliegenden Art das eidliche Handgelöbniß der Wahrheit die Kraft des wirklichen Eides, so darf der hiesige Richter dem Zeugnisse bloß aus dem Grunde, weil die Form des wirklichen Eides nicht beobachtet worden, wie dies allerdings die Preuß. Crim.-Ordnung fordert, dem Zeugnisse nicht von vorn herein die Kraft eines gesetzlichen Beweismittels versagen, denn in Absicht auf die Form gelten die Gesetze des Ortes der Handlung, und das Crim.-Recht macht hiervon keine Ausnahme.

Allein der App.-Richter hat sich außerdem auch auf eine Prüfung des Inhalts der Zeugenaussagen eingelassen, und gefunden, daß dieselben die Behauptungen des Angeklagten nicht bestätigen ꝛc.

Antr. des GStA.s gleichl. [15.—5.]

Mitschuldiger. — Zeuge. — Uneidliche Vernehmung. — Ermessen. — Motivirung.

1. Ein in erster Instanz rechtskräftig verurtheilter Mitschuldiger kann in der den Mitangeklagten betreffenden Verhandlung zweiter Instanz nicht eidlich als Zeuge vernommen werden.

2. Dagegen ist es statthaft, denselben uneidlich zu vernehmen; es unterliegt das aber dem Ermessen des Instanzrichters, welcher eben deshalb einen hierauf gerichteten Antrag unberücksichtigt lassen kann, ohne daß es der Angabe der Gründe für die Ablehnung bedürfte.

Cr.-Ordn. § 356 Nr. 8. 357; Vdn. v. 3. Jan. 1849 § 22
[vgl. dort n. 23 a—26; Art. 31 n. 36].

Erk. (Z. I.) v. 3. Mai 1861 c. Gebauer (317. I. Cr.).

G. berief sich in zweiter Instanz auf das Zeugniß des in erster Instanz mitangeklagten und dort rechtskräftig verurtheilten S. Das AG. lehnte diesen Beweisantrag mit Rücksicht auf § 356 der Cr.-Ordn.

ab. Die diese Ablehnung als eine Beschränkung der Vertheidigung rügende NB. ward zurückgewiesen.

Gründe:

Der § 356 der Cr.-Ordnung zählt diejenigen Personen auf, welche zur Ablegung eines Zeugnisses, d. h. eines eidlichen, gänzlich unfähig sind. Zu diesen gehören nun nach der Nr. 8 l. c.:

„alle diejenigen, welche an dem Verbrechen, worüber ihr Zeugniß erfordert wird, mittelbar oder unmittelbar Theil genommen haben."

Daß die bereits eingetretene rechtskräftige Verurtheilung eines solchen Mitbetheiligten seine Unfähigkeit, als Zeuge eidlich vernommen zu werden, beseitigen sollte, ist nicht anzunehmen, wie bereits das Kgl. OTr. mehrfach, z. B. in der Untersuchung c. Rißmann am 23. Nov. 1859 (I. 1061) entschieden hat.

Dagegen hindert das in Rede stehende Verhältniß den Richter nicht, eine dergleichen Person nicht eidlich, der näheren Aufklärung wegen, zu vernehmen, wie aus dem letzten Absatz des § 356 der Cr.-Ordn. und dem § 22 Abs. 2 der Vdn. v. 3. Jan. 1849 erhellt. Ob er dies aber will, hängt von seinem Ermessen ab, das mit der NB. nicht angefochten werden kann. In vorliegender Sache hat der App.-Richter hierzu bei den gegen den Imploranten erbrachten übrigen Beweisen keine Veranlassung gefunden, und hierbei muß es bewenden. Einer ausdrücklichen diesfälligen Motivirung bedurfte es in dem angefochtenen Erkenntniß nicht (Erk. [Z. I.] 16. Jan. 1857 c. Warmburg; 58).

Antr. des GStA.s gleichl. [20.—5.]

Gastwirth. — Restauration. — Handelsmann.

Ein Gastwirth und Restaurateur kann unter Umständen nach Maßgabe seines Geschäftsbetriebes zu den Handelsleuten gehören.

StGB. § 259.

Erk. (V. I.) v. 3. Mai 1861 c. Radau (270. I. Cr.).

Weder die Konk.-Ordn. noch das Ges. v. 8. Mai 1855, betreffend die Einführung derselben, enthält eine Begriffsbestimmung des Ausdruckes „Handelsmann." Der App.-Richter versteht unter Handelsmann denjenigen, welcher den Handel mit Waaren gewerbsmäßig betreibt. Ein Verstoß gegen klare Gesetze durch Aufstellung dieser Begriffsbestimmung kann dem zweiten Richter nicht vorgeworfen werden, denn das Charakteristische eines Handelsmannes wird stets das gewerbsmäßige Handeln bleiben, sei es mit Waaren, sei es mit anderen Effekten, welche zu Waaren im weiteren Sinne gerechnet werden können.

Allein der zweite Richter hat aus seiner Definition unrichtige Folgerungen gezogen, indem er daraus ableitet:

> daß der Angeklagte nicht, wie es der erste Richter that, schon wegen des Betriebes einer Gastwirthschaft und einer Restauration für einen Handelsmann zu erachten sei, sondern nur diejenigen Fälle entscheidend sein könnten, in denen Angeklagter Waaren zum Verbrauche außerhalb seines Hauses verkauft habe.

Richtig ist von diesem Satze zwar, daß nicht durchaus und in allen Fällen der, welcher ein Gasthofs- und Restaurationsgeschäft betreibt, als Handelsmann betrachtet werden müsse, unrichtig aber ist es, daß es um deswillen ausschließlich auf den Waarenhandel außer dem Hause des Angeklagten ankomme. Vielmehr kann auch sowohl mit einem Waarenhandel als auch ohne einen Waarenhandel außer dem Hause das Gasthofs- und Restaurationsgeschäft von dem Angeklagten in der Art und in dem Umfange betrieben worden sein, daß er um deswillen unter die Kategorie der Handelsleute gehört.

Der App.-Richter hat mithin, indem er nur Beweis darüber erhob, ob der Angeklagte außer dem Verkehr in seinem Hause anderweitig Handel mit Waaren getrieben habe, und indem er lediglich, weil dies nicht erwiesen worden, den Angeklagten nicht für einen Handelsmann im Sinne des Gesetzes erachtete, gegen einen Rechtsgrundsatz verstoßen, da er die Thatfrage für unerheblich erachtet und unbeantwortet gelassen hat, ob der Angeklagte nicht als Inhaber eines Gasthofes und einer Restauration, nach der Art, wie diese Gewerbe auch mit Rücksicht auf den nach Außen stattgehabten Waarenhandel betrieben wurden, für einen Handelsmann zu erachten sei.

Antr. des GStA.s gleichl. [43.—5.]

Annahme eines falschen Namens. — Verdeckung der Persönlichkeit.

Der § 105 des StGB. ist nur dann anwendbar, wenn Jemand für seine Person andere Namen annimmt, nicht also da, wo Jemand, um nicht als Schreiber einer Schrift erkannt zu werden, diese mit einem fremden Namen unterzeichnet, und so den Glauben zu erregen sucht, dieselbe rühre von einem Andern her.[1])

Erk. (B. I.) v. 11. Mai 1861 c. Ritter (338. I. Cr.).

R. hat eine, Anschuldigungen gegen Beamten enthaltende, Schrift an deren Oberbehörde gerichtet und dieselbe, um unerkannt zu bleiben, mit dem Namen D. unterzeichnet. Deshalb u. A. aus § 105 StGB. verurtheilt, legte er NB. wegen unrichtiger Anwendung des Gesetzes ein. Diese wurde für begründet erachtet.

Gründe:

Die auch der Entscheidung des App.-Richters zum Grunde gelegte erstrichterliche, thatsächliche Feststellung bezieht sich nur auf die bestrittene Autorschaft des Angeklagten zu der incriminirten Vorstellung und deren Einreichung bei der betreffenden Behörde Seitens des Angeklagten. Der weitere Inhalt der Feststellung aber, nämlich daß An-

---

[1]) Sic: Z. I. 21. Okt. 1859 c. Zabel (917; G. A. 7. S. 827); B. I. 30. März 1860 c. Krause (306); Z. I. 8. Mai 1861 c. Hellmund; und indirekt: Z. II. 22. März 1860 c. Nohl (102); vgl. Oppenh. StGB. § 104 n. 10.

geklagter sich des, ihm nicht zukommenden Namens D. bedient hat, stellt sich nur als die, aus dem vorangestellten Thatbestande gezogene, dem Wortlaute des § 105 StGB. angepaßte rechtliche Schlußfolgerung dar.

Diese aber ist eine dem Sinne des gedachten Gesetzes nicht entsprechende. Denn, wie schon die Ueberschrift des betreffenden Titels des StGB., zu welchem der § 105 a. a. O. gehört, erkennen läßt, wird vorausgesetzt, daß der Gebrauch des falschen Namens zum Eintrage der öffentlichen Ordnung geschehen sei. Daß der Angeklagte im vorliegenden Falle für seine Person sich eines, ihm nicht zukommenden Namens bedient und unter Festhaltung seiner Persönlichkeit den Irrthum erregt hat, daß er D. heiße — das ist aus der Feststellung der Instanzrichter nicht zu entnehmen, indem aus dem konstatirten Sachverhalte ein mehreres, als daß Angeklagter seine Persönlichkeit überhaupt unerkannt hat lassen wollen, nicht hervorgeht.

Antr. des GStA.s gleichl. [41. — 5.]

Ost-Preußen. — Jagdrevier. — Umherlaufender Jagdhund. — Befugniß der Tödtung.

Die Ostpreußische Forstordnung vom 3. Dez. 1775 Tit. 14. § 32 gestattet das Erschießen der ledig und ungeknittelt in fremden Jagddistrikten umherlaufenden Hunde nur den Forstbedienten und den Jagdberechtigten.

Vgl. StGB. § 281 n. 11.

Erk. (S. I.) v. 11. Mai 1861 c. Feller (380. I. Cr.).

F. hat auf einem seiner Mutter gehörigen bäuerlichen Grundstücke einen fremden, aus einem benachbarten Jagdrevier übergetretenen, unbeaufsichtigt umherlaufenden Jagdhund erschossen. Deshalb angeklagt, ist er vom App.-Richter freigesprochen, weil nach der Ostpreußischen Forstordnung v. 3. Dez. 1775 Tit. 14 § 32 die Tödtung des ungefesselten Hundes statthaft gewesen. Auf NB. des OStA.s ist die Entscheidung vernichtet und die Sache in die zweite Instanz zurückgewiesen worden.

Gründe:

Der App.-Richter hat den § 32 Tit. 14 der Ostpreußischen Forst-Ordn. v. 3. Dez. 1775 unrichtig angewendet.

Es unterliegt zunächst keinem Zweifel, daß diese Bestimmung nach Nr. III des Publikationspatents zum ALR. v. 5. Febr. 1794, § 2 des Publikationspatents zum Ostpreußischen Provinzialrecht v. 4. Aug. 1801, und nach dem Zus. 240 des letzteren zu den §§ 315—320. II, 20. ALR. noch zu Recht besteht (Erk. v. 5. Sept. 1854; Entsch. 30 S. 189; Erk. v. 4. Okt. 1854 c. Supplieth I. Cr. 939). Der angezogene Tit. 14 führt die Ueberschrift: „Von den Forst-Verbrechen und Strafen." Sein Inhalt ergiebt, daß allen solchen Handlungen, welche in die Rechtssphäre des Jagdberechtigten eingreifen, hat vorgesehen werden sollen. Als ein solcher Eingriff, Jagdfrevel, wird auch das Umhertreiben fremder Hunde in dem Bezirke der Jagdberechtigten in dem allegirten § 32 aufgefaßt, welcher dahin lautet:

„Niemand darf Hunde ledig laufen lassen, als auf demjenigen Jagddistrikte, wozu er berechtigt ist und wo er die Hunde gebraucht; in allen übrigen Fällen sollen die Hunde, welche in den Wäldern, auf den Feldern und Landstraßen, oder auch in den Städten und Dörfern ledig umherlaufen und nicht an Stricken geführt oder gehörig geknüttelt, oder an der Hinterhesse gelähmt sind, von Unsern Forstbedienten oder Andern todtgeschossen und von dem Eigenthümer des Hundes Ein Thaler Schießgeld erlegt werden."

Der Schlußparagraph 43 des Tit. 14 aber lautet dahin:

„Da Unsere landesväterliche Intention hauptsächlich auf das allgemeine Wohl und bessere Conservation aller Forsten und Holzungen in Unsern Provinzen Ostpreußen und Litthauen gerichtet ist, und daher die im Tit. 14 bestimmten Strafen gegen die Contravenienten dieser Ordnung größtentheils allein diese Absicht haben, so deklariren Wir hiermit ausdrücklich, daß bei allen denjenigen Contraventionen, worauf die §§ 1 2c., 32 2c. Tit. 14 die darin ausgedrückten Strafen gesetzt sind, es keinen Unterschied machen, noch die Strafe ändern soll, wo die Contravention es sei in Unsern Königlichen, Kämmerei- Städtischen- Geistlichen- Dorfs- oder Privatforsten und Holzungen Adlicher und andrer Eigenthümer begangen worden sei; wohingegen alle übrigen Tit. 14 festgesetzten Strafen nur auf Contraventionen gehen, welche in Unsern Königlichen und denen, unter besonderer Curatel der Krieges- und Domainen-Cammern stehenden Forsten begangen werden."

Hiernach ist es klar, daß die qu. Bestimmung nur da anwendbar ist, wo das Interesse eines Jagdberechtigten gefährdet erscheint, und daß die im § 32 gebrauchten Worte: „oder Anderen" nur in dem Sinne der im § 43 erwähnten Gleichstellung aller übrigen, mit der Ausübung resp. dem Schutze der Forst- und Jagdgerechtsame befaßten Personen mit den Königlichen Forstbedienten, also in dieser gewissermaßen beschränkteren Allgemeinheit, nicht aber in der noch darüber hinausgehenden Ausdehnung auf „quemlibet ex populo," wie es die NB. richtig bezeichnet, aufzufassen sind.

Diese Ansicht ist auch schon im Wesentlichen in der oben erwähnten Entscheidung v. 5. Sept. 1854 ausgesprochen, und demgemäß ist auch in der Entscheidung v. 5. Okt. 1854 c. Supplieth anerkannt worden, daß dem damaligen Angeklagten, der auf seinem Jagdbezirke einen fremden Hund getödtet hatte, die Berufung auf jene Vorschrift zur Widerlegung der Annahme der Rechtswidrigkeit seiner Handlung zu Statten komme.

Daß eine derartige Voraussetzung zur Anwendbarkeit jener Vorschrift im vorliegenden Falle ebenfalls stattgefunden, hat der App.-Richter nicht festgestellt und daher dieselbe unrichtig angewendet.

Antr. des GStA.s gleichl. [41. — 5.]

Zeugenvernehmung. — Inkompetenzerklärung. — Verweisung auf den im früheren Verfahren geleisteten Eid.

Die Verweisung auf den früher in derselben Sache geleisteten Eid kann auch dann die Eidesleistung eines Zeugen ersetzen, wenn jene in einem

vor einem andern Gerichte anhängigen Verfahren erfolgt ist, welches durch Inkompetenzerklärung seine Erledigung gefunden hat.

Vdn. v. 3. Jan. 1849 § 55.

Erk. (Z. I.) v. 3. Mai 1861 c. Schulz & Küntzel (326. I. Cr.).

Gegen Sch. u. K. war die polizeirichterliche Untersuchung eröffnet worden, welche aber nach eidlicher Vernehmung mehrerer Zeugen durch eine Inkompetenzerklärung ihre Erledigung fand. In dem sodann vor der Gerichtsabtheilung anhängig gemachten neuen Verfahren wurden jene Zeugen abermals vernommen, und auf den früher vor dem Polizeirichter geleisteten Eid verwiesen. Die dieses rügende NB. der Angeklagten ward zurückgewiesen.

Gründe:

Unzutreffend ist der Vorwurf, daß in dieser Untersuchung unzulässig gewesen sei, die in der früheren Untersuchung von dem Einzelrichter vernommenen, und damals gehörig vereideten Zeugen, Eheleute L. rc. in Betreff ihrer jetzt abgegebenen Aussagen auf ihren früher geleisteten Eid zu verweisen. Denn der App.-Richter hat richtig ausgeführt, daß die vorliegende Untersuchung lediglich als eine Fortsetzung jener erstern gegen dieselben Angeklagten über denselben Vorfall zu betrachten sei, und demgemäß ferner angenommen, daß die gedachten Zeugen hier wie dort über denselben Vorgang vernommen worden seien.

Antr. des GStA.s gleichl. [20. — 5.]

---

1. Perhorrescenzgesuch. — Prüfung des befaßten Richters. — Prüfung des Appellationsrichters.

2. Beleidigung. — Vertheidigung von Gerechtsamen. — Nothwendigkeit der Prüfung.

1. **Das mit einer Sache befaßte Instanzgericht ist berufen, ein gegen dasselbe gerichtetes Perhorrescenzgesuch selbst zu prüfen, und nur dann, wenn es dasselbe für begründet erachtet, verpflichtet, davon dem höheren Gerichte behufs**

Bestimmung eines anderen Gerichts Anzeige zu machen. [1])

Hat in einem solchen Falle das Gericht erster Instanz das Perhorrescenzgesuch für nicht begründet erklärt, so ist der Appellationsrichter nur dann verpflichtet, dasselbe auch seinerseits zu prüfen, wenn die betreffende Entscheidung zum Gegenstande einer ausdrücklichen Appellationsbeschwerde gemacht worden ist [1]).

Cr.-Ordn. § 47; Vdn. v. 2. Jan. 1849 § 17; Ges. v. 26. April 1851 Art. V. Nr. 2.

2. Die Anwendbarkeit des § 154 StGB. ist durch die Feststellung bedingt, daß die beleidigende Aeußerung zum Zwecke der Ausführung rc. von Gerechtsamen gemacht worden sei. Der Instanzrichter ist nur dann verpflichtet, diese Prüfung eintreten zu lassen, wenn der Angeklagte in dieser Beziehung vor ihm einen Einwand oder eine Behauptung vorgebracht hat. [2])

Erk. (Z. II.) v. 25. Febr. 1861 c. Bohnstedt (430. II. Cr. v. 1860).

B. war wegen verschiedener Beleidigungen und Verleumdungen öffentlicher Beamten in Beziehung auf ihren Beruf in beiden Instanzen in contumaciam verurtheilt worden. Seine NB. rügte unter Anderem:

---

[1]) In ähnlichem Sinne sprachen sich aus: Z. I. 28. März 1856 c. Henkel (309); Z. I. 5. Dez. 1860 c. Teßmar (779; oben S. 164); vgl. Oppenh. Strafverf. S. 55 n. 6.

[2]) Dagegen hat das OTr. wiederholt angenommen, daß die Anwendbarkeit des § 154 begründet sei, sobald aus der Feststellung hervorgehe, daß die betr. Aeußerungen vom Angeklagten bei einer Gelegenheit gemacht worden sind, wo derselbe sich in einer berechtigten Weise an eine Behörde wendete, z. B. wenn eine Klage eingereicht (B. I. 8. Juli 1859 c. Teßmar; 566; B. II. 14. Juni 1860 c. Ramsel; 148), oder wenn ein Rechtsmittel eingelegt (B. I. 2. März 1859 c. Quäck; 231), oder wenn eine Beschwerde (B. II. 14. April 1859 c. Schaffer; 114), oder eine Rechtfertigung angebracht wird (B. I. 22. Okt. 1858 v. Kräwel c. Stammer; Str. Arch. 31. S. 79); u. dgl. m.

1. Beschränkung der Vertheidigung und Verletzung des § 47 der Cr.-Ordn.; § 147. I, 2. AGO., weil der erste Richter ein von ihm gegen dasselbe vorgebrachte Perhorrescenzgesuch, über welches nur der höhere Richter habe befinden dürfen, selbst geprüft und verworfen, der App. Richter es aber unterlassen habe, diese Verfahrungsweise zu würdigen; der letztere sei dazu verpflichtet gewesen, da ein Perhorrescenzgesuch einen Inkompetenzeinwand darstelle, es also einer Wiederholung desselben in zweiter Instanz nicht bedurft habe;

2. Verletzung der §§ 102. 154. 156 StGB., weil nach der eignen Feststellung der Instanzrichter der Thatbestand der ihm zur Last gelegten Beleidigungen ꝛc. in Eingaben gefunden worden sei, welche er an höhere Behörden gerichtet habe, es sei daher anzunehmen gewesen, daß sie zum Zwecke der Ausführung und Vertheidigung von Gerechtsamen gemacht worden seien, weshalb es zur Rechtfertigung einer Verurtheilung der Feststellung einer beleidigenden Absicht bedurft habe.

Die GStA.-schaft hielt den zweiten Nichtigkeitsgrund für begründet. Das OTr. hat indessen die NB. zurückgewiesen.

Gründe:

Es kann (zu 1. der Beschwerdeschrift) zwar, wenn in Folge der Perhorrescirung eines Gerichts, und namentlich der wegen gegründeten Verdachts gegen den gehörigen Richter geschehenen Perhorrescirung an Stelle des an sich zuständigen ein anderes Gericht bestellt wird, hierdurch ein außerordentlicher Gerichtsstand begründet werden; aber eine solche Perhorrescirung enthält für sich keinesweges — wie in der Beschwerdeschrift behauptet wird — den Einwand der Inkompetenz (vgl. Entwurf der Str.-Pr.-Ordn. von 1851 Tit. 5 verglichen mit Tit. 6 (JMBl. 1851 S. 92. 93) „Von der Zuständigkeit der Gerichte ꝛc.," „Von der Ablehnung der Gerichtspersonen"). Es ist ebenso die Behauptung unrichtig, daß das Kreisgericht C. über das (mit einem Vertagungsantrage verbundene) bei ihm angebrachte Perhorrescenzgesuch nicht selbst habe befinden dürfen, sondern an die vorgesetzte Behörde hätte berichten müssen. Das Gericht hatte vielmehr, ebenso wie es seine Zuständigkeit zu prüfen hatte, auch die Gründe zu prüfen, durch welche der Angeklagte die Perhorrescirung des kompetenten Gerichts bei diesem motiviren wollte. Nur wenn bei dieser Prüfung das Gesuch begründet befunden worden wäre, wäre es nöthig gewesen, an das vorgesetzte App.-Gericht behufs der Bestimmung eines anderen Gerichts davon Anzeige zu machen (Cr.-Ordn. § 47; Vdn. v. 2. Jan. 1849 § 17; Ges. v. 26. April 1851 Art. 5 Nr. 2). Für den App.-Richter, bei dem nicht über die Zurückweisung des Gesuchs Beschwerde geführt war, lag deshalb keine Veranlassung vor, der Anbringung jenes zurückgewiesenen und dadurch erledigten Gesuchs Erwähnung zu thun und solches seiner Prüfung zu unterziehen. Der Angeklagte ist dadurch, daß dies nicht geschehen ist, auf keine Weise und um so weniger in seiner Vertheidigung beschränkt worden, als selbst wenn das Perhorrescenzgesuch begründet gewesen wäre — was auch jetzt die Beschwerdeschrift gar nicht einmal behauptet — (vgl. Dekl. v. 6. April 1839 Art. 3 Nr. 3) die Nichtbeachtung desselben durch den an sich kompetenten Richter erster Instanz durch das gewöhnliche Rechtsmittel der Appellation hätte verfolgt (Cr.-Ordn. § 24), darauf also eine Appellationsbeschwerde hätte gerichtet werden müssen, was nicht geschah. Der zu 1. der Beschwerdeschrift dem App.-Richter gemachte Vorwurf ist daher unbegründet.

Was aber die sowohl in der Beschwerdeschrift, als in der protokollarischen Vernehmlassung des Angeklagten behauptete Verletzung des § 154 StGB. betrifft, so sollen nach dieser Bestimmung, bei deren Redaktion, wie die Entstehungsgeschichte derselben (Goltd. Matt. 2. S. 325) ergiebt, die korrespondirenden Vorschriften des Allg. Landrechts Th. 2. Tit. 20 §§ 553. 557. 562. 575 (vgl. auch Cod. pén. Art. 377, Vdn. v. 5. Juli 1819) in Betracht gezogen wurden und eine weitere Ausdehnung erhielten, unter anderen Aeußerungen, welche zur Ausführung oder Vertheidigung von Gerechtsamen gemacht worden sind, nur insofern strafbar sein, als aus der Form der Aeußerung oder aus den Umständen, unter welchen dieselbe erfolgt, die Absicht zu beleidigen hervorgeht. Nach dieser Vorschrift, nach welcher da, wo ihre Voraussetzungen, ohne gleichzeitige Feststellung des Vorhandenseins der Absicht zu beleidigen, festgestellt werden, der Thatbestand einer Ehrverletzung wegfällt, welche daher nicht bloß, wie bisweilen angenommen ist, über einen Strafausschließungsgrund disponirt, muß also da, wo festgestelltermaßen Aeußerungen, in denen die Klage oder die Anklage eine Ehrverletzung findet, zur Ausführung oder Vertheidigung von Gerechtsamen gemacht worden sind, der Richter auch, ehe er eine solche Ehrverletzung annehmen kann, die Prüfung eintreten lassen, ob aus der Form der Aeußerung oder aus den Umständen, unter welchen sie erfolgte, die Absicht zu beleidigen hervorgehe, und es darf nach derselben da, wo auf die, eine behauptete Ehrverletzung betreffende Klage oder Anklage der Verklagte oder Angeklagte den Einwand macht, beziehungsweise behauptet, daß seine als Ehrverletzungen incriminirten Aeußerungen bei oder vielmehr zur Ausführung oder Vertheidigung von Gerechtsamen gemacht seien, der Instanzrichter sich der Prüfung der Richtigkeit dieses Einwandes resp. dieser Behauptung in thatsächlicher Beziehung, also ob thatsächlich in Wirklichkeit die Aeußerungen zum Zwecke der Ausführung oder Vertheidigung von Gerechtsamen gemacht seien, sowie event. der weiteren Prüfung nicht entziehen, ob nicht aus der Form oder den Umständen, unter welchen sie erfolgten, die Absicht zu beleidigen hervorgehe. Wo dagegen jene Feststellung nicht erfolgt ist und auch der Verklagte oder Angeklagte einen solchen Einwand oder eine solche Behauptung vor den Instanzrichtern nicht vorgebracht hat, da ist auch den letzteren keine Veranlassung gegeben, die gedachte Prüfung eintreten zu lassen; vgl. Erk. 7. Juli 1859 [Z. II. v. Platen c. Schutz; 166]; Str. Arch. 34. S. 142; Erk. 10. Febr. 1860 [V. I. Vetter c. Vetter]; Str. Arch. 37. S. 43). Eine solche Feststellung, daß die Aeußerungen des Angeklagten, welche Gegenstand der vorliegenden Untersuchung geworden sind, zur Ausführung oder Vertheidigung von Gerechtsamen gemacht worden seien, ist aber nicht erfolgt. Auch hat der Angeklagte, der in beiden Instanzen gegen sich in contumaciam hat verfahren lassen, und auch in zweiter Instanz eine Appellationsrechtfertigungsschrift nicht eingereicht hat, einen Einwand oder eine Behauptung der angegebenen Art nicht aufgestellt. [26. — 3.]

Kommissarische Beweiserhebung. — Mangel der Motive. — Schweigen des Staatsanwalts.

Wenn der Instanzrichter es unterlassen hat die Anordnung einer kommissarischen Beweisaufnahme durch Angabe der Gründe zu rechtfertigen, so wird die dadurch begründete Nichtigkeit des Verfahrens der Staatsanwaltschaft gegenüber nicht dadurch gedeckt, daß sie in der Schlußverhandlung jenen Verstoß nicht gerügt, und zur Sache selbst Anträge gestellt hat.

Vdn. v. 3. Jan. 1849 § 21 [vgl. dort n. 3. 7. 9. 14].

Erk. (S. I.) v. 8. Mai 1861 c. Wittke (287. I. Cr.).

Das Verfahren, wie auch das Urtheil des App.-Richters kann der Vernichtung um deswillen nicht entgehen, weil weder dem Resolute vom rc. und der Verfügung vom selben Tage, noch auch den Entscheidungsgründen zu dem angefochtenen Urtheile eine gesetzliche Rechtfertigung der der Kgl. Kr.-G.-Deputation zu F. übertragenen kommissarischen Zeugenvernehmung anstatt selbeigener Vernehmung zu entnehmen ist und dem Schweigen der OStA.-schaft über diesen Punkt in der Schlußverhandlung, sowie seinen laut des Sitzungsprotokolles gestellten Anträgen in der Hauptsache die Bedeutung eines gültigen Verzichtes auf eine wesentliche Form nicht beigelegt werden kann.

Antr. des GStA.s gleichl. [17. — 2.]

Strafverfahren. — Geständniß. — Theilbarkeit.

In Strafsachen darf das Geständniß des Angeklagten zu seinem Nachtheile getheilt werden [1]).

Vdn. v. 3. Jan. 1849 § 22.

Erk. (Z. I.) v. 1. Mai 1861 c. Christalla (34. I. Cr.).

Von der Verletzung des Grundsatzes, daß ein Geständniß zum Nachtheil der Partei nicht getheilt werden dürfe, kann ferner in Strafsachen nicht die Rede sein und beruht hier die Beweisfrage allein auf der Ueberzeugung des Richters, so daß der App.-Richter auf das Geständniß des Angeklagten, daß er den N. mit dem Rechen auf den Kopf geschlagen, Gewicht legen konnte, ohne die dabei behaupteten Nebenumstände irgend zu berücksichtigen.

Antr. des GStA.s gleichl. [13.—2.]

Beerdigung. — Leiche. — Kind. — Lebensfähigkeit.

Der todte Körper eines neugebornen Kindes ist als „Leichnam" im Sinne des § 186 StGB. anzusehen, sobald dasselbe diejenige Reife erlangt hatte, daß es außerhalb der Mutter hätte leben können; auf seine sonstige Lebensfähigkeit kommt Nichts an [2]). [StGB. § 186.]

Erk. (Z. I.) v. 3. Mai 1861 c. Mager (253. I. Cr.).

Die Angeklagte war wegen „Beiseiteschaffung des Leichnams ihres neugebornen unehelichen Kindes" verurtheilt worden. Ihre NB. rügte, daß das AG. für den Begriff eines „Leichnams" die Feststellung für genügend erachtet habe, daß das Kind in oder nach der Geburt gelebt haben könne, während doch als „Leichnam" nur der Körper eines lebendig gewesenen Menschen anzusehen sei. Zurückweisung.

Gründe.

Die Zwecke des § 186 Abs. 2 sind durch seine Entstehungsgeschichte deutlich angezeigt. Sie beziehen sich auf

---

[1]) Sic: Z. II. 6. Juni 1861 c. Kern (163).

[2]) Sic: Z. I. 10. Mai 1861 c. Nonnenprediger (388); Z. I. 5. Juni 1861 c. Hoffmann; vgl. Oppenh. StGB. § 186 n. 7.

die Sicherung aller derjenigen Momente, welche für die richterliche Beurtheilung des Thatbestandes eines etwaigen Kindesmordes u. s. w. von Erheblichkeit sind. Daraus folgt schon von vorn herein, daß man hierbei von einer weiteren Auffassung aller derjenigen Begriffe, welche sich auf diese Vorschrift beziehen, oder dabei in Betracht kommen, auszugehen hat. Es handelt sich um eine bloße Vorbeugungsvorschrift, die eben davon ausgeht, daß in zahlreichen Fällen die Beiseiteschaffung das Objekt des Thatbestandes jeder ferneren Untersuchung seiner Beschaffenheit entzogen hat. Die Grenze der Anwendbarkeit des § 186 ist daher jedenfalls negativ nur dahin zu ziehen, daß sich die Vorschrift auf völlig unreife Leibesfrüchte nicht beziehe, weil solche niemals als „Leichnam eines Kindes" betrachtet werden können. Außerdem aber kann man weder dem sprachlichen Begriffe von „Leichnam eines Kindes," noch auch dem streitigen medizinischen Begriffe von „Lebensfähigkeit" ein entscheidendes Gewicht für die Entscheidung beilegen, vielmehr genügt es in jenem Sinne festzustellen, daß die Frucht deshalb keine „unreife" gewesen sei, weil sie, wie hier vom App.-Richter angenommen worden, diejenige Reife erlangt gehabt habe, welche sie nach den allgemeinen Bedingungen der Vitalität befähigt haben würde, außerhalb des Mutterleibes zu leben. Ob sie, wenn dies erwiesen, auch wirklich außerhalb des Mutterleibes in oder nach der Geburt gelebt habe, oder todt geboren worden, ist sonach im Sinne des § 186 gleichgültig.

Antr. des GStA.s gleichl. [15. — 5.]

Verhafteter. — Behändigung des Urtheils. — Vorlesung.

Es ist als eine genügende Insinuation nicht anzusehen, wenn einem Verhafteten die betreffende Verfügung ꝛc. zu Protokoll nur vorgelesen, nicht aber ihm selbst, sondern einem Gefängnißbeamten eingehändigt wird.

Ges. v. 3. Mai 1852 Art. 33 [vgl. dort n. 10].

Beschl. (I.) v. 8. Mai 1861 c. Blumberg (484. I. Cr.).

Es ist keine ausreichende Behändigung des zweiten Erkenntnisses, wenn ausweislich der Verhandlung v. 5. April 1861 der Angeklagten das Erkenntniß zwar vorgelesen, ihr aber nicht selber, sondern nur dem sie vorführenden Boten die Urtelsausfertigung eingehändigt worden ist.

Es muß daher noch jetzt der Angeklagten die Ausfertigung des Appellationsurtheils persönlich eingehändigt und sie, wenn sie dieselbe nicht in Händen behalten kann, gemäß der Ministerialverfügung vom 4. Aug. 1857 (JMBl. S. 278) belehrt werden, daß ihr innerhalb der nächstfolgenden zehn Tage, so oft sie es verlangt, die Ausfertigung zugestellt werden solle, damit sie von derselben zur Begründung der NB. Gebrauch machen könne. Sodann ist der Ablauf einer anderweitigen zehntägigen Frist abzuwarten.

Antr. des GStA.s gleichl. [43.—2.]

Auferlegter Eid. — Ausschwörung durch einen Dritten.

Die Handlung desjenigen, welcher den einem Andern auferlegten Eid ausschwört, indem er sich für diesen Andern ausgiebt, fällt unter die Strafvorschrift des § 125 des StGB.

Erk. (B. I.) v. 10. Mai 1861 c. Schubert (330. I. Cr.).

In der oben S. 70 erwähnten Sache ward bei der erneuerten schwurgerichtlichen Verhandlung durch den Spruch der Geschwornen festgestellt:

> daß Heinrich Albert Sch. schuldig sei, einen dem Bäckermeister Karl Louis Schubert auferlegten Eid, sich für denselben ausgebend und unter dessen Namen, also wissentlich falsch ausgeschworen zu haben.

Gleichwohl sprach der Schw.-G.-H. frei, weil der Angeklagte nicht einen ihm auferlegten Eid falsch ausgeschworen habe. Auf die NB. des StA.s hat das OTr. dieses Erkenntniß vernichtet, und den Sch. aus § 125 bestraft.

Gründe:

Daß in religiöser Beziehung der Eid ein den gesetzlichen Vorschriften entsprechender gewesen, ist durch das

Verdikt festgestellt. Ebenso wenig kann aber bezweifelt werden, daß derselbe nach der Richtung der Fälschung hin, alles enthält, was der § 125 StGB. zum Thatbestande eines wissentlich falsch geleisteten Eides verlangt.

Der Angeklagte hat unter dem wissentlich unrichtigen Vorgeben, daß er der Bäckermeister K. L. Sch. sei und er diesen Namen führe, bei ausdrücklicher Versicherung des Letzteren in der Eidesformel, schon hiermit etwas Falsches beschworen. Dasselbe hat er gethan, indem er als K. L. Sch. Alles zu seinem Vermögen Gehörige gewissenhaft angegeben zu haben versicherte, mag man nun annehmen, daß er damit sein wirklich ihm zustehendes Vermögen oder das seines Bruders gemeint habe.

Der Eid war auch zur Zeit der Ableistung von ihm durch den Richter gefordert, der, von ihm getäuscht, ihn für den K. L. Sch. hielt, für den er sich fälschlich ausgab.

Daß diese Täuschung geeignet sein sollte, die dadurch ermöglichte, demgemäß abgegebene, wissentlich falsche eidliche Versicherung straflos zu machen, kann nicht anerkannt werden, da das Anhäufen strafbarer Handlungen wohl als Strafschärfungs-, nicht aber als Strafausschließungsgrund zu betrachten ist.

Auf den im § 125 StGB. enthaltenen Ausdruck: „einen ihm a u f e r l e g t e n Eid," kann bei dieser Sachlage kein Gewicht gelegt werden, weil dieser mit der Bezeichnung: „geforderter" wie z. B. die §§ 250. 251. I, 10 AGO. besagen, zu identifiziren ist, und im vorliegenden Falle, wie bereits erwähnt, der in Rede stehende Eid zur Zeit seiner Ableistung, von dem Angeklagten in der That abgefordert worden war, und zwar durch den zuständigen Richter.

Demgemäß hat das angefochtene Schwurgerichtserkenntniß den Sinn und die Bedeutung des § 125 des StGB. verkannt.

Antr. des GStA.s gleichl. [20. — 5.]

Punktation. — Klagbarkeit. — Stempelpflichtigkeit.

Eine Punktation, welche die Gültigkeit des Geschäfts von der Genehmigung eines Dritten abhängig macht, und ebendeshalb für sich allein noch keine Klage auf Erfüllung begründet, ist nicht stempelpflichtig.

AKO. v. 19. Juni 1834.

Erk. (Z. I.) v. 10. Mai 1861 c. Blohm (381. I. Cr.)

Nach der thatsächlichen Feststellung des zweiten Richters war in der Punktation selbst die Gültigkeit des ganzen Geschäftes von der Genehmigung der Kgl. Ober-Postdirektion zu K. abhängig gemacht, eine Punktation ist aber nach der AKO. v. 19. Juni 1834 nur dann stempelpflichtig, wenn sie eine Klage auf Erfüllung, d. h. auf Errichtung der vorbehaltenen förmlichen Kontraktsurkunde beiden Theilen unmittelbar gestattet, was nicht der Fall ist, wenn sie, wie hier, von der Genehmigung eines Dritten abhängig gemacht ist, ein solches bereits vom OTr. mehrfach, namentlich in den vom App.-Richter allegirten Vorentscheidungen v. 25. Nov. 1853 ([c. Sellmoser]; G. A. 3. S. 686) und v. 20. Mai 1859 ([c. Kolbe; 483]; G. A. 7. S. 529) ausgesprochen und näher ausgeführt ist.

Antr. des GStA.s gleichl. [18. — 5.]

Disziplinarverfahren. — Pflicht zum Zeugnisse.

Die Pflicht zur Ablegung eines eidlichen Zeugnisses bezieht sich nicht bloß auf eigentliche Untersuchungs-, sondern auch auf Disziplinarsachen [1]).

Cr.-Ordn. § 7. 8. 311 ff.

Beschl. (I.) v. 10. Mai 1861 c. Gumbinner (92. B. I. Cr.).

G. hatte in einem durch die Schl. Zeitung veröffentlichten Korrespondenzartikel Mittheilungen gemacht, deren Kenntniß er, nach der

[1]) Sic: Beschl. I. 16. Nov. 1860 c. Fritsch (195. B; G. A. 9. S. 57). Vgl. Oppenh. Strafverf. § 20 n. 9.

Annahme des Polizeipräsidenten zu B. nur durch den Bruch der Amtsverschwiegenheit Seitens eines Polizeibeamten erlangt haben konnte. Derselbe requirirte daher die gerichtliche Vernehmung des G. über die Quelle jener Mittheilung. Dieser verweigerte seine Vernehmlassung, worauf das StG. zu B. gegen ihn eine Strafverfügung in Gemäßheit des § 312 der Cr.-Ordn. ergehen ließ. Er ergriff die Beschwerde und suchte auszuführen, die citt. Paragraphen der Cr.-Ordn. seien nur auf wirkliche Criminaluntersuchungen, nicht auf „sogen." Disziplinaruntersuchungen anwendbar; er ward indessen damit vom Kammergericht und demnächst vom OTr. zurückgewiesen. Das letztere erwog:

daß der in den §§ 7. 8. 13 ff. und 337 der Cr.-Ordn. ausgesprochene Grundsatz als ein allgemein geltender aufzufassen, und eben deshalb auf das eigentliche Criminalverfahren nicht zu beschränken ist, wie dieses nicht nur aus der ganz allgemeinen Fassung jener Paragraphen, sondern auch aus der entsprechenden Vorschrift des § 179. I, 10. AGO. hervorgeht.

Antr. des GStA.s gleichl. [21. — 3.]

Verjährung. — Aelteres Strafgesetz.

Bei Beurtheilung der Frage, ob eine unter der älteren Strafgesetzgebung verübte Strafthat verjährt sei, ist zu untersuchen, ob bei vollständiger Anwendung der älteren Gesetze, sowie bei vollständiger Anwendung der Vorschriften des Strafgesetzbuchs die Verjährung abgelaufen sein würde, und es ist dann die dem Angeklagten günstigere Berechnung zum Grunde zu legen.

Einf.-Ges. v. 14. April 1851 Art. V [vgl. dort n. 3].

Erk. (B. I.) v. 11. Mai 1861 c. Lauer (352. I. Cr.).

Die Geschwornen haben gegen die Angeklagte L. festgestellt:

daß dieselbe am 30. März 1849 zu A. bei Tage ein zur Wohnung von Menschen dienendes Gebäude, ohne dadurch einen beträchtlichen Schaden verursacht zu haben, vorsätzlich in Brand gesetzt hat.

Hierin liegt, wie auch der Schw.-G.-H. mit Recht anerkennt, der Thatbestand des im § 1519. II, 20. ALR. mit einer Zuchthausstrafe von 6 bis 10 Jahren bedrohten Verbrechens und der Anwendung desselben würde sonach im Hinblick auf Art. IV des Einf.-Ges. v. 14. April 1851 und des härteren Strafgesetzes im § 285 des StGB. an sich Nichts entgegenstehen.

Mit Unrecht nimmt jedoch der Schw.-G.-H. an, daß, unter Ausschluß des § 597 der Cr.-Ordn., die Verjährungsvorschrift des § 46 des StGB. zur Anwendung zu bringen sei. Es ist allerdings nicht zu verkennen, daß der Zweck der beiden Vorschriften im Art. IV und im Art. V des Einf.-Ges. ein verschiedener ist, indem der erstere die Höhe der angedrohten Strafübel, der letztere aber die Rechtswohlthat der Verjährung im Auge hat. Eben deshalb war aber auch die besondere Aufstellung dieser beiden verschiedenen Vorschriften erforderlich, und die Folgerung, welche der Schw.-G.-H. gerade aus dieser besondern Aufstellung zieht, erweist sich daher als unzutreffend. Der Art. IV spricht von der in den verschiedenen Gesetzen angedrohten „Strafe;" unter den Begriff einer solchen fällt aber keineswegs auch das, was das Gesetz, wie im vierten Titel des StGB., über die „Strafausschließungs- oder Milderungsgründe" disponirt. Es würde also immer bedenklich gewesen sein, den Grundsatz des jetzigen Art. V des Einf.-Ges. von selbst schon als aus der Bestimmung des Art. IV folgend zu erachten, zumal die Frage über die Rückwirkung milderer Verjährungsvorschriften nicht in allen Fällen in der Doktrin unstreitig ist.

Das OTr. hat nun aber bereits in zahlreichen Entscheidungen über die Anwendung der gedachten beiden Vorschriften stets den Grundsatz aufgestellt und festgehalten, daß ebenso wie bei Art. IV so auch bei Art. V es sich um die Anwendung des Systems eines jeden der beiden konkurrirenden Gesetze, des früheren ALR. und des jetzigen StGB. in seiner **Totalität** handle, daß es also, wie es bei Anwendung des Art. IV unzulässig sei, einen Theil der Strafübel nach dem ALR. und einen andern nach dem StGB. abzumessen, es ebenso unzulässig sei, bei Anwendung des Art. IV die Strafe nach dem ALR. und die Verjährung nach dem StGB. oder umgekehrt anzuwenden. Denn bei der Arbitrirung der Verjährungsfristen hat der Gesetzgeber nothwendig nur die Höhe derjenigen Strafen, welche er in dem von ihm erlassenen Gesetze angedroht hat, vor Augen haben können.

(A. d. Gr. Vernichtung des angegriffenen Erkenntnisses und Verurtheilung der Angeklagten.)

Antr. des GStA.s gleichl. [15.—5.]

Schlachtsteuerkontravention. — Gewerbtreibender. — Einstellung des Gewerbebetriebes.

Der Fleischer, welcher sich einer Schlachtsteuerdefraudation im Rückfalle schuldig macht, wird von der Strafe der dreimonatlichen Einstellung seines Gewerbes auch dann betroffen, wenn er nicht eine der für das Fleischergewerbe gegebenen Vorschriften, sondern eine alle Konsumenten angehende Bestimmung übertreten hat.

Steuer-Ordn. v. 8. Febr. 1819 § 60. 62; Mahl- u. Schl.-St.-Ges. v. 30. Mai 1820 § 17.

Erk. (V. I.) v. 15. Mai 1861 c. Karadzkiewicz (401. I. Cr.).

Die wegen unrichtiger Anwendung des Gesetzes vom OStA. eingelegte NB. muß für begründet erachtet werden. Denn der App.-Richter erklärt die Anwendung der im § 62 der Steuer-Ordn. vom 8. Febr. 1819 angedrohten dreimonatlichen Einstellung des Gewerbes im vorliegenden Fall nur deshalb für unzulässig, weil dabei immer vorausgesetzt werde, daß die Steuerkontravention bei einer Gewerbshandlung vorgenommen ist, hier aber das Vergehen des Angeklagten nicht darin liege, daß er eine derjenigen besonderen steuergesetzlichen Vorschriften verletzt habe, die für das Fleischergewerbe gegeben sind, sondern daß er eine alle Konsumenten angehende Bestimmung übertreten habe. Dies involvirt jedoch einen Rechtsirrthum des App.-Richters.

Der § 60 der Steuer-Ordn., auf welchen er sich hierbei beruft, verordnet allerdings, daß Brauer- und Branntweinbrenner in die Strafe der Defraudation fallen, wenn sie Gewerbshandlungen, von deren Ausübung dem Staat eine Abgabe zu entrichten ist, entweder gar nicht, oder unrichtig anzeigen. Von einem Unterschied zwischen Gewerbshandlungen und anderen nicht gewerblichen Handlungen, welche den Thatbestand einer Steuerdefraudation bilden, kann aber der Natur der Sache nach bei Uebertretung der Vorschriften über die Mahl- und Schlachtsteuer nicht die Rede sein, weil dieselbe eine allgemeine Consumtionssteuer ist, welche nicht bloß, wie die Brau- und Branntweinsteuer von den Gewerbetreibenden zu entrichten ist. Wenn es daher im § 17 des Mahl- und Schlachtsteuergesetzes v. 30. Mai 1820 heißt:

> „Defraudationen ziehen die Konfiskation der Waaren, woran solche begangen worden, sowohl für Gewerbtreibende als für Andere nach sich.
>
> „Außer der Konfiskation treten die Strafen ein, welche die St.-Ordn. v. 8. Febr. 1819 §§ 60 - 65 und §§ 83 — 90 auf die Uebertretung der gesetzlichen Vorschriften zur Gefährdung der Steuer angedroht hat. Ueberall, wo in diesen Vorschriften von Brennern und Brauern geredet wird, findet die Anordnung auf diejenigen Gewerbtreibenden Anwendung, welche die Mahl- und Schlachtsteuer zu entrichten schuldig sind,"

so ergiebt sich hieraus, daß, wenn es sich um eine Mahl- oder Schlachtsteuerdefraudation handelt, die ein Gewerbetreibender verübt hat, welcher bereits wegen gleichen Vergehens bestraft ist, der § 62 der St.-Ordn. unbedingt Anwendung findet, mithin auch auf dreimonatliche Einstellung des Gewerbes erkannt werden muß, gleichviel, ob die Handlung, welche die Mahl- oder Schlachtsteuerdefraudation bildet, einen gewerblichen Charakter hatte, oder nicht, also ebenso gut von einem Nichtgewerbetreibenden hätte begangen werden können.

(A. d. Gr. Vernichtung des angegriffenen Erkenntnisses und Zurückverweisung der Sache an das Gericht erster Instanz.)

Antr. des GStA.s gleichl. [18.—2.]

Ausfuhrverbot. — Transport im Grenzbezirk. — Verlassen der Zollstraße.

Ist die Ausfuhr eines Gegenstandes verboten, so ist der Transport eines solchen im Grenzbezirke außerhalb der Zollstraße als ein Unternehmen der Ausführung anzusehen und zu bestrafen, sollte der das Verbot enthaltende Ministerialerlaß auch nicht auf die Vorschrift des § 6 Nr. 2 b des Zoll-Str.-Ges. Bezug nehmen [1]).

Zoll-Str.-Ges. v. 23. Jan. 1838 § 1. 6 Nr. 2 b.

Erk. (V. I.) v. 11. Mai 1861 c. Selleneit (365. I. Cr.).

Der Ministerialerlaß v. 7. März 1859 hatte zeitweise die Ausfuhr von Pferden über die äußere Zollvereinsgrenze, unter Hinweisung auf § 1 des Zoll-St.-Ges. v. 23. Jan. 1838, verboten. Dem zuwider hatte S. ein Pferd nach Rußland und über die Grenze zu schaffen unternommen, er wurde aber mit dem Pferde im Grenzbezirk (§ 24 des Zoll-Ges.) außerhalb der Zollstraße angehalten. Deshalb gemäß § 1 und 6 Nr. 2 lit. 6 des Zoll-Str.-Ges. verurtheilt, wurde er in zweiter Instanz freigesprochen, weil das ministerielle Verbot nur auf § 1, nicht auf § 6 cit. Bezug nehme, das Pferd noch nicht wirklich in's Ausland geführt worden und der Versuch einer Kontrebande straflos sei [2]). Auf die NB. des OStA.s hat das OTr. das Urtheil des AG.s vernichtet und den Angeklagten verurtheilt.

Gründe:

Man muß der Implorantin in der Ausführung beitreten, daß durch die in dem qu. Ministerialerlasse ausgesprochene Bezugnahme auf den § 1 l. c. nur gesagt sei, daß die Ausfuhr von Pferden unter den bezeichneten Umständen zu der Kategorie des im § 1 l. c. vorgesehenen Vergehens

---

[1]) Sic: V. I. 12. Juni 1861 c. Bernoth (359).

[2]) Sic: Z. I. v. 27. Sept. 1854 c. Koleczko (G. A. 2. S. 822); Oppenh. StGB. § 31 n. 34. Vgl. Z. I. 8. März 1861 c. Weiner (175; G. A. 9. S. 354).

zu rechnen und mit der dort angedrohten Strafe zu belegen sei, die Bestimmungen des § 6 l. c. dadurch von selbst nicht ausgeschlossen seien, sowie daß es einer ausdrücklichen Verweisung auf dieselben nicht bedurft habe, sei es, weil dieselben nur deklaratorischer Natur und lediglich dazu bestimmt seien, die Merkmale des Vergehens näher zu bezeichnen, oder daß man darin nur Exemplifikationen des im § 1 l. c. aufgestellten, aber nicht näher definirten Rechtsbegriffs eines „Unternehmens" erkenne.

Die Ausführungen der Vertheidigung wegen Nichtpassens einiger in der Zoll-Ordn. enthaltener Kontrollvorschriften auf den Transport verbotener Gegenstände stehen dem Vorbemerkten nicht entgegen nnd sind mit anderweiten Vorschriften, welche jene Anwendbarkeit im Allgemeinen anerkennen, nicht vereinbar. Denn nicht nur der § 34 des Zoll-Ges. v. 23. Jan. 1838 bestimmt:

> „daß innerhalb des Grenzbezirks aller Waarenverkehr und Transport einer genauen und speziellen Aufsicht unterliege und denjenigen Beschränkungen und Kontrollmaaßregeln unterworfen sei, welche zur Sicherheit gegen die verheimlichte Waareneinfuhr und Ausfuhr erforderlich und in der Zoll-Ordn. angegeben worden seien,"

sondern auch der § 6 des Zollstrafgesetzes de eodem bestimmt:

> „daß die Kontrebande oder Zolldefraudation als vollbracht angesehen werden soll, wenn beim Transport verbotener oder abgabepflichtiger Gegenstände im Grenzbezirke die vorgeschriebene Zollstraße oder der im Zollausweise bezeichnete Weg nicht innegehalten worden ꝛc."

Ebenso wenig ist aus dem sonstigen Inhalte des qu. Ministerialerlasses etwas gegen die Anwendung dieser letzterwähnten Bestimmungen zu entnehmen; ꝛc. —

Der qu. Ministerialerlaß giebt keine besonderen Kriterien des Unternehmens einer verbotswidrigen Pferdeausfuhr an, stellt keine neue strafbare Handlung auf, verordnet keine besondere Bestrafung, sondern stellt nur in Betreff eines inländischen Naturprodukts gemäß § 3 des Zoll-Ges. eine Ausnahme von der im § 2 l. c. an die Spitze gestellten Regel der freien Ausfuhr und solchergestalt eine der thatsächlichen Voraussetzungen zur Anwendung des § 1 des Zoll-Str.-Ges. — die Beschaffenheit des Gegenstandes der Kontrebande — fest, ohne irgend eine weitere Maaßgabe für die Interpretation der anderen Bedingungen zur Anwendung des qu. Gesetzes, insbesondere der Beschaffenheit der strafbaren Handlung selbst. Sind sonach für die Interpretation der letzteren durch den qu. Ministerialerlaß keine Schranken gezogen, so ist es auch vollkommen statthaft, dieselbe aus anderweiten Bestimmungen desselben Gesetzes zu entnehmen.

Der App.-Richter hat daher durch die versagte Anwendung der Vorschrift des § 6 Nr. 2 lit. b leg. cit. als eines Interpretationsmittels des im § 1 l. c. hingestellten Rechtsbegriffs des Unternehmens das gedachte Gesetz verletzt.

Antr. des GStA.s gleichl. [41.—5.]

Diebstahl. — Geschlagenes Holz. — Aufklafterung.

Zum Begriffe des „geschlagenen Holzes" bedarf es nicht nothwendig einer Aufklafterung oder Zurichtung.

StGB. § 217 Nr. 3 [vgl. dort n. 2].

Erk. (Z. I.) v. 11. Mai 1861 c. Pagel & Wilke (1160. I. Cr. v. 1860).

Die Angeklagten haben von einer fremden Holzkavel gefällte Buchenstämme entwendet, welche der Käufer eines andern Waldbaumes behufs Abfuhr des letzteren hatte schlagen und liegen lassen. Aus § 217 Nr. 3. StGB. verurtheilt, legten sie NB. ein, weil der Paragraph nur aufgeklaftertes oder in Haufen gesetztes Holz schützen solle. Zurückweisung.

Gründe:

In dem Thatbestande sind die Voraussetzungen des § 217 Nr. 3 enthalten. Aus dessen Fassung: „wenn geschlagenes Holz aus dem Walde oder von der Ablage gestohlen wird," ist nicht zu folgern, daß das Holz bereits aufgeklaftert oder sonst zugerichtet sein müsse, um auf dessen Entwendung den § 217 anwenden zu können, vielmehr genügt es, daß das Holz geschlagen, d. h. vom Stamme getrennt worden, und sich noch im Walde befindet, daß es mithin eine von dem Eigenthümer perzipirte Forstnutzung darstellt, welche dem öffentlichen Vertrauen übergeben ist. Als ein solcher Gegenstand sind aber hier die vier Buchenstämme zu betrachten, da der Bauer G. sie aus dem Grunde gefällt hat, um eine von dem Eigenthümer L. gekaufte Eiche niederhauen zu können. [41. — 5.]

Lehrer. — Handwerker-Fortbildungsschule. — Beamter.

Die Lehrer an einer unter Mitwirkung der zuständigen Verwaltungsbehörden errichteten, und der amtlichen Kontrolle unterliegenden Handwerker-Fortbildungsschule sind Beamten, sollten sie auch weder vereidet noch remunerirt sein.

StGB. § 102. 192. 331; Verf. v. 31. Jan. 1850 Art. 23.

Erk. (Z. II.) v. 13. Mai 1861 c. Nostiz (60. II. Cr.).

Nach dem von den Instanzrichtern für erwiesen erachteten Sachverhalte besteht die erwähnte, hinsichts ihrer Wirksamkeit der fortwährenden Kenntnißnahme der Staatsbehörden unterworfene, in ihren Unterrichtsgegenständen an den in der Elementarschule ertheilten Unterricht zur Fortbildung der angehenden Handwerker sich anschließende Schule, auf die auch eine ergangene Polizeiverordnung Bezug hat, auf Grund eines von der landräthlichen Behörde erlassenen, von der Regierung genehmigten Statuts, und nach der von dem Bürgermeister zu Berleburg ertheilten amtlichen Auskunft, auf welche dabei, namentlich von dem Richter erster Instanz, Bezug genommen ist, werden die Lehrer derselben durch den Schulvorstand, bei welchem der Bürgermeister in dieser seiner Eigenschaft den Vorsitz führt, angenommen. Mit Recht haben deshalb die Instanzrichter diese Schule für eine öffentliche Schule und die bei derselben fungirenden Lehrer für öffentliche, nicht für bloße Privatlehrer (vgl. AKO. v. 10. Juni 1834; GS. S. 135) angesehen.

Es ist einflußlos, daß über die Anstellung der Lehrer an den Handwerker-Fortbildungsschulen besondere gesetzliche Vorschriften nicht ergangen sind, daß jene Lehrer als solche nicht vereidet und in der Regel nicht remunerirt, auch angeblich ohne Rücksicht darauf, ob sie Inländer oder Ausländer sind, zugelassen werden. Mit Recht hat demzufolge der App.-Richter den Pfarrer Reifenrath in seiner gedachten Eigenschaft zu den öffentlichen Beamten (Verf.-Urk. v. 31. Jan. 1850 Art. 23) gerechnet.

Antr. des GStA.s gleichl. [26. 3.]

Amtliches Siegel. — Ablösung. — Dolus.

Die Anwendbarkeit des § 108 StGB. ist nicht dadurch bedingt, daß die Anlegung des Siegels in einer Weise bewirkt sei, daß der Zweck derselben vollständig erreicht werde; es bedarf daher auch nicht nothwendig einer gegen das Siegel selbst gerichteten Handlung, vielmehr genügt eine solche, welche dahin abzielt, die durch die Siegelanlage bezweckte amtliche Sperre ꝛc. zu beseitigen.

StGB. § 108.

Erk. (Z. II.) v. 13. Mai 1861 c. Kuhlmann (109. II. Cr.).

Der Amtmann zu B. hatte eine Vogelstange vermittelst Umlegung einer Schnur unter amtliches Siegel gelegt, um dadurch das Herablassen der Vogelruthe aus der Gabel zu verhindern. K. hatte, wissend, daß diese Sperre vom Amtmann vorgenommen war, die Schnur heruntergeschoben, um dieselbe aus dem Bereiche der Gabel zu entfernen, und so den Zweck der Siegelanlage zu vereiteln; bei dieser (vorsätzlichen) Handlung hatte sich die Schnur gelöst, ohne daß dieses von K. beabsichtigt gewesen wäre. Der erste Richter sprach ihn von der auf § 108 StGB. gestützten Anklage frei, weil das von ihm allein beabsichtigte Herunterschieben der Schnur nicht als ein Ablösen des Siegels anzusehen sei; auf die Appellation des StA.s verurtheilte dagegen der zweite Richter, weil die vorsätzliche Handlung des Herunterschiebens das Ablösen des Siegels zur unmittelbaren Folge gehabt habe. Die NB. des Angeklagten, welche unzulässige Abweichung von der erstrichterlichen Feststellung und Verletzung des § 108 cit. rügte, ist zurückgewiesen worden.

Gründe:

Zu den wesentlichen Merkmalen des im § 108 StGB. unter Strafe gestellten Vergehens gehört:

daß von einer öffentlichen Behörde oder von einem öffentlichen Beamten ein amtliches Siegel angelegt sei,

daß die Anlegung zu dem Zwecke geschehen sei, um Sachen zu verschließen, zu bezeichnen oder in Beschlag zu nehmen,

und daß dieses so und zu solchem Zwecke angelegte amtliche Siegel ohne Befugniß vorsätzlich erbrochen, abgelöst oder beschädigt werde.

Davon, ob jene Anlegung mit gehöriger oder mit geringerer Vorsicht und Geschicklichkeit geschehen war, ob namentlich da, wo sie zu dem Zwecke, um Sachen nicht bloß zu bezeichnen, sondern sie unter Sperre zu nehmen, also die Disposition über selbige zu verhindern, stattgefunden hatte, die Anlegung so erfolgt war, daß dadurch dieser Zweck vollständig erreicht wurde, solche Disposition mithin nur bei gewaltsamem Erbrechen, Abreißen oder Ablösen des Siegels möglich blieb, ferner davon, ob Siegellack, Mundlack, Wachs oder ein sonstiges Material dazu gebraucht, ob das Siegel für sich oder erst in Verbindung mit einer Schnur oder einem Papierstreifen oder dgl. angelegt war, hat das Gesetz den Thatbestand nicht abhängig gemacht, sobald nur sonst vorsätzlich das unbefugte Erbrechen, Ablösen oder Beschädigen erfolgt.

Durch dieses zum Thatbestande gehörige Moment der Vorsätzlichkeit aber werden zunächst die Fälle ausgeschlossen, wo bloß durch Zufall oder durch bloße Fahrlässigkeit die Beseitigung, Verletzung oder Beschädigung des amtlich angelegten Siegels eingetreten ist.

Ein solcher bloßer Zufall und eine solche bloße Fahrlässigkeit liegt aber da nicht vor, wo mit der Absicht, ein amtliches Siegel von der Stelle, wo es angelegt ist, zu entfernen, gehandelt und hierbei das Siegel selbst oder das Verbindungsmittel, wenn auch ohne speziell hierauf gerichteten Willen des Handelnden zerstört oder beschädigt ist.

Es ist hinsichtlich jenes Moments eine Handlung erforderlich, welche gegen den Zweck, zu welchem die Anlegung des Siegels erfolgte, gerichtet ist, durch welche also beabsichtigt wird, die durch die Anlegung dieses Siegels bezweckte amtliche Bezeichnung oder amtliche Sperre — wenn auch vielleicht nur aus Muthwillen — zu beseitigen. Keinesweges aber ist, wie in der Beschwerdeschrift behauptet wird, auch gerade erforderlich, daß die Thätigkeit unmittelbar gegen das Siegel selbst, gegen das zum Siegeln verwendete Material, gerichtet werde.

Wenn daher der Richter erster Instanz in seinem Erkenntnisse ungeachtet des von ihm als erwiesen angegebenen obigen Sachverhalts, schließlich annahm, daß ein vorsätzliches Erbrechen, Ablösen oder Beschädigen des qu. amtlichen Siegels oder „Verschlusses" durch den Angeklagten deshalb nicht geschehen sei, weil der Angeklagte zwar die mit dem amtlichen Siegel versehene Schnur, welche von dem Amtmanne zu B. um die Gabel der qu. Vogelstange zu dem Zwecke gebunden war, um das Herablassen der letzteren amtlich zu verhindern, hiermit bekannt, vorsätzlich, um sie aus dem Bereiche jener Gabel zu entfernen und es möglich zu machen, die Vogelstange ohne Verletzung der Schnur und des Siegels in Bewegung zu setzen und herunterzulassen, heruntergeschoben habe, bei Gelegenheit dieses vorsätzlichen Herunterschiebens auch die qu. Schnur durch Brechen (Zerreißen) derselben oder durch Aufgehen des Knotens, sich gelöset habe, der Angeklagte aber dieses Brechen der Schnur oder die Lösung des Knotens (nicht beabsichtigt und daher) nicht vorsätzlich bewirkt habe, — so ging der Richter erster Instanz hierbei von einer rechtsirrthümlichen zu engen Auffassung des im § 108 vorausgesetzten Vorsatzes und der Begriffe des Erbrechens, Ablösens oder Beschädigens eines amtlich angelegten Siegels aus.

Diesen Rechtsirrthum und demzufolge die irrige Schlußfolgerung des ersten Richters, auch ohne vorgängige neue oder wiederholte Beweisaufnahme zu berichtigen, war der App.-Richter befugt.

Er hat, und zwar mit Recht, schon in dem vorsätzlichen Herunterschieben der qu. Schnur von der Stelle, an welcher sie mit dem daran befindlichen Siegel zum Zwecke der amtlichen Sperre umgebunden war, ein Ablösen des Siegels gefunden. [26.—3.]

Schiffsmann. — Ungehorsam. — Entschuldigung. — Vertragsbruch des Kapitäns.

Die Weigerung eines Schiffsmannes, den Befehlen des Schiffskapitäns zu gehorchen, kann nicht dadurch straflos werden, daß der Kapitän seinerseits den im Heuervertrage übernommenen Verbindlichkeiten nicht nachgekommen ist.

Ges. v. 31. März 1841 § 5 (GS. S. 65).

Erk. (Z.I.) v. 8. Mai 1861 c. Schäfer (Müller u. Gen. 277. I. Cr.).

Sch. hatte sich auf dem Schiffe Elise als Matrose verheuert; beim Auslaufen desselben aus dem Hafen von New-Castle verweigerte er wiederholt dem Kapitän den Gehorsam, weil der Schiffskoch und zwei Jungmänner entlaufen und nicht wieder ersetzt seien, und der Kapitän sich mit ihm nicht über die Bedingungen der ohne Ergänzung der Mannschaft fortzusetzenden Seereise geeinigt habe. Der erste Richter erachtete letzteres für einen Vertragsbruch des Kapitäns und sprach den Sch. von der Anklage aus § 5 l. c. frei; auf die Appellation des StA.s verurtheilte dagegen der zweite Richter, weil — abgesehen von der Frage, ob der Heuervertrag die in erster Instanz angenommene Deutung zulasse — das Schiffsvolk mit Rücksicht auf die Sicherheit von Schiff und Gut verpflichtet sei, sich allen Anweisungen des Kapitäns zu unterwerfen, vorbehaltlich aller nach beendigter Reise bei den zuständigen Behörden anzubringender Beschwerden.

Die NB. des Angeklagten bestritt die Richtigkeit dieses Grundsatzes und behauptete Verletzung der §§ 1534 ff. II, 8. ALR. und § 60 der Gesinde-Ordn. v. 8. Nov. 1810, nach welchen Schiffsleute ebenso wie sonstiges Gesinde andere Verrichtungen nur dann zu übernehmen verpflichtet seien, wenn das dazu bestimmte Nebengesinde eine Zeitlang daran verhindert, nicht aber wenn das Nebengesinde entlaufen, und somit eine dauernde Verhinderung eingetreten sei. Zurückweisung.

Gründe:

Die vom App.-Richter aufgestellten Rechtsgrundsätze sind durchaus dem Ges. v. 31. März 1841 entsprechend. Dasselbe nimmt unverkennbar einen weiteren Gesichtspunkt als das ALR. II, 8 § 1534 ff. Es läßt in § 4 für die Zeit, wo das Schiff auf der Rhede eines inländischen Hafens bereits segelfertig gemacht ist, oder sich auf offener See, oder in einem ausländischen Hafen oder Gewässer befindet, für das Schiffsvolk noch eine besondere strafrechtliche, also unbedingte Verantwortlichkeit für gewisse Handlungen und Unterlassungen, unabhängig von dem Heuervertrage und von der mit dem darnach erfolgten Dienstantritt verbundenen Disziplinargewalt des Kapitäns (§ 1 bis 3 ibid.) eintreten. Haben die Schiffsleute sich in einer der beiden letzteren Rücksichten zu beklagen, so steht ihnen der Weg der Klage oder Beschwerde bei den Gerichten, bezüglich bei den öffentlichen in- und ausländischen Schutzbehörden zu; einstweilen aber dürfen sie sich den der Schiffsmannschaft mit strafrechtlicher Verantwortlichkeit aus Rücksicht für Menschenleben, Schifffahrt und Handel auferlegten Pflichten nicht entziehen.

Antr. des GStA.s gleichl. [17.—2.]

Uebertretung. — Spezialgesetz. — Strafminimum.

Die Bestimmung des Strafminimums für Uebertretungssachen auf 10 Sgr. (StGB. § 335) ist nicht auf solche Fälle zu beziehen, wo ein älteres in Kraft verbliebenes Spezialgesetz eine höhere Geldbuße als niedrigstes Strafmaaß androht.

StGB. § 335 [vgl. dort n. 1].

Erk. (B. II.) v. 13. Mai 1861 c. Göhl (139. II. Cr.).

G. ward vom Polizeigerichte zu Wallerfangen für überführt erklärt: „— die Jagd ausgeübt zu haben, ohne mit einem Jagdlegitimationsscheine versehen zu sein," und unter Bezugnahme auf das Jagd-Pol.-Ges. v. 7. März 1850 § 16 und § 335 des StGB. zu einer Geldbuße von 10 Sgr. verurtheilt, indem in den Gründen ausgeführt wurde, daß das im § 16 cit. angedrohte Strafminimum von 5 Thlrn. durch § 335 cit. auf 10 Sgr. herabgesetzt sei. Auf den Kass.-Rekurs des Pol.-Anwalts ist dieses Urtheil kassirt und G. zur Geldbuße von 5 Thlrn. verurtheilt worden, und zwar:

In Erwägung, daß der § 16 Nr. 1 des Jagd-Pol.-Ges. v. 7. März 1850, wonach derjenige, welcher die Jagd ausübt, ohne einen Jagdschein gelöst zu haben, mit einer Geldbuße von 5 bis 20 Thlrn. bedroht wird, auch gegenwärtig noch als gültiges Strafgesetz besteht, da das StGB. keine Bestimmungen über diese Materien enthält;

daß daher das Polizeigericht diesen Paragraphen gegen den jetzigen Kassationsverklagten G. zur Anwendung bringen mußte, da es die darin vorgesehene Uebertretung gegen den G. als erwiesen thatsächlich angenommen hat;

daß das Polizeigericht aber, unter gleichzeitiger Anwendung des § 335 StGB. gegen den G. nur auf eine Geldbuße von 10 Sgr. erkannt hat;

daß jedoch der § 335 cit., welcher das niedrigste Maaß der polizeilichen Geldbuße auf 10 Sgr. festsetzt, sich nur auf diejenigen polizeilichen Geldbußen beziehen läßt, welche in dem StGB. selbst angedroht sind und daß derselbe daher da unanwendbar bleibt, wo, wie hier, ein spezielles in Kraft verbliebenes Polizeigesetz das Strafminimum der angedrohten Geldbuße auf einen höheren Betrag als 10 Sgr. bestimmt hat, da eben der allegirte Paragraph nicht die Bestimmung hat, den sonst in Gültigkeit verbliebenen Spezialgesetzen in dieser Hinsicht zu derogiren;

daß daher das angefochtene Urtheil dadurch, daß es gegen den Cassationsverklagten nur auf eine Geldbuße von 10 Sgr. erkannte, den § 16 des Jagd-Pol.-Ges. v. 7. März 1850 durch Nichtanwendung und den § 335 des StGB.

durch unrichtige Anwendung verletzt hat, weshalb dasselbe der Kassation unterliegt.

Antr. des GStA.s gleichl. [14.—3.]

Konfiskation. — Einziehung. — Manifestationseid.

Bei der Einziehung einer durch rechtskräftiges Erkenntniß für konfiszirt erklärten Sache kann der Verurtheilte zur Leistung des Manifestationseides angehalten werden [1]).

StGB. § 19; AGO. I, 22 § 29 Nr. 5. 31; I, 24 § 55. 56; Vdn. v. 4. März 1834 § 34.

Beschl. (II.) v. 13. Mai 1861 c. Kosthorst (27. B. II).

Das den K. wegen Jagdvergehens verurtheilende rechtskräftige Erkenntniß hatte das von ihm gebrauchte Jagdgewehr sowie den Hund dem Fiskus zugesprochen. Diese Gegenstände waren später bei ihm nicht aufzufinden, und er verweigerte die Ableistung des von ihm geforderten Manifestationseides, weshalb die betr. Ger.-Kommission die Zwangshaft gegen ihn verhängte. Er ergriff die Beschwerde an das App.-Gericht, und da dieses das Verfahren des ersten Richters billigte, an das OTr. — Die GStA.-schaft beantragte Zurückweisung arg. §§ 55. 56. I, 24. AGO., welche, in Ermanglung entsprechender Vorschriften für das Strafverfahren, auch hier bei der Vollstreckung vermögensrechtlicher Strafen zur Anwendung zu bringen seien. Das OTr hat zurückgewiesen aus folgenden

Gründen:

Die Kgl. Kr.-G.-Komm. zu R. hat auf Grund des rechtskräftigen Erkenntnisses v. 2c. zur Herbeischaffung des bei der fraglichen Jagdkontravention gebrauchten und durch dieses Erkenntniß dem Kgl. Fiskus zugesprochenen Jagdgewehrs und weißen Spitzhundes ganz mit Recht (§ 29 Nr. 5 und § 31. I, 22. AGO.) von dem Kosthorst die Leistung des Manifestationseides gefordert. Und da von dem Letzteren die Leistung dieses Eides bisher verweigert worden ist, so erscheint es nach dem § 34 a. a. O. und

---

[1]) Sic: Beschl. II. 2. Febr. 1860 c. Blase (75. B.); Min.-Verf. v. 28. Nov. 1860 I. a. E. (JMBl. S. 436).

dem § 9 der Vdn. über die Exekution in Civilsachen vom 4. März 1834 nicht minder als gerechtfertigt, daß die Kgl. Kr.-G.-Kommission gegen denselben, um ihn zur Leistung jenes Eides anzuhalten, das Personalarrestverfahren hat eintreten lassen. Hierzu bedurfte es so wenig eines weiteren Erkenntnisses als einer sonstigen vorgängigen Resolution. Die Dauer des angeordneten Personalarrestes ist übrigens durch den § 9 jener Verordnung v. 4. März 1834 bestimmt. [25. — 5.]

Beschlagnahme. — Gültigkeit. — Pfändungsprotokoll. — Beiseiteschaffung.

Die Aufnahme eines Pfändungsprotokolls durch den eine Beschlagnahme bewirkenden Exekutor ist nicht als eine unerläßliche Bedingung der Gültigkeit jener Maaßregel anzusehen, stellt vielmehr nur ein Beweismittel dar, welches andere Beweise nicht ausschließt.

Selbst wenn daher bei der Beschlagnahme die Aufnahme des Protokolls verabsäumt worden ist, bleibt eine Beiseiteschaffung der betr. Sachen strafbar.

StGB. § 272; AGO. I, 24 § 71; Instr. v. 2. Aug. 1850 § 70; Vdn. v. 30. Juli 1853 § 14. 17.

Erk. (V. I.) v. 15. Mai 1861 c. Willkommen (346. I. Cr.).

Der Appellationsrichter ist bei den thatsächlichen Annahmen des ersten Richters dahin stehen geblieben,

> daß der Polizeiexekutor M. von dem Magistrat zu C. mit der exekutivischen Einziehung rückständiger Kommunalabgaben von dem Angeklagten beauftragt gewesen, derselbe auch am 5. Aug. 1859 bei dem Angeklagten ein Schwein in Beschlag genommen und letzterer dasselbe späterhin geschlachtet, also vorsätzlich bei Seite geschafft habe.

Die dennoch erkannte Freisprechung des Angeklagten motivirt der App.-Richter lediglich dadurch, daß der Kommunalexekutor dem § 71. I, 24. AGO. in Verbindung mit dem § 70 der Instruktion f. d. gerichtlichen Unterbeamten v. 2. August 1850 entgegen, welche in Ermangelung besonderer Bestimmungen auch auf die, von den Administrativbehörden zu vollstreckenden Exekutionen Anwendung finde, die Aufnahme eines Pfändungsprotokolls unterlassen habe.

Es ist dabei die Verordnung wegen exekutivischer Beitreibung der direkten und indirekten Steuern und anderer öffentlicher Abgaben und Gefälle rc. v. 30. Juli 1853 gänzlich übersehen worden, welche die eingehendsten Bestimmungen über das Verfahren bei Vollstreckung der Exekution durch Administrativbeamte enthält und für den vorliegenden Fall maßgebend ist.

Der § 14 l. c. bestimmt, daß die Pfändung in der Art geschehen soll, daß der Exekutor von den vorhandenen pfändbaren Gegenständen einen hinreichenden Betrag in Beschlag nimmt, und nach § 17 l. c. sind nicht leicht zu transportirende Gegenstände bis zu deren Versteigerung dem Schuldner gegen das Versprechen, für deren Aufbewahrung zu sorgen, und unter Verweisung auf die Strafen der Vereitelung der Pfändung zu belassen.

Es geht hieraus das bei allen Exekutionen resp. Beschlagnahmen allgemein geltende Prinzip hervor, daß das Wesen der Beschlagnahme mit darin zu finden ist, daß dieselbe dem Exequendus erkennbar gemacht wird und er sich daher im bösen Glauben befindet, sobald er mit Bewußtsein dagegen handelt.

Ist dies, wie nicht zu bezweifeln, der Fall, so stellt sich das von dem Exekutor über die Beschlagnahme auch nach § 18 der Vdn. v. 30. Juli 1853 aufzunehmende, von dem Exequendus zu unterzeichnende Protokoll lediglich als ein Beweismittel über die stattgehabte Pfändung und daß diese dem Schuldner bekannt gemacht worden, dar.

Der Beweis dieser letzteren Umstände kann aber auch in anderer Weise erbracht werden, und im vorliegenden Falle hat ihn der erste Richter in dem eigenen Zugeständnisse des Angeklagten gefunden, von dem der App.-Richter das Entgegengesetzte nicht angenommen hat.

Das angefochtene Erkenntniß ist hiernach durch irrthümliche Rechtsanschauungen geleitet, zu der Freisprechung des Angeklagten gelangt und unterliegt daher der Vernichtung.

(A. d. Gr. Vernichtung des angegriffenen Erkenntnisses und Bestätigung des verurtheilenden Erkenntnisses erster Instanz.)

Antr. des GStA.s gleichl. [20. – 2.]

---

1. Unterschlagung. — Dolus.
2. Amtsunterschlagung. — Unberechtigter Empfang. — Betrug.

1. Zum Thatbestande der Unterschlagung bedarf es nicht des besondern Nachweises der Absicht zu unterschlagen.

StGB. § 225 [vgl. dort n. 40].

2. Der Beamte, welcher bei Gelegenheit und in Veranlassung einer Amtshandlung fremdes Geld empfängt, erhält dasselbe in amtlicher Eigenschaft, selbst wenn er dabei ohne die an sich erforderliche Ermächtigung handelte, und die Zahlung nur durch eine Täuschung des Andern herbeiführte. Die Beiseiteschaffung rc. jener Gelder stellt daher eine Amtsunterschlagung dar, mit welcher geeigneten Falles ein Betrug ideell konkurrirt.

StGB. § 324 [vgl. dort n. 9].

Beschl. (II.) v. 23. Mai 1861 c. Ehrling (34. B II.).

Der Gerichtsexekutor E. war vom Gerichte erster Instanz wegen (Urkundenfälschung und) Amtsunterschlagung vorläufig in Anklagestand versetzt worden; das AG. sprach dagegen die definitive Versetzung rc. wegen Betrugs aus, indem es annahm:

daß E. von der rc. G., gegen welche er als Gerichtsexekutor ein von rc. B. erstrittenes Judikat zu vollstrecken hatte, unter Vorspiegelung eines ihm vom Gerichte ertheilten Auftrags zur Empfangnahme jener Forderung, Geld gezahlt erhalten, und dieses Geld zeitweise unberechtigt benutzt und den B. jahrelang mit seiner Forderung hingehalten, hierdurch aber sich einen Gewinn habe erzwingen wollen.

Auf die Beschwerde des OStA.s hat das OTr. diesen Beschluß (soweit er diesen Straffall betrifft) aufgehoben, und die definitive Versetzung in den Anklagestand wegen Amtsunterschlagung (§§ 324. 225 StGB.) ausgesprochen, und zwar:

In Erwägung, daß schon in der [obigen] thatsächlichen Annahme die gesetzlichen Erfordernisse des Vergehens einer Unterschlagung in amtlicher Eigenschaft empfangener Gelder (§ 324 und 225 StGB.) anzutreffen sind, indem einestheils dem Angeschuldigten bei Gelegenheit und in Veranlassung einer Amtshandlung das fragliche Geld, welches für ihn eine fremde, unverzüglich an den Extrahenten der Exekution abzuliefernde Sache war, anvertraut, mithin von ihm dasselbe in amtlicher Eigenschaft, wiewohl er die zur Exekution stehende Forderung ohne Ermächtigung durch Annahme der Geldzahlung eingezogen hat, in Empfang genommen worden, anderen Theils aber in dem angenommenen unberechtigten jahrelangen Nutzen des demnächst „erstatteten" Geldes bei der gewinnsüchtigen Absicht des Angeschuldigten ein Verbrauchen oder Veräußern liegt, welches, wie sich aus dem thatsächlichen „Hinhalten" des Exekutionssuchers B. unzweifelhaft ergiebt, zum Nachtheil des Geldeigenthümers gereichte;

daß der vorstehend gedachte Thatbestand einer Unterschlagung, wozu es nicht des besonderen Nachweises der Absicht zu unterschlagen bedarf, keineswegs durch die von dem Angeschuldigten gegen die Ehefrau G. bei der Exekutionsvollstreckung begangene Täuschung aufgehoben wird, da das im § 324 vorgesehene Vergehen als die mit einer schwereren Strafe bedrohte strafbare Handlung den zugleich mit vorliegenden Betrug absorbirt und daher der letztere bei der Hauptverhandlung geeigneten Falles nur durch die Stellung einer eventuellen Frage mit zu berücksichtigen ist.

Antr. des GStA.s gleichl. [25. — 5.]

Diebstahl. — Arbeiter. — Wohnung. — Umschlossener Raum.

Ein Diebstahl, welcher von einem Arbeiter zum Nachtheile des Arbeitgebers in dem zur Wohnung des letzteren gehörigen umschlossenen Raume verübt wird, zieht die Strafe des § 217 nach sich[1]).

StGB. § 217 Nr. 4 [vgl. dort n. 14].

Erk. (B. II.) v. 23. Mai 1861 c. Wagner (25. II. Cr.).

Der Zweck, welchen das Gesetz bei der Strafbestimmung des § 217 Nr. 4 im Auge hat, nämlich durch eine erhöhete Strafe Schutz gegen Diebstähle solcher Personen zu geben, denen ein besonderes Vertrauen geschenkt werden muß, trifft auch in dem dritten Falle dieser Nr. 4 zu. Nach diesem Zwecke läßt sich der Begriff der darin gedachten Wohnung nicht auf die bewohnten Gemächer beschränken; es umfaßt vielmehr dieser Begriff auch den zu der Wohnung gehörigen umschlossenen Raum (§ 221). Es ist auch nicht nothwendige Voraussetzung des auf ein näheres persönliches Verhältniß des Diebes zu dem Meister oder Arbeitgeber gehenden zweiten Satzes der Nr. 4 des § 217, daß die Werkstätte oder das Waarenlager, von welcher in diesem zweiten Satze neben der Wohnung die Rede ist, mit der Wohnung in räumlicher Verbindung stehe, insofern also zu dieser gehöre.

Antr. des GStA.s gleichl. [26. — 3.]

Appellation. — Anmeldung. — Sitzungsprotokoll.

Es ist gerechtfertigt, die Aufnahme einer angemeldeten Appellation in das Sitzungsprotokoll abzulehnen.

Vgl. Strafverf. Abschn. IV. n. 30. S. 455.

---

[1]) Noch weiter ging B. I. 24. Nov. 1858 c. Jorsczick (1051; G. A. 7. S. 107), welches hier der Wohnung jedes zu dem Wohnhause gehörige befriedigte Besitzthum, selbst wenn es nicht einen umschlossenen Raum im Sinne des § 221 bildet, gleichstellen wollte.

Beschl. (I.) v. 29. Mai 1861 c. Suszka (106. B. I.).

Das Sitzungsprotokoll soll nach § 37 der Vdn. v. 3. Jan. 1849, sowie nach Art. 78 des Ges. v. 3. Mai 1852 den Hergang bei der mündlichen Verhandlung der Sache beurkunden, ist daher weder bestimmt, noch recht geeignet, einen mit dieser Verhandlung nicht in Verbindung stehenden Akt wie die Einlegung eines Rechtsmittels aufzunehmen. Wenn daher auch die Aeußerung des Angeklagten zur Kenntniß des Gerichtsschreibers gekommen sein sollte, so erscheint deren Nichtaufnahme in das Sitzungsprotokoll doch nicht ungerechtfertigt (vgl. Erkenntniß v. 14. April 1858 [Z. I. c. Ziemer; 154], JMBl. S. 191).

Antr. des GStA.s gleichl. [18.—5.]

Urkunde. — Theilweise Vernichtung. — Verfälschung.

Die theilweise Vernichtung einer Urkunde kann eine Verfälschung derselben darstellen, wenn durch die Entfernung eines Theiles ein wesentlich anderer Inhalt der Urkunde hergestellt wird[1]).

StGB. § 247. 254. 243 Nr. 8.

---

[1]) Eine in Goltdammers Archiv 7. S. 746 ff. mitgetheilte Abhandlung erörtert die Frage, inwiefern die theilweise Auslöschung der Schrift einer Urkunde als Urkundenfälschung anzusehen sei; sie gelangt zu dem Resultate, daß Urkundenfälschung nur da angenommen werden könne, wo die Änderung des Inhalts an den Schriftzügen bewirkt werde, während da, wo die Handlung gegen den Körper des Schriftstücks gerichtet sei, nur eine Beschädigung oder Vernichtung der Urkunde (§ 243 Nr. 8) vorliege; in ähnlichem Sinne spricht sich eine Bemerkung ibid. 8. S. 285 aus. Diese Unterscheidung kann indessen nicht für zutreffend erachtet werden, vielmehr kommt es in dieser Beziehung lediglich darauf an, ob durch die betr. Handlung der Urkunde diese ihre Eigenschaft als Urkunde genommen wird, oder nicht. Wird durch die Handlung der Inhalt der Schrift in einem wesentlichen Theile abgeändert, so jedoch, daß dieselbe im Allgemeinen den Charakter der Urkunde behält, so liegt unzweifelhaft eine Verfälschung derselben vor, sollte jene Aenderung auch durch eine gegen den Körper des Schriftstücks gerichtete Handlung (z. B. durch Abschneiden eines Theiles derselben) herbeigeführt sein; das ward indirekt anerkannt

Beschl. (I.) v. 29. Mai 1861 c. Milling (552. I. Cr.).

In Erwägung, daß die Frage, ob in der Vernichtung eines Theils von einer Beweisurkunde, vorliegenden Falles in dem Abreißen einiger, Atteste enthaltender, Blätter von einem Dienstbuche, eine Verfälschung im Sinne des § 254 des StGB. oder eine Aenderung des Dienstbuches im Sinne des § 5 der Ministerialverordnung vom 8. Juli 1856 (für den Regierungsbezirk Stettin durch Amtsblatterlaß der Bezirksregierung als Polizeiverordnung verkündet) liegt, eine wesentlich thatsächliche, von dem Umfange und der inhaltlichen Bedeutung des abgetrennten Stücks abhängige ist;

daß daher diese Frage von dem mit der Anklage befaßten Richter zu prüfen war und zu Unrecht aus dem Rechtsgrunde nicht in Betracht genommen worden ist, weil ein Unterdrücken oder Vernichten nicht unter den Rechtsbegriff der Verfälschung (oder Aenderung) falle, indem einer solchen Subsumtion rechtlich nichts entgegensteht, auch sehr wohl durch Entfernen eines Theils der Beweisurkunde ein wesentlich anderer Inhalt der Urkunde hergestellt werden kann.

(A. d. Gr. ist der appellationsgerichtliche Beschluß aufgehoben, und die Sache zur näheren Prüfung an das AG. zurückverwiesen worden.)

Antr. des GStA.s gleichl. [43. — 5.]

---

durch Z. I. 14. Dez. 1859 c. Puhlmann (1223; G. A. 8. S. 285), und in klar ausgesprochener Weise durch den oben mitgetheilten Beschluß. Umgekehrt ist die Urkunde vernichtet (beschädigt), sobald sie durch die an ihr vorgenommene Handlung den Charakter als Urkunde verloren hat, ohne daß es auch hier einen Unterschied zu begründen vermöchte, ob jene Handlung den Körper des Schriftstücks oder nur die Schriftzüge (z. B. durch Auslöschen des Textes oder der Unterschrift) betraf. In diesem Sinne haben sich auch Z. I. 30. März 1859 c. Semmler (291) und Beschl. I. 13. Jan. 1860 c. Zlotawski (13, B.) ausgesprochen.

Diebstahl. — Halbbruder. — Miteigenthümer. — Strafantrag.

1. Im § 229 StGB. umfaßt der Ausdruck „Geschwister" auch Halbgeschwister [1]).

2. Der § 229 bleibt ausgeschlossen, wenn das Eigenthum der gestohlenen ꝛc. Sache mehreren Personen gemeinschaftlich zusteht, von welchen nur einzelne in dem dort gedachten Verhältnisse zum Thäter sich befinden [2]).

Erk. (Z. I.) v. 29. Mai 1861 c. Quassowski (531. I. Cr.).

Der Bestohlene H. ist zwar der Halbbruder des Angeklagten, und es ist auch der Antrag auf Bestrafung des Letzteren erst nach Ablauf der im § 50 StGB. angeordneten dreimonatlichen Frist gestellt worden, allein dessen ungeachtet hat der erste Richter die Strafbarkeit des Angeklagten durch die Bestimmung im § 229 ibid. mit vollem Recht nicht für ausgeschlossen erachtet, weil der Angeklagte nach dem Spruche der Geschwornen nicht nur den H., seinen Bruder, sondern auch die mit diesem in ehelicher Gütergemeinschaft lebende Ehefrau bestohlen hat.

Zwar muß es für die Beurtheilung des Falles gleichgültig erscheinen, daß der Angeklagte nicht der vollbürtige, sondern nur der Halbbruder des H. ist, weil unter dem im § 229 gebrauchten Ausdrucke: „Geschwister" auch die Halbgeschwister mit inbegriffen sind; indeß bildet diese gesetzliche Bestimmung, nach welcher ein gegen die darin erwähnten verwandten oder verschwägerten Personen begangener Diebstahl oder eine Unterschlagung nur auf den Antrag des Verletzten zur Bestrafung zu ziehen ist, eine Ausnahme von der Regel über Bestrafung der Vergehen und Verbrechen überhaupt und kann deshalb nicht erweiternd interpretirt werden.

---

[1]) Vgl. Oppenhoff StGB. § 229 n. 7.

[2]) Sic: Z. I. 3. Mai 1861 c. Kaspereit (201); vgl. Oppenhoff l. c. n. 9.

Der § 229 muß daher außer Anwendung bleiben, sowohl wenn der Verletzte überhaupt nicht zu den speciell genannten Personen gehört, als auch dann, wenn das Eigenthum der gestohlenen Sache mehreren Personen gemeinschaftlich zusteht, von welchen nur eine oder die andere in dem gedachten Verhältnisse zu dem Thäter sich befindet.

Denn es liegt ja auch in der Natur der Sache, daß die in der Unterlassung des Strafantrages liegende Verzeihung des bestohlenen Verwandten sich eben nur auf die ihm widerfahrene Verletzung seines Vermögens bezieht und daß derselbe also gar nicht die seinem Miteigenthümer zugefügte Vermögensbeschädigung verzeihen kann (vgl. Erk. [V. I.] 25. Sept. 1854 c. Figger). Es ist auch hierauf ohne Einfluß, daß im vorliegenden Falle die mit dem Angeklagten nicht verwandte Miteigenthümerin des gestohlenen Geldes die Ehefrau des Halbbruders des Angeklagten ist, und mit ihrem Ehemanne in ehelicher Gütergemeinschaft lebt. Denn die hieraus entspringende Verwaltungsbefugniß des Ehemannes und das Recht, einseitig über die gemeinschaftlichen beweglichen Sachen zu disponiren, schließen es nicht aus, daß auch die Ehefrau durch einen an den gemeinschaftlichen Sachen verübten Diebstahl an ihrem Vermögen beschädigt worden ist.

Wenn nun aber nach dem Spruch der Geschwornen auch der verehelichten H. das entwendete Geld weggenommen worden ist, so folgt aus dem Gesagten, daß der § 229 a. a. O. auf den vorliegenden Fall keine Anwendung findet.

(A. d. Gr. Zurückweisung der NB. des Angeklagten.)

Antr. des GStA.s gleichl. [43.—2.]

Schlägerei. — Tödtung. — Tödtliche Körperverletzung.

Im § 195 des StGB. sind die Worte „wenn ein Mensch getödtet wird" auch auf den Fall zu beziehen, wo der Tod die Folge der zugefügten Körperverletzungen (§ 194) gewesen ist.

StGB. § 195 [vgl. dort n. 6].

Erk. (Z. I.) v. 29. Mai 1861 c. Huckwitz (449. I. Cr.).

Daß zur Anwendung des § 195 eine vorsätzliche Tödtung oder Körperverletzung vorauszusetzen sei, ist weder aus dem Inhalte dieses Paragraphen, noch auch aus etwaigen Parallelen erweislich. Nach § 184 kann freilich eine fahrlässige Tödtung nur mit zweimonatlichem Gefängniß bestraft werden, während § 195 als Minimum dreimonatliches Gefängniß vorschreibt. Wenn indessen eine solche Tödtung in einer Schlägerei oder bei einem Angriffe Mehrerer auf einen Dritten verübt ist, so ist unbedingt auch § 195 gegen den Tödtenden anwendbar, da der Fall des § 184 in die Schlußklausel des § 195 nicht hineingezogen werden kann. Der Grund des Gesetzes in § 195 liegt überhaupt nächst der Gefährlichkeit einer mehrfachen Betheiligung darin, daß es nicht immer möglich ist, zu ermitteln, von welcher sonderlichen Hand ein Mensch bei solcher Gelegenheit an seinem Leben oder Körper beschädigt worden ist, daß daher jeder sich ganz besonders vor solchen Gelegenheiten zu hüten und davon zurückzuhalten habe, widrigenfalls ihm immer ein Antheil an dem Erfolge zugeschrieben werden müsse. Dann kann es auch keinen spezifischen Unterschied in der Behandlung machen, ob einem der Theilnehmer oder dem erkennbaren Hauptthäter Vorsatz oder Fahrlässigkeit beizumessen sei; ja in sehr vielen Fällen würde dies ebensowenig festzustellen sein, als die äußere Thäterschaft.

Antr. des GStA.s gleichl. [17. — 2.]

Erhebliche Körperverletzung. — Dolus.

Zum Thatbestande der erheblichen Körperverletzung genügt es, wenn die Mißhandlung selbst vorsätzlich vorgenommen wurde; es ist nicht erforderlich, daß der Dolus auch auf Herbeiführung der eingetretenen Folge gerichtet gewesen sei.

StGB. § 192 a [vgl. dort n. 8].

Erk. (Z. II.) v. 1. Juni 1861 c. Reinhardt (175. II. Cr.).

In Erwägung, daß namentlich dem App.-Richter darin nur beigepflichtet werden kann, daß es zum Thatbestand einer erheblichen Körperverletzung im Sinne des § 192 a. des StGB. nicht gehöre, daß der Vorsatz des Angeklagten auch auf die Wirkung gerichtet gewesen sei, daß es vielmehr genüge, daß die Mißhandlung selbst vorsätzlich vorgenommen worden sei, um auch die in Folge derselben eingetretene Wirkung dem Thäter zuzuschreiben, wie dies sowohl aus der Wortfassung des citirten § 192 a, sowie auch aus einer Verbindung der §§ 194. 175. 176 des StGB.s hervorgeht, und bereits in mehreren Entscheidungen des Kgl. OTr., unter anderen v. 11. Jan. 1854 c. Laake (JMBl. S. 119) ausgeführt ist.

Antr des GStA.s gleichl. [14. — 3.]

Zeitschrift. — Kautionspflichtigkeit. — Belletristik.

Eine Zeitschrift, deren Inhalt der Belletristik angehört, ist von der Kautionsbestellung nicht befreit [1]).

Preß-Ges. v. 12. Mai 1851 § 17.

Erk. (Z. II.) v. 1. Juni 1861 c. Heyne (173. II. Cr.).

In Erwägung, daß nach der thatsächlichen Feststellung der Instanzrichter die inkriminirten Artikel der von dem Imploranten herausgegebenen Wochenschrift, ihrem Inhalte nach, der Belletristik angehören;

daß auf diesen im Wege der NB. unangreifbaren Thatbestand die §§ 11 und 42 des Preß-Ges. v. 12. Mai 1851, da der 2c. H. eine Kaution nicht bestellt hat, von dem App.-Richter mit Recht zur Anwendung gebracht worden sind und der im § 17 ibid. vorgesehene Ausnahmefall einer Befreiung von der Kautionsbestellung untergebens nicht vorliegt, da nach dieser Feststellung die von dem Angeklagten herausgegebene periodische Zeitschrift sich nicht in-

---

[1]) Sic: B. K.-H. 6. Jan. 1852 c. Greven (7063, JMBl. S. 44).

nerhalb der im § 17 vorgezeichneten, die Befreiung begründenden Grenzen gehalten hat, namentlich von derselben nicht gesagt werden kann, daß sie für rein wissenschaftliche, technische oder gewerbliche Gegenstände bestimmt sei.

(A. d. Gr. Zurückweisung der NB. des Angeklagten.)

Antr. des GStA.s gleichl. [16.—3.]

Herrschaft. — Gesinde. — Züchtigungsrecht.

Der Dienstherrschaft steht ein Züchtigungsrecht gegen gemiethetes Gesinde nicht zu [1]).

Beschl. (I.) v. 5. Juni 1861 c. Vortel (130. B. I.).

Der Herrschaft steht kein Züchtigungsrecht gegen das gemiethete Gesinde zu, indem der von der Kgl. StA.-schaft angeführte § 227. II, 7. ALR. sich auf das Unterthänigkeitsverhältniß bezieht und daher mit diesem seine Geltung verloren hat, der § 77 der Gesinde-Ordn. v. 8. Nov. 1810 aber sich nur darauf beschränkt, dem Gesinde das Recht auf eine gerichtliche Genugthuung wegen erlittener geringer Thätlichkeiten abzusprechen, der Gutspächter R. also nicht befugt war, seinen Dienstknecht B. deshalb zu züchtigen, wie er nach Behauptung der Anklage beabsichtigte, weil B. die ihm angewiesene Arbeit zu verrichten sich weigerte.

Antr. des GStA.s gleichl. [18.—3.]

Trauung. — Aufgebot. — Parochie. — Missionsstation.

Das Aufgebot eines Verlobten, welcher zu keiner Parochie gehört, muß in der Parochialkirche, wohin sein Wohnort gehört, bewirkt werden, sollte diese Kirche auch nicht die seiner Konfession sein. Dieses Aufgebot kann auch nicht durch ein solches ersetzt werden, welches in einer

---

[1]) Vgl. Oppenh. StGB. Thl. II. Tit. 14 (§ 187 ff.) n. 7. In demselben Sinne sprach sich eine Verf. d. Min. d. J. u. d. P. v. 7. Nov. 1833 (v. Kamptz Annal. 7. S. 1000) aus.

nur von der kirchlichen Oberbehörde errichteten Missionsstation stattgefunden hat.

ALR. II, 1 § 138–140. 155; Verfass. v. 31. Jan. 1850 § 12. 15. 30. 31.

Erk. (Z. I.) v. 31. Mai 1861 c. Weglikowski (416. I. Cr.).

Der Angeklagte W., welchem durch Verfügung der bischöflichen Behörde die Verwaltung einer für die in S. wohnenden, zu keiner Parochie gewiesenen Katholiken errichteten Missionsstation übertragen worden war, hatte in der katholischen Kapelle zu S. mehrere (katholische) Paare nach einem vorher von ihm bewirkten Aufgebote, getraut, ohne daß ein Aufgebot derselben in den evangelischen Kirchen, in deren Sprengeln die Wohnorte der Getrauten lagen, vorangegangen wäre. Aus § 155. II, 1. ALR. bestraft ergriff er die NB., welche indessen vom OTr. zurückgewiesen wurde.

Gründe:

Die §§ 138 ff. II, 1. ALR. bestimmen, daß der Trauung ein Aufgebot vorhergehen muß, und zwar in der Parochie der Verlobten, und, wenn sie zu keiner Parochie gehören, in der Kirche, wohin ihre Wohnorte gehören, diese Anordnungen gelten sowohl für evangelische als für katholische Einwohner des Staates, sind auch bezüglich der Letzteren im Wesentlichen, was die Nothwendigkeit des vorhergehenden Aufgebots betrifft, durch das kanonische Recht begründet, Concil. Tridentin. Sess. XXIV. de ref. matr. cap. 1, welches ausdrücklich bestimmt, daß das Aufgebot von dem parochus proprius der Verlobten ausgehen muß. Der Zweck dieser Maaßregel ist der, etwaige Ehehindernisse zu ermitteln, wie das vierte Concilium vom Lateran aus dem Jahre 1215 cap. 3, X. de cland. despons. IV, 3 speciell erwähnt.

Es frägt sich daher bei Entscheidung des vorliegenden Falles lediglich, was nach den bestehenden gesetzlichen Bestimmungen unter einer Parochie zu verstehen sei, und in welcher Art sie zu Stande komme. Der § 237. II, 11. ALR. nennt eine Parochie denjenigen Distrikt, in welchem Glaubensverwandte einer vom Staate öffentlich aufgenommenen Religionspartei zu einer gemeinschaftlichen Kirche angewiesen sind, und der § 238 l. c. verordnet sodann wörtlich:

> Neue Parochien können nur vom Staate unter Zuziehung der geistlichen Oberen errichtet und die Grenzen derselben bestimmt werden.

Es ist deshalb das Recht, Parochien zu konstituiren, ein dem Staate, vermöge seines ius circa sacra im Gegensatze zu dem rein kirchlichen (ius ecclesiasticum) vorbehaltenes, bei dem die geistlichen Oberen, ihres dabei obwaltenden Interesses wegen, gehört werden sollen. Die definitive Entscheidung gebührt aber allemal der Staatsgewalt, wie auch der § 111 l. c. erkennen läßt, wo es heißt:

> Nur der Staat kann bestimmen, zu welcher der verschiedenen Kirchengemeinen seiner eigenen Religionspartei jeder Einwohner als ein beitragendes Mitglied gerechnet werden soll,

weil eben hierdurch nicht bloß rein kirchliche, sondern auch öffentliche und Privatrechte resp. Verpflichtungen der Staatsangehörigen betroffen werden, und in dieser Beschränkung sind die §§ 293. 294 l. c. zu verstehen, welche davon handeln, daß auch einzelne Einwohner des Staates, oder ganze Gemeinden, welche noch nicht zu einer Parochie gehören, unter Vorwissen und Genehmigung der geistlichen Oberen zu einer benachbarten Kirche sich schlagen sollen.

Der innere juristische Grund zu allen diesen gesetzlichen Bestimmungen ist der, daß die Parochialgemeinden einer vom Staate öffentlich aufgenommenen Religionspartei, als privilegirte Korporationen im Sinne der §§ 22 ff. II, 6. ALR. angesehen werden, bei deren Errichtung folgerecht die Ausschließlichkeit der Staatsbehörde zur Anwendung kommt. Vgl. Präjudiz des Kgl. OTr. v. 4. Jan. 1847 Nr. 1816 und v. 13. Dez. 1850 Nr. 2261 (Entsch. 10. S. 380).

Es ist daher eine irrige Ansicht des Imploranten, daß nach den Bestimmungen des ALR. die im § 238. II, 11 l. c. gemeinte Staatsbehörde in Betreff der Katholiken der Diöcesan-Bischof sei, welcher nur insoweit die Staatsgenehmigung einzuholen habe, als die civilrechtlichen Verpflichtungen aus dem Kirchenverbande der staatlichen Anerkennung bedürfen. Es läßt sich dies weder aus dem Wortlaute der obigen allegirten Gesetzstellen, noch aus deren inneren Grunde herleiten, und auch die für Preußen durch die AKO. v. 23. Aug. 1821 sanktionirte päbstliche Bulle de salute animarum v. 16. Juli 1821 giebt hierzu keinen Anhalt.

Es kann sich nach alledem nur noch fragen, ob etwa, wie die NB. hervorhebt, die Verfassungsurkunde v. 3. Jan. 1850 eine Abänderung der landrechtlichen Verordnungen in dieser Beziehung getroffen hat. Allein auch dies ist nicht der Fall. Es können nur die Artt. 12. 30. 31. 15 der Verfassungsurkunde in Betracht kommen. Der Art. 12 l. c. gewährleistet die Freiheit des religiösen Bekenntnisses, der gemeinsamen häuslichen und öffentlichen Religionsübung, und der Vereinigung zu Religionsgesellschaften, das letztere Recht indeß mit Bezug auf die in den Artt. 30. 31 enthaltenen Bestimmungen. Hinsichtlich dieser lautet der Art. 31 dahin:

> daß die Bedingungen, unter welchen Korporationsrechte zu ertheilen oder zu verweigern sind, durch das Gesetz geregelt werden sollen.

Es ergiebt sich hieraus, daß auch die Verfassungsurkunde die Verleihung von Korporationsrechten als eine Befugniß des Staats aufgefaßt hat, und es ist bereits oben bemerkt worden, daß Parochialgemeinden zu den privilegirten Korporationen zählen. Ein besonderes, im Art. 31 der Verfassungsurkunde vorgesehenes Gesetz, bezüglich der Konstituirung von Korporationen ist indeß zur Zeit noch nicht ergangen, es sind also bis jetzt die diesfälligen landrechtlichen Bestimmungen und folgeweise die §§ 111. 238. 293. II, 11 l. c. noch gegenwärtig in Kraft.

Der Art. 15 der Verfassungsurkunde ändert hierin ebenfalls nichts, indem derselbe bloß ausspricht, daß der evangelischen und katholischen Kirche, sowie jeder anderen Religionsgesellschaft die selbstständige Ordnung und Verwaltung ihrer Angelegenheiten zusteht. Dadurch aber wird das oben erwähnte, in den Art. 12. 31 l. c. vorbehaltene und zur Zeit noch nicht aufgehobene Recht des Staates zur Gewährung von Korporationsrechten nicht berührt.

Da nun von den Vorderrichtern festgestellt ist, daß die katholische Missionsstation zu S. bis jetzt von der Staatsregierung zu einer Parochie nicht erhoben worden ist, so kann auch nicht anerkannt werden, daß Implorant das Recht gehabt hat, ohne sich nach den Vorschriften der §§ 138 ff. II, 1. ALR. zurichten, die in Rede stehenden Trauungen vorzunehmen. Es ist daher der § 155. II, 1. ALR. richtig angewendet worden, und der Implorant kann sich nicht auf den Schutz des § 44 StGB. berufen, da nach § 12 der Einleitung zum ALR. Niemand sich mit der Unkenntniß gehörig publicirter Gesetze entschuldigen kann.

Antr. des GStA.s gleichl. [20. — 5.]

Zeugenvernehmung. — Protokoll. — Unterschrift.

Die Vorschrift des § 341 der Crim.-Ordn., nach welcher das über die Vernehmung eines Zeugen aufgenommene Protokoll von demselben unterzeichnet oder unterkreuzt werden soll, ist für eine wesentliche nicht zu erachten.

Vgl. Oppenhoff Strafverf. § 43 n. 46.

Erk. (Z. I.) v. 31. Mai 1861 c. Stein (368. I. Cr.).

Wenn auch der § 341 der Crim.-Ordn. vorschreibt, daß nach geschehener Ableistung des Eides das Protokoll von dem Zeugen unterschrieben oder, wenn er das Schreiben nicht versteht, mit drei Kreuzen unterzeichnet werden soll, so kann doch die Unterlassung dieser Vorschrift oder ein bei der Attestirung der Kreuze vorgekommenes Versehen nicht die Ungültigkeit der Verhandlung nach sich ziehen, sobald im Uebrigen kein Zweifel darüber obwaltet, daß der Hergang der Sache und die Aussagen der Zeugen der Wahrheit gemäß aufgenommen worden.

Antr. des GStA.s gleichl. [43. — 5].

Urkunde. — Vollständiger Beweis. — Sparkassenbuch. — Summe der Eintragungen.

Eine Schrift ist auch dann als Urkunde zu betrachten, wenn sie auch nicht für sich allein den vollständigen Beweis eines Rechtsgeschäfts liefert.

Demgemäß kann die Veränderung eines Sparkassenbuchs in dem Vermerke über den Gesammtbestand eine Urkundenfälschung darstellen, sollten nach den Statuten auch nur die Vermerke des Rendanten über die einzelnen Einzahlungen und Auszahlungen beweisende Kraft haben.

StGB. § 247 [vgl. dort n. 73].

Erk. (B. I.) v. 31. Mai 1861 c. Schulze (348. I. Cr.).

Sch. war von den Geschwornen schuldig befunden worden:

„— — in der Absicht rc. ein über 7 Sgr. lautendes Quittungsbuch der rc. Sparkasse — dadurch, daß er als **Bestand** in die Kolonne der Thaler die Summe 200 einrückte, verfälscht, und von diesem Buche zum Zwecke der Täuschung Gebrauch gemacht zu haben."

Gleichwohl sprach der Schw.-G.-Hof von der Anklage der Urkundenfälschung frei, weil nach den betr. Statuten nur die Vermerke des Rendanten über die einzelnen Einzahlungen und Auszahlungen eine für die Schuldverpflichtung der Sparkasse beweisende Kraft hätten, eine solche also den darin nicht vorgeschriebenen Vermerken des Rendanten über den verbliebenen Gesammtbetrag des Guthabens (dem Facit) nicht beizulegen sei. Auf die NB. des StA.s hat das OTr. das Erkenntniß vernichtet und den Angeklagten nach § 247. 250 verurtheilt.

Gründe:

Zur Unterstützung der Ansicht des Schw.-G.-Hofes könnte das angeführt werden, daß einmal, wenn man das Sparkassenbuch in seinem Verhältnisse zu dem nach den Statuten zu führenden Kassenbuche der Anstalt als ein Gegenbuch betrachtet, nach Analogie des § 592. II, 8 des ALR. gegen den Angeklagten im Civilprozesse nur aus jenen Eintragungen über geleistete Einzahlungen und Rückzahlungen selbst ein Beweis würde geführt werden können, daß ferner, wenn der Vermerk über die Summirung mit der wirklichen Summe der voreingetragenen Posten der Einzahlungen und Rückzahlungen nicht stimmt, hier also in Folge der stattgefundenen Fälschung lediglich die Grundsätze über Rechnungsfehler eintreten würden, solche Fehler aber, wenn in Folge derselben wirklich Zahlung geleistet ist, die Rückforderung nicht hindern (§§ 145 ff. I, 14; §§ 431 ff. I, 16. ALR). Dennoch aber sind diese Gründe nicht ausreichend, um der in Rede stehenden Fälschung schlechthin den Charakter einer Urkundenfälschung im Sinne des § 247 des StGB. zu verneinen.

Entscheidend bleibt es immer, daß in einer Schuldurkunde unter dem Namen des Ausstellers ein Vermerk über den Betrag der Schuld gefälscht ist, welcher, wenn er allein darin stände, unbedenklich eine volle beweisende Kraft gegen den Aussteller haben würde, dessen Beweiskraft aber durch entgegenstehende Vermerke desselben Ausstellers wiederum in Frage steht.

Da nun nach dem Präj. [n. 136] des Plenums des OTr.s v. 29. Jan. 1855 [Z. Pl. c. Tellien; Oppenhoff StGB. § 247 n. 73] eine Schrift auch dann als eine Urkunde im Sinne des § 247 des StGB. angesehen werden kann, wenn sie auch nicht für sich allein den vollständigen Beweis eines Rechtsgeschäfts liefert, mithin nicht die absolute, sondern nur die relative Beweiskraft in Frage kommt, so muß in Betracht gezogen werden, welche Wirkung jener Vermerk im Prozesse dann haben würde, wenn es sich um den Beweis der Richtigkeit oder Unrichtigkeit jener voranstehenden Posten über die Einzahlungen und Auszahlungen handele, wenn also behauptet würde, einer dieser Posten sei zu niedrig resp. zu hoch eingetragen. In solchem Falle würde nun unbedenklich dem Summirungsvermerke in Verbindung mit andern Beweismitteln, also im Sinne jenes Präjudizes, allerdings ein nicht unerhebliches Gewicht gegen den Aussteller beigelegt werden können.

Ein Mehreres kann aber nicht gefordert werden, um im Sinne des § 247 den Thatbestand der Fälschung zu beurtheilen.

Antr. des GStA.s gleichl. [15.—5.]

1. Beschlagnahme. — Statthaftigkeit derselben. — Beiseiteschaffung. — Prüfung des Strafrichters.

2. Beschlagnahme. — Verwarnung.

1. Die Strafbarkeit der Beiseiteschaffung einer in Beschlag genommenen Sache wird dadurch nicht ausgeschlossen, daß die betr. Maaßregel vom Gerichte den gesetzlichen Vorschriften zuwider angeordnet war; der Strafrichter hat daher auch gar nicht zu prüfen, ob die Sache dem Angeklagten gegenüber in Beschlag genommen werden durfte.

2. Die Anwendbarkeit des § 272 ist nicht bedingt durch eine vorgängige Verwarnung desjenigen, bei welchem die Beschlagnahme erfolgt ist.

StGB. § 272 [vgl. dort n. 16].

Erk. (Z. II.) v. 1. Juni 1861 c. Hartung (125. II. Cr.).

In einem gegen einen gewissen W. gerichteten Exekutionsverfahren waren verschiedene, angeblich dem letzteren gehörige Gegenstände auf gerichtliche Anordnung auf einem von H. angepachteten Gute in Beschlag genommen, und dem letzteren jede Verfügung zum Nachtheile der Beschlagnahme „bei Vermeidung eigener Vertretung" untersagt worden. Nichtsdestoweniger hatte er einen Theil dieser Sachen nach andern Orten schaffen lassen, und war deshalb aus § 272 StGB. bestraft worden. Seine NB. rügte:

1. der Instanzrichter habe mit Unrecht den angetretenen Beweis darüber, daß die Sachen ihm selbst und nicht dem Exequenden W. gehört hätten, abgelehnt; dieser Beweis sei erheblich gewesen, weil die Sachen eines Dritten nicht hätten in Beschlag genommen werden dürfen;

2. der § 272 sei mit Unrecht gegen ihn zur Anwendung gebracht, weil durch die an ihn ergangene Verwarnung nur civilrechtliche Nachtheile angedroht, nicht aber eine Bestrafung in Aussicht gestellt worden sei.

Zurückweisung.

Gründe:

Es kann einer Erörterung in der Nichtigkeitsinstanz nicht unterliegen, ob die in Rede stehenden Gegenstände, und namentlich diejenigen derselben, deren Eigenthum der Angeklagte durch Kauf von dem Exequenden erworben haben will, dem Angeklagten gegenüber für den die Exekution betreibenden Gläubiger überhaupt (und namentlich etwa mit Rücksicht auf § 445. I, 20. ALR; Plenarpräjudiz Nr. 284 v. 10. Juli 1837 (Entsch. 2. S. 383) in Beschlag genommen werden durften. Es würde die Strafbarkeit des Angeklagten nicht beseitigen, daher einflußreich sein, wenn wirklich, dem Angeklagten gegenüber, die erfolgte Beschlagnahme den gesetzlichen Vorschriften zuwider von dem betreffenden Gerichte angeordnet gewesen wäre. Denn es gehört nicht zu dem Thatbestande des im § 272 StGB bedrohten Vergehens — es ist nicht die Anwendbarkeit dieses Strafgesetzes dadurch bedingt, daß die von der zuständigen Behörde oder von dem zuständigen Beamten geschehene Beschlagnahme überall dem Gesetze gemäß war. —

In strafrechtlicher Beziehung ist eine vorgängige Warnung kein Erforderniß. Es genügt für den Thatbestand des § 272, daß mit Kenntniß der stattgehabten Pfändung oder Beschlagnahme dieser zuwider vorsätzlich gehandelt worden — die Entziehung geschehen ist, und gerade auch in Bezug auf dritte Besitzer, Inhaber oder auch Eigenthümer ist der frühere engere Thatbestand des § 272 durch das Gesetz v. 14. April 1856 erweitert worden (G. Arch. 3. S. 860; 4. S. 124. 135).

Antr. des GStA.s gleichl. [26. — 3.]

Unterkommen. — Wohnung. — Amtlicher Räumungsbefehl. — Ungehorsam. — Berechtigung.

1. Die Nichtbefolgung des polizeilichen Befehls, eine zur Zeit benutzte Wohnung zu verlassen, steht dem Verluste der Wohnung (eines Unterkommens) nicht gleich; sie kann daher auch nicht

mit der Strafe des § 119 Nr. 3 StGB. geahndet werden.

2. Wer thatsächlich ein Unterkommen hat, unterliegt nicht der Strafe des cit. Paragraphen, ohne daß es auf seine Berechtigung zu demselben ankäme. [Vgl. StGB. § 119 n. 8].

Erk. (Z. I.) v. 5. Juni 1861 c. Schalk u. Gen. (358. I. Cr.).

Den Angeklagten war für die Dauer ihrer Beschäftigung bei einem Chausseebau von der betr. Bauverwaltung gestattet worden, sich in einem Walde Erdhütten zu erbauen und diese zu bewohnen; sie hatten dieselben aber auch nach Beendigung der Arbeiten innebehalten, und selbst dann nicht verlassen, nachdem ihnen von dem Landrathe aufgegeben worden war, sich ein anderes Unterkommen zu beschaffen. Deshalb angeklagt, wurden sie von den Instanzgerichten freigesprochen, weil sie zur Zeit noch eine Wohnung (Unterkommen) hätten, § 119 Nr. 3 StGB. also nicht zutreffe. NB. des OStA.s. Zurückweisung.

Gründe:

Der Grundsatz, von welchem die NB. ausgeht, daß die Angeklagten, nachdem ihnen von der landräthlichen Behörde aufgegeben worden, sich ein anderes Unterkommen zu beschaffen, diesem Befehle unbedingt hätten nachleben müssen, wenn sie nicht dem § 119 Nr. 3 l. c. verfallen wollten, kann in dieser Allgemeinheit für richtig nicht erachtet werden. Denn nur, wenn die Angeklagten ein solches Unterkommen hätten, bei welchem sie der öffentlichen Armenpflege bereits zur Last fielen, würde die Nichtbefolgung des Befehles, sich ein anderes Obdach zu verschaffen, die Anwendung des Strafgesetzes zur Folge haben, da in einem solchen Falle die Angeklagten eben kein Unterkommen im Sinne des Gesetzes hätten.

Wenn aber den Angeklagten, wie die NB. anführt, die Räumung ihrer Erdhütten, deren Bewohnung ihnen als fremden Arbeitern nur precario zu einem bestimmten öffentlichen Zwecke, nämlich während des dortigen Chausseebaues eingeräumt sein soll, und die daher, was notorisch sei, kein Recht auf diese Wohnungen nach dem Aufhören der Chausseearbeiten mehr hätten — erst anbefohlen worden ist, sich ein anderes Obdach zu verschaffen, so sind sie durch diesen landräthlichen Befehl erst in die Lage versetzt worden, daß sie möglicher Weise ihre Entfernung aus den bisher mit Fug und Recht bewohnten Erdhütten zu gewärtigen haben; allein sie haben thatsächlich ihr bisheriges Unterkommen nicht verloren.

Die Frage, welche in der NB. angeregt wird, ob die Angeklagten ein Recht auf fortdauerndes Bewohnen der Erdhütten haben, ist hier nicht zu entscheiden. Denn einestheils sind die in Bezug hierauf angeführten Thatsachen, daß die Angeklagten fremde Arbeiter seien, daß ihnen die Hütten nur für die Dauer ihrer dortigen Arbeit gewährt worden und diese Arbeit aufgehört habe, auch im öffentlichen Interesse das Bewohnen von Erdhütten nicht zu gestatten sei, in den Vorinstanzen nirgends zur Sprache gebracht worden und können deshalb auch nicht in der Nichtigkeitsinstanz berücksichtigt werden. Anderentheils kommt es auch hier gar nicht darauf an, festzustellen, ob die Angeklagten ein Wohnungsrecht in den Hütten gehabt und nunmehr verloren haben, weil derjenige, welcher ein wirkliches Unterkommen hat, nicht angehalten werden kann, darzuthun, daß er eine Berechtigung zu demselben habe, vielmehr der thatsächliche Besitz einer Wohnung den § 119 Nr. 3 StGB. ausschließt. (So ist vom Kgl. OTr. erkannt am 30. Mai 1856 [Z. I.] c. Wessalowska.)

Antr. des GStA.s gleichl. [43. — 2.]

Festungsrayon. — Bauliche Anlagen. — Vertheidigungsfähigkeit. — Kompetenz.

Der § 3 des Festungsrayon-Regulativs vom 10. Sept. 1828 ist auf alle bauliche Anlagen anzuwenden[1]. Nur die Militärbehörde hat zu prüfen, ob durch eine solche die Vertheidigungsfähigkeit der Festung beeinträchtigt werde.

[1]) Vgl. B. I. 5. Dez. 1860 c. Albrecht (996; oben S. 162).

Beschl. (I.) v. 7. Juni 1861 c. Lemke (551. I. Cr.).

L. war beschuldigt worden, auf seinem Grundstücke innerhalb des ersten Rayonbezirks der Festung St. eine transportable Treppe errichtet zu haben, um aus einem tiefer gelegenen zu einem höheren Theile des Grundstücks zu gelangen. Die Eröffnung der Untersuchung ward indessen abgelehnt, weil nicht erhelle, daß die Treppe die Vertheidigungsfähigkeit der Festung beeinträchtige. Auf die Beschwerde des OStA. hat das OTr. den Beschluß des AG.s aufgehoben und die Sache zur nähern Prüfung an das AG. zurückverwiesen, und zwar:

In Erwägung, daß eine Treppe, auch wenn sie transportabel ist, und beliebig angesetzt und fortgenommen werden kann, unter Umständen als eine bauliche Anlage angesehen werden kann, wodurch, wie es im Eingang des Rayonregulativs heißt, die freie Umsicht von den Festungswerken und die Wirkung der Schußwaffen verhindert, sowie die Annäherung des Feindrs begünstigt werden würde, das Kgl. AG. zu St. die Einleitung der Untersuchung im Wesentlichen nur deshalb ablehnt, weil es im vorliegenden Falle an einer jeden Behauptung resp. Beweisführung fehle, daß durch die in Rede stehende Treppe die Vertheidigungsfähigkeit der Festung beeinträchtigt, insbesondere die freie Umsicht von den Festungswerken und die Wirkung der Schußwaffen behindert, sowie die Annäherung des Feindes begünstigt werden könnte;

daß jedoch hierüber nicht die Gerichte, sondern nur die Militärbehörde, also zunächst die Festungskommandantur zu entscheiden hat, und gerade um sie in die Lage zu versetzen, hierüber in jedem einzelnen Falle eine Prüfung anstellen zu können, nach § 3 des Rayonregulativs zu jedem Neu-, Reparatur- oder Umbau, also überhaupt zu jeder baulichen Anlage innerhalb der beiden ersten Rayons die Genehmigung der Ortspolizeibehörde eingeholt werden muß, welche, wenn sie gegen das Gesuch in polizeilicher und gewerblicher Hinsicht nichts zu erinnern findet, dasselbe an die Kommandantur zur ferneren Prüfung, ob dadurch die

Vertheidigungsfähigkeit der Festung beeinträchtigt wird, zu befördern hat.

Antr. des GStA.s gleichl. [18.—5.]

Bordell. — Konzessionirung. — Strafbarkeit.

Es verstößt nicht gegen Rechtsgrundsätze, wenn die Instanzrichter annehmen, die Konzessionirung eines Bordells sei unstatthaft.

StGB. § 147 [vgl. dort n. 13].

Erk. (Z. I.) v. 7. Juni 1861 c. Frost (428. I. Cr.).

Die in erster Instanz aus § 147 StGB. verurtheilten Eheleute F. machten in zweiter Instanz geltend: das Halten eines konzessionirten Bordells falle nicht unter das Strafgesetz. Das AG. bestätigte aber das erste Urtheil, weil Angesichts der bestehenden Gesetzgebung von einer derartigen Konzession nicht die Rede sein könne, die Angeklagten aber auch eine solche nicht erlangt hätten. NB. der letztern. Zurückweisung, weil festgestelltermaßen den Angeklagten eine Konzession weder ertheilt noch in Aussicht gestellt sei; gleichzeitig ward sodann ausgeführt:

Ob die Ansicht über die unbedingte Unzulässigkeit einer Konzessionsertheilung für eine Bordellwirthschaft richtig sei, kann hier nicht definitiv entschieden werden, da diese Frage die Befugnisse der Verwaltungsbehörden betrifft. Jene Ansicht widerspricht aber keineswegs wider klare Rechtsgrundsätze. Denn während in den Strafgesetzentwürfen von 1833 und 1836 besondere Vorschriften über das Bordellwesen enthalten waren, weil man dessen Betrieb als eine fortgesetzte Kuppelei betrachtete, fehlen dergleichen Vorschriften in dem Strafgesetzbuche gänzlich, was daraus zu erklären ist, daß das Ministerium des Innern schon früher in der Immediatkommission vom Jahre 1843 die bestimmte Absicht erklärt hatte, das Bordellwesen gänzlich abzuschaffen. Zwar wurde bei der Berathung des StGB. in der zweiten Kammer Bedenken erhoben, welche in Beziehung auf etwa dennoch zu ertheilende polizeiliche Konzessionen entstehen könnten, sie wurden aber dadurch beseitigt, daß die Staatsanwaltschaften solche Konzessionen zu berücksichtigen haben würden.

Hiernach konnte dem zweiten Richter bezüglich jener Ansicht der Vorwurf einer Gesetzwidrigkeit nicht gemacht werden.

Antr. des GStA.s gleichl. [43.—5.]

Gerichtsbote. — Falscher Insinuationsbericht. — Strafe.

Die Vorschrift des § 41. I, 7. der AGO. über die Bestrafung der wissentlichen Erstattung eines falschen Insinuationsberichts durch einen Gerichtsboten ist durch das StGB. beseitigt; die betreffende Handlung ist jetzt nur noch im Disziplinarverfahren zu rügen.

Einf.-Ges. Art. II. X.

Erk. (Z. I.) v. 7. Juni 1861 c. Starost (440. I. Cr.).

Der Exekutor St. war, weil er:

in Bezug auf eine ihm aufgetragene Insinuation wissentlich einen falschen Bericht auf seinen Amtseid erstattet habe,

in erster Instanz nach § 41. I, 7. AGO. bestraft, diese Entscheidung aber in zweiter Instanz aufgehoben, und das Weitere in der Sache dem Disziplinarverfahren vorbehalten worden, weil § 41 cit. für beseitigt zu erachten sei. NB. des OStA.s Zurückweisung.

Pflichtwidrigkeiten der Beamten werden nach der Lage der gegenwärtigen Gesetzgebung entweder als Verbrechen und Vergehen im Amte, kriminalrechtlich nach Vorschrift der Strafgesetze, oder als bloße Dienstvergehen, disziplinarisch geahndet. Welche strafbare Handlungen in dieser Beziehung aber als wirkliche Amtsverbrechen und Vergehen zu betrachten sind, hat durch den Tit. 28 des StGB. oder durch sonstige Vorschriften desselben ausschließlich bestimmt werden sollen. Alle übrigen, dort nicht erwähnten Pflichtwidrigkeiten fallen unter das Disziplinargesetz, und können folgeweise nicht im Wege der Kriminaluntersuchung gerügt werden. Diese Unterschiede finden sich bereits in den Disziplinarverordnungen v. 10. Juli 1849 (§§ 1—4) und

v. 11. Juli 1849 (§§ 3—5) vor, und sind, wie die diesfälligen Motive und Kammerverhandlungen ergeben, bei Emanation der Disziplinargesetze v. 7. Mai 1851, resp. v. 21. Juli 1852 festgehalten worden.

Es können nun in dem ganzen 28. Titel des StGB. keine den § 41. I, 7 der AGO. entsprechende Strafbestimmungen vorgefunden werden, wie der App.-Richter zutreffend ausgeführt hat, und ebenso wenig sind die Fälle der §§ 125. 127. 128 Nr. 3 und 129 des StGB. auf einen Fall vorliegender Art anwendbar. Schon hieraus ergiebt sich, daß die unter Anklage gestellte Pflichtwidrigkeit kein Amtsverbrechen oder Vergehen im Sinne des Kriminalrechts sein kann. Es folgt dies auch noch aus nachstehender Betrachtung.

Der § 41 l. c. bestimmt:

> Findet sich, daß der Insinuant falsch berichtet hat, so soll derselbe kassirt, überdies aber wegen seines verletzten Amtseides nach Vorschrift des ALR. II, 20 §§ 333. 334. 340 bestraft werden.

Daß die Bestimmungen des ALR. nicht mehr maaßgebend sein können, besagt der Art. II des Einführungsgesetzes zum StGB. unbedenklich. Daß die §§ 125—129 des StGB. nicht an Stelle der §§ 333. 334. 340. II, 20 ALR. getreten sind, ergiebt eine Vergleichung beider ebenso unzweifelhaft. Es würde daher von der in dem § 41. I, 7 AGO. angeordneten Strafe nichts weiter übrig bleiben, als die bloße Kassation. Diese kennt indeß das jetzige StGB. als alleinige, für sich bestehende Strafart nicht, sondern als eine, aus bestimmten Strafen sich ergebende Folge (§§ 12. 21—22. 63. 64. 309 ff. StGB.). Nun darf aber nach Art. X. des Einf.-Ges. zum StGB., wenn eine Handlung, wie in dem vorliegenden Falle, nach dem 1. Juli 1851 begangen worden, auf eine andere, als im StGB. angedrohte Strafe nicht erkannt werden, so daß sich hieraus die Unmöglichkeit ergiebt, die Kassation als alleinige und Hauptstrafe zu verhängen, und hieraus folgt weiter:

daß der § 41. I, 7 AGO. als aufgehoben betrachtet werden muß.

Dagegen ist nach den oben allegirten Disziplinargesetzen die Entfernung aus dem Amte eine für sich bestehende Strafart, und sie gehört demzufolge in das Bereich des Disziplinargerichtshofes, wie der App.-Richter richtig angenommen hat. Dem steht auch nicht das Erkenntniß des Kgl. OTr. v. 17. Sept. 1852 wider Laser, auf welches die NB. Bezug nimmt, entgegen. Damals lag eine, vor dem 1. Juli 1851 begangene Handlung gleicher Art vor, wozu noch kam, daß durch die bereits früher stattgehabte Dienstentlassung des Angeklagten, die Verhängung der Kassation erübrigt wurde. Der Art. X. des Einf.-Ges. zum StGB. blieb daher außer Betracht, und es war nur noch zu entscheiden, inwiefern die übrigen, nach § 41. I, 7 AGO. resp. den §§ 333. 334. 340. II, 20 ALR. zu bestimmende Strafe auszusprechen war. Das Verhältniß zwischen dem StGB. und den Disziplinargesetzen kam damals nicht zur Sprache, so daß eine diesfällige Erörterung auch nicht stattfand.

Antr. des GStA.s gleichl. [20.—5.]

Fabrikbesitzer. — Begriff. — Eigenthum der verarbeiteten Stoffe.

1. Es unterliegt der thatsächlichen Beurtheilung, ob Jemand als Fabrikbesitzer anzusehen sei.

2. Der Begriff des Fabrikbesitzers wird dadurch nicht ausgeschlossen, daß derselbe nicht eigene, sondern fremde Stoffe verarbeitet.

StGB. § 259. 261.

Erk. (Z. I.) v. 7. Juni 1861 c. Röseler (452. I. Cr.).

Mit Rücksicht auf die Beschaffenheit und den Umfang des Geschäfts hat der App.-Richter die Eigenschaft des Angeklagten als Fabrikbesitzers, oder — was gleichbedeutend sei — Fabrikunternehmers festgestellt. Diese Feststellung ist eine thatsächliche, mithin aus dem Gesichtspunkte einer Gesetzesverletzung nur insofern angreifbar, als nachgewiesen wird, daß dieselbe auf einem Rechtsirrthum beruht. Ein Rechtsirrthum kann jedoch — wie die NB. thut — dem App.-Richter nicht vorgeworfen werden. Die §§ 259. 261 StGB. sprechen nicht aus, was unter einem Fabrikbesitzer zu verstehen sei, überlassen vielmehr der richterlichen Beurtheilung, unter Berücksichtigung der in den speziellen Fällen ermittelten Umstände, die diesfällige Bestimmung. Das ALR. bezeichnet in den §§ 407. 408. II, 8 denjenigen als einen Fabrikunternehmer, welcher für seine eigene Rechnung eine Anstalt betreibt, in welcher die Verarbeitung oder Verfeinerung gewisser Naturerzeugnisse im Großen getrieben wird. Die in dieser Begriffsbestimmung geforderten Merkmale sind vorhanden, denn es ist zuvörderst für festgestellt zu erachten, daß die Anstalt des Angeklagten sich mit Verarbeitung oder Verfeinerung von Naturerzeugnissen beschäftigt hat, das Gesetz hat aber nicht erfordert, wie die NB. voraussetzt, daß diese Naturerzeugnisse sich im Eigenthume des Fabrikunternehmers befinden; es ist ferner von beiden Vorderrichtern festgestellt, daß Angeklagter sein Geschäft im Großen betrieben habe, welche Feststellung, als eine thatsächliche als Gesetzesverletzung nicht zu rügen ist, und es ist endlich festgestellt, daß der Angeklagte jene Verarbeitung und Verfeinerung gegen Lohn, also für seine Rechnung ausgeführt habe.

Antr. des GStA.s gleichl. [21.—5.]

Anklagebeschluß. — Anklageschrift. — Abweichung.

Weicht die in der Anklageschrift des OStA.s enthaltene Formulirung der Anklage von der im definitiven Anklagebeschlusse enthaltenen ab, so ist die letztre für das schwurgerichtliche Verfahren maaßgebend. [Ges. v. 3. Mai 1852 Art. 81 (vgl. dort n. 2).]

Erk. (Z. I.) v. 14. Juni 1861 c. Lange (608. I. Cr.).

L. war durch appellationsgerichtlichen Beschluß wegen wissentlichen Meineids, versuchter Verleitung zur Abgabe eines falschen Zeugnisses ꝛc.

definitiv in Anklagestand versetzt worden, wogegen der letzteren in der Schlußformulirung der Anklageschrift keine Erwähnung gethan war. Gleichwohl wurde das schwurgerichtliche Verfahren auf diese Anklage mit ausgedehnt, eine Frage dieserhalb gestellt, und schließlich eine Verurtheilung ausgesprochen. Das rügte die NB. des Angeklagten als eine Verletzung der §§ 39. 78 der Vdn. v. 3. Jan. 1849. und Art. 78 und 86 des Ges. v. 3. Mai 1852. Zurückweisung.

Gründe:

Richtig ist, daß die Anklageschrift in ihrem Schlußantrage des Verbrechens der Verleitung zum Meineide keine ausdrückliche Erwähnung thut, gleichwohl ist nicht anzunehmen, daß der Schwurgerichtshof, wenn derselbe die Untersuchung auch auf dieses Verbrechen richtete, und den Geschwornen eine darauf bezügliche Frage vorlegte, gegen die als verletzt bezeichneten Gesetze gefehlt habe. Der maaßgebende Anklagebeschluß hat den Angeklagten wegen versuchter Verleitung zur Abgabe eines falschen Zeugnisses in den Anklagestand versetzt. Die Anklageschrift trägt zu 1. alle Thatsachen vor, welche dieses Verbrechen bilden, nimmt behufs gesetzlicher Begründung ihres Strafantrages auf § 130 des StGB. Bezug, welches auf das bezeichnete Verbrechen, und auf keins der außerdem gegen den Angeklagten zur Sprache gekommenen Verbrechen und Vergehen sich bezieht, und bezeichnet endlich auch die Handlungen des Angeklagten als einen Versuch den G. zum Meineide zu verleiten. Bei diesem Inhalte des Anklagebeschlusses und der Anklageschrift würde der Schw.-G.-Hof selbst dann zur Verhandlung und Entscheidung über das in Rede stehende Verbrechen so berechtigt, wie verpflichtet gewesen sein, wenn auch nicht die StA.-schaft beim Beginn der Hauptverhandlung den Mangel eines ausdrücklichen Antrages in der Anklage, und dessen Entstehungsart ausdrücklich erwähnt hätte. Es ist aber auch nicht zu befinden, daß, wie Angeklagter in der NB. behauptet, derselbe durch das stattgefundene Verfahren in der Vertheidigung beschränkt worden sei; 2c.

Antr. des GStA.s gleichl. [21.—4.]

Holzdiebstahl. — Dritter Rückfall. — Werthersatz. — Zurücklassung des Holzes.

1. Auch im Falle eines Holzdiebstahls im dritten Rückfalle ist neben der Strafe die Verpflichtung des Schuldigen zum Werthersatze auszusprechen.

2. Auf Werthersatz ist auch dann zu erkennen, wenn das gestohlene Holz dem Eigenthümer demnächst verblieben ist.

H.-D.-Ges. v. 2. Juni 1852. § 16. 18.

Erk. (Z. I.) v. 31. Mai 1861 c. Engel (436. I. Cr.).

E. war wegen Holzdiebstahls im dritten Rückfalle zur Strafe des § 216 des StGB. verurtheilt, und gleichzeitig seine Verpflichtung zum Ersatze des entwendeten Holzes ausgesprochen, obgleich thatsächlich feststand, daß der entwendete Baum in dem Forste verblieben, also dem Eigenthümer schließlich nicht entzogen worden sei. Seine NB. ward zurückgewiesen, indem erwogen wurde:

daß die dem Angeklagten auferlegte Verpflichtung zum Ersatze des Holzwerthes gesetzlich begründet erscheint, wie vom OTr. bereits in einem früheren gleichen Falle, in der Untersuchungssache c. Gloff am 17. Febr. 1854 [B. I.] bereits ausgeführt worden ist; vgl. G. Arch. 2. S. 417.

[21. — 5.]

Polizei-Verordnung. — Uebertragung einer Funktion von einer Behörde auf eine andere.

Die durch das Gesetz einer bestimmten Behörde (z. B. einer Deichdirektion) überwiesenen Funktionen können nicht durch eine Polizei-Verordnung der Bezirksregierung auf eine andere Behörde übertragen werden.

Pol.-Ges. v. 11. März 1850. § 11. 15.

Erk. (Z. II.) v. 1. Juni 1861 c. Klein (143. II. Cr.).

Der Art. 26 des auf dem linken Rheinufer geltenden Dekrets v. 4. Dez. 1811 hatte die jährlich zweimalige Räumung der im Innern der Polder sich findenden schaubaren Gewässer durch die anstoßenden Eigenthümer angeordnet, die Deichdirektionen mit der Ueberwachung dieser Maaßregeln beauftragt, und denselben eine alljährlich zweimal, im Mai und Oktober vorzunehmende, durch sie vierzehn Tage vorher bekannt zu machende Revision zur Pflicht gemacht. Gleichzeitig waren die Eigenthümer, welche die Räumung innerhalb dieser vierzehn Tage verabsäumten, mit einer Geldbuße bedroht. Die Kgl. Regierung zu Düsseldorf hatte dagegen durch verschiedene auf Grund des Pol.-Ges. v 11. März 1850 erlassene Polizei-Verordnungen für den Bezirk der Deichschau Fr. besondere „Bürgermeisterei-Schau-Kommissionen" eingesetzt, ihnen die oben erwähnten Funktionen der Deichdirektionen übertragen, und andere Räumungszeiten angeordnet. Kl. war beschuldigt worden, die ihm nach den Anordnungen einer solchen Schaukommission obliegende Räumung eines an seinem Grundstücke vorbeiführenden schaubaren Kanals verabsäumt zu haben; der Pol.-Richter hatte ihn aber freigesprochen, weil die Regierung nicht befugt gewesen sei, die Vorschriften des Dekrets durch eine Polizei-Verordnung abzuändern, und weil sonach die Schaukommission eine verbindliche Aufforderung nicht habe erlassen können. Der gegen dieses Urtheil vom Pol.-Anw. ergriffene Kass.-Rekurs ward vom OTr. verworfen, und zwar:

In Erwägung, daß die Deichdirektion eine besondere Behörde für Deichangelegenheiten bildet, welche von den übrigen Verwaltungsbehörden, nach Maaßgabe des § 17 der gedachten Kgl. Verordnung unabhängig und gemäß der §§ 8 ff. daselbst gebildet ist;

daß hiernach Funktionen, welche das Gesetz den Deichdirektionen im speciellen Interesse der Deichverbände auferlegt hat, von den Regierungen als Provinzialbehörden aus allgemeinen Polizei-Interessen nicht anderen Behörden übertragen, ja nicht einmal von den Regierungen selbst ausgeübt werden dürfen;

daß diese natürliche Folgerung aus dem rechtlichen Verhältnisse eines Gesetzes über eine Specialmaterie, wie das Deichwesen, zu der allgemeinen Gesetzgebung, und eines Provinzial-, beziehungsweise Lokalgesetzes, wie die Verordn. v. 7. Mai 1838, in Verbindung mit dem Dekr. v. 16. Dez. 1811, zu den Landesgesetzen, die Kgl. Regierung in D. auch hinderte, aus dem Gesetze über die Benutzung der Privatflüsse v. 28. Febr. 1843 und der Kgl. Vdn. v. 9. Jan. 1845, wodurch jenes Gesetz über die Privatflüsse erst später, als das Pol.-Reglement v. 7. Aug. 1844 erging, in der Rheinprovinz Kraft erhielt, oder aus dem Ges. über die Pol.-Verwaltung v. 11. März 1850 die Befugniß für sich herzuleiten, die gesetzlichen Bestimmungen des oben angeführten Art. 26 zu ändern;

daß überdies der § 15 des Ges. v. 11. März 1850 und der § 7 des Ges. v. 28. Febr. 1843 (vgl. §§ 1. 12. 56 ff. das.) auf die bindende und die Bezirksregierungen in der Anwendung des § 11 jenes Ges. v. 1850 beschränkende Kraft der vorliegenden Deichgesetzgebung ausdrücklich hinweisen und eine ähnliche Hinweisung im § 23 des Ges. über das Deichwesen v. 28. Jan. 1848 enthalten ist.

Antr. des GStA.s gleichl. [23. — 3.]

Privatweg. — Verlegung.

Die Handlung desjenigen, welcher einem über sein Grundstück führenden Privatwege eine andere Lage giebt, fällt nicht unter das Strafverbot des § 349 Nr. 1 des StGB. [StGB. 3. Ausg. l. c. n. 2 a.]

Erk. (Z. I.) v. 5. Juni 1861 c. **Anker** (453. I. Cr.).

Zurückweisung der NB. des OStA.s.

Gründe:

Der § 349 Nr. 1 StGB. hat, wie sich aus der Parallelstelle in dem erst durch das Ges. v. 13. April 1856 aufgehobenen § 43 der F.-P.-Ordn. v. 1. Nov. 1847 ergiebt, nur Fälle im Auge, wo sich Jemand Theile eines benachbarten fremden Grundstückes, oder eines öffentlichen, oder Privatweges, oder eines Grenzrains unbefugterweise zueignet, während hier nach der thatsächlichen Feststellung des zweiten Richters der Angeklagte nur einem über seinen Acker, also über seinen eigenen Grund und Boden führenden Privatweg eine ganz andere neue Lage gegeben hat, was dem Thatbestande des § 349 Nr. 1 des StGB. nicht entspricht und überhaupt keine vom Gesetz mit Strafe bedrohte Handlung darstellt, sondern, wenn die Verlegung des Weges unbefugterweise geschehen sein sollte — was weder vom ersten noch vom zweiten Richter ausdrücklich festgestellt ist — von den Betheiligten nur im Wege des Civilprozesses gerügt werden kann.

Antr. des GStA.s gleichl. [18.—2.]

Uebertretung. — Verjährung. — Kassationsrekurs.

Im Gebiete des Rheinischen Rechts ist die Verjährung abgelaufen, wenn in einer Uebertretungssache zwischen der Anmeldung des Kassationsrekurses durch den Polizeianwalt und dem Auftrage an den Gerichtsvollzieher zur Zustellung desselben an den Beschuldigten, drei Monate verstrichen sind.

StGB. § 46. 48. 339 [vgl. 3. Ausg. § 46 n. 1; § 339 n. 11].

Erk. (Z. II.) v. 6. Juni 1861 c. Weiß u. Gen. (172. II. Cr.).

In Erwägung, daß der Kassationsrekurs am 17. Dez. 1860 auf dem Landgerichtssekretariate angemeldet worden, seitdem aber bis zum Auftrage des Kgl. Oberprokurators an den Gerichtsvollzieher in W., denselben den Kassationsverklagten zuzustellen, vom 20. März 1861 nach Inhalt der vorgelegten Akten, in der Sache nichts geschehen ist;

daß gemäß § 339 des StGB. mit der Rekursanmeldung vom 17. Dez. 1860 eine neue dreimonatliche Verjährung der den Kassationsverklagten zur Last gelegten Handlung, welche nach dem Urtheil v. 31. März 1860 eine Uebertretung bildet, begonnen hat und dieselbe am 18. März 1861 bereits vollendet war, so daß das Verfahren gegen die Angeschuldigten am 20 ej. nicht weiter verfolgt werden konnte.

Antr. des GStA.s gleichl. [23.—3.]

Gastwirth. — Zurückgelassene Sache eines Gastes. — Unterschlagung.

Der Gastwirth, welcher eine von einem Gaste zurückgelassene Sache an sich nimmt, erlangt die

Gewahrsam derselben mit der Verpflichtung der Zurückgabe. Schafft er dieselbe bei Seite, so macht er sich der Unterschlagung (StGB. § 225) schuldig.

StGB. § 225 [vgl. 3. Ausg. § 225 n. 47; § 226 n. 23]; ALR. II, 8 § 444.

Erk. (Z. I.) v. 7. Juni 1861 c. Bretzmann (404. I. Cr.).

Die Angeklagte, Ehefrau B., hatte einen in ihrem Hôtel garni von einem aufgenommenen Gaste zurückgelassenen Perlenschmuck an sich genommen, und auf die Nachfrage des Eigenthümers die Gewahrsam desselben abgeleugnet. Dieserhalb wegen „Unterschlagung" verurtheilt ergriff sie die NB., weil die Instanzrichter in jenem Ableugnen mit Unrecht ein „Beiseiteschaffen" gefunden hätten, da dasselbe nicht der Obrigkeit gegenüber statt gefunden habe. Zurückweisung.

Gründe:

Mit Unrecht behauptet die NB. die unrichtige Anwendung des Gesetzes. Sie verneint die Anwendbarkeit des § 225 StGB., behauptet vielmehr die Anwendbarkeit des § 226 resp. des § 31 an sich, verneint aber das Vorhandensein der speziellen Erfordernisse dieser Gesetze.

Zwischen den §§ 225 und 226 besteht ein Unterschied in Bezug auf den Rechtsgrund für die Pflicht der Aufbewahrung, Verwaltung u. s. w. Der § 225 hat sowohl die vertragsmäßige, als im Allgemeinen auch die unmittelbar aus dem Gesetze entspringende Verpflichtung des Besitzers oder Inhabers vor Augen. Der § 226 bezieht sich allein auf das Verhältniß des Finders, oder desjenigen, der sonst durch Zufall die Gewahrsam erlangt hat. Hier ist allerdings auch eine unmittelbare, aus dem Gesetze entspringende Verpflichtung vorhanden, wenn man nämlich die in den §§ 19 ff. I. 19 des A. L. R. vom Gesetze dem Finder einer Sache auferlegten Pflichten in Betracht zieht. Allein diese Pflichten entstehen bei ihm erst durch den Fund selbst, also mit dem Anfange der Gewahrsam, während sie bei den Rechtsverhältnissen, welche der § 225 im Auge hat, auch vorher schon durch einen anderweiten Rechtsgrund begründet waren, der zwischen dem Berechtigten und dem Verpflichteten bereits bestand und den letzteren zur custodia u. s. w. nicht allein der im Namen des ersteren schon besessenen, sondern auch der künftig auf Grund des Verhältnisses in dessen Besitz oder Gewahrsam gelangenden Sachen im Voraus verpflichtet.

Die Angeklagte ist Besitzerin eines Hôtel garni, wie von den Instanzrichtern festgestellt ist. Es ist unbedenklich, ihr als einer solchen die Rechte und Pflichten von „Gastwirthen" beizulegen. Der § 444. II, 8 des ALR. verordnet nun:

> Gastwirthe sind schuldig für Alles zu haften, was die von ihnen u. s. w. aufgenommenen Reisenden in das Gasthaus gebracht haben.

Diese Vorschrift legt also dem Gastwirth unmittelbar kraft des Gesetzes eine Pflicht auf, welche durch seine Eigenschaft als Gastwirth begründet ist, mithin eine solche, wie sie der § 225 voraussetzt. Von einem „Finden", wie es § 226 voraussetzt, kann bei einem Gastwirth in Bezug auf Sachen, welche in seinem Hause befindlich sind, wenn sie einem von ihm aufgenommenen Reisenden gehören, nach jenem § 444 ersichtlich keine Rede sein. Auch seine Verpflichtung war schon durch die Aufnahme des Reisenden allein, also bevor die Sache in seine spezielle Gewahrsam gelangte, vorhanden.

Hierdurch erledigt sich der Hauptangriff der Beschwerde insofern sie ausführt, daß die im § 226 gedachte „Ableugnung" nicht vorliege, weil sie von der Angeklagten nicht der Obrigkeit selbst gegenüber begangen sei.

Antr. des GStA.s gleichl. [15.—5.]

Appellation. — Neue Beweiserhebung. — Verlesung des Sitzungsprotokolls erster Instanz.

Die Verlesung einer im Sitzungsprotokoll erster Instanz konstatirten Zeugenaussage vor dem

Appellationsgerichte kann als eine Erneuerung der Beweisaufnahme nicht angesehen werden.

Ges. v. 3. Mai 1852 Art. 101 [vgl. dort n. 87. 88].

Erk. (V. I.) v. 12. Juni 1861 c. Kozmarczick (415. I. Cr.).

Es war nicht statthaft, sondern den wesentlichen Grundsätzen des Strafverfahrens (§ 22 der Vdn. v. 3. Jan. 1849, sowie Art. 25. 101 des Ges. v. 3. Mai 1852) widersprechend, die Verlesung einer im Audienzprotokoll erster Instanz konstatirten Aussage des Zeugen S. als Reproduktion der Beweisaufnahme dienen zu lassen und darauf, wie aus den Entscheidungsgründen zu entnehmen ist, eine neue, von der erstinstanzlichen abweichende Feststellung zu gründen.

Antr. des GStA.s gleichl. [17.—2.]

Reale Konkurrenz. — Accessorische Geldstrafe. — Kumulation. — Wucher.

Im Falle der realen Konkurrenz ist die durch jeden einzelnen Straffall verwirkte Geldstrafe ganz zu verhängen ohne Unterschied ob diese Geldstrafe für sich allein oder (wie im Falle des Wuchers) neben einer Freiheitsstrafe angedroht ist.

StGB. § 56. 263 [eingetragen zu § 56 als n. 38].

Erk. (V. I.) v. 12. Juni 1861 c. Fellenberg (430. I. Cr.).

F. war vom Ost-Preußischen Tribunal wegen acht verschiedener Fälle versteckten Kapitalwuchers, und zugleich wegen des gewohnheitsmäßigen Betriebs solcher Geschäfte zu viermonatlicher Gefängnißstrafe, aber nur zu einer Geldbuße von 200 Thlr. verurtheilt worden, obgleich die StA.-schaft die Verhängung des Achtfachen der im § 263 angedrohten Geldbuße in Antrag gebracht hatte. In dieser Beziehung war erwogen, daß § 56 Abs. 2 des StGB. zwar bei Geldstrafen ausgeschlossen sei, daß aber dieses Verbot auf den Fall beschränkt werden müsse, wo nur auf Geldstrafe zu erkennen sei, während § 263 die Geldstrafe nur als Annex der Freiheitsstrafe androhe und die Dauer der letzteren nach dem Prinzip des § 56 bemessen und deshalb auch bei Arbitrirung der Geldstrafe ein gleiches Prinzip eingehalten werden müsse, da andernfalls ein Mißverhältniß zwischen Haupt- und Zusatzstrafe entstehen würde. Auf die NB. des OStA.s hat das OTr. dieses Erkenntniß vernichtet, und die Geldbuße auf 400 Thlr. erhöht.

Gründe:

Der Geldbuße des § 263 StGB. bloß die Bedeutung einer von der gleichzeitig zu erkennenden Gefängnißstrafe abhängigen Nebenstrafe zu geben, fehlt es an jeglichem Anhalt.

Es kann also auch § 56 Abs. 2 nicht darauf angewendet werden.

Richtig ist, daß für Gewohnheitswucher bloß die einfache Strafe des § 263 anzuwenden sein würde. Allein wenn zudem mehrere bestimmte Fälle versteckten Wuchers constatirt sind, deren jeder die einfache Strafe des Wuchers rechtfertiget, so findet eine ideelle Konkurrenz von Vergehen statt, bei deren Bestrafung nach § 55 die Strafe des schwersten Vergehens anzuwenden ist.

Antr. des GStA.s gleichl. [17.—2.]

Wechsel. — Inhaber. — Unterschlagung.

Der Inhaber eines Wechsels kann sich einer Unterschlagung desselben zum Nachtheile eines Andern schuldig machen, wenn der letztere nach dem zwischen beiden bestehenden Rechtsverhältnisse Eigenthümer des Wechsels war.

StGB. § 225 [vgl. 3. Ausg. n. 6. 24].

Erk. (Z. II.) v. 13. Juni 1861 c. Römmer (134. II. Cr.).

R. war auf Grund der Feststellung:

daß er — einen dem 2c. T. gehörigen Wechsel —, dessen Gewahrsam er mit der Verpflichtung erlangt hatte, ihn zu verwalten oder zurückzugeben, zum Nachtheile des Eigenthümers verpfändet habe,

aus § 225 StGB. verurtheilt worden. Seine NB. rügte u. A. Verletzung des cit. Paragraphen, weil er als Inhaber des Wechsels denselben gar nicht habe unterschlagen können. Zurückweisung.

Gründe:

Von dem App.-Richter ist dadurch ein Rechtsgrundsatz nicht verletzt worden, daß er den fraglichen Wechsel, wiewohl dieser auf eigene Ordre des Ziehers lautete und wiewohl bei der Zustellung desselben an den Angeklagten dem letzteren überlassen worden war, die damals noch mangelnde Bezeichnung und Unterschrift eines Ziehers (des Ausstellers) zu ergänzen, als ein Werthpapier, welches (nach den das Rechtsverhältniß zwischen dem Angeklagten und dem ꝛc. T. bestimmenden Verabredungen) das Eigenthum des T. geblieben sei, und demzufolge als eine für den Angeklagten fremde Sache, die Gegenstand einer Unterschlagung Seitens des Angeklagten zum Nachtheile des T. sein konnte, angesehen hat.

Antr. des GStA.s gleichl. [26. — 3.]

Postsendung. — Kreuzband. — Waarenprobe. — Papier.

Zu einer Postversendung unter Kreuzband eignen sich nur Drucksachen, nicht aber Waarenproben und Muster, selbst nicht Papiermuster. Jede derartige Versendung einer anderen Sache ist strafbar.

Post-Ges. v. 5. Juni 1852 § 35. 50; Regl. v. 27. Mai 1856 § 15.

Erk. (Z. II.) v. 13. Juni 1861 c. Severin (191. II. Cr.).

S. hatte „— — unter Streifband einen Probebogen blauen Packpapiers beim Postamte zur weiteren Beförderung einliefern und austaxiren lassen", und war deshalb auf Grund der §§ 35 und 50 des Post-Ges., und des § 15 des Regl. v. 27. Mai 1856 zu einer Geldbuße von 5 Thlr. verurtheilt worden. Seine NB. rügte Verletzung dieser Gesetze, weil der § 15 cit. gar nicht Bestimmung darüber treffe, welche Gegenstände unter Kreuzband versendet werden dürften, sondern nur darüber, wie Kreuzbandsendungen beschaffen sein müßten; es fehle daher an dem Verbote einer derartigen Versendung von Proben ꝛc. Zurückweisung, und zwar:

In Erwägung, daß nach § 35 Nr. 4 des Post-Ges. v. 5. Juni 1852 als Kontravenient bestraft wird, wer Gegenstände unter Streif- oder Kreuzband zur Versendung mit der Post einliefert, welche überhaupt unter Streifband nicht versandt werden dürfen;

daß nach § 50 ibid. die Postverwaltung ermächtigt ist, durch ein von ihr zu erlassendes und durch das Amtsblatt zur öffentlichen Kenntniß zu bringendes Reglement die weiteren, bei Benutzung der Posten zu beobachtenden Vorschriften zu treffen, und insbesondere (Nr. 3) die Bedingungen und Gebühren für Streif- oder Kreuzbandsendungen und Sendungen mit Waarenproben oder Mustern zu bestimmen;

daß zu diesem Zwecke das vorschriftsmäßig publizirte Reglement v. 27. Mai 1856 erlassen und in dessen § 15 vorgeschrieben ist:

„Zeitungen, Journale, periodische Werke, Druckschriften, durch den Druck, durch Lithographie oder Metallographie vervielfältigte Musikalien, Kataloge, Prospecte, Preiscourante, Lotteriegewinnlisten, Ankündigungen und sonstige Anzeigen, desgleichen Correcturbogen ohne beigefügtes Manuscript, müssen, wenn die Kreuzbandtaxe Anwendung finden soll, uneingebunden oder brochirt unter schmalem Streif- oder Kreuzband eingeliefert und bei der Einlieferung frankirt werden.

„Uebrigens muß das Streif- oder Kreuzband dergestalt angelegt sein, daß dasselbe abgestreift und die Beschränkung des Inhaltes der Sendung auf Gegenstände, deren Versendung unter Band gestattet ist, erkannt werden kann;"

daß aus der Enumeration der in diesem Paragraphen aufgeführten Gegenstände sich ergiebt, daß nur Drucksachen im weiteren Sinne zu einer Postversendung unter Streif- oder Kreuzband geeignet sind, wogegen im folgenden § 16 der Sendung von Waarenproben und Mustern, falls für dieselben auf die hierfür zugestandene Porto-Ermäßigung Anspruch gemacht wird, besondere Erwähnung geschehen und für solche in ähnlicher Weise, wie bei Kreuzbandsendungen vorgeschrieben ist, daß sie dergestalt verpackt sein müßten, um die Beschränkung des Inhalts auf Proben und Muster leicht ersichtlich zu machen;

daß zwar darin die Art und Weise einer, dem obigen Zwecke entsprechenden Verpackung der Muster im Uebrigen nicht näher bestimmt ist, aus einer Vergleichung der §§ 15 und 16 aber wenigstens soviel sich ergiebt, daß die, höher als Kreuzbandsendungen taxirten Waarenproben- und Mustersendungen nicht in einer Gestalt eingeliefert werden dürfen, welche ihnen äußerlich das Ansehen einer Streif- oder Kreuzbandsendung verleiht.

Antr. des GStA.s gleichl. [16. — 3.]

Geldpapier auf den Inhaber. — Setzen in Umlauf. — Dolus.

1. Ein „In-Umlauf-Setzen“ eines Geldpapiers auf den Inhaber liegt vor, sobald dasselbe einem einzelnen Andern ausgehändigt worden ist.

2. Bei dem Vergehen des In-Umlauf-Setzens eines Geldpapiers auf den Inhaber genügt als Dolus das Bewußtsein von den die Strafbarkeit bedingenden objektiven Merkmalen.

Ges. v. 17. Juli 1833 § 1.

Erk. (Z. I.) v. 14. Juni 1861 c. Veit (1179. I. Cr.).

Die NB. des OStA.s konnte für begründet nicht erachtet werden.

Zur Anwendung der Strafvorschrift im § 5 des Ges. v. 17. Juni 1833 gehört die Absicht, ein auf jeden Inhaber lautendes Geldpapier auszustellen und in Umlauf zu setzen. Es ist nun, wie der NB. zugegeben werden kann, allerdings nicht richtig, wenn der App.-Richter den Begriff des „in Umlaufsetzens“ dahin auffaßt, daß darunter eine Circulation im Publikum verstanden werden müsse, während vielmehr schon die Aushändigung an einen einzelnen Anderen darunter verstanden werden muß.

Da nun im vorliegenden Falle der Angeklagte V. das von ihm ausgestellte Schriftstück dem Mitangeklagten B. ausgehändigt hat, so würde hiernach der objektive Thatbestand allerdings vorliegen, wenn nicht der App.-Richter auch die oben bezeichnete Absicht der Angeklagten, ein Geldpapier der gedachten Art auszustellen und in Umlauf zu setzen, verneinte.

Er folgert dies daraus, daß es nur der Zweck des Angeklagten gewesen sei, seinem Gläubiger allein — der Viehversicherungs-Gesellschaft — ein Anerkenntniß seiner Schuld auszustellen, damit dieser einen Beweis der Forderung in Händen habe; in gleicher Weise führt er in Betreff des B. an, daß dieser bei der Niederlegung seiner Agentur der gedachten Gesellschaft nur beabsichtiget habe, seinem ihm damals noch unbekannten Nachfolger in der Agentur eine Legitimation gegen den V. zur Empfangnahme des Geldes zu verschaffen.

Nach dieser thatsächlichen Feststellung fehlt es also an dem Erfordernisse des subjektiven Thatbestandes.

Zwar würde dazu nicht die direkte Absicht erforderlich sein, vielmehr schon das Bewußtsein genügen, daß ein Geldpapier hergestellt werde, wie solches das Gesetz bezeichnet, und daß eine Handlung vorgenommen werde, welche das Gesetz verbietet. Aber auch ein solches Bewußtsein verneint offenbar der App.-Richter durch seine obige Erwägung. [15.—4.]

Theilnehmer. — Dolus.

Zum Thatbestande der Theilnahme bedarf es nicht desselben Dolus, wie bei der Thäterschaft.

StGB. § 34 [vgl. dort n. 3].

Erk. (Z. I.) v. 14. Juni 1861 c. Laube (507. I. Cr.).

Die Ausführung des App.-Richters, daß es zum Thatbestande der Theilnahme eines gleichartigen Dolus mit dem

Thäter nicht bedürfe, ist vollkommen richtig und im Einklange mit wiederholten Entscheidungen des OTr.s, in denen ausgesprochen ist, daß auch dann, wenn zur Hauptthat eine gewinnsüchtige Absicht gehöre, es einer solchen zur Theilnahme nicht bedürfe, es vielmehr genüge, wenn ihr Vorhandensein beim Thäter festgestellt ist.

Antr. des GStA.s gleichl. [41.—4.]

Zerstörung eines Grabes. — Mangel der Befugniß. — Bewußtsein.

Die Zerstörung eines Grabes ist nur dann strafbar, wenn sie mit dem Bewußtsein der mangelnden Befugniß bewirkt wird.

StGB. § 137 [vgl. dort n. 5].

Erk. (Z. I.) v. 19. Juni 1861 c. Vorloff (410. I. Cr.).

Zurückweisung der NB. des OStA.s.

Gründe:

Der Instanzrichter erklärt, es sei nicht festzustellen gewesen, daß Angeklagter die Zerstörung des Grabes unbefugt veranlaßt habe und führt dann weiter aus, daß es demselben an dem Bewußtsein hierüber gefehlt habe.

Diese thatsächliche Annahme schlägt die NB., sowie sie begründet worden ist, nieder; denn es wird dadurch der zur Anwendung des § 137 Abs. 1 StGB. erforderliche subjektive Thatbestand negirt, wozu, wenn auch nicht eine bestimmte Absicht, wie im Abs. 2, oder Vorsätzlichkeit, wie im § 282, so doch gewiß ein bewußtes nicht justificirliches Handeln gehört. Denn es läßt sich nicht annehmen, daß der Gesetzgeber auch ein völlig unbewußtes Handeln der Art für strafbar erklärt haben wolle und einem solchen ist auch ein mindestens aus verzeihlichem Irrthum über die Befugniß hervorgegangenes Verhalten gleichzustellen.

Antr. des GStA.s gleichl. [17.—2.]

Rathskammerbeschluß. — Rechtsgründe. — Rechtskraft.

Wenn trotz eines die Eröffnung der Untersuchung aus Rechtsgründen ablehnenden rechtskräftig gewordenen Rathskammerbeschlusses, wegen demnächst ermittelter neuer Thatsachen, die Untersuchung eröffnet wird, so verliert dadurch jener Beschluß jede Wirksamkeit, und der Instanzrichter ist berechtigt und verpflichtet, den Thatbestand frei nach allen Richtungen hin zu beurtheilen.

Vdn. v. 3. Jan. 1849 § 12 [vgl. dort n. 11. 14].

Erk. (V. I.) v. 19. Juni 1861 c. Hanff (464. I. Cr.).

Die StA.-schaft hatte den H. beschuldigt:

1000 Thlr., welche ihm Dr. Hirschfeld anvertraut hatte, um Getreide auf gemeinschaftlichen Gewinn und Verlust einzukaufen, für sich verbraucht und bei Seite geschafft zu haben. (StGB. § 225.)

Die R.-K. setzte indessen unterm 10. Okt. 1859 den H. außer Verfolgung, weil anzunehmen sei, er habe die Gelder nur mit der Verpflichtung der Restitution in genere erhalten, sie also in specie sein Eigenthum geworden seien. Ohne diesen Beschluß anzufechten, veranlaßte die StA.-schaft nähere thatsächliche Ermittlungen, und erhob demnächst die neue Beschuldigung:

daß H. die 1000 Thlr., welche ihm Dr. Hirschfeld übergeben, um sie an seinen Vater — abzuliefern, zum Nachtheile des Hirschfeld für sich verbraucht, bei Seite geschafft, und nicht abgeliefert, also unterschlagen habe,

auf welche hin nunmehr die Eröffnung der Untersuchung erfolgte. Der erste Richter sprach aus thatsächlichen Gründen frei; auf die Appellation des StA.s bestätigte der zweite Richter dieses Erkenntniß, ohne sich auf den Sachverhalt weiter einzulassen, aus dem selbstständigen Grunde: weil der erste die Beschuldigung aus rechtlichen Gründen zurückweisende R.-K.-Beschluß v. 10. Okt. 1859 rechtskräftig geworden, und jede neue Verfolgung deshalb unstatthaft sei.

Die gegen diese Entscheidung vom OStA. ergriffene NB. erachtete die GStA.-schaft für unbegründet, weil allerdings der Beschluß v. 10. Okt. 1859, welcher die Beschuldigung aus Rechtsgründen zurückgewiesen habe, rechtskräftig geworden sei, und diese Rechtskraft auch nicht dadurch ihre Bedeutung verlieren könne, daß in Folge einer neuen Anklage auf die erste Beschuldigung als eine Modifikation des Thatbestandes (nach Art. 30 des Ges. v. 3. Mai 1852) zurückgegangen werde.

Das OTr. hat indessen das Erk. vernichtet und die Sache zur nochmaligen Verhandlung in die zweite Instanz zurückverwiesen.

Gründe:

Wenn der Beschluß eines Gerichtes, durch welchen der Antrag auf Einleitung einer Untersuchung zurückgewiesen wird, von der StA.-schaft innerhalb der ihr dazu nach § 12 der Vdn. v. 3. Jan. 1849 gestatteten zehntägigen präklusivischen Frist durch eine Beschwerde nicht angefochten ist, so muß es zwar allerdings bei jenem Beschlusse sein Bewenden behalten. Von der Unabänderlichkeit eines solchen Beschlusses kann jedoch nur in dem Sinne die Rede sein, daß er mit bloßen Rechtsgründen nicht weiter angegriffen werden darf, und daß die Untersuchung wegen derselben Beschuldigung nur auf Grund von neuen Thatsachen oder neuen Beweismitteln eingeleitet werden kann, welche der Gerichtshof für erheblich erachtet. Ist aber die anfänglich abgelehnte Untersuchung wegen solcher für erheblich angesehener Nova später dennoch durch einen anderweitigen Beschluß des Gerichtes rechtlich eröffnet worden, so muß die Sache nun auch nach allen Richtungen hin, so weit solches § 22 der Vdn. v. 3. Jan. 1849 und Art. 30 des Ges. v. 3. Mai 1852 erfordern, thatsächlich und rechtlich geprüft und darüber durch alle zulässigen Instanzen selbstständig entschieden werden, ohne daß auf den ursprünglichen, die Einleitung der Untersuchung ablehnenden Beschluß und dessen Motive wieder als rechtskräftig feststehend zurückgegangen werden darf. Dabei ist es gleichgültig, ob jene früheren Motive thatsächlicher oder rechtlicher Natur gewesen sind, so daß, wenn dieselbe Rechtsfrage oder Thatfrage von Neuem zur Sprache kommt, sie durch das Erkenntniß von Neuem und zwar selbstständig entschieden werden muß, ohne Rücksicht darauf, wie in jenem früheren die Untersuchung ablehnenden Beschlusse diese Rechtsfrage oder Thatfrage beantwortet ist. Es liegt dies in der Natur der Sache, da jener ursprüngliche, die Untersuchung ablehnende Beschluß durch den späteren entgegengesetzten Beschluß auf Eröffnung der Untersuchung wegen derselben Beschuldigung von selbst mit allen seinen Wirkungen beseitigt ist. Der Gerichtshof wird auch in einem solchen Falle mit der ganzen Sache rechtlich und thatsächlich befaßt und ist durch den nicht mehr maaßgebenden früheren Beschluß, welcher, wenn er auch von der StA.-schaft durch Beschwerde nicht angefochten wurde, doch in seinen Wirkungen und Folgen einer rechtskräftigen, auf kontradiktorische Verhandlung erfolgten Freisprechung durch Erkenntniß keinesweges gleichzustellen ist, an der vollständigen Untersuchung und Aburtheilung des Falles nicht gehindert.

Hiermit stehen auch die in dem Erk. des OTr.s v. 25. Febr. 1858 wider Stürmer (G. Arch. 6. S. 250) ausgesprochenen Grundsätze im Einklange und wenn der App.-Richter annimmt, daß ihm diese Entscheidung zur Seite stehe, so trifft dies um so weniger zu, als in jenem Falle vom Gerichte im Einverständnisse mit der StA.-schaft die Voruntersuchung sistirt, später aber ohne daß neue Thatsachen oder Beweismittel angeführt worden, also allerdings zur Ungebühr wieder aufgenommen war. Im vorliegenden Falle aber ist, nachdem durch den von der StA.-schaft unangefochtenen Beschluß v. 10. Okt. 1859 die beantragte Einleitung der Untersuchung wider den Angeklagten wegen Unterschlagung zurückgewiesen war, auf Grund neuer Ermittlungen der StA.-schaft wegen derselben Beschuldigung durch den späteren Beschluß vom 2c. die Untersuchung wider den Angeklagten eröffnet. Hierzu war der Gerichtshof, wenn er die gedachten neuen Ermittlungen für erheblich, die Anklage also jetzt für genügend substantiirt erachtete, nicht bloß befugt, sondern sogar rechtlich verpflichtet.

Daß die Anklageformel in der späteren Anklage anders lautete, wie in der früheren zurückgewiesenen, ändert hierin nichts. Die dem Angeklagten zur Last gelegte Hauptthat — und nur diese unterliegt in den späteren Verhandlungen keiner wesentlichen Abänderung — besteht darin, daß er 1000 Thlr. von Hirschfeld zu einem bestimmten verabredeten Zwecke in Empfang genommen, dies Geld aber zum Nachtheile des Eigenthümers zu einem anderen Zwecke und zwar für sich selbst verwendet hat. Ob diese 1000 Thlr. deshalb, wie die ursprüngliche Anklage behauptet, von Hirschfeld gezahlt wurden, um damit Getreide auf gemeinschaftlichen Gewinn oder Verlust einzukaufen, oder ob er die 1000 Thlr. an den Vater des Hirschfeld abliefern sollte, wie die spätere Anklage behauptete, sind nähere Umstände der That, welche nach Art. 30 des Ges. v. 3. Mai 1852 einer Modifikation unterliegen können, wie solches bereits in dem Erk. des OTr.s v. 7. Dez. 1860 ausgesprochen und ausgeführt ist. Wenn nun der zweite Richter annahm, es stehe weiter nichts gegen den Angeklagten thatsächlich fest, als was schon die frühere zurückgewiesene Anklage behauptet hatte, so war er zwar nicht behindert, den Angeklagten aus denselben Rechtsgründen, falls er sie für richtig hielt, freizusprechen, aus welchen der Angeklagte unterm 10. Okt. 1859 außer Verfolgung gesetzt war. Aber er mußte diese Rechtsgründe als seine eigenen Motive geltend machen, nicht aber, wie geschehen, sich daran gebunden erachten, weil dem Angeklagten in dieser Beziehung die Rechtskraft des Beschlusses vom 10. Okt. 1859 zur Seite stehe.

Antr. des GStA.s gleichl. [18.—2.]

Beweisantrag. — Zeuge nicht aufzufinden. — Nichtberücksichtigung.

Der Instanzrichter verstößt nicht gegen wesentliche Grundsätze des Verfahrens, wenn er in Betreff eines Zeugen, dessen Aufenthaltsort nicht zu ermitteln war, dem Angeklagten die Gestellung aufgiebt, und in Ermanglung der letzteren den betr. Beweisantrag unberücksichtigt läßt.

Vdn. v. 3. Jan. 1849 § 52 [vgl. dort n. 43; § 49 n. 12].

Erk. (Z. I.) v. 19. Juni 1861 c. Mroczyck (525. I. Cr.).

Das App.-Gericht hat den Zeugen nur deshalb nicht vernommen, weil dessen Aufenthalt nicht zu ermitteln gewesen ist; es hat daher dem Angeklagten aufgegeben, den Zeugen zum Audienztermine zu gestellen. Dies hat der Angeklagte nicht gethan, und das App.-Gericht war daher befugt, ohne fernere Rücksicht auf den Beweisantrag in der Sache selbst zu erkennen.

Allerdings enthält die Cr.-Ordn. keine Vorschriften über das Verfahren des Richters in dem Falle, wenn der Aufenthalt des vorgeschlagenen Zeugen nicht ermittelt werden kann, auch der Verdacht nicht vorliegt, daß der Angeklagte auf solche Weise nur den Verschleif der Sache beabsichtigt. — Auch sind die §§ 173. 174. I, 10 der AGO. auf das Criminal-Verfahren nicht anwendbar. Es liegt jedoch in der Natur der Sache, daß dem erkennenden Richter schließlich ein freies, billiges Ermessen über den Abschluß der Sache, also über die Nichtberücksichtigung von Beweismitteln, welche der Angeklagte auch mit Hülfe des Richters nicht herbeischaffen kann, zustehen muß.

Antr. des GStA.s gleichl. [15. — 2.]

Ehebruch. — Verjährung. — Lauf derselben.

Die Verjährung des Ehebruchs beginnt erst mit der Rechtskraft des Ehescheidungsurtheils.

StGB. § 140 [vgl. dort n. 24; 3. Ausg. n. 25].

Erk. (Z. I.) v. 19. Juni 1861 c. Wollgast & Schüler (437. I. Cr.).

Die wegen Ehebruchs verurtheilten Angeklagten machten in der NB. Verjährung geltend und gingen dabei von der Ansicht aus, daß für den Beginn der Verjährung die von den Instanzrichtern festgestellte Zeit des mit einander vollzogenen Beischlafs entscheidend sei. Zurückweisung.

Gründe:

Der Ehebruch wird nach § 140 des StGB. erst dann ein im Criminal-Verfahren verfolgbares Vergehen, wenn seinetwegen die Ehe geschieden worden ist. Es versteht sich daher von selbst, daß, bevor diese Voraussetzung nicht existent geworden, von dem Beginne einer Verjährung der Strafthat nicht die Rede sein kann. Denn es ist ein allgemeiner Grundsatz des Strafrechts, daß die Zufügung einer Strafe durch das vollständige Vorhandensein der bedrohten Handlung, und diese letztere wieder durch die gesetzliche Strafe bedingt wird.

In diesem Sinne ist auch der letzte Absatz des § 46 des StGB. aufzufassen, nach welchem:

„der Lauf der Verjährung mit dem Tage des begangenen Verbrechens oder Vergehens, d. i. der mit Strafe bedrohten That, beginnt."

Im vorliegenden Falle ist die Ehe zwischen den W.'schen Eheleuten festgestelltermaaßen durch das rechtskräftig gewordene Erkenntniß des Kgl. Kreisgerichts zu B. v. 18. April 1859 geschieden worden, und da die Anklage bereits v. 20. Mai 1860 datirt, so kann eine Verjährung nicht eingetreten sein.

Antr. des GStA.s gleichl. [20. — 2.]

Schwurgericht. — Mittheilung von Aktenstücken. — Berathungszimmer.

1. Es ist statthaft, den Geschwornen Ueberführungsstücke mit in das Berathungszimmer zu geben.

2. Die Mittheilung der Vor-Untersuchungsakten an die im Berathungszimmer versammelten Geschwornen kann nur dann eine Nichtigkeit des Verfahrens begründen, wenn die letzteren vom Inhalte jener Akten Kenntniß genommen haben.

Ges. v. 3. Mai 1852 Art. 88 [vgl. dort n. 6].

Erk. (Z. II.) v. 20. Juni 1861 c. Kogeler (202. II. Cr.).

In der schwurgerichtlichen Verhandlung gegen den des falschen eidlichen Zeugnisses angeklagten K. war nach dem Protokolle:

„auf den Wunsch der Geschwornen denselben die niedergeschriebene eidliche Aussage des K. mit ins Berathungszimmer gegeben worden."

Das rügte die NB., indem sie gleichzeitig ausführte: da die betr. Aussage nur einen Theil der Akten bildete, so müßten diese vollständig den Geschwornen mitgegeben sein. Zurückweisung, und zwar:

In Erwägung, daß nach Inhalt des Audienzprotokolls auf den Wunsch der Geschwornen denselben die niedergeschriebene eidliche Aussage des K. mit in das Berathungszimmer gegeben worden ist;

daß diese eidliche Aussage des Angeklagten im Vorprozesse nicht einen Akt der Beweiserhebung, sondern ein eigentliches Ueberführungsstück darstellt, dessen Uebergabe an die Geschwornen weder durch ein ausdrückliches Gesetz verboten ist, noch auch mit dem Grundprinzipe des mündlichen Verfahrens im Widerspruche steht;

daß die weitere Behauptung des Angeklagten, daß den Geschwornen sämmtliche Untersuchungsakten in das Berathungszimmer mitgegeben worden seien, durch das hierbei allein maaßgebende Audienzprotokoll, beziehungsweise durch einen auf Beurkundung dieser Thatsache gerichteten Antrag des Angeklagten nicht unterstützt wird, mithin keine Beachtung finden kann, übrigens auch in der Voraussetzung ihrer Seitens des StA.s nicht bestrittenen thatsächlichen Wahrheit nur in dem Falle erheblich sein könnte, wenn, was nicht behauptet worden ist, die Geschwornen Kenntniß von den Beweiserhebungen der Voruntersuchung genommen haben würden.

Antr. des GStA.s gleichl. [22.—3.]

1. Urkunde. — Durchstreichungen. — Stempelpflichtigkeit. — Nichtigkeitsrichter.

2. Finanz-Ministerialrescript. — Verbindliche Kraft.

1. Nur der Instanzrichter hat zu prüfen, ob eine Urkunde durch stattgehabte Durchstreichungen rc. den Charakter eines gültigen schriftlichen Vertrages und somit die Stempelpflichtigkeit verloren habe.

AGO. I, 10. § 118.

2. Die Nichtberücksichtigung eines Finanz-Ministerialrescripts, welches lediglich Anweisungen für die Verwaltungsbehörden enthält, ist nicht als die Verletzung eines Gesetzes oder Rechtsgrundsatzes anzusehen.

Ges. v. 3. Mai 1852 Art. 107 [vgl. dort n. 18. 19].

Erk. (Z. II.) v. 20. Juni 1861 c. Mittdank (138. II. Cr.).

Nach einer von beiden Kontrahenten unterschriebenen Punktation v. 20. Okt. 1858 hatte M. seinen Gasthof an A. für 7130 Thlr. verkauft; diese Punktation, zu welcher weder ein Stempel verwendet, noch binnen 14 Tagen nachgebracht worden ist, ward von A. beim KG. zu E. in einem anhängigen Prozesse produzirt, worauf beide von den Instanzgerichten wegen Stempelkontravention verurtheilt worden sind. Das AG. führte zur Rechtfertigung dieser Entscheidung aus: daß jene Punktation alle wesentlichen Merkmale eines Kaufkontrakts, nämlich: Benennung des Verkäufers und Käufers, Bezeichnung der verkauften Sache, und den dafür zu erlegenden Preis enthalte: — § 12. I, 11. ALR. — mithin mit einem förmlichen Kontrakte von gleicher Gültigkeit — § 120. I, 5. ALR. — und daher dem gesetzlichen Vertragsstempel unterworfen sei — AKO. v. 19. Juni 1834; die in der Urkunde sich findenden Abänderungen und Durchstreichungen beträfen nur Nebenbestimmungen, machten also den in seinen wesentlichen Merkmalen unverändert gebliebenen Kaufvertrag nicht zu einem ungültigen, könnten vielmehr höchstens die Beweiskraft der Urkunde in Betreff jener Nebenbestimmungen in Frage stellen — § 118. I, 10. AGO. ; übrigens sei auch erwiesen, daß jene Abänderungen rc. erst am 8. Nov. 1858, d. h. also nach dem Ablaufe der für die Nachbringung des Stempels verstatteten Frist bewirkt worden, und die Urkunde bis dahin unverändert und gültig geblieben sei; endlich könne das von den Angeklagten in Bezug genommene Fin.-Min.-Rescr. v. 31. Okt. 1842, welches die Stempelbehörden anweise, statt der Stempelstrafe nur eine Ordnungsstrafe eintreten zu lassen, wenn bei dem späteren Abschlusse eines gerichtlichen Kaufs der gesetzliche Stempel verwendet, zu dieser Zeit aber die betr. Frist nur um einige Tage überschritten sei, — eine Beachtung nicht finden, da jenes Rescript nur eine Anweisung für die Stempelbehörde, und deshalb für das erkennende Gericht nicht maaßgebend sei.

Die NB. des Angeklagten M. rügte:

1. Verletzung des § 12. I, 11. ALR., weil in der Punktation der Kaufpreis nicht hinlänglich bestimmt gewesen, die Urkunde also keinen gültigen Kaufvertrag zum Gegenstande gehabt habe;
2. Verletzung des § 118. I, 10. AGO., weil die vielfachen, in der Urkunde vorkommenden Durchstreichungen und Abänderungen den Kaufpreis, also ein essentiale des Vertrags und nicht bloß Nebenbestimmungen betroffen hätten;
3. Verletzung des Fin.-Min.-Rescr. v. 31. Okt. 1842, welches als Regulativ der für die Verwaltung des Stempelwesens berufenen Centralbehörde auch für den Richter maaßgebend gewesen sei.

Zurückweisung.

Gründe:

Der festgestellte Sachverhalt rechtfertigt, mit Rücksicht auf § 12. 21 und 22 des Ges. über die Stempelsteuer v. 7. März 1822, die Kab.-Ordre v. 19. Juni 1834 (GS. S. 81) und die Kab.-Ordre v. 24. Nov. 1835 (v. Kamptz Jahrb. Bd. 46. S. 561) die von dem ersten Richter ausgesprochene und von dem App.-Richter bestätigte Verurtheilung.

Eine Bezugnahme auf, gegen das Erkenntniß erster Instanz gerichtete An- und Ausführungen der App.-Rechtfertigungsschrift, wie solche Bezugnahme zu 1. der Beschwerdeschrift geschehen ist, ist schon in formeller Hinsicht den Vorschriften über die Substantiirung einer NB. nicht entsprechend. Es ist aber auch die Behauptung, daß die Punktation v. 20. Okt. 1858 eine hinlängliche Bestimmung des Kaufpreises nicht enthalten habe, lediglich ein, in solcher Weise in der Nichtigkeitsinstanz nicht zulässiger Angriff auf die von dem App.-Richter im entgegengesetzten Sinne bewirkte und motivirte thatsächliche Feststellung, bei deren Voraussetzung der § 12. I, 11 des ALR. nicht verletzt sein kann.

Bei dieser Feststellung kann denn auch (zu 2. der Beschwerdeschrift) von einer stattgehabten Verletzung der ohnehin nur instruktiven Vorschrift des § 118. I, 10 der AGO., welche Vorschrift nicht auf die Frage Bezug hat, inwiefern durch stattgehabte Durchstreichungen, Korrekturen u. s. w. einer Urkunde der Charakter eines schriftlichen Vertrages, zu welchem es eines Urkundenstempels bedarf, entzogen werde, nicht die Rede sein. Der desfallsige Angriff muß auch schon insofern erfolglos bleiben, als nach der Feststellung des App.-Richters die Veranlassung zu den erwähnten Abänderungen und die Zeit ihrer Vornahme ermittelt ist, sie namentlich erst bewirkt sind, als schon die Frist verstrichen war, innerhalb welcher der Stempel zu der qu. Punktation nachzubringen oder diese doch zur gerichtlichen oder notariellen Vollziehung einzureichen gewesen wäre.

Es enthält endlich auch (zu 3. der Beschwerdeschrift) nicht die Verletzung eines Gesetzes oder Rechtsgrundsatzes (Art. 107. Nr. 1 des Ges. v. 3. Mai 1852), wenn der App.-Richter ein Fin.-Min.-Rescr. (v. 31. Okt. 1842) zu beachten abgelehnt hat, welches für ein administratives Strafverfahren Rücksichten obwalten lassen wollte, wie sie den Gerichten bei ihren Entscheidungen nicht gestattet sind.

Vgl. Just.-Min.-Rescr. v. 11. Juni 1824 (v. Kamptz Jahrb. Bd. 25. S. 123); 3. Kom.-Bericht der II. Kammer, das Ges. v. 3. Mai 1852 Art. 136 ff. betreffend (Matt. S. 61).

Antr. des GStA.s gleichl. [26. — 3.]

1. Vertheidigungsrede. — Veröffentlichung. — Straflosigkeit.

2. Schmähung der Anordnungen der Obrigkeit. — Hypothetische Behauptung.

1. Enthält eine Vertheidigungsrede den Thatbestand einer Strafthat, die nur als Vertheidigung straflos bleibt, so zieht die demnächstige Veröffentlichung derselben, selbst wenn sie in der Form eines Berichts über eine stattgehabte Gerichtsverhandlung stattfindet, die Strafe nach sich.

Preß.-Ges. v. 12. Mai 1851 § 48; StGB. § 154. [dort einzutragen als n. 16a. — 3. Ausg.].

2. Die Strafbarkeit einer Ehrverletzung, oder einer Schmähung obrigkeitlicher Anordnungen wird dadurch noch nicht ausgeschlossen, daß sie in einer bedingten Form, und nur für einen als nicht vorhanden hingestellten Fall, ausgesprochen wird.

StGB. § 152 ff.; § 101. [einzutragen zu Tit. XIII. als n. 2a; und zu § 101. als n. 7a. — 3. Ausg.].

Erk. (Z. II.) v. 20. Juni 1861 c. Stein & Bellmann (154. II. Cr.).

B. hatte nach der instanzrichterlichen Feststellung die gegen ihn in einer früheren Untersuchungssache aufgestellte Anklageschrift, und die von ihm in derselben Sache gehaltene Vertheidigungsrede dem St. mit der Erlaubniß mitgetheilt, beides zum Abdrucke in der von dem letzteren redigirten Zeitschrift zu veröffentlichen. Einzelne Stellen der demgemäß von St. veröffentlichten Vertheidigungsrede erachteten die Instanzrichter für öffentliche Schmähungen und Verhöhnungen der Anordnungen der Obrigkeit, welche diese dem Hasse oder der Verachtung aussetzten, und bestraften beide aus § 101. Die NB. derselben behauptete Verletzung des Strafgesetzes:

1. weil die Vertheidigungsrede nur als solche abgedruckt sei, so daß also nur die wahre Thatsache, daß die Rede so gehalten worden, bekundet sei; der Abdruck müsse daher ebenso straflos sein, wie die geführte Vertheidigung selbst (StGB. § 154); wäre dem nicht so, so könnte auch der Abdruck des die inkriminirten Stellen referirenden Urtheils den Thatbestand des Vergehens darstellen;

2. demgemäß sei die Bestrafung in Ermanglung einer festgestellten beleidigenden Absicht unstatthaft gewesen;

3. die Vertheidigungsrede stelle die betr. Behauptungen nicht absolut, sondern in bedingter Form, und für einen als nicht vorhanden gestellten Fall hin, um in greller Weise darzuthun, daß dieser Fall nicht zutreffen könne.

Zurückweisung.

Gründe:

Das in dem zweiten Theile des § 101 mit Strafe bedrohte Vergehen erfordert zu seinem Thatbestande als Objekt des Angriffs: die Einrichtungen des Staats oder die Anordnungen der Obrigkeit und als Mittel dieses Angriffs: öffentliche Schmähungen oder Verhöhnungen, wodurch jene Einrichtungen (resp. Anordnungen) dem Hasse oder der Verachtung ausgesetzt werden. (Vgl. Erk. v. 8. Dez. 1853, JMBl. v. 1854 S. 44; Erk. v. 11. Mai 1854 [Z. II. c. Sachse; Oppenh. StGB. § 101 n. 7]; G. A. II. S. 689.)

Rücksichts dieses Mittels des Angriffs macht daher eigentlich auch Ehrenkränkung — mit Einschluß der Verleumdung — und zwar öffentlich geschehene, den strafrechtlichen Charakter jenes Vergehens aus. (Vgl. Motive des Entwurfs v. 1847 S. 44. 45 zu § 125; Sten. Berichte v. 1850 – 51 der I. Kammer S. 727; Goltd. Mater. II. S. 161 Nr. 1 und 2.)

Gegenstand der thatsächlichen Feststellung ist deshalb auch, ob öffentlich in Reden oder Schriften, und namentlich Druckschriften, erfolgte Aeußerungen eine solche Schmähung oder Verhöhnung enthielten. Diese Feststellung ist hier von den Instanzrichtern bewirkt. — Wenn die Beschwerdeschrift zu Nr. 1 zu deduziren sucht, daß die in Rede stehende Druckschrift nur ein Referat über eine stattgehabte Gerichtsverhandlung enthält und nur als Theil der letzteren die darin wirklich gehaltene Vertheidigungsrede aufgenommen und nur das wahre Faktum, daß diese Rede dabei gehalten sei, referirt habe; so ist es — abgesehen auch davon, daß die schließliche thatsächliche Feststellung für diese Anführungen keinen Anhalt giebt — eine unrichtige Voraussetzung, von welcher bei diesen Deduktionen, wie es scheint, in Bezug auf § 48 des Preß=Ges. v. 12. Mai 1851 ausgegangen wird, die nämlich, daß die demnächstige, für ein größeres Publikum bestimmte weitere Verbreitung und Veröffentlichung von Schriftstücken oder anderen Theilen eines Strafverfahrens, namentlich einer darin gehaltenen Vertheidigungsrede durch die Presse unbedingt erlaubt sei und durch solche demnächstige Veröffentlichung, welchen Inhalts auch eine solche Vertheidigungsrede gewesen sei, nicht das im § 101 des StGB. bedrohte Vergehen begangen werden könne. Jene Vorschrift des Preß=Ges. hat nur Präventivmaaßregeln zum Gegenstande und droht den diesen Zuwiderhandelnden Strafe; sie berührt nicht den etwa nach sonstigen Strafgesetzen strafbaren Inhalt einer solchen Veröffentlichung (vgl. Erk. v. 24. Okt. 1860, JMBl. S. 428). Enthielt eine Vertheidigungsrede Aeußerungen, die, wenn sie nicht zur Vertheidigung gemacht wären, strafbar sein würden und die nur, weil sie zur Vertheidigung gemacht wurden, straflos blieben, so kann, wenn sie demnächst, wo solcher favor defensionis nicht mehr eintritt, weiter, wenn auch in der Form eines Berichtes über eine stattgehabte Gerichtsverhandlung verbeitet worden, jener auch nicht exkulpiren.

Deshalb liegt denn auch die zu Nr. 2 der Beschwerdeschrift behauptete Verletzung des § 154 des StGB., dessen Voraussetzungen Rücksicht der durch die in Rede stehende Druckschrift erfolgten Veröffentlichung nicht festgestellt sind, nicht vor.

Wenn endlich die Deduktionen der Beschwerdeschrift zu Nr. 3 behaupten, daß nach der Feststellung Alles, was der Appellationsrichter als Schmähung oder Verhöhnung angesehen habe, in der qu. Vertheidigungsrede nur bedingungsweise und nur zu dem Zwecke, um möglichst grell die Auslegung, welche die Anklage dem § 17 (10) des Vereins= 2c. Ges. v. 11. März 1850 habe geben wollen, als unhaltbar und die Consequenzen, zu welchen sie führen würde, als widersinnig oder absurd darzustellen, ausge=

sprochen sei, und daß für solche nur hypothetische, nur für einen eben als nicht vorliegend behaupteten Fall ausgesprochene Schmähungen der Staatseinrichtungen und obrigkeitlichen Anordnungen der § 101 des StGB. nicht anwendbar sei, — so bietet zunächst auch für eine solche Behauptung die der angefochtenen Entscheidung zu Grunde liegende thatsächliche Feststellung keine Unterlage dar. Es wird aber auch dadurch, daß ehrverletzende Aeußerungen bedingungsweise ausgesprochen sind, der Charakter derselben als Ehrverletzung, — welchen, wie bemerkt, eigentlich auch das im § 101 des StGB. bedrohte Vergehen hat, — noch nicht ausgeschlossen. Einen Rechtsirrthum kann es daher nicht enthalten, wenn der App.-Richter der bedingten Form, in welcher, wie die Beschwerdeschrift behauptet, unter oratorischem Schmucke und Vergleichungen die Aeußerungen geschehen sein sollen, ungeachtet in den letzteren solche Schmähungen und Verhöhnungen gefunden hat, wie sie den Thatbestand des im § 101 a. a. O. bedrohten Vergehens ausmachen.

Antr. des GStA.s gleichl. [26. — 3.]

---

1. Appellationsrichter. — Bestellung eines Vertheidigers für den verhafteten Angeklagten.
2. Verlesung der Aussage des Angeklagten. — Neue Beweiserhebung.

1. Dem verhafteten Angeklagten, welcher nicht zur Verhandlung vor den App.-Richter persönlich vorgeführt wird, muß auf seinen Antrag ein Vertheidiger bei Nichtigkeitsstrafe bestellt werden.

Vdn. v. 3. Jan. 1849 § 134 [vgl. dort n. 13]. 135.

2. Die Verlesung der in der Voruntersuchung zu Protokoll genommenen Aussagen des Angeklagten vor dem App.-Richter kann nicht als

eine „Wiederholung der Beweiserhebung“ angesehen werden [1]).

Ges. v. 3. Mai 1852 Art. 101.

Erk. (V. I.) v. 21. Juni 1861 c. Lademann (642. I. Cr.).

Gründe:

Die verhaftete Angeklagte hat ihre persönliche Vorführung und die Zuordnung eines Vertheidigers zur Audienz beantragt. Diese Anträge konnten nicht deshalb allein als unstatthaft zurückgewiesen werden, weil es sich nicht um ein schwurgerichtliches Verfahren handele und die Angeklagte verhaftet sei. Denn das App.-Gericht hat die Befugniß, auch in nicht schwurgerichtlichen Sachen — die ohnehin allein vor ihm verhandelt werden — den Angeklagten persönlich vorführen zu lassen, und ein solches freies Ermessen gewährt ihm der § 135 der Vdn. v. 3. Jan. 1849. Dagegen verpflichtet ihn der § 134 ibid., dem Angeklagten einen Vertheidiger zuzuordnen, wenn dies beantragt ist, und wenn jene persönliche Vorführung verweigert wird.

Ebenso unstatthaft ist das Verfahren des App.-Gerichts in Betreff der Verlesung der Aussagen der beiden Angeklagten aus der Voruntersuchung zum Zwecke der Beweisaufnahme, insofern darin gleichfalls eine Reproduktion des Beweises im Sinne des Art. 101 des Ges. v. 3. Mai 1852 gefunden ist.

Die Aussagen des Angeklagten in den Verhandlungen der früheren Instanz stehen in dieser Hinsicht den Zeugenaussagen der früheren Instanz gleich, der schriftliche Ausdruck beider darf dem App.-Richter allein nicht genügen, um daraus die freie Ueberzeugung zu schöpfen, welche der § 22 der Vdn. v. 1849, mit wenigen Ausnahmen, nur aus der mündlichen Vernehmung zu schöpfen gestattet.

Antr. des GStA.s gleichl. [15. — 5.]

---

[1]) Contra Z. I. 30. Juni 1858 c. Kuhn (575). Vgl. Oppenhoff Strafverf. Art. 101 n. 85. 95. 37.

Caution. — Befreiung von der Haft. — Entfernung des Angeklagten. — Einziehung der Caution.

Die für die Befreiung eines Beschuldigten von der Untersuchungshaft bestellte Caution ist sofort einzuziehen, wenn sich jener der ferneren Untersuchung oder der Vollziehung der Strafe entzieht; die civilrechtlichen Vorschriften über die Bürgschaft bleiben in einem solchen Falle außer Anwendung.

Cr.-Ordn. § 225. 227.

Beschl. (I.) v. 21. Juni 1861 c. Sonntag (123. B. I. Cr.).

Die Ehefrau S. hatte in der wider ihren Ehemann geführten Untersuchung eine Caution dafür bestellt, daß er sich der ferneren Untersuchung und der Vollziehung der Strafe nicht entziehen werde. Gleichwohl entzog sich derselbe der gegen ihn verhängten Gefängnißstrafe durch die Flucht. Gegen den die Einziehung der Caution anordnenden Beschluß des StG. z. B. erhob die Ehefrau S. beim Kammer-Gerichte und demnächst beim OTr. Beschwerde und suchte unter Bezugnahme auf die civilrechtlichen Vorschriften über die Bürgschaft auszuführen, daß das StG. die Vollstreckung der Gefängnißstrafe gegen ihren Ehemann schuldbarer Weise verzögert habe, weshalb sie aus der übernommenen Caution nicht weiter verhaftet sein könne. Zurückweisung.

Gründe:

Durch das Cautionsinstrument vom rc. haben Sie die Caution von rc. als Selbstschuldnerin dafür, daß Ihr Ehemann sich der ferneren Untersuchung und der Vollstreckung der etwa gegen denselben zu erkennenden Strafe nicht entziehen werde, bestellt. Nachdem gegen Ihren Ehemann auf eine Freiheitsstrafe rechtskräftig erkannt worden, ist nunmehr festgestellt, daß derselbe sich der Vollstreckung der Strafe durch die Flucht entzogen hat. Für diesen Fall verordnet der § 227 der Cr.-Ordn., daß die Cautionssumme ohne weiteres Verfahren und ohne Zulassung eines Restitutionsgesuches zum Criminalfonds eingezogen werden soll. Wenn nun zwar der § 225 ibid. wegen der Bestellung einer solchen Caution auf den § 188. I, 14 des ALR. verweist, so bezieht sich dies doch lediglich auf die Art der Bestellung. Im Uebrigen aber ist der Criminal-Richter bei der Ausführung der im § 227 vorgeschriebenen Maaßregel an die civilrechtlichen Vorschriften über die Bürgschaft nicht weiter gebunden. Die Gründe, aus denen im vorliegenden Falle die Vollstreckung der Strafe verzögert worden ist, sind für den Antrag, von der vorgeschriebenen Einziehung der Caution abzustehen, ohne allen Einfluß. Die Voraussetzung des § 227 cit. ist eingetreten, folglich auch die Einziehung der Kautionssumme unbedingt gerechtfertigt.

Antr. des GStA.s gleichl. [2.]

Wechsel. — Stempelpflichtigkeit. — Frist für die Abstempelung.

Gezogene Wechsel müssen selbst abgestempelt werden. — Die im § 12 des Stempelgesetzes gestattete Nachbringung des Stempels binnen vierzehn Tagen ist auf sie nicht anwendbar.

Stemp.-Ges. v. 7. März 1822 § 12.

Erk. (Z. I.) v. 21. Juni 1861 c. Landau (569. I. Cr.).

Ein am 9. Juli 1857 über 3000 Thlr. gezogener, nur mit 5 Sgr. abgestempelter Wechsel war am 22. Juli auf L. girirt, und von diesem weiter begeben worden; der fehlende Stempel ward erst im vierten Quartal 1857 zu einer Kopie des Wechsels nachgebracht. Die Instanzrichter erachteten dieses für verspätet, und verurtheilten den L., weil er sich am Umlaufe des Wechsels betheiligt habe, zur Stempelstrafe. Seine NB. rügte Verletzung des § 12 des Stemp.-Ges., weil die Instanzrichter mit Unrecht die dort gestattete Nachbringung des Stempels binnen vierzehn Tagen auf gezogene Wechsel nicht für anwendbar erachtet hätten. Zurückweisung.

Gründe:

Es ist dem vorigen Richter darin beizutreten, daß ein gezogener Wechsel selbst tarifmäßig nach § 20 des Stempelgesetzes abgestempelt sein muß, und daß die nachträgliche Abstempelung auch einer Wechselcopie, welche das Gesetz nirgend für zulässig erklärt, den Angeklagten von der Stempelstrafe nicht befreien konnte. Der § 12 des Stempelgesetzes, nach welchem das erforderliche Stempelpapier binnen 14 Tagen nachkassirt werden kann, findet auf gezogene Wechsel, welche gleich nach der Ausstellung und ehe ein Geschäft damit gemacht wird, abgestempelt werden müssen, keine Anwendung. Nur der zum Wechsel selbst verwandte Stempel kann hierbei in Betracht kommen.

Antr. des GStA.s gleichl. [18.—4.]

Konnexität. — Verbindung des Verfahrens. — Wiedertrennung. — Zweite Instanz.

Mehrere an sich selbstständige Straffälle, welche wegen Konnexität zur gleichzeitigen Entscheidung vor ein Gericht gebracht worden sind, können selbst noch in zweiter Instanz wieder getrennt werden, sobald dieses nach den obwaltenden Umständen sich als zweckmäßig darstellt.

Einf.-Ges. Art. XXI. XXII; Ges. v. 3. Mai 1852 Art. 3 [vgl. dort n. 14].

Erk. (Z. I.) v. 26. Juni 1861 c. Eichhoff (518. I. Cr.).

Gründe:

Die NB. des Angeklagten behauptet nur Beschränkung seiner Vertheidigung und somit die Nichtigkeit des Verfahrens nach Art. 108 Nr. 5 des Ges. v. 3. Mai 1852, weil die Entscheidung über denjenigen Anklagepunkt, welcher rc., vom App.-Richter einem Nachtragserkenntniß vorbehalten ist, während er über die übrigen Anklagepunkte definitiv erkannt hat. Diese Beschwerde kann jedoch nicht für begründet erachtet werden.

Nach Art. XXI des Einf.-Ges. v. 14. April 1851 ist eine Konnexität vorhanden, wenn die nämliche Person verschiedener strafbarer Handlungen beschuldigt wird, was hier der Fall ist, und nach Art. XXI des Einf.-Ges., sowie nach Art. 3 des Ges. v. 3. Mai 1852 können konnexe strafbare Handlungen zur gleichzeitigen Untersuchung und Entscheidung gebracht werden. Eine Verpflichtung der

Gerichte hierzu besteht aber nicht. Der Angeklagte hat daher kein Recht zu verlangen, daß verschiedene, ihm zur Last gelegte strafbare Handlungen, welche, wie im vorliegenden Falle vom App.-Richter festgestellt ist, selbstständige strafbare Handlungen bilden, gleichzeitig zur Verhandlung und Entscheidung kommen. Hierüber entscheidet vielmehr lediglich das Ermessen des Gerichts, welches sich dabei nur durch Rücksichten der Zweckmäßigkeit leiten lassen darf. Dies pflichtmäßige Ermessen des Gerichtshofes unterliegt aber, weil es dabei wesentlich auf thatsächliche Erwägungen ankommt, keinem Angriff mit der NB.

Auch die neuere Fassung des § 56 des StGB., nach welcher, insoweit es sich um Freiheitsstrafen handelt, die Dauer derselben bis auf das Maaß der für das schwerste Verbrechen oder Vergehen bestimmten Freiheitsstrafe herabgesetzt werden kann, hat hierin nichts geändert, da dem Richter, welcher über die letzte von mehreren, demselben Angeklagten zur Last fallenden, strafbaren Handlungen zu erkennen hat, unbenommen bleibt, bei Festsetzung der Strafe auf die bereits wegen der früher abgeurtelten strafbaren Handlungen verhängte Strafe Rücksicht zu nehmen.

Diese Grundsätze hat das OTr. auch bereits in dem Erk. v. 27. Febr. 1856 [c. Bergau 228] ausgesprochen und ausgeführt, wie es lediglich von dem Ermessen des Gerichtshofes abhänge, ob er dem Antrage eines Angeklagten auf Vertagung der Sache bis zur gleichzeitigen Verhandlung mit einer anderen wider ihn erhobenen Anklage stattgeben will.

Im vorliegenden Falle ist zwar allerdings über die verschiedenen Anklagepunkte bereits in erster Instanz zusammen erkannt und die Trennung eines einzelnen Anklagepunkts von den übrigen, erst vom zweiten Richter beschlossen. Es ist jedoch weder im Gesetze untersagt, noch ein innerer Grund erfindlich, welcher dagegen spricht, die Untersuchung und Entscheidung über konnexe strafbare Handlungen, nachdem sie anfangs mit einander verbunden gewesen sind, später und zwar auch noch in den höheren Instanzen wiederum zu trennen, wenn solches nach den obwaltenden besonderen Umständen zweckmäßig erscheint.

Antr des GStA.s gleichl. [18. – 2.]

Beamter im Dienste. — Widersetzlichkeit gegen fremde Amtshandlungen.

Die eigene amtliche Thätigkeit eines Beamten kann eine Widersetzlichkeit gegen die berechtigte Amtshandlung eines anderen Beamten nicht rechtfertigen. [StGB. § 89; dort einzutr. als n. 28a. (3. Ausg.)].

Erk. (Z. I.) v. 26. Juni 1861 c. Kupke (557. I. Cr.).

Ein Rechtsirrthum kann dem zweiten Richter nicht vorgeworfen werden, wenn er annahm, auch ein im Dienste befindlicher Zollbeamter dürfe einer ihn wegen eines eben verübten Vergehens arretirenden Militärpatrouille keinen Widerstand entgegensetzen; denn das Beleidigen der Schildwache betraf keine Dienstsache des Angeklagten und sein Amt als Grenzkontrolleur überhebt ihn nicht der Verpflichtung, der Militärpatrouille Folge zu leisten. Der App.-Richter hat daher bei Beurtheilung des Einwandes, sowie dieser gestellt war, nicht fehlgegriffen.

Antr. des GStA.s gleichl. [43. – 2.]

Heilungsunternehmen. — Polizeiliches Verbot. — Wirksamkeit des letzteren.

Das polizeiliche Verbot der Unternehmung einer Heilung gilt nicht nur für den Bezirk der betreffenden Polizeibehörde, sondern für den ganzen Staat.

StGB. § 199 [vgl. dort n. 14 (3. Ausg.)].

Erk. (Z. I.) v. 26. Juni 1861 c. Thom (561. I. Cr.).

Th. war, weil er, ohne approbirt zu sein, einem vom Polizei-Präsidium zu Berlin erlassenen Verbote zuwider in Schlawe (Pommern) die Heilung äußerer Krankheiten unternommen hatte, aus § 199 StGB. verurtheilt worden. Seine NB. machte geltend, daß das erwähnte Verbot nicht über den Amtsbezirk der betr. Behörde hinaus wirksam sein könne. Zurückweisung.

Gründe:

Unrichtig ist die Ansicht des Imploranten, daß das vom Kgl. Polizei-Präsidium zu B. ausgegangene Verbot sich nur auf den Bezirk dieser Behörde, nicht aber auf die ganze Monarchie erstrecken könne. Das im Interesse der öffentlichen Gesundheitspflege von der Ortspolizei, in deren Bezirk der Angeklagte sich damals befand, ergangene Verbot ist vielmehr für die Person des Angeklagten überall bindend und bedarf nicht etwa bei einem Umzuge in einen andern Polizeibezirk einer Erneuerung. Das Gesetz nimmt auch im § 199 cit. nur auf ein überhaupt erlassenes polizeiliches Verbot Rücksicht und unterscheidet nicht, ob der dem Verbote zuwider Handelnde sich zur Zeit der That in einem andern polizeilichen Bezirke wie früher befindet.

Antr. des GStA.s gleichl. [43.—2.]

Kuppelei. — Positives Handeln.

Zum Thatbestande der Kuppelei genügt ein Handeln, welches mit Bewußtsein dahin gerichtet ist, die Unzucht Anderer zu begünstigen, sollte es sich auch äußerlich nur als ein negatives Verhalten darstellen.

StGB. § 147 [vgl. dort n. 6 (3. Ausg.)].

Erk. (B. I.) v. 26. Juni 1861 c. Gesch (521. I. Cr.).

Gegen G. war festgestellt:

daß er den Verkehr liederlicher Dirnen in der von ihm an einen Andern vermietheten Wohnung, ohne dagegen einzuschreiten, gekannt, und auch durch die ungewöhnlich hohe Miethe, die von dem Miether wohl nur mit Rücksicht auf diesen Verkehr gezahlt worden, Nutzen gehabt habe.

Gleichwohl sprach der App.-Richter von der Anklage aus § 147 des StGB. frei; auf die NB. des OStA.s hat das OTr. das Erkenntniß vernichtet, und die Sache zur erneuerten Verhandlung in die zweite Instanz zurückgewiesen.

Gründe:

Die Worte des § 147 l. c.:

„Wer durch Gewährung oder Vermittelung von Gelegenheit ꝛc. Vorschub leistet,"

geben zu erkennen, daß das hiermit gemeinte Handeln immerhin äußerlich als ein anscheinend negatives sich darstellen mag, daß es aber hierauf nicht entscheidend ankommt, sondern vielmehr darauf, daß dieses Thun mit Bewußtsein dahin gerichtet war, die Unzucht Anderer zu begünstigen. In diesem Sinne hat auch bereits das Kgl. OTr. entschieden und namentlich, daß schon dann die Voraussetzung des Strafgesetzes vorhanden ist, wenn Jemand ähnlich, wie hier, es wissentlich geschehen läßt, daß seine Wohnung von Dritten zur Unzucht benutzt wird. (Erkenntniß v. 12. Febr. 1858 c. Fein; cf. auch Beschl. des OTr. v. 13. Okt. 1858 c. Suhr [G. Arch. 6. S. 843.])

Antr. des GStA.s gleichl. [20.—2.]

Geschlagenes Holz. — Abgesägte Zopfenden. — Abraum.

Ganze Theile eines Baumes, z. B. die abgesägten Zopfenden können nicht als „Abraum" angesehen werden.

H.-D.-Ges. v. 2. Juni 1852 § 1 Nr. 3; StGB. § 217 Nr. 3 [vgl. dort n. 35. 36; 3. Ausg.].

Erk. (Z. I.) v. 26. Juni 1861 c. Nötzel (544. I. Cr.).

Angeklagter hatte in dem Forste liegende kieferne Zopfenden geringen Werthes, welche durch Absägen vom Stamme getrennt und mit deren Behauen bereits der Anfang gemacht war, gestohlen. Aus § 217 Nr. 3 StGB. gestraft, legte er NB. ein, weil nicht einfacher Holzdiebstahl an Abraum angenommen worden. Zurückweisung.

Gründe:

Auf die (vorgedachte) Feststellung kann nicht, wie Implorant vermeint, das H.-D.-Ges. v. 2. Juni 1852 angewendet werden, weil weder Holz vom Stamme getrennt ꝛc. und weil auch ganze Theile eines Baumes, wie die Zopfenden, zu den Spähnen oder dem Abraum nicht gerechnet werden können (§ 1. H.-D.-Ges. Nr. 1 bis 3). Die Ansicht des Imploranten, daß die abgesägten Zopfenden so lange nur Abraum im Sinne dieses Gesetzes seien, als sie noch nicht von der Forstverwaltung zu Knüppel oder Reisig eingeschlagen oder zur Ablage gebracht worden, ist unrichtig. Denn unter Abraum können nur die zufälligen Abfälle bei der Holzbearbeitung verstanden werden, und in keinem Falle gehören dazu diejenigen Holztheile, welche durch die Arbeit des Berechtigten zu selbstständigen Produkten der Forstnutzung hergestellt sind, wie die abgesägten Zopfenden der Bäume. Auf den Umstand, ob mit der weiteren Bearbeitung von dergleichen Holztheilen der Anfang gemacht worden, kommt es nicht an, wiewohl der Anfang der Bearbeitung ein sicheres Kennzeichen dafür abgiebt, daß diese Holztheile eben nicht als Abraum zu betrachten sind.

Antr. des GStA.s gleichl. [43. — 2.]

Gefangener. — Uebergebene Sache. — Weggeben an einen andern Gefangenen. — Diebstahl.

Als „Wegnahme" kann es angesehen werden, wenn ein Gefangener über eine ihm von der Verwaltung der betr. Anstalt zur Benutzung 2c. übergebene Sache so verfügt, daß sie jener dadurch entzogen wird. Das gilt auch in dem Falle, wo er die Sache irgendwo im Bereiche der Anstalt versteckt, oder einem Mitgefangenen übergiebt, sobald die Verwaltung von ihrem Verbleiben keine Kenntniß hat, und sonach außer Stande ist, über dieselbe eine Verfügung zu treffen.

StGB. § 215 [vgl. dort n. 28. 54; einzutr. als n. 48a].

Erk. (B. I.) v. 28. Juni 1861 c. Kleist (417. I. Cr.).
(Vernichtung des angegr. Erk. auf die NB. des OStA.s.)

Gründe:

Nach der Feststellung der Richter beider Instanzen muß zwar angenommen werden, daß die vom Angeklagten verkauften Strümpfe nicht aus dem Bereiche der Gefangenenanstalt gekommen sind; denn einmal stellt der erste Richter nur den Verkauf an den Mitgefangenen W. fest; der App.-Richter erwägt sodann aber besonders, daß eine Unterschlagung durch Beiseiteschaffen mittelst dieses Verkaufes aus dem Grunde nicht stattgefunden haben könne, weil die Gefangenenanstalt die Gewahrsam durch die Ueberlassung der Strümpfe an W. — nämlich an einen anderen Gefangenen — nicht verloren, folglich der letztere dieselbe nicht erworben haben könne.

Auf die hiermit in Widerspruch stehende neue Behauptung der NB., daß W. die Strümpfe bei seiner Entlassung mitgenommen habe, kann daher in dieser Instanz keine Rücksicht weiter genommen werden.

Dennoch aber läßt sich der Ausführung des App.-Richters, welche einen Diebstahl verneint, nicht beitreten. Bei Gefangenen tritt die Rücksicht ein, daß sie persönlich unter der stets wirksamen Verfügungsgewalt der Strafanstalt und ihrer Beamten stehen; diese Gewalt hindert somit unbedenklich die Annahme einer wirklichen Gewahrsam auf Seiten des Gefangenen an den der Anstalt gehörigen, und den Gefangenen nur zum Gebrauche u. s. w. übergebenen Sachen. Ist somit diese fortdauernde Gewahrsam der Anstalt an solchen, den Gefangenen zur Benutzung übergebenen Sachen unzweifelhaft, so kann die Handlung, durch welche der Gefangene über die in seiner Hand befindliche Sache verfügt, allerdings nach dem eigentlichen Zwecke des Gesetzes ein „Wegnehmen" genannt werden. Indeß gehört dazu eine Entziehung aus der Gewahrsam der Anstalt, und diese würde aus dem oben angeführten Grunde dann nicht angenommen werden können, wenn die Sache nur an einen anderen Gefangenen gegeben, also unter derselben Voraussetzung, wie bei dem ersten Gefangenen, in der Gewahrsam der Anstalt geblieben wäre.

Allein es tritt hier dasselbe Verhältniß ein, wie, wenn der Dieb in anderen Fällen die gestohlene Sache in dem

Hause des Bestohlenen versteckt, sie dort also beläßt. Denn obwohl die Sache sonach in dem Bereiche des Besitzthumes des Bestohlenen überhaupt geblieben ist, so hat er doch speciell die Gewahrsam der versteckten Sache nicht, so lange er nicht weiß, wo und ob sie sich in seinem Besitzthum befindet.

Aus diesem Grunde kann daher auch angenommen werden, daß die Sache, welche der Gefangene an seinem Leibe oder sonst in dem Bereiche der Anstalt versteckt, oder welche er einem Mitgefangenen in der Absicht übergiebt, um sie dadurch der Verfügung der Anstalt zu entziehen, so lange aus der Gewahrsam der letzteren gekommen ist, bis diese sie wiederfindet.

Antr. des GStA.s gleichl. [15.—4.]

Städtische Verwaltung. — Deputation. — Behörde.

Die aus den Mitgliedern beider Gemeindebehörden zur **dauernden** Verwaltung oder Beaufsichtigung einzelner Geschäftszweige der städtischen Verwaltung gewählten besonderen Deputationen (z. B. Schuldeputationen) sind als öffentliche Behörden, ihre Mitglieder als Beamten, anzusehen [1]). [StGB. § 102.]

Erk. (Z. I.) v. 28. Juni 1861 c. Hülsberg (573. I. Cr.).

Gründe:

Der erste Richter hat zunächst thatsächlich festgestellt und der zweite ist dabei stehen geblieben:

> daß der Angeklagte ꝛc. den Stadtschulrath S. und die Schuldeputation des B.er Magistrats in Bezug auf ihren Beruf beleidigt habe.

---

[1]) Dagegen nahmen Z. II. 13. Juni 1857 c. Fink (193), und Erk. Komp.-GH. 25. Okt. 1856 Bux c. Köppchen an: die Mitglieder der zur Beaufsichtigung einzelner Geschäftszweige, sowie zur Erledigung vorübergehender Aufträge aus der Zahl der Stadtverordneten oder aus stimmfähigen Bürgern gewählten Deputationen (z. B. die Mitglieder der Armen-Kommissionen, sowie die s. g. Armenväter) seien keine Beamten; vgl. Oppenhoff StGB. § 102 n. 35 (3. Ausg.).

Hierin sind an sich die Merkmale des § 102 des StGB. enthalten, da die fernere Ausführung, daß ein Stadtschulrath als öffentlicher Beamter, und eine städtische Schuldeputation als eine öffentliche Behörde anzusehen ist, keinen Rechtsirrthum enthält. Denn nach § 59 der Städte-Ordnung v. 30. Mai 1853 können zur dauernden Verwaltung oder Beaufsichtigung einzelner Geschäftszweige besondere Deputationen aus Mitgliedern beider Gemeinde-Behörden gewählt werden. Diese vertreten dann nach Außen hin den Magistrat, und stellen so in ihrer Gesammtheit eine öffentliche Behörde, in ihren einzelnen Mitgliedern öffentliche Beamten dar. In diese Kategorie fällt eine Schuldeputation unzweifelhaft, ohne daß es in dieser Beziehung einer näheren Ausführung bedarf. — Plen.-Beschl. v. 27. Mai 1839; Entsch. Bd. 4. S. 273.

Antr. des GStA.s gleichl. [20. — 4.]

Uebertretung. — Verjährung. — Unterbrechung.

1. Im § 339 des StGB. umfaßt der Ausdruck: „Staatsanwaltschaft" die Polizeianwaltschaft, und der Ausdruck: „gerichtliche Handlung" die Handlungen der Staatsanwaltschaft mit.

2. Auch dann, wenn die Untersuchung wegen eines Vergehens eröffnet worden ist, sind in Betreff der Verjährung nur die für Uebertretungen geltenden Grundsätze maaßgebend, wenn der Richter findet, daß nur eine solche und kein Vergehen vorliegt.

StGB. § 46 [dort einzutr. als n. 1]; 339 [vgl. dort n. 12] 3. Ausg.

Erk. (B. I.) v. 28. Juni 1861 c. Schlegel (591. I. Cr.).

Gründe:

Die auf die Behauptung unrichtiger Anwendung des § 339 des StGB. gestützte NB. erscheint begründet.

Daß der darin gebrauchte Ausdruck „Staatsanwaltschaft" auch die Polizeianwaltschaft in sich schließt, kann nicht zweifelhaft sein, da die Polizeianwalte die Organe der öffentlichen Anklage für Uebertretungen sind und als solche die Pflichten und Befugnisse der Staatsanwalte haben (§ 28 der Vdn. v. 3. Januar 1849).

Ebenso unbedenklich ist es, daß der im § 339 vorkommende Ausdruck „gerichtliche Handlung" sowohl die Handlungen des Richters, als der zu den Gerichten gehörenden StA.-schaft begreift. (Entsch. des OTr.s v. 23. Oktober 1857 c. Neuburger [Oppenh. StGB. § 47 n. 3].)

Der zweite Richter schließt die Verjährung ex § 339 des StGB. um deswillen aus, weil die StA.-schaft durch die Verfügung v. ꝛc. das bisherige blos polizeiliche Einschreiten ihrerseits und zwar von dem Gesichtspunkte aus aufgenommen habe, daß ein Vergehen nach § 281 des StGB. vorliege, und weil von da ab die Untersuchung auf ein Vergehen gerichtet gewesen, welches nach § 46 des StGB. erst in 5 Jahren verjähre. Dieser Ausschließungsgrund ist aber ein rechtsirrthümlicher. Es kann zwar nicht bedenklich sein, daß der mit der Entscheidung der Anklage wegen Vergehens befaßte Richter, wenn er findet, daß nicht der Thatbestand eines solchen, sondern nur der einer Uebertretung vorliege, befugt ist, über die letztere zu befinden und dieserhalb eine Strafe zu verhängen; er hat sich aber in diesem Falle auf den Standpunkt zu stellen, als wäre die Anklage wegen Vergehens überhaupt nicht, sondern die wegen Uebertretung von Anfang an erhoben worden und von diesem Standpunkte aus die Bedingungen der Zulässigkeit der Strafverfolgung wegen dieser Uebertretung und insbesondere also auch die Frage wegen der Verjährung zu erwägen.

A. d. Gr. Vernichtung ꝛc.

Antr. des GStA.s gleichl. [41.—4.]

1. Briefe. — Litterarisches Eigenthum. — Nachdruck.
2. Nachdruck eines Nachdrucks. — Strafbarkeit.
3. Privilegium. — Nachdruck. — Guter Glaube.
4. Nachdruck. — Konfiskation.

1. Briefe können als ein litterarisches Erzeugniß angesehen, und dadurch des Schutzes gegen den Nachdruck theilhaftig werden. Ob dieses anzunehmen sei, ist Gegenstand der thatsächlichen Beurtheilung.

2. In Beziehung auf die Strafbarkeit ist es gleichgiltig, ob ein Nachdruck von dem Originaldrucke oder von einem früher veröffentlichten Nachdrucke gefertigt worden ist.

3. Einem gesetzlich publizirten Privilegium gegenüber kann von einem die Strafbarkeit des Nachdrucks ausschließenden guten Glauben nicht die Rede sein.

4. Die wegen Nachdrucks angedrohte Konfiskation ist auf die nachgedruckten Stellen des Werks zu beschränken, und daher auf die selbstständigen Zugaben nicht auszudehnen, insofern diese von jenen räumlich trennbar sind.

Ges. v. 11. Juni 1837 § 1. 2. 10. 12.

Erk. (Z. B. I.) v. 28. Juni 1861 c. Wolf (541. I. Cr.).

W. war wegen Nachdrucks sämmtlicher Briefe Schiller's an Göthe verurtheilt worden. Seine NB. rügte Gesetzesverletzung, weil ein litterarisches Eigenthum an einem für den conventionellen Verkehr gebräuchlichen Briefwechsel gar nicht denkbar sei, er auch die Briefe nicht dem Cotta'schen Originaldrucke, sondern einem späteren Werke von D. entlehnt habe, und ihm insofern der gute Glaube zur Seite stehe, als er nicht gewußt habe, daß die D.'sche Ausgabe eine unrechtmäßige gewesen sei; jedenfalls sei es ungerechtfertigt, wenn die Instanzrichter die Konfiskation seiner ganzen Ausgabe, einschließlich der von ihm den Schiller'schen Briefen hinzugefügten Einleitungen und Erläuterungen, ausgesprochen habe. Das OTr. hat nur in Beziehung auf diesen letztern Punkt das app.-richterliche Erk. vernichtet, und die Sache in die zweite Instanz zurückgewiesen, im Uebrigen aber die NB. zurückgewiesen.

Gründe:

Es muß, soweit es sich lediglich um prozessualische Grundsätze, also insbesondere um das Verhältniß des Richters in der Nichtigkeits-Instanz zu den Entscheidungen der Richter in den früheren Instanzen handelt, Alles dasjenige, was der erste Richter im vorliegenden Falle über den litterarischen Charakter der in dem C.'schen Werke „der Briefwechsel zwischen Schiller und Göthe" enthaltenen Schiller'schen Briefe erwägt, als eine thatsächliche Feststellung zur Beurtheilung der Rechtsfrage, ob Briefe mit einem solchen litterarischen Charakter als gegen den Nachdruck geschützte litterarische Erzeugnisse zu betrachten seien, angesehen werden. Denn es handelt sich hierbei nicht um den eigentlichen Sinn einer Urkunde, oder um die rechtliche Bedeutung ihres Inhalts, sondern um eine Eigenschaft dieses Inhalts nach seinem rein litterarischen Werthe, und die Beurtheilung einer solchen Eigenschaft steht in jenem Sinne lediglich den Instanzrichtern und nicht zugleich dem Nichtigkeitsrichter zu.

Der erste Richter findet nun — und der App.-Richter hat hierin Nichts geändert — daß der in dem Briefwechsel enthaltene Ideenaustausch zwischen Schiller und Göthe über litterarische Arbeiten überhaupt und insbesondere über ihre eigenen Arbeiten, durch welchen zugleich ein Kommentar der letzteren geliefert werde, das Werk zu einem litterarischen Erzeugnisse im eminentesten Sinne erhebe, daß ferner darin eine Autobiographie Schiller's und endlich ein Aufschluß über den Privatverkehr beider für die Kulturgeschichte Deutschlands so einflußreichen Männer enthalten sei.

Es kann nun einem Bedenken nicht unterliegen, daß Briefe von einem solchen Charakter allerdings als gegen den Nachdruck geschützte litterarische Erzeugnisse im Sinne des Gesetzes vom 11. Juni 1837 und der deutschen Bundesgesetze über den Nachdruck zu betrachten seien. Denn sobald ein Erzeugniß der gedachten Art wirklich vorliegt, entscheidet nicht auch die Form, in welcher es entstanden, oder die Absicht, unter welcher es ursprünglich geschaffen ist, über die Voraussetzungen, unter denen der gesetzliche Schutz eintreten soll. Es ist also die in den meisten Fällen nur für den conventionellen Verkehr gebräuchliche, den mündlichen Austausch ersetzende Briefform, und die ursprüngliche Absicht, nicht für die künftige Veröffentlichung, sondern zunächst nur für diesen Verkehr schreiben zu wollen, hierbei gleichgültig.

Mag auch der Angeklagte, wie er behauptet, seinen Abdruck nicht von dem C.'schen Werke unmittelbar, sondern nur von dem D.'schen Werke verfaßt haben, so war doch auch dies unzweifelhaft selbst ein Nachdruck, sofern, was nicht behauptet worden, dafür nicht ein besonderes Verlagsrecht neben dem C.'schen erworben worden war. Mit vollem Rechte erklären aber die Instanzrichter in Beziehung auf die Strafbarkeit es für gleichgültig, ob der Nachdruck von dem Originalwerke selbst oder von einem früher bereits nachgedruckten Werke gefertigt ist. Zwar will der Angeklagte nach Inhalt der NB. in dieser Hinsicht seine bona fides vorschützen, indem er nicht gewußt haben will, daß die D.'sche Ausgabe eine unrechtmäßige gewesen sei, zum strafbaren Nachdrucke aber das Bewußtsein des Unrechts gehöre. Inwieweit dies letztere richtig ist, kann dahin gestellt bleiben, jedenfalls kann hier von einer Nichtkenntniß der thatsächlichen Verhältnisse, welche das Recht der Schiller'schen Erben und ihres Verlegers C. begründeten. gegenüber jenem gesetzlich publizirten Privilegium von 1826 und den späteren Patenten, keine Rede sein.

Erweist sich sonach die Beschwerde in der Hauptsache als unbegründet, so war sie jedoch in Betreff der unbeschränkt ausgesprochenen Konfiskation begründet.

Nach der Feststellung des ersten Richters besteht das hier inkriminirte Werk aus einer Sammlung der Schiller'schen Briefe mit Einleitungen und Erläuterungen. Er erkennt die Autorschaft des Angeklagten an diesen Einleitungen und

Erläuterungen als eine selbstständige ausdrücklich an, und beschränkt somit den Thatbestand des Nachdrucks lediglich auf die in der Sammlung abgedruckten Briefe. Sind also nur diese letzteren das Objekt des Vergehens, so folgt von selbst, daß sich auch die in dem Gesetze vom 11. Juni 1837 gegen den Nachdruck angedrohte Konfiskation nur auf dieses Objekt beschränken darf, soweit dasselbe von dem übrigen Theile des Werkes, an welchem jene selbstständige Autorschaft des Angeklagten besteht, trennbar ist. Inwieweit dies der Fall, in welchem Verhältnisse überhaupt das Werk in seiner räumlichen Eintheilung eine solche Trennung z. B. nach einzelnen Bogen zuläßt, das erhellt nicht und ist daher Sache der anderweiten Feststellung und einer nochmaligen Entscheidung über die Konfiskation, zu welchem Zwecke die Zurückweisung in die zweite Instanz erfolgen mußte.

Antr. des GStA.s gleichl. [15. — 4.]

Fischotter. — Jagdbarkeit.

In der Mark Brandenburg gehört die Fischotter zu den jagdbaren Thieren.

StGB. § 34 [vgl. dort n. 21. — 3. Ausg].

Beschl. (I.) v. 28. Juni 1861 c. Thiele (108. B. I. Cr.).

Die Anwendbarkeit des § 274. StGB., um welche es sich hier handelt, ist dadurch bedingt, daß die Jagd auf ein jagdbares Thier ausgeübt worden ist. Es fragt sich daher im vorliegenden Falle, ob eine Fischotter den jagdbaren Thieren beizuzählen sei? Bezüglich auf diese Frage ergeben die Märkischen Provinzialgesetze aus dem 17. Jahrhundert und bis zum Jahre 1720, namentlich ein Edikt von 1610, ein Mandat vom 9. Dez. 1620 und die Holzordnung vom 1. Febr. 1622, daß das unbefugte Erlegen einer Otter als ein Eingriff in das Hoheitsrecht der Jagd angesehen, und demzufolge mit Strafe bedroht war.

Durch die Holz-, Mast- und Jagdordnung vom 20. Mai 1720 ist jedoch jene Gesetzgebung modifizirt und resp. abgeändert, und namentlich das Erlegen der Fischotter nicht mit Strafe bedroht, wohl aber Tit. 31 vorgeschrieben:

daß diejenigen, welche in unseren Aemtern zur Fangung der Ottern bestellet, sich gelüsten lassen würden, von dergleichen Thieren was zu veruntreuen und nicht anzugeben, von jedem verschwiegenen Stück 10 Thlr. Strafe erlegen sollen.

Hieraus ergiebt sich, daß die Holz-, Mast- und Jagdordnung die Fischotter nicht als dem freien Thierfange unterworfen angesehen hat, und wenn dieselbe im Tit. 38. § 1. die Otter den „Raubthieren" beizählt, so läßt sich daraus doch nicht der Schluß ziehen, daß im Widerspruch mit der Vorschrift im Tit. 22. § 2. l. c. Jedem, auch dem Nicht-Jagdberechtigten das Jagen der Ottern freigestellt werden solle. Die Provinzialgesetze stellen zwar den Unterschied zwischen jagdbaren und nicht jagdbaren Thieren nicht ausdrücklich fest; daß sie die Ottern aber zu den ersteren gezählt, ergiebt sich daraus, daß dieselben, wie bemerkt, dem freien Thierfange entzogen sind. Keinenfalls enthalten dieselben eine Bestimmung, aus welcher zu entnehmen wäre, daß sie die Fischotter zu den nicht jagdbaren Thieren gerechnet hätten. Beim Mangel einer solchen ausdrücklichen Bestimmung in den Provinzial-Gesetzen würde die vorliegende Frage nach den Vorschriften des ALR. entschieden werden müssen und danach gehören zwar nach §§ 32. 33. II, 16. nur Thiere, welche zur Speise gebraucht zu werden pflegen, zur ausschließenden Jagdgerechtigkeit, andere wilde Thiere dagegen sind in der Regel ein Gegenstand des freien Thierfangs. Demnach, und wenngleich mit der Beschwerde der OStA-schaft zugegeben werden kann, daß in dortiger Gegend Fischottern nicht zur Speise gebraucht zu werden pflegen, enthält das Gesetz in §§ 171. 172. I, 9. ALR. eine Ausnahme von jener Regel, indem es anordnet, daß der Fang der Fischotter allemal zur Jagd gehöre. Allerdings bezieht sich diese Vorschrift zunächst nur auf die Ausübung der Fischereigerechtigkeit. Dieses würde jedoch, wenn das ALR. angenommen hätte, daß Fischottern überhaupt zu den Gegenständen des freien Thierfangs gehörten, mit § 33. I, 16. im Widerspruch stehen, selbst abgesehen davon, daß das ALR. an der bezeichneten Stelle die Fischottern ausdrücklich als zur Jagd gehörig bezeichnet. Die Vorschrift des § 172. I, 9. ALR. kann daher nur als eine Beschränkung der Vorschrift des § 33. II, 16. angesehen werden, und in Folge derselben muß die Fischotter für ein jagdbares Thier angesehen werden.

Antr. des GStA.s entg. [21.—5.]

Restitutionsverfahren. — Voraussetzung. — Meineidiger Zeuge.

1. Wenn der eines Meineids beschuldigte Zeuge in der gemäß § 153. Vdn. v. 3. Jan. 1849 veranlaßten Untersuchung rechtskräftig freigesprochen wird, so erledigt sich damit das Restitutionsgesuch.

2. Daß in dieser **zweiten** Untersuchung ein anderer Zeuge einen Meineid geleistet, kann nicht zur Wiederaufnahme des Restitutionsverfahrens führen.

Vdn. v. 3. Jan. 1849 §§ 151. 153 Abs. 1. [einzutragen zu § 153 unter n. 7 a].

Beschl. (I.) v. 3. Juli 1861 c. Hellwig (91. B. I. Cr.).

Nach den Untersuchungsakten ꝛc. ist ein Restitutionsgesuch (des Verurtheilten H.) insoweit eingeleitet, als die Untersuchung wegen Meineids gegen die in jener Untersuchung vernommene Zeugin, Wittwe G., eröffnet worden. Nachdem indeß die G. von der Anklage dieses Meineids freigesprochen worden, ist das gedachte Restitutionsgesuch erledigt.

Wenn Sie nun jetzt auszuführen suchen, daß in der Untersuchung wider die G. wiederum durch die Zeugin S. ein Meineid geleistet worden, so hat dies zwar keinen Einfluß auf das beendigte und durch jene Freisprechung definitiv erledigte Restitutionsverfahren gegen H.; indeß bleibt es Ihnen sonst unbenommen, Ihre Anzeige wegen des angeblichen Meineides der S. an die betreffende Kgl. StA.-schaft zu richten.

Antr. des GStA.s gleich. [15 — 1]

Zeugniß. — Verfälschung. — Privat-Urkunde.

Die nicht in gewinnsüchtiger Absicht angefertigten oder verfälschten Urkunden von Privatpersonen (z. B. Privat-Quittungen) können nicht zu den im § 254 erwähnten Schriftstücken, insbesondere nicht zu den dort genannten Zeugnissen gezählt werden.

StGB. § 254 [vgl. dort n. 9 (3. Ausg.)].

Erk. (B. I.) v. 3. Juli 1861 c. Krupke (482. I.)

K. ist, weil er:

„— — einen für den rc. B. bestimmten Postauslieferungsschein — zwar in der Absicht, dadurch in den Besitz des darin erwähnten, an B. addressirten, mit 80 Thlr. beschwerten Briefes zu gelangen, jedoch nicht in der Absicht, sich oder Andern Gewinn zu verschaffen oder Schaden zuzufügen, — mit dem Namen „B." unterschrieben hatte, ohne zu dieser Unterschrift von B. ermächtigt worden zu sein,"

von den Instanzgerichten aus § 254 verurtheilt worden. Auf die NB. des OStA.s ist das zweite Erk. vernichtet, und K. freigesprochen worden.

Gründe:

Das App.-Urtel unterliegt der Vernichtung, weil der § 254 des StGB. auf Schriftstücke der vorliegenden Art überhaupt keine Anwendung findet.

Nachdem der Angeklagte unter den qu. Postauslieferungsschein den Namen B. gesetzt und das Datum ausgefüllt hatte, war eine vollständige Quittung, also eine Urkunde im Sinne des § 247 a. a. O. hergestellt, und zwar eine Privaturkunde, da ihr ein Zeichen einer öffentlichen Urkunde in keiner Weise beiwohnte.

Die nicht in gewinnsüchtiger Absicht fälschlich angefertigten oder verfälschten Urkunden von Privatpersonen können nun aber nicht zu den im § 254 erwähnten Schriftstücken gerechnet werden. Unzweifelhaft gehören sie nicht zu den:

„Reisepässen, Legitimationsscheinen, Wanderbüchern oder andern öffentlichen Urkunden, Führungs- oder Fähigkeits-Attesten."

Sie könnten möglicherweise nur unter den

„auf Grund bestehender Vorschriften auszustellenden sonstigen Zeugnissen"

mitbegriffen werden. Allein auch dies wäre irrig. Zwar ist der Zahlungsempfänger nach civilrechtlichen Vorschriften seinem gewesenen Schuldner gegenüber zur Ausstellung einer Quittung verpflichtet; allein darum ist diese nicht ein auf Grund bestehender Vorschriften auszustellendes „Zeugniß" im Sinne des § 254 zu nennen; denn die Benennung der hier vorkommenden einzelnen Schriftstücke, welche dem allgemeinen Ausdruck „Zeugnissen" voranstehen und die Verbindung dieser letztgedachten „Zeugnisse" mit den vorerwähnten durch das Wort „sonstigen" beweisen klar, daß unter diesen „sonstigen Zeugnissen," die eine Privatperson auf Grund bestehender Vorschriften auszustellen hat, nur solche schriftliche Bekundungen zu verstehen sind, welche, ohne Rücksicht auf privatrechtliche Verpflichtungen und Berechtigungen, einseitig der zu einer derartigen Bekundung oder Anzeige Verpflichtete zu thun hat. Privaturkunden der vorliegenden Art gehören aber nicht hierher. Dies ist auch anerkannt in den Motiven zum Ges. v. 14. April 1856, aus welchem der § 254, wie er jetzt lautet, entnommen ist. (G.A. 3. S. 851. 860.)

Der App.-Richter hat daher den § 254 durch Anwendung auf einen Fall, für welchen dies Gesetz nicht gegeben ist, verletzt; dadurch ist die Vernichtung seines Erkenntnisses geboten.

In der Sache selbst aber war unter Abänderung des

Erkenntnisses erster Instanz der Angeklagte freizusprechen. Denn da derselbe, wie feststeht, die Fälschung der Unterschrift unter dem erwähnten Schriftstücke, weder in gewinnsüchtiger, noch auch in der Absicht einen Andern zu beschädigen, vorgenommen hat, so liegt eine strafbare Urkundenfälschung nach § 247 a. a. O. nicht vor. Da nun, wie oben gezeigt, die Anfertigung einer falschen Privaturkunde ohne betrügerische Absicht nicht unter die Bestimmung des § 254 fällt und auch sonst mit Strafe nicht bedroht ist, so konnte auch auf solche nicht erkannt werden. Die Betrachtung des zweiten Richters, daß der Angeklagte sich durch die Wahl seiner Mittel, um in den Besitz des Geldbriefes zu gelangen, eines Verstoßes gegen die Wahrheit schuldig gemacht und mindestens formell gefehlt hat, darf den Strafrichter nicht bewegen, ein unrichtiges, für den Fall nicht passendes, Strafgesetz zur Anwendung zu bringen. Auch ist das bloße mündliche oder schriftliche Vorbringen falscher Thatsachen an sich nicht, sondern nur beim Hinzutreten anderer Momente, welche die betrügerische Absicht constatiren, strafbar.

Antr. des GStA.s: gleichl. [43. — 2.]

Chaussee-Geld-Contravention. — Lastfuhrwerk. — Beladung. — Personen.

Bei Beantwortung der Frage, ob ein zur Fortschaffung von Lasten bestimmtes Fuhrwerk als beladen oder als unbeladen anzusehen sei, sind nur die auf demselben befindlichen Sachen, nicht auch Personen in Anschlag zu bringen [1]).

Chaussee-Geld-Tarif v. 29. Feb. 1840.

Erk. (V. I.) v. 3. Juli 1861 c. Kleemann (578. I. Cr.).

Vernichtung des verurtheilenden Erkenntnisses zweiter und Bestätigung des freisprechenden Urtheils erster Instanz.

---

[1]) Sic: Z. I. 14. Sept. 1859 c. Specht (723).

Gründe:

Der App.-Richter nimmt zwar richtig an, daß es bei der Frage, ob ein Fuhrwerk im Sinne des Tarifs v. 29. Feb. 1840 als zum Fortschaffen von Personen oder von Lasten bestimmt, anzusehen ist, nicht auf den jedesmaligen Gebrauch des Fuhrwerkes, sondern nur auf den allgemeinen Charakter desselben ankommt, nämlich ob es seiner Natur und Beschaffenheit nach wesentlich und hauptsächlich zum Fortschaffen von Personen oder von Lasten bestimmt ist. — Erk. des OTr. [B. I.] v. 16. Dez. 1859 c. Nehring [1080]; JMB. 60 S. 154.

Der App.-Richter befindet sich aber in einem Rechtsirrthum, wenn er bei der Frage, ob ein zum Fortschaffen von Lasten bestimmtes Fuhrwerk als beladen oder unbeladen anzusehen ist, auch auf die sich darauf befindenden Personen Rücksicht nimmt. Denn der Tarif bezeichnet dasjenige zum Fortschaffen von Lasten bestimmte Fuhrwerk als beladen, worauf sich außer dessen Zubehör und außer dem Futter für höchstens drei Tage, an anderen Gegenständen mehr als 2 Centner befinden. Dies kann aber nur auf Sachen, deren Gewicht mehr als 2 Centner beträgt, nicht aber auf Personen, die sich auf dem Wagen befinden, bezogen werden; weil, wenn der Gesetzgeber auch letztere im Auge gehabt, er ihrer besonders, vielleicht der zulässigen Zahl nach, erwähnt, sie gewiß aber nicht mit den nur nach ihrem Gewicht hier in Betracht kommenden Sachen unter eine Kategorie gebracht haben würde. Der Ausdruck „Gegenstände von mehr als 2 Centnern" ergiebt vielmehr deutlich, daß bei der Frage, ob ein Fuhrwerk zur Fortschaffung von Lasten ein beladenes oder unbeladenes ist, die darauf befindlichen Personen ganz unberücksichtigt bleiben.

Antr. des GStA.s: gleichl. [18.—2.]

Nachdruck. — Manuscript. — Nachschreiben aus dem Gedächtniß ꝛc.

Der durch einen Unberechtigten vorgenommene Abdruck eines gegen Nachdruck geschützten litterarischen Erzeugnisses ist als Nachdruck strafbar, selbst wenn derselbe nicht unmittelbar aus der Urschrift des Verfassers, sondern von irgend einer Nach- oder Abschrift bewirkt und die letztere nur aus dem Gedächtnisse angefertigt worden ist.

Ges. v. 11. Juni 1837 § 3. 10.

Erk. (Z. I.) v. 3. Juli 1861 c. Trowitzsch (572. I. Cr.).

T. hatte in einer von ihm herausgegebenen Liedersammlung mehrere Couplets aus zwei vom Dr. K. verfaßten, auf der Bühne mehrfach aufgeführten, durch den Druck aber noch nicht veröffentlichten Theaterstücken, ohne Genehmigung des K. abgedruckt. Wegen Nachdrucks verfolgt, wendete er ein, der Abdruck sei nach einem ihm von einem Drehorgelspieler übergebenen Exemplare bewirkt worden. Die Instanzrichter verwarfen diesen Einwand, weil der unbefugte Abdruck nicht straflos werde, wenn das auf der Bühne nach dem Manuscripte des Verfassers vorgetragene Couplet nachgeschrieben, oder später aus dem Gedächtnisse zu Papier gebracht worden sei. NB. des Angeklagten; das Ges. v. 11. Juni 1837, besonders § 3 sei verletzt, da in dem angedeuteten Falle nicht ein Abdruck des Manuscripts des Verfassers stattgefunden habe. Zurückweisung.

Gründe:

Das Verbot des Abdrucks einer nachgeschriebenen mündlichen Mittheilung ist allerdings nur auf Predigten und Lehrvorträge beschränkt. Obwohl man nun dem durch das Patent v. 29. Nov. 1837 in Preußen publicirten Bundesbeschlusse v. 9. Nov. 1837 (GS. S. 161), welcher im Art. I. der Vervielfältigung

> „litterarischer Erzeugnisse aller Art, sowie der Werke der Kunst, sie mögen bereits veröffentlicht sein oder nicht,“

verbietet, allerdings die Auslegung gegeben hat, daß durch die Worte „sie mögen bereits veröffentlicht sein oder nicht“ auch alle andren mündlichen Mittheilungen aller Art, sobald sie den Charakter wirklicher litterarischer Erzeugnisse hätten, mittelst Niederschreibens oder Nachschreibens und Abdrucks nicht vervielfältigt werden dürfen, so kann doch diese Streitfrage hier aus den nachfolgenden Gründen, und zumal bei der ausdrücklichen Beschränkung in dem Preuß. Ges. v. 1837 auf jene „Predigten und Lehrvorträge", auf sich beruhen bleiben.

Das Gesetz schützt nämlich überall, und so auch insbesondere in jenem § 3 „Manuscripte" gegen den unbefugten Abdruck. Aus dem Gebrauch des Wortes „Abdruck" folgt nicht, daß die Operation der Vervielfältigung nur auf Grund des dem Drucker vorliegenden Manuscriptes im Original oder in einer an dessen Stelle tretenden Abschrift solle erfolgt sein, um für strafbar erachtet zu werden. Vielmehr muß es für gleichgültig erachtet werden, wie sich der Nachdrucker die Kenntniß des Inhalts des Manuscripts verschafft hat. Enthält das Manuscript ein wirkliches gegen den Nachdruck geschütztes litterarisches Erzeugniß, wie dies im vorliegenden Falle festgestellt ist, so enthält seine mündliche Wiedergabe durch den Verfasser oder durch Andre nicht ein Aufgeben des litterarischen Eigenthums an dem gedachten Erzeugnisse zu Gunsten des Publikums, vielmehr nur eine Kenntnißgebung seines Inhalts zu geistiger Benutzung. Dieser letztere kann durch Nachschreiben gefördert werden, darf aber nicht zur Entziehung des materiellen Werthes, nämlich desjenigen Vermögenswerthes, welcher in dem Verlagsrechte des Autors besteht, vermittelst des Abdruckes dieser Nachschrift ausgedehnt werden, wenn sie den Inhalt so getreu wiedergiebt, daß auch, wie hier festgestellt ist, das weitere Erforderniß des Nachdrucks vorhanden ist.

Antr. des GStA.s: gleichl. [15. — 2.]

1. Sitzungs-Protokoll. — Konstatirung des Verhandelten.

2. Fragstellung. — Rechtsbegriff. — Auflösung. — Nothwendigkeit.

3. Zusammenrottung. — Rechtsbegriff.

1. Das Sitzungs-Protokoll ist das einzige Mittel, die Vorkommnisse der Gerichtsverhandlung zu konstatiren.

Ges. v. 3. Mai 1852 Art. 78 [vgl. dort n. 56].

2. Der Auflösung eines Rechtsbegriffs in der Fragstellung bedarf es nicht nothwendig, wenn nicht feststeht, daß dieselbe im Einzelfalle bestritten gewesen sei.

Ges. v. 3. Mai 1852 Art. 82 [vgl. dort n. 5].

3. Die Annahme: der Begriff „Zusammenrotten" sei ein thatsächlicher, verstößt gegen kein Gesetz.

StGB. § 96 [vgl. 3. Ausg. n. 7].

Erk. (Z. II.) v. 4. Juli 1861 c. Eickmeier (217. I. Cr.).

E. war wegen Betheiligung an einer Meuterei in einer Gefangenenanstalt und gewaltsamen Ausbruchs in zwei Fällen in Anklagestand versetzt. Bei der schwurgerichtlichen Verhandlung stellte der StA. nach dem Sitzungs-Protokolle den Antrag:

in beiden Fragen statt: „zusammenrotten" den Ausdruck: „durch Verabredung sich vereinigen" aufzunehmen

Der Schw-GH. beschloß indessen auf den Widerspruch des Vertheidigers: den Ausdruck „zusammenrotten" in der Frage beizubehalten:

weil der betr. Begriff ein thatsächlicher, und dessen Umschreibung nicht zweckmäßig sei.

Die Geschwornen bejahten hierauf die gestellten Fragen im Allgemeinen jedoch mit dem Zusatze: „es sei nicht erwiesen, daß E. sich in der Anstalt mit andern Gefangenen zusammengerottet habe". Hierauf sprach der Schw.-GH. frei, und führte in den Gründen noch näher aus:

„der Begriff des Zusammenrottens sei nirgends im Gesetze bestimmt, sei daher keineswegs unbedingt als ein rechtlicher, sondern als ein thatsächlicher, nach den konkreten Umständen des Falles zu beurtheilender anzusehen; weshalb nur die Geschwornen festzustellen hätten, ob eine Zusammenrottung vorliege.

Die NB. des StA.s suchte auszuführen, daß die Auflösung des Begriffs Zusammenrotten unerläßlich gewesen sei, zumal da — was freilich aus dem Sitzungs-Protokolle nicht näher hervorgehe — über denselben zwischen der StA.-schaft und dem Vorsitzenden eine Meinungsverschiedenheit hervorgetreten sei. Diese NB. erachtete der Vertreter der GStA.-schaft für begründet; daß der Begriff des Zusammenrottens ein rechtlicher sei, stehe nach mehrfachen Entscheidungen des OTr.s fest [Oppenh. StGB. 3. Ausg. n. 7; Z. II. 5. Juni 1858 c. Brinkmann; 191; G. A. 6. S. 697]; der im Protokolle konstatirte Antrag des StA.s: statt desselben eine Umschreibung aufzunehmen, über welchen der Gerichtshof beschlossen habe, weise in genügendem Maaße nach, daß jener Begriff im vorliegenden Falle nicht unbestritten gewesen sei; unter diesen Umständen habe der GH. den Antrag nicht aus bloßen Zweckmäßigkeitsgründen ablehnen können. Gleichwohl hat das OTr. die NB. zurückgewiesen.

Gründe:

J. E. daß das nach Art. 78 des Ges. v. 3. Mai 1852 vom Vorsitzenden und dem Gerichtsschreiber zu vollziehende Sitzungs-Protokoll volle Beweiskraft besitzt und das einzige Mittel darstellt, die Vorkommnisse der Gerichtsverhandlung zu konstatiren, sein Inhalt auch um so weniger durch nachträgliche Ermittelungen zu ergänzen ist, da die Betheiligten durch Uebergabe motivirter Anträge das ihrerseits Geschehene jederzeit in bestimmter Weise festzustellen befugt sind;

daß insbesondere nach Art. 79 ibid. der Schlußvortrag

des Vorsitzenden nicht zum Gegenstande einer Aeußerung oder eines Antrages in der Sitzung gemacht werden kann, der Inhalt desselben mithin in keiner Weise geeignet ist, der Seitens der Staatsanwaltschaft beantragten nachträglichen Ermittelung unterzogen zu werden oder eine Nichtigkeit des Verfahrens zu begründen;

daß im Sitzungs-Protokolle v. 12. April 1861 hinsichtlich der Fragestellung lediglich konstatirt worden ist, daß der StA. beantragt, in beiden Fragen, statt „zusammenzurotten" den Ausdruck „durch Verabredung sich vereinigt" aufzunehmen, daß der Vertheidiger dem widersprochen und der Gerichtshof beschlossen habe, es bei der Fragestellung des Vorsitzenden zu belassen, weil der Begriff „zusammenrotten" ein thatsächlicher sei und dessen Umschreibung nicht zweckmäßig erscheine;

daß nun zwar nach Art. 82 l. c. bei Bezeichnung der wesentlichen Merkmale der strafbaren Handlung Rechtsbegriffe, welche nicht eine allgemein bekannte und in dem gegebenen Falle unbestrittene Bedeutung haben, insoweit es geschehen kann, durch solche gleichbedeutende Ausdrücke zu ersetzen sind, zu deren Verständniß Rechtskenntnisse nicht erforderlich sind;

daß indessen eine Verletzung dieser Gesetzesvorschrift durch den vorbezeichneten Beschluß des Gerichtshofes nur unter der Voraussetzung bewirkt worden sein könnte, daß der Gerichtshof gerade durch die Annahme, daß der Begriff von „zusammenrotten" ein thatsächlicher sei, ein bestimmtes Gesetz oder einen Rechtsgrundsatz verletzt habe, — eine Behauptung, welche in der NB. nicht unter Bezugnahme auf ein desfallsiges Gesetz oder einen doktrinellen Satz nachgewiesen worden ist;

daß auch das Vorhandensein einer bestimmten Divergenz hinsichtlich der Bedeutung des Wortes „zusammenrotten" Seitens der StA.-schaft und des Vorsitzenden oder des GH.s nicht nachgewiesen und die schließliche Erklärung des GH.s, daß eine Umschreibung des thatsächlichen Begriffes jenes Wortes nicht zweckmäßig sei, auf einer Würdigung thatsächlicher Verhältnisse beruht, die einem Angriffe in der Nichtigkeits-Instanz nicht unterliegt, — mithin durch die angegriffene Fragestellung weder der Art. 82 des Ges. v. 3. Mai 1852, noch auch der § 96 des StGB. verletzt worden ist, indem dieselbe sich dem Wortlaute des Gesetzes angeschlossen, und die wesentlichen Merkmale des Verbrechens in sich aufgenommen hat.

Antr. des GStA.s: entg. [22. — 3.]

Rechts-Anwalt. — Vollmacht. — Stempelpflichtigkeit.

Wenn ein Rechts-Anwalt die zu seiner Legitimation von seinen Klienten ausgestellte Vollmacht, erst nach dem Ablaufe der für die Beikassirung des Stempels bestimmten vierzehntägigen Frist, ungestempelt bei Gericht einreicht, so unterliegen die Aussteller derselben der Stempelstrafe.

Stemp.-Ges. v. 7. März 1822 § 12; Ges. v. 9. Mai 1854 Art. 21.

Erk. (Z. II.) v. 4. Juli 1861 c. Marggraf u. Gen. (174. II. Cr.).

Am 18. März 1859 ward beim KG. z. N. eine von M. u. Gen. unterm 1. März ej. auf den Rechts-Anwalt G. ausgestellte ungestempelte Prozeßvollmacht eingereicht, welche nur die Bemerkung trug: „es wird gebeten, den Stempel als Gerichts-Gebühr zu liquidiren." Der erste Richter sprach, gestützt auf § 12 Abs. 4 des Stemp.-Ges., von der Anklage der Stempel-Defraudation frei, der zweite Richter verurtheilte aber, weil jener § voraussetze, daß die Vollmacht mit dem Stempel bei Gericht eingereicht werde, der Art. 21 des Ges. v. 9. Mai 1854 aber nur die Art der Stempelverwendung berühre.

Die NB. der Angeklagten behauptete Verletzung des § 12 cit., aus welchem hervorgehe, daß in Betreff der Vollmachten, zu welchen ein Beamter den Stempel von Amtswegen beikassiren müsse, die vierzehntägige Beikassirungsfrist gar nicht maaßgebend sein könne. Zurückweisung.

Gründe:

Wäre auch die qu. Vollmacht dem Gerichte durch einen Rechts-Anwalt eingereicht worden, so sind doch Rechts-Anwalte bei dem Betriebe von Prozessen als Mandatarien der Parteien nur Vertreter der letzteren. Sie haben als solche zu ihrer eigenen Legitimation (ad processum) Vollmacht beizubringen, und zwar versehen mit dem erforderlichen Stempel, dessen Mangel sie ev. vor Einreichung der Vollmacht zu beseitigen haben. Sie nehmen dabei zu ihrem Machtgeber nicht die Stellung eines Staatsbeamten ein (Entsch. 10. S. 139; JMBl. 1855 S. 111. 112) und sie haben dabei das Steuergesetz dergestalt zu beobachten, daß sie selbst bei Einreichung einer mit dem erforderlichen Stempel nicht versehenen Vollmacht — wenigstens sobald die zur Nachbringung des Stempels im § 12 des Stemp.-Steuer-Ges. gestattete 14tägige Frist abgelaufen ist — in Stempelstrafe genommen werden können, wenn sie auch da, wo sie im Prozesse nur Namens ihres Machtgebers Urkunden, zu denen der erforderliche Stempel nicht gebraucht ist, zum Nachweise der Legitimation ad causam ihres Machtgebers, oder sonst als Beweismittel produciren, nicht in Stempelstrafe genommen werden können. (Kab.-O. v. 24. Feb. 1830; v. Kamptz Jahrb. Bd. 35 S. 296. 297.)

Dem deutlichen Wortinhalte der — ohnehin, ebenso wie die Tarifposition „Vollmachten", nicht auf Prozeß-Vollmachten und insbesondere nicht auf Prozeß-Vollmachten der Rechtsanwalte als Mandatarien beschränkten — Bestimmungen im Schlußsatze des § 12 des Stemp.-Steuer-Ges. ist es zuwider, wenn die Imploranten diese Bestimmung in Bezug auf Vollmachten dahin, daß, nach denselben,

> bei Vollmachten, wozu ein öffentlicher Beamter den Stempel von Amtswegen beizubringen verpflichtet sei, es keiner Bescheinigung des Zeitpunktes, wann dies geschehen, bedürfen solle,

auffassen, und hiermit ausgesprochen finden wollen,

> daß es bei Vollmachten, welche ein Anwalt dem Gerichte überreiche, überhaupt nicht auf Einhaltung

der (im 2. Abs. jenes § 12 angegebenen) 14tägigen Frist ankommen solle.

Es soll vielmehr nach jener Bestimmung, welche dahin lautet:

„Nur bei Vollmachten und solchen Verhandlungen, wozu Gerichts- oder andere öffentliche Behörden und Beamte den Stempel beizubringen von Amtswegen verpflichtet sind, oder in solchen Fällen, wo der Tarif die Nachbringung des Stempels bei veränderter Bestimmung einer Verhandlung ausdrücklich gestattet, bedarf es keiner Bescheinigung des Zeitpunktes, worin dies geschehen,“

bei Vollmachten, welche nicht auf dem dazu erforderlichen Stempel ausgestellt sind, nur darauf ankommen, daß zu der Zeit, wo davon zur Legitimation des Bevollmächtigten, namentlich bei einer Behörde, welche Stempelcontraventionen von Amtswegen zu rügen verpflichtet ist, Gebrauch gemacht wird, sie mit vorschriftmäßig kassirtem, d. h. durch Bezeichnung seiner Bestimmung untüchtig gemachtem, Umschlage des erforderlichen Stempelpapiers versehen worden sind, wenn auch ihre Ausstellung früher als 14 Tage vor dieser Kassation erfolgt sein sollte. Dies geht aus dem Zusammenhange hervor, in welchem der Schlußsatz des § 12 a. a. O. und namentlich die Worte desselben „nur bei Vollmachten bedarf es keiner Bescheinigung des Zeitpunktes, worin dies geschehen,“ mit dem vorhergehenden 2. Abs. stehen. Es würde eben solches sich, wenn es nicht sonst schon klar wäre, aus einer Vergleichung der Fassung dieses Schlußsatzes dieses § 12 a. a. O. mit der früheren Bestimmung im 3. Satze des Abschn. 1 § 1 der Instr. v. 5. Sept. 1811 (GS. S. 317) ergeben, welche Vergleichung, wenn es ihrer zur Erläuterung einer zweifelhaften Fassung des neuern Gesetzes noch bedürfen könnte, dadurch noch nicht unzulässig sein würde, daß nach § 1 des Stemp.-Ges. v. 7. März 1822 auch bei der Auslegung dieses Gesetzes auf frühere Gesetze und Verordnungen, welche sich auf die Stempelgebühren bezogen, niemals zurückgegangen werden soll.

Sodann ist Rücksichts der von den Parteien zu den

von ihnen ausgestellten Vollmachten zu verwendenden Stempel und Rücksichts der etwa, durch solche unterlassene Verwendung und unterlassene Nachbringung, verwirkten Stempel-Strafe durch den § 16 des Ges. v. 10. Mai 1851 (GS. S. 631), den Art. 21 Abs. 2 des Ges. v. 9. Mai 1854 (GS. S. 283) und die dazu ergangene Min.-Instr. v. 10. Sept. 1851 (JMBl. 1852 S. 124) und v. 1. Juni 1854 Nr. 27 (vgl. JMBl. S. 260) keine Aenderung, es ist vielmehr dadurch nur die Aenderung eingetreten, daß die Gerichte nicht mehr die Kassation der Stempel zu den Akten zu bewirken, sondern deren Betrag für ungestempelt eingereichte Vollmachten als Gerichtsgebühren zu liquidiren haben, — wie dies, zunächst in Bezug auf Vollmachten, die zur Vertretung in Untersuchungssachen ausgestellt, und in solchen Sachen eingereicht worden sind, bereits in den Erk. v. 7. Nov. 1855 und v. 10. Dez. 1856 (G. Arch. 4. S. 227, 5. S. 255) ausgeführt ist.

Da nun in dem vorliegenden Falle, nach der Feststellung der Instanzrichter, die im § 12 des Stemp.-Ges. allgemein nachgelassene 14tägige Frist zur Nachbringung des bei der Ausstellung der Vollmacht nicht verwendeten Stempels bereits abgelaufen war, als die qu. Vollmacht dem Gerichte eingereicht und dabei der, bei unterlassener Adhibirung des erforderlichen Stempels ohnehin an sich überflüssige und bei dem bereits eingetretenen Ablaufe jener Frist völlig bedeutungslose Antrag „den zur Vollmacht erforderlichen Stempel als Gerichtsgebühr zu liquidiren“ durch einen Vermerk auf der Vollmacht gemacht wurde, da ferner die auf Stempel-Steuerstrafe Bezug habende Bestimmung im Schlußsatze des § 37. I, 3 der AGO. als durch das Stemp.-Ges. v. 7. März 1822 § 1 aufgehoben zu erachten ist und nach § 22 Abs. 3 dieses Gesetzes die Angeschuldigten als Aussteller der qu. Vollmacht die eigentlichen Contravenienten waren, so sind die letztern mit Recht von dem App.-Richter verurtheilt worden.

Antr. des GStA.s: gleichl. [26. — 3.]

Versetzung in den Anklagestand. — Subsidiarisch Verhafteter. — Beschwerde.

Auch demjenigen, welcher lediglich wegen seiner subsidiarischen Verhaftung für die von seinen Gewerbsgehülfen verwirkten Steuerstrafen mit den letzteren in Anklagestand versetzt worden ist, steht eine Beschwerde gegen den betr. Beschluß nicht zu.

Ges. v. 3. Mai 1852 Art. 15 [dort einzutragen als n. 11].

Beschl. (II.) v. 4. Juli 1861 c. v. d. Borch u. Gen. (39. B. II.).

Der Faktor R. und mehrere Steuer-Beamten waren wegen Zuckerrübensteuer-Defraudation, Bestechung und Urkundenfälschung definitiv in den Anklagestand versetzt, und diese Maaßregel auf Grund der „Konnexität" gegen die Eigenthümer der betr. Zuckerfabrik, jedoch nur wegen ihrer subsidiarischen Haftbarkeit für die von ihren Arbeitern durch jene Steuer-Kontraventionen verwirkten Geldstrafen ausgedehnt worden. Ihre dagegen ergriffene Beschwerde ward zurückgewiesen.

Gründe:

Dem Angeklagten steht gegen den Beschluß, durch welchen eine Untersuchung eröffnet wird, eine Beschwerde nicht zu, Art. 15 des Ges. v. 3. Mai 1852. Auch Ihnen ist daher gegen den Beschluß, durch welchen gegen Sie, wenn auch nur in Bezug auf subsidiarische Verhaftung für Geldstrafen, die Untersuchung eröffnet ist, eine Beschwerde nicht gestattet.

Antr. des GStA.s: gleichl. [26.—3.]

Inkompetenz-Erklärung. — Freisprechung von einer Qualifikation. — Non bis in idem.

1. Der Richter, welcher findet, daß die Strafthat, mit welcher er befaßt worden, seine Kompetenz überschreitet, muß sich auf die Inkompetenz-Erklärung beschränken, und darf derselben nicht eine Freisprechung von der der That durch die Anklage gegebenen Qualifikation hinzufügen.

2. Eine solche, der Inkompetenz-Erklärung hinzugefügte Freisprechung von einer Qualifika-

tion kann jedenfalls nicht entgegenstehen, die That von dem Gesichtspunkte aus anderweitig zu verfolgen, mit Rücksicht auf welchen die Inkompetenz-Erklärung erfolgt ist.

Ges. v. 3. Mai 1852 Art. 7 [dort einzutragen als n. 4a].

Beschl. (II.) v. 4. Juli 1861 c. Quesse (45. B. II. Cr.).

Gegen Quesse war die Untersuchung wegen Mißhandlung und groben Unfugs eröffnet worden; die Gerichts-Abtheilung erachtete keins von beiden für vorliegend, wohl aber den Thatbestand des § 144 Nr. 1 StGB. Sie sprach daher von jenen Anschuldigungen frei, und erklärte sich „im Uebrigen für inkompetent". Der Anklage-Senat des App.-Gerichts, an welchen nunmehr die Sache in Gemäßheit des Art. 9 des Ges. v. 3. Mai 1852 gelangte, setzte dagegen den Beschuldigten mit Rücksicht auf jene, jede neue Verfolgung ausschließende, Freisprechung außer Verfolgung.

Auf die Beschwerde des OStA.s hat das OTr. diesen letzteren Beschluß aufgehoben und den Qu. wegen versuchter Nothzucht definitiv in den Anklagestand versetzt, und zwar:

In Erwägung, daß der Richter, welcher, weil er befindet, daß die auf erhobene Anklage vor ihm zur Verhandlung und Entscheidung gebrachte That eine seine Kompetenz überschreitende strafbare Handlung darstelle, sich für inkompetent über diese zu erkennen erklärt, auf diese Inkompetenz-Erklärung sich beschränken muß, und derselbe dann in Bezug auf diese Handlung ebensowenig eine Freisprechung, wenn auch nur hinsichts der Qualifikation, welche ihr die Anklage hat geben wollen, auszusprechen, als zu verurtheilen befugt ist;

daß deshalb, sofern dem Erkenntnisse v. 2c. über die darin ausgesprochene Inkompetenz-Erklärung hinaus überhaupt Rechtskraft beigemessen werden kann, diese Rechtskraft sich doch jedenfalls auf das beschränkt, worüber der gedachte Richter hat erkennen wollen, nicht aber sein Erkenntniß als eine rechtskräftige definitive Entscheidung über die That des Angeschuldigten überhaupt, aufgefaßt werden darf, welche, nach dem hier, wo über die Handlung des Angeschuldigten, welche den Gegenstand der Anklage und des

Verfahrens bildete, ein den Angeschuldigten unbeschränkt und ohne Vorbehalt freisprechendes oder auch zu Strafe verurtheilendes rechtskräftiges Erkenntniß nicht vorliegt, unanwendbaren Grundsatze: „ne bis in idem," eine anderweite Verhandlung und Entscheidung unter dem Gesichtspunkte ausschlösse, für welchen diese der gedachte Richter durch seine Inkompetenz-Erklärung ausdrücklich hat vorbehalten wollen;

daß demnach der Anklage-Senat des Kgl. App.-Gerichts zu P., indem er in seinem Beschlusse v. ꝛc., unter Heranziehung jenes Grundsatzes, über die definitive Versetzung des Angeschuldigten zu beschließen abgelehnt und den letzteren außer Verfolgung gesetzt hat, von jenem Grundsatze unrichtige Anwendung gemacht und aus Rechtsirrthum den Angeschuldigten außer Verfolgung gesetzt hat.

Antr. des GStA.s gleichl. [26.—3.]

Berechtigungs-Einrede. — Angabe des Rechtsmittels und der Beweismittel. — Hinreichende Bescheinigung.

Eine vorgeschützte Berechtigungseinrede ist durch die bloße Angabe des bestimmten Rechtsgrundes und der Beweismittel „hinreichend bescheinigt", sofern jener überhaupt nur ein rechtlich gültiger, und diese rechtlich zulässig sind. Ist dieses der Fall, so hat der Instanzrichter nicht mehr zu untersuchen, ob durch die Beweismittel die Einrede hinreichend bescheinigt werde.

Ges. v. 31. Jan. 1845 § 1; Vdn. v. 3. Jan. 1849 § 22 [dort einzutr. als n. 78a].

Erk. (Z. II.) v. 4. Juli 1861 c. Laux u. Sohn (201. II. Cr.).

Die eines Holzdiebstahls beschuldigten L. Vater und Sohn wendeten in erster Instanz ein, L. Vater sei selbst der Eigenthümer des betr. Grundstücks, worauf der Pol.-Richter „das Verfahren aussetzte, bis über die Eigenthumsfrage entschieden sein werde". Auf die Berufung des Pol.-Anwalts wiederholten die Beschuldigten jenen Einwand, und erboten den Beweis, daß L. Vater das Grundstück schon länger als 30 J. benutzt habe. Hierin erkannte der zweite Richter eine hinreichende Bescheinigung des Einwands, weil ein gültiger Rechtsgrund und ein zulässiges Beweismittel angegeben worden seien, und verwarf die Berufung. Cassationsrekurs des Ob.-Prokurators, weil die Einrede in erster Instanz gar nicht bescheinigt gewesen, die Vorbringungen in zweiter Instanz aber durch Nichts wahrscheinlich gemacht, und durch die inzwischen veranlaßten Ermittlungen gradezu widerlegt seien, so daß eine „hinreichende Bescheinigung" nicht anzunehmen sei.

Der Vertreter der GStA-schaft erachtete die vom Pol.-Anwalt ergriffene Berufung für unstatthaft, weil nach § 38 des H.-D.-Ges. v. 2. Juni 1852 dieses Rechtsmittel dem Pol.-Anwalt nur dann zustehe, wenn auf Freisprechung erkannt, oder das Straf-Gesetz unrichtig angewendet sei; er sprach sich daher für Vernichtung des angegriffenen Erkenntnisses und für Verwerfung der Berufung als unstatthaft aus.

Ohne auf diese Frage näher einzugehen, hat indessen das OTr. den Rekurs als unbegründet verworfen, indem es erwog:

daß der § 1 des Ges. v. 31. Jan. 1845 bestimmt, daß der Strafrichter auf die von dem Beschuldigten in Forstfrevelsachen vorgebrachte Einrede, daß er zu der ihm als Frevel zur Last gelegten Handlung berechtigt gewesen sei, das Strafverfahren nur dann aussetzen dürfe, wenn die Einrede durch Angabe des bestimmten Rechtsgrundes und der Beweismittel hinreichend bescheinigt ist;

daß das Gesetz also zum Zweck der Bescheinigung nur die Angabe des bestimmten Rechtsgrundes und der Beweismittel fordert und namentlich weder eine Produktion der Beweise, noch eine materielle Prüfung derselben vor dem Strafrichter verlangt.

daß, wenn sich hierbei das Gesetz des Wortes „hinreichend" bedient, dieses Adjectiv sich nur auf die Beschaffenheit der Angaben beziehen kann und zwar in dem Sinne, daß solche, als richtig vorausgesetzt, zur Begründung des behaupteten Eigenthums oder der behaupteten Befugniß führen könnten;

daß auch der Zweck des Gesetzes offenbar nur dahin geht, die Berücksichtigung einer Einrede zu verhindern, die in ihrer Allgemeinheit hingestellt, nur den Charakter einer leeren Ausflucht haben würde;

daß sie diesen Charakter aber verliert, wenn sie formell so substantiirt ist, daß damit die Unterlagen angegeben sind, worauf sie beruht und so auch das Angriffs- oder Vertheidigungssystem in dem etwaigen Civilverfahren erkenntbar gemacht ist;

daß daher der App.-Richter, indem er rechtlich davon ausging, daß der Beschuldigte, welcher unter den Voraussetzungen des Ges. v. 31. Jan. 1845 die Eigenthumseinrede vorgebracht, dieselbe schon durch die bloße Angabe des bestimmten Rechtsgrundes und der Beweismittel, sofern jener überhaupt nur ein rechtlich gültiger und diese rechtlich zulässige seien, hinreichend bescheinigt habe, in facto aber diese Bedingungen für gewahrt erachtete, sich einer unrichtigen Auslegung des § 1 l. c. überall nicht schuldig gemacht, von demselben vielmehr nur eine richtige Anwendung gemacht hat;

daß sohin der erhobene Cassationsrekurs, welcher die Verletzung, resp. unrichtige Anwendung jenes § behauptet, weil die bloße Angabe des Rechtsgrundes und der Beweismittel zur hinreichenden Bescheinigung der Eigenthumseinrede nicht genüge, der Strafrichter vielmehr die specielle Angabe der Beweismittel fordern und demnächst nach deren Vorbringung prüfen müsse, ob durch dieselben die Einrede hinreichend bescheinigt sei, der Begründung entbehrt.

[27. — 3.]

---

1. **Staats-Anwalt. — Strafklage wegen Vergehens. — Verurtheilung wegen einfacher Injurien.**

2. **Relative Rechtskraft. — Gnaden-Erlaß.**

1. Der durch die Strafklage des Staats-Anwalts wegen Amtsbeleidigung mit einer Sache befaßte Strafrichter ist befugt, wegen einfacher

Beleidigung zu strafen, wenn er findet, daß nur eine solche vorliegt.

Vdn. v. 3. Jan. 1849 § 1 [vgl. dort n. 32]; Einf.-Ges. z. StGB. Art. XVI [vgl. dort n. 7].

2. Der durch die einseitige Appellation des Angeklagten befaßte Appellationsrichter ist befugt, die vom ersten Richter angenommene Qualifikation der That abzuändern, sobald er nur nicht eine höhere Strafe verhängt, sollte auch durch diese Aenderung ein Allerh. Gnaden-Erlaß die nach der erstrichterlichen Feststellung begründete Anwendbarkeit verlieren.

Vgl. Strafverf. Abschn. IV (§ 126 ff.) n. 58a—63.

Erk. (Z. II.) v. 4. Juli 1861 c. Cloer (169. II. Cr.).

In Erwägung, daß der App.-Richter durch die aus § 102 StGB. erhobene Strafklage des Staatsanwalts gesetzlich mit der Sache befaßt blieb und daher, nachdem er gefunden, daß die festgestellte Aeußerung des Angeklagten zwar nicht das unter Anklage gestellte Vergehen, aber wohl eine einfache Injurie darstelle, auch die Befugniß behielt, wegen dieser Uebertretung, bezüglich deren auch ein Antrag des Beleidigten auf Bestrafung vorhanden war, die Strafe zu verhängen (Z. Pl. 25. Juni 1860 c. Ramelow);

daß die NB. zwar ferner dem App.-Richter eine reformatio in peius insofern zur Last legt, als dem Angekl. bei einer Bestätigung des ersten Urtheils der Allerhöchste Gnadenakt zu Statten gekommen sein würde,

daß aber dieser Vorwurf sich Angesichts der Entscheidung des App.-Richters von selbst erledigt, und es auf die Folgen dieser Entscheidung dem Allerh. Gnadenakte gegenüber hier überall nicht ankommen kann.

Antr. des GStA.s gleichl. [27.—3.]

Konfiskation. — Verstorbener. — Strafverfahren. — Kosten.

1. **Die Konfiskation ist eine Strafe.**

StGB. § 19 [vgl. dort n. 9; 3. Ausg. n. 11] § 20.

2. **Stirbt der Angeschuldigte vor der rechtskräftigen Verurtheilung, so kann die durch die Strafthat verwirkte Konfiskation gegen den Nachlaß nur im Untersuchungs- [Straf-] Verfahren ausgesprochen werden.**

StGB. § 20 [vgl. dort n. 3; Strafverf. § 1 n. 41].

3. **In diesem Falle muß mit der Konfiskation auch die Verbindlichkeit zur Kostentragung gegen den Nachlaß ausgesprochen werden.**

Vdn. v. 3. Jan. 1849 § 178 [vgl. dort n. 13].

Erk. (V. I.) v. 5. Juli 1861 c. Reimer (596. I. Cr.).

R. war des Nachdrucks angeklagt, aber noch vor dem Erkenntnisse erster Instanz gestorben. Gleichwohl ward das Verfahren fortgesetzt, der Thatbestand des Nachdrucks festgestellt, die Konfiskation der nachgedruckten Exemplare ausgesprochen, und die Kosten dem Angeklagten „oder dessen Erben" zur Last gelegt. Auf die Appellation der letztern beließ der zweite Richter es zwar bei der ausgesprochenen Konfiskation, schlug aber die Kosten nieder, weil die Konfiskation hier keine Strafe sondern nur eine Maaßregel zur Durchführung des dem verletzten Rechte vom Gesetze zugesicherten Schutzes darstelle, und weil § 610 der Cr.-Ordn., und § 365. I, 9. ALR. durch § 178 der Vdn. v. 3. Jan. 1849 außer Kraft gesetzt sei. In Betreff dieses Kostenpunktes NB. des OStA.s, welche Verletzung der cit. §§ 178 und 610 behauptete.

Der Vertreter der GStA.-schaft sprach sich für die Zurückweisung dieser NB. aus, indem er auszuführen suchte, daß ein Strafverfahren nur statthaft sei, so lange der Angeklagte lebe; das gelte auch in Betreff der Konfiskation, da sie eine Strafe darstelle; es könne daher die im § 20 Abs. 2 des StGB. gestattete Geltendmachung der Konfiskation in den Nachlaß des Verstorbenen nur im Civilverfahren erfolgen, und ebendeshalb von einer Verurtheilung des Nachlasses oder der Erben zu den Untersuchungskosten keine Rede sein, vielmehr seien dieselben mit Recht niedergeschlagen, ohne daß die den Erben R. gegenüber rechtskräftig gewordene Verhängung der Konfiskation daran etwas ändern könne. Das OTr. hat indessen das Urtheil zweiter Instanz vernichtet, und das erste Urtheil bestätigt.

Gründe:

Die NB. des OStA. ist begründet.

Sie ist davon abhängig, von welchem Gesichtspunkte überhaupt das vorliegende Verfahren aufzufassen ist.

Wäre dem App.-Richter darin beizutreten,

daß die hier in Rede stehende Konfiskation lediglich als ein Schutzmittel zur Wahrung der Rechte des durch den Nachdruck Verletzten und nicht als eine Strafe zu betrachten wäre,

ferner,

daß das Strafverfahren deshalb der allein zulässige Weg zur Festsetzung der Konfiskation sei, weil gemäß § 16 des Ges. v. 11. Juni 1837 nach einmal erfolgter Einleitung der Untersuchung die Zurücknahme des Strafantrages die Bestrafung des Angeschuldigten und die Konfiskation nicht mehr beseitigen kann,

so würde die Beschwerde nicht begründet sein, weil dann das Untersuchungsverfahren sich als unstatthaft erweisen würde.

Denn für ein bloßes Schutzmittel zur Wahrung der Rechte des Verletzten würden polizeiliche Maaßregeln und civilrechtliche Wege ausreichen, und die Unwirksamkeit der Zurücknahme des Strafantrages in Beziehung auf Strafen und Konfiskation würde hier, wo es sich nur um die Konfiskation handelt, Nichts beweisen, zumal es sich nicht allein darum handelt, ob eine bereits eingeleitete Untersuchung, wie die vorliegende, durch das Ableben des Angeklagten auch in Beziehung auf die Konfiskation cessiren muß, sondern auch darum, ob gemäß § 20 Abs. 2 des StGB. auch nach dem Tode des Thäters einer strafbaren Handlung die Untersuchung überhaupt der zulässige Weg ist, um die Konfiskation gegen seinen Nachlaß geltend zu machen, gleichgültig, ob diese Untersuchung bei seinem Leben bereits eingeleitet war, also nur fortzusetzen, oder ob sie nach seinem Tode zu jenem Zwecke erst neu einzuleiten ist.

Die Konfiskation ist aber in der That nicht ein bloßes Schutzmittel im Sinne des App.-Richters, sondern sie ist eine **Strafe**. Als solche ist sie in den Strafgesetzen angedroht, und daß auch das Nachdrucksges. v. 11. Juni 1837, insoweit es überhaupt Strafübel verhängt, ein wirkliches Strafgesetz sei, unterliegt keinem Bedenken.

Man könnte nun zwar den doppelten Charakter der Konfiskation geltend machen, insoweit sie nämlich eine bloße Folge der strafbaren Handlung und andererseits ein vom Strafrichter auszusprechendes Strafübel ist.

Das erstere ist sie nach allgemeinen Rechtsgrundsätzen, nach denen vermöge des Rechtstitels des commissum dem Fiskus die Gegenstände, mittelst deren eine strafbare Handlung verübt ist, oder welche durch dieselbe hervorgebracht sind, unmittelbar in Folge dieser Handlung und durch dieselbe verfallen, wie dies der § 364 des ALR. I, 9 anerkennt, und offenbar auch der § 20 Abs. 2 des StGB. als Rechtsgrund für diese besondere Vorschrift voraussetzt.

Den formellen Charakter eines Strafübels muß sie dagegen überall dann haben, wenn der Strafrichter darauf zu erkennen hat, weil dieser nur berufen ist, auf Strafen zu erkennen.

Allein, wenn es sich hiernach noch darum handelt, ob auch dann, wenn die Konfiskation nur gegen den Nachlaß geltend gemacht wird, wenn es sich also vorwiegend nur um die Verfolgung jenes zuerst gedachten Rechtstitels handelt, der Untersuchungsweg und als nothwendige Folge desselben das Erkenntniß des Strafrichters auf die **Strafe** der Konfiskation der allein zulässige, oder ob es dem Fiskus resp. demjenigen, welchem derselbe — wie in Nachdrucksachen — unter Umständen das Konfiskat überläßt, anheimzugeben sei, den Civilweg zur Vindikation der Konfiskate aus dem Nachlasse zu betreten, so kann man nicht zweifehaft sein, den Untersuchungsweg allein als den zulässigen anzuerkennen.

Einmal nämlich ist es nicht ohne Bedeutung, daß der § 20 Abs. 2 in das StGB. aufgenommen ist, also den Charakter einer Strafvorschrift erhalten hat, auch wenn darin nur eine Andeutung auf das Verfahren liegen sollte.

Enthielt er bloß eine Anerkennung jenes oben gedachten Rechtsgrundsatzes über den Rechtstitel des commissum, so würde es der Vorschrift im StGB. offenbar nicht bedurft haben, da der Grundsatz an sich ein rein civilrechtlicher und bereits in der Civilvorschrift des § 364. I. 9. des ALR. enthalten ist.

Aber auch die Fassung dieses § 364 weist auf den Untersuchungsweg hin, wie die Erwähnung des Konfiskations-Urtels beweist.

Endlich aber, auch wenn der Civilrichter über die Existenz und über die Folgen einer strafbaren Handlung zu erkennen berechtigt ist, so ist im Zweifel doch vor Allem der Strafrichter dazu berufen, wenn jene Folgen außerdem auch den Charakter der Strafe haben, wie dies bei der Konfiskation der Fall ist.

Hiergegen können nun diejenigen Gründe nicht ins Gewicht fallen, welche aus der Natur des Untersuchungsverfahrens nach seinem in den Gesetzen angegebenen Zwecke geltend gemacht werden können.

Der Grundsatz,

> daß das Verbrechen durch den Tod getilgt wird, und daß nur gegen den Thäter oder Theilnehmer, nicht aber gegen Dritte, namentlich nicht gegen die Erben jener, eine Strafe erkannt werden könne,

ist nur insoweit richtig, als einmal das Gesetz nicht selbst eine Ausnahme macht, und als es sich um die Bestrafung der Person des Dritten resp. der Erben handelt.

Ausnahmen kennt aber allerdings unsere Gesetzgebung, wie, was die Konfiskation resp. die Vernichtung des konfiscirten Objektes betrifft, der § 50 Abs. 3. 4 des Preßges.

v. 12. Mai 1851 und der § 22 des Zollstrafges. v. 23. Jan. 1838 darthun, und von der Verurtheilung jener Personen zur Strafe ist hier keine Rede.

Ist also nach dieser Ausführung der Untersuchungsweg als der zulässige anzuerkennen, so ist die Folge davon nothwendig auch die Festsetzung der Verbindlichkeit zur Kostentragung, welche davon untrennbar ist.

Allerdings sind der § 365. I. 9. des ALR. und der § 610 der Cr.-O., der erstere wenigstens, soweit er eine für den Strafrichter geltende Vorschrift sein sollte, durch die §§ 178. 179 der Vdn. v. 3. Jan. 1849 aufgehoben; auch scheint auf den ersten Blick die Fassung dieser beiden Vorschriften einer Auferlegung von Untersuchungskosten gegen einen Anderen, als den zur Strafe Verurtheilten, entgegenzustehen.

Allein es ist nur eine nothwendige Konsequenz der Festsetzung einer Strafe, daß die Verbindlichkeit zur Kostentragung auch in Bezug auf dasjenige Objekt, auf welchem eine Strafe ruht und welches im Untersuchungswege als solches erkannt wird, hier also der Nachlaß des ursprünglich Angeklagten festgesetzt werde.

Demgemäß hat unter Vernichtung des App.-Urtels in Bezug auf den Kostenpunkt und unter Abänderung des I. Urtels erkannt werden müssen.

Antr. des GStA.s entg. [15.—4.]

Voruntersuchung. — Form-Mängel. — Nichtigkeit des Hauptverfahrens.

Das Hauptverfahren kann nicht wegen einer in der Voruntersuchung vorgekommenen Zuwiderhandlung gegen die Grundsätze des Verfahrens angefochten werden, insoweit die betr. Voruntersuchungsverhandlungen nicht im Hauptverfahren verlesen, und so zu einem Theile des letztern gemacht worden sind.

Vgl. Strafverf. § 43 n. 4. 5. 48; § 77 n. 4; Art. 108 n. 6.

Erk. (Z. I.) v. 5. Juli 1861 c. Heyduck (693. I. Cr.).

Gründe:

Es muß zwar nach Lage der Akten für erwiesen angesehen werden, daß die Vorschriften der Cr.-O. §§ 58 ff. in der Voruntersuchung nicht beobachtet worden sind. Allein es muß der Ausführung der StA.-schaft, daß diese Mängel durch die Hauptverhandlung selbst als beseitigt zu erachten sind, beigetreten werden.

Die Voruntersuchung hat den Zweck der Sammlung und vorläufigen Erhebung der vorhandenen Beweise, um die Schuld des Angeklagten insoweit festzustellen, damit die Anklage gegen ihn erhoben werden könne. Die Hauptverhandlung hat sodann das gesammte Beweismaterial vollständig zu erschöpfen. Aus diesem Verhältnisse der Voruntersuchung zur Hauptverhandlung ergiebt sich, daß die nach § 43 der Vdn. v. 3. Jan. 1849 in der ersteren zu beobachtenden Formen und Vorschriften der Cr.-O. nicht unter allen Umständen auch für den Richter der Hauptverhandlung bindend sind, in jedem Falle seine Entscheidung nicht deshalb angefochten werden kann, weil jene Formen nicht beobachtet sind, wenn er nur selbst die für ihn vorgeschriebenen beobachtet hat, was nicht der Fall ist, wenn er, statt einzelne Beweismittel selbstständig zu erheben, solche Beweismittel aus der Voruntersuchung z. B. durch Vorlesung von Aussagen dort vernommener Zeugen, die in der Hauptverhandlung nicht persönlich erschienen sind, benutzt hat, um darauf ganz oder zum Theil seine Entscheidung zu gründen.

Im vorliegenden Falle sind nun sowohl der Angeklagte, als auch die Mehrzahl der Zeugen in der Hauptverhandlung unter Zuziehung eines Dollmetschers vollständig, also selbstständig vernommen.

Antr. des GStA.s gleichl. [15.—4.]

Zeuge. — General-Fragen. — Meineid. — Belehrung.

1. Der Richter ist befugt, den Zeugen über alle für seine Glaubwürdigkeit erheblichen persönlichen Verhältnisse zu befragen, ohne auf die im § 319 Nr. 1—5 der Cr.-Ordn. erwähnten Momente beschränkt zu sein, und der Zeuge ist bei Vermeidung der Meineidsstrafe verpflichtet, sie wahrheitsgetreu zu beantworten.

Cr.-Ordn. § 319. — StGB. § 126 [vgl. dort n. 9; — 3. Ausg.; Strafverf. § 22 n. 50. 51].

2. Die Strafe des falschen Zeugnisses ist nicht durch die vorherige Belehrung (Verwarnung) bedingt.

StGB. § 126 [vgl. dort n. 17 (3. Ausg.)].

Beschl. (I.) v. 5. Juli 1861 c. Tolksdorf (150. B. I. Cr.).

Gründe:

Es ist ein Rechtsirrthum des App.-Richters, wenn er annimmt, daß die dem rc. T., bei seiner am rc. in der Voruntersuchung wider W. erfolgten Vernehmung als Zeuge, von dem Untersuchungsrichter gestellte Frage,

ob Zeuge schon bestraft worden sei,

eine ganz ungehörige gewesen, weil nach § 12 des StGB. die Fähigkeit, ein Zeugniß abzulegen, nicht von jeder vorausgegangenen Bestrafung des Zeugen, sondern nur davon abhänge, ob sich derselbe im Besitze der bürgerlichen Ehrenrechte befinde, sowie, daß die erwähnte Frage nach § 319 der Cr.-Ordn. und nach dem Sprachgebrauche nicht zu denjenigen gehöre, die unter dem Ausdrucke „General-Fragen“ verstanden werden. Denn nach dem Eingange des § 319 der Cr.-Ordn. muß jeder Zeuge vor der Vernehmung zur Hauptsache über seine persönlichen Umstände befragt werden, insofern sie auf die Beurtheilung der Glaubwürdigkeit seines Zeugnisses von Einfluß sein können. Die sub 1 bis 5 l. c. speciell hervorgehobenen Momente sind daher nicht die einzigen, die für den Untersuchungsrichter in Betracht kommen, sondern nur beispielsweise aufgeführt, so daß sie die Stellung noch anderer, auf obige Umstände erheblicher Fragen nicht ausschließen.

Diese sämmtlichen Fragen aber sind es, welche das Marginale zu dem § 319 l. c. als „allgemeine Fragen" bezeichnet und die unter dem Ausdrucke „General-Fragen" verstanden werden. Dies vorausgeschickt, knüpft der § 12 des StGB. in der Nr. 4 an den rechtskräftig ausgesprochenen Verlust der bürgerlichen Ehrenrechte zwar die Folge, daß der dadurch Betroffene unfähig ist, als Zeuge eidlich vernommen zu werden, daraus aber ist, namentlich mit Rücksicht auf den § 22 der Vdn. v. 3. Jan. 1849, noch nicht herzuleiten, daß der Richter bei Entscheidung der Sache, sofern es sich um die größere oder geringere Glaubwürdigkeit eines Zeugen handelt, nicht auch befugt sein soll, auf dessen etwaige frühere Bestrafungen, wenngleich sie nicht mit dem Verluste der bürgerlichen Ehrenrechte verbunden waren, Gewicht zu legen. Sie können vielmehr in speciellen Fällen sehr wohl geeignet sein, die Richtigkeit der vorliegenden Zeugenaussage in Zweifel zu ziehen, und so auf die Ueberzeugung des erkennenden Richters einzuwirken.

Es ist ferner ein Rechtsirrthum des angefochtenen Beschlusses, wenn derselbe ausführt, daß um deshalb von einem Meineide des T. nicht die Rede sein könne, weil das in Rede stehende Vernehmungsprotokoll vom rc. nichts von der, dem Zeugen geschehenen Belehrung enthält, daß sein zu leistender Eid auch auf die an ihn gerichteten allgemeinen Fragen sich erstrecke. Das von dem Gerichtshofe hervorgehobene Reſcr. v. 15. Okt. 1846 (JMBl. S. 183) ist Nichts, als eine reglementarische Vorschrift für den Richter, deren Verabsäumung denselben wohl zum Vorwurfe gemacht werden, aber nicht im Stande sein kann, anderweitige strafbare Handlungen dritter Personen zu beseitigen. Dasselbe gilt von dem § 317 der Cr.-Ordn., der für das Verfahren des Untersuchungsrichters eine ähnliche

Belehrung vorschreibt, indeß gleichfalls nur als eine Instruction zu betrachten ist, wie auch aus dem Marginale, „Verfahren bei Abhörung der Zeugen" erhellt. Entscheidend ist dagegen die Formel des zu leistenden Zeugeneides, die dahin geht, „daß der Zeuge von Allem, worüber er vernommen worden ... die reine Wahrheit gesagt habe", und hieraus folgt, daß der Zeuge, wenn er sich nicht eines Meineides schuldig machen will, verpflichtet ist, auch die an ihn gerichteten allgemeinen Fragen wahrheitsgetreu zu beantworten &c.

A. d. Gr. Aufhebung des angegriffenen Beschlusses. [20.—4.]

---

1. Betrug. — Vermögens-Beschädigung. — Dauer und Unabwendbarkeit derselben.

2. Betrug. — Irrthums-Erregung. — Personen-Identität.

3. Betrug. — Irrthums-Erregung. — Vorbringen im Prozesse.

1. Auch eine vorübergehende Vermögens-Beschädigung kann zum Thatbestande des Betrugs genügen.

StGB. § 241 [vgl. dort n. 15. 16 (3. Ausg.)].

2. Zum Thatbestande des Betrugs ist es nicht erforderlich, daß der Getäuschte mit dem an seinem Vermögen Beschädigten identisch sei.

StGB. § 241 [vgl. dort n. 67 (3. Ausg.)].

3. Das Vorbringen unwahrer Thatsachen im Prozesse kann unbedenklich zum Thatbestande des Betrugs genügen, wenn dadurch ein Dritter, nicht im Prozesse Befangener, an seinem Vermögen beschädigt wird.

StGB. § 241 [vgl. dort n. 68 (3. Ausg.)].

Erk. (Z. I.) v. 5. Juli 1861 c. Werbelow (629. I. Cr.).

W. hatte im Einverständnisse mit B. gegen diesen eine simulirte Wechselschuld eingeklagt, und es demnächst veranlaßt, daß die rechtskräftig erstrittene Forderung auf dem dem B. gemeinschaftlich mit seiner Ehefrau gehörigen Bauergute hypothekarisch eingetragen worden war. Hierin erkannten die Instanzrichter eine in gewinnsüchtiger Absicht durch Täuschung des Gerichts herbeigeführte Beschädigung des Vermögens der Ehefrau B., und bestraften aus § 242. Die NB. des W. behauptete Verletzung des § 241. Zurückweisung.

Gründe:

Wenn der Implorant die Ansicht aufstellt, daß eine Benachtheiligung sich erst dann ergeben haben würde, wenn die verehelichte B. bei der Vermögens-Auseinandersetzung mit ihrem geschiedenen Ehemanne weniger erhalten hätte, als im Falle der Nichteintragung der in Rede stehenden 3800 Thlr. geschehen wäre, so wird dabei übersehen, daß der Vermögens-Nachtheil im Sinne des § 241 l. c. nicht ein dauernder, sofort mit unabwendbarer positiver Wirkung eintretender sein muß, sondern daß derselbe auch ein vorübergehender sein kann, sofern er nur die Vermögensrechte des Andern überhaupt und irgendwie zu dessen Schaden berührt. Es kann aber im vorliegenden Falle keinem rechtlichen Bedenken unterliegen, daß eine hypothekarische Belastung eines im gemeinschaftlichen Eigenthum befindlichen Grundstücks ohne Wissen und Willen des einen der Miteigenthümer, eine Verschlimmerung des Eigenthumsrechtes desselben in sich schließt.

Auch ist es nicht richtig, wie die NB. meint, daß der App.-Richter übersehen habe, daß die Vermögens-Beschädigung durch eine Irrthums-Erregung herbeigeführt worden sein müsse, wenn der § 241 des StGB. Anwendung finden soll. Denn, daß zum Thatbestande des Betruges es nicht erforderlich ist, daß der in Irrthum Versetzte auch zugleich der Beschädigte sei, ist ein feststehender Grundsatz der Rechtsprechung.

Ebenso trifft im vorliegenden Falle die Deduktion nicht zu, daß das bloße Vorbringen unrichtiger Thatsachen im Verlaufe eines Prozesses, oder das Einklagen einer simulirten Forderung noch nicht den Thatbestand des Betruges erfülle. Denn es ist hier festgestellt, daß das ganze Prozeß- und Exekutions-Verfahren von dem Imploranten und dem Mitangeklagten B. in der gewinnsüchtigen Absicht veranstaltet worden ist, um das Vermögen einer dritten Person zu beschädigen.

Daß eine solche Handlungsweise von dem bloßen Vorbringen einer unrichtigen Thatsache im Laufe eines Prozesses oder der Einklagung einer nicht bestehenden Forderung der Gegenpartei gegenüber, wesentlich abweicht, fällt zu sehr in die Augen, als daß es eines näheren Nachweises dieserhalb bedürfte, und gleichergestalt unterliegt es keinem rechtlichen Bedenken, daß eine derartige Procedur, wie die festgestellte, an sich geeignet ist, die Beschädigung des Vermögens eines Andern zu bewirken.

Antr. des GStA.s gleichl. [20. — 4.]

Kommissarische Zeugenvernehmung. — Anwesenheit des verhafteten Angeklagten.

Der verhaftete Angeklagte kann nicht verlangen, bei einer vom App.-Richter angeordneten kommissarischen Zeugenvernehmung gegenwärtig zu sein.

Vdn. v. 3. Jan. 1849 § 21 [vgl. dort n. 10] 134. 135.

Erk. (Z. I.) v. 10. Juli 1861 c. Albrecht gen. Walter (707. I. Cr.).

Es kann keinem erheblichen Bedenken unterliegen, daß Angeklagter wegen seiner Verhaftung kein unbedingtes Recht hatte, auf die Vollziehung des in der Appellationsinstanz beantragten Zeugenverhörs in seiner Gegenwart zu bestehen, da er auch zu der Verhandlung vor dem App.-Richter selbst nur nach Befinden desselben zuzuziehen gewesen sein würde, und zwar ohne Unterschied, ob eine neue Zeugenvernehmung zu erfolgen hatte oder nicht.

[17. — 2.]

Postschein. — Betrug. — Einverständniß des Gläubigers.

Der § 243 Nr. 6 des StGB. bleibt ausgeschlossen, wenn der Exekutionssucher damit einverstanden war, daß die Exekution hinausgeschoben werde, oder unterbleibe.

StGB. § 243 Nr. 6 [vgl. dort n. 18; 3. Ausg. n. 21].

Erk. (B. I.) v. 10. Juli 1861 c. Thaiß (623. I. Cr.).

Th. in erster Instanz aus § 243 Nr. 6 verurtheilt, trat in zweiter Instanz den Beweis an, daß der Exekutionssucher mit der Hinausschiebung der Exekution einverstanden gewesen sei, falls ihm — wie wirklich geschehen — eine Zahlungs-Anweisung auf P. eingesandt werde. Der App.-Richter lehnte diesen Antrag ab, weil dadurch der Thatbestand des Gesetzes gar nicht berührt werde. Auf die NB. des Angekl. ist dieses Erkenntniß vernichtet, und die Sache in die zweite Instanz zurückgewiesen worden.

Gründe:

Die Beschwerde erscheint insoweit als begründet, als, wenn festgestellt wird, daß der Gläubiger sich mit einer Zahlung durch Anweisung auf P. im Voraus zufrieden erklärt hat, und wenn dabei berücksichtigt wird, daß P. festgestelltermaßen bereit gewesen ist, die Anweisungen des Angeklagten zu honoriren, weder von einer Irrthumserregung bei dem Gläubiger, noch von dessen Vermögensbeschädigung, noch endlich von einer gewinnsüchtigen Absicht des Angeklagten die Rede sein kann. Freilich wird dadurch der Irrthum, welcher durch Uebergabe des Postscheins Behufs Abwendung der Exekution bei dem Exekutor und bei dem betreffenden Gerichtshofe erregt worden ist, nicht elidirt, dieser allein reicht aber nicht hin, den im § 243 Nr. 6 des StGB. geforderten Thatbestand darzustellen.

Das Recht des Exekutionssuchers und der zu dessen Nachtheil verübte Betrug bilden die wesentliche Grundlage und Voraussetzung des § 243 Nr. 6 des StGB. Es müssen daher auch letzterem gegenüber die allgemeinen Bedingungen und Merkmale des strafbaren Betruges, § 241 l. c., insbesondere dolose Absicht des Angeklagten vorhanden sein, und gilt dies namentlich da, wo der exequendus berechtigt war anzunehmen, daß der Exekutionssucher die gewählte Art der Zahlung genehmigt habe.

Diese Rechtsansicht läßt die Vernehmung des N. als eine erhebliche und zugleich den vom App.-Richter zur Rechtfertigung der Ablehnung dieser Vernehmung angeführten Rechtsgrund als einen verfehlten erscheinen.

Antr. des GStA.s gleichl. [21. — 2.]

---

1. Sitzungs-Protokoll. — Darüberschreiben.
2. Sitzungs-Protokoll. — Einseitige Zusätze und Registraturen des Vorsitzenden.
3. Vertheidiger. — Ordnungsruf. — Rechtsmittel des Angeklagten.

1. Das Verbot, im Sitzungs-Protokolle Darüberschreibungen vorzunehmen, ist nur als eine instruktive Vorschrift zu betrachten. Zuwiderhandlungen begründen keine Nichtigkeit.

Cr.-Ordn. § 55 [vgl. Strafverf. Art. 78 n. 53].

2. In Beziehung auf die Vorkommnisse im Hauptverfahren ist nur dasjenige beweisend, was in dem vom Vorsitzenden und Gerichtsschreiber unterzeichneten Protokolle enthalten ist; einseitige Zusätze und Registraturen des Vorsitzenden sind nicht zu berücksichtigen.

Ges. v. 3. Mai 1852 Art. 78 [vgl. dort n. 60].

3. In Beziehung auf einen an den Vertheidiger ergangenen Ordnungsruf steht dem Angeklagten die Nichtigkeitsbeschwerde nicht zu.

Ges. v. 3. Mai 1852 Art. 109.

Erk. (Z. II.) v. 11. Juli 1861 c. Metters (210. II. Cr.).

Die NB. des Angeklagten rügte zunächst verschiedene Unregelmäßigkeiten des Sitzungs-Protokolls, und griff sodann die Legalität des Verfahrens in Beziehung auf einen an den Vertheidiger ergangenen Ordnungsruf an. Zurückweisung.

Gründe:

Wenn an mehreren Stellen des Audienz-Protokolls durch Darüber- und Dazwischenschreiben Worte und Sätze eingeschoben sind, so ist dies freilich der Vorschrift des § 55 der Cr.-Ordn. zuwider. Die letztere läßt sich indessen nur als eine instruktive Vorschrift betrachten und kann daher ihre Nichtbeobachtung nimmermehr eine Nichtigkeit des Verfahrens zur Folge haben.

Der von dem Vorsitzenden Fol. 240 Act. am Rande des Protokolls mit Bleistift gemachte Vermerk spricht sich dahin aus, daß die dort niedergeschriebene Erklärung des Angeklagten in einer anderen, als der niedergeschriebenen Weise von dem Vorsitzenden aufgefaßt worden. Von dem Letzteren ist jedoch hier das Protokoll ganz so, wie es von dem Gerichtsschreiber niedergeschrieben worden, vollzogen worden, und dadurch von selbst formell entschieden, daß von dem Angeklagten die fragliche Erklärung ganz in der von dem Gerichtsschreiber protokollirten Weise abgegeben worden.

Die von dem Vorsitzenden nachträglich am 7. Mai d. J. aufgenommene Registratur enthält verschiedene Erläuterungen und Zusätze zu dem Audienz-Protokolle, worauf es jedoch jetzt nicht weiter ankommt, da nach dem Art. 78 des Ges. v. 3. Mai 1852 allein der Inhalt des Protokolles selbst über die Beobachtung der Förmlichkeiten entscheidend ist.

Der schließlich in der NB. zur Sprache gebrachte Vorgang hat allein den Vertheidiger betroffen, und da derselbe zu dem Angeklagten selbst in gar keiner näheren Beziehung steht, so versteht es sich nach dem Art. 109 Abschn. 1 des Ges. v. 3. Mai 1852 von selbst, daß darüber auf die NB. des Angeklagten nicht mit entschieden werden kann, daß dieser ganze Vorgang vielmehr hier unerörtert auf sich beruhen bleiben muß.

Antr. des GStA.s gleichl. [25.—1.]

Mehrheit der Anklagen. — Zusammenfassung. — Vergehen. — Polizei-Richter.

Die Zusammenfassung einer Mehrheit von Anklagen gegen verschiedene Personen ist in Ermanglung einer Konnexität nur da statthaft, wo sie ausdrücklich vom Gesetz gestattet worden ist.

Bei den durch das Ges. v. 14. April 1856 der polizeirichterlichen Kompetenz zugewiesenen Vergehen ist dieselbe unzulässig.

Ges. v. 3. Mai 1852 Art. 3. 121 [dort einzutragen als n. 1a]; Ges. v. 14. April 1856 Art. I. § 1. 2.

Beschl. (II.) v. 11. Juli 1861 c. Linnenbürger (50. B. II. Cr.).

Die Vorschriften, welche in Bezug auf Uebertretungen (Art. 121 des Ges. v. 3. Mai 1852, §§ 27—29 des Ges. v. 2. Juni 1852), sowie bei einem bestimmten Vergehen (Ges. v. 10. März 1856 § 5) die Zusammenfassung der Anklage gegen verschiedene Personen auch bei nicht vorhandener Konnexität gestatten, können als singuläre Vorschriften eine ausdehnende Auslegung und Anwendung nicht finden. In Bezug auf die durch das Ges. v. 14. April 1856 der Kompetenz des Einzelrichters zugewiesenen Vergehen, wozu auch das im § 116 des StGB. bedrohete gehört, hat aber jenes Gesetz eine eben solche Vorschrift nicht gegeben und es soll danach das für Uebertretungen gesetzlich vorgeschriebene Verfahren, nur soweit es auf den §§ 29—35 und 37 der Vdn. v. 3. Jan. 1849, beruht und in Betreff etwaniger Zuziehung eines Dollmetschers eintreten.

Antr. des GStA.s: gleichl. [26. — 5.]

Amtshandlung. — Geschenknehmen. — Strafbarkeit. — Rechts-Anwalt.

Der § 309 des StGB. bezieht sich nur auf solche Amtshandlungen, welche von dem betr. Beamten unentgeltlich zu verrichten sind. Er findet

daher auf die Mühwaltungen der Rechts-Anwalte keine Anwendung.

StGB. § 309 [vgl. dort n. 1 a. 7. 8. — 3. Ausg.].

Erk. (B. I.) v. 12. Juli 1861 c. Sabarth (371. I. Cr.).

Der Rechtsanwalt S. hatte für eine zu haltende Vertheidigung in einer Schwurgerichtssache 100 Thlr. gefordert und genommen, während ihm nach der Annahme des App.-Richters nur eine Gebühr von 22 Thlr. zustand; deshalb ist aus § 309 StGB. auf Strafe erkannt worden. Auf die NB. des Angeklagten ist diese Verurtheilung vernichtet und Angeklagter, unter ausdrücklichem Vorbehalt einer Disziplinar-Untersuchung, freigesprochen.

Gründe:

Das angewendete Strafgesetz hat nur solche Beamten vor Augen, welche vermöge ihres Amtes verpflichtet sind, die in Rede stehenden Handlungen unentgeltlich zu verrichten. Diese Voraussetzung trifft nun bei den Rechts-Anwalten nicht zu, welche gesetzlich berechtigt sind, für ihre Mühwaltung Gebühren zu fordern. Daß diese Auslegung des § 309 die richtige ist, ergiebt sich aus der Entstehungsgeschichte desselben [1]). Die vereinigten Stände hatten im Jahre 1847 vorgeschlagen, hinter das Wort: „Handlungen" einzuschalten:

„zu deren unentgeltlicher Leistung sie durch ihr Amt verpflichtet sind."

Die Motive zum StGB. erklärten indeß (S. 67) diesen Zusatz für überflüssig, weil durch die Worte:

„Vortheile, zu denen er gesetzlich nicht berechtigt ist,"

dies bereits ausgedrückt sei.

Bei der Berathung des StGB.s durch die Kammern ist demnächst hiergegen von keiner Seite etwas erinnert worden. Hiernach hat der App.-Richter geirrt, wenn er auf Grund der obigen thatsächlichen Feststellung den Angeklagten nach § 309 des StGB.s verurtheilt hat, und sein Erkenntniß unterliegt deshalb der Vernichtung.

Indeß war gegen den Angeklagten die Einleitung

---

[1]) Vgl. Goltdammer Materialien Bd. II. S. 670 Nr. 4.

einer Disziplinar-Untersuchung vorzubehalten. Denn nach den Eingangs-Paragraphen des Gesetzes v. 12. Mai 1851, betr. [den Ansatz und die Erhebung der] Gebühren der Rechts-Anwalte dürfen dieselben nur in Höhe der durch das Gesetz bestimmten Gebühren liquidiren. Die §§ 13. 21. 29 und 31 des Tarifs gestatten nur in genau bestimmten Fällen, beziehungsweise unter Genehmigung des betreffenden Ehrenraths, daß der Rechts-Anwalt sich ein außerordentliches Honorar vorbedingen kann, und der § 4 des cit. Gesetzes bedroht eine dahin einschlagende Contravention, wenn, wie hier, eine strafrechtliche Untersuchung nicht zulässig ist, mit disziplinarischer Ahndung.

Antr. des GStA.s: gleichl. [20. — 5.]

---

1. Thatsachen. — Beweisanträge. — Präklusion. — Schwurgerichtshof.

2. Beschränkung der Vertheidigung. — Geltendmachung. — Mitangeklagter.

1. Der Grundsatz des Art. 29 des Ges. v. 3. Mai 1852 muß bis zur Entscheidung über die Thatfrage Anwendung finden; es können daher thatsächliche Erörterungen und Beweisanträge in schwurgerichtlichen Verfahren selbst noch nach dem Schlusse der Verhandlungen, dem Schlußvortrage des Vorsitzenden, und der Fragstellung Platz greifen; sie dürfen nicht als verspätet zurückgewiesen werden.

Ges. v. 3. Mai 1852 Art. 29 [vgl. dort n. 7]; Art. 79 [vgl. dort n. 31. 18].

2. Die Beschränkung der Vertheidigung kann nur von demjenigen Angeklagten gerügt werden, dessen persönliches Recht gekränkt worden ist.

Ges. v. 3. Mai 1852 Art. 108 Nr. 5 [vgl. dort n. 36].

Erk. (Z. II.) v. 16. Juli 1861 c. Fister u. Gen. (234. II. Cr.).

In einer schwurgerichtlichen Verhandlung stellte der Vertheidiger eines von mehreren Mitangeklagten Karl F. den Antrag: „seinen

Klienten zum Worte zu verstatten, indem derselbe noch Mittheilungen zu machen habe." Der Vorsitzende verstattete das Wort nicht, „weil die Verhandlung geschlossen sei". — Hierauf stützte ein anderer Mitangeklagter Julius F. eine NB.; seine eigne Vertheidigung sei durch jene Ablehnung beschränkt worden, weil Karl F. ein Geständniß habe ablegen wollen, woraus die Geschwornen wahrscheinlich seine (des Julius F.) Unschuld entnommen haben würden. Zurückweisung.

Gründe:

Mag es auch zugegeben werden, daß durch Art. 79 des Ges. v. 3. Mai 1852 nach dem Schlusse der Verhandlungen durch den Vorsitzenden und nach seinem Resumé, ja selbst nach der Fragestellung thatsächliche Erörterungen und sogar Beweisanträge, welche sich nicht bloß auf die Fragestellung beziehen oder durch dieselbe hervorgerufen wurden, nicht ausgeschlossen werden, der Vorsitzende oder das Gericht vielmehr immer in der Lage verbleibt, den Schluß der Verhandlungen wieder aufzuheben, und daß überhaupt das im Art. 29 enthaltene Prinzip bis zur äußersten Grenze, welche in der Entscheidung über die Thatfrage liegt, gewahrt werden muß: so würde es doch immer nur der Angeklagte Karl F. sein, welcher sich über die Zurückweisung des Antrages beschweren könnte. Welcherlei Mittheilungen er noch machen wollte, ist aus dem von seinem Vertheidiger gestellten Antrage nicht zu ersehen. Ohne weiteren Anhalt kann man aber annehmen, daß derselbe in seinem Interesse gestellt worden. Ihm allein würde daher auch nur eine Beschwerde zugefügt sein. Er hat sich indessen beruhigt, und der heutige Implorant kann aus seiner Stellung als Mitangeklagter die Berechtigung nicht ableiten, aus der Zurückweisung eines von ihm und für ihn (soweit ersichtlich) nicht gestellten Antrages einen Nichtigkeitsgrund geltend zu machen. Aus der Gemeinschaftlichkeit der Prozedur folgt dies Recht überall nicht.

Der Implorant will zwar in der NB. darthun, daß der von Karl F. ausgegangene Antrag in seinem Interesse gestellt gewesen sei. Allein mit dieser Behauptung kann er hier nicht mehr gehört werden. Um sein Interesse zu wahren, mußte er den Antrag des Mitangeklagten auch formell zu dem seinigen machen, und den Gerichtshof in die Lage versetzen, nöthigenfalls darüber zu entscheiden. Dies hat er aber nicht gethan. Er mußte es aber um so gewisser thun, als er selbst nicht behauptet, daß ihm die von Karl F. beabsichtigten Mittheilungen unbekannt geblieben seien.

Antr. des GStA.s gleichl. [27. — 1.]

Sehkraft eines Auges. — Störung. — Verstümmelung.

Die Störung der Sehkraft eines Auges, welche die letztere also theilweise bestehen läßt, ist keine Verstümmelung.

StGB. § 193 [vgl. dort n. 7. — 3. Ausg.].

Beschl. (II.) v. 16. Juli 1861 c. Jörke (52. B. II.).

In Folge eines negativen Kompetenzkonflikts zwischen einem Inkompetenz-Urtheile des Kr.-G.s und einem Beschlusse des App.-G.s, hat das OTr. unter Aufhebung jenes Urtheils die Eröffnung der Untersuchung wegen erheblicher Körperverletzung ausgesprochen, und zwar:

In Erwägung, daß nach den bisherigen Verhandlungen gegen den Angeklagten J. hinreichende Anzeigen zu der Anschuldigung vorliegen: daß er am achten Februar achtzehnhundert ein und sechzig zu Erfurt die Wittwe J. durch Schläge mit einem Instrument vorsätzlich dergestalt gemißhandelt und körperlich verletzt hat, daß diese Verletzung für die J. eine Trübung der Hornhaut und der Linse des linken Auges zur Folge gehabt.

In Erwägung, daß die vorstehend gedachte Verletzung jedoch nicht als eine Verstümmelung, sondern nur als eine solche angesehen werden kann, welche einen erheblichen Nachtheil für die Gliedmaaßen der Verletzten im Sinne des § 192 a. des StGB.s herbeigeführt hat, weil durch dieselbe nur eine Störung des Sehvermögens, nicht aber der gänzliche Verlust der Sehkraft auf dem linken Auge eingetreten ist.

[25. — 5.]

Förster. — Vereidung. — Aelteres Gesetz.

Durch die Einführung des H.-O.-Ges. v. 2. Juni 1852 ist die Gültigkeit der früher nach Maaßgabe des H.-O.-Ges. v. 7. Juni 1821 bewirkten Vereidung eines Försters nicht aufgehoben; es genügt daher bei einer Zeugenvernehmung des letztern die Hinverweisung auf jenen Eid.

H.-D.-Ges. v. 2. Juni 1852 § 32. 33. 54.

Erk. (Z. I.) v. 17. Juli 1861 c. Julian (593. I. Cr.).

Der Eid, welchen nach Feststellung des App.-Richters der Förster Ph. im J. 1835 gemäß den Vorschriften des Ges. v. 7. Juni 1821 geleistet hat, entspricht genau zufolge § 20 der Eidesformel des neueren Ges. v. 2. Juni 1852 § 33 mit der geringen Ausnahme, daß nach letzterem der Eid auch auf die anderen Waldprodukte (außer Holz) und auf gewissenhafte Abschätzung des Werthes gerichtet ist, von welchen beiden in gegenwärtiger Sache keine Rede ist.

Wenn nun ferner der App.-Richter annimmt, daß das neuere Gesetz die Gültigkeit der bereits zuvor bewirkten Vereidigungen nicht aufgehoben habe, so ist ihm dabei ein Rechtsirrthum nicht nachzuweisen. Es ist daher auch ihre fortdauernde Bedeutung nicht zu beanstanden, obschon § 54 des neueren Gesetzes das frühere außer Kraft gesetzt hat, indem dieses nicht auf bleibend gegründete Verhältnisse auszudehnen ist, welche mit den neueren Anordnungen in keinem Widerspruche stehen.

Antr. des GStA.s gleichl. [17. — 5.]

Richter. — Mitwirkung in einer früheren Instanz. — Nichtigkeit.

Auch in Strafsachen tritt Nichtigkeit ein, wenn ein Richter, welcher in einer früheren Instanz mit erkannt hat, an der Entscheidung höherer Instanz Theil nimmt. — Das ist aber nicht auf den Fall auszudehnen, wo der betr. Richter in der frühe-

ren Instanz zu einer prozeßleitenden oder resolvirenden Verfügung mitgewirkt hat [1]).

Vdn. v. 14. Dez. 1833 § 5 Nr. 7; Vdn. v. 3. Jan. 1849 § 38 [dort einzutragen als n. 15 a]; Ges. v. 26. Apr. 1851 Art. V, 2 a [vgl. Strafverf. S. 56 n. 17].

Erk. (Z. I.) v. 4. Sept. 1861 c. Behrendt (635. I. Cr.).

Im Hinblick auf die Vdn. v. 14. Dez. 1833, welche in Ermangelung anderer gesetzlicher Bestimmungen auch als ein Regulativ in Strafsachen bei gemeinsamen Fragen dienen muß, im besonderen nach § 5 Nr. 7 daselbst kann es nur als eine unzweifelhafte Nichtigkeit angesehen werden, wenn derselbe Richter sowohl in der früheren, als in der späteren Instanz erkannt hat. Erkennen aber heißt in der Sprache unserer Gesetze und gemäß der Oekonomie unsers bürgerlichen und Strafverfahrens die Abgabe einer endlichen Entscheidung über einen durch Urtheilsspruch zu erledigenden Streitpunkt, nicht auch schon die Abgabe einer prozeßleitenden oder resolvirenden Verfügung wie im vorliegenden Falle unter Zuthun des nachherigen Tribunals-Rathes G. in erster Instanz erlassen war. Erkannt ist hier erst auf neue vollständige Verhandlung von anderen Richtern und es ist in keiner Hinsicht ein ausreichender Grund zu befinden, weshalb der gedachte Tribunals-Rath sich der Theilnahme an der Entscheidung zweiter Instanz hätte enthalten sollen.

Antr. des GStA.s: gleichl. [17.—4.]

Diebstahl. — Stiefgroßeltern. — Pflegeeltern.

1. Die Vorschrift des § 229 des StGB.s ist nicht auf den Fall auszudehnen, wo der Diebstahl zc. gegen einen der Stiefgroßeltern verübt ist.

[1]) Eine Mitwirkung der letztern Art, z. B. die im Widerspruche mit der Rathskammer durch das Appellationsgericht ausgesprochene Eröffnung der Untersuchung, ist auch nicht geeignet, ein Perhorrescenzgesuch gegen die Mitglieder des gedachten Gerichts zu begründen. Sic: Beschl. I. 27. Sept. 1861 c. Bukowiecki (221. B. I.).

2. **Als „Pflegeeltern" sind nur diejenigen zu betrachten, welche ein verlassenes Kind in Pflege genommen haben.**

StGB. § 229 [dort einzutr. als n. 7a und 9a].

Erk. (Z. I.) v. 4. Sept. 1861 c. **Kuhnke** (662. I. Cr.).

Nach § 44. I, 1. ALR. bestehen Stiefverbindungen im Sinne des Gesetzes nur zwischen einem Ehegatten und den aus einer sonstigen Ehe erzeugten Kindern des andern Ehegatten. Die Wittwe H. ist aber nur die Stiefmutter der Mutter der Angeklagten. Ueber das Verhältniß der Eltern und Kinder im engeren Sinne erstreckt aber das Gesetz in seiner deutlichen Fassung diese Verwandtschaft nicht hinaus, so daß also in diesem Falle die Vorschrift des § 40 ibid., daß unter Eltern und Kindern die Verwandten in auf- und absteigender Linie, ohne Unterschied des Grades, verstanden werden, nicht anwendbar ist.

Aber auch ein Pflegeschaftsverhältniß in dem gesetzlichen, im § 229 des StGB. vorausgesetzten Sinne existirt nach der thatsächlichen Feststellung des Appellationsrichters nicht. Das ALR. handelt im Abschn. 12. II, 2. von den „Pflegekindern" und stellt an die Spitze der diesfälligen Vorschriften im § 753 den Satz:

> Wer ein von seinen Eltern verlassenes Kind in seine Pflege nimmt, erlangt über dasselbe alle persönlichen Rechte leiblicher Eltern.

Diese elterlichen Rechte, und die denselben entsprechenden Pflichten, sind in den folgenden Vorschriften speziell angegeben. Sie beziehen sich alle auf jenen auch in den Motiven erläuterten Satz, daß es sich hier besonders darum handle, für die große Zahl unehelicher Kinder, denen ihre Eltern Unterhalt und Erziehung nicht gewähren können, die also insoweit hülflos oder verlassen sind, dadurch zu sorgen, daß andere Personen durch die Rechte, welche das Gesetz ihnen solchenfalls einräumt, zu deren Aufnahme veranlaßt werden müssen. Hieraus folgt, daß die engere Verbindung, in welche das Gesetz solche Kinder vermöge ihrer

Verlassenheit allein an Stelle seiner natürlichen Eltern zu den Pflegeeltern setzt, nicht von selbst auf andere ähnliche Verhältnisse übertragen werden kann, bei denen eine gleiche Veranlassung nicht obwaltet. Die Aufnahme wegen der Verlassenheit ist also der alleinige Rechtsgrund für die pflegeelterlichen Rechte.

Den aus der Sache selbst folgenden Gegensatz gegen diese in den §§ 753—771 enthaltenen Vorschriften bilden also die in den §§ 772. 773 bezeichneten Fälle, wenn fremde Kinder außer dem Falle der Hülflosigkeit zur Pflege und Erziehung übernommen werden. Liegt hier ein Vertrag mit den Eltern oder Vormündern der Kinder vor, so entscheidet dessen Inhalt, sonst der Zweck der übernommenen Pflege der Erziehung über den Umfang der gegenseitigen Rechte und Pflichten.

Im vorliegenden Falle nun ist festgestellt, daß die Angeklagte nicht wegen Hülflosigkeit oder Verlassenheit von der Wittwe H. aufgenommen ist.

[15.—4.]

---

1. Manifestationseid. — Fahrlässigkeit. — Strafbarkeit.

2. Betrüglicher Bankerutt. — Absicht die Gläubiger zu benachtheiligen. — Betrügerische Absicht.

1. Die fahrlässige Ausschwörung eines falschen Manifestationseides fällt nicht unter § 132 des StGB.

[StGB. § 132 n. 3. — 3. Ausg.]

2. Zum Thatbestande des betrüglichen Bankerutts genügt die Absicht, die Gläubiger zu benachtheiligen; ist diese festgestellt, so kann eine fernere Fragstellung nach einer betrügerischen Absicht nicht verlangt werden.

StGB. § 259 [vgl. dort n. 36. — 3. Ausg.].

Erk. (V. Z. I.) v. 4. Sept. 1861 c. Hirsch (825. I. Cr.).

Gegen H. war durch Geschwornenspruch die wiederholte fahrlässige Ausschwörung eines falschen Manifestationseides, sowie ferner festgestellt:

daß er — — als Handelsmann seine Zahlungen eingestellt und

a) sein Vermögen theilweise verheimlicht, beziehungsweise bei Seite geschafft,

b) seine Handlungsbücher in der Absicht, seine Gläubiger zu benachtheiligen, so geführt, beziehungsweise verändert habe, daß dieselben keine Uebersicht des Vermögenszustandes gewährten.

Ebenso hatten die Geschwornen auf Befragen ausgesprochen, daß H. auch bei der unter a erwähnten Handlung die Absicht gehabt habe, seine Gläubiger zu benachtheiligen. Aus § 132 und 259 StGB. bestraft, ergriff er die NB. und behauptete Verletzung der cit. §§, sowie Beschränkung der Vertheidigung, weil seinem Antrage auf Stellung einer die betrügerische Absicht bei den angeblichen Bankerutthandlungen betreffenden Zusatzfrage nicht statt gegeben worden sei. Das OTr. hat in Beziehung auf die Anklage des Meineids das Erk. des SchwGH.s vernichtet und den Angeklagten freigesprochen, im Uebrigen aber die NB. zurückgewiesen.

Gründe:

Die NB. des Angeklagten behauptet unrichtige Anwendung den § 132 des StGB.s, weil derselbe in Beziehung auf Manifestationseide überhaupt nicht Platz greife. Diese Beschwerde ist begründet. Denn nach dem noch gültigen § 33. I, 22. der AGO. findet beim Manifestationseide der Beweis eines Meineides nur insofern statt, als etwas wissentlich verschwiegen ist, da der Manifestationseid allemal das Versprechen enthalten muß, wenn sich in der Folge ergeben sollte, daß etwas außer Acht gelassen worden, davon getreuliche Anzeige zu thun. Das OTr. hat daher auch bereits mehrfach ausgesprochen, daß der § 132 StGB. auf Manifestationseide keine Anwendung findet, und daß die Vorschrift § 33 l. c. auch auf den assertorischen Theil des Manifestationseides zu beziehen ist.

Dagegen kann die von dem Angeklagten eingelegte NB., soweit sie den ihm zur Last gelegten betrüglichen Bankerutt betrifft, nicht für begründet erachtet werden. Durch den Wahrspruch der Geschwornen ist auch ad a ausdrücklich festgestellt, was ad b schon in der Hauptfrage enthalten war, daß der Angeklagte in der Absicht seine Gläubiger zu benachtheiligen gehandelt hat. Dieser dolus genügt zur Anwendung des § 259 StGB., wie denn auch das vom Imploranten in Bezug genommene Z. I. 4. Juli 1856 c. Rabe (G. A. 4 S. 669 [Opp. StGB. § 259 n. 36]) ein Mehreres nicht erfordert, weil ein wesentlicher Unterschied darin, ob der Angeklagte die durch das Verdikt der Geschwornen auf die ihnen vorgelegte erste Frage festgestellten Handlungen in betrügerischer Absicht, oder in der Absicht seine Gläubiger zu benachtheiligen, begangen hat, überhaupt nicht gefunden werden kann.

Antr. des GStA.s gleichl. [18.—4.]

Amts-Unterschlagung. — Unrichtige Buchführung. — Beruf zur Buchführung. — Amtliche Uebertragung.

Im Falle einer Amts-Unterschlagung bildet die unrichtige Buchführung nur für denjenigen Beamten einen Straferschwerungsgrund, welcher selbst zur Buchführung berufen ist. In dieser Beziehung genügt es aber, wenn dem Beamten die Buchführung von seinem Vorgesetzten übertragen worden ist.

StGB. § 325 [vgl. dort n. 7. — 3. Ausg.; siehe oben S. 247].

Erk. (Z. I.) v. 4. Sept. 1861 c. Wodkiewicz (791. I. Cr.).

Der § 325 StGB. kann zwar allerdings nur da Platz greifen, wo die unrichtige Führung oder Verfälschung der Rechnungen u. s. w. von demjenigen Beamten verübt ist, welcher die Rechnungen u. s. w. zu führen hat. Implorant erkennt jedoch in seiner NB. selbst an, daß ihm der Post-Expediteur die Führung des Kassenbuchs übertragen und er dasselbe daher auch wirklich geführt habe. Dies ist in seiner amtlichen Eigenschaft als Post-Expeditions-

Gehülfe geschehen und genügt daher zur Anwendung des § 325 l. c.

Antr. des GStA.s gleichl. [18. — 4.]

Körperverletzung. — Aberration. — Vorsatz. — Fahrlässigkeit.

Im Falle der Aberratio ictus kann nicht ein vorsätzliches Verbrechen, sondern nur der Versuch eines solchen in ideeller Konkurrenz mit einer vollendeten fahrlässigen Strafthat vorliegen.

StGB. § 187 [dort einzutragen als n. 4a; vgl. Thl. I. Tit. III. n. 12; § 175 n. 6. 7].

Erk. (B. II.) v. 5. Sept. 1861 c. Ohle (206. II. Cr.).

O. hatte einen Schlag nach dem L. sen. geführt, welcher, von diesem abgewehrt, den C. L. traf, und demselben eine erhebliche Körperverletzung beibrachte. Der App.-Richter strafte aus § 192a StGB., weil „es nur darauf ankommen könne, daß der Angeklagte überhaupt einen Schlag habe ausführen, also eine rechtswidrige Handlung begehen wollen, nicht aber darauf, ob er den L. sen, oder dessen Sohn C. L. habe treffen wollen, und weil sonach allerdings eine vorsätzliche Körperverletzung im Sinne des § 192a auch in Beziehung auf den C. L. vorliege". Auf die NB. des Angeklagten hat das OTr. das Erkenntniß vernichtet, und die Sache an das App.-G. zurückverwiesen.

Gründe:

Es liegt hier der Fall einer s. g. aberratio ictus vor. Daß die Handlung des Thäters, welche gegen einen Anderen gerichtet ist, als gegen denjenigen, welchen der Erfolg trifft, in der Beurtheilung zu unterscheiden sei, sowohl von dem Falle, wo zwar dieselbe Person, gegen welche die (äußere) Handlung des Thäters gerichtet war, von dem Erfolge betroffen wird, der Thäter aber diese Person für eine andere hält, sich also in dem Gegenstande seiner Handlung, in der Person irrt, sie mit einer anderen verwechselt, als auch von dem Falle, wo die Handlung des Thäters den von ihm beabsichtigten Erfolg gehabt, dieser aber mittelbar einen nicht beabsichtigten weiteren und schwereren Erfolg, der vorausgesehen und vermieden werden konnte, herbeigeführt, oder die Handlung nur zu der Ursache eines solchen nicht beabsichtigten Erfolges und dadurch mittelbar zu diesem Erfolge Anlaß gegeben hat (vgl. Beschl. v. 23. Sept. 1859 [I. c. Knopf; Oppenh. StGB. Thl. I. Tit. III. n. 12; § 175 n. 6]; G. A. 7. S. 835) ist ziemlich allgemein in der Doktrin und Rechtsprechung ebenso anerkannt, als daß in jenem Falle eines Irrthums in dem Gegenstande oder in der Person des Verletzten (einer Verwechselung) dieser Irrthum den dolus nicht ausschließt, vgl. Z. II. v. 5. Mai 1859 [c. Rose; Oppenh. StGB. § 175 n. 6].

Während dagegen in dieser Beziehung ein Theil der Rechtslehrer dem Falle eines solchen Irrthums in der Person des Verletzten den Fall einer eigentlichen aberratio (aberratio ictus) gleich beurtheilt wissen will, nehmen andere in diesem letzteren Falle (einer aberratio ictus) nur (ideelle) Konkurrenz des Versuchs eines dolosen Verbrechens mit einem vollendeten fahrlässigen Verbrechen (oder Vergehen) an.

Diese letztere Ansicht ist die den Bestimmungen des StGB.s zu Grunde liegende; da in das StGB. allgemeine Vorschriften über dolus und culpa nicht aufgenommen, in demselben insbesondere auch die Vorschrift, welche der Entwurf vom Jahre 1843 § 53 über die s. g. culpa dolo determinata geben wollte, weggelassen ist, weil sich jene Vorschrift in den Fällen, auf welche sie unbedenklich angewendet werden könnte, von selbst verstehe, — G. Mat. 1 S. 232. 234; Bes. Comm. S. 38. 41; G. A. 1 S. 707; 2 S. 268; Hälschner 1 S. 163 Nr. 3 — und da (mit dem durch sie hervorgebrachten Erfolge) als eine vorsätzliche nur die Handlung zugerechnet werden kann, welche Produkt des Willens (des Vorsatzes) ist.

Danach ist denn aber die von dem App.-Richter zur Motivirung seiner Entscheidung ausgesprochene Ansicht nicht richtig. Es ist von dem App.-Richter der § 192 a a. a. O. durch unrichtige Anwendung verletzt. Sein Erkenntniß muß deshalb in Bezug auf jene Verletzung des C. L. und auf das Strafmaaß vernichtet werden.

Was die demzufolge erforderliche anderweite Entscheidung in der Sache selbst auf die Appellation des Angeklagten betrifft, so ist der App.-Richter durch seine unrichtige Rechtsansicht, welche auch den ersten Richter bei der Motivirung der schließlichen thatsächlichen Feststellung geleitet hat, verhindert worden, in faktischer und rechtlicher Beziehung zu prüfen, ob Hinsichts des auf den L. sen. gerichteten Schlages, welcher den C. L. traf und verletzte, dem Angeklagten der Versuch einer Verletzung des ersteren und Fahrlässigkeit in der Verletzung des letzteren zur Last falle, sowie, ob jener Versuch und diese Fahrlässigkeit strafbar, oder, wenn dies nicht, doch wenigstens bei der Abmessung der gegen den Angeklagten festzusetzenden Strafe in Betracht zu ziehen seien.

Antr. des GStA.s gleichl. [26.—1.]

Forstbeamter. — Waffenmißbrauch. — Kompetenz.

Wenn ein Forstbeamter im Dienste durch Anwendung der Waffen Jemanden verletzt, so muß das zur Feststellung des Thatbestandes berufene Gericht des Orts der That die aufgenommenen Verhandlungen dem zur Führung der förmlichen Untersuchung kompetenten Gerichte einsenden, da nur das letztere über die Eröffnung der Untersuchung Beschluß fassen kann.

Ges. v. 31. März 1837 § 4. 6.

Beschl. (I.) v. 6. Sept. 1861 c. Piske (190. B. I. Cr.).

Der § 4 des Ges. v. 31. März 1837 über den Waffengebrauch der Forst- und Jagdbeamten bestimmt zwar, daß wenn Jemand von einem solchen Beamten im Dienst durch Anwendung der Waffen verletzt ist, das Gericht des Orts, wo die Verletzung vorgefallen ist, den Thatbestand feststellen und ermitteln soll, ob ein Mißbrauch der Waffen stattgefunden hat; § 6 l. c. verordnet aber, daß nachdem diese vorläufige Untersuchung (dies Skrutinial-Verfahren) beendigt ist, die Akten an das betreffende, d. h. zur Führung der förmlichen Untersuchung kompetente Gericht einzusenden sind, welches, nach vorgängiger Einholung der Erklärung der Königl. Regierung, über die Eröffnung der Untersuchung Beschluß zu fassen hat. Das kompetente Gericht ist nun im vorliegenden Fall das betreffende Militärgericht 2c.

Antr. des GStA.s gleichl. [18. – 4.]

---

1. Widersetzlichkeit. — Forstbeamter. — Forst.
2. Forstbeamter. — Beschlagnahme.
3. Forstbeamter. — Waffengebrauch. — Forst.
4. Widerstand im Amte. — Sachliches Hinderniß.

1. Die einem Forstbeamten außerhalb des Forsts, und nicht bei Gelegenheit der Verfolgung eines im Forste betroffenen Holzdiebs geleistete Widersetzlichkeit ist nicht nach dem Ges. v. 31. März 1837, sondern nach § 89 des StGB. strafbar.

StGB. § 89 [vgl. dort n. 61].

2. Ein Forstbeamter ist zur einstweiligen Beschlagnahme des außerhalb des Forsts angetroffenen, anscheinend gestohlenen Holzes befugt.

H.-D.-Ges. v. 2. Juni 1852 § 21. 22.

3. Die den Forstbeamten durch das Ges. v. 31. März 1837 ertheilte Befugniß des Waffengebrauchs greift nur im Forste, oder da Platz, wo ein im Forste betroffener Holzdieb außerhalb desselben verfolgt wird.

Ges. v. 31. März 1837.

4. Der Widerstand gegen einen Beamten ist nur dann strafbar, wenn er gegen die Person des letzteren gerichtet, nicht also da, wo nur ein sach-

liches Hinderniß seiner Amtsthätigkeit entgegengesetzt wird.

StGB. § 89 [vgl. dort n. 32. — 3. Ausg.].

Erk. (Z. I.) v. 11. Sept. 1861 c. Busse & Knarr (477. I. Cr.).

Der Förster B. traf vor der Wohnung der Eheleute Kn. eine zur Abfuhr auf einen Schlitten geladene Quantität Holz an, von welcher er vermuthete, daß sie mehrere Tage früher aus dem seiner Aufsicht unterworfenen Forste entwendet sei. Er erklärte daher dieselbe für konfiscirt; gleichwohl lud die Ehefrau des Kn., um die Beschlagnahme zu verhindern, das Holz wieder ab, worauf B. Thätlichkeiten gegen sie verübte. Gegen beide ward demzufolge Anklage erhoben, gegen B. auf Grund des § 316, gegen die Kn. auf Grund des § 89 StGB.; in Betreff der letzteren erfolgte indessen Freisprechung, während B. verurtheilt wurde. Die NB. des OStA.s rügte Gesetzesverletzung; der App.-Richter setze sich mit sich selbst in Widerspruch, wenn er in Betreff des Försters eine in Ausübung des Amtes verübte Mißhandlung feststelle, und gleichzeitig die Kn. deshalb freispreche, weil B. seine Amtsbefugnisse überschritten gehabt habe. Zurückweisung.

Gründe:

Der App.-Richter hat zunächst festgestellt: „daß der in Rede stehende Vorfall sich nicht in der dem Förster B. zur Aufsicht anvertrauten Königlichen Forst, und auch nicht außerhalb derselben bei Gelegenheit der Verfolgung von Holzdieben ereignet hat."

Er nimmt vielmehr ausdrücklich an, daß das an jenem Tage mit Beschlag belegte Sprockholz bereits seit einiger Zeit sich in der Behausung der Kn.'schen Eheleute befunden und auf einen vor derselben befindlichen Schlitten zur Abfuhr aufgeladen worden sei, als rc. B. hindernd dazwischen trat. Eine etwaige Widersetzlichkeit bei dieser Beschlagnahme wird daher an sich nicht nach dem Ges. v. 31. März 1837 über die Strafe der Widersetzlichkeiten gegen Forst- und Jagdbeamte, sondern nach § 89 StGB. zu beurtheilen sein.

Demnächst war der Förster B. an sich nach den §§ 21. 22 des H.-D.-Ges. v. 2. Juni 1852 befugt, die Beschlagnahme des anscheinend entwendeten Sprockholzes vorzunehmen. Ob er dabei, namentlich nach § 11 des Ges. v. 12. Feb. 1850 verpflichtet war, die Mitwirkung der Ortspolizei in Anspruch zu nehmen, kann im vorliegenden Falle, in welchem es sich um keine Haussuchung, sondern nur um einstweilige Verhinderung des Wegbringens des verdächtigen Holzes handelt, dahin gestellt bleiben, weil er zu dieser letzteren vorläufigen Maaßregel jedenfalls vermöge seines Amtes befugt erscheint, zumal der App.-Richter die Behauptung, „daß der rc. B. seinen Sohn zur Herbeiholung des Ortsschulzen geschickt gehabt," für nicht widerlegt erachtet. Es ist daher richtig, wenn der App.-Richter angenommen hat, „daß der Förster B., wie derselbe ebenfalls die Ueberzeugung gehabt hat, sich in Ausübung seines Amtes befunden, als er die Beschlagnahme des Holzes aussprach." Hierbei muß ferner der Ausführung des zweiten Richters beigetreten werden, „daß B., nach dem Ges. v. 31. März 1837 über den Waffengebrauch der Forst- und Jagdbeamten, nicht berechtigt war, die Angeklagte Kn. mit dem Hirschfänger zu schlagen, respective zu verletzen." Der Vorfall ereignete sich nicht in der Forst, noch auch außerhalb derselben bei Verfolgung der betroffenen Holzdiebe, sondern ohne jeden Zusammenhang hiermit. Ebenso wenig war die Person des Försters angegriffen worden, oder mit einem Angriffe bedroht. Der App.-Richter erachtet es vielmehr nicht für erwiesen.

Desgleichen ist in der ferneren Ausführung kein Rechtsirrthum erfindlich, daß in dem seitens der Angeklagten Kn. vorgenommenen Abladen des Holzes, nachdem es der B. für confiscirt erklärt hatte, kein thätlicher Widerstand im Sinne des § 89 l. c. zu erblicken ist, weil diese Handlung nicht gegen die Person des Beamten, oder seine vorhergegangene Thätigkeit gerichtet, sondern nur geeignet war, die Beschlagnahme des Holzes durch sachliche Hindernisse zu vereiteln. In gleicher Weise hat das Kgl. OTr. am 20. Feb. 1857 contra Skobick [B. I.] (G. A. 5 S. 559) entschieden.

Der App.-Richter hat demgemäß, ohne in einen Rechtsirrthum zu verfallen, die erstrichterliche Schlußfeststellung bezüglich des Angeklagten B. dahin beibehalten, „daß derselbe die verehelichte Kn. als Beamter in Ausübung seines Amtes vorsätzlich gemißhandelt habe," und hiernach war die Bestrafung nach § 316 des StGB. eine gerechtfertigte, wobei das zuerkannte Strafmaaß innerhalb der gesetzlichen Grenzen verblieben ist.

Daraus folgt aber, im Zusammenhange mit den bereits erwähnten anderweitigen thatsächlichen Annahmen, noch keineswegs, wie die NB. auszuführen sucht, die gleichzeitige Bestrafung der Angeklagten Kn. nach § 89 des StGB. — Die von dem App.-Richter ausgesprochene Freisprechung derselben wird vielmehr bereits durch die Feststellung getragen, „daß sie sich nicht gegen die Person des Försters widersetzt habe," und ihre Handlungsweise nur darauf gerichtet gewesen sei, die Beschlagnahme des Holzes durch sachliche Hindernisse zu vereiteln.

Ein Rechtsirrthum ist hierbei nicht vorgekommen, und es war sonach, ohne daß es auf die Beurtheilung der Haltbarkeit der übrigen Erwägungsgründe des angefochtenen Erkenntnisses ankommt, die NB. zurückzuweisen.

Antr. des GStA.s: gleichl. [20. — 4.]

Verjährung. — Beginn des Laufes.

Der Lauf der Verjährung beginnt mit der Beendigung der verbrecherischen Thätigkeit.

StGB. § 46 [vgl. dort n. 6; § 241 n. 68. — 3. Ausg.].

Erk. (Z. I.) v. 11. Sept. 1861 c. Zillmann (803. I. Cr.).

Z. war wegen Betrugs verurtheilt worden, weil er das Vermögen der S.schen Eheleute in gewinnsüchtiger Absicht dadurch beschädigt habe, daß er:

1) unter dem falschen Vorgeben, ihm seien 400 Thlr. versprochen, wenn er eine Quittung der S.schen Eheleute über die für dieselben auf seinem Grundstücke eingetragenen 400 Thlr. bei-

bringe, die S.schen Eheleute zur Ausstellung der Quittung v. 23. Jan. 1855 vermocht,

2) demgemäß die S.schen Eheleute im April 1855 wegen Ausstellung einer löschungsfähigen Quittung gerichtlich verklagt, endlich

3) im Febr. 1856 den Antrag veranlaßt und dadurch bewirkt hat, daß das gedachte Kapital im Wege der Exekution auf Grund des rechtskräftig gewordenen Erkenntnisses des KrG. zu C. vom 26. Nov. 1855 gelöscht worden ist."

Er hatte vor den Instanzgerichten die Verjährungseinrede vorgeschützt, welche aber deshalb verworfen worden war, weil das Vergehen erst durch die am 30. Jan. 1856 eingetretene Rechtskraft des Erkenntnisses v. 26. Nov. 1855 konsumirt gewesen sei, während schon am 17. Nov. 1860 eine Unterbrechung der Verjährung stattgefunden habe. Das rügte die NB. des Angeklagten, weil die Vermögensbeschädigung der S.schen Eheleute schon am 23. Jan. 1855 mit der Ausstellung der Quittung eingetreten, somit das Vergehen vollendet gewesen sei. Zurückweisung.

Gründe:

Wenn auch dem Imploranten zugegeben werden muß, daß bereits durch Ausstellung der außergerichtlichen Quittung vom 23. Jan. 1855 über 400 Thlr. das Vermögen der S.schen Eheleute beschädigt wurde, der Betrug also auch schon vollendet gewesen wäre, wenn Implorant weiter nichts gethan hätte, so kann doch der Lauf der Verjährungsfrist, da Implorant weiter ging, und die S.schen Eheleute wegen Ertheilung einer löschungsfähigen Quittung über 400 Thlr. verklagte, sowie endlich bewirkte, daß das Kapital der 400 Thlr. im Wege der Exekution auf Grund des am 30. Jan. 1856 rechtskräftig gewordenen Erkenntnisses des KrG.s zu C. v. 26. Nov. 1855 im Hypothekenbuche gelöscht wurde, nur von dem letztgedachten Zeitpunkte, als von der Beendigung seiner verbrecherischen Thätigkeit ab, berechnet werden.

Antr. des GStA.s: gleichl. [18.—4.]

Ober-Tribunals-Urtel. — Behändigung. — Abschrift.

Es genügt, wenn dem Angeklagten das vom Ober-Tribunal auf eine eingelegte Nichtigkeitsbeschwerde erlassene Urtel in vidimirter Abschrift behändigt wird.

Vdn. v. 3. Jan. 1849 § 150 [dort einzutr. als n. 3a].

Beschl. (II.) v. 12. Sept. 1861 c. Dieckmann (151. II. Cr.).

Dem D. war das seine NB. zurückweisende Ober-Tribunals-Urtel nicht in Ausfertigung, sondern in vidimirter Abschrift behändigt worden; dieses erachtete das OTr. für genügend, und demgemäß das betr. instanzgerichtliche Erkenntniß für rechtskräftig, indem es erwog:

daß dem D. das Erkenntniß des OTr.s v. ꝛc. zwar nicht in Ausfertigung, wohl aber in vidimirter Abschrift behändigt, hierdurch aber zur Kenntniß des Angeklagten, auch wenn dieser bei der Verkündung nicht anwesend gewesen war, um so mehr genügend gekommen war, als das Gesetz (§ 150 cit.) an Stelle der Behändigung der dem Gerichte erster Instanz übersandten Ausfertigung auch schon die mündliche zu Protokoll erfolgende Verkündung an den Angeklagten zuläßt.

Antr. des GStA.s: gleichl. [26.—3.]

Zeitschrift. — Kautionspflicht. — Strafe. — Konfiskation.

Im Falle der Herausgabe einer kautionspflichtigen Zeitschrift vor bewirkter Hinterlegung der Kaution ist nicht auf Konfiskation der veröffentlichten Nummern zu erkennen.

Preß-Ges. v. 12. Mai 1851 § 42. 17; StGB. § 19.

Erk. (V. II.) v. 13. Sept. 1861 c. Endermann (236. II. Cr.).

E. war, weil er „— — eine, Unterhaltungslektüre enthaltende, Zeitschrift herausgegeben und gedruckt hatte, ohne zuvor die gesetzlich bestimmte Kaution bestellt zu haben" aus § 42 des Preß-Ges. zu einer Geldbuße verurtheilt worden; zugleich war auf Konfiskation der veröffentlichten Nummern der Zeitschrift erkannt worden. Seine NB.

behauptete Verletzung des cit. § 42, weil nach demselben alle Blätter, welche sich fern von politischer und sozialer Tendenz hielten, kautionsfrei seien. Diese Ausführung erachtete das OTr. für unzutreffend, da nur den für rein wissenschaftliche Gegenstände bestimmten Blättern die Kautionsfreiheit zustehe, zu diesen Gegenständen aber „Unterhaltungslektüre nicht gerechnet werden könne" [Sic: V. Kass.-H. 6. Jan. 1852 c. Greven (7063; JMBl. S. 44); Z. II. 1. Juni 1861 c. Heyne (173; oben S. 414)]. Dagegen ward das angegriffene Erkenntniß, insoweit es die Konfiskation der veröffentlichten Nummern ausgesprochen hatte, vernichtet, und dieser Ausspruch in Wegfall gebracht, indem erwogen wurde:

daß mit Unrecht von den Instanzrichtern auf Konfiskation der zu den Akten gebrachten Nummern des rc. Blattes erkannt worden ist, da § 42 des Preß-Ges. darüber Nichts bestimmt, und hier die Voraussetzungen des § 19 des StGB.s, insbesondere daß des Inhalt der Schrift strafbar sei, so wenig, als der § 50 des Preß-Ges.: daß in einer Schrift der Thatbestand einer strafbaren Handlung sich finde, vorliegen.

Antr. des GStA.s: gleichl. [25.—1.]

Vorladung zur Audienz zweiter Instanz. — Androhung des Kontumazialverfahrens.

Es ist nicht erforderlich, daß einem nicht verhafteten Angeklagten in der Vorladung zur Sitzung zweiter Instanz ein Präjudiz (des Kontumazialverfahrens) gestellt werde.

Vdn. v. 3. Jan. 1849 § 134. 32 [einzutragen zu § 134 als n. 2a].

Erk. (Z. I.) v. 13. Sept. 1861 c. Janschkow (553. I. Cr.).

Die NB. des Angeklagten rügte, daß er zur Sitzung zweiter Instanz ohne Stellung eines Präjudizes vorgeladen, und daß daher mit Unrecht gegen ihn in-contumaciam verfahren sei.

Zurückweisung.

Gründe:

In den §§ 134—136 Vdn. v. 3. Jan. 1849 ist nicht vorgeschrieben, daß einem nicht verhafteten Angeklagten in dessen Vorladung zur Audienz in zweiter Instanz irgend ein Präjudiz gestellt werden solle, und wenn es im § 136 Abs. 4 heißt, daß in allen übrigen Beziehungen die für die erste Instanz ertheilten Vorschriften Anwendung finden, so bezieht sich diese Vorschrift, wie deren Wortinhalt ergiebt, doch nur auf das mündliche Verfahren selbst, nicht aber auf das vorangegangene Verfahren.

Antr. des GStA.s: gleichl. [21.—4.]

Steuer-Defraudation. — Steuer-Kontravention. — Haftbarkeit. — Gesinde. — Tagelöhner.

1. Der Gewerbetreibende haftet nicht blos für die von seinem Gesinde ꝛc. verwirkten Defraudationsstrafen, sondern auch für die ihnen zur Last gelegten Kontraventionsstrafen, insbesondere auch für die im § 90 der Steuer-Ordn. v. 8. Feb. 1819 angedrohten Geldbußen [1]).

2. Die Haftbarkeit bezieht sich nicht blos auf die im wirklichen Gesindedienst der Gewerbtreibenden stehenden, sondern auch auf die als Arbeiter vorübergehend beim Betriebe des Gewerbes beschäftigten Personen [2]).

Steuer-Ordn. v. 8. Feb. 1819 § 83. 90; Ges. v. 21. Sept. 1860 § 2 (GS. S. 433).

Erk. (Z. I.) v. 13. Sept. 1861 c. Kroneck (Schütz u. Gen. 747. I. Cr.).

In Erwägung, daß sich Implorant nur über unrichtige Anwendung des § 83 der Steuer-Ordn. v. 8. Feb.

---

[1]) Sic: Z. Pl. 25. Mai 1857 c. Müller (352. I; Präj. n. 238; JMBl. S. 275; Entsch. 36 S. 443; G. A. 5 S. 523); u. ö. Jetzt ist in Betreff der obigen Frage das Ges. v. 21. Sept. 1860 § 2 maaßgebend.

[2]) Sic: Z. I. 29. Jan. 1858 c. Brey (136). Dagegen wird vorausgesetzt, daß die Handlung des Gesindes, für welche der Dienstherr subsidiarisch haften soll, in irgend einer Beziehung zum Gewerbe des letztern stehe: Z. (V.) I. 20. Jan. 1858 c. Steinert (Ilguer u. Gen. 71; G. A. 6 S. 264). Vgl. jetzt Ges. v. 21. Sept. 1860 § 2.

1819 beschwert, bei der allgemeinen Fassung desselben es jedoch keinem Bedenken unterliegt, daß der Gewerbtreibende nicht blos für die von seinem Gesinde, seinen Dienern, Gewerbsgehülfen und Angehörigen verwirkten Defraudationsstrafen, sondern auch für ihnen zur Last gelegte Kontraventionsstrafen, namentlich daher auch für die auf Grund des § 90 l. c. festgesetzten Geldbußen subsidiarisch haften muß;

daß es hierin auch keinen Unterschied macht, ob der in diese Strafe Verurtheilte in wirklichem Gesindedienste des Gewerbtreibenden steht, oder nur als Arbeiter vorübergehend beim Betriebe des Gewerbes beschäftigt ist, wie solches vom OTr. auch bereits in mehrfachen Entscheidungen ausgesprochen ist.

(A. d. Gr. Zurückweisung der NB. des Angeklagten.)

[18. — 4.]

Postsendung. — Kreuzband. — Drucksache. — Zusatz nach der Fertigung.

Eine Kreuzbandsendung ist verboten, sobald die betr. Drucksache nach ihrer Anfertigung einen Zusatz erhalten hat, sollte sie auch erst durch denselben einen verständlichen Sinn bekommen haben. Post-Ges. v. 5. Juni 1852 § 35 Nr. 4; Regl. v. 27. Mai 1856 § 15.

Erk. (B. I.) v. 18. Sept. 1861 c. Duncker (559. I. Cr.).

D. hatte eine an einen Geschäftsfreund gerichtete gedruckte Anzeige über den bevorstehenden Besuch seines Handlungsreisenden, in welcher der Name des letztern mittelst eines Stempels nachträglich eingedruckt war, unter Kreuzband zur Post gegeben, war aber in zweiter Instanz von der Anklage der Zuwiderhandlung gegen § 35 Nr. 4 des Post-Ges. freigesprochen worden, weil die Anzeige erst durch diesen Zusatz einen verständlichen Sinn erhalten, und somit „fertig" geworden, der Zusatz also nicht „nach der Fertigung" des Schriftstücks bewirkt sei (Regl. v. 27. Mai 1856 § 15). Auf die NB. des OStA.s hat das OTr. das betr. appellationsgerichtliche Erkenntniß vernichtet, und das verurtheilende Erkenntniß erster Instanz bestätigt.

Gründe:

Der § 15 des Post-Regl. v. 27. Mai 1856 schreibt vor:

„Die Versendung der bezeichneten Gegenstände unter Streif- oder Kreuzband ist unzulässig, wenn dieselben nach ihrer Fertigung durch Druck u. s. w. außer der Addresse geschriebene oder auf andre Weise, z. B. durch Stempel oder Druck beigefügte Ziffern oder Zusätze erhalten haben."

Es sind hiernach, abgesehen von den speziell gestatteten Ausnahmen, alle Zusätze zu einer Streifband- oder Kreuzbandsendung nach ihrer Fertigung verboten, wie solches bereits in mehrfachen Entscheidungen des OTr.s, namentlich in dem Erk. [B. I.] v. 30. März 1860 c. Alexander (G. A. 8 S. 402) ausgesprochen und näher ausgeführt ist.

Der Ausdruck „nach ihrer Fertigung" kann jedoch nach dem Zusammenhange und der ganzen Fassung des § 15 l. c. nur so viel heißen, als nach der Anfertigung. Beide vorige Richter stellen aber thatsächlich fest, daß die in Rede stehende gedruckte Anzeige ursprünglich den Namen Hantzinger nicht enthalten hat, sondern daß dieser Name erst später durch Druck hinzugefügt ist.

Hierin liegt daher ein unzulässiger Zusatz und mithin eine nach § 35 Nr. 4 des Postgesetzes vom 5. Juni 1852 zu bestrafende Porto-Kontravention des Angeklagten.

Die Auslegung, welche der zweite Richter dem § 15 des Post-Regl. giebt, daß eine Druckschrift im Sinne desselben erst dann fertig sei, wenn ihr Inhalt einen vollkommenen Sinn hat, findet weder in der Wortfassung noch in dem Zwecke des in Rede stehenden Verbots im § 15 des Post-Regl., Mittheilungen zwischen dem Absender und Empfänger der Streifband- oder Kreuzbandsendung zu verhindern, ihre Begründung.

Antr. des GStA.s: gleichl. [18.—2.]

Uebertretung. — Kompetenz des Strafrichters. — Beschwerde an das Ober-Tribunal. — Ministerielle Ermächtigung.

In Uebertretungssachen können die richterlichen Verfügungen von der Staatsanwaltschaft nur mit ministerieller Ermächtigung durch Beschwerde beim Ober-Tribunal angefochten werden.

Das gilt selbst dann, wenn es sich von der Frage handelt, ob die Sache im polizeigerichtlichen Verfahren zu behandeln sei, sobald der Charakter der betr. Strafthat als einer „Uebertretung“ dabei außer Zweifel ist.

Ges. v. 3. Mai 1852 Art. 129 [vgl. dort n. 12; Art. 13 n. 9].

Beschl. (I.) v. 18. Sept. 1861 c. Jacobsohn (172. B. I. Cr.).

J. war beschuldigt, die Unterschrift eines gerichtlichen Behändigungsscheins verweigert zu haben (§ 37. 38. I, 7. AGO.); die Eröffnung der Untersuchung war aber vom Pol.-Richter, und — auf die Beschwerde des Pol.-Anw.s — vom Kammergericht abgelehnt worden, weil es sich hier von einer Prozeßstrafe handle, auf welche nur vom Civilrichter erkannt werden könne (vgl. Einf.-Ges. z. StGB. Art. II n. 9). Der OStA. ergriff die Beschwerde an das OTr., indem er, gestützt auf Beschl. II. 6. Sept. 1860 c. Heimbeck (52. B; JMBl. S. 398), hier eine ministerielle Ermächtigung für nicht erforderlich erachtete, und zur Sache ausführte, daß die dem J. zur Last gelegte That unzweifelhaft eine Uebertretung, und die polizeigerichtliche Kompetenz für dieselbe durch kein Gesetz ausgeschlossen, eine analoge Anwendung der das „frevelhafte Leugnen im Prozesse“ betreffenden Bestimmungen aber unstatthaft sei, weil die hier vorliegende That mit der dem Civilprozeßrichter vorliegenden Rechtsstreitigkeit in keinem Zusammenhange stehe, dieselbe auch keineswegs blos von einer Prozeßpartei, sondern auch von dritten Personen (Zeugen ꝛc.) begangen werden könne.

Die GStA.-schaft erachtete die Beschwerde sowohl für statthaft als für begründet, und machte in ersterer Beziehung geltend, daß der Grundsatz der Art. 13 u. 129 des Ges. v. 3. Mai 1852 (vgl. Oppenh. Strafverf. Art. 13 n. 9; Art. 129 n. 12) da außer Anwendung bleiben müsse, wo der Streitpunkt sich grade darum drehe, ob eine Sache eine polizeiliche Untersuchungssache, und ob sie im polizeigerichtlichen Verfahren zu behandeln sei, da diese die nothwendigen Vorfragen für die Anwendbarkeit des Art. 129 darstellten. Das OTr. hat indessen die Beschwerde wegen des Mangels der ministeriellen Ermächtigung als unstatthaft zurückgewiesen.

Gründe:

Die Anklage hat nur eine Uebertretung im Sinne des Art. XIII des Einf.-Ges. zum StGB. zum Gegenstande. Etwas Anderes behauptet die Beschwerde ebenfalls nicht, indem sie sich lediglich gegen die Ansicht der Vorderrichter wendet, welche angenommen haben, daß die durch den Angeklagten verweigerte Unterschrift eines gerichtlichen Behändigungsscheins nach § 38. I, 7. AGO. verwirkte Strafe blos als eine von dem Prozeßrichter festzusetzende Ordnungsstrafe erscheint. Es ist daher die Frage: „ob etwa eine höhere Kompetenz als die für Uebertretungssachen zur Sprache kommt," von keiner Seite her in Betracht gezogen worden.

Beschwerden der Kgl. StA.-schaft in Uebertretungssachen aber, selbst wenn sie nur gegen Verfügungen gerichtet sind, durch welche die Eröffnung einer diesfälligen Untersuchung abgelehnt worden, bedürfen stets der Ermächtigung des Herrn Jüstiz-Ministers, indem auf sie der Art. 129 Ges. v. 3. Mai 1852 Anwendung findet, da nach Art. 13 l. c. die bei dem Kgl. OTr. anzubringenden Beschwerden allemal dem Instanzenzuge der gegen Erkenntnisse zulässigen Rechtsmittel folgen.

In gleicher Weise hat das Kgl. OTr. stets entschieden, z. B. noch in dem Beschlusse vom 1. Dezbr. 1859 c. Kronsbein Nr. 73. B. I. Cr.

Dem steht auch nicht der allegirte Beschluß v. 6. Sept. 1860 entgegen, weil es sich in dem damaligen Falle gerade darum handelte, ob eine Uebertretung oder ein Vergehen vorlag.

Antr. des GStA.s: entg. [20.—3.]

Spruch der Geschwornen. — Berichtigung. — Unterschrift.

Bedarf ein vom Vorsteher der Geschwornen unterzeichneter Spruch der Berichtigung, so begründet es keine Nichtigkeit, wenn nach Bewirkung derselben, nicht neben der schon vorhandenen Unterschrift eine neue hinzugefügt wird.

Ges. v. 3. Mai 1852 Art. 97. 96 [dort einzutragen als n. 8a].

Erk. (Z. II.) v. 19. Sept. 1861 c. Schäfer (270. II. Cr.).

In Erwägung, daß die Erklärung der Geschwornen die Unterschrift des Vorstehers trägt, und es einer Ausführung nicht bedarf, daß eine Nichtigkeit am wenigsten darin gefunden werden kann, daß der Vorsteher seine bereits vorhandene Unterschrift nicht nochmals unter den neuen verbesserten Ausspruch gesetzt hat.

(A. d. Gr. Zurückweisung der NB. des Angeklagten.)

Antr. des GStA.s: gleichl. [16.—1.]

Verweisung von einem Gerichte an ein anderes. — Generelle Maaßregel.

Die Verweisung von einem Gerichte an ein anderes kann nur in Beziehung auf konkrete, als solche erkennbar vorliegende Sachen erfolgen, für welche die richterliche Thätigkeit in Anspruch zu nehmen ist. Als generelle, alle künftig etwa zu ermittelnden Strafthaten einer bestimmten Art umfassende Maaßregel ist dieselbe unstatthaft.

Ges. v. 3. Mai 1852 Art. 4 [dort einzutragen als n. 10a]; Ges. v. 26. April 1851 Art. V. 2a [dort einzutragen als n. 3a]; Ges. v. 2. Mai 1853 § 2.

Beschl. (II.) v. 19. Sept. 1861 (508. II. Cr.; Journ.).

Die gesetzlichen Bestimmungen über die Hinverweisung von Untersuchungen an ein bestimmtes Gericht und über die Verbindung derselben bei diesem, und ebenso die des Ges. v. 2. Mai 1853 § 2 (GS. S. 169) setzen das Vorliegen konkreter — als solcher — schon erkennbarer Sachen voraus, für welche bereits behufs einer einzuleitenden oder weiter zuführenden Untersuchung die richterliche Thätigkeit in Anspruch zu nehmen ist, und hinsichts deren sich nach den bei den einzelnen Sachen obwaltenden Umständen beurtheilen läßt, welches der verschiedenen an sich, — wenn auch nur wegen etwa eintretender Konnexität, — kompetenten Gerichte als das geeigneteste erscheine. Falls daher die Absicht der rc. dahin gehen sollte, eine Hinweisung aller künftig etwa erst anhängig zu machenden Untersuchungen wegen Anfertigung oder Verbreitung falscher Kassenanweisungen der Emission vom Jahre 1856 à 1 Thlr. einer und derselben (der zweiten) Fabrik an ein einziges Gericht herbeizuführen, so würde eine solche allgemeine Anordnung nicht zulässig sein; sie würde nur im Wege der Gesetzgebung getroffen werden können.

Antr. des GStA.s: gleichl. [26. — 3.]

Grenzstein. — Beiderseitige Anerkennung.

Ein Stein ist als Grenzstein im Sinne des § 243 Nr. 7 des StGB. anzusehen, sobald er von beiden Nachbarn als ein Grenz-Merkmal anerkannt worden ist.

[Vgl. l. c. n. 34.]

Erk. (Z. I.) v. 20. Sept. 1861 c. Vogdt (657. I. Cr.).

Zurückweisung der NB. des Angeklagten.

Gründe:

Der App.-Richter nimmt an, daß der weggerückte Stein nicht ein bei der Grenzregulirung im J. 1828 unter öffentlicher Autorität gesetzter Grenzstein sei, die Behauptung des Angeklagten, daß der Stein nicht ein eigentlicher Grenzstein gewesen, also sich rechtfertige. Dieser Umstand, fährt sodann der App.-Richter mit Recht fort, sei jedoch nicht entscheidend, denn es werde auch ein privatim gesetzter Stein zum Grenzstein oder zum Grenzmal im Sinne des § 243 Nr. 7, wenn derselbe entweder von den Grenznachbarn gemeinschaftlich zur Bezeichnung der Grenze hingesetzt, oder wenigstens später von beiden als ein Grenzmerkmal anerkannt worden. Das Letztere sei nun hier der Fall.

Bei der aus diesen Thatsachen gezogenen Folgerung

„der Stein habe bisher als Grenzmerkmal gegolten," oder nach den Worten des § 243 Nr. 7: „der Stein sei ein zur Bezeichnung einer Grenze bestimmtes Merkmal," liegt ein rechtlicher Irrthum nicht vor. Für die Anwendung des genannten § ist es nicht von Erheblichkeit, welche Gründe auf dem Civilwege gegen eine solche Feststellung der Grenze geltend gemacht werden können; — hier genügt es, daß ein Grenzzeichen vorhanden war, und daß die betheiligten Nachbarn ihren Besitzstand nach demselben regulirten. Der einseitigen willkürlichen Veränderung dieses Grenzmerkmals zum Nachtheile eines Anderen sollte durch die Strafbestimmung des § 243 Nr. 7 vorgebeugt werden.

Antr. des GStA.s: gleichl. [13. — 4.]

Privat-Förster. — Beamter.

Ein gehörig vereideter Privat-Förster hat die Rechte eines öffentlichen Beamten im Sinne des § 102 des StGB.s. [Vgl. dort n. 36.]

Erk. (V. I.) v. 20. Sept. 1861 c. Wittkopf (703. I. Cr.).

Das Kgl. OTr. hat auf Grund der §§ 1. 3. II, 10. ALR. und der §§ 31—35 des H.-D.-Ges. v. 2. Juni 1852 stets angenommen, daß einem gehörig vereidigten Privat-Förster die Rechte eines öffentlichen Beamten im Sinne des § 102 StGB. insoweit zustehen, als es sich, wie hier, um den ihm anvertrauten Forstschutz handelt [vgl. Oppenh. StGB. § 102 n. 36]. In derselben Weise hat sich auch der in dieser Sache im Beschwerdewege ergangene Beschl. I. 14. Dez. 1860 ausgesprochen und namentlich darauf hingewiesen, daß zum Wesen eines jeden Staats- oder öffentlichen Dienstes auch die Aufrechthaltung der Sicherheit und Ordnung im Staate gehöre, daß eine Uebertragung solcher Funktionen auch durch generelle Gesetze geschehen könne, ohne daß dabei der § 69. II, 10. ALR. irgendwie entgegenstehe, und daß das H.-D.-Ges. v. 2. Juni 1852 eine solche Disposition getroffen habe, weil es in den §§ 31—35 alle zum Schutze der Forsten angestellten Personen ohne Unterschied als Forstschutzbeamte bezeichne, hiermit auch der § 1 des Ges. v. 31. März 1837 über den Waffengebrauch und der § 1 des Ges. v. dems. Tage über die Widersetzlichkeit gegen Jagd= und Forstbeamte übereinstimmen.

Antr. des GStA.s: gleichl. [20.—4.]

---

1. Nichtigkeitsbeschwerde. — Formverstoß. — Substantiirung.

2. Zeuge. — Verweisung auf den in einem vernichteten Verfahren geleisteten Eid.

1. Zur Substantiirung der Nichtigkeitsbeschwerde genügt es nicht, allgemein zu behaupten: es seien die Vorschriften über die Vernehmung und Vereidung der Zeugen rc. verletzt.

Ges. v. 3. Mai 1852 Art. 111 [vgl. dort n. 15. 24. Sic: Z. I. 12. April 1861 c. Schmidt, 394].

2. Die Verweisung auf den früher in derselben Sache in einem demnächst vernichteten Verfahren geleisteten Eid kann die Eidesleistung eines Zeugen ersetzen, wenn der Grund jener Vernichtung nicht in einer Mangelhaftigkeit der Eidesleistung lag.

Vdn. v. 3. Jan. 1849 § 55 [dort einzutragen als n. 39a; vgl. oben S. 377].

Erk. (Z. I.) v. 20. Sept. 1861 c. Martin (781. I. Cr.).

Zurückweisung der NB. des Angeklagten.

Gründe:

Die allgemeine Rüge, daß die Bestimmungen über die Vernehmung und Vereidung der Zeugen und Sachverständigen verletzt seien, kann nach Art. 111 Ges. v. 3. Mai 1852 nur soweit Berücksichtigung finden, als specieller die Mängel angegeben sind, durch welche eine solche Verletzung stattgefunden haben soll. Dies ist nur durch die Behauptung geschehen, daß die namentlich genannten Zeugen und Sachverständigen nicht auf den in der Verhandlung vom 28. Dez. pr. geleisteten Eid hätten verwiesen werden dürfen, sondern nochmals hätten vereidet werden müssen.

Allein wenn auch durch das Urtel v. 25. März c. die Vernichtung auch der vorangegangenen mündlichen Verhandlung, und mit dieser also auch derjenigen vom 28. Dez. erkannt ist, so bezieht sich dies nur auf die speciellen in jenem Urtel angegebenen Mängel bei der Stellung oder Nichtstellung von Fragen, in Folge deren nach der Vorschrift des Art. 117 Ges. v. 3. Mai 1852 die Vernichtung des ganzen Verfahrens ausgesprochen werden muß. Dies hat die Folge, daß dieses Verfahren in seiner Gesammtheit nicht wiederum zur Grundlage der neuen Entscheidung dienen darf; nicht aber hat es die Folge, daß die einzelnen darin enthaltenen Akte, deren Rechtsbeständigkeit unangefochten geblieben ist, als nicht geschehen sollten erachtet und erklärt werden.

Da nun in Betreff der Vereidung jener Zeugen und Sachverständigen in der Verhandlung vom 28. Dez. ein Mangel weder behauptet noch erwiesen, auch in dem Urtel vom 25. März nicht ausgesprochen ist, so durften sie ebenso, wie andere in der Voruntersuchung stattgefundene Vereidungen, bei der neuen Vernehmung derselben Personen allerdings zur Grundlage dienen, indem darauf verwiesen wurde.

Antr. des GStA.s: gleichl. [15.—4.]

---

1. **Gewerbe-Steuer-Kontravention. — Geldbuße. — Substituirung einer Freiheitsstrafe.**

2. **Steinsetzer-Gewerbe. — Handwerk. — Gewerbesteuerpflichtigkeit.**

1. Die Vorschrift über die Substituirung einer Freiheitsstrafe an der Stelle einer wegen Unvermögens nicht beizutreibenden Geldbuße gilt all-

gemein, namentlich auch bei Gewerbe-Steuer-Kontraventionen.

StGB. § 17 [vgl. dort n. 3] § 335.

2. **Das Steinsetzergewerbe ist ein Handwerk im Sinne des Gewerbe-Steuer-Gesetzes.**

Gew.-Steuer-Ges. v. 20. Mai 1820 § 19a. 39b.

Erk. (Z. I.) v. 20. Sept. 1861 c. Hagen (845. I. Cr.).

H. war, weil er: „— — eine Dammstraße umgelegt, dabei fünf Tagelöhner gegen Tagelohn beschäftigt und dafür eine Geldentschädigung empfangen hatte, ohne von dem Beginne dieses Handwerks der Kommunalbehörde Anzeige gemacht zu haben" aus § 2. 19a und 39b des Gew.-Steuer-Ges. v. 30. Mai 1820 zu einer Geldstrafe verurtheilt worden, welcher für den Unvermögensfall eine Gefängnißstrafe substituirt war. Seine NB. rügte:

1) daß die Umlegung einer Straßenstrecke für ein Handwerk erachtet worden sei, während dieser Ausdruck nur auf solche Beschäftigungen passe, mittelst welcher Produkte hergestellt würden, die Gegenstände des Verkehrs seien;
2) die Verwandlung der Geldbuße in Freiheitsstrafe, obgleich diese im Gew.-Steuer-Ges. nirgend vorgeschrieben sei.

Zurückweisung.

Gründe:

Die Beschwerden sind unbegründet. Denn was zuvörderst die Substitution einer Freiheitsstrafe für den Fall betrifft, daß der Angeklagte die principaliter gegen ihn verhängte Geldbuße zu zahlen außer Stande sein sollte, so rechtfertigt sich dieselbe aus den allgemeinen strafrechtlichen Bestimmungen §§ 17 und 335 des StGB.s Ebensowenig haben aber auch die vorigen Richter rechtlich gefehlt, wenn sie das Umlegen einer Dammstraße, also das Steinsetzergewerbe, für ein Handwerk im Sinne des § 2 des Gew.-Steuer-Ges. v. 30. Mai 1820 ansehen, welches, sobald es mit mehreren Gehülfen betrieben wird, steuerpflichtig ist, indem es schon nach dem gewöhnlichen Sprachgebrauch viele Handwerke giebt, welche sich nicht damit beschäftigen, Produkte herzustellen, die Gegenstände des Verkehrs sind, z. B. Maurer, Zimmerleute u. a. m.

Antr. des GStA.s: gleichl. [18.—4.]

Gewerbesteuer. — Viehhalter. —Erkauftes Futter.

Als Viehhalter im Sinne des Gewerbesteuer-Gesetzes ist derjenige zu betrachten, welcher sein zum Verkaufe oder Milchhandel gehaltenes Vieh überwiegend mit erkauftem Futter unterhält.

Gew.-St.-Ges. v. 30. Mai 1820 § 6 aa.

Erk. (B. I.) v. 25. Sept. 1861 c. Schmidt (628. I. Cr.).

Vernichtung des angegriffenen Erkenntnisses.

Gründe:

Nach § 6 aa des Gew.-St.-Ges. v. 30. Mai 1820 soll als Viktualienhändler besteuert werden: „wer gewerbsweise Vieh vom erkauften Futter unterhält, um es zum Verkauf zu mästen oder mit der Milch zu handeln." Das Gesetz sagt also schon nach seinem Wortlaut nicht, daß nur derjenige als Viktualienhändler zu besteuern ist, welcher sein Vieh ausschließlich mit erkauftem Futter unterhält, es kann dies aber auch nicht die Absicht des Gesetzes gewesen sein, weil es gewiß nicht bezweckt ist, denjenigen steuerfrei zu lassen, welcher zwar von seinem Grundstücke eine geringfügige Quantität Futter selbst gewinnt, aber einen hiermit in gar keinem Verhältniß stehenden großen Viehstand mit dazu gekauftem Futter behufs der Mastung zum Verkauf oder des Milchhandels unterhält; ebenso wenig wie es umgekehrt vom Gesetz beabsichtigt sein kann, denjenigen als Viktualienhändler zu besteuern, welcher zwar im Wesentlichen sein Vieh mit selbstgewonnenem Futter ernährt, aber eine verhältnißmäßig geringfügige Quantität Futter dazu kauft. Der Ausdruck im § 6 aa l. c. „vom erkauften Futter unterhält" kann daher nur dahin verstanden werden, daß derjenige die Gewerbesteuer als Viehhalter zu entrichten hat, welcher sein Vieh hauptsächlich und überwiegend mit erkauftem Futter unterhält, und es ist mithin in jedem einzelnen Fall, wo das Vieh theils mit selbst gewonnenem, theils mit gekauftem Futter unterhalten worden, eine thatsächliche, nach den obwaltenden besonderen

Umständen zu unterscheidende Frage, ob das eine oder das andere Unterhaltungsmittel das überwiegende gewesen ist, ob also das Vieh im Wesentlichen mit selbst gewonnenem oder mit erkauftem Futter unterhalten ist.

Antr. des GStA.s: gleichl. [18.—4.]

Mahl- und Schlachtsteuer. — Halbmeiliger Umkreis. — Wohnung. — Gewerbebetrieb.

Die im § 1a des Ges. v. 2. April 1852 genannten Gewerbtreibenden sind zur Zahlung der Mahl- und Schlachtsteuer verpflichtet, sobald sie im halbmeiligen Umkreise der steuerpflichtigen Stadt wohnen, sollten sie auch nicht in jenem Umkreise, sondern in der Stadt selbst ihr Gewerbe betreiben, und auch hier einen Wohnsitz haben.

Erk. (Z. I.) v. 25. Sept. 1861 c. Stein (646. I. Cr.).

St. hatte „— — während er in nicht größerer Entfernung als ½ Meile von dem steuerpflichtigen Stadtbezirk Berlin wohnte, und einen Mehlhandel betrieb, eine Quantität Getreide auf seiner bei Rixdorf belegenen Mühle vermahlen lassen, ohne die gesetzliche Steuer dafür entrichtet zu haben". Er ward daher wegen Mahlsteuerdefraudation verurtheilt, obgleich er geltend machte, daß er sein Gewerbe nur in Berlin betreibe, und auch hier einen Wohnsitz habe. Seine NB. ward zurückgewiesen.

Gründe:

Mit Recht erklärt es das Kgl. Kammergericht für gleichgültig, ob der Angeklagte den Mehlhandel in der gedachten Zeit in Rixdorf oder, wie er behauptet, nur in Berlin getrieben hat, da das Gesetz nur verlangt, daß die darin benannten Personen in nicht größerer Entfernung als eine halbe Meile von dem steuerpflichtigen Stadtbezirke wohnen, keineswegs daß sie auch ihr Gewerbe, hier also den Mehlhandel, in dem halbmeiligen äußern Steuerbezirke betrieben, jedenfalls ein solcher Gewerbetreibender in der Stadt selbst es auch in dem halbmeiligen äußern Steuerbezirke ist, wenn er in demselben wohnt (Z. I. 20. Juni 1855 c. Langer; G. Arch. 3 S. 682).

Ebenso unerheblich ist es, daß Angeklagter nach der thatsächlichen Feststellung nicht blos in Rixdorf in der in Rede stehenden Zeit gewohnt, sondern gleichzeitig auch noch eine Wohnung in Berlin selbst gehabt hat, indem dadurch die Anwendung des § 1a des Ges. v. 2. April 1852 in keiner Weise alterirt wird.

Antr. des GStA.s: gleichl. [18. – 2.]

Nothwehr. — „Geboten." — „Erforderlich."

Wenn festgestellt ist, daß der Angeklagte sich bei Verübung der That in derjenigen Vertheidigung befunden habe, welche erforderlich war, um einen gegenwärtigen rechtswidrigen Angriff von sich ꝛc. abzuwenden, so folgt daraus mit Nothwendigkeit, daß die That durch die Nothwehr „geboten" war.

StGB. § 41 [dort einzutr. als n. 1a].

Erk. (Z. I.) v. 25. Sept. 1861 c. Tregel (743. I. Cr.).

Zurückweisung der NB. des Angeklagten.

Gründe:

Der § 41 StGB. unterscheidet zwischen der eigentlichen Nothwehr und dem Excesse derselben. Der erste Satz der Gesetzstelle spricht unzweifelhaft von der rechten Nothwehr und besagt: „daß ein Vergehen oder Verbrechen dann nicht vorhanden sei, wenn die That durch die Nothwehr geboten war." Der Ausdruck: „geboten" bezeichnet demnach nichts Anderes, als daß ein Fall vorgelegen haben muß, bei welchem die Nothwehr nothwendig, also erforderlich war.

In dem zweiten Satze des § 41 l. c. wird nun der Begriff der rechten Nothwehr näher definirt, indem es dort heißt:

„Nothwehr ist diejenige Vertheidigung, welche erforderlich ist, um einen gegenwärtigen, rechtswidrigen Angriff von sich selbst oder Anderen abzuwenden."

Wenn sich hierbei der Gesetzgeber des Ausdrucks: „erforderlich" statt: „geboten" bedient hat, so hat er offenbar dadurch nicht andeuten wollen, daß etwas Anderes gemeint sei, sondern er hat lediglich eine Wiederholung desselben, kurz vorhergegangenen Worts „geboten" vermeiden wollen. Beide Ausdrücke bezeichnen vielmehr dasselbe, wie auch der gewöhnliche Sprachgebrauch annimmt. Wenn daher der Schw.-GH., wie er gethan, die den Geschworenen vorgelegte Frage ad 2 mit den Worten des Abs. 2 des § 41 l. c. wiedergegeben hat, so läßt sich nicht mit Fug Rechtens behaupten, daß dies fehlerhaft gewesen, und außerdem noch das Wort „geboten" in dieselbe hätte hineingebracht, also dasselbe zweimal ausgedrückt werden müssen.

Antr. des GStA.s: gleichl. [20. — 2.]

Anstifter. — Erschwerender Umstand. — Dolus.

Der Anstifter haftet für die erschwerenden Umstände der That nur, insoweit sein Dolus darauf mit gerichtet war; dieser Dolus muß ihm nachgewiesen werden; es liegt nicht ihm ob, die Abwesenheit desselben als einen Strafausschließungsgrund zu beweisen.

StGB. § 34 [vgl. dort n. 52]; § 44 [vgl. dort n 8. – 3. Ausg.].

Erk. (B. I.) v. 25. Sept. 1861 c. Büttner (823. I. Cr.).

Die B. hatte die verehelichte H. zu einer von dieser unter erschwerenden Umständen verübten Zolldefraude angestiftet, behauptete aber von diesen Umständen keine Kenntniß gehabt zu haben; gleichwohl verhängte der App.-Richter gegen sie die verschärfte Strafe, weil der ihr obliegende Beweis ihres Nichtwissens nicht einmal angetreten worden sei. Auf ihre NB. hat das OTr. dieses Erk. vernichtet, und die Sache in die zweite Instanz zurückverwiesen.

Gründe:

Der App.-Richter faßt den Einwand der Angeklagten, daß ihr die erschwerenden Umstände der That nicht bekannt gewesen sind, als einen Strafausschließungsgrund auf, welchen zu beweisen der Angektagten obliege. Dies ist aber unwichtig, denn der Anstifter eines Verbrechens oder Vergehens ist nur insoweit strafbar, als sein Dolus ging und als er wirklich angestiftet hat. Für die erschwerenden Umstände der That haftet er daher auch nur, wenn sein Dolus darauf mitgerichtet war, nicht aber, wenn der Angestiftete die That unter erschwerenden Umständen verübte, welche über den Willen des Anstifters hinausgingen. Dieser auf die erschwerenden Umstände der That mitgerichtete Dolus muß aber auch dem Anstifter als wesentlich zum Thatbestand der ihm zur Last gelegten strafbaren Handlung bewiesen und wenn er ihn, wie im vorliegenden Fall, bestreitet, ausdrücklich wider ihn festgestellt werden, keineswegs aber kann ihm der Gegenbeweis aufgebürdet werden, daß nämlich die erschwerenden Umstände, unter welchen die That verübt, ihm unbekannt gewesen und über seinen Willen hinausgegangen sind.

Antr. des GStA.s: gleichl. [18.—2.]

Brandstiftung. — Fremde Sache. — Einwilligung des Eigenthümers.

Der § 286 des StGB.s setzt die Verletzung eines fremden Eigenthumsrechts voraus; er bleibt daher ausgeschlossen, wenn die That im Einverständnisse mit dem Eigenthümer geschah.

Vgl. StGB. § 286 n 8.

Erk. (V. I.) v. 25. Sept. 1861 c. Schröder & Jesse (866. I. Cr.).

Vernichtung des angegriffenen Erkenntnisses.

Gründe:

Der § 286 StGB. bestraft seinem Wortlaute nach schlechthin die Anzündung von Gebäuden und gewissen anderen erheblichen Sachen, „welche fremdes Eigenthum sind“;

allein der Grund der Strafandrohung ist, wie die Entstehungsgeschichte des § zeigt (vgl. Goltd. Matt. 2. S. 638—645), in Uebereinstimmung mit den Grundsätzen des gemeinen Rechts und des ALR. (II. 20. §§ 1510 ff.), nicht der Umstand allein, daß die Gebäude u. s. w. objectiv in dem Eigenthum eines Andern, als des Anzünders, sich befinden, sondern daß der Eigenthümer durch die Brandstiftung widerrechtlich, d. h. mit Unrecht gegen ihn, an einem erheblichen Theile seines Vermögens beschädigt wird.

Der § 286 fand seine Stelle unter dem Titel „gemeingefährliche Verbrechen und Vergehen“ bekanntlich in den früheren Entwürfen, die außer dem „fremden Eigenthume“ eine mit dessen Anzündung verbundene gemeine Gefahr ausdrücklich zum Thatbestande des Verbrechens auch hier (wie in den §§ 285 und 287) erforderten; er behielt jedoch seine Stelle, obgleich die Gesetzgebung dieses Erforderniß der Strafbarkeit in demselben in Wegfall brachte, weil gleichwohl die Zerstörung aller jetzt darin genannten Gegenstände durch Brand vermöge der Größe der damit verbundenen widerrechtlichen Vermögensbeschädigung unverhältnißmäßig strafbarer sich darstelle, als eine Verbrennung oder sonstige Beschädigung anderer fremder Sachen nach § 281 des StGB.

Dagegen bleibt nach § 286 wie nach § 281 die Verbrennung der fremden Sache, nämlich der einem Andern gehörigen Sache, an und für sich — d. h. ohne die in sonstigen gesetzlichen Bestimmungen (§§ 244. 285. 287 ꝛc.) vorgesehenen Merkmale der Strafbarkeit — straflos, wenn sie nicht widerrechtlich geschieht, und sie geschieht nicht widerrechtlich von Seiten des Anzünders, wenn der Eigenthümer selbst dazu eingewilligt oder gar jenen dazu veranlaßt hat, intellectueller Urheber des Brandes seiner eigenen Sache ist: volenti non fit injuria, und indem im letzteren Falle der Anzünder der Sache den Willen des Eigenthümers vollzieht, steht er insoweit an dessen Statt nicht mehr in dem Verhältnisse eines Fremden zur Sache. Demgemäß konnte das Verbrennen der Scheune des A. R. durch die jetzigen Imploranten mit dem Willen und auf die Anreizung des R. selbst ebenso wenig nach § 286 strafbar erscheinen, als wenn R. sie persönlich in Brand gesteckt hätte.

Antr. des GStA.s: gleichl. [23. — 2.]

Anklage. — Zurücknahme. — Befassung des Gerichts.

Die Staatsanwaltschaft ist nicht berechtigt, eine erhobene Anklage zurückzunehmen; einer solchen Zurücknahme ungeachtet, bleibt das befaßte Gericht berufen, über die Anklage zu erkennen.

Vdn. v. 3. Jan. 1849 § 1 [vgl. dort n. 76].

Erk. (Z. II.) v. 26. Sept. 1861 c. Schnurre (307. II. Cr.).

In Erwägung daß, selbst wenn die OStA.-schaft in dem Audienz-Termine die Anklage wegen des versuchten Mordes ganz zurückgenommen hätte, der Schw.-GH. doch immer gehalten gewesen sein würde, so, wie geschehen, die Anklage in Gemäßheit des Anklagebeschlusses auch hinsichtlich des Mordversuchs zur Erledigung zu bringen, indem derselbe nach erhobener Anklage an die etwaigen abweichenden Anträge der StA.-schaft nicht weiter gebunden war.

A. d. Gr. Zurückweisung der NB. des Angeklagten.
Antr. des GStA.s: gleichl. [25. — 1.]

Falscher Schlüssel. — Duplikatschlüssel. — Eigenthümer. — Miether.

Der Schlüssel, den der Eigenthümer für das Schloß hat machen lassen, und demnächst benutzt, um mittelst desselben einen Diebstahl gegen den Miether auszuführen, ist als ein falscher Schlüssel anzusehen.

StGB. § 224 [vgl. dort n. 3].

Erk. (Z. II.) v. 26. Sept. 1861 c. Dohle (253. II. Cr.).

D. hatte dem v. Sch. eine Wohnung vermiethet, und demnächst aus dem dazu gehörigen Kohlenraume Kohlen gestohlen, wobei er sich eines zweiten Schlüssels bediente, den er zu dem betreffenden Schlosse hatte machen lassen, um mittelst desselben den Diebstahl zu verüben. Verurtheilung aus § 218 Nr. 3; Zurückweisung der NB. des Angeklagten.

Gründe:

Von einer Bestimmung des Eigenthümers dahin: „daß der neue Schlüssel zur Eröffnung desjenigen Schlosses dienen solle, welches er selbst nebst dem dazu gehörigen und dafür bestimmten Schlüssel einem Dritten zum Zwecke des Verschlusses übergeben hatte," kann vernünftigerweise nicht die Rede sein, und der Eigenthümer des Schlosses, wenn er selbst den neuen Schlüssel zur Ausführung eines Diebstahls gegen den Besitzer des Schlosses bestimmt und benutzt, kann sich darauf nicht berufen, daß dieser Schlüssel von ihm zur Eröffnung des Schlosses bestimmt gewesen sei.

Antr. des GStA.s: gleichl. [16.—1.]

Zollvergehen. — Zoll-Kartell. — Kompetenz.

Die Kompetenz des inländischen Richters zur Entscheidung über die einem Ausländer zur Last fallenden Zuwiderhandlungen gegen die diesseitigen Zoll-Gesetze wird dadurch nicht ausgeschlossen, daß die Heimathsgerichte des Angeschuldigten nach einem bestehenden Zoll-Kartell berufen sind, derartige Fälle zu untersuchen und zu bestrafen.

Zoll-Kartell mit Oestreich v. 19. Feb. 1853 § 17.

Erk. (V. I.) v. 27. Sept. 1861 c. Ulrich & Flögel (555. I. Cr.).

Gegen die Oestreichischen Unterthanen U. und F. war Anklage wegen eines in Preußen verübten Zollvergehens erhoben worden. Die Gerichte beider Instanzen erklärten sich indessen für inkompetent, weil nach §§ 17 und 19—24 des Zoll-Kartells mit Oestreich v. 19. Feb. 1853 die ausschließliche Zuständigkeit der Oestreichischen Gerichte begründet sei. Auf die NB. des OStA.s ist das app.-gerichtliche Erk.

vernichtet und die Sache an das Gericht erster Instanz zurückverwiesen worden.

Gründe:

Der § 17 des Zoll-Kartells v. 19. Feb. 1853 (GS. S. 394) lautet:

„Uebertretungen der Ein-, Aus- und Durchgangs-Abgaben-Gesetze des andern Theils hat, auf den Antrag einer zuständigen Behörde desselben, jeder der contrahirenden Theile von denselben Gerichten und in denselben Formen, wie Uebertretungen seiner eigenen derartigen Gesetze zu untersuchen und gesetzmäßig bestrafen zu lassen, wenn

1) der Angeschuldigte entweder ein Angehöriger des Staats ist, welcher ihn zur Untersuchung und Strafe ziehen soll, oder
2) wenn jener nicht allein zur Zeit der Uebertretung in dem Gebiet dieses Staats einen, wenn auch nur vorübergehenden Wohnsitz hatte, oder die Uebertretung von diesem Gebiet aus- beging, sondern auch bei oder nach dem Eingange des Antrages auf Untersuchung sich in demselben Staat betreffen läßt."

Hiernach waren die Oestreichischen Gerichte unbedenklich verpflichtet, die Untersuchung im vorliegenden Falle wider die beiden Angeklagten, weil sie dem Oestreichischen Staat angehören, einzuleiten und gegen sie zu erkennen, wenn von Seiten einer zuständigen Preußischen Behörde darauf angetragen wurde. Daraus folgt aber noch nicht die Inkompetenz der Preußischen Gerichte, insofern ihre Zuständigkeit anderweitig durch die allgemeinen Preußischen Gesetze begründet ist; vielmehr hatte die Preußische Steuerbehörde im vorliegenden Fall die Wahl, ob sie den Antrag auf Untersuchung und Bestrafung bei den Oestreichischen Gerichten machen, oder — wie geschehen — die Anklage bei dem Preußischen Kreisgericht zu N. als dem forum delicti commissi erheben wollte.

Der Zoll-Kartell enthält nichts davon, daß sich die Gerichte des einen der contrahirenden Staaten zum Besten der Gerichte des andern Staats der Ausübung ihrer eigenen Jurisdiction, soweit sie nach dem Gesetze jedes Staats begründet sein würde, begeben wollen, daß also derjenige Staat, dem der Angeschuldigte angehört, ausschließlich kompetent sein soll, Vergehen gegen die Zollgesetze des anderen Staats gerichtlich zu untersuchen und zu bestrafen. — Die Absicht des § 17 des Zoll-Kartells v. 19. Feb. 1853 geht vielmehr offenbar dahin, die Verfolgung von Zollvergehen dadurch zu erleichtern, daß auch derjenige Staat, dessen Zollgesetze nicht verletzt sind, die Verfolgung gegen seine Angehörigen auf den Antrag des verletzten Staats übernimmt, wozu er, abgesehen von dem gedachten Zoll-Kartell, nicht verpflichtet sein würde. Daß der verletzte Staat als forum delicti commissi oder deprehensionis selbst einzuschreiten, gar nicht befugt sein soll, sagt das Zoll-Kartell nicht. Dies kann aber auch, weil es eine Erschwerung der Verfolgung der Zollvergehen involviren würde, nicht beabsichtigt sein.

Antr. des GStA.s: gleichl. [18. — 4.]

Unterschlagung. — Bevollmächtigter. — Fremdes Geld. — Gestattete Umwechslung.

Der Bevollmächtigte, welcher für den Vollmachtgeber Geld erhebt, wird noch nicht dadurch zum Eigenthümer der Spezies, daß es ihm gestattet ist, andere gleich werthe abzuliefern. Bei-Seite-Schaffung jener Spezies, ohne vorherige Umwechslung, ist daher als Unterschlagung anzusehen.

StGB. § 225 [vgl. dort n. 4. 24. — 3. Ausg.].

Erk. (Z. I.) v. 27. Sept. 1861 c. Deutschmann (724. I. Cr.).

D. war von A. beauftragt worden, ein Wechsel-Accept des letztern zu veräußern, und die erhaltene Valuta abzuliefern, hatte aber einen Theil des so empfangenen Geldes für sich verbraucht, und war daher aus § 225 StGB. bestraft worden. In der App.-Rechtfertigung stellte er auf: A. sei damit einverstanden gewesen, daß die Erstattung des Erlöses nicht in denselben Spezies, welche er (D.) empfangen, sondern in andern gleich werthen erfolgen könne, und suchte daraus zu folgern, daß die empfangenen Geldstücke als Spezies in sein Eigenthum übergegangen seien. Der App.-Richter erklärte diese unter Beweis gestellte Thatsache für unerheblich. Die dieses als eine Gesetzesverletzung rügende NB. des Angeklagten ward zurückgewiesen.

Gründe:

Der Angeklagte sollte die Valuta des Wechsels nicht für sich, sondern vermöge des Vollmachtsvertrages für A. erheben, erwarb also unstreitig für diesen das Geld (ALR. I. 13 §§ 1. 4. 62 ff. Arg. § 83 das.), und wenn der App.-Richter annimmt, daß, falls ihm auch die Erstattung desselben in genere erlaubt gewesen wäre, doch das Auftragsverhältniß nicht in der Art sich geändert haben würde, um die für A. empfangene und erworbene Wechsel-Valuta sofort als eine ihm selbst, dem Angeklagten, erworbene betrachten zu können, so liegt hierin wenigstens nicht (mit Nothwendigkeit) ein Rechtsirrthum, vielmehr eine der Natur des Geschäfts ganz entsprechende Auslegung der in der Appellationsschrift aufgestellten Behauptung des Angeklagten dahin, daß es dem A. vertragsmäßig auf die Geld-Species des Wechselerlöses zwar nicht ankommen solle, sondern Angeklagter statt derselben auch andere von gleichem Werthe ihm zahlen könne, allein daß keinesweges überdies bestimmt sei, das erhobene Geld solle ohne Weiteres Eigenthum des beauftragten Angeklagten statt des Auftraggebers werden. Jener durfte dann die für letztern empfangene Valuta zwar umwechseln und sich von seiner Verbindlichkeit wider A. durch Auslieferung des eingewechselten gleichen Betrages befreien, nichts desto weniger war bis zur Umwechselung das Geld nicht sein eigenes, sondern dem A. erworbenes. Der in der NB. bezogene Plenarbeschluß v. 2. Okt. 1848 steht dieser Auffassung nicht entgegen, wie in Fällen, welche dem vorliegenden ganz analog waren, wiederholt ausgeführt ist; vgl. Oppenh. StGB. § 225 n. 21 [3. Ausg. n. 24].

Antr. des GStA.s: gleichl. [23.—4.]

Gewerbe-Steuer. — Hausirhandel. — Ausländer.

Ausländische Gewerbtreibende bedürfen auch dann, wenn sie durch Staatsvertrag von der Zahlung aller Abgaben befreit sind, welchen nicht gleichmäßig die in demselben Gewerbeverhältnisse stehenden Preußen unterworfen sind, zum Gewerbebetriebe im Umherziehen eines Gewerbescheins.

Regul. v. 28. Apr. 1824 § 26; Regul. v. 4. Dez. 1836; AKO. v. 31. Dez. 1836.

Erk. (Z. I.) v. 27. Sept. 1861 c. Kretzschmer (777. I. Cr.).

Der im Königreiche Sachsen wohnende Gewerbtreibende K. war aus § 26 des Regul. v. 28. Apr. 1824 verurtheilt worden, weil er in Preußen den Viehhandel im Umherziehen betrieben habe, ohne einen Gewerbeschein zu besitzen. Seine NB. rügte Verletzung des Staatsvertrages v. 30. März 1833, nach welchem er von der Zahlung der Gewerbesteuer in Preußen frei sei. — Zurückweisung.

Gründe:

Der App.-Richter nimmt mit Recht an, daß die Bestimmung des Art. 18 im Vertrage v. 30. März 1833 (GS. S. 210) zwischen der Krone Sachsen und den deutschen Zollvereinsstaaten, nach welcher

> „von den Unterthanen des einen der kontrahirenden Staaten, welche im Gebiet eines anderen denselben Handel und Gewerbe treiben, keine Abgabe entrichtet werden soll, welcher nicht gleichmäßig die in demselben Gewerbesverhältnisse stehenden eigenen Unterthanen unterworfen sind,"

nur die Wirkung hat, daß, wenn der Angeklagte den Viehhandel als stehendes Gewerbe in Sachsen versteuert, er für den Betrieb desselben in Preußen nicht noch besonders besteuert werden kann, daß ihn dies aber noch nicht berechtigt, auch den Viehhandel im Umherziehen in Preußen steuerfrei zu betreiben, da auch der Preußische Unterthan zum Viehhandel im Umherziehen eines besonderen, von der betreffenden Regierung auszufertigenden, Hausir-Gewerbescheins selbst dann bedarf, wenn er außerdem schon die Steuer für den Viehhandel als stehendes Gewerbe entrichtet hat.

Antr. des GStA.s: gleichl. [18.—4.]

Zeuge. — Verwandtschaft mit einem von mehreren Angeklagten.

Sind mehrere Personen der gemeinschaftlichen Begehung derselben Strafthat angeklagt, so können die nahen Verwandten der einen nicht auf das Anrufen der andern als Beweiszeugen vernommen werden.

Cr.-Ordn § 357 Nr. 1—6[vgl. Oppenh. Strafverf. § 22 n. 29].

Erk. (Z. I.) v. 27. Sept. 1861 c. Köbelmann (855. I. Cr.).

Zurückweisung der NB. des Angeklagten.

Gründe:

Der Schw.-GH. hat die als Schutzzeugen produzirten Geschwister F. wegen der Verwandtschaft derselben mit dem Mitangeklagten F. nicht beeidigt. Dieser Grund rechtfertigt sich durch die Vorschrift des § 357 Nr. 4 der Crim.-Ordn. Es ist hierbei gleichgültig, daß diese Geschwister F. von dem Mitangeklagten K., der mit ihnen nicht verwandt ist, als Schutzzeugen vorgeschlagen worden sind, da der Bruder der letztern, der Mitangeklagte F., gemeinschaftlich mit K., das dem letztern zur Last gelegte Verbrechen verübt hat, und es unter solchen Umständen keiner Ausführung bedarf, daß es im Sinne des angeführten Gesetzes unzulässig ist, wenn ein Complice die nächsten Anverwandten des andern Theilnehmers als gültige Schutzzeugen für sich produciren wollte.

Antr. des GStA.s: gleichl. [14.—4.]

Ostpreußische Dorfordnung. — Gültigkeit.

Die Ostpreußische Dorfordnung v. 16. Mai 1786 hat als strafrechtliches Spezialgesetz seine Gültigkeit verloren.

[Einzutr. zum StGB. Einf.-Ges. Art II. n. 12 a.]

Erk. (V. I.) v. 27. Sept. 1861 c. Naujocks (146. I. Cr.).

Die Dorfordnung für die Domänen-Aemter im Ostpreußischen und Litthauischen Kammer-Departement v. 16. Mai 1786 § 23 bedrohte die Dorfeinwohner, welche den Anordnungen des Schulzen keine Folge leisten würden, mit nachdrücklichen Leibesstrafen. Auf Grund dieser Vorschrift war N., weil er sich geweigert hatte, den ihm vom Schulzen aufgetragenen Transport eines Verhafteten vorzunehmen, zu zweitägiger Gefängnißstrafe verurtheilt worden. Auf die vom OStA. mit ministerieller Ermächtigung ergriffene NB. hat das OTr. das Urtheil 2. Instanz vernichtet und den Angeklagten freigesprochen.

Gründe:

Die Leibeigenschaft, Erbunterthänigkeit und Gutspflichtigkeit der Domänen-Einsassen im Königreich Preußen war schon von König Friedrich Wilhelm I. durch die Patente v. 10. Juli 1719 und 24. März 1723 aufgehoben, während sie rücksichtlich der Unterthanen der übrigen Gutsherrschaften des Königreichs zur Zeit der Emanation der „erneuerten und verbesserten Dorfordnung für die Domänen-Aemter im Ostpreußischen und Litthauischen Kammer-Departement v. 16. Mai 1786" noch bestanden. Vgl. Vdn. v. 29. Dez. 1804 (Rabe 8. S. 232) und AKO. v. 28. Okt. 1807 (ibid. 9. S. 88). Die im § 23 der gedachten Dorfordnung — auf welchen es hier nur ankommt — angedrohete nachdrückliche Leibesstrafe nicht allein im Falle einer Widersetzlichkeit, sondern auch des bloßen Ungehorsams gegen die Anordnungen des Dorfschulzen beruht aber augenscheinlich nur auf dem oben erwähnten damals bestehenden Unterschied zwischen den Domänen-Einsassen und den übrigen Gutseinwohnern in Ostpreußen und Litthauen rücksichtlich ihrer persönlichen Stellung zur Herrschaft, indem man jene Strafbestimmung des § 23 l. c. für die Domänen-Einsassen, weil auf sie die noch strengeren Grundsätze der Leibeigenschaft nicht mehr Anwendung fanden, für erforderlich erachtete, um die Autorität der Schulzen aufrecht zu erhalten. Nachdem nun aber durch die spätere Gesetzgebung dieser Gegensatz zwischen den Domänen-Einsassen und den sonstigen Gutsunterthanen in Ostpreußen und Litthauen weggefallen und durch das Edikt v. 9. Okt. 1807 alle Gutsunterthänigkeit ganz allgemein in den Preußischen Staaten aufgehoben ist, hat auch der § 23 l. c. als strafrechtliches

Spezialgesetz von selbst seine Gültigkeit verloren, und kann daher, weil seine Voraussetzungen nicht mehr vorhanden sind, da ein wesentlicher Unterschied in den Rechtsverhältnissen der Einwohner eines Domänen-Dorfes und der Einwohner eines anderen Dorfes der Provinz nicht mehr besteht, von Anwendung des § 23 l. c. gegenwärtig nicht mehr die Rede sein.

Antr. des GStA.s: gleichl. [18.—4.]

Stempel. — Verkauf von Holz auf dem Stamme im kaufmännischen Verkehr.

Kauf- und Lieferungsverträge über bewegliche Sachen im kaufmännischen Verkehr unterliegen auch dann nur einem Stempelsatze von 15 Sgr., wenn der Weiterverkauf nicht in unverändertem Zustande erfolgen soll, z. B. der Verkauf von Holz auf dem Stamme[1]).

AKO. v. 30. Apr. 1847.

Erk. (Z. I.) v. 2. Okt. 1861 c. v. Karstedt & Prophet (637. I. Cr.).

v. K. hatte an Pr. eine bedeutende Quantität Holz auf dem Stamme zum Wiederverkaufe verkauft, ohne daß zum betr. Vertrage ein Stempel verwendet worden wäre. Beide Kontrahenten wurden daher in zweiter Instanz zu einer Geldbuße von 2 Thlr. verurtheilt, indem dabei die AKO. v. 30. Apr. 1847 für anwendbar erachtet wurde. Diesen letzteren Grundsatz focht die NB. der Kgl. Regierung an. Zurückweisung.

Gründe:

Die AKO. v. 30. Apr. 1847 macht den geringern Stempel von 15 Sgr. keinesweges davon abhängig, wie die NB. behauptet, daß die gekaufte Sache ganz in der nämlichen Beschaffenheit weiter verkauft werden soll, sondern spricht nur ganz allgemein „von Kauf- und Lieferungsverträgen über bewegliche Sachen im kaufmännischen Verkehr,"

---

[1]) Contra: Just.-Min.-Verf. v. 6. Okt. 1856; Fin.-Min.-Verf. v. 3. Juni 1858; vgl. Schmidt Komm. z. Stemp.-Ges. S. 42.

ohne zu unterscheiden, ob der Weiterverkauf der Sachen gerade in ganz unverändertem Zustande erfolgen soll oder nicht. Die Anwendbarkeit der AKO. v. 30. Apr. 1847 beim Ankauf von Holz auf dem Stamme ist daher auch schon früher in dem Erk. [Z. I.] 26. Sept. 1856 c. Schönemann [G. A. 4. S. 822], welches einen ganz gleichen Fall, wie den gegenwärtigen betraf, ausgesprochen und ausgeführt worden.

Antr. des GStA.s: gleichl. [18.—2.]

Sequestration. — Einleitung. — Bei-Seite-Schaffen.

Im Falle einer Sequestration ist das Bei-Seite-Schaffen der betr. Sachen strafbar, wenn es geschah, nachdem der Thäter durch die Eröffnung des richterlichen Verfahrens die Gewißheit erlangt hatte, die Sequestration sei eingeleitet, sollte das Protokoll über dieselbe auch noch nicht abgeschlossen worden sein.

StGB. § 272 [vgl. dort n. 15. — 3. Ausg.].

Erk. (B. I.) v. 2. Okt. 1861 c. Wagner & v. Kowaczinska
(658. I. Cr.).

Am 26. Okt 1859 erschien ein Richter bei W., las demselben den Exekutions- und Sequestrationsantrag eines Gläubigers vor, und eröffnete ihm auf die Erklärung seines Zahlungsunvermögens, daß alsdann die Sequestration des Gutes eingeleitet werden müsse. Es wurde sodann, behufs Uebergabe an den Sequester, das Inventar verzeichnet, wobei sich ergab, daß die beiden Angeklagten, sofort nach der erwähnten richterlichen Eröffnung, einen Theil des Inventars bei Seite geschafft hatten. Auf die wider sie aus § 272 erhobene Anklage erfolgte in zweiter Instanz Freisprechung, weil zur Beschlagnahme eines Gutes nebst Inventar wesentlich die Untersagung der Disposition Seitens des Richters gehöre, der Richter also gleich beim Eintreffen auf dem Gute dem W. habe eröffnen müssen, daß die Sequestration verfügt sei, daß er daher hiermit aus der Disposition über dasselbe entsetzt werde, und sich aller Einwirkung bei Vermeidung der gesetzlichen Strafen zu enthalten habe; demgemäß könne die hier vorliegende Eröffnung: „alsdann müsse die Sequestration eingeleitet werden," in strafrechtlicher Beziehung nicht genügen, da sie diese Maaßregel als etwas noch Bevorstehendes, Künftiges hinstelle; die Angeklagten könnten nur strafbar sein, wenn sie gegen einen unbedingten, unzweideutigen richterlichen Befehl gehandelt hätten.

Auf die NB. des OStA.s ist das App.-Erkenntniß vernichtet, und die Sache zur anderweiten Verhandlung und Entscheidung in die zweite Instanz zurückverwiesen worden.

Gründe:

Wenn in den Gründen des angegriffenen Erkenntnisses auch theilweise richtige Rechtssätze aufgestellt sind —, so können doch die Aufstellungen rechtlich nicht aufrecht erhalten werden, daß ein mit einer Sequestration beauftragter Richter seine Verhandlungen nothwendig mit der Eröffnung beginnen müsse, die Sequestration sei verfügt, der Schuldner werde der Disposition über das Gut und der Verwaltung desselben entsetzt und habe sich bei Vermeidung der gesetzlichen Strafen jeder ferneren Einwirkung zu enthalten. Es muß vielmehr für die Strafbarkeit desjenigen, gegen welchen eine Sequestration eingeleitet wird, und der Anwendung des § 272 des StGB.s überhaupt genügen, daß der Angeklagte durch die Eröffnung des richterlichen Verfahrens die Gewißheit erlangt hat, die Sequestration sei nach Maaßgabe der §§ 116 ff. I, 24. AGO. eingeleitet, und es kann insbesondere nicht weiter darauf ankommen, wie weit das Protokoll des kommittirten Richters, dessen Anfang vom Ende vermöge der unitas actus sich nicht trennen läßt, in dem Augenblicke vorgeschritten sei, worin Gegenstände, die unzweifelhaft der Sequestration, gemäß der Wissenschaft des Besitzers, unterliegen, bei Seite geschafft werden, um sie jener zu entziehen. Auch läßt sich nicht, wie der vorige Richter noch im Schlußsatze anzunehmen scheint, für die Anwendbarkeit des StGB.s hinsichtlich der Perfection der Beschlagnahme ein Mehreres erfordern, als für die Gültigkeit der Sequestration in civilrechtlicher Beziehung.

Antr. des GStA.s: gleichl. [23. – 2.]

Widernatürliche Unzucht. — Duldung derselben.

Die widernatürliche Unzucht ist auch für den dieselbe Duldenden strafbar, selbst wenn derselbe dabei eine Befriedigung seines eignen Geschlechtstriebes nicht gesucht hat.

StGB. § 143 [vgl. dort n. 2. — 3. Ausg.].

Erk. (Z. I.) v. 2. Okt. 1861 c. Unte (782. I. Cr.).

Zurückweisung der NB. des Angeklagten.

Gründe:

Aus der Entstehungsgeschichte des § erhellet, daß durch denselben die widernatürliche Unzucht, namentlich die Päderastie (sodomia sexus) an beiden betheiligten Personen mit Strafe bedroht werden sollte, und die Untersuchung des Grades, in welchem die eine Person dabei blos duldend und Befriedigung ihrer Lust oder Geschlechtstriebes das Motiv dieser Duldung war, weder geboten ist, noch der Natur der Sache nach geboten werden konnte.

Antr. des GStA.s: gleichl. [23.—2.]

Relative Rechtskraft. — Schwerere Qualifizirung der That.

Die zu Gunsten des Angeklagten eingetretene relative Rechtskraft hindert den Appellationsrichter nicht, die That in anderer, selbst schwererer, Weise zu qualifiziren, als in erster Instanz geschehen war.

Ges. v. 3. Mai 1852 Art. 30 [vgl. dort Abschn. IV. n. 60. 63; oben S. 113 und 211].

Erk. (Z. I.) v. 2. Okt. 1861 c. Radinsky (812. I. Cr.).

R. war in erster Instanz wegen Unterschlagung verurtheilt; auf seine alleinige Appellation erklärte der zweite Richter ihn des Betruges schuldig, hielt aber die vom ersten Richter verhängte Strafe bei. Die NB. des Angeklagten behauptete unzulässige reformatio in peius, weil der zweite Richter wegen eines schwereren als des in erster Instanz befundenen Vergehens strafe. Zurückweisung.

Gründe:

Jeder Strafrichter, auch der Richter zweiter Instanz, soweit ihm eine eigene Feststellung von Thatsachen zukommt, hat die Thatsachen der Anklage nicht schlechthin aus dem rechtlichen Gesichtspunkte der Anklage, sondern nach den ihm erkennbaren strafrechtlichen Gesichtspunkten aufzufassen. Welche Partei die Sache in die höhere Instanz bringt, ist dabei gleichgültig. Für den Angeklagten besteht nur der vortheilhafte Grundsatz, daß durch sein Rechtsmittel keine Verschlimmerung seiner Lage herbeigeführt werden dürfe. Dabei ist denn wesentlich das Strafleiden entscheidend. Ob aber die strafbare Handlung mit diesem oder jenem Namen zu belegen sei, kommt in keinen Betracht, wenigstens dann nicht, wenn mit der Bezeichnung der That keine besonderen nachtheiligen Wirkungen gesetzlich verbunden sind. Im vorliegenden Falle ist dies nicht abzusehen.

Antr. des GStA.s: gleichl. [17. — 2.]

Wucher. — Wechsel. — Ankauf.

Im Ankaufe eines ohne Zuthuen des Käufers ausgestellten Wechsels kann ein wucherisches Geschäft erkannt werden, wenn der Käufer wußte, daß es sich erst um ein dem Aussteller zu verschaffendes Darlehen handle.

StGB. § 263 [vgl. dort n. 11. — 3. Ausg.].

Erk. (Z. I.) v. 2. Okt. 1861 c. Borngräber (817. I. Cr).

Die NB. der wegen eingekleideten Wuchers verurtheilten Angeklagten behauptete Verletzung des § 263, weil feststehe, daß sie nur einen ohne ihr Zuthuen ausgestellten Wechsel nachträglich diskontirt habe. Zurückweisung.

Gründe:

Wie wenig auch ein redlicher Wechselankauf für eine beliebige Valuta einer Anfechtung unterliegt, so kann doch andererseits der Ankauf eines Wechsels, von dem man weiß, daß es sich erst um ein dem Aussteller zu verschaffendes Darlehen handelt, zumal wenn der Wechsel sich noch in der Hand des benannten Remittenten befindet, dem Gebiete des Strafgesetzes gegen wucherliche Geschäfte nicht schlechthin entzogen werden; vielmehr darf dann in dem Sichgirirenlassen eines solchen Wechsels gegen eine geringere als die verschriebene Valuta allerdings eine Versteckung eines gesetzwidrigen Zinsengeschäfts befunden werden. So konnten also auch im vorliegenden Falle die Vorderrichter in der Implorantin bei deren Kenntniß vom Sachverhalt die eigentliche Darlehnsgeberin unter der Form eines Wechselankaufs erkennen und in dem Sichgirirenlassen des Wechsels bei unvollständiger Valuta ein Vorbedingen übermäßiger Zinsen oder denselben gleichstehender Vortheile befinden.

Antr. des GStA.s: gleichl. [17. — 2.]

Anstiftung. — Anleitungs-Ertheilung durch eine Mittelsperson.

Die Anstiftung zu einer Strafthat kann sehr wohl in der Weise erfolgen, daß ein Anderer dazu bestimmt wird, dem Thäter Anleitung zur Begehung der That zu geben.

StGB. § 34 [vgl. dort n. 34].

Erk. (Z. I.) v. 2. Okt. 1861 c. Ernst (Hanke u. Gen. 971. I. Cr.).

Die Geschwornen hatten den H. mehrerer Wechselfälschungen und den P. der Theilnahme an denselben durch Geben von Anleitung schuldig befunden, und sodann auch den E. schuldig erklärt:

> — — den H. zur Begehung einer jener Fälschungen dadurch angereizt und bestimmt zu haben, daß er den 2c. P. durch Ueberredung dazu bestimmte, dem 2c. H. zur Begehung des gedachten Verbrechens Anleitung zu geben, und daß P. dieser Aufforderung gemäß gehandelt habe.

Aus § 241. 34. 35 StGB. bestraft, ergriff E. die NB. und rügte Verletzung des Strafgesetzes und des Art. 81 des Ges. v. 3. Mai 1852 weil zum Thatbestande einer strafbaren Theilnahme eine unmittelbare Einwirkung auf den Thäter erfordert werde. Zurückweisung.

Gründe:

In dem Verdikte ist unzweideutig ausgesprochen:

1. daß Implorant es war, welcher den ꝛc. H. zur Begehung der Wechselfälschung angereizt und verleitet hat,

2. daß das Mittel, wodurch Implorant diese Anreizung und Verleitung bewirkt hat, die durch Ueberredung herbeigeführte Willensbestimmung des ꝛc. P. war, dem H. zur Begehung jener Wechselfälschung Anleitung zu geben, und die Ausführung dieser Willensbestimmung Seitens des P. bei H.

Mehr, als die Feststellung der Verleitung und Anreizung des Thäters und des Mittels, wodurch sie geschehen, verlangt der § 34 Nr. 1 des StGB. für seine Anwendbarkeit nicht, und es könnte nur dann von einer Verletzung desselben im vorliegenden Falle die Rede sein, wenn das angegebene Mittel — die Ueberredung und damit erreichte Bestimmung des P., dem H. Anleitung zu dem Verbrechen zu geben — zur Verleitung und Anreizung des H. rechtlich oder faktisch ganz ungeeignet gewesen wäre, entweder also nicht zu denjenigen Mitteln gehörte, welche das Gesetz zuläßt, oder der Ausspruch der Geschwornen einen thatsächlichen inneren Widerspruch in sich enthielte. Ersteres ist nicht der Fall, weil das Gesetz die Mittel nicht begrenzt, sondern nur Beispiele genannt und durch die Ausdrücke „oder durch andere Mittel" das Ermessen darüber dem Richter der That überlassen hat; das Andere liegt ebensowenig vor. Denn es ist vollkommen denkbar, daß Jemand sich zum intellektuellen Urheber der That eines Dritten durch eine Mittelsperson und insbesondere auch in der Weise macht, daß er dem Dritten nicht persönlich, sondern von einem Andern, den er dazu bestimmt, Anleitung zu einem Verbrechen geben läßt, und daß dieses Verbrechen weder dem Dritten, noch die Anleitung dazu dem Zweiten in den Sinn oder gar zur Ausführung gekommen wäre, wenn es nicht seinen Ursprung im Willen des Ersten gefunden hätte und als Folge davon entstanden wäre. Indem die Geschwornen den Imploranten für den Anreizer und Verleiter des H. zur Wechselfälschung erklärten, haben sie die Ursache der Verübung dieses Verbrechens im Willen des Imploranten erkannt, während P. nach ihrem Ausspruche den Willen des Imploranten zur physischen That des H. machen half.

Antr. des GStA.s: gleichl. [23. — 2.]

---

1. Vorbehalt anderweiter Verfolgung. — Ober-Tribunal.

2. Aufforderung zum Ungehorsam. — Nichtgebrauch eines Rechts.

1. Ob der Vorbehalt einer anderweiten Verfolgung zu machen sei, ist Gegenstand thatsächlicher Erwägung. Ist ein darauf gerichteter Antrag in den Instanzen nicht gestellt, so kann das Urtheil deshalb, weil es den Vorbehalt nicht ausspricht, nicht als nichtig angefochten werden. Im Nichtigkeitsverfahren kann ein solcher Vorbehalt nicht mehr beantragt werden.

Ges. v. 3. Mai 1852 Art. 30 [vgl. dort n. 42. 44. 45].

2. Ein „Ungehorsam gegen Gesetze und Anordnungen der Obrigkeit" ist nur da denkbar, wo es sich von absolut gebietenden Vorschriften handelt; daher ist die Aufforderung von einem verliehenen Rechte (z. B. einer Wahl) keinen Gebrauch zu machen, nicht strafbar.

StGB. § 87 [vgl. dort n. 4. — 3. Ausg.].

Erk. (Z. II.) v. 3. Okt. 1861 c. Schumann (249. II. Cr.).

Sch. hatte in einem öffentlichen Gastlokale die zur Wahl der Ersatz-Gemeindevertreter versammelten Gemeindemitglieder aufgefordert, nicht zu wählen; die Anklage fand darin eine öffentliche Aufforderung zum Ungehorsam gegen die Anordnungen der Obrigkeit (StGB. § 87); weder in erster noch in zweiter Instanz war beantragt worden, der StA.-schaft die Verfolgung auf Grund der §§ 100 oder 101 l. c. vorzubehalten. Der App.-Richter sprach frei, weil

§ 87 auf den vorliegenden Fall nicht passe. Die NB. des OStA.s behauptete Verletzung dieses § 87, sowie des Art. 30 des Ges. vom 3. Mai 1852, letzteres deshalb, weil nicht wenigstens eine anderweite Verfolgung auf Grund der cit. §§ 100 resp. 101 vorbehalten worden sei. Gleichzeitig war in der NB. an das OTr. der eventuelle Antrag gerichtet, diesen Vorbehalt seinerseits auszusprechen. Zurückweisung.

Gründe:

Der mit Bezug auf Art. 30 des Ges. v. 3. Mai 1852, dem App.-Richter gemachte Vorwurf, diesen Artikel verletzt zu haben, und der dahin gerichtete Antrag, event. wenn der Thatbestand des im § 87 und event. auch der des im § 101 StGB. bedroheten Vergehens nicht für vorliegend angenommen werde, der StA.-schaft die anderweite Verfolgung des Angeklagten wegen des im § 101 und resp. des im § 100 a. a. O. vorgesehenen Vergehens vorzubehalten, ist unbegründet. Ob die Sachlage Veranlassung gewährte, die Handlung des Angeklagten von einem solchen anderweiten strafrechtlichen Gesichtspunkte aus aufzufassen und event. dieserhalb die anderweite Verfolgung des Angeklagten vorzubehalten, unterlag der thatsächlichen Beurtheilung der Instanzrichter, bei welcher, — was nicht geschehen ist, — die StA.-schaft, wenn sie dazu die Sachlage geeignet hielt, dieserhalb ihre eventuellen Anträge hätte stellen müssen. Die Nichtigkeitsinstanz gewährt für solche rücksichts ihrer Statthaftigkeit von der Sachlage abhängige Anträge keinen Raum mehr und bei dem Unterlassen eines solchen Antrages kann der App.-Richter durch Ablehnung oder Nichtberücksichtigung desselben in einen Rechtsirrthum nicht verfallen sein. —

Wenn das Gesetz die öffentliche Aufforderung oder Anreizung zum Ungehorsam gegen die Gesetze oder Verordnungen oder gegen die Anordnungen der Obrigkeit mit Strafe bedroht, so hat es selbstverständlich nicht auch schon, wie gleichwohl die NB. zur Bestimmung des Begriffes „Ungehorsam“ auszuführen sucht, — die Aufforderung oder Anreizung zur Nichterfüllung ethischer Pflichten oder zur Nichtausübung eines Rechts im Auge haben können. Es kann von einem Ungehorsam gegen die Gesetze und Verordnungen oder gegen die Anordnungen der Obrigkeit nur da die Rede sein, wo eine absolut gebietende, Gehorsam fordernde Vorschrift gegeben ist; er kann mithin nur da eintreten, wo eine rechtliche Pflicht in den Gesetzen begründet, nicht da, wo nur ein Recht verliehen ist. Eine solche rechtliche Pflicht besteht aber nicht hinsichts der Ausübung des Stimmrechts, welches Gemeindemitgliedern, namentlich bei vorzunehmenden Wahlen zusteht, und welches auszuüben ihnen nicht geboten wird, wozu sie vielmehr eingeladen werden.

Antr. des GStA.s: gleichl. [26. – 1.]

Auffammeln von Dünger. — Wegnahme.

Unter „Auffammlen" von Dünger im Sinne des § 41 Nr. 6 der FPO. ist ein allmäliges Zusammenbringen des auf dem Felde 2c. zerstreut liegenden Düngers zu verstehen. Wegnahme einer größeren Quantität aufgeschütteten Düngers fällt unter § 215 des StGB. [dort einzutr. als n. 76a.—3. Ausg.]

Erk. (Z. II.) v. 3. Okt. 1861 c. Henschler (287. II. Cr.).

Zurückweisung der NB. des Angeklagten.

Gründe:

Der im § 41 Nr. 6 der FPO. vorgesehenen Uebertretung macht sich schuldig, welcher Dünger von Aeckern, Wiesen und Weiden auffammelt. Unter einem Auffammeln im Sinne dieses Paragraphen kann nur das Auflesen, allmälige Zusammenbringen auf dem Felde zerstreut liegenden Düngers verstanden werden. Der Begriff paßt daher offenbar nicht auf die Wegnahme einer nicht unbedeutenden Quantität zu Haufen aufgeschütteten Mistes, zumal letzterer darnach eine vom Eigenthümer oder Berechtigten zum Zweck der Verwendung auf das Grundstück gebrachte selbstständige Sache bildet.

Der vom App.-Richter gemachte Unterschied zwischen dem Auffammeln von Dünger und der Wegnahme einer nicht unbedeutenden Quantität zu Haufen aufgeschütteten Düngers erscheint mithin allerdings begründet, und mit Recht hat er deshalb die Anwendung der FPO. für ausgeschlossen erachtet, weil der Angeklagte, wie thatsächlich feststehe, von den auf dem Waisenhausfelde aufgefahrenen Haufen Dünger, ein halbes Fuder weggenommen hat. Fehlte es an der dem § 41 Nr. 6 der FPO. zu Grunde liegenden Voraussetzung des Auffammelns, so bedurfte es auch, um den Thatbestand des Diebstahls im Sinne des § 215 des StGB. herzustellen, weiter nichts mehr als der Feststellung der rechtswidrigen Absicht, wie solche zum Diebstahle gehört, d. h. es bedurfte der besondern Feststellung der gewinnsüchtigen Absicht, wie solche der § 45 der FPO. zur Ausschließung ihrer Anwendung fordert, weiter nicht.

Antr. des GStA.s: gleichl. [27.—1.]

Bankerutt (betr.). — Betrügerische Absicht. — Begünstigung eines Gläubigers.

1. Zum Thatbestande des betrüglichen Bankerutts wird die Absicht die Gläubigerschaft zu betrügen erfordert, und beim Dasein des Falles an sich unterstellt. Es genügt indessen, wenn diese Absicht die Förderung des Interesses eines Dritten bezweckt.

StGB. § 259 [vgl. dort n. 36 (3. Ausg.); und oben S. 520].

2. Dagegen fällt die Bei-Seite-Schaffung ꝛc. von Vermögensstücken zur Begünstigung eines der Gläubiger vor den Uebrigen unter den § 308 der Konk.-Ordn., weshalb § 359 Nr. 1 des StGB. ausgeschlossen bleibt.

Erk. (Z. II.) v. 3. Okt. 1861 c. Engelhardt (300. II. Cr.).

Die Geschwornen hatten die Frage:

> Ist E. schuldig, als Handelsmann, welcher — seine Zahlungen eingestellt hat, sein Vermögen ganz oder theilweise bei Seite geschafft oder verheimlicht zu haben?

bejaht mit dem Zusatze: „es ist aber nicht erwiesen, daß er dieses im eigenen Interesse gethan habe." Der Schw.-GH. faßte diesen Zusatz dahin auf, daß die Bei-Seite-Schaffung ꝛc. im Interesse eines Gläubigers stattgefunden habe, und sprach deshalb von der Anklage des betrüglichen Bankerutts frei. Die NB. des StA.s, welche Verletzung des § 259 Nr. 1 behauptete, ward zurückgewiesen, indem erwogen ward:

daß der § 259 Nr. 1 des StGB. unzweifelhaft die Absicht, die Gläubigerschaft zu betrügen, erfordert und beim Dasein des Falles an sich diese Absicht als vorhanden unterstellt, wie dies die Bezeichnung „betrüglicher Bankerutt" und auch die legislativen Verhandlungen klar ergeben;

daß diese Absicht zwar in den häufigsten Fällen auf die Förderung des eigenen Interesses gerichtet sein wird, daß sie aber auch die Förderung des Interesses eines Anderen bezwecken kann, ohne ihren betrügerischen Charakter dadurch zu verlieren und daher der § 259 Nr. 1 nach seiner Fassung und seinen Motiven auch auf einen solchen Fall anzuwenden ist, da das Gegentheil weder aus den Nrn. 2 bis 4 des § 259 sich folgern läßt, noch aus dem § 260 Nr. 1, der die in Nr. 1 des § 259 bezeichnete Handlung sofern sie von einem Dritten begangen ist, nur dann mit der im § 260 bestimmten Strafe geahndet wissen will, wenn dieselbe im Interesse des Gemeinschuldners begangen ist, indem diese Beschränkung hier nur bezweckte Fälle ausschließen, in welchen es an einer Beziehung der Handlung auf den Konkurs gänzlich fehlt, die dem Tit. 24 des StGB. überall zum Grunde liegt;

In Erwägung, daß nun aber § 308 der Konkurs-Ordn. v. 8. Mai 1855 bestimmt:

„Handelsleute, Schiffsrheder und Fabrikbesitzer, welche ihre Zahlungen eingestellt haben, ingleichen Erben solcher Gemeinschuldner werden mit Gefängniß bis zu einem Jahre bestraft, wenn sie nach erfolgter Zahlungseinstellung einen Gläubiger zum Nachtheil der übrigen Gläubiger befriedigen oder begünstigen";

daß hieraus hervorgeht, daß der § 259 Nr. 1 des StGB. in den Fällen keine Anwendung findet, wenn „die Verheimlichung oder Beiseiteschaffung von Vermögensstücken gegenüber der Gläubigerschaft festgestelltermaaßen zur Befriedigung oder Begünstigung eines der Gläubiger vor den übrigen vom Gemeinschuldner geschah, indem nach Grund und allgemeiner Fassung des § 308 auch solche Fälle in denselben einbegriffen sind und dadurch von selbst beim § 259 Nr. 1 ausscheiden.

Antr. des GStA.s: [25.—1.]

---

1. Sitzungsprotokoll. — Nachträglicher Zusatzvermerk.
2. Anklagebeschluß; Anklageschrift. — Mittheilung an die Geschwornen.
3. Geschworne. — Fremde Einwirkung.

1. Das über die Bildung des Schwurgerichts aufgenommene Protokoll kann nicht mehr nach dessen Abschluß durch nachträgliche bescheinigende Vermerke ergänzt werden.

Ges. v. 3. Mai 1852 Art. 78 [1]).

2. Es ist statthaft, den Geschwornen, wenn sie sich zur Findung des Spruchs in ihr Bera-

---

[1]) Der in den Erkenntnißgründen cit. § 108 des Waldeckschen Ges. v. 14. Juni 1850 stimmt wörtlich mit dem Schlußsatze des cit. § 78 überein. — Zu bemerken ist übrigens, daß nachträgliche Berichtigungen des Protokolls nicht ausgeschlossen sind; dieselben müssen sich dann aber als integrirende Theile des letzteren darstellen, und nicht als bloße nachträgliche Bescheinigungen, zu welchen die betr. Beamten nach Erledigung der Sache nicht mehr berufen sind; vgl. das Nähere: Oppenh. Strafverf. Art. 78 n. 52. 60.

thungszimmer begeben, den Anklagebeschluß und die Anklageschrift einzuhändigen.

Ges. v. 3. Mai 1852 Art. 88 n. 6.

3. Fremde Einflüsse, welche außerhalb des Berathungszimmers auf die Geschwornen versucht worden sind, können eine Nichtigkeit des Verfahrens nicht herbeiführen.

Ges. v. 3. Mai 1852 Art. 90 n. 2.

Erk. (Z. II.) v. 3. Okt. 1861 c. Brühmann (302. II. Cr.).

In dieser aus dem Fürstenthume Waldeck an das OTr. gelangten Sache erfolgte die Zurückweisung der NB. des Angeklagten.

Gründe:

Nachträglich ist am 20. Aug. c. von dem Vorsitzenden des Assisenhofes und dem Gerichtsschreiber am Rande des die Bildung des Schwurgerichts betreffenden Protokolles Folgendes vermerkt ꝛc.

Dieser Vermerk muß aber hier ganz außer Betracht bleiben, da es nach § 108 des Ges. v. 14. Juni 1850 nicht zulässig erscheint, so, wie geschehen, das über die Bildung des Schwurgerichts aufgenommene Protokoll nach dessen Abschluß durch nachträgliche bescheinigende Vermerke zu ergänzen.

Ein derartiger, nach Verlauf von fast einem Monat dem Protokolle hinzugefügter Vermerk kann wenigstens keinen Beweis für dasjenige liefern, was durch denselben außerhalb des Inhaltes des Protokolles konstatirt werden soll.

Wenn, wie von dem Angeklagten in seiner NB. behauptet wird, von dem Vorsitzenden des Assisenhofes den Geschwornen beim Eintritte in ihr Berathungszimmer der Anklagebeschluß mit vollständigen Entscheidungsgründen und die Anklageschrift eingehändigt worden, so kann hierin kein die Nichtigkeit des Verfahrens zur Folge habender Formverstoß gefunden werden, da einestheils nach dem § 106 der (Waldeckschen) Strafprozeß-Ordn. schon beim Beginne der Verhandlung der Sache dieses letztere Schriftstück vor den Geschwornen sogar vorgelesen werden muß, anderntheils aber im Gesetze nirgends bei Strafe der Nichtigkeit verboten ist, daß den Geschwornen in ihr Berathungszimmer Schriftstücke der gedachten Art mitgegeben werden, und ein solches Verbot sich auch nicht aus der Vorschrift des § 116 der (cit.) Strafprozeß-Ordn. [welche dem Art. 108 des Ges. v. 3. Mai 1852 entspricht] folgern läßt.

Als ein Verstoß gegen die Vorschrift dieses § 116 läßt es sich aber auch in keiner Weise betrachten, wenn auf die Geschwornen außerhalb ihres Berathungszimmers fremde Einflüsse versucht sein sollten, da das ebengedachte Gesetz dergleichen fremde Einflüsse auf die Geschwornen nur so lange ausschließen kann und ausgeschlossen hat, als diese sich zur Berathung in ihrem Berathungszimmer befinden.

[25. — 1.]

Rekurs. — Zurückweisung. — Appellation statthaft. — Beschwerde. — Nichtigkeitsbeschwerde.

Die appellationsgerichtliche Verfügung, durch welche ein „Rekurs" zurückgewiesen wird, kann ausnahmsweise beim Ober-Tribunal angefochten werden, wenn geltend gemacht wird, das betr. Rechtsmittel habe als Appellation behandelt werden müssen. Das statthafte Rechtsmittel ist dann die Nichtigkeitsbeschwerde, und an die für diese vorgeschriebenen Formen und Fristen gebunden.

Vdn. v. 3. Jan. 1849 § 169 [vgl. dort n. 4; und oben S. 147 u. 349].

Beschl. (II.) v. 3. Okt. 1861 c. Horn (64. B. II. Cr.).

H. hatte gegen ein ihn wegen Gewerbe-Polizeikontravention verurtheilendes polizeirichterliches Erkenntniß die „Appellation" eingelegt, welche aber vom App.-Gerichte als „Rekurs" durch Verfügung zurückgewiesen wurde. Diese Verfügung focht er demnächst durch eine in unlegalisirter Form beim Kreisgerichte eingereichte „Beschwerde" an, in welcher er geltend machte, das Rechtsmittel habe als „Appellation" behandelt werden müssen; auch hiermit ward er indessen durch polizeirichterliche Verfügung zurückgewiesen, weil § 169 cit. jedes fernere Rechtsmittel gegen die gedachte Verfügung ausschließe. Seine hiergegen gerichtete fernere Beschwerde ist vom OTr. zurückgewiesen worden.

Gründe:

Zwar ist der für die Zurückweisung angeführte Grund, daß, weil hier nur eine Gewerbe-Polizeiübertretung vorliege, das Rechtsmittel der NB. gesetzlich nicht zulässig sei, insofern nicht für richtig zu halten, als von Ihnen in Ihrer Schrift v. 2c. hauptsächlich darüber Beschwerde geführt wurde, daß die von Ihnen gegen das kreisgerichtliche Erkenntniß v. 2c. ergriffene Appellation Ihrer Behauptung nach, mit Unrecht als Rekurs behandelt worden und gerade für diesen Fall ausnahmsweise die NB. gegen jene Resolution v. 2c. an sich noch für statthaft erachtet werden mußte. Dagegen steht der formellen Zulässigkeit der von Ihnen eingelegten NB. der Umstand entgegen, daß Sie es verabsäumt haben, Ihre Schrift v. 2c. in Gemäßheit der Vorschrift des Art. 110 Abs. 4 des Ges. v. 3. Mai 1852 durch einen zum Richteramte befähigten Rechtsverständigen legalisiren zu lassen. Hiernach konnte diese Schrift nicht für eine rechtzeitig und formgerecht eingelegte NB. gelten und sind Sie daher mit Recht mit derselben zurückgewiesen worden.

Antr. des GStA.s: gleichl. [25. — 3.]

Fiskalvergehen. — Verwaltungsbehörde. — Abgabe zum gerichtlichen Verfahren.

Bei Zuwiderhandlungen gegen die Vorschriften über die Erhebung von Abgaben 2c. können die Verwaltungsbehörden auf Einleitung der gerichtlichen Untersuchung antragen, so lange dem Angeschuldigten noch nicht ein administrativer Strafbescheid bekannt gemacht worden ist.

Ges. v. 3. Mai 1852 Art. 136 [dort einzutr. als n. 36 a].

Erk. (V. I.) v. 4. Okt. 1861 c. Brodnicki (727. I. Cr.).

Die Steuerbehörde hatte gegen B. wegen eines Steuervergehens einen Strafbescheid erlassen, trug aber demnächst auf Einleitung der gerichtlichen Untersuchung an, als B. die Annahme des ihm behändigten Bescheides ablehnte. Das App.-Gericht setzte indessen denselben zur Zeit außer Verfolgung, weil die Steuerbehörde nach Erlassung eines Bescheides zur Stellung jenes Antrags nicht mehr befugt gewesen sei. Dieses Erk. ward auf die NB. des OStA.s vernichtet.

Gründe:

Nach Art. 136 des Ges. v. 3. Mai 1852 beginnt die zehntägige Frist, binnen welcher der von der Verwaltungsbehörde Verurtheilte auf rechtliches Gehör antragen kann, mit dem Ablauf des Tages, an dem die Bekanntmachung des in erster Verwaltungs-Instanz ergangenen Strafbescheides erfolgt ist, und wenn es daher in fine des cit. Artikels heißt:

> „So lange noch kein Strafbescheid erlassen ist, kann die Verwaltungsbehörde in allen Fällen, selbst wenn es nur auf eine Ordnungsstrafe ankommt, sich der Entscheidung enthalten, und wegen Einleitung des gerichtlichen Verfahrens das Erforderliche veranlassen."

so kann dies konsequenter Weise nur dahin verstanden werden, daß die Verwaltungsbehörde, so lange die Bekanntmachung des Bescheides an den Angeklagten noch nicht erfolgt ist, jederzeit die Einleitung des gerichtlichen Verfahrens zu veranlassen berechtigt ist. Ein Strafbescheid, welcher zwar abgefaßt, aber dem Verurtheilten noch nicht bekannt gemacht ist, existirt für letzteren noch gar nicht, und kann daher auch von der Verwaltungsbehörde beliebig wieder zurückgenommen werden, was im vorliegenden Falle thatsächlich dadurch geschehen ist, daß von der Steuerbehörde, weil der Angeklagte die Annahme des Strafbescheides verweigert hatte, auf Einleitung der gerichtlichen Untersuchung wider ihn angetragen ist. Auf den angeführten Grund, weshalb sich die Steuerbehörde zu diesem Antrage veranlaßt gefunden hat, kommt es aber hierbei nicht an, weil die Verwaltungsbehörde den Antrag auf gerichtliche Untersuchung den Gerichten gegenüber zu motiviren überhaupt nicht verpflichtet ist, und letztere nur zu prüfen haben, ob der Antrag rechtzeitig von der Verwaltungsbehörde gemacht ist.

Antr. des GStA.s: gleichl. [18. — 4.]

---

1. **Schwurgericht. — Neubildung.**

2. **Anklageformel. — Abdruck. — Mittheilung an die Geschwornen.**

3. **Oeffentlichkeit. — Ausschließung. — Erschwerung der Ermittlung der Wahrheit.**

4. **Vertheidiger. — Vorladung vor den Schwurgerichtshof.**

5. **Diebstahl. — Bestohlner. — „Unbekannter."**

1. Findet der Schwurgerichtshof nach dem Beginne der Verhandlungen, daß bei der Bildung des Schwurgerichts eine wesentliche Förmlichkeit verletzt ist, deren Nachholung nicht in anderer Weise zu bewirken ist, so ist er befugt, sofort zur Neubildung des Schwurgerichts überzugehen.

Vdn. v. 3. Jan. 1849 § 83 [vgl. dort n. 16. 17].

2. Es ist statthaft, den Geschwornen gedruckte Exemplare der Anklageformeln einzuhändigen.

Ges. v. 3. Mai 1852 Art. 74 [vgl. dort n. 18].

3. Die Oeffentlichkeit der Verhandlungen kann ausgeschlossen werden, wenn von derselben eine Beeinträchtigung der Ermittlung der Wahrheit besorgt wird.

Ges. v. 3. Mai 1852 Art. 18 [vgl. dort n. 5. 6].

4. Der Vorladung des Vertheidigers zur Verhandlung vor dem Schwurgerichtshofe bedarf es nicht.

Ges. v. 3. Mai 1852 Art. 21 [vgl. dort n. 15; § 51 n. 7; § 134 n. 5. 19. Sic: Z. I. 6. Febr. 1861 c. Wenk (19)].

5. Bei der Feststellung eines Diebstahls bedarf es der namhaften Bezeichnung des Bestohlenen nicht. StGB. § 215 [vgl. dort n. 20. — 3. Ausg.].

Erk. (Z. I.) v. 4. Okt. 1861 c. Lademann, Abendroth & Kollmann
(752. I. Cr.).

Die NB. der Angeklagten rügte unter Anderem, sub Nr. 1, daß der Schwurgerichtshof zur Neubildung des Schwurgerichts und zum Wiederbeginne der ganzen Verhandlung übergegangen sei, nachdem sich am zweiten Tage der Verhandlung herausgestellt habe, daß statt eines ausgeloosten Ersatzgeschwornen ein anderer von der Vertheidigung abgelehnter Geschworner eingetreten sei. Die übrigen Ausstellungen sind aus den Entscheidungsgründen des OTr.s genügend zu ersehen. Es erfolgte die Zurückweisung des Rechtsmittels.

Gründe:

Zu Nr. 1. Von einem Verstoß gegen prozessualische Grundsätze kann keine Rede sein; denn das vom Gerichtshof getroffene Auskunftsmittel war unzweifelhaft das zweckmäßigste und verletzte überdem kein wohlerworbenes Recht einer Partei im Prozesse. Als zweckmäßig stellte sich das Auskunftsmittel dar, weil eine nachträgliche Kompletirung eines bereits in Funktion getretenen Schwurgerichts, welche das Gesetz überhaupt nicht kennt, schon wegen Ausübung des Rekusationsrechtes der Parteien, von anderen Inkonvenienzen abgesehen, auf unlösbare Schwierigkeiten stoßen würde, welche bei der Neubildung des Schwurgerichts wegfallen, und als nicht präjudizirlich muß es angesehen werden, weil dadurch Angeklagte, wie StA.-schaft in dieselben Rechte restituirt werden, welche ihnen beim Beginne der Prozedur zustanden; es blieb namentlich unangetastet ihr frei auszuübendes Rekusationsrecht, und von einem wohlerworbenen Rechte, namentlich auf Seiten der Angeklagten, — worauf es doch hier nur allein ankommen könnte — kann im vorliegenden Falle eben so wenig die Rede sein, als wenn die Zuziehung von Ersatzgeschwornen nicht angeordnet gewesen wäre und gleich beim Beginn der Hauptverhandlung einer von den zwölf Geschwornen krankheitshalber hätte dispensirt werden müssen, in welchem Falle nichts anderes als die Neubildung eines Geschwornengerichts übrig geblieben wäre. Könnte übrigens von Parteirechten, und namentlich von erworbenen Parteirechten der

Angeklagten, hier die Rede sein, so würde auch auf dieselben haben verzichtet werden können, und eine solche Verzichtleistung würde dann vorliegenden Falls darin zu finden sein, daß von Seiten der Angeklagten gegen die Neubildung des Geschwornengerichts irgend ein Einwand nicht erhoben worden ist, die Angeklagten vielmehr ohne einen Widerspruch vor dem neugebildeten Geschwornengericht die ganze Verhandlung bis zum Schluß haben vor sich gehen lassen.

Zu Nr. 3. Der GH. hat es für zweckmäßig und nothwendig erachtet, den Geschwornen gedruckte Exemplare der Anklageformeln, welche nichts als die Verzeichnung der verschiedenen zu verhandelnden Straffälle mit den Namen der jedesmaligen Angeklagten und der Anführung des anwendbaren Strafgesetzes enthalten, zu übergeben, um ihr Gedächtniß zu unterstützen. Diese ganze Maaßregel hat augenscheinlich mit dem Prinzip der Mündlichkeit und den Vorschriften der beiden angerufenen Gesetze nicht das Mindeste gemein, denn diese Anklageformeln haben ja so, wie ihr Inhalt dokumentirt, nicht den Zweck, als ein Beweismittel gegen die Angeklagten zu dienen, oder die Geschwornen gegen die Angeklagten hinsichtlich der ihnen zur Last gelegten Verbrechen zu präokkupiren, so daß durch ihre Uebergabe den Geschwornen neben und außer den mündlichen Verhandlungen noch anderweitige Beweismomente in die Hände gespielt würden, sondern sie haben, wie ihr Inhalt lehrt, nur den Zweck, den Geschwornen ein Verzeichniß derjenigen Verbrechen und Vergehen vor Augen zu legen, über die gegen die einzelnen Angeklagten vor ihnen verhandelt werden soll. Die Unverfänglichkeit dieser Maaßregel leuchtet sofort von selbst ein, wenn man in Betracht zieht, daß es den Geschwornen unverwehrt sein muß, zur Unterstützung ihres Gedächtnisses sich selbst schriftliche Notizen zu machen, durch die der angedeutete Zweck jedenfalls nicht in zuverlässigerer Weise erreicht werden würde. Die Nothwendigkeit einer solchen Unterstützung des Gedächtnisses kann aber vernünftiger Weise nicht in Zweifel gezogen werden, wenn man berücksichtigt, daß in einem Falle wie der vorliegende, wo über eine sehr große Anzahl verschiedener Verbrechen und Vergehen gegen eine große Anzahl von Angeklagten, die sich bald bei dem einen, bald bei dem andern jener Verbrechen und Vergehen betheiligt haben sollen, eine wochenlange Verhandlung stattfindet, — erfahrungsmäßig selbst ein sehr gutes Gedächtniß eines Geschwornen nicht hinreichen würde, ohne ein solches Hülfsmittel eine gewissenhafte und zutreffende Entscheidung abzugeben. Gestattet aber das Gesetz die mündliche Verhandlung einer so umfangreichen Prozedur, und kann der Geschworne unbestritten ohne ein solches Hülfsmittel seine Funktionen im Sinne und Geiste des Gesetzes nicht erfüllen, so kann auch die Anwendung eines solchen unverfänglichen Hülfsmittels mit dem Geist und den Prinzipien unseres Criminalprozesses nicht im Widerspruch stehen. Auf einen Widerspruch einzelner Angeklagten gegen diese Maaßregel, die in ihrem eigenen, wohlverstandenen Interesse lag, sowie auf die spätere Rücknahme solcher Widersprüche kann daher selbstredend überall nichts ankommen.

Zu Nr. 4. Der Schw.-GH. hat konstatirt, daß in den Sitzungen von der Zuhörertribüne aus den Angeklagten öfters zugewinkt wurde und Zeichen gegeben worden sind, ferner, daß noch unvernommene Zeugen sich im Zuhörerraum eingefunden und den Verhandlungen beigewohnt haben, und daß auch solche Personen dort sich eingefunden haben, welche sich nicht im Besitz der bürgerlichen Ehrenrechte befanden. Der GH. hat sich daher veranlaßt gesehen, für die ganze Hauptverhandlung die Oeffentlichkeit auszuschließen; wenn der GH. bei der Verhandlung gegen eine große weitverzweigte Diebesbande, deren vielfältige Beziehungen zu dem Publikum und namentlich zu solchen Individuen, die sich auf freiem Fuße befanden, gar nicht konstatirt und bemessen werden konnten, und deren Verkehr durch Zeichen und Winke, welche den Angeklagten, ohne daß es stets bemerkt oder verhindert werden konnte, gegeben wurden, die Ermittelung der Wahrheit sehr beeinträchtigen mußte, in diesem Verkehr eine Gefahr für die Ordnung erblickte, so läßt sich in diesem thatsächlichen, und daher im Wege der NB. nicht angreifbaren Ermessen irgend ein Rechtsirrthum nicht erkennen.

Zu Nr. 5. Es existirt keine gesetzliche Bestimmung, welche eine besondere schriftliche Vorladung eines Vertheidigers zur Verhandlung anordnet, letztere ist vielmehr vollkommen gültig, wenn das erkennende Gericht die gesetzlichen Vorschriften hinsichtlich der Anordnung eines Vertheidigers beobachtet hat; dieser hat sich dann seiner Pflicht gemäß ohne spezielle Vorladung einzufinden und sein Amt wahrzunehmen. Thut er dies nicht, so hat dies auf die Gültigkeit des Verfahrens keinen Einfluß (Art. 22 des Ges. v. 3. Mai 1852).

Zu Nr. 6. Nach dem Verdikt zur Frage 35 ist Angeklagter für schuldig erklärt worden, einen Diebstahl zum Nachtheil eines „Unbekannten" verübt zu haben. Diese Feststellung genügt zur Anwendung des Strafgesetzes vollkommen, da der Name oder die sonstige nähere Bezeichnung des Bestohlenen für das Strafverfahren und das Strafmaaß an sich von keiner Erheblichkeit ist, besonders wenn nicht behauptet werden kann, — was hier nicht geschehen ist, — daß zwischen dem Dieb und dem Bestohlenen ein solches Verwandt- oder Schwägerschaftsverhältniß besteht, wie es die §§ 228 und 229 StGB. voraussetzen.

Antr. des GStA.s: gleichl. [14. — 4.]

Gerechtsame. — Vertheidigung. — Erzwingbares Recht.

Der Ausdruck: „Gerechtsame" im § 154 StGB. ist nicht auf erzwingbare, in positiven Gesetzen begründete Rechtsansprüche beschränkt; der Instanzrichter kann daher eine Vertheidigung von Gerechtsamen auch im Falle einer Beschwerdeführung über die Ausschließung von Gratifikationen annehmen.

[StGB. § 154 dort einzutr. als n. 6 a. — 3. Ausg.].

Erk. (Z. II.) v. 5. Sept. 1861 c. Scheid (228. II. Cr.).

Verwerfung des Kassationsrekurses des Ob.-Prokurators, indem erwogen wurde:

daß die Erwägung des Instanzrichters: „daß der Beschuldigte durch die fr. Eingabe lediglich die Zuwendung von Gratifikationen, wie solche ihm früherhin gewährt worden, bezweckt habe," weder die demnächstige thatsächliche Feststellung, daß die betreffende Aeußerung in Ausführung einer eigenen Gerechtsame geschehen, aufzuheben, noch diese Feststellung selbst als das Ergebniß einer irrthümlichen Rechtsansicht, insbesondere einer unrichtigen Auffassung des Begriffs „Gerechtsame" darzustellen geeignet ist, indem der § 154 eine Definition dieses Begriffes nicht enthält, eine Beschränkung desselben auf erzwingbare, in positiven Gesetzen begründete Rechtsansprüche weder aus dem Wortlaute, noch aus der ganzen Fassung des § 154 zu entnehmen, vielmehr gerade aus letzterer und den Worten: „und ähnliche Fälle" ersichtlich ist, daß hierbei dem Richteramte ein freieres und discretionaires Ermessen habe eingeräumt werden sollen;

daß daher das Vorhandensein dieser Voraussetzung von dem Instanzrichter, ohne Verletzung des Gesetzes, auch da angenommen werden kann, wo, wie in concreto, die an die vorgesetzte Behörde gerichtete Beschwerde den Inhalt hat, „daß der Beschwerdeführer, ungeachtet treuer und mühsamer Pflichterfüllung von der Theilnahme an den, in dem betreffenden Verwaltungszweige hergebrachten, und früher auch stets gewährten Gratifikationen seit längerer Zeit mit Unrecht ausgeschlossen worden sei und daß ihm solche resp. eine Gehaltszulage gewährt werden möge."

Antr. des GStA.s: gleichl. [16.—1.]

Gen.-Gouv.-Verordnung. — Holzverkaufsbedingungen. — Polizeireglement.

Die vom General-Gouverneur des Nieder- und Mittelrheins unterm 22. Nov. 1814 publi-

zirten allgemeinen Holzverkaufsbedingungen haben den Charakter eines Polizeireglements.

[einzutr. zum StGB. § 332 n. 35 a.]

Erk. (V. II.) v. 5. Sept. 1861 c. Contzen (238. II. Cr.).

C. hatte dem § 33 der „allgemeinen Holzverkaufsbedingungen" entgegen das im Gemeindewalde angekaufte Holz nicht glatt und mit der Erde gleich abgehauen, und auf geschehene Aufforderung die Nachholung dieser Vorschrift unterlassen. Das Pol.-Gericht sprach ihn gleichwohl frei, weil jene Unterlassung nicht mit einer Strafe bedroht sei. Auf den Kassationsrekurs des Pol.-Anwalts hat das OTr. das betr. Erk. vernichtet, indem es erwog:

daß die Verkaufsbedingungen ihrem wesentlichen Inhalt nach mit der Bestimmung des § 33 der durch den Gen.-Gouverneur des Nieder- und Mittelrheins erlassenen, im Amtsblatt des Roerdepartements (J. 1814 S. 243) publizirten „allgemeinen Verkaufsbedingungen für die herrschaftlichen und Gemeindeforstschläge" übereinstimmt, diese allgemeinen Normen aber den Charakter eines Polizeireglements haben;

daß namentlich nach dem Schlußsatze dieses § 33 derjenige Ansteigerer, welcher seinen Schlag nicht ordnungsmäßig abtreibt, dazu angehalten und sodann bei fernerer Unterlassung nach einer vierzehntägigen Frist als Forstfrevler verfolgt werden soll;

daß auch durch § 43 ibid. im Allgemeinen bestimmt wird, daß die Käufer, welche nicht nach den Verkaufsbedingungen ausgebeutet haben, sich den vom Gesetz vorgeschriebenen Geldbußen nebst Schadenersatz unterziehen;

daß also das angegriffene Urtheil den § 332 StGB. falsch angewendet und die vorerwähnten Gesetze verletzt hat.

[22. — 1.]

---

1. Kassationsrekurs. — Civilpartei. — Ausfertigung. — Abschrift.

2. Kassationsrekurs. — Geldbuße. — Befreiung.

3. 4. Civilpartei. — Verwandter. — Zeuge.

5. Zeuge. — Unglaubwürdigkeit. — Ablehnung.

1. Dem den Kassationsrekurs ergreifenden Civilkläger ist die Beibringung einer Ausferti-

gung des angefochtenen Urtheils nicht bei Nichtigkeitsstrafe auferlegt; jedenfalls genügt die Vorlegung einer beglaubigten Abschrift.

Rh. StPO. Art. 419.

2. Damit der Kassationsrekurs in Strafsachen ohne Hinterlegung der Geldbuße annehmbar sei, genügt ein der Vdn. v. 16. Febr. 1823 entsprechender Nachweis der Armuth.

Rh. StPO. Art. 420.

3. In Strafsachen kann der Civilkläger nicht als Zeuge vernommen werden, wohl aber ist die Abhörung seiner Verwandten zulässig.

Rh. StPO. Art. 156, Rh. BPO. Art. 268 u. 283.

4. Derjenige, welcher in erster Instanz als Civilkläger aufgetreten, und dort rechtskräftig abgewiesen worden ist, kann aus diesem Grunde in zweiter Instanz nicht als Zeuge ausgeschlossen werden. [Rh. StPO. Art 156.]

5. Der Richter ist befugt, die Vernehmung eines Zeugen aus dem Grunde abzulehnen, weil von derselben ein sicheres Resultat zur Ermittlung der Wahrheit nicht zu erwarten stehe.

Rh. StPO. Art. 153. 190. 211.

Erk. (Z. II.) v. 19. Sept. 1861 Kutsch c. Trimborn u. Gen.
(219. II. Cr.).

K. ließ als Civilkläger im eigenen Namen und als Vertreter seiner minderjährigen Töchter den Tr. und die Eheleute H. vor das ZPG. zu K. laden, weil jene ihn und seine Töchter mißhandelt hätten. Gegen das abweisende Erk. erster Instanz appellirte K. allein, und sistirte in zweiter Instanz eine seiner erwähnten Töchter als Zeugin; die App.-Kammer lehnte indessen die Vernehmung derselben arg. der Artt 268 und 269 der Rh. BPO, sowie deshalb ab, weil sie in erster Instanz selbst mit Civilklägerin gewesen sei, und erwog dabei gleichzeitig, daß, wenn auch trotz jener beiden Gründe die Vernehmung an sich statthaft sein möchte, doch jedenfalls aus derselben ein sicheres Resultat zur Ermittlung der Wahrheit nicht zu erwarten sei. Gegen das die Berufung verwerfende Erk. zweiter Instanz, sowie gegen das vorhergegangene, die erwähnte Zeugenvernehmung ablehnende Erk. ergriff K. den Kassationsrekurs, in welchem er Verletzung des Art. 156 der StPO. und der Artt. 268 und 283 der BPO. behauptete, wogegen der Kassationsverklagte die Annehmbarkeit des Rekurses bestritt, weil demselben das angefochtene Erk. nicht in Ausfertigung, sondern nur in Abschrift beigefügt, auch die Geldbuße nicht hinterlegt und die Armuth nicht in Gemäßheit des Art. 420 der StPO., sondern nur durch eine der Vdn. v. 16. Febr. 1823 entsprechende Bescheinigung nachgewiesen sei. Das OTr. hat den Rekurs als unbegründet verworfen, indem es erwog:

auf die Unannehmbarkeitseinrede:

daß dieselbe, insoweit sie zunächst aus der Eingangsbestimmung des Art. 419 der StPO. entlehnt ist, nicht begründet erscheint, indem einestheils die Beifügung der authentischen Ausfertigung des angegriffenen Urtheils daselbst der Civilpartei nicht unter Nichtigkeitsstrafe auferlegt ist, anderntheils hier eine beglaubigte Abschrift des Urtheils zweiter Instanz vorliegt, und eine solche, mit Rücksicht auf Art. 4 Tit. IV der Ordonnanz v. 28. Juni 1738 ebenwohl als geeignet betrachtet werden muß, die Annehmbarkeit des Rekurses zu begründen;

In Erwägung, daß sodann auch die Unannehmbarkeitseinrede, soweit sie auf die Vorschrift des Art. 420 der StPO. gestützt ist, der Begründung ermangelt, da die von den Kassationsklägern beigebrachten Bescheinigungen der Armuth den Erfordernissen des § 2 der Vdn. über das Armenrecht v. 16. Febr. 1823 entsprechend sind und bei der in diesem Gesetze gegebenen Vorschrift über den Nachweis der Armuth eine nach demselben beigebrachte Bescheinigung auch für die Zulässigkeit des Kassationsrekurses in Straffachen als genügend anzusehen ist;

In Erwägung zur Sache selbst: daß die Vernehmung der Seitens der Civilkläger geladenen Zeugin W. K., Tochter der Civilkläger, in dem angegriffenen Urtheile aus drei selbstständigen Gründen abgelehnt worden ist, indem der App.-Richter erwog, daß der Art. 156 der StPO. die Frage, ob die in demselben benannten Personen auch dann reprochirt werden können, wenn sie zu dem Civilkläger in dem nämlichen Verhältnisse wie zum Angeklagten stehen, unentschieden lasse; daß deshalb der Strafrichter der Analogie wegen auf die Prohibitivbestimmungen der Art. 268 und 283 der BPO. zurückgehen dürfe, welche die Vernehmung eines Kindes in Prozessen seiner Eltern untersagen; daß auch die jetzt als Zeugin vorgeführte W. K. in erster Instanz als klagende Civilpartei aufgetreten sei, und daß deshalb ihre Vernehmung, wenn sie auch des vorgedachten doppelten Verhältnisses ungeachtet, an sich zulässig sein möchte, unter den obwaltenden besonderen Umständen doch vom Gerichte abgelehnt werden müßte, weil aus derselben kein sicheres Resultat zur Ermittlung der Wahrheit zu erwarten stehe;

In Erwägung, daß nun zwar den beiden ersten Gründen des angefochtenen Urtheils nicht beigetreten werden kann;

daß nämlich im Allgemeinen die Frage der Zulässigkeit des Zeugenbeweises zur Feststellung von Thatsachen einer wesentlich verschiedenen Beurtheilung unterliegt, je nachdem es sich lediglich um Civilrechtsverhältnisse, oder aber um strafrechtliche Verfolgungen handelt;

daß der Zeugenbeweis hinsichtlich der ersteren nach Art. 1341 f. des BGB. nur die Ausnahme, hinsichtlich der letzteren dagegen nach Art. 154. 189 und 210 der StPO. die Regel bildet, in den beiderseitigen Prozeduren auch die Voraussetzungen, unter welchen einzelne Kategorien von Zeugen gar nicht vernommen, beziehungsweise reprochirt werden können, nach den Art. 268 und 283 der BPO., beziehungsweise nach Art. 156 der StPO. in wesentlich verschiedener Weise normirt sind;

daß es mithin unzulässig ist, die Prohibitivbestimmungen der ersteren wegen vermeintlicher Analogie der Fälle auf das Strafrecht zu übertragen;

daß zwar die eidliche Vernehmung des Civilklägers selber, welche durch das Ges. v. 3. brumaire IV unter Strafe der Nichtigkeit verboten war, auch nach der StPO., ungeachtet ihres desfallsigen Schweigens nicht als statthaft zu erachten ist, weil hier das allgemeine, selbst in der BPO. nicht ausdrücklich sanktionirte und dennoch unzweifelhaft anwendbare Rechtsprinzip Platz greift, daß Niemand Zeuge in seiner eigenen Sache sein kann;

daß indessen eine Ausdehnung dieses Satzes auf alle oder einzelne Kategorien der Verwandten des Civilklägers keineswegs von Rechtswegen geboten ist und beim Schweigen des Gesetzes um so weniger eine analoge Anwendung der, gewisse Verwandte des Angeklagten ausschließenden, Bestimmung des Art. 156 der StPO. auf die Verwandten des Civilklägers gerechtfertigt erscheint als einestheils das, Seitens des Civilklägers beziehungsweise des Angeklagten, vertretene Interesse keineswegs von gleich eingreifender Bedeutung für deren beiderseitige Verwandte und ihre Glaubwürdigkeit ist, anderntheils auch durch die gleichmäßige Ausschließung derselben von der Zeugenliste die öffentliche Verfolgung in bedenklicher Weise gefährdet und vom Gutbefinden einzelner Individuen abhängig gemacht werden würde, was der Absicht des Gesetzes nicht entsprechen kann;

daß auch die im angegriffenen Urtheile erfolgte Ausschließung der in Rede stehenden Zeugin ebensowenig durch die Erwägung gerechtfertigt werden kann, daß dieselbe in erster Instanz als klagende Civilpartei aufgetreten war, indem ihr gegenüber das die Klage abweisende Erkenntniß jener Instanz damals die Rechtskraft bereits beschritten hatte, die fernere Prozedur mithin eine ihr völlig fremde geworden war;

In Erwägung, daß jedoch das angegriffene Urtheil durch den dritten und letzten Erwägungsgrund hinsichtlich des Resultates der quästionirten Zeugenvernehmung getragen wird;

In Erwägung, daß, wenn nämlich nach Art. 184 und 189 des Ges. v. 3. brumaire IV die in Polizei- und korrektionellen Gesetzen vorgeschlagenen Beweis- und Entlastungszeugen bei Strafe der Nichtigkeit vernommen werden mußten, die gegenwärtige StPO. diese Nichtigkeit nicht mehr angedroht, vielmehr die Nothwendigkeit der Vernehmung jener Zeugen unter die Modifikation eines „s'il y a lieu" (Art. 153 und 190 der StPO.) gestellt hat;

daß die Worte: „s'il y a lieu" nicht bloß auf die Fälle zu beschränken sind, wo nach dem Gesetze selbst die Zeugen als Beweismittel nicht zulässig sind, oder wo sie nicht verhört werden dürfen, weil ihnen eine Reproche im Sinne des Art. 156 der StPO. entgegensteht, sondern auch auf ein diskretionaires Ermessen des Polizei- und Korrektionellrichters hingehen, die Vernehmung eines vorgeschlagenen Zeugen überhaupt zuzulassen oder abzulehnen, je nachdem das Zeugniß zur Ermittlung der Wahrheit nothwendig oder dienlich erscheint oder nicht;

daß dieses diskretionaire Ermessen für den App.-Richter in Polizei- und Korrektionellsachen aus dem Art. 175 in Verbindung mit Art. 211 der StPO. noch besonders hervorgeht, indem nach der fakultativen Fassung des erstgedachten Artikels die Reproduktion des Beweises erster Instanz, oder die Vernehmung neuer Zeugen, lediglich dem Ermessen dieses Richters anheim gegeben ist;

In Erwägung, daß mithin die korrektionelle App.-Kammer, indem sie in dem angegriffenen Zwischenurtheile die Vernehmung der als Zeugin vorgeschlagenen W. K., wie angegeben, auch aus dem selbstständigen Grunde ablehnte, weil unter den obwaltenden Umständen aus ihrer Vernehmung ein sicheres Resultat zur Ermittlung der Wahrheit nicht zu erwarten stehe, nur von einer, ihr gesetzlich eingeräumten Befugniß Gebrauch gemacht und damit eine faktische Entscheidung getroffen hat, welche als solche einem Angriffe im Wege des Kassationsrekurses entzogen ist.

Antr. des GStA.s: gleichl. [27. — 1.]

1. Uebertretung. — Großherzogthum Hessen.
2. Unstatthaftigkeit der Verfolgung. — Freisprechung.

1. Die von einem Preußen im Großherzogthum Hessen verübten Uebertretungen können in Preußen nicht verfolgt werden.

StGB. § 4 [vgl. dort n. 36. — 3. Ausg.].

2. Im Falle der Unstatthaftigkeit der Verfolgung darf der Instanzrichter nicht freisprechen.

Vgl. Strafverf. § 23 n. 3.

Erk. (Z. B. II.) v. 26. Sept. 1861 c. Bommerich (190. II. Cr.).

In Erwägung, daß das Ges. v. 30. Juni 1820 [GS. S. 129] durch den Art. II des Einf.-Ges. v. 14. Apr. 1851 unbedenklich aufgehoben ist;

daß eine anderweite gesetzliche Bestimmung, wonach die von diesseitigen Unterthanen im Großherzogthum Hessen verübten Uebertretungen in Preußen bestraft werden können, nicht besteht;

daß nach dem von der Kgl. GStA.-schaft vorgelegten Rescripte des Kgl. Justizministeriums v. 24. Juli c. zur Zeit keinerlei Uebereinkunft zwischen der diesseitigen Regierung und dem Großherzogthum Hessen bezüglich der Bestrafung der im Auslande begangenen Uebertretungen abgeschlossen ist, oder in schriftlichen Meinungsäußerungen ihren Ausdruck gefunden hat;

daß daher ein Staatsvertrag ebenfalls nicht vorliegt, durch welchen die Bestrafung dort begangener Uebertretungen hier angeordnet wäre;

daß mithin die dem Kassationsrekurs zu Grunde gelegte Verletzung des § 4 letzter Abs. des StGB. nicht gerechtfertigt erscheint.

In Erwägung, daß es gleichwohl dem rechtlichen Verhältniß der Sache nicht entspricht, wenn das angegriffene Urtheil in dem dispositiven Theile den Beschuldigten von Strafe freigesprochen hat, da nur eine Verfolgung und Bestrafung wegen der Uebertretung diesseits unstatthaft war, über die That selbst aber weiter nicht befunden werden, und deshalb auch eine Freisprechung rücksichtlich derselben nicht erfolgen konnte.

A. d. Gr. kassirt das OTr. rc., und vernichtet zur Sache selbst die an den Beschuldigten ergangene Vorladung nebst Allem, was darauf gefolgt ist.

Antr. des GStA.s: gleichl. [27. – 1.]

Leiche. — Beiseiteschaffung. — Kindesmord. — Konkurrenz.

Die von der Anklage des Kindesmords freigesprochene Mutter kann wegen Beiseiteschaffung der Leiche neuerdings verfolgt werden, wenn diese durch eine von dem angeblichen Kindesmorde verschiedene selbstständige Handlung stattgefunden haben soll.

StGB. § 186 [vgl. dort n. 16]; Rh. StPO. Art. 360.

Erk. (Z. II.) v. 26. Sept. 1861 c. Braun (263. II. Cr.).

Verwerfung des Kassationsrekurses der Beschuldigten; erwogen ward:

daß die Freisprechung der Beschuldigten von der Anklage: „— — ihr uneheliches Kind gleich nach der Geburt vorsätzlich getödtet zu haben," ihrer nunmehrigen Verfolgung und Bestrafung wegen des Vergehens aus § 186 des StGB. nicht entgegenstand, da wie der App.-Richter in Uebereinstimmung mit dem ersten Richter thatsächlich feststellt, die der Beschuldigten zur Last gelegte Beiseiteschaffung des Leichnams ihres Kindes ohne Vorwissen der Behörde, erst einige Zeit nach dem Tode desselben ausgeführt wurde, und gerade mit Rücksicht hierauf angenommen ist, daß die frühere Anklage, und die gegenwärtige Beschuldigung durchaus verschiedene Handlungen zum Gegenstande hätten, welche eben ihrer Selbstständigkeit halber, im Sinne des § 55 des StGB. realiter concurrirten;

daß unter diesen Umständen von einer Verletzung des im Art. 360 der StPO. enthaltenen Prinzipes jedenfalls keine Rede sein kann.

Antr des GStA.s: gleichl. [27. – 1.]

I. Chronologisches Verzeichniß der Ober-Tribunals-Erkenntnisse und Beschlüsse.

1861.

II. Sach-Register.

A.

(Die Nummern bezeichnen die Seite.)

B.

C.

D.

E.

F.

G.

H.

I.

K.

L.

M.

N.

O.

P.

Q.

R.

S.

T.

U.

V.

W.

Z.

III. Quellen-Verzeichniß.

A. Straf-Gesetzbuch vom 14. April 1851.

B. Verordnung vom 3. Januar 1849.

C. Gesetz vom 3. Mai 1852.

D. Criminal-Ordnung.

Druckfehler.

S. 29 Z. 4 v u. l. der Anklage st. der Angeklagten.
" 50 " 17 v. u. l. Vertheidigung st. Verleumdung.
" 70 " 1 v. o. l. 1860 st. 1850.
" 72 Seitenzahl l. 72 st. 27.
" 84 Z. 2 v. o. l. II, 18. st. I, 18.
" 85 " 9 v. o ist vor die zuzusetzen durch
" 101 " 13 17 27 v. o. l. Juni st. Juli.
" 105 " 8 v. u. l 18. Dez. st. 28. Dez.
" " " 6 v. u. l. März st. April.
" 108 " 6 v o. l. Criminal=Prozeß-Ordnung st. Civil-Prozeß-Ordnung.
" 125 " 6 v. u. l. § 52 st. § 2.
" 159 " 7 u. 8 v. u. l. StA. Stegemann st. OStA. Hartmann.
" 170 " 1 v. o. l. 414. II. Cr. st. 414. I. Cr.
" " " 18 v. u. l. 31. st. 3.
" 178 " 9 v. o. l. § 218 Nr. 3, § 224 st. § 218 Nr 224.
" 187 " 1 v. u. l. Art. 97 n. 23. 24 st. Art. 96 n. 23. 24.
" 244 " 1 v. o. l. Direkter st. Dritter.
" " " 5 v. u. l. 20.—2. st. 20.—3.
" 248 " 9 v. o. ist hinter 1849 zuzusetzen § 20
" " " 16 v. u. l. 1861 st 1860.
" 257 " 9 v. o. l. gleichl. st. entg.
" 258 " 5 v. u. l. entg. st. gleichl.
" 261 " 9 v. o. l. 30 II. Cr. st. 30. I. Cr.
" 262 " 16 v. o. l. Vereidung st. Verwarnung.
" 266 " 7 v. o. l. § 0 Nr. 2 d. st. § 2 d.
" 270 " 1 v. u. l. entg. st. gleichl.
" 274 " 11 v. u. l. 18 st. 22.
" " " 10 v. u. ist nach n. zuzusetzen 22
" 287 " 7 v. u. l. 10 st. 11.
" 296 " 18 v. o. l. 1822 st. 1852.
" 302 " 16 v. u. l. Nr. 1. st. Nr. 2.
" 323 " 11 v. u. l. Tit. 3. st. § 3.
" 339 " 1 v. u. l. 5. st. 2.

S. 347	Z. 17	v. u.	l.	S. 299	st. 199.
" 351	" 9	v. o.	l.	7	st. 3.
" 354	" 16	v. u.	l.	8. Mai	st. 3. Mai.
" 389	" 12	v. o.	l.	311	st. 13.
" 391	" 4	v. o.	l.	V.	st. IV.
" 403	" 9	v. o.	ist nach: 31 zuzusetzen: 34.		
" "	" 10	v. o.	l.	9	st. 34.
" 437	" 6	v. u.	l.	9	st. 19.
" 443	" 13	v. u.	l.	Juni	st. Juli.
" 476	" 16	v. u.	l.	274	st. 34.
" 478	" 2	v. o.	l.	II, 16	st. I, 16.
" 485	" 17	v. u.	l.	217. II. Cr.	st. 217. I. Cr.
" 494	" 16	v. o.	l.	Rechtsgrundes	st. Rechtsmittels.
" 543	" 6	v. o.	l.	30.	st. 20.
" 570	" 6	v. u.	l.	Art. 78.	st. § 78.

FSC
www.fsc.org
MIX
Papier | Fördert
gute Waldnutzung
FSC® C083411

Kolibri 360 GmbH
Ferdinand-Jühlke-Straße 7
99095 Erfurt, Deutschland
produktsicherheit@kolibri360.de